Hans Cornelius

Psychologie als Erfahrungswissenschaft

Hans Cornelius

Psychologie als Erfahrungswissenschaft

ISBN/EAN: 9783743315266

Hergestellt in Europa, USA, Kanada, Australien, Japan

Cover: Foto ©Suzi / pixelio.de

Manufactured and distributed by brebook publishing software
(www.brebook.com)

Hans Cornelius

Psychologie als Erfahrungswissenschaft

PSYCHOLOGIE

ALS

ERFAHRUNGSWISSENSCHAFT.

VON

HANS CORNELIUS.

LEIPZIG,

DRUCK UND VERLAG VON B. G. TEUBNER.

1897.

Vorwort.

Dieses Buch soll nicht eine nach dem heutigen Stande der Wissenschaft vollständige Aufzählung und Darstellung der Thatsachen des psychischen Lebens und der zur Erklärung derselben aufgestellten Theorien geben. Seine Aufgabe ist vielmehr diejenige einer erkenntnisstheoretischen Grundlegung der Psychologie: die Begründung einer rein empirischen Theorie der psychischen Thatsachen unter Ausschluss aller metaphysischen Voraussetzungen. Den Weg zur Lösung dieser Aufgabe weisen die Betrachtungen, durch welche auf physikalischem Gebiete Kirchhoff und Mach die metaphysischen Begriffe durch empirische ersetzt haben. Mit der Erkenntniss, dass auf dem Boden reinen Erfahrungswissens Erklärung überall mit Vereinfachung in der zusammenfassenden Beschreibung der Thatsachen identisch ist, gewinnt die Forderung einer empirischen Theorie der psychischen Thatsachen ihre nähere Bestimmung: als ihre Aufgabe ergibt sich — in Analogie mit Kirchhoffs Definition der Mechanik — die vollständige und einfachste zusammenfassende Beschreibung der psychischen Thatsachen.

Den Ausgangspunkt für solche Beschreibung dürfen nicht irgendwelche willkürliche Abstractionen oder Hypothesen, sondern einzig die thatsächlich vorgefundenen, direct bekannten psychischen Erlebnisse bilden. Andererseits wird für alle Begriffe, die zur zusammenfassenden Beschreibung dieser Erlebnisse dienen sollen, eine empirische Definition gefordert werden müssen: kein Begriff darf zugelassen werden, ohne

a*

dass die psychischen Erfahrungsthatsachen aufgezeigt sind, die
durch denselben bezeichnet sein sollen. Nur wo diese Forderungen erfüllt sind, kann reine, von aller willkürlichen Be-
griffsdichtung und allen Unklarheiten freie Erfahrungswissenschaft zu Stande kommen.

Der so bezeichnete Weg zur Begründung einer rein empirischen Psychologie muss in seinen ersten Schritten sowohl
mit demjenigen übereinstimmen, welchen Hume in seinem
Hauptwerke eingeschlagen hat, als auch mit den Anfängen
von James' classischer Analyse des Bewusstseinsverlaufs. Die
Forderung streng empirischer Definition aller verwendeten
Begriffe aber bedingt im Fortgange der Untersuchung wesentliche Abweichungen von den Ergebnissen des einen wie des
anderen der genannten grossen Psychologen.

Zum Teil befinden sich die gewonnenen Resultate in
Uebereinstimmung mit denjenigen der erkenntnisstheoretischen
Untersuchungen von Avenarius und Mach. Ebenso berühren
sie sich in vielen Punkten mit den Positionen der Philosophie
Kants. Ich habe die Beziehungen meiner Untersuchungen
und ihrer Ergebnisse zu denen der Kantschen Vernunftkritik
an einzelnen Stellen angedeutet; eine ausführliche Darlegung
dieser Beziehungen bleibt einer späteren Publication vor-
behalten.

Der Gegensatz gegen alle „atomistische" Psychologie, die
unsere Bewusstseinsvorgänge aus hypothetischen einfachen Elementen in hypothetischer Weise synthetisch entstehen lässt —
vor Allem also gegen jede Art blosser Associationspsychologie — ist durch die Forderung des rein empirischen Aus-
gangspunktes der Untersuchung und den Hinweis auf deren
Verwandtschaft mit der James'schen Analyse hinreichend
bezeichnet. Auch zu derjenigen Abart physiologischer Psychologie, welche nicht von psychologischen, sondern von gehirn-
physiologischen Thatsachen ausgeht, steht die hier zu gewinnende Grundlegung der Psychologie in einem durchaus
gegensätzlichen Verhältniss, da sie eben Wissenschaft von
psychischen Thatsachen sein will — die zu physiologischen
zwar in mannigfachen Beziehungen stehen, aber mit den letzteren nicht identisch sind, und ihrerseits bekannt und analy-

sirt sein müssen, ehe irgend eine psychologische Deutung der physiologischen Thatsachen versucht werden kann.

Soweit ich mir der Abhängigkeit meiner Ergebnisse von fremden Anregungen im Einzelnen bewusst war, habe ich auf die betreffenden Arbeiten entweder im Texte oder in den Anmerkungen hingewiesen. Meine Litteraturnachweise verfolgen nur diesen Zweck. Vollständige Angabe aller Arbeiten, welche mit den einzelnen Behauptungen des Textes in Uebereinstimmung oder in Widerstreit stehen, lag nicht in meiner Absicht. Polemischen Discussionen glaubte ich nur so weit Raum geben zu sollen, als sie für die klare Formulirung der Probleme selbst unentbehrlich erschienen. Ich bin nicht der Meinung, dass eine empirische Theorie an Ueberzeugungskraft durch die Widerlegung aller entgegenstehenden Theorien gewinnen könne oder wohl gar erst durch solche Widerlegung ihr Recht zu erweisen habe. Kann sich eine Theorie nicht durch den Hinweis auf die Thatsachen Anerkennung verschaffen, zu deren Beschreibung sie dienen soll, so hat sie keine Existenzberechtigung; erweist sie sich aber als geeignet zur einfachsten Beschreibung der Thatsachen, so bedarf sie keiner weiteren Legitimation — ihre Anerkennung kann alsdann nur eine Frage der Zeit sein.

München, Juli 1897.

H. Cornelius.

Inhaltsverzeichniss.

Einleitung.

Seite

Psychische Thatsachen. Begriffsbestimmung. Verschiedene Namen für die psychischen Thatsachen. Keine Zurückführung der psychischen Thatsachen auf materielle Vorgänge 1
Methode und Stellung der Psychologie. Psychologie als Erfahrungswissenschaft. Beschreibung und Erklärung. Aufgabe der Psychologie. Erkenntnisstheoretische Stellung derselben. Psychologie als Fundament aller Philosophie 3
Subjective und objective Psychologie. Subjective psychologische Analyse. Schlüsse aus den Ausdrucksbewegungen anderer Individuen 8
Psychophysik und physiologische Psychologie. Abhängigkeit psychischer Thatsachen von materiellen Bedingungen innerhalb und ausserhalb des Körpers. Primat der reinen Psychologie 9
Genetische Psychologie. Entwicklung. Ursprüngliche und erworbene Factoren des psychischen Lebens. Princip der genetischen Psychologie. Gründe zur Möglichkeit der Erfahrung. Genesis der Erfahrung 10

Erstes Capitel.

Elementare Thatsachen des Bewusstseinsverlaufs 12

Das Leben. Erlebnisse, ihre Beziehungen, ihre Ordnung. Strom des Bewusstseins 12
Bewusstseinsinhalte. Begriffsbestimmung und Terminologie. Keine Vorstellungsacte neben den Inhalten. „Erkennende Function des Bewusstseins" 13
Successive und gleichzeitige Inhalte. Wechsel der Inhalte. Unterscheidung des Successiven als primäre Thatsache. Unter-

scheidung gleichzeitiger Teilinhalte. Keine Vergleichungsthätigkeit dabei 17
Das Gedächtniss. Nachwirkung vergangener Erlebnisse als Be-
dingung der Succession. Doppelte Art der Nachwirkung. Gedächtnissbilder oder Phantasmen. Vorbereitung und Eindruck.
Unterschied von Empfindung und Gedächtnissbild. Symbolische
Function der Gedächtnissbilder. Aehnlichkeit von Empfindung
und Gedächtnissbild. Ungenauigkeit der Repräsentation. Missverständnisse. Gedächtnissbilder von Mehrheiten 20
Das Wiedererkennen. Wiedererkennen der Gedächtnissbilder.
Keine Zurückführung auf einfachere Daten. Ungenauigkeit des
Wiedererkennens. „Dasselbe" Gedächtnissbild. Wiedererkennen
der Empfindungen. Zwei Fälle. Aehnlichkeitserkenntniss als
Factor des Wiedererkennens. „Aehnlichkeitsassociation". Un-
bestimmtes Wiedererkennen. „Nähere Bestimmung" eines Erlebnisses 28
Beachtete Teilinhalte und ihr Hintergrund. Complexe.
Zweierlei Arten von Teilinhalten. Aufmerksamkeit. Beachten
als Wiedererkennen. Der unbeachtete Hintergrund. Gleichzeitige und successive Complexe 34
Berührungsassociation. Das Uebungsgesetz. Erinnerung
an Complexe als allgemeiner Fall der Erinnerung. Wahrscheinlichkeit einer Association 38
Aehnlichkeitserkenntniss. Aehnlichkeit nicht definirbar. Aehnlichkeit als Specialfall von Verschiedenheit. Entwicklung der
Aehnlichkeitserkenntniss. Grade der Aehnlichkeit. Genetische
Erklärung der Aehnlichkeitsgrade. Distanzen und ihre Vergleichung. Aehnlichkeitsreihen, Richtung und Umkehr. Vergleichungsrelationen und ihre Fundamente 41
Abstraction. Aehnlichkeit „in verschiedener Hinsicht". Unabhängige Aehnlichkeitsreihen. Dimensionenzahl eines Gebietes.
Begriff der Gleichheit. Merkmale eines Inhaltes. Abstraction
nicht Resultat eines besonderen Processes. Wiedererkennen
eines Merkmales. Beachtete Merkmale 50
Symbole. Definition. Associationssymbole. Relationssymbole. Angezeigte und ausgeführte Vorstellungen 57
Die Sprache. Entstehung der Wortbedeutung. Abstracte und
begriffliche Bedeutung der Worte. Wahrnehmungsbegriffe. Re-
lationsbegriffe. „Innere" Aehnlichkeit. Nominalismus und Conceptualismus 62
Prädication. Benennung durch das Wiedererkennen bedingt. Ge-
wohnheitsurteile. Bedeutung des Prädicats. Wahrnehmungsurteile. Alle Prädication relativ 67
Gestaltqualitäten. Merkmale von Complexen im Gegensatz zu
denen der Teilinhalte. Fundirte Merkmale 70

Seite

Definition und Identität von Wahrnehmungsbegriffen.
Voraussetzungen der Definition. Deiktische Definition. Defini-
tion durch Relationen. Der Identitätsbegriff   71
Gefühle. Lust und Unlust als primäre Thatsachen. Gefühle als
Gestaltqualitäten der Gesammtinhalte. Reine Gefühle. Grad-
verschiedenheiten der Gefühle   74
Willensphänomene. Wollen und Nichtwollen gegenwärtiger In-
halte. Der Wunsch. Willenshandlungen   78

Zweites Capitel.

Der Zusammenhang der Erfahrung   81
Das Einheitsprincip. Allgemeines psychologisches Grundgesetz.
Specialfälle. Princip der Oekonomie des Denkens. Natürliche
Theorien. Der Verstand. „Streben" nach Zusammenfassung   82
Erwartung. Zukünftige Erlebnisse. Mechanismus der Erwar-
tungsurteile. Erfüllung und Enttäuschung. Wahrscheinlich-
keit einer Erwartung. Begriff der Bedingung. „Mögliche"
Wahrnehmungen. Glauben und Wissen; Irrtum. Allgemeinster
Fall der Erwartung   87
Empirische Begriffsbildung. Der Dingbegriff. Erfah-
rungszusammenhänge. Empirische Prädication. Nutzen der-
selben. Bedingung für ihr Zustandekommen. Der „Gegenstand"   91
Definition und Identität empirischer Begriffe. Definition
mit Hilfe vorausgesetzter empirischer Begriffe. Wahrnehmungs-
begriffe als letzte Stützen der Definition. Identität eines Zu-
sammenhanges oder numerische Identität. Unvollständigkeit
der Definition empirischer Begriffe   96
Der Begriff der objectiven Existenz. Doppelsinn des Wortes
Existenz. Existenz des nicht gegenwärtig Wahrgenommenen.
Problem der empirischen Definition dieses Begriffs. Das
„Glaubensgefühl". Bedingungen desselben. Specieller Fall.
Erwartungen als Factoren des Existentialurteils. Zeitliche Bestimmung der Existenz. Geometrische Bedingungen der Wahrnehmung. Objective Existenz nicht erklärbar durch Unabhängig-
keit vom Willen. Existenz von Dingen, Kräften u. s. w. Einwände   99
Subject und Object. Entstehung des Begriffs objectiver Zu-
sammenhänge. Die Substanz. Kein ursprünglicher Gegensatz
subjectiver und objectiver Inhalte. Die Träume   114
Die Einheit der Persönlichkeit und der Begriff fremder
Bewusstseinsinhalte. Gegensatz zur atomistischen Psychologie. Zusammenhang der Erlebnisse. Das Gedächtniss als

Seite

Bedingung des Zusammenhanges. Gestaltqualitäten als Folgen
des Zusammenhanges. Weitere Factoren des letzteren. Pausen
des Bewusstseins. Die Vorbereitung als Charakter der Persönlichkeit. Variabilität derselben. Subject des Erkennens. Gegensatz eigener und fremder Inhalte. Ursprung des letzteren
Begriffs. Ueberzeugung vom Dasein fremder Inhalte als natürliche Theorie. Modification des Existenzbegriffs 117

Drittes Capitel.

Die psychische Analyse und der Begriff der unbemerkten Bewusstseinsinhalte

Die psychische Analyse und der Begriff der unbemerkten
Bewusstseinsinhalte 128

Analyse des Successiven. Directe und indirecte Erkenntniss
successiver Mehrheiten. Discontinuirlicher Verlauf der Unterscheidung. Einheitliche Gesammtinhalte von endlicher Dauer.
Veränderliche und ruhende einheitliche Inhalte. Verschmelzung
successiver unbemerkter Teilinhalte. Ursprung des Begriffs
der unbemerkten Inhalte. Bedeutung des Reizbegriffs. — Willkürliche und spontane Analyse des Successiven. Die nachträgliche Zerlegung als Fiction. Abhebung und Phase 128
Der Verlauf der Zeit. Endliche Zeitstrecken als Elemente des
Zeitverlaufs. Die Dauer der Gegenwart. „Leere" Zeit. Zeit-
vergleichung. Die Stetigkeit der Zeit 141
Analyse des Gleichzeitigen. Analyse eines Klanges. Analyse
des Gesichtsfeldes. Aenderung der Empfindung bei der Analyse. Unterscheidung und Wiedererkennen. Zusammenhang
des Einheitlichen und des Zusammengesetzten. Unbemerkte
Teilinhalte. Urteil der mittelbaren Analyse. „Gegenstand"
der Wahrnehmung. Der Reizbegriff 143
Analyse der Vorbereitung. Zusammensetzung der Vorbereitung. Zwei Arten der Nachwirkung und ihr empirischer Zusammenhang. Die unbemerkten Gedächtnissbilder als unvergängliche Componenten der Vorbereitung. Das Vergessen.
Gewohnte Inhalte. Kindheitserlebnisse. Kein absolutes Vergessen. Vermeintliche anderweitige Erklärungen der Gedächt-
nissphänomene. Begriff der psychischen Disposition 154
Gestaltqualitäten unanalysirter Inhalte. Analyse der
Relationen. Neue Merkmale von Gesammtinhalten gegenüber
den Teilen. Aenderung dieser Merkmale bei der Analyse. Relationen und ihre Analyse. Relationsfärbung der Gedächtnissbilder 161
Aufmerksamkeit. Intellectuelle und sinnliche, willkürliche und
unwillkürliche Aufmerksamkeit. Zusammenhang intellectueller

Seite

und sinnlicher Aufmerksamkeit. Verlauf der Complexbildung.
Urteil der mittelbaren Analyse. Keine Zurückführung gleichzeitiger Mehrheiten auf successive 168
Allgemeine Kategorien der Wahrnehmung. Der Zahlbegriff. Begriff der Wahrnehmung. Einheit und Mehrheit.
Complexclassen. Anzahl. Benannte Zahlen. Complexe Zahlen.
Cardinal- und Ordinalzahl. Entstehung der Zahlen. Zählung
und Zahlurteile. Arithmetik. „Formale Kategorien" 174
Unbemerkte Teilinhalte als Mittel psychologischer Erklärung. Beispiele. Kein Ersatz des Gesammtinhaltes durch
die Summe der Teile. „Atomistische" Psychologie 179

Viertes Capitel.

Empfindung, Gedächtniss und Phantasie 181

Die Empfindungen. Definition. Einheitliche und einfache Em-
pfindungen. Componenten. Einteilung der Empfindungen.
Zeitliche Gestaltqualitäten. Constanz. Keine unbemerkbaren
Empfindungsunterschiede. Räumliche Eigenschaften der Em-
pfindungen. Räumliche Continua. Grenze. Ursprünglichkeit
der räumlichen Beschaffenheit optischer und haptischer Inhalte.
„Qualitätencontinuen". Keine stetigen Empfindungsgebiete.
Ebenmerklich verschiedene Empfindungen. Dieselben sind im
Allgemeinen nicht äquidistant 182
Phantasievorstellungen. Begriff derselben. Neue Complexe
von Gedächtnissbildern. Einheitliche Phantasievorstellungen
als Teile der Vorbereitung. Der Hume'sche Ausnahmefall.
Nähere Bestimmung unbestimmter Gedächtnissbilder. Symbo-
lische Function. Unterschied von Phantasie und Erinnerung.
Complexe Phantasievorstellungen. „Production". Reine Phan-
tasieinhalte. Grenzen der willkürlichen Bildung reiner Phan-
tasievorstellungen 193
Die Erinnerung. Thatbestand des Erinnerungsurteils. Zeitliche
Bestimmung des Vergangenen. Färbungsunterschiede. Primäres
Factum der Beurteilung zeitlicher Verschiedenheiten. Mittelbare
Zeiturteile. Daten. Erinnerung an Erinnerungen. Gedächtnisstäuschungen. Evidente Gedächtnissurteile. Fiction vergangener Erlebnisse. „Glaubensgefühl" 201
Erinnerung an nicht analysirte Inhalte. Nur Bemerktes
wird erinnert. Unmöglichkeit nachträglicher Analyse unanalysirter Inhalte. Mittelbare Urteile. Analysirbare Gedächtnissbilder. Unbestimmtheit der Erinnerung an Qualitäten . . . 212

Seite

Erinnerung an analysirte Inhalte. Associationsgesetze.
Drei Fälle der Erinnerung an Complexe. Vollständige Erinnerung. Berührungsassociation und Uebungsgesetz. Rudimentäre Association. Function derselben bei der Symbolik. Besinnen;
„Erwartung" von Phantasmen. Associationsgesetze. Vollständige, abgekürzte, gemischte Association. „Aehnlichkeitsassociation". Berührungsassociation nicht von Aehnlichkeitsassociation abhängig. Associationspsychologie. Versuchte Ergän-
zungen des Uebungsgesetzes 216
Die Verfeinerung des Gedächtnisses. Voraussetzungen derselben. Uebung der Unterscheidung. Mittelbare Merkmale.
Bedingungen für die Genauigkeit der Erinnerung an Complexe 230

Fünftes Capitel.

Die objective Welt 236

Das Problem des Dinges an sich. Die Natur. „Naturalistische" Weltanschauung. Unzulässige Voraussetzung derselben.
Frage nach der Entstehung des Begriffs der objectiven Welt.
Irrtümliche Ausgangspunkte zur Beantwortung dieser Frage.
Formulirung des Problems. Das Ding an sich identisch mit
dem Ding im vulgären Sinne 236
Innen und Aussen. Doppelsinn dieser Worte. Innerhalb und
ausserhalb des Bewusstseins nicht gleichbedeutend mit inner-
und ausserhalb des Körpers. Die Empfindungen nicht im Gehirn, sondern da, wo wir sie vorfinden. Kein „Ort des Bewusstseins" 243
Ding an sich und Erscheinung. Nervenerregung und Empfindung. Keine Incongruenz von Erscheinung und Eigenschaft
des „Dinges ausser uns". Empirische Eigenschaften der Dinge.
Erscheinungsform und Daseinsform. Objective Farbe. Physikalische Eigenschaften. Keine „Wirkung des Dinges auf das
Bewusstsein". Primäre und secundäre Qualitäten. Φαινόμενα
und νοούμενα. Das Ding als Verstandesbegriff 246
Der objective Raum. Der Raum als empirischer Begriff. Optische Factoren der Raumvorstellung. Orte der nicht wahrgenommenen sichtbaren Inhalte. Die Mehrheit der sichtbaren
Orte mehr als zweidimensional. Form und Grösse nicht Wahr-
nehmungs-, sondern empirische Begriffe. Begriff der Bewegung. Relativität der räumlichen Bestimmungen. Begriff
des Raumes. Unabhängigkeit der Eigenschaften des Raumes
vom Orte. Unveränderlichkeit seiner Eigenschaften . . 255

Seite

Grundthatsachen der Geometrie. Eigenschaften des Raumes.
Die gerade Linie. Das Parallelenaxiom. Existenz der geometrischen Gebilde. Wirklicher Raum und Vorstellungsraum.
Die „physische Geometrie" 267
Optische Tiefenwahrnehmung. Empirismus. Scheinbeweise
der Nativisten. Das Helmholtz'sche Argument. Die Tiefenwahrnehmung als „fringe". Commensurabilität der drei Di-
mensionen 274
Gesichts- und Tastraum. Der objective Raum der Tastempfin-
dungen. Identität von Gesichts- und Tastraum 279
Die Localisation der Empfindungen. Definition. Beding-
ungen der Localisation. Irrtümliche Localisationen 280
Die objective Zeit. Objective Constanz und zeitlicher Verlauf
objectiver Aenderungen. Zeitverlauf während der Pausen des
Bewusstseins und jenseits der Grenzen unseres Lebens . . . 282
Sinnliche und physikalische Eigenschaften der Dinge.
Naturgesetze. Objective Relationen. Physikalische Eigen-
schaften. Gesetze der Veränderungen. Die „Natur der Dinge",
Constanten der Naturgesetze. Die Beharrlichkeit der Substanz
und des Naturlaufs 284
Objective Bedingungen des Bewusstseinsverlaufs. Der
influxus physicus. Psychophysik 288
Reiz und Empfindung. Ursprung des Reizbegriffs. Beziehung
von Reiz und Empfindung als physikalischer Thatbestand.
Problem der Psychophysik 290
Psychophysische Grundthatsachen. Keine Axiome der Psycho-
physik. Erfahrungsgrundlage derselben. Der psychophysische
Process. Die Unterschiedsschwelle. Nochmals die unbemerkbaren Empfindungsunterschiede. Deutung der Unterschiedsschwelle. Widerlegung des Müller'schen Einwandes. Psychophysische Maassmethoden 292
Das Nervensystem als Bedingung der Empfindungen. Die
Empfindungen von Nervenerregungen abhängig. Objective
Eigenschaften des Nervenapparats. Physikalische Beschaffenheit
des Nervenapparats. „Specifische Sinnesenergien". — „Ver-
einigung" der Nervenwirkungen in einem Bewusstsein. Scheinprobleme. Forderung einer physiologischen Theorie der sinn-
lichen Aufmerksamkeit 299
Das Nervensystem als Bedingung des intellectuellen
Lebens. Physiologische Bedingungen für das Auftreten von
Phantasmen. Pathologische Erfahrungen; Gedächtnissstörungen,
Seelenblindheit. Erklärungsmöglichkeiten. Bedeutung der Abhängigkeit des Bewusstseinsverlaufs von materiellen Vorgängen.
Das Leben nach dem Tode 307

Sechstes Capitel.

Seite

Wahrheit und Irrtum 313

Die associativen Wahrnehmungsurteile und die Sinnestäuschungen. An Wahrnehmungen geknüpfte Erwartungen.
Erfüllung und Enttäuschung derselben. Schema der Sinnestäuschungen. Nur über Symbolbedeutungen sind Täuschungen
möglich. Hallucinationen. Das Falschlesen. Falsche Benennung eines Tones. Optische Täuschungen. Der Helmholtz'-
sche Satz 313
Der Sprechende und der Hörende. Bejahung und Verneinung. Sprachlicher Urteilsausdruck. Verschiedene Stellung
desselben beim Sprechenden und beim Hörenden. Bejahung
und Verneinung als Resultate der Thätigkeit des Hörenden . 322
Bejahung und Verneinung unmittelbarer Wahrnehmungsurteile. Erwartung beim Hören des Urteils. Thatbestand
der Bejahung und Verneinung. Primäre und secundäre Urteile.
„Aussagen der Sinne". Die Frage als angezeigtes Urteil . . 324
Subjective und objective Wahrnehmungsurteile. Indi-
viduen gleicher Stufe. „Entsprechende" Inhalte verschie-
dener Individuen. Objectiv und subjectiv ausgedrückte Urteile.
Unterschiede der Wahrnehmungsbegriffe bei verschiedenen
Individuen 330
Der Begriff der Wahrheit. Subjective und objective Wahrheit.
Das Urteilssymbol als Object der Frage nach der Wahrheit.
Bedingungen dieser Frage. Vollständiger Urteilsausdruck. Der
Erkenntnissgrund 333
Formale Kriterien der Wahrheit. Logische Möglichkeit
und Notwendigkeit. Logische Grundsätze. Der Satz der
Identität. Der Satz des Widerspruchs. Unverträglichkeit. Der
Satz der doppelten Verneinung und des ausgeschlossenen Dritten.
Logisch bedingte und real bedingte Urteile. Analytische und
synthetische Urteile. Notwendigkeit der analytischen Urteile
u. Vernunftschlüsse. Synthetische Urteile über Wahrnehmungs-
begriffe und empirische Begriffe 338
Materiale Erkenntnissgründe. Die Wahrheit der Gedächt-
nissurteile, der subjectiven Wahrnehmungsurteile, der Urteile
über uns selbst, der objectiven Wahrnehmungs- und der objecti-
ven Existentialurteile. Urteile über Vergangenes. „Quellen" . 344
Die Induction und das Causalgesetz. Induction allgemeiner
Urteile über Wahrnehmungsbegriffe. Beispiel der Zahlurteile.
Synthetische Urteile a priori. Induction im Gebiete empirischer
Begriffe. Beispiele irriger Induction. Sichere Inductionen.
Recht der Verallgemeinerung. Praktischer Wert derselben,

Seite

Fall der Enttäuschung; neue Begriffsbildungen. Die „Ursache
der Veränderung“. Causalerklärung   348
Reale Notwendigkeit. Unerbittlichkeit des Naturlaufs. Die
Naturnotwendigkeit als logische Notwendigkeit, bedingt durch
die empirische Begriffsbildung   356
Grenzen der Causalerklärung. Abweisung der Frage nach
der Totalität der Bedingungen einer Erscheinung. Lösung der
dritten Kant'schen Antinomie. Indeterminismus und Fatalismus   358

Siebentes Capitel.

Fühlen und Wollen   362

Reine und empirische Gefühle. Allgemeines. Wiedererkennen der Gefühle. Prädicationen der Gesammtinhalte in verschiedener Hinsicht   362
Sinnliche und intellectuelle Gefühlsmomente. Aenderung
des Gefühls bei der Analyse. Begriff des Gefühlsmoments.
Keine Summation. Gefühlsmomente von einfachen Empfindungen und Empfindungscomplexen. Consonanz und Dissonanz.
Intellectuelle Gefühlsmomente. Das Oekonomieprincip. Interesse und Langeweile   365
Strebungsgefühle. Bedingung der Strebung. Ihre Betonung
durch die des vorgestellten Gefühls nicht bestimmt. Hinzu-
tretende Urteile. Objective Thatbestände als Gegenstände des
Wunsches   371
Der Wertbegriff. Gefühlsprädicate objectiver Zusammenhänge.
Analogie zwischen Wert- und Dingbegriff. Strebungen als Be-
gleiterscheinungen des Werturteils. Wertgefühle. Abhängig-
keit des Wertes von möglichen Werturteilen. Relativität der
Wertschätzung. Veränderung der Wertbegriffe. „Objective
Werte“. Letzte Werte   375
Wünschen, Begehren und Wollen. Werturteile als Beding-
ungen von Strebungen. Urteile über die Erreichung des Ge-
wünschten. Blosser Wunsch und Begehren. Unbestimmte
Zielvorstellungen. Mitwirkung unsererseits zur Erreichung des
Ziels. Wille, Willensüberlegung, Willensentscheid. „Spiel der
Motive“. Willensentscheid und Handlung. Anstrengung beim
Willensentscheid   381
Willenshandlungen. Begriff der Handlung. Psychische Hand-
lungen. Der psychische Thätigkeitsbegriff. Physische Hand-
lungen. Unwillkürliche und willkürliche Handlungen. Innere

Seite

und äussere Willenshandlung. Willenshandlungen als secundäre Erlebnisse. Begleiterscheinungen 387

Das willkürliche Denken. Eingeübte Associationen als Bedingungen des willkürlichen Denkens. Unsicherheit desselben. Wirkung des constanten Wollens. Willkürliche Unterdrückung von Associationen. Abhängigkeit des Willens von der Vorbereitung und von äusseren Umständen. Anstrengung beim willkürlichen Denken 389

Die willkürliche sinnliche Aufmerksamkeit. Physische Bedingungen für den Erfolg des Strebens. Mitwirkung von Bewegungen. Willkürliche Analyse eines Klanges und des Gesichtsfeldes. Sinnliche und intellectuelle Aufmerksamkeit. Physiologische Parallelprocesse 395

Die äussere Willenshandlung. Theorie der ideomotorischen Handlung. „Erklärung" des ideomotorischen Zusammenhangs. Einschränkung. Physiologische Erklärung der willkürlichen Handlung. Entwicklung des Nervensystems. Meynert's Beispiel. Automatische Handlungen 400

Complexe Handlungen. Rolle der automatischen Handlungen. Willenshandlungen ohne Ueberlegung. Handlung auf Grund der Ueberlegung, vor der Ueberlegung und gegen dieselbe . 406

Moralische Werturteile. Irrtümliche Werturteile über die Ziele unseres Wollens. Doppelter Grund des Irrtums. Werturteil über den getroffenen Entscheid. Gefühl der Reue. Moralische Wertung eigener und fremder Willensacte. Moralgesetz. „Gewissen" und Oekonomieprincip 409

Der Schönheitsbegriff und die Kunst. Das Oekonomieprincip als ästhetisches Grundgesetz. Beispiel der darstellenden Künste. Problem der Raumdarstellung. Die Photographie löst das Problem nicht. Leistung des Kunstwerks. Das künstlerische Motiv. Thätigkeit des Künstlers. „Sehenlernen". Technik und Stil. Die künstlerische Thätigkeit als Urteilsthätigkeit. Weitere Aufgaben. Aesthetische Wirkung durch die Vorbereitung bedingt. Schönheit der Darstellung und der Natur. „Einfühlung". — Die ethische Befriedigung als Specialfall der ästhetischen. 415

Rückblick 426
Anmerkungen 429

Einleitung.

Psychische Thatsachen. Unter Psychologie verstehen wir die Wissenschaft von den Thatsachen des geistigen Lebens oder den psychischen Thatsachen.

Psychische Thatsachen heissen die sämmtlichen Thatsachen, welche jedem von uns als seine Erlebnisse, oder, wie man auch sagt, als Erscheinungen oder Inhalte seines Bewusstseins direct bekannt sind: wie Empfindungen, Vorstellungen der Erinnerung und der Phantasie, Erkenntnisse, Zweifel, Hoffnung und Furcht, Liebe und Hass, Begehren und Wollen. Diese Beispiele geben zwar keine vollständige Uebersicht über die verschiedenen Arten psychischer Thatsachen, genügen aber zur Darlegung des Sinnes, in welchem dieser Ausdruck verstanden werden soll.

Man bezeichnet die psychischen Thatsachen bald als Zustände, bald als Inhalte oder Objecte unseres Bewusstseins. Indem wir die psychischen Thatsachen erleben, haben wir eine directe Kenntniss derselben: sie sind uns bewusst, oder, wie man auch sagt, wir sind uns derselben bewusst, und sie haben keinerlei Bedeutung oder Existenz, ausser insoferne sie eben Gegenstand dieses unseres Bewusstseins sind. Eine Empfindung, die niemandes Empfindung wäre, oder was dasselbe sagt, die nicht Inhalt eines Bewusstseins wäre, ein Gedanke, ein Urteil, eine Gemütsstimmung, ein Willensact, die niemandes Bewusstseinsinhalte wären, von niemandem erlebt würden, sind nicht ausdenkbar[1]).

Zur Vermeidung von Missverständnissen sei ausdrücklich darauf hingewiesen, dass das Wort Bewusstsein hier nur in rein thatsächlichem Sinne gebraucht wird: zur Bezeichnung des Thatbestandes, der überall vorliegt, wo irgend eine psychische Thatsache erlebt, Gegenstand unserer Kenntnissnahme wird. Auf irgend welche Theorie über die Art, wie eine solche Kenntnissnahme erfolgt, oder wie unsere Erlebnisse sich als Teile eines continuirlichen Zusammenhanges darstellen, soll mit jenem Worte nicht hingewiesen sein; ebensowenig auf irgend eine Theorie der Persönlichkeit, des Ich, des Subjektes, dem gegenüber alle diese Inhalte als seine Inhalte, als die Objecte seines Bewusstseins bezeichnet werden. In welcher Weise die unmittelbar gegebenen Thatsachen zu diesen Begriffen bez. Gegensätzen führen, wird erst im weiteren Verlaufe unserer Betrachtungen zu besprechen sein.

Man hat die psychischen Thatsachen auch als Objecte der inneren Erfahrung bezeichnet, im Gegensatze zu den anscheinend unabhängig von unserem psychischen Leben verlaufenden Vorgängen in der materiellen Welt, welche als Gegenstände der äusseren Erfahrung bezeichnet werden. In wie weit diese Scheidung einer inneren und äusseren Erfahrung sich sachlich rechtfertigen lässt, wird später zu entscheiden sein. Wenn wir die innere Erfahrung als diejenige definiren, welche eben unsere psychischen Thatsachen zum Gegenstande hat, so wird durch einen solchen Sprachgebrauch wenigstens keine Gefahr eines Missverständnisses bedingt sein. Angemessener erscheint die Bezeichnung der psychischen Thatsachen als der Gegenstände der unmittelbaren Erfahrung — im Gegensatz zu denjenigen Thatsachen, deren Kenntniss uns nicht direct gegeben, sondern durch jene Erfahrung vermittelt wird. In welcher Weise ein solcher Gegensatz zu Stande kommt, kann erst im Folgenden gezeigt werden. Es hat indess sein Missliches, dieser Terminologie gemäss die Psychologie als Wissenschaft von der unmittelbaren Erfahrung zu definiren [2]). Eine solche Definition erscheint zur vorläufigen Bestimmung der Aufgabe der Psychologie erstlich deshalb nicht geeignet, weil sie eine keineswegs einfache psychologische Distinction — eben diejenige der mittelbaren und der unmittelbaren Erfahrung — bereits als bekannt voraussetzt; zweitens aber auch, weil sie, was mit diesem ersteren Mangel zusammenhängt, leicht den Anschein erwecken kann, als ob die Psychologie in keiner

Weise sich mit der mittelbaren Erfahrung zu beschäftigen hätte. Wir werden aber sehen, dass eine solche Beschäftigung sich mit jener Definition sehr wohl verträgt. Dass es psychische Thatsachen gibt, kann niemand bezweifeln. Dagegen hat man bezweifelt, dass dieselben eigenartige, von den Vorgängen der materiellen Welt wesentlich verschiedene Thatsachen sind. Die neumaterialistische Schule glaubte alle psychischen Erscheinungen in physische Prozesse — mechanische, chemische, elektrische Veränderungen der Gehirnsubstanz — ohne Rest auflösen zu können. Eine Polemik gegen diese Ansicht erscheint nicht mehr zeitgemäss. So wenig ein Blindgeborener aus der Lehre der Physik, dass das spectrale Blau durch elektromagnetische Schwingungen dieser oder jener Schwingungsdauer hervorgerufen wird, jemals eine Vorstellung der blauen Farbe gewinnen kann, so wenig könnte auch die genaueste Kenntniss der Vorgänge in der Nervensubstanz uns eine Vorstellung von den entsprechenden psychischen Thatsachen geben, wenn wir eine solche nicht schon anderweitig besässen. Die psychischen Erscheinungen sind zwar bis zu einem gewissen Grade wenigstens sicher abhängig von den physiologischen Vorgängen in der Nervensubstanz; aber sie sind mit denselben nicht identisch und die Beschreibung der einen ist nicht gleichbedeutend mit der Beschreibung der andern.

Methode und Stellung der Psychologie. Die Psychologie kann, wie jede Wissenschaft von Thatsachen, solange sie überhaupt Wissenschaft bleiben will, nur Erfahrungswissenschaft sein. Nicht auf irgendwelche metaphysische Hypothesen, sondern nur auf das empirisch gegebene Thatsachenmaterial dürfen sich ihre Betrachtungen stützen: sie darf sich keiner Begriffe bedienen, deren empirischen Ursprung sie nicht nachweisen, deren empirische Bedeutung sie nicht aufzeigen kann.

Man pflegt als die allgemeine Aufgabe der Erfahrungswissenschaften die Beschreibung und Erklärung der Thatsachen zu bezeichnen; der Psychologie würde hiernach die Aufgabe der Beschreibung und Erklärung der psychischen Thatsachen zufallen. Dieser Formulirung gemäss hat man eine bloss beschreibende und eine erklärende Bearbeitung der Psychologie unterschieden. Sachlich ist indess eine solche Unterscheidung nicht gerechtfertigt: auf rein empirischem Boden ist aller Fortschritt, den man gemeiniglich als Erklärung der Thatsachen bezeichnet, nichts anderes als vereinfachte, zusammenfassende Beschreibung der Thatsachen. Alle Erklärung führt das Zusammengesetztere auf Einfacheres, das Unbekannte auf Bekanntes zurück: jede solche Zurückführung aber kann — solange sie sich der obigen Forderung entsprechend auf die Verwendung empirischer Begriffe beschränkt — nur dadurch zu Stande kommen, dass die zu erklärende Erscheinung mit anderen, eben mit einfacheren, bekannteren Erscheinungen, unter einen und denselben Begriff gebracht wird. Indem wir einen solchen zusammenfassenden Begriff bilden, gewinnen wir eine vereinfachte Darstellung unserer Erfahrungen; was zuvor durch verschiedene Ausdrücke beschrieben werden musste, können wir jetzt durch jenen Begriff zusammenfassend in einfacherer Weise bezeichnen. Aller Fortschritt auf empirischem Gebiete beruht einerseits auf der Vervollständigung, andererseits aber auf dieser zusammenfassenden Vereinfachung der Beschreibung der Thatsachen. Als Beleg hierfür kann jedes beliebige Beispiel einer naturwissenschaftlichen Erklärung dienen. Der Fortschritt, welchen Newtons grosse Entdeckung bezeichnet, ist nur ein solcher in der zusammenfassenden Beschreibung eines zuvor scheinbar zusammenhangslosen Gebietes von Thatsachen: nicht nur vereinigt jene Entdeckung die von Kepler gefundenen Gesetze der Planetenbewegungen unter ein einziges Prinzip, aus welchem jene einzelnen Gesetze sich ableiten lassen, sondern sie lässt zugleich die Wurf- und Fallbewegung der terrestrischen Objecte als Fälle desselben Gesetzes erscheinen, welches die Bewegungen der Himmelskörper beherrscht. Sie gibt nichts anderes als die zusammenfassende Beschreibung sämmtlicher Fälle von Bewegungen der einen wie der anderen Art in einer einzigen Formel.

Der Erkenntniss, dass auf empirischem Gebiete alle Erklärung in der eben dargelegten Weise auf Vereinfachung der Beschreibung beruht, hat Gustav Kirchhoff in seiner Definition der Aufgabe der Mechanik Ausdruck verliehen[3]). Wollen wir die gleiche Erkenntniss in der Definition der Psychologie

als Erfahrungswissenschaft zum Ausdrucke bringen, so werden
wir an Stelle der oben wiedergegebenen Definition dieser
Wissenschaft eine andere, der Kirchhoff'schen Definition der
Mechanik entsprechende Formulirung zu setzen haben: wir
werden der Psychologie die Aufgabe stellen müssen, die
psychischen Thatsachen vollständig und in der einfachsten Weise zu beschreiben.

An einer späteren Stelle werden wir das soeben geschilderte Streben nach zusammenfassender Beschreibung unserer
Erfahrungen, wie es aller wissenschaftlichen Theorienbildung
zu Grunde liegt, als Specialfall eines allgemeineren, unser
gesammtes Denken beherrschenden psychologischen Gesetzes
erkennen[4]).

Zur Vermeidung von Missverständnissen sei bemerkt: die
Behauptung, dass alle Erklärung auf empirischem Gebiete
nichts anderes ist, als vereinfachte Beschreibung der Thatsachen,
will in keiner Weise an Stelle des herkömmlichen Begriffes
der Erklärung etwas Neues setzen, sondern nur diesen Begriff
erläutern und gegen Missbrauch schützen. Jede Theorie,
durch welche wir vorgefundene Thatsachen erklären, ist thatsächlich Vereinfachung der zusammenfassenden Beschreibung
unserer Erfahrungen; und sie kann als Erklärung jeweils nur
genau soweit gelten, als sie unter den Begriff der zusammenfassenden Beschreibung der Thatsachen fällt. Jeder anderweitige Factor der Erklärung würde selbst wieder einer Erklärung
bedürftig sein und so die gegebene Erklärung illusorisch
machen. Diese Bemerkung erscheint mir namentlich gegenüber
dem mit Causalerklärungen vielfach in der Philosophie getriebenen
Missbrauche durchaus nicht überflüssig. Dass mit der Beschreibung hier nicht die einfache Aufzählung der wahrgenommenen
Erscheinungen gemeint ist, geht aus dem Gesagten deutlich
genug hervor, vor allem aus der Forderung der Vereinfachung der Beschreibung: die blosse Aufzählung des Beobachteten würde nicht die einfachste, sondern die wenigst einfache Art der Beschreibung unserer Erfahrungen sein, da sie jede
einzelne Thatsache besonders zu erwähnen hätte. Den Namen
der Wissenschaft würde solche Beschreibung nicht verdienen[5]).

Wie die geforderte Art der Beschreibung zu leisten ist,

zeigt das Beispiel der Naturwissenschaften. Im einzelnen wird freilich die Psychologie sich ihre eigentümlichen Methoden der Forschung und der Bearbeitung des gewonnenen Materials in derselben Weise bilden müssen, wie sich die einzelnen Zweige der Naturwissenschaft ihre besonderen Methoden geschaffen haben; im allgemeinen aber wird der Weg der Forschung hier der gleiche sein, wie dort: Classification der Erscheinungen, Untersuchung der Gesetzmässigkeiten und Bedingungen ihres Verlaufs, Theorienbildung zur Zusammenfassung des scheinbar Verschiedenartigen unter einheitlichen Gesichtspunkten, eventuell Heranziehung hypothetischer Hilfsbegriffe, wo die Analogie mit anderweitig bekannten Erscheinungen von der Einführung bildlicher Vorstellungen eine Vereinfachung in der zusammenfassenden Beschreibung der Thatsachen erhoffen lässt — überall unter Zugrundelegung des durch Analyse der gemachten Erfahrungen, durch Beobachtung und Experiment gewonnenen empirischen Materials.

Als Erfahrungswissenschaft erscheint die Psychologie zunächst den Naturwissenschaften coordinirt. Ob man sie selbst als Naturwissenschaft bezeichnen soll ist eine ziemlich müssige Frage, deren Beantwortung davon abhängt, ob man unter Naturerscheinungen nur die Vorgänge in der materiellen Welt oder auch diejenigen des psychischen Lebens verstehen will. Entscheidet man sich hergebrachter Weise für die erstere Definition, so ist Psychologie natürlich nicht Naturwissenschaft.

Wichtiger ist die Frage, ob die Psychologie den Naturwissenschaften auch ihrer erkenntnisstheoretischen Stellung nach zu coordiniren sei. Die Naturwissenschaften pflegen von gewissen erkenntnisstheoretischen Voraussetzungen auszugehen — so der Voraussetzung der absoluten Existenz von Raum, Zeit, Materie und Bewegung — ohne sich um die Rechtfertigung dieser Voraussetzungen und die eventuellen Folgen der Unmöglichkeit ihrer Rechtfertigung zu kümmern. Die Lösung dieser Schwierigkeiten bleibt der Philosophie überlassen. Die Versuchung liegt nahe, auch in der Psychologie ähnlich zu verfahren. Die Fortschritte, welche die Psychologie bisher unbekümmert um die erkenntnisstheoretische Begründung ihrer Voraussetzungen gemacht hat, scheinen sie zu rechtfertigen, wenn sie es auch in Zukunft der Philosophie anheimstellt, sich mit diesen Voraussetzungen abzufinden, sich selbst aber das Recht der Specialwissenschaften wahrt und allgemeinere Erörterungen von sich abweist. Indessen erheben sich gegen ein solches Verfahren gewichtige Bedenken. Wenn es überhaupt Philosophie als Wissenschaft geben soll, so muss dieselbe von gewissen Erfahrungen als ihrer Grundlage ausgehen. Das letzte Fundament aller Erfahrung aber sind unsere Erlebnisse: diese also müssen notwendig auch den Ausgangspunkt der Philosophie bilden. Man wende nicht ein, dass dies ein dogmatisches Verfahren sei, welches die kritische Philosophie nicht billigen könne. Es kann sich, wie die Psychologie der Erkenntniss zeigt, niemals um die Frage handeln, ob die Erscheinungen unseres Bewusstseins als solche wahr oder falsch sind: dieselben stehen ausserhalb der Frage nach der Wahrheit. Die psychologische Analyse führt uns zur Definition der Wahrheit, zur Darlegung des psychischen Thatbestandes, welcher überall vorliegt, wo wir eine Behauptung für wahr oder falsch erklären. Die so zu gewinnende Definition der Wahrheit wird uns zeigen, dass von einem Glauben oder Nichtglauben an die Daten des Bewusstseins als solche und somit auch von dem Vorwurfe des Dogmatismus in unserem Falle überhaupt nicht die Rede sein kann.

Auf Grund dieser Erkenntniss erscheint Psychologie als das einzig mögliche Fundament aller Philosophie, insbesondere also auch der Erkenntnisstheorie. Muss somit Philosophie im weiteren Sinne sich überall auf Psychologie stützen, so wird offenbar nicht umgekehrt die Psychologie der Philosophie die Verantwortung für ihre Voraussetzungen aufladen dürfen, wenn nicht ein Zirkel entstehen soll. Für diejenigen Teile der Psychologie also, welche der Erkenntnisstheorie als Fundament dienen müssen, werden wir jenes Recht der Specialwissenschaften keinesfalls in Anspruch nehmen dürfen; und die etwa in anderen Teilen der Bequemlichkeit halber zuzulassenden Annahmen, welche erkenntnisstheoretischer Rechtfertigung bedürfen, werden in jenem Teile sorgfältig ausgeschieden werden müssen. Zu diesen Annahmen gehört in erster Linie diejenige des Dualismus der psychischen und der materiellen Welt[6]).

Subjective und objective Psychologie. Da jedem von
uns direct nur die Erscheinungen seines eigenen Bewusstseinsverlaufes bekannt sind, und alle Schlüsse auf fremde Bewusstseinsthatsachen nur nach Analogie unserer eigenen psychischen
Erlebnisse gezogen werden können, so muss die Erkenntniss
unserer eigenen Bewusstseinsphänomene aller weiteren psychologischen Forschung zu Grunde liegen. Wir können aber
solche Erkenntniss nicht anders gewinnen, als durch die directe
Betrachtung, Analyse und Vergleichung der Erlebnisse, welche
uns unser Bewusstseinsverlauf darbietet — entweder während
ihres Auftretens oder nachträglich mit Hilfe des Gedächtnisses.
Die letztere Art der Betrachtung ermöglicht eine Erkenntniss
und Vergleichung auch für solche Erlebnisse, welche während
ihres Verlaufes nicht genügend beobachtet werden können.
Die eine wie die andere Art der Gewinnung unseres Erfah-
rungsmateriales kann durch das Experiment unterstützt werden,
indem wir auf künstlichem Wege die Bedingungen für die zu
beobachtenden Erscheinungen herstellen und eventuell wiederholt in Wirksamkeit treten lassen können.

Diese Methode der subjectiven psychologischen Analyse
führt zunächst zu einer bloss subjectiven Psychologie oder
Individualpsychologie. Ausser der genannten directen Quelle
psychischer Erfahrung besitzen wir aber eine indirecte in der
Betrachtung der Ausdrucksbewegungen und Mitteilungen anderer Individuen, die wir auf Grund der Analogie mit unseren
eigenen Aeusserungen als Zeichen psychischer Vorgänge deuten.
Insoweit wir überhaupt auf Grund solcher Analogie die Existenz empfindender, fühlender und denkender Wesen ausser
uns erschliessen können, gibt uns diese mittelbare Erkenntniss
des psychischen Lebens Anderer erstlich die Gewissheit, dass
die durch die subjective Analyse gewonnenen Beschreibungen
psychischer Thatsachen nicht bloss subjective Bedeutung beanspruchen dürfen, sondern dass unserer zunächst nur subjectiven
Psychologie eine allgemeinere, „objective" Bedeutung zukommt.
Andererseits aber können wir mit Hilfe dieser indirecten Quelle
psychischer Erfahrungen die Resultate unserer subjectiven
Analyse nicht selten wesentlich ergänzen; dann nämlich, wenn
es uns gelingt, unzweideutige Aeusserungen von Individuen zu

erlangen, welche sich in Verhältnissen befinden, in die wir uns selbst zu versetzen nicht in der Lage sind. Insbesondere kann die Beobachtung von Aeusserungen solcher Individuen von Wichtigkeit werden, deren psychisches Leben aus irgend einem Grunde dem unsrigen gegenüber als ein einfacheres erscheint[7]; vornehmlich, wenn es gelingt, ein in der ursprünglichen Entwicklung fehlendes Element später in dieselbe einzuführen und so gewissermassen einen Teil der sonst im ersten Kindesalter verlaufenden Entwicklung in einem Lebensalter nachzuholen, in welchem das betreffende Individuum bereits hinreichend geistig ausgebildet ist, um über seine Erlebnisse Mitteilung zu machen. Die Verwertung solcher an Kindern, an körperlich oder geistig anomalen Individuen, an operirten Blindgeborenen u. a. gemachten Studien lässt freilich bisher noch viel zu wünschen übrig.

Psychophysik und physiologische Psychologie. Der durch die Analyse unserer eigenen Bewusstseinserscheinungen und durch die Deutung fremder Mitteilungen über Bewusstseinserscheinungen gewonnenen reinen Psychologie reiht sich die Psychophysik im weitesten Sinne des Wortes an als die Wissenschaft von den Beziehungen des psychischen Lebens zu den Vorgängen in der materiellen Welt.

Nichts ist augenfälliger als dass unsere Erlebnisse von Vorgängen in der materiellen Welt abhängen; in letzter Instanz erkennen wir dieselben als abhängig von Vorgängen in der Nervensubstanz des Gehirns. Die Erforschung der Abhängigkeit unserer Bewusstseinsvorgänge von den Erregungen des Nervensystems bildet den Gegenstand der physiologischen Psychologie, diejenige ihrer Beziehungen zu den Vorgängen ausserhalb des Nervensystems den Gegenstand der Psychophysik im engeren Sinne. Da die letzteren Vorgänge nur dadurch als Bedingungen unseres psychischen Lebens fungiren, dass sie zunächst auf unsere Nerven wirken, so muss mit dem Fortschreiten der Wissenschaft die Psychophysik sich mehr und mehr auf physiologische Psychologie reduciren.

Die physiologische Psychologie aber ihrerseits muss, da sie die Beziehungen der psychischen zu materiellen Vorgängen untersucht, die Resultate der psychologischen Analyse als bekannt voraussetzen; sie kann nicht auf rein physiologischem Wege zu einer psychologischen Deutung der Vorgänge im Nervensystem gelangen. Andererseits würde die psychologische Analyse ohne Hilfe der physiologischen Psychologie eine Reihe wichtiger Probleme unerörtert lassen müssen. Wir werden daher die reine wie die physiologische Psychologie als integrirende Bestandteile der psychologischen Gesammtwissenschaft betrachten, der ersteren aber in jeder Hinsicht den Primat zuerkennen müssen.

Genetische Psychologie. Nicht alle Bewusstseinsinhalte sind in gleicher Weise ursprüngliche Inhalte. Wir beobachten im Laufe unseres Lebens, wie manche Begriffe, manche Unterscheidungen neu erworben werden, wie sich unser Denken und Handeln entwickelt und übt. Wenn wir aber im späteren Leben unsere Inhalte in dieser Weise in Veränderung begriffen finden, so werden wir consequenter Weise auf analoge Entwicklungen in früheren, uns zum Teil nicht mehr erinnerlichen Stadien unseres Lebens schliessen müssen, in welchen unser gegenwärtiger Besitz an Begriffen, unsere Erfahrung und unsere Dispositionen zu Urteilen und Handlungen sich gebildet haben. Wir werden uns daher nicht damit begnügen dürfen, nur die Thatsachen unseres entwickelten Lebens zu beschreiben; sondern wir werden suchen müssen, diejenigen Bestandteile des psychischen Geschehens, welche sich erst im Laufe unserer Entwicklung gebildet haben, aufzuzeigen und die Art ihrer Entstehung zu erschliessen [8]).

Das Princip, auf welches Schlüsse der letzteren Art sich gründen müssen, wenn der rein empirische Character unserer Wissenschaft gewahrt bleiben soll, ist dieses: wir dürfen keine anderen Arten der Entwicklung für die früheren Phasen unseres Lebens voraussetzen, als diejenigen, welche wir noch in den unserer Beobachtung bez. Erinnerung zugänglichen Phasen nachweisen können. Nur indem wir dieses Princip beachten, gewinnen wir eine Vereinfachung in der zusammenfassenden Beschreibung unserer Erfahrungen, indem wir eben

die früheren mit den jüngeren Phasen der Entwicklung unter
gemeinschaftliche Gesetze zusammenfassen. Unsere Untersuchung wird uns mit einer Anzahl solcher
Gesetze bekannt machen. Sie wird uns aber zugleich eine
Reihe von Thatsachen aufweisen, welche wir als ursprüngliche,
schon den ersten Anfängen psychischen Lebens zu Grunde
liegende Thatsachen deswegen betrachten müssen, weil ohne
dieselben die Entstehung irgendwelcher Erfahrung, die Bildung
der ersten Begriffe, welche aller weiteren Erfahrung zu Grunde
liegen, niemals möglich gewesen wäre. Diese Thatsachen sind
diejenigen, welche die Erkenntniss des zeitlichen Verlaufes
und des Zusammenhanges unserer Erlebnisse bedingen.
Mit der Erkenntniss dieser Thatsachen beantwortet sich
von selbst die Frage, welche Kant als Frage nach den Gründen zur Möglichkeit der Erfahrung in der „Deduction der reinen
Verstandesbegriffe"[9]) gestellt und zu beantworten versucht hat.
Die Antwort, welche unsere Untersuchung liefert, unterscheidet
sich zwar in vielen und sehr wesentlichen Beziehungen von
derjenigen Kant's; auf die Uebereinstimmung beider Fragestellungen aber, wie auch der Principien, auf welche sich die
Beantwortung hier wie dort gründet, sei ausdrücklich hingewiesen[10]).

Eben jene Thatsachen, welche als Bedingungen der Möglichkeit der Erfahrung erscheinen, enthalten zugleich die Bedingungen der Gesetze in sich, auf welchen die Entwicklung
der Erfahrung beruht: so dass wir mit der Erkenntniss jener
Thatsachen uns in den Stand gesetzt sehen, die Entwicklung
unseres psychischen Lebens, die Genesis unserer Erfahrung
wenigstens in ihren Hauptzügen vollständig zu überschauen.
Mit der Erkenntniss dieser Entwicklung ist das Ziel der allgemeinen Psychologie erreicht und die Grundlage gegeben, auf
welche der Ausbau der Wissenschaft im einzelnen sich überall
stützen kann.

Erstes Capitel.

Elementare Thatsachen des Bewusstseinsverlaufs.

Gemäss den in der Einleitung dargelegten Principien wird
es unsere erste Aufgabe sein, die Thatsachen des psychischen
Lebens, wie sie sich uns als unsere Erlebnisse direct darbieten,
zu analysiren und zusammenfassend zu beschreiben. Diese
Beschreibung wird sich zunächst nur auf die allgemeinsten,
überall wiederkehrenden Thatsachen richten können; das so
gewonnene erste, skizzenhafte Bild werden die folgenden Capitel
im einzelnen weiter auszuführen haben.

Das Leben. Was sich uns ohne jede weitere Analyse
unmittelbar als gegeben darbietet, ist die Kenntniss einer Summe
von Ereignissen, die wir zusammenfassend als den Inhalt
unseres Lebens bezeichnen können. Diese Ereignisse oder
Erlebnisse erscheinen in gewisser Weise geordnet: sie bilden
eine zeitlich verlaufende Reihe, deren Glieder untereinander
in einem gewissen Zusammenhange stehen, so dass keines der
Erlebnisse ohne irgendwelche Beziehungen zu vorhergegangenen Erlebnissen erscheint. Nur ein sehr kleiner Teil
dieser Ereignisse erscheint jeweils als gegenwärtig; von den
übrigen sagen wir, sie seien vergangen — ohne dass sie
doch darum spurlos verschwunden und in nichts zerflossen
wären, da sie nicht nur in gewisser Weise von uns im Gedächtnisse betrachtet werden können, sondern auch die folgenden Glieder der Reihe überall wesentlich mitbestimmen. Zum
Teil glauben wir die Reihe unserer Erlebnisse deutlich zu
überblicken, zum Teil scheint sie in mehr oder minder tiefes
Dunkel gehüllt; ihren Anfang vermögen wir nicht zu erkennen
und ein Ende der Reihe scheinen wir uns kaum vorstellen zu

können. Ueber die Beschaffenheit und die Unterschiede ihrer
einzelnen Glieder ist ohne eingehende Analyse zunächst nicht
viel auszusagen. Nur ihr rastloses Hinströmen, ihr Kommen
und Gehen und ihr eigentümlicher gegenseitiger Zusammenhang, der sie nicht als selbständig bestehend, sondern als Glieder einer Kette, als Wellen eines Stromes[11]) erscheinen lässt,
fällt unmittelbar in die Augen.

Um indess das Wesen und die Eigenschaften dieses Stromes
und seiner Bestandteile näher kennen zu lernen, brauchen wir
nichts zu thun, als eben unsere Erlebnisse, die in den verschiedenen Momenten unsres Lebens concret gegebenen Erscheinungen und die eigentümliche Art des Zusammenhanges
derselben genauer ins Auge zu fassen. Diese Betrachtung liefert
uns sogleich eine Reihe fundamentaler Thatsachen, deren Beschreibung in diesem Capitel versucht werden soll.

Bewusstseinsinhalte. Die erste und allgemeinste Thatsache, welche wir auf Grund solcher Betrachtung constatiren
können, ist die, dass sich in jedem Augenblicke unseres wachen
Lebens Bewusstseinsinhalte vorfinden. Was mit dieser
Behauptung gemeint ist, darf nach den Ausführungen der Einleitung als einem jeden verständlich betrachtet werden. Wie
immer sich unser Leben augenblicklich gestaltet: ob wir uns
mit Eifer der Betrachtung irgend eines Phänomenes hingeben
oder uns planlos und träumend dem Zuge unserer Phantasie
überlassen; ob wir uns erinnernd das Vergangene vergegenwärtigen oder uns Erwartungen für die Zukunft ausmalen; ob
wir fragen, zweifeln, urteilen, ob wir uns passiv geniessend
oder leidend verhalten, sehnen, wünschen, hoffen, fürchten, oder
ob wir uns entschliessen, wollen, handeln — in jedem Augenblicke ist uns etwas gegeben, wovon wir jeweils unmittelbare
Kenntniss haben, worauf sich, wie man sagt, unsere Gedanken
richten, was als Inhalt unseres Vorstellens oder unseres Be-
obachtens, als das eigentümliche Erlebniss des Zweifels, des
Vollzugs des Urteiles, als das Gefühl des Schmerzes oder der
Freude, des Wunsches oder des Wollens uns gegenwärtig ist
oder als das Ziel unseres Handelns uns vorschwebt. Was
dieser Inhalt unseres Bewusstseins in jedem Augenblicke ist,

lässt sich sprachlich freilich nicht immer deutlich zum Ausdrucke bringen. Die Sprache besitzt für die unendlich manig-
faltigen Nuancen verschiedenartiger Bewusstseinsinhalte auch
nicht annähernd ausreichende Bezeichnungen — eine Thatsache,
deren Gründe wir später betrachten werden. Jedenfalls aber
ist irgend etwas zu jeder Zeit unseres wachen Lebens und,
wie wir gleich hinzufügen können, auch jeweils in unseren
Träumen in der angegebenen Weise Inhalt unseres Bewusstseins; und soweit unsere Erinnerung reicht, ist zu jeder Zeit
unseres Lebens uns irgend ein solcher Bewusstseinsinhalt gegenwärtig gewesen, ausgenommen einzig die Zeiten des traumlosen
Schlafes, für welche uns die Erinnerung keine derartigen Inhalte
erkennen lässt.

Gleichbedeutend mit dem Worte Bewusstseinsinhalte gebrauchen wir gelegentlich auch die Ausdrücke Gegenstände
oder Objekte des Bewusstseins; mit der ausdrücklichen Bemerkung, dass hier mit den Worten Gegenstand und Object
keinerlei metaphysische Nebenbedeutung verbunden, sondern
einfach eine Bezeichnung eben jener direct erkennbaren Thatsachen gegeben sein soll. Im gleichen Sinne wie Bewusstseinsinhalt wird auch das Wort Erscheinung oder Phänomen
gebraucht: wobei abermals zu erinnern ist, dass damit keinerlei
Gegensatz eines „blossen Erscheinens" gegen eine „den Erscheinungen zu Grunde liegende Wirklichkeit" angedeutet oder zugegeben sein soll. Die vorgefundenen Erscheinungen, unsere
Erlebnisse oder Bewusstseinsinhalte sind vielmehr die Elemente,
aus welchen sich alle Wirklichkeit für uns aufbaut.

Man bezeichnet die Bewusstseinsinhalte auch vielfach als
Vorstellungsinhalte und gebraucht das Wort Vorstellen
(oder „Vorstellung" im activen Sinne) für die Thatsache, dass
uns ein Inhalt erscheint, welcher seinerseits als Object dieses
Vorstellens (als „Vorstellung" im passiven Sinne) bezeichnet wird.

Dieser Sprachgebrauch erscheint jedoch aus mehreren
Gründen unzweckmässig. Einmal deshalb, weil er leicht zu
Verwechslungen Anlass gibt. Die vulgäre Bedeutung des
Wortes Vorstellung ist eine engere: die der „blossen Vor-
stellung" im Gegensatz zum „wirklich Existirenden" — wie wir
von der blossen Vorstellung eines Schmerzes im Gegensatz zu

dem wirklichen Schmerz sprechen. Bezeichnet man nun wissenschaftlich alle psychischen Thatsachen als Vorstellungen, so
liegt die Gefahr nahe, dass der Schein des Unwirklichen,
welcher dem Worte von seiner vulgären Bedeutung her anhaftet, unwillkürlich auch auf seinen weiteren Gebrauch übertragen wird. Nur durch diese irrige Uebertragung hat der
Begriff des Vorstellungsinhaltes in seinem weiteren Sinne und
damit der Begriff der „Welt als Vorstellung" den unverdienten
Beigeschmack des Traumhaften, Wesenlosen erhalten; die gleiche
Verwechslung hat zu mannigfaltigen Verwirrungen in der Theorie
des Urteils Anlass gegeben [12]). Auf der anderen Seite legt die Bezeichnung unserer Erlebnisse als Vorstellungen die Auffassung
nahe, als ob wir, entsprechend dem activen und passiven Ge-
brauche des Wortes Vorstellung, auch zwischen einem Acte
des Vorstellens, einer Thätigkeit unsererseits, und den Objecten des Vorstellens zu unterscheiden hätten, auf welche diese
Thätigkeit gerichtet wäre, und die uns gewissermassen als etwas
Fremdes, Aeusserliches gegenüberständen. Eine solche Auffassung ist in der That weit verbreitet. Man sagt uns, derselbe
Bewusstseinsinhalt könne in verschiedener Weise Gegenstand unseres Vorstellens, unserer „psychischen Thätigkeit"
werden: einmal als wirklich empfunden, ein anderes Mal als
bloss vorgestellt; einmal ohne Gefühlsinteresse betrachtet, dann
wieder als begehrt oder verabscheut. Es müsse somit die
Verschiedenheit dieser Fälle durch Verschiedenheiten der psychischen Acte bedingt sein, durch welche oder in welchen
wir den betreffenden Bewusstseinsinhalt vorstellen. Diese Argumentation ist jedoch inconsequent. Wenn alles, wovon wir
directe Kenntniss haben, alles also, was wir vorfinden, als
Vorstellungsinhalt bezeichnet wird, so können auch irgendwelche Unterschiede unserer Erlebnisse, welche wir vorfinden,
eben nur als Unterschiede des Vorgefundenen, also der Vorstellungsinhalte bezeichnet werden. Demgemäss müssen auch
in den eben angeführten Fällen, in welchen scheinbar — nämlich nach vulgärem Sprachgebrauch — die gleichen Inhalte
in verschiedener Weise vorgestellt werden, thatsächlich die
vorgefundenen Unterschiede auf Unterschiede der Inhalte
zurückgeführt werden. In der That ist z. B. das blosse Phan-

tasma eines Tones, das Erlebniss also, welches vorgefunden
wird, wenn die „blosse Vorstellung" eines Tones erscheint,
von dem gegenwärtig erklingenden, empfundenen Tone wesentlich verschieden; ein Unterschied, welcher gegenüber weit-
verbreiteten Missverständnissen nicht scharf genug betont werden
kann [13]). Auch die eben erwähnten Unterschiede der „Gefühlsbetonung" lassen sich, wie wir sehen werden, durchaus auf
Unterschiede der vorgefundenen Inhalte zurückführen. Der
Anschein, als ob hier gleiche Inhalte mit verschiedener Wirkung
auf das Gefühl, gleiche Bewusstseinsobjecte mit verschiedener
Wirkung auf das „Subject des Vorstellens" vorlägen, entsteht
nur daraus, dass irgend ein Teil des gesammten Bewusstseinsinhaltes allein beachtet und deshalb für den einzigen Inhalt
gehalten wird, während thatsächlich der Bewusstseinsinhalt
noch durch eine Reihe weiterer, jeweils verschiedener Factoren bestimmt wird [14]).

Alle Bewusstseinsinhalte werden vorgefunden und sind
somit als Gegenstände einer directen Kenntnissnahme zu
bezeichnen. Man spricht daher auch davon, dass dem Bewusstsein die Function des Erkennens zukomme. Mit diesem
Ausdrucke ist aber nur das Vorhandensein psychischer Thatsachen in anderer Weise bezeichnet. Das Wort Bewusstsein
kann für uns zunächst keine andere Bedeutung haben, als die
eines allgemeinen Ausdruckes für die gemeinsame Eigentümlichkeit aller psychischen Thatsachen; ein Gegensatz zwischen
einem erkennenden Bewusstsein und den erkannten Thatsachen
lässt sich von vornherein wenigstens in keiner Weise empirisch
definiren. Wir finden kein Abstractum „Bewusstsein", sondern
nur concrete Bewusstseinsinhalte vor [15]).

Eben weil wir aber mit dem Namen Bewusstsein das Gemeinsame der psychischen Thatsachen bezeichnen, erscheint
jene „erkennende Function" als die allgemeinste Function des
Bewusstseins. Sie ist aber keineswegs die einzige: vielmehr
muss jeder Unterschied der Bewusstseinsinhalte zugleich als
Unterschied der Bewusstseinsfunction erscheinen, wenn wir
den vulgären Sprachgebrauch, der im Vorfinden der Inhalte
eine Function des Bewusstseins sieht, überhaupt zulassen wollen.
Denn eben dieses Vorfinden ist nicht mehr dasselbe, sobald

die Inhalte verschieden .sind: nur solange wir von den Unterschieden der Inhalte abstrahiren, erscheint ein „Vorfinden" begrifflich in den verschiedenen Fällen als das gleiche. Daher verträgt es sich denn mit der allgemeinen erkennenden Function des Bewusstseins sehr wohl, dass dasselbe gleichzeitig noch andere „Functionen", z. B. die des als angenehm oder unangenehm Empfindens, des Wollens oder Nichtwollens besitzt[16]).

Successive und gleichzeitige Inhalte. Eine weitere Thatsache, welche sich ebenso allgemein constatiren lässt, wie die eben besprochene, ist die des raschen Wechsels unserer Bewusstseinsinhalte. Auch diese Thatsache bedarf als solche keiner näheren Erläuterung. Die Aenderungen des Vorgefundenen, welche wir als Aenderungen in der Umgebung unseres Körpers, wie auch jene, welche wir als bedingt durch Bewegungen unseres Körpers oder seiner Teile erkennen, sind jedermann hinreichend bekannt. Aber auch wo solche Aenderungen nicht vorgefunden werden, ist doch ein Wechsel unserer Bewusstseinsinhalte jederzeit zu constatiren, indem sich, wie man zu sagen pflegt, unsere Aufmerksamkeit bald dieser bald jener Empfindung, bald wieder dem Zuge unserer Phantasie oder unserer Erinnerungen zuwendet. Zum Teil pflegen wir diese Aenderungen einer Activität unsererseits zuzuschreiben, zum Teil scheinen sie ohne unser Zuthun einzutreten; die thatsächlichen Unterschiede, auf welche diese Ausdrücke hinweisen, können erst später näher besprochen werden. Endlich vollziehen sich auch beim Beobachten einer constanten Empfindungsqualität Veränderungen unseres Bewusstseinsinhaltes: wenn wir auf einen constant erklingenden Ton horchen, so ist unser Bewusstseinsinhalt nach einer bestimmten Dauer dieses Tones ein anderer als nach der doppelten oder dreifachen Dauer desselben; m. a. W., auch wo keine anderweitigen Aenderungen bemerkt werden können, lassen sich doch stets zeitliche Aenderungen — Aenderungen der Inhaltsdauer — constatiren.

Die hier beschriebene Erkenntniss des zeitlichen Wechsels, oder, wie wir hierfür auch sagen wollen, die Unterscheidung successiver Bewusstseinsinhalte ist die fundamen-

tale Thatsache, welche der Erkenntniss des zeitlichen Verlaufs
unseres Lebens zu Grunde liegt. Da wir uns irgendwelche
psychische Thatsachen ohne zeitlichen Verlauf nicht auszu-
denken im Stande sind, so besteht keine Aussicht, die genannte
Thatsache auf andere, einfachere psychische Daten zurückzuführen — wenn gleich eine eingehende Analyse uns im
Folgenden noch zu einer andern Art der Darstellung derselben
Thatsache führen wird. Diese Thatsache ist in jeder anderen
psychischen Thatsache enthalten und vorausgesetzt; auch die
(hypothetischen) ersten Anfänge unseres psychischen Lebens
können nicht ohne dieselbe gedacht werden.

Mit der Behauptung des Wechsels unserer Bewusstseinsinhalte soll nicht gesagt sein, dass kein Inhalt auch nur die
kleinste Zeit als constant vorgefunden werden könne. Alles,
was die directe Erfahrung lehrt, ist vielmehr nur, dass wir
jeweils nach Ablauf einer im allgemeinen sehr kurzen Zeit
anderes vorfinden als zuvor; von einem continuirlichen
Bemerken von Aenderungen aber ist für gewöhnlich wenigstens
ganz sicher nicht die Rede. Die ausführlichere Betrachtung
dieses Punktes folgt im dritten Capitel. Ebensowenig ist mit
jener Behauptung gemeint, dass wir alle die Unterschiede
successiver Inhalte, welche sich uns bei nachträglicher Reflexion
zu erkennen geben, auch unmittelbar während des Verlaufs
der betreffenden Inhalte schon vorfinden müssten. Was mit
jener „Unterscheidung auf Grund nachträglicher Reflexion"
gemeint ist und inwiefern uns dieselbe zu der Behauptung
berechtigt, dass stets kürzere oder längere Reihen von Inhalten
verlaufen, ohne dass wir dieselben als successive Inhalte unmittelbar unterscheiden, die vielmehr erst nachträglich (in
mittelbarer Weise) als Mehrheiten successiver Teile beurteilt
werden, wird gleichfalls erst später zu besprechen sein.

Wir finden nicht nur Mehrheiten successiver, sondern auch
Mehrheiten gleichzeitiger Inhalte vor. Auch diese Thatsache
kann jedermann unmittelbar erkennen: was mit derselben gemeint ist, zeigt am deutlichsten der Hinweis auf das Gebiet
der Gesichtsempfindungen. Ein Nebeneinander verschieden gefärbter Flächen (wie etwa der Mond auf dem dunklen Hintergrunde des Himmels) erscheint direct als Mehrheit verschiedener

Teile und zwar auch ohne dass wir den Blick wandern lassen und die verschiedenen Teile successive wahrnehmen. Ebenso werden die gleichzeitigen Empfindungen verschiedener Organe, wie z. B. unsere Gehörs- und Gesichtsempfindungen neben einander ohne Weiteres als Mehrheiten gleichzeitiger Inhalte erkannt. Eine gleichzeitige Mehrheit von Inhalten wird ferner unmittelbar vorgefunden, wo wir an Vergangenes denken und zugleich den Eintritt irgendwelcher gegenwärtiger Empfindungen bemerken. Gleichzeitige Mehrheiten von Inhalten lassen sich also wenigstens im entwickelten Leben ebenso unmittelbar erkennen wie die Mehrheiten successiver Inhalte. Die Frage, ob die Erkenntniss gleichzeitiger Mehrheiten sich überall ebenso ursprünglich vollzieht, wie diejenige der successiven, wird erst später zu untersuchen sein; desgleichen werden wir die „Zerlegung" eines zunächst einheitlich auftretenden Inhaltes in eine Mehrheit gleichzeitiger Teile erst in einem der folgenden Capitel betrachten.

Mit der Erkenntniss der Mehrheit geht bei successiven wie bei gleichzeitigen Inhalten ein Unterscheiden der Teile dieser Mehrheiten Hand in Hand, oder, strenger gesprochen, die Mehrheitserkenntniss ist hier wie dort mit solcher Unterscheidung identisch. Erst indem ich einen Inhalt von einem andern — vorhergegangenen oder gleichzeitigen — Inhalte unterscheide, gewinne ich die Erfahrung von einer Mehrheit successiver bez. gleichzeitiger Inhalte. Im letzteren Falle ist mit der Behauptung der Mehrheit gleichzeitiger Inhalte nur ausgesagt, dass sich Unterschiede finden, welche nicht durch Succession bedingt sind.

Die elementare Unterscheidung, von welcher hier die Rede ist, braucht übrigens keineswegs als solche beurteilt zu werden. Wir finden die unterschiedenen Teile, die Mehrheiten von Inhalten vor, aber wir finden durchaus nicht jederzeit daneben noch eine Unterscheidung derselben vor. Was als eine Beurteilung dieser Unterscheidung selbst bezeichnet wird, sind weitere psychische Vorgänge, die sich an jenen Thatbestand anschliessen; dieser aber ist von solchen Folgevorgängen seinerseits natürlich durchaus unabhängig. Ebensowenig braucht mit der Unterscheidung jeweils die ausdrück-

liche Beurteilung der unterschiedenen Teile als einer Mehrheit sich zu vollziehen. Die hier erwähnten Urteilsvorgänge
werden später besprochen werden; hier musste nur auf sie
hingewiesen werden um naheliegenden Missverständnissen zu
begegnen. Als ein Missverständniss müsste es auch bezeichnet
werden, wenn jemand behaupten wollte, dass wir, um zwei
Bewusstseinsinhalte als verschieden zu erkennen (d. h. eben
um sie zu unterscheiden), bereits erkannt haben müssten, dass
wir eine Mehrheit von Inhalten vor uns haben und dass somit
eine andere, elementarere Erkenntniss — Mehrheitserkenntniss
— der Unterscheidung des Successiven wie des Gleichzeitigen
vorausgehen müsste. Wir verstehen unter der hier besprochenen Unterscheidung eben diese elementare Mehrheitserkenntniss;
zu dieser ist eine besondere Vergleichungsthätigkeit nicht
erforderlich, sie ist es vielmehr, welche aller weiteren Vergleichungsthätigkeit vorangehen muss, da wir ohne sie die zu
vergleichenden Inhalte überhaupt nicht auseinanderhalten könnten. Der Einwand endlich, dass das Vorfinden der Bewusstseinsinhalte auch ohne Unterscheidung vor sich gehen könne,
fasst gleichfalls den Begriff der Unterscheidung in einem zu
engen Sinne: jede Erkenntniss eines Inhaltes als dieses bestimmten, eben jetzt wahrgenommenen schliesst die hier besprochene
Unterscheidung von anderen in sich. Dass auch diese individuali-
sirenden Prädicate eines jeden einzelnen Inhaltes nicht jedesmal
besonders beurteilt werden müssen, damit der Inhalt indivi-
dualisirt, d. h. eben unterschieden sei, bedarf nach den
obigen Bemerkungen nicht nochmaliger Betonung[17]).

Das Gedächtniss. Die Thatsache der Erkenntniss des
Wechsels unserer Bewusstseinsinhalte implicirt eine weitere
Thatsache, welche am besten mit Hilfe eines fictiven Beispiels
deutlich gemacht werden kann.

Man denke sich eine Reihe successiver verschiedener Inhalte (etwa Töne) $a, b, c, d, \ldots$ und nehme für einen Augenblick an, dass im Momente, in welchem der Inhalt b beginnt,
von dem Inhalte a keine Spur mehr zurückgeblieben sei, dass
er verschwunden und so gut wie niemals dagewesen sei. Ebenso
sei beim Eintritt von c der Inhalt b spurlos ausgelöscht u. s. w.

Es ist klar, dass in diesem Falle niemals eine Erkenntniss der Succession *a*, *b*, *c*, *d* .... zu Stande kommen könnte. Von einer Folge *a*, *b*, *c*, *d* .... wäre unter der angegebenen Bedingung ebensowenig etwas zu finden, als wenn die Inhalte an verschiedene Personen verteilt gewesen wären. Es würde nicht einmal eine Erkenntniss des Unterschiedes der successiven Inhalte möglich sein, da wir, um *b* von *a* als verschieden zu erkennen, doch irgendwie noch an *a* denken müssen, was nach der gemachten Voraussetzung nicht mehr stattfinden könnte, sobald *b* eingetreten ist. Die genannte Voraussetzung würde also jeden Zusammenhang der successiven Bewusstseinsinhalte und eben damit den Begriff der Succession selbst unmöglich machen.

Für den thatsächlichen Zusammenhang der successiven Inhalte, der sich in der Unterscheidung derselben und in der Erkenntniss ihrer Zeitfolge kundgibt, ist also jeweils eine gewisse Fortwirkung der vergangenen Inhalte notwendig. Eine solche Fortwirkung ist diejenige, welche man inconsequenter Weise als Aufbewahrung der vergangenen Erlebnisse im Gedächtnisse zu bezeichnen pflegt. Thatsächlich werden natürlich nicht die vergangenen Erlebnisse, sondern nur gewisse Folgeerscheinungen derselben „aufbewahrt". Diese Folgeerscheinungen bestehen zunächst darin, dass jeweils der folgende Inhalt durch den vorhergegangenen in eigenthümlicher Weise beeinflusst wird, indem er je nach der Art des letzteren verschiedene Färbung, verschiedenen Charakter erhält; — Verschiedenheiten, welche schon der populäre Sprachgebrauch als Folgen des Vergangenen bezeichnet, wenn z. B. davon gesprochen wird, dass uns durch ein Ereigniss die Stimmung verdorben worden ist, oder dass ein Erlebniss durch seinen Gegensatz zum vorherigen Zustande in besonderer Weise erfreulich oder betrübend wirkt. Wir können jedoch die Nachwirkungen auch als solche neben anderen Inhalten vorfinden: wir unterscheiden thatsächlich zwischen solchen Componenten unseres augenblicklichen Gesammtbewusstseinsinhaltes, welche wir unmittelbar als Nachwirkungen vergangener Erlebnisse auffassen, und solchen, die uns im Gegensatze dazu als neue Inhalte erscheinen. Wir können und müssen diese Componen-

ten als gleichzeitige bezeichnen, insofern uns jederzeit gleichzeitig mit der Erinnerung an Vergangenes auch neue Eindrücke gegenwärtig sind. Wie diese, so sind auch jene im
allgemeinen aus weiteren gleichzeitigen Teilen zusammengesetzt.
Teilinhalte der Art, wie sie hier im Gegensatze zu den Nachwirkungen des Vergangenen als neue charakterisirt sind, sollen
als Empfindungen, jene Inhalte dagegen, welche den Charakter von Nachwirkungen vergangener Erlebnisse tragen, als
Gedächtnissbilder, Erinnerungsbilder oder Phantasmen bezeichnet werden. Ferner wollen wir die Gesammtheit
dessen, was uns in der geschilderten Weise jeweils als Nachwirkung des Vergangenen erscheint, die Vorbereitung[18]),
dasjenige hingegen, was sich uns im Gegensatz hierzu als
„neu" darstellt, den Eindruck nennen. Es wird sich zeigen,
dass diese Begriffsbestimmungen nicht identisch sind mit denen
der Summe der Gedächtnissbilder auf der einen und der
Summe der Empfindungen auf der andern Seite.

Der bezeichnete Unterschied von Empfindung und Gedächtnissbild ist ein rein thatsächlicher, unmittelbar gegebener.
Dass er sich nicht auf andere Thatsachen zurückführen lässt,
ist darum von vornherein klar, weil wir, ohne ihn vorauszusetzen, in keiner Weise den Gegensatz von Vergangenheit und
Gegenwart, den Begriff des zeitlichen Verlaufs unseres Lebens
gewinnen könnten. Thatsächlich ist uns ja niemals das Vergangene selbst gegeben, sondern stets nur diese eigentümlichen
Nachwirkungen; diese bilden den empirischen Thatbestand, auf
welchen sich alles dasjenige zurückführen lässt, was wir als
Wissen von unserer Vergangenheit bezeichnen.

Es ist aber weiter leicht zu sehen, dass es für die Erkenntniss des zeitlichen Zusammenhangs unseres Lebens noch
nicht genügt, dass überhaupt Nachwirkungen der vergangenen
Erlebnisse sich in jedem späteren Augenblicke finden. Denn
wenn wir, um auf das obige fictive Beispiel zurückzugreifen,
beim Eintritt des Inhaltes b eben nur eine Nachwirkung (α)
des Inhaltes a als mit b gleichzeitig gegeben vorfänden, so
wäre eben auch nur an Stelle der Succession a, b die andere

Succession $a,\ \begin{vmatrix} b \\ \alpha \end{vmatrix}$ getreten: es folgte also wiederum einem In-

halte ein davon verschiedener, der sich von dem zuerst an-
genommenen nur dadurch unterschiede, dass er aus zwei
verschiedenen Teilen bestände, der aber doch mit dem vorhergegangenen Inhalte für das Bewusstsein ebensowenig zu-
sammenhinge, als in dem früher bezeichneten Falle. Damit
ein solcher Zusammenhang für das Bewusstsein hergestellt
wird, ist vielmehr erforderlich, dass sich die Nachwirkung
auch unmittelbar als Nachwirkung zu erkennen gebe,
dass sie, wie ich dies ausdrücken will, eine symbolische
Function besitze, vermöge deren wir sie unmittelbar als Zeichen
eines vergangenen Erlebnisses deuten, welches seinerseits von
diesem uns gegenwärtigen Zeichen wesentlich verschieden ist.
Diese symbolische Function der Gedächtnissbilder ist es, durch
welche der Unterschied unserer Gegenwart und unserer Vergangenheit und damit die Erkenntniss des zeitlichen Verlaufs unseres Lebens bedingt ist; sie ist demgemäss als eine
nicht weiter zurückführbare, fundamentale Thatsache zu betrachten. Jeder Versuch, dieselbe auf anderweitige Thatsachen
zurückzuführen, muss daran scheitern, dass gegenwärtige Inhalte
eben als solche jederzeit nur gegenwärtig sind und niemals eine Erkenntniss von Vergangenem bedingen können,
falls ihnen nicht die Fähigkeit innewohnt, in der angegebenen
Weise Vergangenes unmittelbar zu repräsentiren. Auf Grund
dieser thatsächlich von jedem zu erkennenden, aber nicht er-
klärbaren Eigenschaft der Gedächtnissbilder können wir davon
sprechen, dass wir an nicht gegenwärtige Inhalte denken;
wobei also diese letzteren Inhalte nicht in unserem Bewusstsein sind, nicht als solche vorgefunden, sondern in der ge-
wiesenen eigentümlichen Art durch andere, gegenwärtige
Inhalte symbolisch vertreten werden.

Ebenso wie eine weitere Erklärung dieser symbolischen
Bedeutung der Gedächtnissbilder nicht möglich ist, so kann
auch keine Erklärung dafür gefordert werden, wie es denn
zugehe, dass wir diese Gedächtnissbilder selbst, die wir als
solche gegenwärtig vorfinden, und das dadurch Repräsentirte,
welches wir nicht gegenwärtig vorfinden, als verschieden erkennen; eben diese Erkenntniss ist mit jener eigentümlichen,
als unzurückführbar erkannten Thatsache identisch. Diese

Thatsache ist eine Erfahrungsthatsache; der bezeichnete
Unterschied der Gedächtnissbilder von den Empfindungen wird
als solcher vorgefunden, wenngleich freilich die Erlebnisse,
für welche jene als Symbole erscheinen, selbst nicht mehr
gegenwärtig vorgefunden werden. Wir müssen also consequenter Weise sagen, dass wir von unserer Vergangenheit
niemals eine unmittelbare Erfahrung besitzen, dass wir von
derselben vielmehr stets nur auf Grund gegenwärtiger Daten
sprechen können; eben in diesen gegenwärtigen Daten findet
sich die Differenz vor, welche allen unseren Urteilen über
nichtgegenwärtige Bewusstseinsinhalte zu Grunde liegt, die wir
aber als solche nur constatiren und nicht weiter erklären
können.

Zur Fixirung des Unterschiedes der Inhalte, welche wir
als Symbole des Vergangenen auffassen, und derjenigen, welchen
keine solche Function zukommt, wende man seine Aufmerksamkeit auf irgend eine der gegenwärtigen Empfindungen, etwa
eine bestimmte Farbfläche im Gesichtsfelde oder einen augenblicklich erklingenden Ton, und suche sich alsdann im nächsten
Augenblick, während man das Auge schliesst oder abwendet,
beziehungsweise nachdem der Ton aufgehört hat zu erklingen,
den wahrgenommenen Inhalt im Gedächtnisse vorzustellen. Es
erscheint alsdann ein eigentümlicher Bewusstseinsinhalt — das
„Gedächtnissbild“ — der uns in gewisser Weise von den Eigenschaften eben jenes vorher beachteten Inhaltes (und keines
anderen) Kenntniss gibt. Zwar ist dieser neue Inhalt von dem
vorher bemerkten, an welchen wir uns erinnern, stets wesentlich verschieden — bestünde doch sonst für uns kein Unterschied zwischen dem Erklingen und Hören des Tones auf der
einen Seite und der Pause, in welcher wir uns des Tones
bloss erinnern, auf der anderen. Aber trotz dieser Verschiedenheit besteht zwischen beiden Inhalten eine eigentümliche, nicht
näher zu beschreibende Art der Aehnlichkeit, auf Grund
deren wir eben die Eigenschaften des vorhergegangenen Inhaltes,
an welchen wir uns jetzt erinnern, von den Eigenschaften
anderer Inhalte innerhalb gewisser Grenzen noch nachträglich
unterscheiden können, auf Grund deren wir also überhaupt
erst sagen können, dass wir uns an einen bestimmten Inhalt

erinnern. Die Genauigkeit, mit welcher wir aus der Erinnerung in diesem Versuche auf die Eigenschaften des vergangenen
Inhaltes zurückschliessen können, ist von Fall zu Fall sehr
verschieden. Der Maler wird die Nuance der gesehenen Farbe,
der Musiker die Höhe und Stärke des gehörten Tones mit
weit grösserer Genauigkeit im Gedächtnisse sich vorstellen
d. h. aus der Beschaffenheit des Gedächtnissbildes direct erkennen können, als der Ungeübte, der im nächsten Augenblicke
vielleicht nur noch weiss, dass er „etwas Rotes" gesehen, einen
„hohen Ton" gehört hat. Aber auch bei Geübten ist jedes
Gedächtnissbild je nach Umständen noch mehr oder weniger
ungenau: auch für den Musiker gibt es Grenzen der Erinnerung an Tonhöhen, für den Maler Grenzen der Erinnerung an
Farbnuancen. Doch soll hiermit weder in Bezug auf das
Gedächtnissbild des Geübten noch des Ungeübten behauptet
sein, dass das Phantasma als solches nicht völlig concret
gegeben wäre; die angeführten Thatsachen zeigen nur, dass
die Art, wie durch das Gedächtnissbild das vergangene Erlebniss repräsentirt wird, keine völlig bestimmte ist. In welcher
Weise das Gedächtniss sich durch Uebung verfeinert, wird später
dargelegt werden.

Der Unterschied zwischen dem Erinnerungsbild oder Phantasma und der Empfindung, als deren Nachwirkung jenes erscheint, ist unmittelbar bekannt und bedarf keiner näheren
Beschreibung. Jedermann kann durch directe Vergleichung
eines gegenwärtigen Erinnerungsbildes mit einer gleichfalls
gegenwärtigen Empfindung sich von dem Unterschiede beider
Arten von Bewusstseinsinhalten überzeugen. Wenngleich aber
dieser Unterschied für jeden unmittelbar erkennbar ist, so muss
derselbe doch einer üblichen missverständlichen Sprechweise
gegenüber besonders hervorgehoben werden. Das Erinnerungsbild eines Tones ist, wie schon früher bemerkt wurde, ein von
dem erklingenden Tone selbst wesentlich verschiedener Inhalt.
Wenn aber die vulgäre Terminologie von dem „blossen Vorstellen" eines Tones im Gegensatz zum „wirklichen Hören"
desselben Tones redet, so verdunkelt sie damit den Thatbestand, indem sie den Gegenstand des Bewusstseins in beiden
Fällen in gleicher Weise bezeichnet. Unsere Terminologie,

welche alles Vorgefundene als Inhalt und sonach alle Unterschiede des Vorgefundenen als Unterschiede der Inhalte bezeichnet, muss auch den Unterschied von Empfindung und
Gedächtnissbild der Empfindung als einen inhaltlichen an-
erkennen: wir dürfen daher niemals davon reden, dass in beiden
Fällen derselbe Inhalt Gegenstand unseres Bewusstseins sei[19]).
Dass in beiden Fällen thatsächlich Verschiedenes vorgefunden
wird, bezeichnet auch jene vulgäre Redeweise durch den Unterschied der verwendeten Verba. Die verschiedenen Versuche,
jenen Unterschied näher zu charakterisiren durch Analogien
mit solchen Unterschieden, wie sie sich auch innerhalb des
Empfindungsgebietes finden, mussten notwendig fehlschla-
gen, weil wir eben mit den Worten Empfindung und Phantasma einen inhaltlichen Unterschied sui generis bezeichnen:
liesse sich der Unterschied beider auf einen solchen zurückführen, welcher auch innerhalb des Empfindungsgebietes zu
constatiren ist, so wären eben damit die Phantasmen als den
Empfindungen gleichartige Inhalte, als eine Unterabteilung
der Empfindungen charakterisirt. Dies ist aber gemäss unseren
vorigen Betrachtungen von vornherein ausgeschlossen: wäre
doch damit eben auch der Unterschied zwischen Gegenwart
und Vergangenheit verwischt.

Noch gröberer Inconsequenz machen sich jene Psychologen schuldig, welche die Erinnerung als Reproduction, als
Wiederaufleben der früheren Empfindungen bezeichnen.
Abgesehen davon, dass Reproduction als solche niemals Erinnerung, sondern eben nur abermaliges Erleben eines ähnlichen Ereignisses wie früher wäre, ist bei der Erinnerung von
solcher Wiederholung überhaupt nicht die Rede: das Erinnerungsbild ist keine reproducirte Empfindung, sondern ein von
der Empfindung, welche es repräsentirt, fundamental verschiedenes Erlebniss[20]).

In welcher Weise die nähere zeitliche Bestimmung der
vergangenen Erlebnisse durch deren Gedächtnissbilder gegeben
wird, kann erst später genauer betrachtet werden. Für den
Augenblick mag es genügen, erstlich darauf hinzuweisen, dass
das Gedächtnissbild des jüngstvergangenen Erlebnisses jeweils
in charakteristischer Weise von denen der weiter zurückliegen-

den Inhalte unterschieden ist; weiterhin darauf, dass Gedächtnissbilder zeitlich verschiedener, sonst aber ähnlicher Inhalte,
deren zeitliche und eventuelle sonstige Unterschiede wir nicht
beachtet haben, auch in der Folge nicht als auf verschiedene
Erlebnisse weisend unterschieden werden. Auch diese Punkte
werden später weitere Erläuterung finden. Was die nähere
qualitative Repräsentation der vergangenen Erlebnisse durch
ihre Gedächtnissbilder betrifft, so ist eine gewisse Art der
Aehnlichkeit zwischen der Empfindung und ihrem Erinnerungsbilde, wie schon oben bemerkt, als Grundlage dieser Repräsentation anzusehen. Das Bestehen dieser Aehnlichkeit kann zwar
direct niemals erkannt werden, da der vergangene Empfindungsinhalt (eben weil er vergangen ist) mit seinem Gedächtnissbilde niemals verglichen werden kann: insofern also ist das
Bestehen der Aehnlichkeitsrelation zwischen Erlebniss und Gedächtnissbild des Erlebnisses natürlich nicht als Erklärung
der Repräsentation des ersteren durch das letztere zu betrachten, vielmehr muss diese, wie ausführlich dargelegt, als ein
nicht weiter zurückführbares, letztes Factum anerkannt werden.
Immerhin aber vermögen wir uns auf Grund der jederzeit vorzufindenden Aehnlichkeit zwischen Gedächtnissbildern und gleichzeitigen neu auftretenden Empfindungen auch von der Art der
zwischen jenen und ihren vergangenen Originalen bestehenden
Aehnlichkeitsbeziehung eine genaue Vorstellung zu bilden.
Welche Rolle die eben erwähnte Aehnlichkeitserkenntniss beim
Wiedererkennen von Empfindungen spielt, wird sogleich betrachtet werden.

Dass eine Mehrheit unterschiedener Teile sich im allgemeinen auch in der Erinnerung als Mehrheit zu erkennen gibt,
versteht sich von selbst, nachdem wir allgemein die Abbildung
der Eigenschaften des vergangenen Erlebnisses durch sein
Gedächtnissbild constatirt haben. Dagegen ist als eine besondere, nicht ebenso selbstverständliche Thatsache zu erwähnen,
dass die Gedächtnissinhalte auch als solche (also ohne Rücksicht auf ihre symbolische Function) sich in derselben Weise
wie die Empfindungserlebnisse in Form successiver sowohl als
gleichzeitiger Mehrheiten darstellen; sowie dass die Repräsentation der zeitlichen und gleichzeitigen Ordnung vergangener

Mehrheiten und ihrer Teile bei genauer Erinnerung in der
Weise zu Stande kommt, dass die entsprechenden Gedächtnissbilder selbst in der gleichen Zeitdauer und Ordnung erscheinen
wie die erinnerten Erlebnisse, dass also in dieser Hinsicht die
Repräsentation thatsächlich durch Reproduction geleistet
wird. Diese Thatsache ist ein specieller Fall eines später zu
betrachtenden allgemeinen Gesetzes.

Das Wiedererkennen. Die Erinnerung an frühere Erlebnisse überhaupt erschien für die Erkenntniss des zeitlichen
Zusammenhanges unseres Lebens als notwendige Bedingung.
Einen besonderen Fall solcher Erinnerung bildet eine Thatsache, welche wir als das Wiedererkennen der Gedächtnissbilder zu bezeichnen haben.

Man kann sich von dieser Thatsache leicht überzeugen,
wenn man den im Vorigen zur Fixirung des Begriffes der
Gedächtnissbilder beschriebenen Versuch mit der Abänderung
wiederholt, dass man während der Beobachtung des Gedächtnissbildes auf den Verlauf der Zeit achtet. Man gelangt
ohne Schwierigkeit dazu, die Betrachtung des Gedächtnissbildes
(etwa eines solchen aus dem Tongebiete) in verschiedene Phasen
zu zerlegen, während deren wir zwar wissen, dass sie zeitlich
von einander verschieden sind, einen weiteren Unterschied in
der Beschaffenheit des Gedächtnissbildes während zweier verschiedener Phasen aber nicht vorfinden: wir sind während
jeder dieser Phasen überzeugt, „dasselbe" Gedächtnissbild vorzufinden wie im vorhergegangenen Augenblicke, also einen
mit dem vorigen in jeder Hinsicht ausser in der zeitlichen
Stellung gleichartigen Inhalt zu bemerken.

Fragen wir uns aber, woher wir eine solche Kenntniss
haben, so kommen wir zu dem Resultate, dass wir es hier mit
einer völlig analogen, nicht weiter zurückführbaren Thatsache
zu thun haben, wie bei der Erinnerung an eine Empfindung.
Wie wir aus dem Gedächtnissbilde einer Empfindung über
deren früheres Dasein und ihre Eigenschaften ohne Weiteres
urteilen, ohne doch jemals auf eine Vergleichung zwischen dem
Gedächtnissbilde und seinem Original als den Grund jener
Ueberzeugung hinweisen zu können, so beurteilen wir hier

ebenso unmittelbar auf Grund des gegenwärtigen Gedächtnissbildes die Beschaffenheit des im vorigen Momente bemerkten
Gedächtnissbildes. Dass wir dies Urteil nicht etwa auf Grund einer directen
Vergleichung fällen, ist selbstverständlich, weil wir ja das
Vergangene nicht mehr vor uns haben, um es vergleichen zu
können. Aber auch die Vermutung, dass ein Gedächtnissbild des vergangenen Gedächtnissbildes in der neuen
Phase als Nachwirkung der vorhergegangenen vorliege und
dieses ebenso repräsentire, wie ein Empfindungsinhalt durch
sein Gedächtnissbild repräsentirt wird, dass also eine Vergleichung durch Vermittlung eines solchen secundären Gedächtnissbildes zu Stande kommen könne, scheint nicht zulässig.
Denn wenn wir im obigen Beispiele das Gedächtnissbild des
gehörten Tones *a* beachten, so finden wir alsbald, dass wir
eben dies Gedächtnissbild in der gegenwärtigen Phase und das
Gedächtnissbild des in der vorigen Phase schon vorhandenen
Gedächtnissbildes gar nicht als verschiedene Inhalte neben
einander vorfinden und auseinanderhalten können. Ich kann
mich zwar erinnern, ein Gedächtnissbild in einem bestimmten
Momente vorgefunden zu haben; was ich aber jetzt im Falle
solcher Erinnerung im Bewusstsein habe, ist nichts anderes,
als eben ein jenem früheren Gedächtnissbilde gleichartiger
Inhalt, nur in bestimmter Weise verbunden mit den Gedächtnissbildern anderer Teilerlebnisse jenes selben Momentes, durch
welche eben meine jetzige Erinnerung als Erinnerung an diesen
Moment charakterisirt wird, also die zeitliche Bestimmung des
repräsentirten Momentes erhält. Der Teilinhalt aber, welcher
sich als mein Gedächtnissbild des Gedächtnissbildes von
a darstellt, ist in keiner Hinsicht von diesem früheren Gedächtnissbilde der Empfindung *a* unterschieden; nur seine „Umgebung", die gleichzeitige Erinnerung an die mit jenem früheren
Erinnern gleichzeitigen anderen Erlebnisse lässt es jetzt als
Gedächtnissbild eines Gedächtnissbildes erscheinen. Ist somit
das Gedächtnissbild eines früheren Gedächtnissbildes von dem
gegenwärtigen Gedächtnissbilde des gleichen Ereignisses, auf
welches jenes sich bezog, als solches überhaupt nicht zu unterscheiden, so kann auch die oben constatirte Erkenntniss der

Gleichheit zweier successiver Gedächtnissbilder des gleichen Erlebnisses nicht durch irgendwelche mittelbare Vergleichung erkannt sein. Es scheint also in der That nichts übrig zu bleiben, als diese Erkenntniss für eine ebenso ursprüngliche Thatsache anzusehen, wie die Thatsache der Erinnerung an Empfindungen.

In der That unterscheidet sie sich von der letzteren nur dadurch, dass bei dieser das Gedächtnissbild ein nicht bloss zeitlich, sondern auch qualitativ (in der bereits mehrfach erwähnten eigentümlichen Art) vom gegenwärtigen verschiedenes Erlebniss repräsentirt, während es in dem jetzt betrachteten Falle auf ein nur zeitlich verschiedenes, qualitativ aber gleichartiges Erlebniss zurückweist. Das Gedächtnissbild eines Empfindungsinhaltes gibt uns Kenntniss von diesem Empfindungsinhalte; das Gedächtnissbild eines früher erlebten und in der Zwischenzeit bereits von uns erinnerten Inhaltes gibt uns jetzt zugleich Kenntniss davon, dass wir inzwischen Gedächtnissbilder dieses Inhaltes vorgefunden haben und repräsentirt uns nicht bloss die Eigenschaften jenes ersten (Empfindungs-) Erlebnisses, sondern auch die der inzwischen aufgetretenen Gedächtnissbilder desselben.

Auch diese Thatsache haben wir ebenso wie die früher besprochene symbolische Function der Gedächtnissbilder als eine der Grundthatsachen zu betrachten, ohne welche der zeitliche Zusammenhang unseres psychischen Lebens nicht bestehen könnte: denn das Vorfinden eines Gedächtnissbildes ist ebensogut ein Erlebniss wie das Vorfinden eines Empfindungsinhaltes — die Erinnerung an jenes also nach ihrer allgemeinen Bedeutung für den Zusammenhang unseres Bewusstseinsverlaufs der Erinnerung an Empfindungserlebnisse völlig gleichgeordnet.

Derselben Ungenauigkeit in der Bestimmung der Eigenschaften des erinnerten Inhaltes, welche sich bei der Erinnerung an Empfindungen findet, begegnen wir auch hier. Wir können uns erinnern, einen Pfiff oder einen Glockenschlag gehört zu haben, ohne dass wir uns der genauen Höhe des Tones erinnern; genau ebenso aber können wir uns an dieses Erinnerungsbild erinnern und uns dabei bewusst sein, dass wir aus dem

gegenwärtigen Gedächtnissbilde auf die Qualität jenes früheren
Bildes nicht mit Genauigkeit schliessen können. Das gegenwärtige Gedächtnissbild wird zwar unmittelbar als „dasselbe"
beurteilt; was wir aber mit diesem Ausdrucke bezeichnen, ist
nur die unmittelbar gegebene Thatsache, dass das gegenwärtige
Gedächtnissbild als Gedächtnissbild desselben Ereignisses
zu betrachten ist, auf welches bereits ein früher beobachtetes
Gedächtnissbild hinwies — eben dasjenige, welches wir in dem
gegenwärtigen Bilde „wiedererkennen". Auf Grund dieser
Thatsache sprechen wir davon, dass wir „dasselbe" Gedächtnissbild von neuem bemerken, während doch thatsächlich nur
ein mit dem früheren Gedächtnissbilde als qualitativ übereinstimmend beurteiltes neues Bild vorgefunden wird. Wir bezeichnen die verschiedenen Fälle der Erinnerung an dasselbe
Erlebniss zusammenfassend dadurch, dass wir von dem Wieder-
auftreten desselben Gedächtnissbildes sprechen; was
thatsächlich diesen verschiedenen Gedächtnissbildern gemeinsam
ist, ist ihre symbolische Bedeutung, ihre Beziehung auf
dasselbe Erlebniss. Nur mit Bezug auf diese symbolische Bedeutung sind jene Gedächtnissbilder als identische zu bezeichnen; sie selbst sind als Erlebnisse von einander verschieden,
nur das vergangene Erlebniss, welches sie uns repräsentiren,
bleibt zu jeder Zeit ein und dasselbe.

Einen weniger einfachen Mechanismus bieten die Thatsachen des Wiedererkennens der Empfindungen dar. Es
sind hier verschiedene Erscheinungen auseinanderzuhalten, welche
bisweilen verwechselt worden sind. Eine Empfindung kann
uns zunächst als bekannt erscheinen, ohne dass wir uns doch
im Augenblick an irgend ein bestimmtes früheres Erlebniss
erinnern, welches uns eine ähnliche Empfindung gezeigt hätte.
Es können aber dabei zwei wesentlich verschiedene Fälle eintreten. Entweder nämlich erinnern wir uns deshalb keines
bestimmten ähnlichen Erlebnisses, weil uns deren so viele
erinnerlich sind, dass wir uns nicht erst veranlasst sehen, ein
bestimmtes unter denselben hervorzuheben. Der bekannt er-
scheinende neue Inhalt ist in solchem Falle ein gewohnter
Inhalt und wir haben daher, auf Grund eines später zu besprechenden Gesetzes, kein Interesse daran, in unserem Gedächt-

nisse die verschiedenen Fälle durchzugehen, in welchen wir
ähnliche Inhalte wahrgenommen haben. Oder aber die Erinnerung an bestimmte ähnliche Erlebnisse fehlt uns und dies
Fehlen beunruhigt uns, weil wir nicht, wie in dem eben
bezeichneten Falle, an das Auftreten ähnlicher Inhalte gewohnt
sind, sondern im Gegenteil der Inhalt uns als etwas „Unge-
wohntes", „der Erklärung Bedürftiges" erscheint. Auf das
Princip solchen Erklärungsbedürfnisses werden wir weiter unten
zurückkommen; der Unterschied des zuletzt genannten Falles
vom vorigen aber zeigt sich sogleich darin, dass wir durch
den wahrgenommenen Empfindungsinhalt uns veranlasst sehen,
unser Gedächtniss gewissermassen zu durchsuchen, bis wir
eine bestimmte Erinnerung eines ähnlichen Erlebnisses finden,
von welchem wir unsere Bekanntschaft mit einem solchen
Inhalte herleiten können. Erst wenn dies gelungen ist, wenn
wir das neue mit einem früheren Erlebniss als ähnlich erkannt
haben, fühlen wir uns beruhigt.

Man sieht, dass im einen wie im anderen Falle die Nachwirkungen der vergangenen Erlebnisse als wesentliche Faktoren
des Wiedererkennens der Empfindungen ins Spiel treten; wie
es auch nicht anders sein kann, wenn das Wiedererkennen als
Erkenntniss der Aehnlichkeit mit einem früher Erlebten zu
deuten ist, da ja das früher Erlebte nur soweit für uns vorhanden ist, als es durch seine Nachwirkungen repräsentirt
wird. Das Wiedererkennen geschieht also hier nicht unmittelbar, wie in dem weiter oben besprochenen Falle, sondern
durch Vermittlung von Gedächtnissbildern, mit welchen die
neuen Eindrücke als ähnlich erkannt werden. Diese Erkenntniss der Aehnlichkeit zwischen einer gegenwärtigen Empfindung und dem Gedächtnissbilde einer früheren Empfindung
tritt hier als neuer Factor unseres psychischen Lebens zu
den bereits im vorigen aufgezeigten hinzu; ihre nähere Besprechung wird weiter unten folgen.

Die Thatsache, dass wir durch unsere neuen Erlebnisse,
sei es unmittelbar, sei es infolge jenes geschilderten eigentümlichen Bestrebens an ähnliche vergangene Erlebnisse erinnert
werden, dass sich also an den neuen Eindruck das Erinnerungsbild eines früheren ähnlichen Erlebnisses anschliesst oder

„associirt", ist als Gesetz der Aehnlichkeitsassociation
bezeichnet worden. Wir werden sehen, dass dieses Gesetz
einen besonderen Fall eines allgemeineren, für den Zusammenhang unseres psychischen Lebens fundamentalen Gesetzes
bildet. Um Missverständnisse zu vermeiden, sei bemerkt, dass
sich durchaus nicht an alle jeweils vorgefundenen Teilinhalte
eine solche Aehnlichkeitsassociation knüpft.[21])

Gegen die gegebene Erklärung des Wiedererkennens der
Empfindungen ist der Einwand erhoben worden, dass wir
neben einem Empfindungsinhalt ein entsprechendes Gedächtnissbild überhaupt nicht vorfinden könnten. Dass diese Behauptung eine irrtümliche ist, lässt sich durch einen einfachen
Versuch nachweisen. Man schlage etwa denselben Ton zuerst kurz
und gleich darauf abermals, diesmal aber anhaltend an und
versuche, ob man sich nicht während dieser zweiten Phase
deutlich des ersten Tones zu erinnern vermag, also ein Gedächtnissbild eines qualitativ mit der gegenwärtigen Empfindung gleichen Inhaltes zu unterscheiden und mit dieser zu
vergleichen im Stande ist. Das Resultat des Versuches widerlegt den erwähnten Einwand unmittelbar.

Auf derselben Thatsache beruht, wie später gezeigt
werden soll, die Charakteristik qualitativ constanter Empfindungen.

Entsprechend der bereits erwähnten Ungenauigkeit der
Repräsentation im Gedächtnisse findet auch das Wiedererkennen der Empfindungen nicht bloss in der Weise statt,
dass eine neue Empfindung als einer früheren genau gleich
erkannt wird (ein Begriff, den wir, ob er gleich erst später
zu bestimmen sein wird, einen Augenblick als bekannt voraussetzen dürfen), sondern auch so, dass sie mit einer früheren innerhalb gewisser Grenzen als ähnlich erkannt wird. Ein Pfiff
wird als Pfiff, Rot als Rot wiedererkannt, auch wo wir
nicht unmittelbar oder überhaupt nicht zur Ueberzeugung gelangen können, dass der neue Eindruck mit dem früheren, an
welchen er uns erinnert oder welchen wir etwa mit einer
solchen Benennung bisher zu treffen meinten, genau übereinstimmt; weil eben das Gedächtnissbild keineswegs das vergangene Erlebniss so genau wiedergibt, dass seine Unter-

schiede von neuen, bloss ähnlichen Eindrücken uns jederzeit
zum Bewusstsein kommen müssten. Die hier bezeichnete
Thatsache ist von grosser Wichtigkeit für unsere psychische
Entwicklung. Wir können dieselbe auch in der Weise aussprechen, dass wir allgemein einen Inhalt nur soweit als einen
bestimmten bezeichnen, als er von anderen gegebenen Inhalten unterschieden oder mit früher unterschiedenen Inhalten
als ähnlich erkannt wird. Jede nähere Bestimmung[22])
eines Inhaltes erscheint demgemäss als Resultat eines besonderen Processes, während von vornherein jeder Inhalt mehr
oder minder unbestimmt ist. Entsprechend der allgemeinen
Betrachtung über das Wesen der Erinnerung wird auch die
Erinnerung an einen Inhalt stets nur höchstens soweit bestimmt sein können, als der Inhalt selbst bestimmt war. Wir
werden später sehen, wie die fortschreitende Verfeinerung des
Gedächtnisses durch die Erinnerung an wahrgenommene Unterschiede zwischen unseren Bewusstseinsinhalten bedingt ist.

Die letzte Betrachtung zeigt, wie es geschehen kann, dass
ein und dasselbe Gedächtnissbild als Repräsentant einer Reihe
ähnlicher, zeitlich verschiedener Erlebnisse erscheint und dass
dasselbe schliesslich ohne jede Beziehung auf ein bestimmtes
Erlebniss der betreffenden Art als allgemeiner Repräsentant
irgend eines aus der Reihe derselben, als „blosse Vorstellung“
eines derartigen Erlebnisses auftreten kann. Diese Thatsache
gibt uns das Recht, von „dem“ Gedächtnissbilde der verschiedenen Erlebnisse zu sprechen, deren Unterschiede uns
nicht erinnerlich sind. In analogem Sinne bezeichnen wir
qualitativ ähnliche Erlebnisse, deren etwaige Unterschiede wir
nicht erkennen oder nicht beachten, als verschiedene Fälle
„desselben“ Erlebnisses. Wir werden uns beider hiermit unzweideutig definirten Ausdrucksweisen im Folgenden bei Gelegenheit bedienen.

Beachtete Teilinhalte und ihr Hintergrund. Complexe.

Die zuletzt besprochenen fundamentalen Thatsachen gestatten
uns hinsichtlich der Erkenntniss von Mehrheiten successiver
wie gleichzeitiger Inhalte eine wichtige nähere Bestimmung
zu formuliren. Fassen wir zunächst den Fall gleichzeitiger

Mehrheiten ins Auge, so werden wir in einer solchen Mehrheit nach dem Vorigen einen Unterschied zweier Arten von Inhalten erwarten dürfen: solcher Inhalte nämlich, welche wiedererkannt werden, und solcher, an welche sich eine derartige Erkenntniss nicht anknüpft. In der That finden wir jeweils in den gleichzeitigen Mehrheiten gegenwärtiger Inhalte Unterschiede dieser Art vor: in jedem Augenblicke wird nur dieser oder jener Teil des Eindrucks oder der Vorbereitung beachtet, während der Rest für diese beachteten Teile eine Art von Hintergrund bildet, an dessen Vorhandensein wir uns zwar jederzeit zu erinnern vermögen, ohne doch über seine Beschaffenheit im betreffenden Augenblicke irgend etwas näheres aussagen zu können.

Die hier bezeichnete Thatsache ist eine von denjenigen, welche der vulgäre Sprachgebrauch mit Hilfe des vieldeutigen Begriffes der Aufmerksamkeit zu beschreiben sucht: man sagt, unsere Aufmerksamkeit sei jeweils nur diesen oder jenen Gegenständen zugewendet, während die übrigen gleichzeitig vorhandenen Gegenstände von unserer Aufmerksamkeit vernachlässigt werden. Diese Beschreibung ist wissenschaftlich nicht zulässig, weil der Begriff der Aufmerksamkeit selbst einer Erklärung bedarf, die nicht ohne eine anderweitige Darlegung gerade des hier zu beschreibenden Thatbestandes geleistet werden kann. Diesen Thatbestand aber können wir mit Hilfe der gewonnenen Resultate in der Weise kennzeichnen, dass wir die „beachteten" Teile als die wiedererkannten in Gegensatz zu dem jeweiligen Hintergrunde stellen, welcher durch das Fehlen solchen Wiedererkennens charakterisirt ist. Denn der wesentliche Unterschied, welcher zwischen den beachteten Teilinhalten und dem unbeachteten Hintergrunde besteht, ist eben der, dass wir uns bei den ersteren einer, sei es auch noch so vagen Bekanntschaft mit ihnen bewusst sind, während der Hintergrund nur eben als ein von jenen verschiedenes, sonst aber völlig bestimmungsloses Etwas erscheint; ein Unterschied, der deutlich an dem Gedächtnissbilde eines beliebigen (stets aus Teilen beider Art bestehenden) Gesammtinhaltes in die Augen fällt.[25])

Als eine inconsequente Terminologie würde es mir er-

scheinen, wenn jene beachteten Inhalte als bewusst, der
Hintergrund dagegen als unbewusst bezeichnet würde; auch
der letztere übt auf unseren Gesammtbewusstseinszustand jederzeit einen sehr wesentlichen Einfluss aus. Dass ein solcher
Hintergrund als von den beachteten Inhalten verschiedener
Bestandteil des jeweiligen Gesammtinhaltes vorhanden ist,
erkennen wir nicht nur auf dem Wege der Ueberlegung, wie
sie sich etwa auf die Verschiedenheiten unserer Stimmung
bei völliger Gleichheit der beachteten Teilinhalte zu verschiedenen Zeiten gründen könnte, sondern wir können uns
davon auch direct durch die Betrachtung des jeweils vergangenen Momentes im Gedächtnisse überzeugen. In jedem
Augenblicke gibt uns solche Reflexion Kunde davon, dass wir
im vergangenen Momente bestimmte Teilinhalte beachtet
haben, an deren Beschaffenheit wir uns demgemäss innerhalb
engerer oder weiterer Grenzen erinnern; wir erkennen aber
zugleich ebenso sicher, dass uns neben diesen Inhalten noch
ein weiteres, zwar von den letztern unterschiedenes, sonst aber
in keiner Weise bestimmtes Etwas gegenwärtig war. In welcher
Weise weitere Ueberlegung uns über die Bestandteile dieses
Hintergrundes Aufschluss verschafft, werden wir später betrachten.

Der hier constatirte Unterschied des Hintergrundes von
den beachteten Teilen zeigt uns, wie einerseits Inhalte vorgefunden werden können, ohne dass wir doch eine nähere
Bestimmung derselben erkennen und wie andererseits jede
solche nähere Bestimmung eines Inhaltes im Gegensatz zu
jenem blossen Vorfinden auf der Erkenntniss seiner Aehnlichkeit mit anderweitigen Inhalten beruht.[24]) Diese Bestimmung
kann, entsprechend den constatirten Thatsachen des Wiedererkennens, eine mehr oder minder genaue sein. Ich kann einen
Inhalt als „denselben" wiedererkennen, den ich zu dieser oder
jener Zeit, unter diesen oder jenen Umständen erlebt habe;
oder ich kann mich mit der Erkenntniss einer sehr allgemeinen Aehnlichkeit desselben mit anderen Inhalten begnügen — wenn mir, wie man zu sagen pflegt, nichts besonderes an dem Inhalte auffällt, mein Interesse nicht durch
denselben in Anspruch genommen wird, womit aber nichts

anderes gesagt ist, als dass eben keine weiteren Processe
sich an denselben anschliessen, die sich auf ihn beziehen. Ein
gegenwärtig beachteter Teilinhalt meines Gesichtsfeldes kann
als der von diesem oder jenem Künstler oder Handwerker
hergestellte, als der mir von dieser oder jener Person ge-
schenkte Gegenstand wiedererkannt werden, oder auch bloss
etwa als ein „Briefbeschwerer" oder nur als etwas „bronce-
farbiges" registrirt werden (wobei übrigens die Vorstellung
dieser Worte keineswegs notwendig hinzutreten muss); oder
er kann endlich nur als ein von anderen Teilen unterschiedenes und durch seine Form oder Farbe vom Hintergrunde
abgehobenes Etwas in Betracht kommen — mit den Prädicaten dunkel oder hell, klein oder gross, können solche un-
bestimmteste Arten des Wiedererkennens ihre Bezeichnung
finden. Eine besondere, nach dem gewöhnlichen Sprachgebrauch nicht als Wiedererkennen zu bezeichnende Art der
Bestimmung können gleichzeitige Empfindungsinhalte auch
durch die Erkenntniss ihrer wechselseitigen Aehnlichkeitsbeziehungen erhalten.[25]) Indess pflegt solche Erkenntniss sich
einerseits nur an solche Inhalte anzuschliessen, welche bereits
anderweitig irgendwie bestimmt sind; andererseits ist mindestens zugleich mit derselben ein Wiedererkennen der fraglichen Inhalte insofern vorauszusetzen, als wir eben nachträglich überzeugt sind, dieselben Inhalte vor uns zu haben,
zwischen welchen uns jetzt gewisse Beziehungen aufgefallen
sind, die uns zuvor nicht bekannt waren.

Auf den hier zunächst betrachteten Fall der Mehrheit
gleichzeitiger beachteter Inhalte lässt sich der entsprechende
Fall bei successiven Inhalten zurückführen: da wir bei der
successiven Betrachtung von Inhalten immer nur soweit von
einer Mehrheit Kenntniss haben, als die vergangenen Inhalte
uns durch ihre Gedächtnissbilder repräsentirt werden, so ist
die Unterscheidung der beachteten Teile einer Mehrheit successiver Inhalte von ihrem unbeachteten Hintergrunde in der
vorhin gegebenen Beschreibung des entsprechenden Unterschiedes bei gleichzeitigen Inhalten bereits implicite enthalten,
sobald nur die symbolische Bedeutung der Gedächtnissbilder in Betracht gezogen wird. Wir können eine bestimmte

Menge von vergangenen Erlebnissen vor der Gesammtheit der
übrigen in derselben Weise hervorheben, wie wir innerhalb
des gegenwärtigen Gesammtinhaltes einzelne Teile als beachtete vor dem Hintergrunde der übrigen hervorheben: der
Thatbestand dabei ist der, dass eine Anzahl von Gedächtnissbildern unterschieden und ihrer symbolischen Bedeutung nach
wiedererkannt wird — im Gegensatz zu dem nicht wiedererkannten Hintergrunde, der Gesammtheit der übrigen Inhalte des Bewusstseins.

Wir bezeichnen die Gesammtheit der gleichzeitig beachteten bez. gleichzeitig erinnerten Inhalte als gleichzeitigen
bez. successiven Complex; analog ist der Begriff eines gemischten (teils aus successiven, teils aus jeweils gleichzeitigen
Teilinhalten gebildeten) Complexes zu verstehen.

Berührungsassociation. Das Uebungsgesetz.[26]) Die Erinnerung an das Erlebniss eines früheren Momentes — die
wir als eine der Grundthatsachen aller Erfahrung kennen gelernt haben — wird nach dem Vorigen im allgemeinen nicht
als Erinnerung an einen einzelnen Inhalt, sondern als Erinnerung an einen mehr oder minder zusammengesetzten Complex bezeichnet werden müssen. Insbesondere kann jede zeitlich bestimmte Erinnerung nur dadurch zu Stande kommen,
dass wir uns der Stellung des betreffenden Inhaltes in einem
Complexe successiver Ereignisse erinnern; nur indem wir ihn
uns als Teil eines solchen Complexes vergegenwärtigen, können
wir überhaupt den Begriff seiner zeitlichen Stellung zu andern
Inhalten — eben den übrigen Teilen des erinnerten Complexes — fixiren.

Nur diejenigen Teile eines früheren Gesammtinhaltes
erscheinen in der Erinnerung mehr oder weniger bestimmt
charakterisirt, welche ihrerzeit beachtet worden waren; in
dem Complexe der Erinnerungsbilder aber, welcher einem
derartigen früher erlebten Complexe entspricht, kann abermals
ein Teil beachtet werden und so zu einem nicht beachteten
Hintergrunde in Gegensatz treten. Auf diese Weise kann es
geschehen und geschieht es tausendfältig, dass wir uns bei
der Erinnerung an einen vergangenen Inhalt d. h. beim Vor-

finden seines Gedächtnissbildes anfangs nicht bewusst sind
oder überhaupt nicht bewusst werden, dass er als Teil dieses
oder jenes bestimmten Complexes aufgetreten war und dass
wir uns folglich ebenso zunächst nicht bewusst sind, dass
wir es thatsächlich nicht bloss mit dem Gedächtnissbilde des
betreffenden einzelnen Inhaltes, sondern mit demjenigen eben
jenes Complexes zu thun haben, dessen übrige Glieder
eventuell erst successive in unserem Gedächtniss auftauchen,
ev. aber überhaupt nicht beachtet werden.

Wenn aber, wie wir es hiernach als den allgemeinen
Fall des Erinnerungsphänomens anzusehen haben, ein Gedächtnissbild jeweils als Teil eines Complexes und zwar eines
solchen Complexes von Gedächtnissbildern auftritt, welcher
einem früher erlebten Complexe entspricht; wenn also mit
anderen Worten ein Gedächtnissbild nur als Teil des Gedächtnissbildes einer früher erlebten Reihe von Inhalten auftritt, so ist damit nichts anderes gesagt, als dass sich auch
die Gedächtnissbilder der übrigen Teile jenes Complexes in der früher eingehaltenen Ordnung an jenes
erste Gedächtnissbild anschliessen.

Man pflegt den hier geschilderten Sachverhalt als die
Thatsache der Berührungs- oder Erfahrungsassociation
zu bezeichnen. Das allgemeine Gesetz solcher Association,
dass sich an das Erinnerungsbild eines Inhaltes mit Leichtigkeit die Erinnerungsbilder anderer Inhalte anschliessen, welche
mit jenem früher gleichzeitig oder in zeitlich nahem Zusammenhange aufgetreten waren, wird vielfach als ein nicht
weiter zurückführbares empirisches Grundgesetz des Bewusstseinsverlaufes hingestellt; ja man ist so weit gegangen, aus
diesem Gesetze im Verein mit dem bereits erwähnten Gesetze
der Aehnlichkeitsassociation alle psychischen Vorgänge erklären zu wollen. Die durchgeführten Betrachtungen zeigen
indess, dass die „Hervorrufung einer Vorstellung durch eine
andere nach dem Gesetze der Berührungsassociation" sich überall zwanglos auf die Thatsache der Erinnerung an frühere
Erlebnisse zurückführen lässt. Gibt es Erinnerung an früher
erlebte Complexe, so muss der Fall vorkommen, dass die Gedächtnissbilder früher verbundener Inhalte in derselben Ord-

nung vorgefunden werden; ist, wie eben nachgewiesen wurde,
die Erinnerung an Complexe der allgemeinere Fall der Erinnerung, so muss die als Berührungsassociation bezeichnete
Thatsache ausserordentlich häufig eintreten. In der That wird
sich nicht leicht ein Fall aufweisen lassen, in welchem das
Gedächtnissbild (Phantasma) eines Inhaltes ohne die gleichzeitige oder sofort sich anschliessende Vorstellung anderer,
früher mit jenem verbundener Inhalte aufträte. Wir haben
aber nach der hier gegebenen Ableitung dieses Gesetz der
Berührungsassociation keineswegs als eine letzte, nicht weiter
zurückführbare Thatsache zu betrachten, sondern vielmehr als
unmittelbare Consequenz einer anderen, ihrerseits allerdings
nicht weiter zurückführbaren Thatsache: der Nachwirkung
unserer vergangenen Erlebnisse im Gedächtnisse, welche
wir als Bedingung der Möglichkeit aller Erfahrung erkannt
haben.[27])

Aus dieser Erklärung der Berührungsassociation ergibt
sich weiter als unmittelbare Consequenz das Grundgesetz,
welches die Richtung der Association beherrscht: das Gesetz
der Gewohnheit oder der Uebung.

Es werde mit a ein Gedächtnissbild bestimmter Qualität
bezeichnet (etwa das Phantasma des in der Musik mit a bezeichneten Tones), durch welches eine Reihe früher wahrgenommener qualitativ ähnlicher Inhalte repräsentirt werden
kann (in jenem Beispiel also die sämmtlichen Fälle, in welchen
früher der Ton a wahrgenommen oder vorgestellt wurde, ev.
bei mangelnder Fähigkeit „absoluten" Tongedächtnisses alle
beliebigen früher gehörten Töne „ähnlicher Lage"). Die
sämmtlichen Inhalte, welche durch dies Gedächtnissbild repräsentirt werden, seien der Kürze halber als „der Inhalt A"
bezeichnet. Es werde nun zunächst angenommen, dass dieser
Inhalt A früher stets in durchaus verschiedenen Complexen aufgetreten sei, etwa in den Verbindungen

$$XAP, \; YAQ, \; ZAR, \ldots;$$

so wird die Wahrscheinlichkeit der Erinnerung an irgend
einen dieser Complexe nicht grösser sein, als die der Erinnerung an irgend einen der übrigen, wie aus dem Begriff der

Wahrscheinlichkeit direct folgt. Es wird daher in diesem Falle nach der gegebenen Erklärung der Berührungsassociation auch die Wahrscheinlichkeit dafür, dass an die Vorstellung a sich das Gedächtnissbild irgend eines jener Inhalte $P, Q, R \ldots$ associirt, für alle diese Inhalte gleich gross sein. Aber ebenso direct folgt, dass die Wahrscheinlichkeit für die Erinnerung an den Teilcomplex AB und damit die Wahrscheinlichkeit für die Association des Gedächtnissbildes von B an die Vorstellung a um so grösser ausfällt, je häufiger in den früher erlebten Complexen, als deren Glied A auftrat, die Verbindung AB vorkam. Gesetzt, die bisher erlebten Complexe mit dem Teilinhalte A wären gewesen

$$XAB, \; YAB, \; ZAB, \; RAC, \; QAD,$$

so wird ceteris paribus die Wahrscheinlichkeit dafür, dass A als Teil eines Complexes erinnert wird, in welchem auf A ein B folgte, dafür also, dass an die Vorstellung a das Gedächtnissbild von B associirt wird, eben dreimal so gross ausfallen, als die Wahrscheinlichkeit dafür, dass das Gedächtnissbild von C oder dasjenige von D associirt wird. Oder allgemein: die Wahrscheinlichkeit für die Association einer Vorstellung b an eine gegebene a ist um so grösser, je häufiger die entsprechenden Erlebnisse bisher als Teile irgend eines Complexes in dieser Reihenfolge vorgefunden wurden.

Dieses für die Psychologie der Entwicklung fundamentale Gesetz, welches wir als das Gesetz der Gewohnheit oder der Uebung bezeichnen, ergibt sich also als notwendige Folge der Thatsache der Erinnerung an früher erlebte Complexe.

Aehnlichkeitserkenntniss. Bei der Beschreibung des Wiedererkennens wurde die Thatsache constatirt, dass sich uns zwischen unseren Bewusstseinsinhalten gewisse eigentümliche Beziehungen zu erkennen geben, die wir mit dem Ausdrucke Aehnlichkeit dieser Inhalte bezeichnen. Wir hatten es dort zunächst mit einer unmittelbaren Erkenntniss einer gewissen Aehnlichkeit successiver Inhalte zu thun; diese Aehnlichkeitserkenntniss des Successiven ergab sich im Fall

des Wiedererkennens der Empfindungen als teilweise bedingt
durch die Erkenntniss einer Aehnlichkeit von Gleich-
zeitigem — der gegenwärtigen Empfindung und des gleichzeitig auftretenden Gedächtnissbildes einer vergangenen.
Jene Betrachtungen zeigen ohne Weiteres, dass die Aehnlichkeitserkenntniss ebenso wie die Erinnerung eine für den
Zusammenhang unseres Bewusstseinsverlaufs unentbehrliche,
fundamentale Thatsache ist. Ohne dieselbe gäbe es kein
Wiedererkennen und somit auch kein Begreifen unserer Erlebnisse: ein buntes Chaos zusammenhangloser, ewig neuer
und unbekannter Empfindungen würde das einzige sein,
was wir als Gegenstand unseres Erkennens besässen. Erst
mit der Erkenntniss der Aehnlichkeit kommt in dieses Chaos
Ordnung und Zusammenhang, gelangen wir dazu, die Bewusstseinsinhalte unter Begriffe zu fassen, so dass wir gewissermaassen im Strome der Erlebnisse einen festen Standpunkt
gewinnen, von welchem wir den rastlosen Wechsel zu überblicken und zu verstehen vermögen. Eine Zurückführung der
Aehnlichkeitserkenntniss auf einfachere psychische Thatsachen
werden wir hiernach nicht versuchen können; setzt doch eben jedes
Begreifen und somit jedes „Zurückführen" schon Erkenntniss
von Aehnlichkeiten voraus. Es lässt sich deshalb auch das,
was mit Aehnlichkeit gemeint ist, niemals definiren, sondern
stets nur aufzeigen.

Aehnlichkeiten bestehen, wie schon die eben erwähnten
Thatsachen zeigen, zwischen successiven wie zwischen gleichzeitigen Inhalten. Voraussetzung der Aehnlichkeitserkenntniss
ist das Vorhandensein einer Mehrheit von Bewusstseinsinhalten: nur zwischen irgendwie unterschiedenen Inhalten
können wir Aehnlichkeiten constatiren. Schon hieraus folgt
aber weiter, dass Aehnlichkeit nicht als Gegensatz von Verschiedenheit aufgefasst werden kann, dass vielmehr mit Aehnlichkeit nur besondere Arten von Verschiedenheit bezeichnet
werden können.

Als der primäre Fall der Aehnlichkeitserkenntniss ist
nach dem früher Gesagten derjenige zu betrachten, in welchem
zeitlich verschiedene Erlebnisse sich als ähnlich darstellen,
ohne dass eine weitere als eben die zeitliche Verschiedenheit

erkannt wird. Hiernach wäre also der ursprünglichste Fall der Aehnlichkeitserkenntniss gleichbedeutend mit dem, was sich uns auf einer späteren Entwicklungsstufe als qualitatives Gleichheitsurteil charakterisirt.

Indem aber weiterhin zwischen einer Mehrheit von Inhalten, die zunächst in derselben Weise wiedererkannt, also mit demselben früheren Erlebniss als ähnlich charakterisirt wurden, Verschiedenheiten (anderer als zeitlicher Art) vorgefunden werden, ergibt sich Aehnlichkeit als ein besonderes, neues Verhältniss, welches auch bei anderer als zeitlicher Verschiedenheit an den Bewusstseinsinhalten constatirt werden kann. Demjenigen, der im Unterscheiden und Wiedererkennen einzelner Töne nicht geübt ist, wird sich ein Clavierton mittlerer Lage unmittelbar als „Ton", vielleicht auch sogleich als „Clavierton" zu erkennen geben, wenn ihm von früher her derartige Inhalte bereits bekannt sind. Werden ihm aber nunmehr mehrere verschiedene solche Töne successive in der Weise zu Gehör gebracht, dass er Unterschiede zwischen denselben erkennt, so werden sie ihm zwar alle noch in derselben Weise wie vorher als bekannt erscheinen, sie werden sich ihm also noch in gewisser Weise als „dasselbe" darstellen; die vorgefundene Verschiedenheit aber lässt diese Zusammengehörigkeit als eine neue Art der Beziehung (gegenüber dem früheren Mangel der Verschiedenheitserkenntniss) erscheinen — eine neue Art der Beziehung, die wir eben als Aehnlichkeit der betreffenden Inhalte zu bezeichnen pflegen. In welcher Weise derartige Unterscheidung ähnlicher Inhalte sich durch Uebung verfeinert, wird später zu untersuchen sein; hier handelte es sich nur darum, zu zeigen, wie der ursprüngliche, durch die Ungenauigkeit des Gedächtnisses bedingte Mangel der Unterscheidung ähnlicher Inhalte eine Art der Zusammengehörigkeit der letzteren auch nach eingetretener Unterscheidung nach sich zieht. Eben dieser Nachweis lässt zugleich deutlich erkennen, dass Aehnlichkeit zweier Inhalte ein durchaus ursprüngliches, keineswegs allgemein auf anderweitige Thatsachen zurückführbares Verhältniss ist. In wie weit wir Aehnlichkeit in manchen Fällen durch partielle Gleichheit der betrachteten Inhalte zu erklären im Stande sind, kann erst später erörtert werden. Ebenso ursprünglich, wie die Erkenntniss der Aehnlichkeit überhaupt, erscheint auch die Erkenntniss grösserer oder geringerer Aehnlichkeit, der Aehnlichkeitssteigerung und -abnahme. Schon damit, dass zwei Inhalte qualitativ als „bloss ähnlich" und nicht, wie ursprünglich beim Wiedererkennen, als qualitativ ununterscheidbar sich darstellen, ist der erste Fall einer Unterscheidung von Gradverhältnissen der Aehnlichkeit gegeben.

Diese grössere oder geringere Aehnlichkeit verschiedener Inhalte ist es, welche uns verschiedene Gebiete von Inhalten gegen einander abgrenzen lässt. Die Scheidung zwischen den verschiedenen Sinnesgebieten beruht auf der grösseren Aehnlichkeit, wie sie die Töne unter einander, die Farben unter einander aufweisen, gegenüber der geringeren zwischen Farbe und Ton bestehenden Aehnlichkeit. Innerhalb eines jeden dieser Gebiete aber findet sich abermals Steigerung und Abnahme der Aehnlichkeiten: die hohen Töne sind unter einander ähnlicher als mit den tiefen, die verschiedenen Nuancen von Blau einander ähnlicher als dem Gelb u. s. w. So sind wir, allgemein gesprochen, in vielen Fällen im Stande, Inhalte in Reihen zu ordnen, dergestalt, dafs jeweils die in der Reihe benachbarten Glieder einander ähnlicher sind als die weiter entfernten.

Was mit solcher grösseren und geringeren Aehnlichkeit gemeint ist, ist allgemein bekannt und erscheint insofern weiterer Erklärung nicht bedürftig; immerhin mag nicht unerwähnt bleiben, dass die mehrfach betonte Unbestimmtheit unserer Erinnerungen auch für diese Thatsachen eine genetische Erklärung zu gestatten scheint. Ebenso nämlich, wie ursprünglich innerhalb weiterer Grenzen ähnliche Inhalte — bei nicht allzunaher zeitlicher Succession — qualitativ nicht unterschieden erscheinen, so zeigt sich ein analoges Verhalten noch in späteren Entwicklungsphasen innerhalb engerer Grenzen. Mit den eben durch die Ausdrücke weiterer und engerer Grenzen bezeichneten Unterschieden erscheint der Begriff grösserer oder geringerer Aehnlichkeit der Inhalte als

gleichbedeutend; d. h. es sind als ähnlichere oder in der
Aehnlichkeitsreihe einander näherstehende Inhalte diejenigen
zu betrachten, bei welchen (ceteris paribus) eine Unterscheidung im Gedächtnisse sich erst in einer späteren Phase vollzieht. Es seien etwa, um an das obige Beispiel anzuknüpfen,
a und b zwei von einander unterschiedene Gedächtnissbilder
von Tönen mittlerer Lage: so wird das eine wie das andere
Gedächtnissbild eine je nach dem individuellen Grade der
Uebung grössere oder kleinere Reihe von Tönen repräsentiren
können, welche bei directer Succession sehr wohl noch unterscheidbar wären, deren Unterschiede aber im Gedächtniss
noch nicht festgehalten sind. Es seien diese Töne beziehungsweise bezeichnet durch $a_1, a_2 \ldots a_n$ und $b_1, b_2 \ldots b_n$ (wobei durch die Indices zunächst keine bestimmte Stellung der
Töne ihrer Höhe nach angedeutet sein soll); dann wird, falls
a und b nicht zu weit von einander entfernt gewählt sind,
ein Teil der einen Reihe mit einem Teile der zweiten Reihe
im Gedächtniss noch verwechselt werden können,
während eine solche Verwechslung zwischen anderen Bestandteilen der beiden Reihen unter den vorliegenden Uebungs-
verhältnissen nicht mehr möglich sein wird. Diesen Unterschied bezeichnen wir, indem wir die ersteren Teile der
Reihen als ähnlichere oder einander näher liegende Töne bezeichnen gegenüber den letzteren, welche dementsprechend als
minder ähnliche oder von einander entferntere Töne charakterisirt werden.

Indem entsprechende Verhältnisse sich in den verschiedensten Höhenlagen zu erkennen geben, versteht man, wie
sich Unterscheidung und Vergleichung auch zwischen
Aehnlichkeitsgraden in den verschiedenen Teilen
des Tongebietes — und ebenso in anderen Gebieten — zu
entwickeln vermochten. Indess dürfte mit der hier beschriebenen Thatsache nur einer der Factoren dieser Entwicklung
bezeichnet sein. Ein anderer Factor, welcher zu solcher Unterscheidung und Vergleichung (namentlich innerhalb weiterer
Grenzen) direct hinführt, ist die Thatsache der unmittelbaren
Aehnlichkeitserkenntniss selbst, insofern nämlich Aehnlichkeiten nicht bloss zwischen einzelnen Teilinhalten,

sondern ebenso auch zwischen Complexen unmittelbar
vorgefunden werden; wobei übrigens keineswegs etwa Aehnlichkeit der entsprechenden Glieder der Complexe für die
Aehnlichkeit der Complexe selbst maassgebend ist.

Man hat als die Thatsache, welche der Vergleichung und
Unterscheidung von Aehnlichkeitsgraden zu Grunde liegt,
häufig ein besonderes Gefühl des Ueberganges bezeichnet,
welches sich in elementarer Weise bei der unmittelbaren Aufeinanderfolge zweier Inhalte kundgebe und welches verschieden
sei, je nachdem die Aehnlichkeit der letzteren als grösser
oder geringer beurteilt werde. Als den Thatbestand, der
mit solcher Beurteilung bezeichnet wird, auf welchen also
alle Vergleichung von Aehnlichkeitsgraden sich gründet, hätten
wir hiernach gewisse Differenzen jenes Gefühles zu betrachten.
Es ist indess zunächst leicht einzusehen, dass ein solches
Gefühl zum mindesten nicht während des Ueberganges als
ein neuer Inhalt von den beiden succedirenden Inhalten unterschieden werden kann. Denn da der Voraussetzung nach die
beiden Inhalte sich unmittelbar folgen, so ist eben damit ausgeschlossen, dass zwischen dieselben ein weiterer Inhalt sich
einschiebt: würde doch auch mit einer solchen Behauptung conse-
quenterweise sogleich die Forderung auftreten, nun auch den
Uebergang vom ersten Inhalte zu diesem zwischengeschobenen
näher zu charakterisiren, wobei denn abermals ein Uebergangs-
gefühl zu Hilfe zu nehmen wäre. Eine solche endlose Ver-
wicklung wird nur zu vermeiden sein, wenn wir jenes Gefühl
des Ueberganges als ein Merkmal des im zweiten Momente
vorgefundenen Gesammtinhaltes auffassen; ein Merkmal, welches
durch die Nachwirkung des vergangenen Inhalts bedingt ist,
aber nicht als besonderer, von dem neuen Eindruck und dem
Gedächtnissbild des vergangenen unterschiedener Teilinhalt
sich absondern lässt, sondern mit dem Complexe der genannten beiden Teile ein untrennbares Ganzes bildet.

Was zur Behauptung der Existenz solcher Uebergangsgefühle und zur Behauptung gleicher Uebergangsgefühle an
verschiedenen Stellen eines Empfindungsgebietes geführt hat,
ist aber nichts anderes, als die oben angeführte Thatsache,
dass sich Aehnlichkeiten zwischen Complexen unabhängig von

etwaiger Aehnlichkeit ihrer entsprechenden Teilinhalte vorfinden. Das Beispiel einer und derselben in verschiedenen
Tonarten gespielten Melodie zeigt, was hier gemeint ist: die
ihren einzelnen Bestandteilen nach ganz verschiedenen Tonfolgen weisen im ganzen eine Aehnlichkeit auf, welche eventuell, falls die Tonfolgen nicht in unmittelbarer Succession
verglichen werden, geradezu ein Ununterscheidbarkeitsurteil veranlassen kann. Es erscheint, um das vorhin zurückgewiesene Missverständniss zu vermeiden, zweckmässiger,
anstatt von Uebergangsgefühlen von gleichen Aehnlichkeitsbeziehungen, Relationen oder Distanzen zwischen den
Componenten der Complexe im einen und im andern Fall zu
sprechen: die unmittelbar vorgefundene Thatsache aber, welche
mit einem solchem Ausdrucke bezeichnet wird, ist eben die,
dass Aehnlichkeiten zwischen Complexen bestehen, die sich
nicht auf Aehnlichkeiten der respectiven Teilinhalte zurückführen lassen. Diese Aehnlichkeiten der Complexe erweisen
sich nachträglich insofern als bedingt durch die Aehnlichkeitsbeziehungen, welche zwischen den Teilinhalten innerhalb jedes einzelnen dieser Complexe bestehen, als die Aehnlichkeit der letzteren um so grösser bez. um so geringer wird,
je mehr bez. je weniger auch jene Aehnlichkeitsbeziehungen
im einen und im andern Complexe respective mit einander
übereinstimmen; wir dürfen aber nicht vergessen, dass die Erkenntniss solcher Uebereinstimmung zwischen den Aehnlichkeitsbeziehungen von verschiedenerlei Inhalten eben auf die
unmittelbare Erkenntniss der Aehnlichkeit der Complexe gegründet ist und somit nicht ihrerseits zur Erklärung der
letzteren Anwendung finden kann. Die Erkenntniss der
Aehnlichkeit von Complexen ist vielmehr ebenso unmittelbar
gegeben und ist eine für den Zusammenhang unserer Erfahrung ebenso unentbehrliche Grundthatsache, wie die Thatsache
des Wiedererkennens einzelner Inhalte. Für die letztere Behauptung gelten die gleichen Gründe, wie für die analoge Behauptung bezüglich der Erinnerung an Complexe: unsere
Erlebnisse sind im allgemeinen nicht einfache Inhalte, sondern
Complexe, und der durch das Wiedererkennen bedingte Zusammenhang unserer Erlebnisse würde daher nicht möglich

sein, wenn nicht Complexe in derselben Weise unmittelbar
wiedererkannt würden, wie einzelne Inhalte. Das Wiedererkennen der Complexe in der oben am Beispiel der Melodie
näher bezeichneten Art und Weise ist dem Wiedererkennen
einzelner Inhalte durchaus analog: hier wie dort ist zum
Wiedererkennen qualitative Gleichheit der neuen Inhalte
mit den früheren, auf welche das Wiedererkennen sich bezieht,
in keiner Weise erforderlich.

Zur näheren Erläuterung des Zustandekommens unserer
Begriffe von Graden der Aehnlichkeit und des Abstandes mag die
Betrachtung des Intervallbegriffes im Tongebiete dienen.
Wir sprechen davon, dass zwei successive Töne in tiefer Lage
dasselbe Intervallverhältniss, denselben Abstand[28]) von einander einhalten können, wie zwei Töne in hoher Lage, dass
etwa das Verhältniss beider hier wie dort das einer reinen
Quarte sei. Diese Beurteilung der Gleichheit des Abstandes
von *c* nach *f* und von *d* nach *g* findet nicht etwa auf Grund
irgendwelcher mittelbarer Merkmale statt, sondern wird unmittelbar mit dem Hören der Töne vollzogen; was aber hierbei unmittelbar als ähnlich erkannt wird, sind die beiden aus
je zwei Tönen bestehenden Complexe — wir machen die Erfahrung, dass zwischen dem Complexe *cf* und *dg* eine grössere
Aehnlichkeit besteht, als zwischen dem ersteren und irgend
einem anderen von *d* ausgehenden Tonschritte. Wo immer
wir die Abstände successiver Töne vergleichen, können wir
dies nicht anders als eben durch die Betrachtung der betreffenden Toncomplexe: diese sind es, die unmittelbar als
„Schritte gleichen oder verschiedenen Abstandes" erkannt
werden. Indem wir die besondere Art der Aehnlichkeit, die
wir eben als maximale Aehnlichkeit der Complexe verschiedener Lage bezeichneten, mit grosser Schärfe zu unterscheiden lernen, werden wir uns beim Hören eines Complexes
sofort darüber klar, ob er mit diesem oder jenem anderen
uns erinnerlichen (gewohnten) Tonschritte diese charakteristische (maximale) Aehnlichkeit aufweist oder nicht aufweist.

Ob wir den Begriff der Tondistanz und den Distanzbegriff überhaupt in der hier beschriebenen Weise auf Grund

des unmittelbaren Wiedererkennens von Complexen gewonnen haben, oder etwa durch Abzählung ebenmerklicher Abstände, scheint mir darum nicht zweifelhaft, weil einmal der Begriff ebenmerklicher Abstände von Empfindungen sich im vorwissenschaftlichen Denken überhaupt nicht bildet und andererseits eine Abzählung derselben auch für den psychologisch Gebildeten eine höchst schwierige Aufgabe bleibt, die sicherlich nicht in den frühen Stadien des Lebens mühelos von selbst sich löst, in welchen der Distanzbegriff sich thatsächlich ohne eine Anstrengung unsererseits ausbildet. Die Frage nach der Möglichkeit der Distanzvergleichung auf Grund solcher Abzählung wird in einem späteren Capitel zu entscheiden sein.

Mit der Unterscheidung von Graden der Aehnlichkeit ist ohne Weiteres auch der Begriff der Richtung in der nach grösseren und geringeren Aehnlichkeiten geordneten Reihe von Inhalten gegeben. Wir sprechen von einer Richtung, in welcher wir uns bewegen, wenn wir von ähnlicheren Inhalten stufenweise zu weniger ähnlichen fortschreiten, während demgegenüber das Fortgehen zu wieder dem ersten ähnlicheren Inhalten eine Umkehr der Richtung genannt wird. Wir wollen die nach Graden der Aehnlichkeit geordneten Reihen von Inhalten im Folgenden kurz als Aehnlichkeitsreihen, die betreffenden Inhalte als Glieder dieser Reihen bezeichnen.

Nachdem die Begriffe der Aehnlichkeit und der Grade der Aehnlichkeit gewonnen sind, kann bei beliebig vorgelegten Inhalten nach ihrer Aehnlichkeit gefragt, der Grad ihrer Aehnlichkeit mit anderen vorgelegten Aehnlichkeitsgraden verglichen werden. Wie der psychische Thatbestand solcher Frage und Vergleichung näher zu charakterisiren ist, wird erst später bei der Lehre vom Urteil darzulegen sein; einstweilen werden wir diese Ausdrücke ohne Gefahr eines Missverständnisses verwenden können. Für die verschiedenen Arten der Aehnlichkeitsbeziehungen werden wir uns des gemeinsamen Namens der Vergleichungsrelationen bedienen. Zwischen zwei Inhalten besteht hiernach stets eine Vergleichungsrelation, als deren Fundamente oder Glieder eben jene Inhalte bezeichnet werden. Wo im Folgenden kurzweg von

Relationen gesprochen wird, sind die **Vergleichungsre-lationen** gemeint. Die Relation ist nach dem Obigen nicht von ihren Fundamenten in der Weise zu trennen, dafs sie in **concreto** als gesonderter Teilinhalt des Bewusstseins in Betracht käme; wohl aber sind wir, wie sich alsbald zeigen wird, im Stande, Relationen in **abstracto** ohne Rücksicht auf die Fundamente zu betrachten.

Abstraction. Mit der Erkenntniss der Aehnlichkeit von Bewusstseinsinhalten ergeben sich äusserst mannigfaltige Zusammenhänge unserer Erlebnisse. Nicht nur erscheint jeder Inhalt in gleicher Weise als ähnlich mit vielen anderen, welche untereinander ebensolche Aehnlichkeit aufweisen; sondern er wird ebenso auch mit **verschiedenerlei** Inhalten als ähnlich erkannt, die ihrerseits untereinander diese Aehnlichkeit **nicht** zeigen. Wir bezeichnen diese Thatsache, indem wir davon sprechen, dass ein Inhalt mit anderen Inhalten in **verschiedener Hinsicht** ähnlich sein könne, wie etwa, dass ein Ton mit einem anderen hinsichtlich der Höhe, nicht aber hinsichtlich der Stärke, mit einem dritten hinwiederum hinsichtlich der Stärke, aber nicht hinsichtlich der Höhe übereinstimme; dass ein roter Kreis einem roten Quadrat hinsichtlich der Farbe, einem blauen Kreise hinsichtlich der Form ähnlich sei; dass zwei Tonfolgen die gleiche Melodie aber verschiedene Tonart haben u. s. w.

Die Erfahrung, welche wir in dieser Weise zum Ausdruck bringen, lässt sich auch dahin aussprechen, dass ein und derselbe Inhalt verschiedenen anderen ähnlich erscheint, **welche sich doch nicht als Glieder einer und derselben Aehnlichkeitsreihe einordnen lassen.** Wenn wir aus einer Reihe von Figuren *a, b, c, d* gleicher Form, welche sich hinsichtlich der Farbnuance unterscheiden, aber in eine Aehnlichkeitsreihe nach ihren Farbunterschieden geordnet sind, ein Glied, etwa *c* herausgreifen, so weist dieses Glied mit einer Reihe Figuren derselben Farbe und mehr oder weniger abweichender Form *c', c'', c'''* .... abermals eine Art von Aehnlichkeit auf, welche aber von derjenigen der successiven Glieder

der gegebenen Reihe vollkommen verschieden ist und eben
deshalb eine Einordnung der betreffenden neuen Figuren in
jene Reihe nicht gestattet. Wir sind nicht im Stande einer
oder der anderen jener neuen Figuren innerhalb der gegebenen
Aehnlichkeitsreihe einen Platz anzuweisen: wohin wir auch c'
in der Reihe $a\,b\,c\,d$ stellen, jederzeit ergibt sich ein Widerspruch gegen das Princip der Anordnung der Reihe, weil c'
zwar mit c in besonderer Weise ähnlich ist, von b und d aber
sich gleichviel und zwar in höherem Grade unterscheidet, als
c von diesen letzteren verschieden ist, so dass wir weder ein
Recht haben, es vor c, noch auch, es nach c einzuschieben.
Noch deutlicher wird der Widerspruch, wenn wir ausser c'
noch c'' und c''' in Betracht ziehen — die wir ihrerseits gleichfalls in eine (von der ersten natürlich verschiedene) Aehnlichkeitsreihe ordnen können.

Wir können diese Erfahrung auch so formuliren, dass wir
sagen, ein Inhalt könne mehreren verschiedenen Aehnlichkeitsreihen angehören, welche kein weiteres Glied gemeinsam haben.

Wenn ein Inhalt wiedererkannt wird, so kann dies
Wiedererkennen entsprechend der eben beschriebenen Erfahrung in verschiedener Art vor sich gehen: sobald die Entwicklung überhaupt die erste Phase überschritten hat, in welcher
das Wiedererkennen als (qualitatives) Ununterscheidbarkeitsurteil
erscheint, kann der Inhalt auf Grund der einen oder der anderen
Art von Aehnlichkeit mit Früherem, in der einen oder der
anderen Hinsicht wiedererkannt werden, während in einer
anderen Hinsicht eventuell sehr wesentliche Verschiedenheit
vorgefunden wird. Ebenso kann sich eventuelle willkürliche
Vergleichung auf die eine oder auf die andere Art von Aehnlichkeit beziehen. Was mit solchen Ausdrücken gemeint ist,
können wir nach dem Vorigen bezeichnen als die Erkenntniss
der Aehnlichkeit, welche der einen oder der anderen der von
einander unabhängigen Reihenbildungen zu Grunde liegt
oder die Erkenntniss der Zugehörigkeit eines Inhaltes zu dieser
oder jener aus der Zahl der uns jeweils bereits bekannten (d. h.
erinnerlichen) Aehnlichkeitsreihen.

Zur Erkenntniss unabhängiger Aehnlichkeitsreihen ist eine

Erfahrung über die zwischen mindestens vier Inhalten bestehenden Aehnlichkeiten notwendig. Erkenne ich b als ähnlich
mit a, a' ebenfalls als ähnlich mit a und als weniger ähnlich
mit b, so ist zunächst nur für die Bildung einer Aehnlichkeitsreihe
$b a a'$ die Möglichkeit gegeben. Wird aber ein weiterer Inhalt b'
als ähnlicher mit b als mit a und zugleich auch ähnlicher mit
a' als mit a erkannt, so wird die Anordnung der vier Inhalte
in einer und derselben Aehnlichkeitsreihe unmöglich. Die Bildung zweier verschiedener Aehnlichkeitsreihen wird in solchen
Fällen ohne Weiteres vollzogen: Erfahrungen der genannten
Art sind es, die uns zur Erkenntniss von Aehnlichkeiten in
verschiedener Hinsicht führen. Erinnert mich ein Ton an
ein früheres Erlebniss, so ist damit noch nicht gesagt, ob ich
ihn etwa als „starken" Ton, oder als „hohen" Ton wieder-
erkenne; auch dadurch, dass ich den Ton zwar als Ton wieder-
erkenne, aber doch zugleich einen Unterschied desselben
von einem früher gehörten constatire, ist noch keine Unterscheidung verschiedener Arten von Aehnlichkeit gegeben. Um
eine solche zu charakterisiren, ist es ferner auch noch nicht
genügend, dass zwei Inhalte a und a' als ähnlich, aber doch
verschieden erkannt werden (gleich starke Töne verschiedener
Höhe) und ein Inhalt b als ähnlich mit a und verschieden von
a, aber noch mehr verschieden von a' erkannt wird (b mit a
von gleicher Höhe aber in der Stärke verschieden). Denn
hiermit ist zwar eine Unterscheidung von zwei verschiedenen
Fällen der Aehnlichkeitserkenntniss, aber noch keine Bestimmung von Arten derselben gegeben. Erst wenn ich etwa im
Anschluss an b einen weiteren Inhalt b' vorfinde, welcher mit
b ähnlich ist und diese Aehnlichkeit als dieselbe wieder-
erkenne, welche ich seinerzeit zwischen a und a' vorfand (indem ich eben eine besondere, trotz der Verschiedenheit der
Glieder bestehende Aehnlichkeit der Complexe $a a'$ und $b b'$
erkenne), erscheint eine Art der Aehnlichkeitserkenntniss charakterisirt, der gegenüber die Aehnlichkeit zwischen a und b
als „nicht zur selben Art gehörig" sich darstellt.

Wie wir zwischen Inhalten, welche innerhalb gewisser
Grenzen ähnlich sind, Verschiedenheiten erst im Laufe
unserer Entwicklung vorfinden und uns demgemäss ein und

dasselbe Gedächtnissbild als Repräsentant einer Reihe thatsächlich verschiedener Inhalte dienen kann und dient, so ist
auch die Erinnerung an eine jede der Erfahrungen, die wir
als Erkenntniss von Aehnlichkeitsreihen zu bezeichnen haben,
zunächst keineswegs hinreichend bestimmt, um eine solche
Erfahrung von späteren ähnlichen Erfahrungen scharf zu unterscheiden: wie einzelne Inhalte, so erkennen wir Aehnlichkeitsreihen auch da wieder, wo nachträgliche Erfahrung uns lehrt,
dass wir es keineswegs mit „denselben" Reihen zu thun haben.
Indem wir später zwischen solchen Reihen wie zwischen ihren
entsprechenden Inhalten Unterschiede vorfinden, ergibt sich
von selbst zugleich mit der Anordnung der letzteren nach ihren
Aehnlichkeiten eine entsprechende Anordnung jener Reihen
selbst, indem Schaaren homologer Reihen von einander
unterschieden werden. Zugleich mit solcher Unterscheidung
entwickelt und bereichert sich der Begriff verschiedener Arten
von Aehnlichkeit, von Aehnlichkeiten in verschiedener Hinsicht.

Im allgemeinen wird eine Einordnung aller möglichen
uns bekannten Inhalte eines Gebietes in die entsprechenden verschiedenen Aehnlichkeitsreihen nur auf besondere (theoretische)
Veranlassung vollzogen werden. Dass solche Anordnung gleichfalls zur Bestimmung der verschiedenen Arten von Aehnlichkeiten hinführen muss, ist leicht an einem Beispiele zu zeigen.
Ordnen wir etwa die Gesammtheit der einfachen Töne nach
irgend welchen Aehnlichkeitsreihen, so zeigt sich, dass jede
solche Reihenbildung im Tongebiete sich zurückführen lässt
auf zwei und nur zwei von einander unabhängige Arten von
Reihenbildungen, indem jeder Ton sich als Glied von zwei
Reihen betrachten lässt, welche kein anderes Glied mit einander
gemeinsam haben und deren successive Glieder unter einander
grössere Aehnlichkeit aufweisen, als mit irgend welchen Gliedern anderer Reihen, denen der erstgenannte Ton ausserdem
noch angehört. Indem wir die so characterisirte Art von
Reihenbildung für alle Töne durchführen, erhalten wir zwei
Schaaren von Aehnlichkeitsreihen der Art, dass jede dieser
Schaaren sämmtliche Töne enthält, innerhalb jeder derselben
aber keine zwei Reihen irgend ein Glied gemeinsam haben.

Die Stellung eines Tones in einer beliebigen Reihe ist daher vollkommen bestimmt, sobald ich die beiden Reihen angebe, welchen er innerhalb jener Schaaren von Reihen grösster Aehnlichkeit angehört. Die Aehnlichkeiten, nach welchen diese beiden Reihen geordnet sind, nennen wir bez. Aehnlichkeiten der Höhe und der Intensität der Töne. Wie es hier am Beispiel der Töne gezeigt wurde, so lässt sich auch in anderen Gebieten die Zurückführung aller Aehnlichkeiten auf eine Anzahl einfachster Arten von Reihenbildungen gewinnen, die nach den maximalen Aehnlichkeiten fortschreiten.

Die Anzahl solcher Schaaren unabhängiger Aehnlichkeitsreihen, zu welchen wir bei der Anordnung eines Gebietes gelangen, bezeichnen wir als die Dimensionenzahl des betreffenden Gebietes. Wie für einzelne Inhalte, so lässt sich eine analoge Anordnung auch für die daraus gebildeten Complexe durchführen. Mit der Anzahl der Glieder der so geordneten Complexe wächst natürlich auch die Dimensionenzahl des Gebietes.

Die Bedeutung der Aussage einer Vergleichung zweier Inhalte in bestimmter Hinsicht ist hiernach überall, gleichviel ob es sich um einfache oder complexe Inhalte handelt, die, dass die betreffenden Inhalte nur in Rücksicht auf ihre Zugehörigkeit zu und ihre gegenseitige Stellung in einer bestimmten der uns bekannten Arten von Aehnlichkeitsreihen verglichen werden und nicht mit Rücksicht auf die Aehnlichkeiten und Unterschiede, welche ausserdem noch zwischen ihnen bestehen mögen.

Mit der Unterscheidung von Aehnlichkeiten in verschiedener Hinsicht ist auch der Begriff der Gleichheit zweier Inhalte in bestimmter Hinsicht gegeben[29]). Zwei Inhalte heissen mit Rücksicht auf eine bestimmte Art von Reihenbildung gleich, wenn sie sich nicht an verschiedene Plätze der betreffenden Reihe einordnen lassen. Man sieht, dass sich der Begriff der Gleichheit auf den des Mangels einer Verschiedenheitserkenntniss in bestimmter Hinsicht zurückführt; unsere Gleichheitsurteile werden sich daher in derselben Weise differenziren, wie die Unterscheidung der ähnlichen Inhalte fortschreitet.

Wenn wir davon sprechen, dass wir nur ein Merkmal,

eine Eigenschaft, eine Qualität eines Inhaltes beachten und
von anderen abstrahiren, so drücken wir damit nur denselben
Thatbestand mit anderen Worten aus, welchen wir oben als
Aehnlichkeitserkenntniss in einer bestimmten Hinsicht bezeichnet haben. Ein solches Abstrahiren ist nichts anderes
als das — gleichviel ob willkürliche oder unwillkürliche —
Unterlassen einer Vergleichung mit Rücksicht auf irgendwelche Aehnlichkeitsreihen, denen der betrachtete Inhalt noch
angehören mag, abgesehen von derjenigen, innerhalb deren
man augenblicklich eine Relation desselben zu anderen Inhalten constatirt hat. Dass ein solches Constatiren d. h. eben
eine Aehnlichkeitserkenntniss überall vorliegt, wo von einem
Merkmale eines Inhaltes die Rede ist, dass m. a. W.
von einem
Merkmale eines Inhaltes nur auf Grund irgendwelcher, wenn
auch noch so rudimentären Aehnlichkeitserkenntniss gesprochen
werden kann, ist nur ein anderer Ausdruck für die bereits
früher festgestellte Thatsache, dass jede nähere Bestimmung
eines Inhaltes nur durch Erkenntniss seiner Aehnlichkeiten mit
anderen Inhalten gewonnen wird. Die Betrachtungen des nächsten
Paragraphen werden den Sinn dieser Bemerkung deutlicher
erkennen lassen; es wird dabei zugleich noch klarer hervortreten, was schon aus dem Obigen sich ergibt, dass nämlich
die geschilderte Thatsache der Abstraction ursprünglich durchaus
nicht vermöge einer besonderen Thätigkeit des Absehens von
bestimmten Unterschieden und Aehnlichkeiten zu Stande kommt,
sondern dass umgekehrt die nähere Bestimmung der verschiedenen Merkmale eines Inhaltes besondere Processe voraussetzt, während ursprünglich jeweils nur eine — im allgemeinen sehr wenig bestimmte — Aehnlichkeitserkenntniss den
Inhalt zuerst characterisirt und erst nach erfolgter Vergleichung
desselben mit anderen Inhalten in verschiedenen Hinsichten
von einer Mehrheit der Merkmale an demselben die Rede sein
kann. Die Abstraction erscheint so nicht als Resultat eines
secundären Processes, sondern als der ursprüngliche Thatbestand: jede Bestimmung eines Inhaltes ist ursprünglich eine
abstracte in dem oben bezeichneten Sinne und erst nachdem
in solcher abstracten Weise verschiedene Merkmale des Inhaltes vorgefunden sind, kann nachträglich ein willkürliches

Absehen von einem oder dem andern derselben, eine Abstraction als secundärer Process sich einstellen.

Mit dem Gesagten ist natürlich in keiner Weise behauptet, dass zu jeder Erkenntniss eines Merkmales die Vergleichung des betreffenden Inhaltes mit einer grösseren Reihe anderer Inhalte nötig wäre, oder dass dazu irgend eine Aehnlichkeitsreihe in extenso vorgestellt werden müsste. Alles, was zur Erkenntniss eines Merkmales im Gegensatz zu anderen nötig ist, ist vielmehr eine Art des Wiedererkennens, die sich gegenüber anderen Arten des Wiedererkennens im Laufe der vorhergegangenen Erfahrungen bereits als eine davon verschiedene characterisirt hat. Jedes Wiedererkennen aber ist Aehnlichkeitserkenntniss; die unterschiedenen Arten des Wiedererkennens gründen sich, wie im Vorigen gezeigt, auf die Unterscheidung unabhängiger Aehnlichkeitsreihen; zwischen dem betrachteten Inhalte und einem erinnerten Gliede einer solchen von anderen unterschiedenen Aehnlichkeitsreihe muss daher Aehnlichkeit vorgefunden werden, damit von einem Merkmale im Gegensatz zu anderen Merkmalen die Rede sein kann.

Wie in dieser Weise nicht nur die Qualitäten im engeren Sinne und die „Intensitäten", sondern auch die zeitlichen und — bei einem Teile der Inhalte — die räumlichen Bestimmungen sich als besondere Eigenschaften der Teilinhalte unseres Bewusstseins charakterisiren, soll hier nicht ausgeführt werden. So wenig wie die „qualitativen" Unterschiede müssen zeitliche und räumliche Verschiedenheiten überall von vorn herein bestimmt erkannt werden: der Mangel solcher Unterscheidung führt naturgemäss dazu, in der schon früher bezeichneten Weise verschiedene Inhalte für „dieselben" Inhalte anzusehen und, falls die Unterscheidung nachträglich zum Bewusstsein kommt, von verschiedener zeitlicher und ev. räumlicher Stellung, von mehrfachem Auftreten „derselben" Inhalte zu sprechen. Von Identität im strengen Sinne ist hier natürlich nicht die Rede; die genannte und im Vorigen bereits adoptirte Bezeichnungsweise gründet sich vielmehr auf eine im Laufe des natürlichen Denkens zu Stande gekommene Abstraction.

Von beachteten Merkmalen eines Inhaltes wird auch wohl

als von solchen gesprochen, auf die sich die Aufmerksamkeit richte. Dieser Gebrauch des Wortes Aufmerksamkeit stimmt mit einem früher besprochenen überein: die Aufmerksamkeit ist hier wie dort dadurch characterisirt, dass sich an den betreffenden Inhalt eine Aehnlichkeitserkenntniss anschliesst — nur dass hier diese Erkenntniss eine nähere Bestimmung erhält, indem die Aehnlichkeitsreihe, in welcher die Vergleichung sich vollzieht, bereits von anderen unterschieden erscheint. Auch die Folgen der Aufmerksamkeit für das Gedächtniss sind hier dieselben wie dort: wie wir uns allgemein nur der Eigenschaften eines beachteten Inhaltes erinnern können, so können wir uns im besonderen seiner Eigenschaften nur in so weit erinnern, als wir dieselben beachtet haben. Dieses Beachten der Eigenschaften kann gleichfalls, wie das Wiedererkennen vor der Unterscheidung einer Mehrheit von Eigenschaften, in sehr weiten Grenzen stattfinden, so dass wir nach dem vulgären Sprachgebrauche ev. nicht mehr von „Beachten" zu sprechen berechtigt wären: sehe ich einen weissen Fleck auf schwarzem Grunde, so wird sich nicht nur dessen Farbe, sondern auch seine Gestalt stets in gewisser Weise bemerklich machen und demgemäss, sei es auch nur in sehr unbestimmter Weise, in der Erinnerung bleiben — auch wenn wir uns durchaus nicht bewusst sind, der Gestalt „unsere Aufmerksamkeit zugewendet zu haben"[30]).

Die verschiedenen Merkmale eines Inhaltes sind gelegentlich als Teile dieses Inhaltes bezeichnet worden („metaphysische" Teile, „psychische" Teile). Ich ziehe es vor, mich dieser Terminologie nicht anzuschliessen, da es mir scheint, dass dieselbe ohne Not in die völlig klar bestimmten Begriffe des Ganzen und seiner Teile eine verhängnissvolle Vieldeutigkeit hineinträgt.

Symbole. Ein Inhalt, welcher als Zeichen für einen anderen Inhalt dient, so dass wir den letzteren durch den ersteren für irgend einen Zweck zu ersetzen im Stande sind, soll ein Symbol des letzteren Inhaltes heissen. Von dem letzteren sagen wir, er sei durch den ersteren symbolisirt, repräsentirt oder vertreten.

Im entwickelten Leben finden wir eine grosse Zahl von Inhalten, welche in dieser Weise als Symbole für andere, nicht gegenwärtig vorgefundene Inhalte dienen. Die vorhergegangenen Betrachtungen lassen uns erkennen, wie solche Symbolik zu Stande kommt. Wir haben gefunden, dass ein Gedächtnissbild in eigentümlicher, nicht weiter zurückführbarer Weise als Zeichen für ein vergangenes Erlebniss auftritt, dass es uns also als Symbol eines nicht gegenwärtigen Inhaltes erscheint, dessen Eigenschaften es uns in gewisser Weise repräsentirt. Je häufiger ähnliche Inhalte erlebt worden sind, um so weniger werden — einer früheren Ueberlegung gemäss — ihre Gedächtnissbilder auf zeitlich bestimmte Inhalte zurückweisen, um so mehr also werden dieselben den Character allgemeiner Vorstellungen gewinnen und als Symbole jedes beliebigen Inhaltes innerhalb bestimmter Aehnlichkeitsgrenzen dienen können. Wir haben ferner gefunden, dass sich an das Auftreten bestimmter Vorstellungen regelmässig andere anschliessen, die Gedächtnissbilder solcher Inhalte nämlich, die mit solchen der ersteren Art früher verbunden waren. Je häufiger die Verbindung von Inhalten der einen mit solchen der anderen Art im Gegensatz zu jeder anderen Verbindung der ersteren erlebt worden ist, um so wahrscheinlicher wird sich, nach dem Uebungsgesetze, an die ersteren bei abermaligem Auftreten die Vorstellung der anderen anschliessen, welche letztere aber nach dem Vorigen zugleich die Bedeutung einer allgemeinen Vorstellung gewinnt. Der erstere Inhalt wird daher auf Grund solcher Uebung die Bedeutung eines Zeichens für eine allgemeine Vorstellung erlangen, die sich jeweils unwillkürlich an ihn associirt; eben damit aber wird er zugleich zum Symbol für alle durch die letztere repräsentirten Inhalte. Ich bezeichne diese Art der Symbolik als Associationssymbolik, jenen ersteren Inhalt als Associationssymbol.

Gemäss dem eben auseinandergesetzten Mechanismus erscheint das Associationssymbol zunächst als Zeichen für die daran associirten Phantasmen; diese aber sind ihrerseits Symbole entsprechender Empfindungserlebnisse. Es kommt daher jedem Associationssymbol von vornherein eine doppelte Bedeutung zu: es kann sowohl für ein Phantasma wie für einen entsprechenden Empfindungsinhalt als Symbol dienen. So wird insbesondere jedes sprachliche Symbol, welches nicht, wie die Worte „Empfindung" und „Phantasievorstellung" selbst, durch seine Bedeutung eo ipso auf einen der beiden Fälle eingeschränkt ist, bald auf das eine, bald auf das andere Gebiet Anwendung finden können; eine Doppeldeutigkeit, die unter Umständen, vor allem in psychologischen und erkenntnisstheoretischen Untersuchungen, zu Irrtümern per aequivocationem Anlass geben kann.

Eine zweite Art der Symbolik ist diejenige durch Relationen (Relationssymbolik). Zwischen je zwei gegebenen Inhalten besteht eine völlig bestimmte Beziehung, an welcher wir zwar — entsprechend unseren letzten Erörterungen — verschiedene Merkmale, verschiedene Seiten unterscheiden können, welche aber im übrigen in keiner Weise unserer Willkür unterworfen ist: sie ändert sich nicht, solange die Inhalte dieselben bleiben und ändert sich, sobald einer dieser Inhalte sich ändert, während der andere unverändert bleibt. Gegebene Inhalte stehen zu einander in völlig bestimmten zeitlichen Relationen; sie weisen völlig bestimmte qualitative Aehnlichkeiten und Verschiedenheiten auf; sie haben ev. — wo überhaupt von Ortsunterschieden der Inhalte als solcher die Rede ist — völlig bestimmte räumliche Beziehungen zu einander. Aus dieser Thatsache des unveränderlichen Zusammenhanges zwischen je zwei bestimmten Inhalten und der zwischen denselben bestehenden Beziehung folgt nun aber, dass immer nur ein Inhalt vorgefunden werden kann, welcher zu einem gegebenen Inhalt in einer (völlig) bestimmten Beziehung steht. Hieraus folgt weiter dass ein Inhalt symbolisch vollkommen bestimmt werden kann dadurch, dass ein anderer Inhalt gegeben wird und die Beziehung desselben zu jenem Inhalte durch ein Symbol vollkommen bestimmt bezeichnet wird — und dass jener ebenso innerhalb gewisser Grenzen bestimmt ist, wenn diese seine Beziehung zu einem gegebenen Inhalte innerhalb gewisser Grenzen bestimmt bezeichnet wird,' bez. eventuell der letztere Inhalt selbst ebenfalls nur durch ein Symbol innerhalb gewisser Grenzen seine Bestimmung gefunden hat. Es gelingt also, einen nicht gegenwärtigen Inhalt nicht bloss in der vorher be-

schriebenen Weise durch ein einfaches Associationssymbol
unter Mitwirkung der symbolischen Function der Gedächtnissbilder zu repräsentiren, sondern wir können ihn auch durch
Bezeichnung seiner Relationen zu anderweitig gegebenen Inhalten indirect symbolisch bezeichnen[31]).

Die Benennung einer solchen symbolischen Repräsentation
als indirecter oder unanschaulicher Vorstellung[32]) des
betreffenden (symbolisirten) Inhaltes will mir nicht passend
erscheinen; ich kann mich bei derselben des Gefühls nicht er-
wehren, als ob sie den thatsächlich nicht gegebenen Inhalt
als ein dem Bewusstsein Gegebenes bezeichne, indem sie von
ihm als einem vorgestellten, also — nach dem üblichen
Sinn dieses Wortes wenigstens — dem Bewusstsein gegenwärtigen spreche. Thatsächlich aber lassen die Symbole durchaus nicht ohne Weiteres erkennen, ob ein Inhalt der bezeichneten Art möglich, d. h. im gewöhnlichen Sinne des Wortes
überhaupt vorstellbar ist. Symbole sind geduldig: in symbolischer Form lässt sich von viereckigen Kreisen und von
hölzernem Eisen sprechen. Wer aber derlei symbolischen Combinationen den Namen „Vorstellungen" beilegt, wird sich mindestens darauf gefasst machen müssen, dass seine Behauptung
„man könne sich einen viereckigen Kreis vorstellen" missver-
standen wird und auf Widerspruch stösst. Passend erscheint
mir dagegen die Bezeichnung der durch Symbole zu repräsen-
tirenden Inhalte als angezeigter Vorstellungen[33]), welchen
die entsprechenden Inhalte, wenn sie selbst vorgefunden werden,
als ausgeführte oder wirkliche Vorstellungen gegenüber-
treten. Hier lässt das Beiwort den Anschein, als ob die bloss
symbolisirten Inhalte etwas thatsächlich im Bewusstsein Gegebenes seien, nicht aufkommen, während zugleich ausdrücklich
auf die Thatsache hingewiesen wird, dass das Symbol als Zeichen
eines nicht gegenwärtigen Inhaltes dienen soll; kurz, diese
Terminologie lässt das Symbol als eine blosse Anweisung auf
einen noch nicht gegebenen Inhalt erscheinen, wie es thatsächlich dem Sachverhalte entspricht.

Insofern sich allgemein bei dieser Art der Symbolik die
Beschaffenheit nicht gegenwärtiger Inhalte durch die Kenntniss
ihrer Relationen zu gegenwärtig gegebenen Inhalten bestimmt,

haben wir auch die Repräsentation eines nicht gegenwärtigen
Inhaltes durch das entsprechende Gedächtnissbild als einen
und zwar als den einfachsten Fall der Relationssymbolik
zu betrachten [34]). Denn auch hier ist durch Vermittlung der
eigentümlichen, nicht näher zu bezeichnenden Aehnlichkeitsrelation, welche zwischen Phantasma und entsprechender
Empfindung überall besteht und welche uns in jedem Augenblicke unmittelbar bekannt ist, der nicht gegenwärtige Inhalt
durch den gegenwärtig vorgefundenen bestimmt.

In ähnlicher unmittelbarer Weise, ohne Mitwirkung von
eingeübten Berührungsassociationen, dient uns die künstlerische
— malerische oder plastische — Darstellung eines Gegenstandes als Symbol. Indem wir das Bild eines Baumes, eines
Turmes sehen, erkennen wir dasselbe unmittelbar als Darstellung eines solchen Gegenstandes; das Bild dient uns sogleich
als Symbol ähnlicher Dinge, wie wir sie gesehen haben, oder
sie uns in Analogie mit schon Gesehenem vorstellen können,
indem wir uns — nach dem Gesetz der Aehnlichkeitsassociation — ähnlicher Erlebnisse in mehr oder minder bestimmter
Weise im Anschluss an die gesehene Darstellung bez. an deren
Teile erinnern. Man mag diese Art unmittelbarer Relationssymbolik als Symbolik durch Aehnlichkeitsassociation
bezeichnen, weil sie uns eben als Zeichen solcher Erlebnisse
dient, an die uns die Darstellung bez. jeder Teil derselben erinnert; oder vielleicht passender als reine Relationssymbolik,
weil keine eingeübten Erfahrungsassociationen bei derselben
mitwirken.

Weitere Beispiele der Relationssymbolik bieten alle Beschreibungen nicht gegenwärtig wahrgenommener Dinge. Wenn
ich behaupte, dass Blut rot, dass Schwefel gelb ist, so ist genau
wie bei der Erinnerung die Beschaffenheit nicht gegenwärtiger
Wahrnehmungen durch diejenige gegenwärtiger an die genannten
Eigenschaftsworte associirter Phantasmen repräsentirt. Es fehlt
hier überall die ausdrückliche Bezeichnung der bestimmenden
Relation; in der That wird diese Bezeichnung durch die Bedeutung und Stellung des Prädicatsbegriffes als solchen ent-
behrlich — ein Punkt, auf welchen ich sogleich zurückkommen
werde. Anders, wenn nicht die in einem gegebenen Prädicats-

begriffe als solchem (s. u.) bereits bezeichnete Aehnlichkeitsrelation, sondern eine andere Beziehung zur indirecten
Bestimmung dient: „der Inhalt, den ich vor zwei Minuten
bemerkt habe", „die Punkte, welche von einem gegebenen
Punkte um einen Centimeter entfernt sind", sind Beispiele
einer Relationssymbolik, bei welcher die Relation selbst sprachlich bezeichnet wird.

Fälle der letzteren Art zeigen, wie ein Inhalt durch ein
Relationssymbol eindeutig bezeichnet und doch qualitativ
vollkommen unbestimmt gelassen werden kann: das Symbol
kann uns ev. zeigen, dass jedenfalls, wenn überhaupt, dann
sicherlich nur ein Inhalt vorgefunden werden kann, der dem
Symbole entspricht, es zeigt uns aber nicht notwendig auch,
wie dieser Inhalt qualitativ beschaffen sein muss.

Die Sprache. Associations- und Relationssymbole finden
in unserem Denken die ausgedehnteste Verwendung. Ihre
wichtigste Rolle ist diejenige, welche sie beim Zustandekommen
der Bedeutung unserer sprachlichen Symbole spielen.

Das Erlernen dieser Bedeutung — und eben damit ihre
Entstehung für das Individuum — vollzieht sich in der
Weise, dass mit einem gehörten Lautcomplexe zunächst gewisse
anderweitige Inhalte zusammen wahrgenommen werden und
bei wiederholtem Hören und Wiedererkennen des Lautcomplexes
abermals ähnliche Inhalte zugleich wahrgenommen und wiedererkannt werden. Auf Grund solcher complexer Erlebnisse
associirt sich nach unserer früheren Betrachtung an das Erinnerungsbild des Lautcomplexes das Erinnerungsbild mehr oder
minder bestimmter anderer Inhalte: erst mit dieser Association
tritt dasjenige Erlebniss ein, welches wir als das Verstehen
eines gehörten Wortes bezeichnen. Ein zum ersten Mal gehörtes Wort kann noch nicht verstanden werden (soweit nicht
etwa, auf einer höheren Entwicklungsstufe, aus seinem Zusammenhang mit anderen Worten auf seine Bedeutung geschlossen
werden kann); sobald aber irgend einer von den mit dem gehörten Lautcomplexe seinerzeit verbundenen anderweitigen Inhalten bei der Erinnerung an das Wort gleichfalls erinnert wird,
so ist damit eine erste Bedeutung des Wortes gegeben. Diese

Bedeutung braucht von vornherein keineswegs diejenige zu sein, welche dem Wort nach dem allgemeinen Sprachgebrauch zukommt; sie wird aber alsdann — fortgesetzten Umgang mit sprechenden Personen vorausgesetzt — auf Grund des Uebungsgesetzes früher oder später durch die letztere ersetzt werden, falls eine solche überhaupt feststeht.[35])

Entsprechend der mehrfach erwähnten Ungenauigkeit der Erinnerung wird auch die Wortbedeutung zunächst eine ungenaue sein: da die an das Wort associirte Gedächtnissvorstellung nicht bloss als Symbol eines völlig bestimmten Erlebnisses dient, sondern dessen Eigenschaften innerhalb gewisser Grenzen unbestimmt lässt, so muss auch das Wort durch die Association jener Gedächtnissvorstellung ein vieldeutiges werden. Umgekehrt wird demgemäss auch ein späterer Inhalt das Wort zu associiren im Stande sein, sobald nur seine Verschiedenheit von dem früher mit dem Worte verbundenen Inhalte jene Grenzen nicht überschreitet, oder, wie wir dies auf Grund unserer früheren Betrachtungen anders ausdrücken können, so lange er auf Grund der Erinnerung an eben jenen Inhalt wiedererkannt wird. So wird also mit der Entstehung der Bedeutung eines Wortes, wenigstens soweit dieselbe auf die Eigenschaften wahrgenommener Inhalte als solcher sich bezieht, notwendig ein abstractes und vieldeutiges Symbol geschaffen, welches eine Reihe verschiedener in bestimmter Hinsicht ähnlicher Inhalte in gleicher Weise bezeichnet: das Wort erhält begriffliche Bedeutung, indem es vermöge der Entstehung seiner Bedeutung dem Individuum für sämmtliche Inhalte als Symbol dient, welche in einer bestimmten Aehnlichkeitsreihe innerhalb gewisser Grenzen liegen. Wir sagen alsdann, das Wort bezeichne einen Begriff, indem unter die Bedeutung des Wortes alle diejenigen Inhalte einbegriffen sind, welche der genannten Reihe angehören. Wie die spätere Unterscheidung verschiedener Inhalte innerhalb jener Grenzen und die entsprechende Differenzirung der Bedeutung der Gedächtnissbilder zu bestimmteren Begriffsbildungen führen kann, wird weiter unten zur Sprache kommen; ist aber solche bestimmtere Unterscheidung erreicht, so wird das allgemeinere Wort (z. B. „rot") nicht mehr ein Gedächtnissbild von gleich allgemeiner (schwankender) symbolischer Bedeutung associiren können, wie früher, weil eben nunmehr die Bedeutung der Gedächtnissbilder eine bestimmtere (diejenige „verschiedener Nuancen Rot") geworden ist, jedes Gedächtnissbild ein enger abgegrenztes Gebiet (aus der Reihe „roter" Inhalte) repräsentirt. Dennoch werden wir das Wort auch jetzt noch in seiner allgemeinen Bedeutung verstehen können: die Thatsache, dass wir innerhalb der Reihe von Inhalten, die wir bisher durch das Wort bezeichneten, neue, früher nicht erkannte Unterschiede vorgefunden haben, führt einfach dazu, dass mit dem Worte jetzt bald dieser, bald jener der nunmehr unterschiedenen Gedächtnissinhalte associirt auftritt und wir uns demgemäss, wenn auch nicht jedesmal, so doch stets bei gegebenem Anlass erinnern, dass die augenblicklich associirte bestimmtere Vorstellung den Begriff nicht erschöpft. Eine solche Vorstellung erscheint alsdann nicht bloss infolge der ihr selbst noch anhaftenden Vieldeutigkeit als allgemeine Vorstellung für ein enger begrenztes Inhaltsgebiet, sondern zugleich vermöge der miterinnerten weiteren Bedeutung des Wortes als Symbol für eine grössere Reihe von ihr jetzt als verschieden erkannter, in früheren Phasen aber nicht von ihr unterschiedener Inhalte.

Die begriffliche Bedeutung der Worte wie der daran associirten Vorstellungen selbst erscheint hiernach ebenso, wie die im Vorigen besprochene Abstraction von bestimmten Merkmalen eines Inhaltes, nicht als Resultat eines besonderen darauf gerichteten Processes, sondern vielmehr als der ursprüngliche Zustand, welcher solange unverändert bestehen bleibt, als ein gewisser späterer Process (derjenige der Unterscheidung ähnlicher Gedächtnissbilder) sich noch nicht vollzogen hat. Von einer „Abstractionsthätigkeit" im Sinne einer Zusammenfassung des Verschiedenartigen mit Vernachlässigung der unterscheidenden Merkmale ist daher bei der Bildung der in Rede stehenden, im Laufe der natürlichen Entwicklung auftretenden Begriffe nicht zu sprechen: ihre Entstehung ist nicht durch eine besondere Thätigkeit des Unterscheidens, sondern durch das Fehlen einer solchen bedingt. Erst nachdem eine solche Thätigkeit später vollzogen ist, erscheint die Zusammenfassung der unterschiedenen Inhalte unter ein gemeinschaftliches Symbol als Resultat einer „Abstraction", eines Absehens von den thatsächlich vorhandenen und bemerkten Unterschieden. Wo es freilich sich nicht um in der individuellen Entwicklung natürlich entstehende, sondern um mehr oder minder künstlich — etwa zu wissenschaftlichen Zwecken — gebildete Begriffe handelt, wird deren Bildung in der Regel nicht ohne ein solches bewusstes Absehen von vorhandenen Unterschieden zu Stande kommen.

Die im Vorigen besprochene einfachste Art der sprachlichen Begriffsbildung durch Associationssymbolik führt zunächst zu solchen Begriffen, welche nur die Eigenschaften von wahrgenommenen Inhalten als solchen bezeichnen. Begriffe dieser Art mögen Wahrnehmungsbegriffe genannt werden. Im folgenden Capitel wird die Entwicklung einer anderen Art von Begriffen zur Sprache kommen, welche nicht bloss Eigenschaften vorgefundener Inhalte als solcher, sondern auch gewisser im Anschluss an diese zu erwartender weiterer Wahrnehmungen bezeichnen, und mit welchen wir überall zu thun haben, wo eine Wahrnehmung als Eigenschaft eines Dinges oder Gegenstandes beurteilt oder über einen solchen Gegenstand irgend eine anderweitige Aussage gemacht wird. Es wird sich zeigen, dass auch die Bildung und Anwendung solcher Begriffe überall auf dem gleichzeitigen Zusammenwirken von Associations- und Relationssymbolik beruht.

Die Relationssymbolik kann ihrerseits sprachlich nur mit Hilfe von Associationssymbolen zum Ausdrucke kommen: die Bedeutung der Worte, welche zur Bezeichnung der Relationen dienen, muss notwendig auf associativem Wege entstehen. Wie einzelne Inhalte, so erhalten auch Complexe ihre sprachlichen Benennungen; in derselben Weise, wie wir bei einheitlichen Inhalten verschiedene Eigenschaften erkennen und benennen, gewinnen wir auch bei der Betrachtung von Complexen die Begriffe der besonderen, nur bei Complexen auftretenden Merkmale, der Relationen, unter Abstraction von der besonderen Beschaffenheit der Teilinhalte, zwischen welchen diese Relationen bestehen. Wir sind demgemäss in der Lage, nicht nur die Teilinhalte eines Complexes, sondern auch die zwischen denselben bestehenden Relationen durch sprachliche Symbole in abstracto zu bezeichnen.

Durch die Relationssymbolik selbst aber, für welche wir in der eben bezeichneten Weise zu sprachlichen Bezeichnungen gelangen, gewinnen wir für die Begriffsbildung ein neues Moment, indem die gleichartige Möglichkeit der Bezeichnung durch Relationssymbole ebenso wie die unmittelbar wahrzunehmende Aehnlichkeit gegebener Inhalte zum Motiv für die Zusammenfassung des Verschiedenartigen wird. Der Begriff der regelmässigen Figur mag verdeutlichen, was hier gemeint ist: während die unmittelbar wahrzunehmenden Aehnlichkeiten regelmässiger Figuren schwerlich zu einer derartigen Begriffsbildung geführt hätten, lässt die Bestimmung durch Relationssymbole die sämmtlichen „Figuren mit gleichen Seiten und gleichen Winkeln" unmittelbar als zusammengehörig erkennen. Wir wollen eine solche Art der Zusammengehörigkeit gleichfalls als Aehnlichkeit („innere" Aehnlichkeit) bezeichnen.

Die Resultate der vorigen Betrachtungen lassen uns in dem Streite zwischen Nominalismus und Conceptualismus eine vermittelnde Stellung gewinnen.[36]) Wir finden zwar, dass nicht bloss Worte, sondern auch Vorstellungen in dem Sinne allgemein sein können (und es innerhalb gewisser Grenzen sogar jederzeit sind), in welchem der Conceptualismus diese Allgemeinheit behauptet; dass aber diese Allgemeinheit stets in gewissen, durch die erworbene Feinheit der Unterscheidung bestimmten Grenzen eingeschlossen bleibt, während die Allgemeinheit des Wortes durch diese Grenzen der Allgemeinheit des associirten Phantasmas in keiner Weise beschränkt wird.

Dass es keine Vorstellung eines Dreiecks gibt, in welcher die Eigenschaften des spitzwinkligen und des stumpfwinkligen Dreiecks vereinigt wären, können wir Berkeley unbedingt gegen Locke zugestehen; dass aber in jeder Vorstellung eines Dreiecks völlig bestimmte Verhältnisse der Seiten und Winkel vorgestellt würden, können wir ebenso bestimmt verneinen. Wir können das Phantasma eines Dreiecks mit einer bestimmten, völlig genauen Seitenproportion ebensowenig bilden, als wir ein solches Dreieck jemals zu zeichnen im

Stande sind. Jene zuerst genannte Vorstellung ist deshalb
nicht möglich, weil die Formunterschiede spitz- und stumpf-
winkliger Dreiecke zu gross und zu bekannt sind, als dass
wir bei irgend einer Dreiecksform über die entsprechenden
Eigenschaften einen Augenblick im Zweifel sein könnten; die
— ausgeführte — Vorstellung eines völlig bestimmten Drei-
eckes aber ist aus dem anderen Grunde unmöglich, weil unsere Unterscheidung der Dreiecksformen niemals eine völlig
genaue werden kann, sondern kleine Unterschiede uns zum
Mindesten in der Erinnerung stets entgehen.

Prädication. Die eben beschriebenen Thatsachen gewähren
uns unmittelbare Einsicht in den Mechanismus der Benennung
eines vorgefundenen Inhaltes. Entsprechend den früher beschriebenen Fällen des Wiedererkennens von Empfindungen
kann sich an das Vorfinden eines Inhaltes entweder unmittelbar die Erinnerung an das entsprechende Benennungswort associiren[37]) und dieses alsdann vermöge eines später zu beschreibenden Zusammenhanges eventuell zur Verlautbarung kommen;
oder aber es wird eines ausdrücklichen Suchens nach ähnlichen Erinnerungen bedürfen, um zu einem entsprechenden
Benennungsworte zu gelangen. Dass im einen wie im anderen
Falle das Wiedererkennen, die rudimentäre Erkenntniss der
Aehnlichkeit des gegenwärtigen Eindruckes mit den früher
durch das Wort bezeichneten Erlebnissen zur Benennung führt,
ergibt sich einerseits aus der directen Betrachtung jedes beliebigen Beispieles, in welchem die Benennung eines Inhaltes
gewohnheitsmässig oder auf Grund von Ueberlegung sich vollzieht, andererseits aus dem constanten Fehlen des Benennungswortes bei mangelndem Wiedererkennen. Allerdings wird in
dem zuerst genannten Falle, dem gewohnheitsmässigen
Benennungsurteil, aus den früher erwähnten Gründen keine
ausdrückliche Vergleichung des gegenwärtigen mit den Gedächtnissbildern früherer Erlebnisse vollzogen; dass aber trotzdem die Erkenntniss der Aehnlichkeit des Gegenwärtigen mit
Vergangenem einen integrirenden Bestandteil des Benennungs-
actes bildet, sobald das Urteil überhaupt nicht völlig ge-
dankenlos wie im Schlafe ausgesprochen, sondern mit dem

5 *

Bewusstsein seiner Giltigkeit behauptet wird, ergibt sich einfach daraus, dass ohne eine mehr oder minder bestimmte Erinnerung an die Bedeutung des Benennungswortes dieses
eben völlig bedeutungslos bleiben würde, das Urteil also
überhaupt nichts über den zu benennenden Inhalt auszusagen
vermöchte. Die Theorie, welche in den „Gewohnheitsurteilen"
nichts als eine Association des Benennungswortes an den vorgefundenen Inhalt ohne jede Beziehung auf frühere Inhalte
erblickt, dürfte dieser Thatsache gegenüber nicht zu halten
sein. [38])

Jede Prädication über einen Inhalt stellt sich hiernach
dar als bedingt durch eine gewisse Aehnlichkeitserkenntniss:
das Merkmal, welches von dem Inhalte ausgesagt wird, erhält
nur durch solche Aehnlichkeitserkenntniss seine Bedeutung,
durch die es sich von anderen Merkmalen unterscheidet. Wir
bezeichnen diese Thatsache, indem wir sagen, das Urteil, welches
den Inhalt benennt, sei der Ausdruck für das Bestehen einer
Aehnlichkeitsrelation zwischen dem benannten Inhalte
und gewissen früheren Inhalten. Als die Bedeutung des
Prädicatswortes haben wir dabei nicht die Summe dieser Inhalte, an welche dasselbe associirt auftritt, sondern die eigentümliche Art der Aehnlichkeit anzusehen, welche zwischen
denselben besteht und gemäss welcher dasselbe Prädicatswort
sich an jeden Inhalt associirt, welcher mit jenen eben diese
bestimmte Art der Aehnlichkeit aufweist.

Die Prädicatsbegriffe, mit welchen wir in der hier beschriebenen Art die Eigenschaften wahrgenommener Inhalte
als solcher bezeichnen, sind Wahrnehmungsbegriffe in dem
früher erklärten Sinne; die in Rede stehenden Benennungs-
urteile sollen demgemäss (unmittelbare) Wahrnehmungsurteile heissen. Die durchgeführten Betrachtungen zeigen,
dass von einer Verbindung der Subjectsvorstellung mit einer
„Prädicatsvorstellung" im Wahrnehmungsurteile nicht die Rede
ist: nicht als eine „Synthesis" in diesem Sinne, sondern als
ein Wiedererkennen, als Erkenntniss einer Aehnlichkeit haben
wir den psychischen Vorgang zu bezeichnen, welcher in der
Prädication zum Ausdrucke kommt.

In dem Resultat, zu welchem wir hier gelangt sind und

dessen weitere Consequenzen später betrachtet werden sollen, erkennen wir die schon früher erwähnte Thatsache wieder, dass jede nähere Bestimmung eines Bewusstseinsinhaltes nur durch die Erkenntniss seiner Relationen zu anderen bereits irgendwie bestimmten Inhalten gegeben werden kann. Die rudimentärste Bestimmung eines Inhaltes ist die elementare Unterscheidung desselben von anderen (vorhergehenden oder gleichzeitigen) Inhalten, welche ihn überhaupt erst als einen gesonderten Inhalt, als bestimmtes Glied des Vorstellungsverlaufes erscheinen lässt; jede weitere Bestimmung aber kann nur in der Angabe seiner Aehnlichkeitsbeziehungen zu anderen Inhalten bestehen. Alle Prädication eines Inhaltes ist hiernach relativ[39]). Zum Teil weisen die Benennungsworte, durch welche wir die Beschaffenheit eines Inhaltes bezeichnen, noch in ihrer sprachlichen Form ausdrücklich auf die Vergleichung hin, welche solcher Benennung zu Grunde liegt: Worte, wie schwefelgelb, schneeweiss, glockenrein, eiskalt, lassen die zum Vergleich herangezogenen Erinnerungen ohne Weiteres erkennen. Je unbestimmter aber die Prädication lautet, um so weniger kann in dem Prädicatsworte die Beziehung auf bestimmte Erlebnisse zum Vorschein kommen.

Es bedarf kaum der Bemerkung, dass die hier betonte Thatsache der Relativität aller Prädication in keiner Weise zu identificiren ist mit einer der — teils irrigen, teils unklaren — sog. Theorien der Relativität der Empfindungen. Die Inhalte werden zu dem, was sie sind, nicht erst durch ihre Relationen oder durch unsere Erkenntniss ihrer Relationen zu anderen Inhalten. Wohl aber ist die Erkenntniss dieser Relationen das Einzige, was zu dem einfachen Vorfinden eines Inhaltes noch als Erweiterung unserer Kenntniss über diesen Inhalt hinzutreten kann. Mit der Angabe derselben kann jedoch niemals eine Erklärung des Eindruckes gegeben werden, den der Inhalt als solcher macht. Die Prädication eines Inhaltes als „rot" kann uns nur erinnern, dass wir ein Erlebniss der eigentümlichen Qualität vor uns haben, die wir bisher als rot bezeichnet haben; über die Eigentümlichkeit dieser Qualität selbst aber kann mit dem Urteil so wenig etwas ausgesagt werden, als überhaupt eine Frage nach der näheren Bestimmung

derselben gerechtfertigt werden kann. Der einzelne Inhalt als
solcher, wie die eigentümliche Art der Aehnlichkeit, welche zu
irgend einer Prädication führt, kann nur erlebt, niemals aber
erklärend beschrieben, d. h. auf anderweitige Daten zurückgeführt werden.

Gestaltqualitäten. Unsere früheren Ergebnisse gestatten
uns bezüglich des gewonnenen Begriffes der Merkmale (Eigenschaften, Qualitäten) eines Inhaltes eine wichtige Unterscheidung zu treffen. Wir haben gesehen, dass Aehnlichkeiten
zwischen Complexen ebenso unmittelbar erkannt werden wie
Aehnlichkeiten zwischen einzelnen (Teil-)Inhalten; demgemäss
wird auch der Begriff der Merkmale von Complexen in derselben Weise gebildet, wie derjenige der Merkmale ihrer Bestandteile. Es ist aber leicht zu sehen, dass die Merkmale
eines Complexes nicht nur in ihrer Gesammtheit von den
Merkmalen jedes einzelnen seiner Bestandteile, sondern auch
von der Summe dieser Merkmale verschieden sein müssen.
Schon aus der Thatsache, dass der Complex als eine Gesammtheit von Inhalten auftritt, in welcher bestimmte Beziehungen
zwischen diesen Inhalten bestehen, von denen an jedem einzelnen Inhalte natürlich nichts zu finden ist, ergibt sich ohne
Weiteres, dass sich an jedem Complex Eigenschaften finden
müssen, durch welche er sich von der blossen Summe der an
den Bestandteilen vorzufindenden Eigenschaften verschieden
erweist. Wir werden solche Eigenschaften der Complexe,
welche durch die Relationen ihrer Bestandteile bedingt sind,
im Folgenden als Gestaltqualitäten[40]) oder fundirte[41])
Merkmale bezeichnen. Der erstere Ausdruck weist auf die
Thatsache hin, dass die Unterschiede, die man als Unterschiede
der Gestalten bezeichnet, Unterschiede der eben charakterisirten Art sind; der zweite Ausdruck bezieht sich auf die
Thatsache, dass es sich um Eigenschaften handelt, welche
durch die Relationen der Teilinhalte und somit durch die
letzteren als die Fundamente dieser Relationen bedingt sind.
Als Beispiele von Gestaltqualitäten mögen die Raumgestalten
sichtbarer und tastbarer Complexe, sowie Melodie und Har-
monie im Tongebiete erwähnt sein, an welchen zugleich der

Unterschied zeitlicher und nichtzeitlicher Gestaltqualitäten zu erkennen ist[42]).

Eine der einfachsten zeitlichen Gestaltqualitäten ist diejenige, welche wir als die qualitative Constanz eines Inhaltes bezeichnen. Wir sprechen von solcher Constanz, wo wir die Erfahrung machen, dass die Inhalte successiver (also zeitlich von uns unterschiedener) Momente qualitativ übereinstimmen. Die directe Beurteilung solcher Constanz kommt bei Empfindungen dadurch zu Stande, dass wir mit dem Eindruck des jeweiligen Momentes das Gedächtnissbild des oder der vorhergegangenen Momente vergleichen und als qualitativ gleich erkennen. Es kann aber auch vor jeder derartigen Beurteilung der Unterschied der eigentümlichen Gestaltqualität „constanter" Inhalte von derjenigen aller qualitativ veränderlichen Inhalte erkannt und so die Bedeutung des Begriffes der Constanz in ähnlicher unmittelbarer Weise erlernt werden, wie die Bedeutung der Prädicate einfacher Inhalte; — eine Bemerkung, die sich ohne Schwierigkeit verallgemeinern lässt.

Weitere Betrachtungen über den Begriff der Gestaltqualitäten folgen im dritten Capitel.

Definition und Identität von Wahrnehmungsbegriffen.

Wir haben gesehen, wie primär die Bedeutung der Symbole für Wahrnehmungsbegriffe durch die associative Verbindung des Symbols mit den Gedächtnissbildern einer Reihe von Inhalten zu Stande kommt, welche in irgend einer Hinsicht gemeinsame Aehnlichkeit aufweisen. Die Bedeutung von Symbolen kann jedoch auch dadurch fixirt werden, dass das Symbol durch andere, ihrer Bedeutung nach bereits bekannte Symbole erklärt oder definirt wird. Der Process, durch welchen in solchem Falle die Bedeutung des Symbols erlernt wird, ist dem ersteren insofern analog, als auch hier eine Association eine wesentliche Rolle spielt; der Unterschied ist nur der, dass im ersteren Falle die durch das Symbol zu bezeichnenden Inhalte zugleich mit dem Symbole unmittelbar gegeben wurden, während sie hier zunächst durch anderweitige Symbole repräsentirt werden.

Man sieht, dass die zweite Art der Bestimmung einer
Symbolbedeutung überall gewisse Begriffe bereits als bekannt
voraussetzt, mit deren Hilfe der neue Begriff seine Erklärung
finden soll. Die vollständige Bestimmung eines Begriffes
kann daher nie auf diese Art geleistet werden: sollten die zur
Definition benützten Begriffe ihrerseits stets wieder in derselben Weise durch andere Begriffe erklärt werden, so würden
wir niemals an ein Ende des Definirens gelangen. Es muss
sich vielmehr jede solche Erklärungskette in letzter Instanz
auf Begriffe stützen, die nicht mehr durch andere erklärt
werden, sondern ihre Bedeutung auf die erste Art gewinnen
bez. gewonnen haben. Da die Erklärung eines Symboles nach
der ersten Art nur dadurch mitgeteilt werden kann, dass Inhalte der betreffenden Art aufgezeigt werden, so soll diese
Art der Erklärung im Folgenden als deiktische Definition
bezeichnet werden [43]).

Bei einfachen Wahrnehmungsbegriffen, d. h. bei solchen,
welche nur eine Aehnlichkeit gewisser Inhalte in einer Hinsicht bezeichnen, mündet jeder Versuch einer Erklärung sehr
bald in die deiktische Definition. Eine Definition im hergebrachten Sinne des Wortes ist hier überhaupt nicht möglich.
Denn solche Definition kommt überall in der Weise zu Stande,
dass mehrere Symbole combinirt werden, um in ihrer Combination die Bedeutung des zu erklärenden Symboles wiederzugeben; jene Symbole erscheinen dabei sämmtlich als Prädicate der zu definirenden Symbolbedeutung. Soll also nicht
eines dieser Prädicate selbst schon mit dem zu definirenden
Begriffe identisch sein, d. h. soll nicht idem per idem definirt
werden, so muss der letztere Begriff mindestens zwei verschiedene von einander unabhängige Merkmale enthalten. Ein
einfacher Wahrnehmungsbegriff kann somit nie in der angegebenen Weise definirt werden, ohne dass in der Definition
schon ein mit dem zu definirenden Begriffe selbst identischer
Begriff zur Anwendung gelangt (wie in der Scheindefinition
von „rot" als „rote Farbe").

Indess lässt sich eine andere Art der Definition auch für
einfache Wahrnehmungsbegriffe gewinnen: durch eine solche
Combination der zur Definition gebrauchten Begriffe nämlich,

bei welcher diese nicht sämmtlich als Prädicate des zu definirenden Begriffes erscheinen, sondern bei welcher einer derselben eine Relation bezeichnet, in der die zu definirende
Symbolbedeutung zu der Bedeutung eines gegebenen Begriffes steht. So kann ich eine bestimmte Tonhöhe durch den
Abstand von einer gegebenen Höhe, eine zu bestimmende
Nuance von Grau durch die Angabe ihrer Relationen zu
gegebenen Nuancen definiren. Die Qualität nicht gegenwärtiger
Inhalte kann durch solche Definition eventuell mit einem Grade
von Genauigkeit bestimmt werden, welcher die Genauigkeit
des Gedächtnisses für die betreffenden Qualitäten weit über-
trifft. Es ist ohne Weiteres klar, dass auch hier die Definition
sich auf Begriffe stützt, die nur deiktisch zu erklären sind, und
hier wie überall nur durch das Zurückgehen auf die entsprechenden symbolisirten Inhalte selbst verstanden werden
kann.

Aehnlich den zuletzt angeführten Fällen ist die Bestimmung
einer Relation (oder allgemein einer Gestaltqualität) durch Angabe von Symbolen für ihre Fundamente.

Die in Rede stehenden Definitionen werden dadurch möglich,
dass allgemein die Relationen der Gedächtnissbilder mit den
Relationen der Erlebnisse übereinstimmen, welchen jene Gedächtnissbilder entsprechen. So wenig wir zwischen zwei bestimmt gegebenen Empfindungsinhalten eine Relation nach
Belieben festsetzen können, sondern eben nur diejenige
Relation, welche thatsächlich zwischen denselben besteht, constatiren können, so wenig können wir zwischen deren Gedächtnissbildern eine andere Relation constatiren, als eben
diejenige, welche jener Relation zwischen den Empfindungen
selbst entspricht. Wir sind daher, sobald zwei Empfindungen
in bestimmter Weise symbolisch mit Hilfe ihrer Gedächtnissbilder repräsentirt sind, auch im Besitze eines in denselben
Grenzen bestimmten Symboles für die zwischen denselben bestehende Relation; und zwar ist die Relation, welche zwischen
ihren Gedächtnissbildern vorgefunden wird, nicht nur ein
Abbild jener Relation, sondern sie ist derselben direct gleich,
da wir ja über die Gleichheit der Relationen zwischen Empfindungen fast überall nur auf Grund der Gedächtnissbilder früher

wahrgenommener Complexe zu urteilen vermögen, bei der Bildung jenes Gleichheitsbegriffes also von dem zwischen Empfindung und Gedächtnissbild bestehenden inhaltlichen Unterschiede
abstrahirt ist. (Analoges gilt, wie aus dem hier Gesagten
folgt, für alle Merkmale der Gedächtnissbilder mit einziger
Ausnahme ihres gemeinsamen Unterschiedes von den Empfindungsinhalten.) Symbole, welche — wie etwa die definirende Begriffscombination und der definirte Begriff — gleiche Bedeutung
haben, werden identisch genannt. Das Prädicat identisch
bezieht sich, wie schon früher gelegentlich bemerkt wurde,
nicht auf die Symbole, sondern auf deren Bedeutung. Das
Wort schwefelgelb bedeutet mir heute dasselbe wie gestern;
der genannte Lautcomplex ist seiner symbolischen Bedeutung nach heute identisch mit dem zeitlich von ihm verschiedenen Complexe, welchen ich gestern hörte: er bezeichnet
heute wie gestern alle möglichen Inhalte, welche innerhalb
einer gewissen Aehnlichkeitsreihe jemals lagen, liegen und liegen
werden. Ebenso ist das Symbol 2×2 identisch mit dem
Symbole 4 u. s. w. Eine besondere Form der Anwendung des
Identitätsbegriffs, welche aber durchaus auf der hier bezeichneten Bedeutung dieses Begriffes beruht, werden wir bei der
Theorie der empirischen Begriffe zu besprechen haben.

Gefühle. Einer der allgemeinsten Unterschiede, die wir
zwischen unseren Erlebnissen vorfinden, ist derjenige, welchen
wir als Unterschied der Gefühlsbetonung durch Prädicate wie
angenehm und unangenehm, Lust und Unlust bezeichnen.
Indem wir uns zur näheren Betrachtung der Thatbestände wenden,
auf welche diese Prädicate hinweisen, müssen wir uns vor allem
erinnern, dass wir hier, wie bei jeder derartigen Betrachtung,
zwar nicht umhin können, die Eigentümlichkeiten unserer
Erlebnisse zu vergleichen und unter Begriffe zu bringen, kurz,
sie zu beurteilen; dass aber mit solcher Beurteilung derselben das, was die einzelnen Inhalte an und für sich sind,
niemals auf anderweitige Daten zurückgeführt werden kann.
Die wissenschaftliche Darstellung der Thatsachen kann wohl
das Gemeinsame derselben hervorheben und eben damit Zu-

sammenhang in unsere Erkenntnisse bringen — niemals aber können mit solcher Darstellung die letzten Daten selbst, um deren zusammenfassende Beschreibung es sich handelt, irgendwie auf andere Daten zurückgeführt werden. So wenig durch die Beurteilung eines gesehenen Inhaltes als blau, als kreisförmig, d. h. durch die Erkenntniss seiner Aehnlichkeit mit anderen Inhalten der unmittelbare Eindruck dessen, was wir hier beurteilen, ersetzt werden kann, so wenig wird jemals irgend eine Theorie uns über das innere Wesen dessen, was wir mit angenehm und unangenehm, mit Lust und Unlust meinen, eine neue Auskunft geben können, die von dem unmittelbaren Erleben der Annehmlichkeit und Unannehmlichkeit verschieden wäre, die damit bezeichnete Eigenartigkeit der Erlebnisse auf andere Daten zurückführte. Nur wenn man vergisst, dass keine Theorie ein anderes als das oben bezeichnete Ziel verfolgen kann, wird man in den folgenden Betrachtungen über Lust und Unlust und ihre Bedingungen eine Erklärung der Thatsache vermissen, dass uns diese Inhalte Lust, jene Unlust erwecken und eine Beantwortung der Frage erwarten, was Lust und Unlust selbst sind oder bedeuten.

Gemäss unserer früheren terminologischen Festsetzung[14]) können wir die Unterschiede, welche durch die eben genannten Prädicate bezeichnet werden, nicht als Unterschiede von Bewusstseinsacten, sondern nur als solche von Bewusstseinsinhalten betrachten: die Gefühle sind Erlebnisse, sie werden vorgefunden, genau so, wie jedes andere psychische Erlebniss vorgefunden wird — sie sind also Inhalte und ihre Unterschiede sind inhaltliche Unterschiede.

Es wurde bereits früher darauf hingewiesen, in welcher Richtung wir die Erklärung dafür zu suchen haben, dass „ein und derselbe" Inhalt, etwa derselbe Ton bald als lust-, bald als unlusterregend auftritt. Der Inhalt, welcher hier als bald lust- bald unlusterregend betrachtet wird, ist niemals der einzige Inhalt des Bewusstseins im gegebenen Momente; finden sich also beim Auftreten desselben Teilinhaltes inhaltliche Unterschiede wie die eben genannten vor, so werden wir sie auf Unterschiede der mit jenem Inhalte gleichzeitigen übrigen Teilinhalte, eventuell des unbeachteten Hintergrundes im einen

und im anderen Falle zurückführen müssen. Dass in der That
Unterschiede zwischen den Componenten je zweier beliebigen
Augenblicke unseres Lebens bestehen müssen, haben wir bereits
gesehen: zum Mindesten sind die Nachwirkungen des Vergangenen in jedem Moment verschieden, da ohne solche Verschiedenheit auch keine zeitlichen Unterschiede der betreffenden
Erlebnisse bestehen könnten.

Die Gefühlsprädicate unserer Erlebnisse erscheinen hiernach im Allgemeinen als bedingt durch das Zusammenwirken
verschiedener Componenten; fehlt oder ändert sich die eine
oder die andere dieser Componenten, so wird die Gefühlsbetonung unseres Zustandes eine andere. Mit dieser Bestimmung
ist der Gefühlston eines Erlebnisses als eine Eigenschaft aus
derjenigen Classe charakterisirt, die wir früher als Gestaltqualitäten von Complexen bezeichnet haben.[45]) Und zwar
haben wir es in der Gefühlsbetonung mit einer Gestaltqualität
unseres jeweiligen Gesammtbewusstseinsinhaltes zu thun:
wenn wir Lust oder Unlust erleben, so unterscheiden wir im
betreffenden Momente nicht zwischen verschiedenen Inhalten, von welchen uns etwa der eine Lust, ein anderer Unlust bedingte, wir erleben nicht gleichzeitig sowohl Lust
als Unlust, sondern unser ganzer Zustand in einem gegebenen
Momente ist dasjenige, was angenehm oder unangenehm ist.
Eben deshalb, weil nicht das einzeln Wahrgenommene, sondern
der Gesammtinhalt dasjenige ist, was die Gefühlsbetonung bedingt, kann ein Ereigniss, welches uns unter Umständen die
höchste Lust erregt, unter anderen Umständen die entgegengesetzte Wirkung haben und umgekehrt. Kann doch unter
besonderen Verhältnissen — etwa bei einer unerwarteten freu-
digen Nachricht — selbst der Einfluss von Zahnschmerzen auf
unseren Gesammtzustand derartig zurücktreten, dass der letztere
noch als lustbetont erscheint. Welche Rolle die Aufmerksamkeit in solchen Fällen spielt, wird später zur Sprache kommen.

Dass von dem Gefühlston einer Empfindung als einem
eben dieser Empfindung zugehörigen Prädicate im Allgemeinen
nicht gesprochen werden darf, ergibt sich schon aus dem oben
an erster Stelle angeführten Beispiel. Denn von dem Gefühls-
tone eines Teilinhaltes kann nach diesem Beispiele überhaupt

nicht in dem Sinne die Rede sein, dass durch das Auftreten dieses Teilinhaltes stets das gleiche Gefühl bedingt wäre, sondern nur allenfalls in dem Sinne, dass ceteris paribus durch das Hinzutreten des betreffenden Teilinhaltes das Gefühl im positiven oder negativen Sinne alterirt wird. Ebenso scheint mir aus den vorigen Betrachtungen hervorzugehen, dass Lust und Unlust nicht als besondere concrete Inhalte neben den übrigen Componenten unserer Erlebnisse zu bezeichnen sind: Lust und Unlust sind nicht Teilinhalte, sondern Prädicate, Eigenschaften von Inhalten, und zwar nicht Prädicate irgend welcher Teilinhalte, sondern solche des jeweiligen Gesammt-erlebnisses. Wie alle Prädicationen, so sind auch diese ab-stract, d. h. wenn wir einen Zustand mit Hinsicht auf seinen Gefühlston beurteilen, so sehen wir von seinen übrigen Eigen-schaften ab; womit es denn zusammenhängt, dass wir über Gefühlsprädicate um so weniger urteilen, je mehr wir die jeweiligen Teilinhalte unseres Bewusstseins analysiren und ver-gleichen. Tritt dagegen jede derartige Unterscheidung und Vergleichung zurück, ist uns nichts bewusst, als eben das An-genehme oder Unangenehme unseres Zustandes, so sprechen wir von reinen Gefühlszuständen; es ist alsdann, als ob unsere Freude oder unsere Trauer kein Object mehr hätte, als ob uns kein weiterer Bewusstseinsinhalt mehr gegeben wäre, als eben unsere Freude oder unsere Trauer. Diese Charakteristik solcher Zustände bedarf nach unseren früheren Betrachtungen keiner Erklärung: da jede nähere Bestimmung eines Inhaltes nur durch das Wiedererkennen in verschiedener Hinsicht erfolgt, so fehlt eben jede nähere Bestimmung, sobald nur jene allge-meinste Bestimmung des Gesammtinhaltes als eines angenehmen oder unangenehmen unter Ausschluss jedes bestimmteren Wiedererkennens vorliegt.

Die Unterscheidung der Annehmlichkeit und der Unan-nehmlichkeit unserer Zustände ist ohne Zweifel eine der ersten Unterscheidungen, die sich uns im Beginne unseres Lebens dar-bieten; auch das Wiedererkennen von Lust und Unlust kann schon vor jeder Unterscheidung und näheren Bestimmung der Componenten unserer Erlebnisse stattfinden. In welcher Weise sich auf Grund solchen Wiedererkennens der Begriff

von Graden der Lust und Unlust entwickelt, bedarf nach
unseren früheren Betrachtungen über die Erkenntniss von Graden
der Aehnlichkeit keiner besonderen Untersuchung mehr.
Man bezeichnet mit dem Namen Gefühle vielfach nicht
bloss Lust und Unlust in ihren Gradverschiedenheiten, sondern
gibt dem Worte eine weitere Bedeutung, indem man auch
anderweitige qualitative Unterschiede complexer Inhalte — vor
allem der Gesammtinhalte — als Gefühlsunterschiede auspricht,
sobald oder solange sie sich nicht auf Eigenschaften der einzelnen Teilinhalte zurückführen lassen. Von diesen sogenannten
empirischen Gefühlen wird später die Rede sein.

Willensphänomene.[46]) Wenn ein gegenwärtig vorgefundener Inhalt als ein mit oder im Gegensatz zu unserem
Willen vorhandener bezeichnet wird, so ist damit nichts anderes
ausgesagt, als dass wir beim Vorfinden dieses Inhaltes Lust
oder Unlust empfinden. Soweit wir also von einem auf
gegenwärtige Inhalte als solche gerichteten Wollen sprechen,
ist damit nur der im Vorigen besprochene Thatbestand in anderer
Weise bezeichnet. Scheinbar widersprechen dieser Behauptung
die Fälle, in welchen wir uns mit Willen einem Unlustgefühle
aussetzen. In der That ist aber hier nicht der Inhalt des
Momentes, in welchem wir Unlust fühlen, sondern ein grösserer
Complex von Erlebnissen Gegenstand unseres Wollens, der als
solcher relativ lustbetont erscheint; nur indem wir auf diesen
Complex Rücksicht nehmen, wird jenes Erlebniss, eben als
Bestandteil des gewollten Complexes, mitgewollt; während
wir, sobald wir den Gedanken an den Complex aus den Augen
verlieren, auch sofort durch die Unlustbetonung unseres so
alterirten Zustandes zum Nichtwollen desselben veranlasst
werden.
Im Allgemeinen meint man indess, wo von Wollen die
Rede ist, einen anderen als den oben bezeichneten Thatbestand.
Wenn wir davon sprechen, dass wir einen Inhalt wollen oder
nicht wollen, so ist damit auch da, wo ein solcher Inhalt
gegenwärtig vorgefunden wird, meist nicht die Annehmlichkeit
oder Unannehmlichkeit des gegenwärtigen Zustandes gemeint,
sondern der Wunsch, ihn festzuhalten oder wegzuräumen.

Der Wille bezieht sich also hier — und ebenso in allen Fällen, in welchen das Gewollte nicht gegenwärtig vorgefunden wird — auf ein als zukünftig vorgestelltes Erlebniss. Hier liegt gegenüber dem zuerst genannten Falle insofern ein wesentlich neues Moment vor, als es sich dabei der Regel nach nicht und sicherlich niemals bloss um ein gegenwärtiges Lust- oder Unlustgefühl handelt, sondern um ein solches, welches wir, als mit dem Eintreten eines (zunächst nur symbolisch vorgestellten) Erlebnisses verbunden, uns (gleichfalls) nur symbolisch vorstellen. Die Gefühlsbetonung eines solchen vorstellenden Zustandes kann ihrerseits von derjenigen des vorgestellten Erlebnisses selbst völlig verschieden sein. Ein in dieser Weise als angenehm vorgestelltes Erlebniss wird als ein gewünschtes, ein als unangenehm vorgestelltes als ein unerwünschtes bezeichnet; das Gemeinsame der ersteren Zustände wird Gefühl des Wunsches oder Strebungsgefühl, das der letzteren Gefühl des Widerstrebens genannt. Die Thatsache, dass wir ein Erlebniss wünschen können, erscheint hiernach als einfache Consequenz der Thatsache, dass wir uns Erlebnisse jeder Art symbolisch vorzustellen im Stande sind.

Man pflegt indess noch weiter zwischen der hier als Wunsch charakterisirten Art von Erlebnissen und dem Wollen in der Weise zu unterscheiden, dass aus dem Wünschen ein Wollen erst dann wird, wenn wir Handlungen ausführen, die uns zur Erreichung des Gewünschten dienen sollen. Dass hiermit nicht notwendig sogenannte äussere Handlungen gemeint sind (solche also, die mit Hilfe von Bewegungen unserer Gliedmassen zu Stande kommen), ergibt sich u. A. schon aus der Betrachtung der Fälle, in denen das Gewünschte eine durch Nachdenken zu erreichende Ueberzeugung ist. Im einen wie im anderen Falle aber setzen die willkürlichen Anstalten zur Erreichung des Gewünschten eine gewisse Kenntniss der Wege voraus, auf welchen dasselbe sich erreichen lässt: d. h. es kann von Willenshandlungen immer nur da gesprochen werden, wo bereits ähnliche Processe von früherher bekannt sind, die also in letzter Instanz unwillkürlich gewesen sein müssen.[47]) Wir können daher den Willen in dieser engeren Bedeutung des Wortes nicht als primäres Phänomen auffassen; die Willens-

handlung ist ein auf Erfahrung gegründetes Product — das
ursprüngliche Willensphänomen aber haben wir in dem oben
beschriebenen Thatbestande des Wünschens zu suchen, welches
freilich insofern gleichfalls ein secundäres Phänomen ist, als
es Erfahrungen über Lust und Unlust voraussetzt. In welcher
Weise sich an den Wunsch auf Grund früherer Erfahrungen
Erwartungsurteile über die Art der Erreichung des Gewünschten und an diese die Willenshandlungen selbst anknüpfen können, und durch welchen Mechanismus der Uebergang von jenen zu diesen ermöglicht wird, kann erst an einer
späteren Stelle ausgeführt werden, nachdem wir die Gesetze
der Entstehung von Erwartungsurteilen betrachtet haben. Eben-
da wird die Möglichkeit solcher willkürlichen Handlungen ihre
Erklärung finden, welche ohne ein Gefühl des Wunsches
zu Stande kommen.

Zweites Capitel.

Der Zusammenhang der Erfahrung.

Wenn wir die im vorigen Capitel besprochenen elementaren Thatsachen des psychischen Lebens überblicken, so erkennen wir, dass sie teils als allgemeinste notwendige Bedingungen für das Zustandekommen einer zusammenhängenden, zeitlich verlaufenden Erfahrungsreihe zu betrachten sind, teils sich als Specialfälle oder als Consequenzen jener allgemeinsten Bedingungen des Erfahrungszusammenhanges ergeben. Die Unterscheidung successiver und gleichzeitiger Teilinhalte des Bewusstseins, die in der ersteren Unterscheidung implicirte Function des Gedächtnisses, endlich das Wiedererkennen sind, wie wir sahen, die Thatsachen, ohne welche ein zeitlich verlaufendes, zusammenhängendes psychisches Leben undenkbar wäre; einer Combination dieser Factoren entspringen die Unterscheidung grösserer und geringerer Aehnlichkeiten unserer Bewusstseinsinhalte, die Thatsachen der Berührungsassociation und das Uebungsgesetz, die Abstraction, die verschiedenen Arten der Symbolik, die Genesis der Wahrnehmungsbegriffe und die darauf gegründete Prädication der Bewusstseinsinhalte; als die primitivste dieser letzteren Begriffsbildungen hinwiederum trat uns diejenige entgegen, welche wir vollziehen, wo wir von der Gefühlsbetonung unserer Erlebnisse sprechen, die ihrerseits in Combination mit den Thatsachen der Erinnerung zur Entstehung eines weiteren fundamentalen Phänomenes, des Wunsches oder Strebungsgefühles Anlass gibt.

146233

Eine Reihe weiterer, complicirterer Consequenzen jener
gleichen fundamentalen Thatsachen soll in diesem Capitel beschrieben werden.

Das Einheitsprincip. Die im Vorigen beschriebenen Thatsachen des Wiedererkennens, der zusammenfassenden Symbolik
und der Prädication lassen sich in die Form eines Gesetzes
bringen, welches — vermöge der fundamentalen Bedeutung jener
Thatsachen für den Zusammenhang unseres psychischen Lebens
— als ein allgemeines psychologisches Grundgesetz
zu betrachten ist. Dieses Gesetz können wir dahin aussprechen, dass sich in unserem psychischen Leben überall das
Bestreben kundgibt, verschiedenartige Erlebnisse nach ihren
Aehnlichkeiten unter gemeinschaftliche Symbole zusammenzufassen, oder, was dasselbe sagt, überall so viel als möglich
das Gemeinsame des Verschiedenartigen durch ein zusammen-
fassendes Symbol zu bezeichnen. Was hier mit dem Worte
Bestreben gemeint ist, wird sogleich näher erklärt werden.
Zunächst sollen einige Beispiele das Princip selbst erläutern.

Das einfachste Beispiel desselben bildet die Thatsache
des Wiedererkennens. Schon indem wir ein gegenwärtiges
Gedächtnissbild als „dasselbe" Gedächtnissbild wiedererkennen,
welches wir früher erlebten, wird uns der gegenwärtige
Inhalt zugleich zum Symbol anderer (eben früherer) Erlebnisse. Wir sprechen alsdann von „dem" Gedächtnissbilde,
welches zu verschiedenen Zeiten auftritt — ersichtlich eine
Zusammenfassung einer Mehrheit von Erlebnissen unter ein
gemeinschaftliches Symbol. Wenn wir ebenso die verschiedenen Erlebnisse, an deren Gedächtnissbildern wir (einer
früheren Betrachtung gemäss) keine qualitativen Verschiedenheiten vorfinden, als Fälle „desselben" Erlebnisses bezeichnen, oder wenn uns ein ebensolches Gedächtnissbild als
Repräsentant der Qualität des einen wie des anderen jener Erlebnisse ohne Unterschied dient, so ist hiermit abermals ein
Fall der Zusammenfassung verschiedener Erlebnisse unter ein
gemeinschaftliches Symbol gegeben. Was hier überall „dasselbe" ist, sind nicht die einzelnen Erlebnisse: diese bilden
eine Mehrheit und sind insofern nicht ein und dasselbe Er-

lebniss. Dieselbe bleibt einzig die Bedeutung des Symboles, welches, entsprechend der oben zuerst erwähnten Regel, selbst wiedererkannt wird und in jedem einzelnen Falle wieder als Repräsentant jener Mehrheit von Erlebnissen dient, deren Repräsentant „es" bisher war. Dasselbe Gedächtnissbild dient uns hier als Symbol des Aehnlichen, aber jederzeit mindestens zeitlich Verschiedenen, was sich eben zu verschiedenen Zeiten uns als ähnlich darbot. Wir benennen demgemäss diese nichts weniger als ununterscheidbaren Erlebnisse mit demselben Worte; identisch bleibt dabei zu den verschiedenen Zeiten der Anwendung des Wortes bez. in den verschiedenen Fällen des Auftretens jenes Gedächtnissbildes die symbolische Bedeutung des einen wie des anderen. Die Genesis der sprachlichen Symbolik, welche sich auf die hier genannten Thatsachen gründet, fällt hiernach gleichfalls unter das genannte allgemeine Princip.

Als ein weiterer Fall des gleichen Strebens nach Zusammenfassung ist die früher beschriebene Thatsache der Aehnlichkeitsassociation zu erwähnen. Indem wir eine Empfindung wiederzuerkennen suchen, vollzieht sich scheinbar unter einem Einflusse unserer Activität nichts anderes, als was beim gewohnheitsmässigen und wohl auch beim ursprünglichen, schon vor jedem willkürlichen Suchen auftretenden Wiedererkennen sich von selbst einstellt: was aber im einen und im anderen Falle durch die unwillkürliche Aehnlichkeitsassociation geleistet bez. durch unser willkürliches Suchen nach solcher Association erreicht wird, ist wiederum eben jenes Zusammenfassen des zu verschiedenen Zeiten Erlebten unter ein gemeinschaftliches Symbol.

Dasselbe Streben gibt sich überall da kund, wo wir eine uns neue Thatsache zu erklären, zu begreifen suchen. Was mit solchem Begreifen gemeint ist, ist die Erkenntniss, dass entweder ein schon gewohntes Symbol zur Bezeichnung der neuen Thatsache in derselben Weise zu gebrauchen ist, in welcher es bisher zur Bezeichnung anderer Thatsachen diente, oder dass die neuen Thatsachen mit bereits bekannten Thatsachen Aehnlichkeiten aufweisen, auf Grund deren wir sie zusammenfassend durch ein neues gemeinschaftliches Symbol be-

zeichnen und von anderen unterscheiden können. Bereits in
der Einleitung wurde darauf hingewiesen, dass alle wissenschaftliche Theorienbildung und Erklärung nichts anderes ist,
als eine diesem Princip entsprechende Begriffsbildung und
Zusammenfassung des Verschiedenartigen. Wo immer wir
nach der Erklärung für eine Thatsache suchen, erscheint uns
diese Thatsache als ein Neues, Unbekanntes und insofern
Beunruhigendes: sobald aber und soweit es uns gelingt, sie
auf Grund irgendwelcher Aehnlichkeit mit schon bekannten
Thatsachen unter denselben Begriff mit diesen letzteren einzuordnen, fühlen wir uns beruhigt, ist unser Verlangen nach
Erklärung befriedigt. Jedes Naturgesetz ist ein derartiger Begriff, durch welchen wir eine Zusammenfassung, eine vereinfachte Beschreibung gemachter Erfahrungen gewinnen; alle
Erscheinungen, welche unter die Bedingungen des Gesetzes
fallen, sind fortan als bekannt und keiner Erklärung mehr
bedürftig charakterisirt. Die Wohlthat, die uns solche Zusammenfassung erweist, ist die, dass das vorher Vereinzelte,
Zusammenhanglose zum Geordneten, Zusammenhängenden, das
vorher Neue und Unbekannte zum Bekannten, Erklärten und
Begriffenen wird.

Dass sich alle Naturerklärung in der hier beschriebenen
Weise auf eine vereinfachende Zusammenfassung unserer Erfahrungen reducirt, hatte schon Berkeley[48]) erkannt; die Bestimmung der Aufgabe aller Erfahrungswissenschaft, wie sie
in der Einleitung dieses Buches in Anlehnung an Kirchhoff's Definition der Mechanik formulirt wurde, ist ein anderer Ausdruck für die gleiche Erkenntniss. Wie alle rein
wissenschaftliche, empirische Forschung, so entsprechen auch
die über die Grenzen der Erfahrung hinausgreifenden Schein-
erklärungen dem gleichen Princip, indem auch diese — nur
nicht in strenger Anlehnung an die gegebenen Thatsachen,
sondern unter Mitwirkung der dichtenden Phantasie — allgemeine Begriffe statuiren, unter welche die Erscheinungen
sich sollen einordnen lassen. Alle metaphysischen System-
bildungen sind nichts anderes als Versuche, das Weltganze
nach diesem Principe zu begreifen.[49])

Das Verdienst, die universale Bedeutung des in Rede

stehenden Princips erkannt zu haben, gebührt Mach[50]) und
Avenarius[51]). Mach bezeichnet das Princip als dasjenige
der Oekonomie des Denkens, Avenarius als Princip des
Denkens nach dem kleinsten Kraftmaasse — entsprechend der Thatsache, dass dieses leitende Princip unseres
gesammten Denkens uns überall die vereinfachende Zusammenfassung unserer Erfahrungen zum Ziele setzt: suchen wir alle
Erfahrungen so viel als möglich unter bereits bekannte Begriffe, mit früheren Erfahrungen unter gleiche Symbole zu
bringen, so suchen wir eben auf möglichst einfache Weise,
mit möglichst geringem Kraftaufwande oder mit möglichster
Sparsamkeit zu classificiren. Ich werde auf das Princip im
Folgenden mit der Mach'schen Bezeichnung des Sparsamkeits-
oder Oekonomieprincips Bezug nehmen, oder dasselbe auch
kurz als das Einheitsprincip bezeichnen. Herbart's Apper-
ceptions- und Verschmelzungstheorie, Beneke's Gesetz der
Anziehung des Gleichartigen sind Anläufe zur Erkenntniss
desselben Princips, dessen allgemeine Bedeutung jedoch in
diesen Theorien noch nicht zu Tage tritt.

Die wissenschaftlichen Bestrebungen sind nach diesen
Ausführungen als Fortsetzung einer natürlichen und unwillkürlichen, schon im vorwissenschaftlichen Denken überall nach-
weisbaren Thätigkeit zu betrachten, die jederzeit eine vereinfachende Zusammenfassung, eine Abbreviatur unserer Erfahrungen zum Ziele hat.[52]) Eine solche Abbreviatur, welche mit
oder ohne Hilfe hypothetischer Vorstellungen eine Classe von
Erfahrungen in der einfachsten Weise zusammenfasst, heisst
in der Wissenschaft eine Theorie dieser Erfahrungen; wir
werden daher consequenter Weise auch jene vorwissenschaftlichen Abbreviaturen als „Theorien" und zwar im Gegensatze
zu den wissenschaftlichen als natürliche Theorien zu bezeichnen haben.[53]) Als natürliche Theorien dieser Art werden
sich uns insbesondere die Behauptungen über die Existenz
von Objecten und diejenigen über die Causalbeziehungen
ergeben.

Erscheint nach all diesem das Oekonomieprincip als die
Grundlage alles Begreifens und Verstehens unserer Erlebnisse,
so dürfen wir es mit Bezugnahme auf eine überlieferte Ter-

minologie als das Grundgesetz des Verstandes bezeichnen.
Wir sagen, wir verstehen eine Erscheinung, wenn wir sie
unter einen bereits bekannten Begriff eingeordnet haben.
Diese „Verstandesthätigkeit" ist es, welche Kant im Auge
hat, wo er von der Bearbeitung der sinnlichen Wahrnehmungen
durch den Verstand spricht, durch welche allererst „Erfahrung", „ein Ganzes verglichener und verknüpfter Vorstellungen"
geschaffen wird; solche Bearbeitung ist eben diejenige, welche
dem Oekonomieprincip gemäss vor sich geht. Sprechen wir
statt von den sinnlichen Wahrnehmungen von unseren Erlebnissen überhaupt, so wird aus diesen in der That durch
die dem Oekonomieprincip entsprechende — teils unwillkürlich, teils willkürlich verlaufende — Bearbeitung dasjenige,
was im weitesten Sinne des Wortes als Erfahrung bezeichnet
wird. In welcher Weise deren Entwicklung vor sich geht,
wird im Folgenden zu besprechen sein.

Das Princip der Oekonomie des Denkens war oben dahin
formulirt worden, dass wir überall eine Zusammenfassung
unserer Erlebnisse unter gemeinschaftliche Symbole erstreben.
Das letztere Wort hat hier zunächst selbst keine andere Bedeutung, als die eines zusammenfassenden Begriffes für unsere
Erfahrungen über den Verlauf des Wiedererkennens: wir
sprechen von einem Streben nach Zusammenfassung deshalb,
weil wir überall ein derartiges Zusammenfassen als Endresultat einer gewissen Reihe von Bewusstseinsvorgängen
statuiren. Vermöge einer sogleich näher zu beschreibenden
Consequenz jenes Princips werden wir erkennen, dass öftere
Erfahrungen dieser Art uns notwendig zur Erwartung ähnlicher Erfahrungen führen: so dass wir uns enttäuscht
fühlen, solange jenes Endresultat sich nicht einstellt, während
beim Eintreten desselben ein eigentümliches Gefühl der Beruhigung platzgreift. Haben wir dies Gefühl der Beruhigung
einmal kennen gelernt, so erscheint uns dem gegenüber der
Zustand vor dem Eintritte des genannten Resultates als ein
Zustand der Unruhe; wir können alsdann in einem neuen,
engeren Sinne davon sprechen, dass wir nach der dem Oekonomieprincip entsprechenden Zusammenfassung oder Vereinfachung unserer Erfahrungen hinstreben, indem nun that-

sächlich der Gegensatz der mangelnden Zusammenfassung zu
dem klärenden Verstehen der Erscheinungen als ein Gegensatz der Gefühlsbetonung erscheint, welcher den Wunsch
nach solcher Zusammenfassung in uns entstehen lässt.

Erwartung. Wie wir uns von der Vergangenheit durch
unsere Erinnerung in gewisser Weise Rechenschaft zu geben
im Stande sind, so finden sich andererseits Thatsachen,
welche auf einen noch nicht eingetretenen Teil des Verlaufes unseres Lebens hinweisen oder doch hinzuweisen
scheinen: wir finden uns im Besitz von — freilich meist
wenig bestimmten — Erwartungen über zukünftige Erlebnisse. In welcher Weise sich im allgemeinen stets derartige Erwartungen von Zukünftigem bilden müssen, ist leicht
zu erkennen: unsere Erinnerungen zeigen uns kein Erlebniss,
auf welches nicht andere gefolgt wären, so dass der allgemeinste Begriff eines Erlebnisses überhaupt ebenso wenig
ohne den Gedanken an ein folgendes Erlebniss bestehen kann,
wie ohne denjenigen an ein vorhergegangenes. Nach dem
Oekonomieprincip aber sind wir stets in der Lage die neuen
Erlebnisse unter bereits bekannte allgemeine Begriffe zu
bringen; da nun jeder derartige Begriff, welcher vergangenen
Bewusstseinsinhalten seinen Ursprung verdankt, den Gedanken
an folgende Erlebnisse mit sich bringt, so wird ein solcher Gedanke auch mit Bezug auf die jeweilige Gegenwart nicht aus-
bleiben können.

Das zunächst kurz Angedeutete wird deutlicher werden,
wenn wir zusehen, in welcher Weise bestimmtere Erwartungen über die Art der im nächsten Augenblicke zu gewärtigenden Erlebnisse auf Grund des Oekonomieprincips zu
Stande kommen. Wir wollen diese Frage zunächst am einfachsten Falle untersuchen. Gesetzt, es sei ein Complex successiver Empfindungsinhalte $a\ b\ c\ d\ e$ wiederholt in gleicher
Folge — und jeder dieser Inhalte bisher nicht anders als in
solcher Folge — erlebt worden. Alsdann wird sich einerseits
gemäss dem früher erläuterten Associationsgesetz bei einem
erneuten Auftreten etwa der Succession $a\ b\ c$ alsbald die Erinnerung an jenen früheren Complex und somit an die früher

im Anschluss an $a\ b\ c$ eingetretenen Ereignisse $d\ e$ einstellen. Die Gedächtnissbilder dieser Inhalte mögen durch die entsprechenden Buchstaben des griechischen Alphabetes repräsentirt sein; so wird sich also zunächst den Inhalten $a\ b\ c$ sogleich das Erinnerungsbild $\delta\varepsilon$ zugesellen. Andererseits würde eine Zusammenfassung des gegenwärtigen Erlebnisses mit den früheren unter einen Begriff sich am einfachsten dann ergeben, wenn die bereits bekannte allgemeine Vorstellung $\alpha\ \beta\ \gamma\ \delta\ \varepsilon$ als gemeinschaftliches Symbol der vergangenen wie des neuen Erlebnisses erschiene; d. h. es würde dem Streben nach einfachster Zusammenfassung am besten entsprechen, wenn die folgenden Erlebnisse sich in der That den Gedächtnissbildern $\delta\varepsilon$ entsprechend einstellen würden. Stellen sich dieselben ein, so fühlen wir uns beruhigt, indem dem Oekonomieprincip ohne Weiteres genügt ist; stellen sie sich nicht ein, so ist die nächste Folge ein eigentümlicher Zustand, welcher als Gefühl der Enttäuschung jedermann bekannt ist. Die Erinnerung an jene Erlebnisse ($\delta\ \varepsilon$) mit der eigentümlichen Färbung, welche durch Erfahrungen über die eben genannten Gefühlsphänomene zu Stande kommt, ist aber gerade dasjenige Phänomen, welches wir als die Erwartung der Ereignisse $d\ e$ bezeichnen. Die Thatsache der Erwartung bestimmter Empfindungsinhalte ergibt sich also unter den Voraussetzungen des hier betrachteten einfachen Falles als directe Folge des Oekonomieprincips in Verbindung mit der Thatsache der Erinnerung an Complexe.

Betrachten wir weiter den Fall, dass an die Empfindungen $a\ b\ c$ sich im Laufe unserer bisherigen Erfahrungen nicht immer $d\ c$, sondern auch andere Inhalte, etwa $f\ g$ angeschlossen haben, deren Erinnerungsbilder durch $\varphi\chi$ bezeichnet sein mögen; so wird jetzt mit der erneuten Wahrnehmung von von $a\ b\ c$ sich nicht notwendig $\delta\varepsilon$, sondern vielleicht $\varphi\chi$ associiren, oder vielleicht die Erinnerung an beide Complexe gleichzeitig oder abwechselnd auftreten. Wir erwarten dann entweder das eine oder das andere Ereigniss; welches von beiden uns eventuell als das wahrscheinlichere gilt, wird sich sogleich ergeben. So viel aber zeigt die vorige Betrachtung ohne Weiteres, dass unsere Erwartung alsbald eine bestimmte wird, wenn von den noch fehlenden Ereignissen, zwischen welchen unsere Erwartung schwankte, das eine thatsächlich einzutreten beginnt: folgt auf *a b c* der Inhalt *d*, so erwarten wir nunmehr mit Bestimmtheit *e* folgen zu sehen, schliesst sich an *a b c* der Inhalt *f* an, so erwarten wir *g*. Wir beschreiben diese Thatsache, indem wir sagen, dass wir nach *a b c* unter der Bedingung *d* das Ereigniss *e*, unter der Bedingung *f* das Ereigniss *g* erwarten.

Man erkennt leicht, wie durch Erfahrungen über das Auftreten von *a b c* in Verbindung mit noch weiteren Inhalten der Fall sich weiter complicirt. Um den allgemeinsten Fall beschreiben zu können, bedürfen wir indess noch der Betrachtung eines anderen Specialfalles. Nehmen wir an, es sei in unserer bisherigen Erfahrung sehr häufig auf *a b c* bald *d*, bald *f*, bald *g* gefolgt; so wird wiederum bei erneutem Auftreten von *a b c* unsere Erwartung eine schwankende sein, ohne dass indess hier von Bedingungen gesprochen werden könnte, unter welchen wir das eine oder das andere jener Ereignisse erwarteten. Wir sind im Besitze der Symbole $\alpha\beta\gamma\delta$, $\alpha\beta\gamma\varphi$, $\alpha\beta\gamma\chi$ und es besteht nach dem Oekonomieprincip kein Grund, eher das eine jener Ereignisse zu erwarten als das andere. Nehmen wir aber nun weiter an, es sei bisher auf *a b c* regelmässig *d* und nur sehr selten *f* oder *g* gefolgt, so werden wir uns zwar vielleicht immer noch bei erneutem Auftreten von *a b c* an *d* sowohl wie an *f* und *g* erinnern; allein das Ueberwiegen jener einen Erfahrung gegenüber den beiden anderen bedingt hier einen gewissen Unterschied unserer Erwartung: wir werden ceteris paribus (d. h. wenn nicht entgegen der Voraussetzung doch gewisse „Bedingungen“ für *f* oder *g* erkannt waren und hier abermals vorliegen) eher *d* als *f* oder *g* erwarten. In der That entspricht eine derartige Erwartung dem Oekonomieprincip: wenn dasselbe überall die Zusammenfassung möglichst vieler ähnlicher Ereignisse unter ein gemeinschaftliches Symbol fordert, so geschieht ihm besser Genüge, wenn ein neues Erlebniss unter einen Begriff sich einordnet, dem schon sehr viele bisherige Erlebnisse entsprechen, als wenn dasselbe unter einen noch sehr wenig umfassenden Begriff fällt. Wir sprechen in einem solchem Falle

davon, dass die betreffende Erwartung grössere Wahrscheinlichkeit für uns besitze.

Nunmehr können wir allgemein behaupten: wenn an eine
Erfahrung bestimmter Art sich bisher anderweitige Wahrnehmungen bald in dieser, bald in jener Weise angeschlossen
haben, so werden wir im allgemeinen bei einem erneuten Auftreten jenes ersten Wahrnehmungscomplexes mit grösserer oder
geringerer Wahrscheinlichkeit die eine oder die andere jener
früheren Folgen erwarten; und wir werden urteilen, dass unter
dieser Bedingung diese, unter jener Bedingung jene weiteren
Ereignisse zu erwarten stehen. In demselben Sinne sprechen
wir von verschiedenen möglichen Wahrnehmungen, deren
Eintritt wir als von der Erfüllung der einen oder der anderen
Bedingung abhängig ansehen.

Nun war aber unser allgemeines Princip zwar ein psychologisches, aber kein logisches Princip, d. h. wir konnten
aus demselben zwar eine allgemeine Tendenz zu derartigen
Erwartungen folgern, in keiner Weise aber schliessen, dass
die Erwartungen sich auch bestätigen müssten. Die Consequenz des Einheitsprincips ist zwar ein Glauben, welchem
wir, je nachdem sich das Erwartete als mehr oder weniger
wahrscheinlich in dem obigen Sinne charakterisirt, einen
grösseren oder geringeren Grad von Gewissheit beizulegen
pflegen, aber kein Wissen in Bezug auf unsere zukünftigen
Erlebnisse: unsere Erwartungen können sich in der Folge bestätigen, sie können aber eben so gut auch enttäuscht werden.
In der That sind die Fälle, in welchen das Princip zu irrtümlichen Erwartungen Anlass gibt, ausserordentlich häufig;
wir werden in einem späteren Capitel finden, dass aller Irrtum in letzter Instanz durch die eine oder die andere derartige dem Oekonomieprincip entsprechende irrtümliche Erwartung bedingt ist. Wie leicht das Princip zu Irrtümern
führt, zeigen in der Wissenschaft namentlich die unberechtigten Verallgemeinerungen von Theorien, die sich als richtige
Abbreviaturen innerhalb begrenzter Gebiete erwiesen haben.
Aber auch im natürlichen Denken sind Täuschungen auf Grund
des Oekonomieprincips ausserordentlich häufig. So sind z. B.
alle Sinnestäuschungen einfache Fälle irriger Erwartungs-

urteile — wie sich später zeigen wird. Wir werden aber
finden, dass gerade die Erfahrungen über die Enttäuschung
von Erwartungsurteilen ihrerseits zu neuen Begriffsbildungen
gemäss dem Oekonomieprincip hinführen — dass insbesondere
das Causalgesetz nichts anderes ist, als der Ausdruck der
Forderung, dem durch solche Enttäuschungen scheinbar verletzten Einheitsprincip neuerdings Geltung zu verschaffen.
Wir haben oben angenommen, dass die Erlebnisse abc....
Empfindungen waren; wir wollen noch kurz den allgemeineren Fall ins Auge fassen. Es sei $abcde$ ein Complex beliebiger Inhalte; und es trete, nachdem dieser Complex öfter
erlebt worden war, abc abermals auf. Alsdann wird sich
wiederum gemäss dem Associationsgesetz zunächst das Gedächtnissbild der Inhalte de anreihen. Soweit aber diese Inhalte
selbst Gedächtnissbilder (Phantasmen) waren, ist das Auftreten
ihrer Gedächtnissbilder von einer Wiederholung jener früheren
Inhalte selbst nicht verschieden, es wird also keine Erwartung
eines solchen wiederholten Auftretens derselben sich einstellen können, sondern eben diese Wiederholung vollzieht
sich im bezeichneten Falle ohne Weiteres. Es zeigt sich also,
dass die oben besprochenen Erwartungen sich nur in Bezug
auf solche Inhalte einstellen können, deren Gedächtnissbilder
von den erlebten Inhalten nicht bloss zeitlich verschieden
sind — also nur in Bezug auf Inhalte, welche wenigstens
zum Teil aus Empfindungsinhalten bestehen. Wie in einem
anderen Sinne trotzdem von Erwartung von Phantasievorstellungen die Rede sein kann, wird im vierten Capitel zur
Sprache kommen.

Empirische Begriffsbildung. Der Dingbegriff. Durch
den eben dargelegten Mechanismus der Erwartung wird eine
neue Art der Begriffsbildung und Prädication gegenüber der
im vorigen Capitel besprochenen bedingt. Wir sahen früher,
wie ein gegebener Inhalt unter einen Wahrnehmungsbegriff
nach seiner Aehnlichkeit mit früher erlebten Inhalten eingeordnet wird; die eben besprochenen Thatsachen zeigen, wie
eine ähnliche Unterordnung unter bekannte Begriffe nicht bloss
auf Grund der vorgefundenen Aehnlichkeit, sondern auch auf

Grund gewisser an diese letztere geknüpfter Erwartungen
sich vollziehen kann. Ein vorgefundener Inhalt dient hier, so
können wir uns kurz ausdrücken, als Symbol für gewisse
unter Erfüllung bestimmter Bedingungen zu erwartende Inhalte;
er wird demgemäss nicht einfach nach seiner Aehnlichkeit mit
früheren Inhalten prädicirt, sondern indem wir zugleich uns der
Erfahrungen erinnern, welche an jene ähnlichen früheren Inhalte
sich anknüpften, benennen wir auch den neuen Inhalt, als ob
er Teil einer ähnlichen Reihe wäre, mit dem an eine solche
Reihe associirten Namen. Eine solche Benennung wird sich
um so häufiger einstellen, je öfter ein ähnlicher Inhalt als
Glied einer derartigen Reihe früher vorkam — wobei übrigens,
wie bei allem Wiedererkennen, keineswegs genaue Uebereïn-
stimmung erforderlich ist, sondern nur grössere oder geringere,
oft nur sehr entfernte Aehnlichkeit.

Wir wollen Prädicationen dieser Art als empirische,
die Begriffe, welche dabei als Prädicate fungiren, als empirische Begriffe bezeichnen. Der Gegensatz zwischen Wahrnehmungsbegriffen und empirischen Begriffen ist also der, dass
die ersteren nur die Eigenschaften vorgefundener Inhalte als
solcher bezeichnen, während die Prädication mit Hilfe empirischer Begriffe über den Zusammenhang des benannten Inhaltes mit anderen Inhalten etwas aussagt, die nicht mit jenem
zugleich gegenwärtig sind, sondern deren Auftreten im Anschluss an den ersteren unter bestimmten Bedingungen erwartet wird. Die empirische Prädication sagt also jederzeit,
soweit sie auf gegenwärtig vorgefundene Inhalte angewendet
wird, über gewisse Erwartungen etwas aus, die wir auf Grund
früherer Erfahrungen an den betreffenden Inhalt knüpfen.
Wird sie auf vergangene Inhalte angewendet, so kann sie entweder aussagen, dass bestimmte weitere Erfahrungen im Anschluss an jenen Inhalt gemacht worden sind, oder dass solche
bei Erfüllung bestimmter Bedingungen im Anschluss an jenen
Inhalt hätten gemacht werden können; der Sinn dieser letzteren
hypothetischen Aussagen ist aber — nach der Natur der Erwartungsurteile — einfach der, dass sich aus von mir gemachten Erfahrungen Erwartungsurteile der bezeichneten Art
ergeben, dass also die in Rede stehende Prädication des ver-

gangenen Erlebnisses eine solche ist, welche dem Oekonomieprincip am besten genügt.

Die Bedeutung der empirischen Begriffsbildungen für unser
Denken liegt darin, dass dieselben grosse Reihen sehr verschiedenartiger Erlebnisse unter gemeinsame Symbole befassen.
Wenn „derselbe" Inhalt jetzt als Teil dieser, jetzt als Teil
einer anderen Reihe erscheint, so gestattet der Begriff der
Bedingung beide Reihen unter der gleichen empirischen Begriffsbildung zu vereinigen, falls durch diese Zusammenfassung
eine Vereinfachung in der Beschreibung der Gesammtheit
unserer Erfahrungen erzielt wird. Treten Aenderungen der
genannten Art völlig regellos ein, so ist diese letztere Forderung nicht erfüllt; wo aber wiederholte Erfahrungen uns
ähnliche Zusammenhänge erkennen lassen, indem etwa an den
Inhalt a sich unter der Bedingung x regelmässig die Erscheinung b,
unter der Bedingung y ebenso die Erscheinung c anschloss,
wird die Zusammenfassung dieser verschiedenen Reihen unter
denselben Begriff in der That eine Vereinfachung der geforderten
Art ergeben. Bezeichnen wir einen derartigen Begriff durch
das Symbol S, so drückt also die Prädication einer Wahrnehmung a durch das Symbol S nichts anderes aus, als dass
wir auf Grund früherer Erfahrungen erwarten, dass an a unter
der Bedingung x die Wahrnehmung b, unter der Bedingung y
die Wahrnehmung c sich anschliessen werde.

Einer der wesentlichsten Factoren dafür, dass uns regelmässige Aenderungen der hier vorausgesetzten Art bekannt
werden — dass also die Aenderungsreihen nicht völlig chaotisch
verlaufen, sondern dass wieder und wieder bestimmte Aehnlichkeiten der Anordnung auftreten, die uns zur Fällung von Erwartungsurteilen für die Zukunft führen können — besteht in
der Thatsache, dass gewisse Empfindungsreihen sich jederzeit
willkürlich herstellen lassen, dass wir also im Stande sind
gewisse Bedingungen, unter welchen wir den Eintritt dieser
oder jener Erscheinung erlebten, nach Belieben von neuem
herzustellen. Den Mechanismus dieser willkürlichen Herstellung
der gedachten Bedingungen haben wir hier noch nicht zu
untersuchen; zunächst haben wir es nur mit der Bedeutung
dieser allbekannten Thatsache für die Entstehung unserer

empirischen Begriffe zu thun. Diese Bedeutung aber liegt auf der Hand: wenn wir jederzeit in der Lage sind, nach Belieben die eine oder die andere bestimmte Reihe von Erlebnissen in einer schon von früher her bekannten Folge zu wiederholen, so kommen wir eben damit jederzeit in die Lage, von gegebenen Inhalten aus, bei welchen wir uns an die Ausführung der betreffenden Willensacte e r i n n e r n, mehr oder minder bestimmte Erwartungen über die Erfahrungen zu hegen, die uns nach Erfüllung jener Bedingungen bevorstehen — und entsprechend diesen Erwartungen mehr oder minder bestimmte empirische Begriffsbildungen zu vollziehen, mit Hilfe deren wir den gegebenen Inhalt in dem oben bezeichneten Sinne zu prädiciren vermögen. Der Nutzen, welchen diese Fähigkeit uns für die Bildung der empirischen Begriffe leistet, ist völlig analog dem Nutzen des willkürlichen Experimentes in der Naturforschung.

Ob und wie weit die Bedeutung einer derartigen Prädication uns jeweils klar gegenwärtig ist, wird natürlich von mancherlei Begleitumständen abhängen; soweit aber die Prädication selbst für uns eine völlig bestimmte ist, d. h. soweit der empirische Begriff, den wir als Prädicat verwenden, für uns eine bestimmte Bedeutung besitzt, wird uns jedes im Widerspruch zu der Bedeutung der Prädication stehende Ereigniss, jede E n t t ä u s c h u n g der implicite in derselben ausgesagten Erwartungen zur A e n d e r u n g der Prädication veranlassen. Wir werden später sehen, in welcher Weise wir durch Erfahrungen dieser Art zu n e u e n empirischen Begriffsbildungen geführt werden.

Zu den hier allgemein geschilderten empirischen Prädicationen gehören vor allen diejenigen, die wir vollziehen, wo wir einen gegenwärtigen Sinnesinhalt als Wahrnehmung eines D i n g e s oder G e g e n s t a n d e s bezeichnen. Wie wir jeden Inhalt als solchen in mehr oder minder bestimmter Weise wiedererkennen, so wird auch — im entwickelten Leben wenigstens — jeder Inhalt sogleich als Glied eines empirischen Zusammenhanges der geschilderten Art beurteilt. Urteile solcher Art fällen wir, wenn wir jeden gesehenen oder getasteten Inhalt sogleich als Erscheinung dieses oder jenes D i n g e s deuten:

fragen wir uns, was wir mit einer solchen Behauptung meinen, so lautet die Antwort dahin, dass wir eben nicht bloss von dem wahrgenommenen Inhalt als solchem etwas zu wissen glauben, sondern dass wir zu den unmittelbar wahrgenommenen Qualitäten gewisse Bestimmungen auf Grund früherer Erfahrungen hinzudenken. Wenn ich ein Stück Kreide sehe und als Kreide beurteile, so ist das unmittelbar Gegebene, an das sich diese Benennung anschliesst, zunächst nur ein in bestimmter Weise begrenzter Teil des Gesichtsfeldes, innerhalb dessen gewisse hellere und dunklere Schattirungen weisser Färbung wahrgenommen werden. Indem wir aber an diese Wahrnehmung das Urteil „dies ist Kreide" anknüpfen, meinen wir nicht bloss auszusagen, dass ein Wahrnehmungsinhalt der bezeichneten Art vorliegt, sondern wir meinen damit eine Reihe weiterer, nicht gegenwärtig wahrgenommener Thatsachen zu treffen. Je nach unseren naturwissenschaftlichen Kenntnissen werden diese Thatsachen mehr oder weniger zahlreich und bestimmt sein; jedenfalls aber ist in unserer Behauptung implicite die Meinung ausgesprochen, dass wir es nicht bloss mit dem zweidimensionalen Nebeneinander der wahrgenommenen Teile des Gesichtsfeldes, sondern mit einem dreidimensional ausgedehnten Körper zu thun haben, dass derselbe eine gewisse Festigkeit besitzt, uns gewisse Berührungsempfindungen verursachen kann u. dgl. Alle solchen Behauptungen aber sind nicht mit der Wahrnehmung jenes Gesichtsinhaltes als solchen gegeben; sie können also nur früheren Erfahrungen ihren Ursprung verdanken. Was mit denselben ausgesagt ist, sind Erwartungen, die uns der Anblick des geschenen Inhaltes erweckt: wir erwarten, dass beim Bewegen des Auges an Stelle der zunächst gegebenen Wahrnehmung continuirlich neue verschiedene Ansichten treten werden, dass wir beim Ausstrecken der Hand in der gegebenen Richtung eine gewisse Berührungsempfindung erhalten werden u. s. w. — Erwartungen, die übrigens, entsprechend der obigen Bemerkung, durchaus nicht alle jeweils als solche erkannt und beurteilt werden müssen. Wir sehen also, dass der Dingbegriff genau in der Weise gebildet ist, welche wir für die empirische Begriffsbildung als charakteristisch erkannt haben: die Bezeichnung

eines Wahrnehmungsinhaltes durch ein dingliches Prädicat
sagt nichts anderes aus, als dass sich an diesen Inhalt eine
Reihe bestimmter anderweitiger Inhalte unter bestimmten Bedingungen anknüpfen werde; Veranlassung zu einer derartigen
Behauptung geben uns unsere früheren Erfahrungen und die
daran nach dem Oekonomieprincip geknüpften Erwartungen.
Ob diese Erwartungen sich erfüllen, ob also die Behauptung
berechtigt war, kann uns in letzter Linie nur der Erfolg
zeigen; die Fälle, in welchen der Erfolg der Erwartung widerspricht, rubriciren wir je nach Umständen entweder einfach
als Täuschungen oder aber wir erklären dieselben dadurch,
dass das Ding sich geändert habe, — Aenderungen,
welche ihrerseits zu neuen Begriffsbildungen Anlass geben
(vgl. Cap. V u. VI).

Definition und Identität empirischer Begriffe. Die Definition eines empirischen Begriffes kann und wird in vielen
Beziehungen durch Zurückführung auf andere, als bekannt vor-
ausgesetzte empirische Begriffe gegeben werden; in letzter
Instanz aber muss sie, entsprechend dem früher über das Definiren Gesagten, auf Wahrnehmungsbegriffe zurückgehen. Wenn
ich den Begriff des Goldes definire als den eines gelben, dehn-
baren Metalles vom specifischen Gewicht 19, welches in Salpetersäure nicht, wohl aber in Königswasser löslich ist, so ist
diese Definition zwar im Wesentlichen durch Angabe solcher
Aenderungen zu Stande gekommen, welche bei Erfüllung gewisser Bedingungen eintreten; die Angabe dieser Bedingungen
selbst aber wie der entsprechenden Aenderungen ist zunächst
wiederum durch empirische Begriffe bewerkstelligt. Um aber
diese Begriffe ihrerseits zu erklären, muss zuletzt die Bedeutung
der gebrauchten Termini an irgend einem concreten Beispiel aufgezeigt werden: was Lösung eines festen Körpers in einer Flüssigkeit, was Dehnbarkeit u. s. w. bedeutet, muss in letzter Linie entweder aufgezeigt oder durch Hinweis auf solche Thatsachen
erklärt werden, welche durch Wahrnehmungen bekannt sind.
In der That gewinnen wir jene physikalischen Begriffe aus
einzelnen Wahrnehmungsreihen: nur indem wir an einzelnen
Dingen diese und jene Wahrnehmungen wiederholt machen,

gelangen wir zum Begriff der Eigenschaften eines Dinges „dieser Art", und der zusammenfassende Begriff, welcher alle Dinge dieser Art bezeichnet, kommt erst nachträglich auf Grund wiederholter derartiger Erfahrungen zu Stande. Die Kenntniss einzelner Dinge mit diesen Eigenschaften ist also die Voraussetzung für die allgemeinere Begriffsbildung; diese Eigenschaften des einzelnen Dinges aber lernen wir in der oben bezeichneten Weise durch Wahrnehmungsreihen kennen, so dass in der natürlichen Entwicklung unserer physikalischen Begriffe sich die Forderung, alle Definition schliesslich auf Wahrnehmungsbegriffe zu gründen, von selbst erfüllt. Freilich sind uns jene Begriffe im entwickelten Leben so geläufig, dass wir nicht leicht auf die Frage nach ihrer Definition verfallen; wird aber diese Frage aus irgend einem Grunde aufgeworfen, so kann eine vollständige Antwort nur durch Zurückgehen auf die aller Erfahrung und Begriffsbildung zu Grunde liegenden Wahrnehmungen gegeben werden. Nur die eigentümliche Art des Zusammenhanges der Eigenschaften, vermöge dessen dieselben einem Dinge zugeschrieben werden, ist in diesen Wahrnehmungen selbst niemals anzutreffen. Wir sind aber darum noch keineswegs genötigt, die Art dieses Zusammenhanges, das Wesen des Dinges, als ein unbekanntes und unerklärliches Etwas anzusehen: die obigen Betrachtungen zeigen vielmehr, dass, wenn auch nicht in den wahrgenommenen Eigenschaften, so doch in unserem psychischen Zustande bei der Wahrnehmung derselben die empirische Grundlage für den Begriff jenes Zusammenhanges gegeben ist. Nicht irgend eine Aehnlichkeit der wahrgenommenen Inhalte, sondern die Aehnlichkeit des Erwartungszustandes, welcher jeweils durch dieselben hervorgerufen wird, gibt den Anlass zur Entstehung des Dingbegriffes.

Wie bei Wahrnehmungsbegriffen, so sprechen wir auch bei empirischen Begriffen von Identität, insofern wir mit demselben empirischen Prädicate zu verschiedenen Zeiten bez. mit verschiedenen Benennungen desselben empirischen Begriffes dieselbe Bedeutung verbinden. Die Bedeutung der Symbole Gold, Kreide, Wasser ist heute dieselbe wie gestern, die Bedeutung der chemischen Formel $H_2 O$ identisch mit der des Wortes Wasser u. s. w. Ein Unterschied gegenüber den Wahr-

nehmungsbegriffen aber findet sich hier insofern, als man im
Gebiete der empirischen Begriffe von derselben Sache, demselben Dinge in einem anderen Sinne spricht, als in jenem
Gebiete etwa von derselben Farbe, demselben Ton. Während
in den letzteren Fällen nur eben qualitative Gleichheit bei
zeitlicher oder örtlicher Verschiedenheit durch solche scheinbare Identitätsbehauptung getroffen werden soll, wird bei jenen
Aussagen über Dinge von den weitgehendsten Veränderungen
der letzteren abstrahirt: wir sagen, dieser Baum sei derselbe
Baum, der vor fünfzig Jahren gepflanzt wurde, dieser Mensch
sei derselbe, der an diesem oder jenem Tage, an diesem oder
jenem Orte geboren wurde, wenn auch seither aus dem Schöss-
ling ein mächtiger Stamm, aus dem Kinde ein Greis geworden
ist. Der Sinn der empirischen Begriffsbildung lässt uns indess
sogleich erkennen, wie diese scheinbar paradoxen Identitäts-
behauptungen sich dem früher allgemein definirten Identitätsbegriff unterordnen. Ein als *A* bezeichnetes Ding heisst heute
dasselbe wie gestern oder vor Jahren, wenn einerseits solche
Zusammenhänge, wie sie den Begriff eines solchen Dinges
gemäss der Definition von *A* constituiren, sich heute wie damals
vorfinden und andererseits zwischen den heute und den damals
zu constatirenden Erscheinungen der durch den Dingbegriff
bezeichnete Zusammenhang besteht. Eben dieser Zusammenhang ist es, den wir durch das Symbol „dieses Ding"
bezeichnen; dieses Symbol ist nicht Zeichen für eine einzelne
Wahrnehmung oder eine Anzahl solcher Wahrnehmungen,
sondern für einen Zusammenhang zwischen Wahrnehmungen
und Wahrnehmungsmöglichkeiten — einen Zusammenhang, der
als solcher von zeitlichen Bestimmungen in soweit unabhängig
ist, als er eben für den Fall der Erfüllung bestimmter Bedingungen zu jeder Zeit das Auftreten dieser oder jener bestimmten Erscheinungen implicirt. Das Symbol hat die genannte Bedeutung zu den verschiedenen Zeiten in gleicher
Weise: dieselben Wahrnehmungsmöglichkeiten, welche gestern
als zukünftige, heute schon als vergangene erscheinen, waren
gestern wie heute durch den Dingbegriff bezeichnet. Wir
können und müssen daher das Ding, welches wir heute sehen,
und dasjenige, welches wir gestern sahen, als dasselbe Ding

bezeichnen, wenn wir überzeugt sind, dass wir es heute bei
dieser Wahrnehmung mit einem Teile eben derjenigen Reihe
völlig bestimmter und in bestimmter Weise zusammenhängender
möglicher Wahrnehmungen zu thun haben, welche wir gestern
mit jenem gleichen Namen bezeichneten. Auf die Veränderungen
der Wahrnehmungsinhalte, die als Aenderungen des Aussehens
oder der Eigenschaften des Dinges erscheinen, kommt es dabei
gar nicht an: der Dingbegriff enthält eben, soweit er einen
Zusammenhang zeitlich veränderlicher Eigenschaften bezeichnet,
nicht die betreffenden Wahrnehmungsqualitäten als bestimmende
Merkmale. So erklärt es sich, wie wir z. B. die Kohle, die
wir aus einer bestimmten Portion Kohlendioxyd ausscheiden
können, als „dieselbe" Kohle bezeichnen können und müssen,
aus welcher etwa der Diamant bestand, den wir zuvor durch
Verbrennung in eben diese Portion Kohlendioxyd überführten —
obgleich weder früher noch in der Zwischenzeit von den
Eigenschaften der jetzt vorliegenden Kohle etwas zu sehen war.
     Wir nennen die hier besprochene Art von Identität die
numerische Identität der Dinge.
     Die Definition empirischer Begriffe ist insofern immer
unvollständig, als wir stets nur eine endliche — im allgemeinen
sehr geringe — Zahl von Bedingungen anzugeben im Stande
sind, unter welchen der betreffende empirische Begriff diese
oder jene Wahrnehmungen in Aussicht stellt. Der empirische
Begriff ist daher immer nur für eine bestimmte Anzahl von
Bedingungen definirt; alle Aenderungen, welche unter anderweitigen Bedingungen etwa eintreten mögen, bleiben dahingestellt. Erfahrungen über solche weitere Aenderungen können
zu neuen Begriffsbildungen bez. Einteilungen des gegebenen
Begriffes führen; vollständige Definition der Eigenschaften irgend
eines Dinges aber kann — als unendliche Aufgabe — niemals
gefordert werden.

     Der Begriff der objectiven Existenz.[54]) Unsere Bewusst-
seinsinhalte existiren als solche, solange wir sie vorfinden
und existiren nicht mehr, wenn wir sie nicht mehr vorfinden. Meine Gesichts-, meine Gehörsinhalte existiren, wenn
ich sie wahrnehme; und so lange wir die in der Einleitung

festgesetzte Terminologie beibehalten, d. h. unter einem Bewusstseinsinhalte eben nur das Vorgefundene als solches verstehen, hat es keinen Sinn davon zu sprechen, dass sie noch existirten, wenn sie nicht mehr vorgefunden werden. Existiren und Vorgefundenwerden, Gegenstand des Bewusstseins sein, ist für die Bewusstseinsinhalte Ein und Dasselbe.

Wir gebrauchen aber das Wort Existenz noch in einem anderen, von dem eben erwähnten wesentlich verschiedenen Sinne, wenn wir davon sprechen, dass Dinge existiren auch wenn wir sie nicht wahrnehmen. Wir sind überzeugt, dass die Dinge mit ihren sinnlichen Eigenschaften, Formen und Farben existiren, auch wenn wir sie nicht wahrnehmen: wir sprechen davon, dass an diesem oder jenem Orte Farben leuchten, ohne dass wir sie sehen, Töne erklingen, ohne dass wir sie hören — es ist uns völlig geläufig zu denken, dass der Sturm ebenso dort heult, wo kein Ohr ihn vernimmt, wie hier, wo wir ihm lauschen. Ist also mit der Behauptung der Existenz von Dingen, die wir nicht gegenwärtig wahrnehmen, auch diejenige der Existenz von Empfindungsinhalten ausgesagt, die wir nicht gegenwärtig wahrnehmen, so muss hier das Wort Existenz in einem anderen, von dem oben genannten verschiedenen Sinne gebraucht sein. Mit jenem ersten Existenzbegriff war das Dasein von Bewusstseinsinhalten als solchen gemeint; hier aber ist nicht von Bewusstseinsinhalten die Rede, sondern eben von etwas, was gegenwärtig nicht Bewusstseinsinhalt ist, obgleich es sprachlich in derselben Weise prädicirt wird, wie die Bewusstseinsinhalte.

Man kann zunächst fragen, ob mit Behauptungen dieser Art ebenso unmittelbar gegebene, nicht weiter zurückführbare Thatsachen bezeichnet werden, wie mit der Behauptung der Existenz unserer Bewusstseinsinhalte als solcher. Die Ansicht, dass der Sinn der in Rede stehenden Existentialbehauptungen ebenso unmittelbar einleuchte, dass diese Behauptungen ebenso selbstverständlich seien, wie diejenigen über die Existenz gegenwärtig vorgefundener Inhalte, scheint weit verbreitet. Zur Begründung derselben pflegt man sich auf die Thatsache zu berufen, dass für den Naiven Behauptungen dieser Art — etwa, dass eine Wiese, die er jetzt nicht sehe, grün sei — keiner Erklärung bedürftig sondern unmittelbar verständlich erscheinen. Indess beweist diese Thatsache nichts; sie ist vielmehr ihrerseits selbstverständlich, weil einerseits Jeder von uns bei der Erlernung der Sprache tausendfältig erfahren hat, was mit jener Behauptung thatsächlich bezeichnet wird, und daher normalerweise gar nicht in die Lage kommt, die Frage nach deren Sinne zu stellen, und weil andererseits der Naive eben nicht gelernt hat, sich auf diejenigen Erfahrungen zu besinnen, welche die Bedeutung früh erlernter complicirter Begriffe constituiren. Thatsächlich kann jene vermeintliche unmittelbare Selbstverständlichkeit der in Rede stehenden Behauptung nicht zugegeben werden. Denn einerseits gründen sich unsere Aussagen über die Existenz von Dingen und ihren Eigenschaften, die wir nicht gegenwärtig wahrnehmen, überall auf gemachte einzelne Erfahrungen bestimmter Art; andererseits aber bezeichnen wir doch nicht bloss eben jene Erfahrungen selbst oder unsere Erinnerung an dieselben, wo wir von der Existenz der nicht gegenwärtig wahrgenommenen Dinge sprechen. Ich habe im Garten einen schwarzen Stein gesehen und behaupte demgemäss, dass dort ein schwarzer Stein existirt; diese Behauptung gründet sich auf jene gemachte Erfahrung, aber sie sagt mehr aus als meine Erinnerung an meinen damaligen und nur damals existirenden Empfindungsinhalt; und da sie nicht sonst irgend eine bestimmte einzelne aufweisbare Erfahrung bezeichnet, so hat die Frage, was sie denn ausser jener gemachten Erfahrung noch weiter bezeichne, sehr wohl einen Sinn. Oder allgemein: unsere Behauptungen über die Existenz von nicht gegenwärtig wahrgenommenen Dingen und deren Eigenschaften hängen ersichtlich von gewissen Erfahrungen ab; wir bezeichnen aber mit denselben jeweils mehr als unsere Erinnerung an die Wahrnehmung jener Dinge; die Frage, welche Thatsachen wir damit bezeichnen und auf Grund welcher Thatsachen der Begriff der Existenz des nicht gegenwärtig Wahrgenommenen im Lauf unserer Entwicklung entstanden ist, darf daher nicht als unberechtigt zurückgewiesen werden, sondern ist als eine fundamentale Frage der genetischen Psychologie zu stellen und zu beantworten.

Die Bedeutung jedes Begriffes, den wir besitzen, muss sich, wie wir schon früher fanden, auf irgendwelche unmittelbaren Bewusstseinsdaten zurückführen lassen. Wir können ein Wort nicht verstehen, wenn wir nicht eben Bewusstseinsdaten haben, welche die Bedeutung des Wortes ausmachen. Soll also mit der Behauptung der Existenz eines gegenwärtig nicht wahrgenommenen Inhaltes überhaupt etwas Verständliches behauptet sein, so muss es möglich sein, die Bedeutung dieser Behauptung an irgendwelchen Bewusstseinsdaten aufzuzeigen.

Nun ist aber zunächst sicherlich die Existenz von etwas, was nicht als gegenwärtiger Bewusstseinsinhalt vorgefunden wird, kein unmittelbares Bewusstseinsdatum. Haben wir (wie im obigen Beispiele) früher das Ding irgendwie wahrgenommen, dessen Existenz wir jetzt behaupten, so wird zwar ein Erinnerungsbild jener Wahrnehmung als unmittelbares Bewusstseinsdatum gegenwärtig sein; aber die Existenz dieses Erinnerungsbildes und die gegenwärtige Existenz jenes Dinges ist nicht ein und dasselbe, da wir uns ja auch an Dinge erinnern können, von denen wir wissen, dass sie nicht mehr existiren. Etwas unmittelbar Gegebenes ist also die Existenz des nicht Wahrgenommenen keinesfalls. Aber noch mehr: die Behauptung der Existenz eines nicht gegenwärtig wahrgenommenen Sinnesinhaltes enthält, wie wir vorhin sahen, sogar einen directen Widerspruch, wenn wir den Existenzbegriff in der Art, wie er von den jeweils vorgefundenen Inhalten her bekannt ist, auf die nicht gegenwärtigen übertragen wollen. Eine Empfindung, die Niemandes Bewusstseinsinhalt wäre, können wir uns nicht denken. Wir müssen also etwas anderes mit jener Existentialbehauptung meinen — einen anderen Begriff der Existenz; und eben diesen gilt es zu untersuchen. Es hilft hier abermals nichts, sich auf den Befund beim „naiven Menschen" im Gegensatz zum psychologisch Reflectirenden zu berufen, um etwa die Identität des gesuchten Existenzbegriffes mit jenem der vorgefundenen Inhalte zu erweisen. Denn wenn auch der Naive sich die Frage, was mit der Fortexistenz des nicht mehr Wahrgenommenen gemeint sei, nicht stellt, so wird er doch, wenn ihm der Sinn derselben klar gemacht wird, sicherlich nicht auf die Behauptung

verfallen, dass seine Empfindung „grün" fortexistire, wenn
er sie nicht mehr vorfindet — denn diese existirt ja eben
der Voraussetzung nach nicht mehr. Er mag sich deren
erinnern; aber eben die Verschiedenheit seines jetzigen Erlebnisses von dem des vorigen Momentes, an welchen er sich
erinnert, wird ihn sicher nicht zur Behauptung gelangen lassen,
dass hier sein voriger Bewusstseinsinhalt noch fortexistire.
Die Frage nach der Bedeutung jener Existentialbehauptung
kann also nicht durch Berufung auf den Bewusstseinszustand
des naiven Menschen abgewiesen werden.

Suchen wir den psychischen Thatbestand zu zergliedern,
welcher vorliegt, wo wir von der Existenz eines nicht gegenwärtig wahrgenommenen Inhaltes überzeugt sind, so kann
jedenfalls eine Componente dieses Thatbestandes sicher nachgewiesen werden: es muss in denselben in irgend einer Weise
ein Symbol jenes nicht gegenwärtigen Inhaltes eingehen,
welches uns als Symbol des letzteren in der früher bezeichneten Weise dient — in jedem Falle also ein mehr oder
minder bestimmtes Phantasma des betreffenden Inhaltes; auch
da, wo es sich nicht um einen „Inhalt" sondern um einen
„Gegenstand", um ein Ding handelt, das Phantasma irgendwelcher wahrnehmbaren Eigenschaft des Dinges, eventuell
mehrere solche Phantasmen oder bestimmte Verbindungen derselben. Mit der Anwesenheit dieses Phantasmas kann aber
der fragliche Thatbestand nur teilweise identisch sein, da wir
ja solche Phantasmen auch ohne jede Ueberzeugung von der
gegenwärtigen Existenz der entsprechenden Gegenstände vorzustellen vermögen. Man hat seit Hume vielfach dasjenige,
was neben jenem Phantasma noch als charakteristischer Bestandteil des fraglichen Thatbestandes fungirt, als das Gefühl
der Ueberzeugung oder des Glaubens bezeichnet. Es
ist aber hierbei wesentlich zu beachten, dass dies Gefühl der
Ueberzeugung — richtiger der Ueberzeugung von der Existenz
— niemals auf den gegenwärtigen Vorstellungsinhalt bezogen
werden darf, sondern stets nur auf den nicht gegenwärtigen,
symbolisch vorgestellten. Von einem Glauben oder einer
Ueberzeugung von der Existenz im Hinblick auf den gegenwärtigen Vorstellungsinhalt selbst zu sprechen hat keinerlei

Sinn: da die Ueberzeugung von der Existenz eines gegenwärtigen Inhaltes als solchen — gleichviel ob er Empfindung
oder Phantasma ist — jederzeit mit dem Auftreten des betreffenden Inhaltes unmittelbar gegeben ist und von demselben
nicht getrennt werden kann, so kann nicht noch ein besonderes auf ihn bezügliches Ueberzeugungsgefühl unterschieden
werden. Andererseits aber richtet sich das hier zu erledigende
Problem gar nicht auf die Existenz eines gegenwärtigen,
sondern auf diejenige eines nicht gegenwärtigen Inhaltes; bezieht man also jenes Ueberzeugungsgefühl in der
eben als widersinnig charakterisirten Weise auf einen gegenwärtigen Vorstellungsinhalt, so ist mit dem Hinweis auf dasselbe für die Lösung der gestellten Frage überhaupt nichts
geleistet.

Bezieht man dagegen jenes Ueberzeugungsgefühl auf den
nicht gegenwärtigen Inhalt, dessen Existenz behauptet wird,
so ist mit dem Hinweis auf dasselbe zwar ohne Zweifel etwas
Richtiges ausgesagt; allein es fragt sich, ob wir nicht die
Bedingungen für dies Gefühl des Näheren bestimmen, ob wir
mit anderen Worten nicht die Componenten angeben können,
durch deren Zusammenwirken dasselbe zu Stande kommt.
Soviel ist jedenfalls von vornherein gewiss, dass wir dieses
Gefühl nicht als einen unabhängigen Inhalt zu betrachten
haben, welcher mit jedem beliebigen Phantasma bald verbunden,
bald von demselben getrennt werden könnte; würde doch
sonst bei einer und derselben Vorstellung der Glaube an die
Existenz des entsprechenden nicht gegenwärtig wahrgenommenen Gegenstandes bald auftreten, bald fehlen, ohne dass sich
eine Regel für solchen Wechsel angeben liesse. Von solchem
regellosen Wechsel aber zeigt uns unsere Erfahrung nichts;
vielmehr sind wir, wenn nicht in allen, so doch in sehr vielen
Fällen im Stande nachzuweisen, unter welchen Bedingungen
wir an die Existenz eines nicht gegenwärtigen Inhaltes glauben
oder dieselbe in Abrede stellen. Dies heisst aber nichts
anderes, als dass der Thatbestand jenes Glaubensgefühles sich
noch weiter zurückführen lässt: wenn die Bedingungen für das
Auftreten eines Inhaltes in Form anderweitiger psychischer
Daten angegeben werden können, so heisst dies eben, dass

jener Inhalt sich durch Angabe anderer Inhalte bestimmen lässt, dass die Beschreibung der Erlebnisse, die durch sein Auftreten charakterisirt sind, durch die Angabe anderweitiger psychischer Daten geleistet werden kann. Es bedarf hierbei wohl nicht besonderer Erinnerung daran, dass es hier so wenig wie bei der Theorie der Gefühle Aufgabe der Wissenschaft sein kann, den eigentümlichen Gesammtzustand als solchen näher zu beschreiben, welcher im gegebenen Falle sich findet. Mit Rücksicht auf eine solche Forderung müsste in der That behauptet werden, dass jenes Gefühl des Glaubens nicht weiter zurückführbar sei; eine gleiche Behauptung aber wäre in Bezug auf jede psychische Thatsache zu formuliren. Hingegen gelingt es sofort, den Zusammenhang zwischen dem in Rede stehenden Gefühle des Glaubens und einer bereits bekannten Art von Bewusstseinserscheinungen zu constatiren und so die psychischen Bedingungen allgemein anzugeben, unter welchen jenes Gefühl des Glaubens sich einstellt.

Ein bestimmter Fall der Behauptung der Existenz nicht gegenwärtig wahrgenommener Inhalte ist thatsächlich bereits im Vorigen beschrieben. Wenn ich einen gegenwärtig vorgefundenen Inhalt unter einen Dingbegriff subsumire, so behaupte ich eben damit, dass dies Ding gegenwärtig existirt; was ich aber gegenwärtig wahrnehme, ist nur eine oder die andere der sinnlichen Eigenschaften des Dinges. Das Ding aber hat ausserdem noch eine Reihe weiterer Eigenschaften, welche ich nicht gegenwärtig wahrnehme. Behaupte ich also, dass das Ding existirt, so behaupte ich damit, dass auch diese anderen Eigenschaften existiren — also, soweit dieselben sinnlich wahrnehmbar sind, dass Inhalte existiren, welche ich gegenwärtig nicht wahrnehme. Was aber in dem hier angeführten Falle mit der Behauptung der Existenz des Dinges und seiner nicht gegenwärtig wahrgenommenen Eigenschaften gemeint ist, haben wir gesehen: diese Behauptung ist nichts anderes als der Ausdruck für die Nachwirkungen gemachter Erfahrungen, welche uns eine Reihe bestimmter Wahrnehmungen unter bestimmten Bedingungen im Anschluss an die gegenwärtige Wahrnehmung erwarten lassen. Die nicht gegenwärtig wahrgenommenen sinnlichen Eigenschaften des

Dinges sind also eben solche Wahrnehmungen, die wir bei
Erfüllung bestimmter Bedingungen vorzufinden erwarten; eine
Erwartung, die das Product vergangener Erfahrungen ist,
die aber, wie wir früher sahen, keineswegs einzeln als Erwartung wiedererkannt (beurteilt) zu werden braucht, sondern eventuell nur jeweils als Bestandteil des Bewusstseinshintergrundes den Gesammtzustand in eigentümlicher Weise
beeinflusst — wie wir solche Beeinflussung ja allgemein durch
die Nachwirkungen vergangener Erlebnisse erleiden (vgl. Cap. I).

Es ist also in diesem Falle die Behauptung der Existenz
eines nicht gegenwärtig wahrgenommenen Inhaltes nichts anderes als eine Abbreviatur, ein zusammenfassender Ausdruck
für die auf Grund früherer Erfahrungen thatsächlich gehegten,
ob zwar nicht einzeln jedesmal beurteilten Erwartungen
über die Möglichkeit der Wahrnehmung eines Inhaltes der betreffenden Art bei Erfüllung bestimmter Bedingungen. In der That wird die bestehende Ueberzeugung von solcher Existenz, das darauf bezügliche Glaubensgefühl alsbald zerstört, wenn die entsprechenden Erwartungen
enttäuscht werden.

Hiernach ist es nun aber nicht mehr schwierig, auch für
die übrigen Fälle den Sinn der Behauptung der Existenz eines
nicht gegenwärtig wahrgenommenen Inhaltes festzustellen. Der
angeführte besondere Fall ist nur dadurch ausgezeichnet, dass
die „als existirend gedachten" nicht wahrgenommenen Inhalte
mit einem gegenwärtig wahrgenommenen in dem besonderen
Zusammenhange stehen, welchen ein einzelner Dingbegriff bezeichnet. Nun können wir aber in Bezug auf Alles, was für
die genannte Behauptung als wesentlich in Betracht kam, von
dieser Bestimmung absehen: die Behauptung, dass die nicht
wahrgenommenen sinnlichen Eigenschaften des Dinges existiren,
heisst eben nur, dass gewisse nicht gegenwärtige Inhalte
existiren, die mit unseren gegenwärtigen Wahrnehmungen in
bestimmten empirischen Zusammenhängen stehen. Wir dürfen
daher das gewonnene Resultat einfach dahin verallgemeinern,
dass wir sagen: die Behauptung der Existenz eines gegenwärtig nicht wahrgenommenen Inhaltes ist nur der Ausdruck
dafür, dass wir einen solchen Inhalt bei Erfüllung bestimmter

(sogleich näher zu charakterisirender) Bedingungen wahrzunehmen erwarten. Diese Erwartungen gründen sich wie alle Erwartungen auf vorgängige Erfahrungen. Das Gefühl des Glaubens oder der Ueberzeugung vom Dasein der betreffenden Inhalte ist nichts anderes als die durch die Nachwirkung jener Erfahrungen bedingte Färbung unseres Gesammtzustandes bei der Vorstellung jener Inhalte. Die in Rede stehenden Erwartungen können mehr oder minder bestimmte sein: wir sind auf Grund unserer früheren Erfahrungen im Besitz einer bald mehr bald minder genauen Vorstellung der Bedingungen, die wir zu erfüllen haben, um den betreffenden Inhalt wahrzunehmen. Die allgemeine Behauptung, dass es Inhalte der betreffenden Art gibt, ist der Ausdruck der unbestimmtesten derartigen Erwartung: in diesem Existentialurteile wird über die Bedingungen, unter welchen wir jene Inhalte vorfinden sollen, nichts ausgesagt. Diese Behauptung unterscheidet sich aber in einem wesentlichen Punkte von der hier discutirten: sie enthält keine zeitliche Bestimmung über die Existenz jener Inhalte. Denn obgleich sie sprachlich in präsentischer Form auftritt, erscheint sie doch mit der bestimmteren Behauptung, dass Inhalte der betreffenden Art augenblicklich nicht existiren, keineswegs unverträglich: „es gibt angenehme Klänge" sagt nichts darüber aus, ob irgendwo gegenwärtig solche Klänge existiren. Man ersieht hieraus, dass es für unser specielles, auf die gegenwärtige Existenz bezügliches Problem nicht gleichgiltig ist, unter was für Bedingungen die Wahrnehmung der betreffenden Inhalte zu erwarten steht. In der That pflegen wir ja von Inhalten, die erst durch eine Thätigkeit unsererseits oder durch irgend einen sonstigen Vorgang „erzeugt" werden sollen, nicht zu behaupten, dass sie gegenwärtig existiren. Wie aber unterscheidet sich das, was hier als Erzeugung der Inhalte bezeichnet wurde, von ihrer Wahrnehmung?

Auch diese Frage lässt sich an der Hand des obigen Beispieles beantworten. Nicht von allen Wahrnehmungen, zu deren Erwartung uns der Dingbegriff bei Erfüllung bestimmter Bedingungen Anlass gibt, sagen wir, dass sie gegenwärtig existirende und sinnlich wahrnehmbare Eigenschaften des

Dinges seien, sondern nur von denjenigen, die ohne Aenderung des Dinges selbst wahrgenommen werden können; soweit dieselben dagegen durch eine Aenderung des Dinges — d. h. durch eine Aenderung des im Dingbegriff bezeichneten gesetzmässigen Wahrnehmungszusammenhanges — zu Stande kommen, nennen wir sie durch Erfüllung jener Bedingungen erst zu erzeugende, jetzt aber noch nicht existirende Inhalte. Zwar sagen wir von allen Eigenschaften, die im Dingbegriff zusammengefasst werden, dass sie mit und in dem Dinge existiren. Allein unter diesen Eigenschaften verstehen wir keineswegs lauter wahrzunehmende Sinnesinhalte, sondern die meisten derselben (wie Schmelzbarkeit, Gewicht u. s. w.) bezeichnen in gleicher Weise wie der Dingbegriff selbst Zusammenhänge zwischen möglichen Wahrnehmungen und deren Bedingungen. Soweit nun diese Bedingungen solche sind, dass durch deren Erfüllung irgend eine jener Eigenschaften des Dinges geändert wird, sprechen wir stets davon, dass durch ihre Erfüllung etwas Neues erzeugt wird.

Es gibt aber überall gewisse Bedingungen, durch deren Erfüllung zwar unsere Wahrnehmung des Dinges, nicht aber irgend eine Eigenschaft des Dingbegriffes d. h. einer der im Dingbegriff befassten Zusammenhänge zwischen den zu erwartenden Wahrnehmungen und deren Bedingungen geändert wird; die Wahrnehmungen, welche wir von dem Dinge bei Erfüllung dieser Bedingungen erhalten, werden daher als mit dem Dinge constant existirende Inhalte zu bezeichnen sein — da ja das „Ding" so, wie es gegenwärtig existirt, auch bei Erfüllung irgend einer jener Bedingungen ungeändert erhalten bleibt.

Hierher gehören vor Allem diejenigen Bedingungen, die wir als Aenderungen der Lage unserer Sinnesorgane zu den Dingen oder als geometrische Bedingungen für die Wahrnehmung der Dinge bezeichnen können. Die Ausführung der Bewegungen unsererseits, welche zur Betrachtung eines Gegenstandes „von allen Seiten" erfordert werden, alterirt diesen Gegenstand nicht; sie ist, soviele verschiedene sinnliche Qualitäten sie uns an dem Dinge zeigen mag, doch von keinem Einflusse auf den Wahrnehmungszusammenhang, den wir

mit dem Namen dieses Dinges bezeichnen. Demgemäss werden
wir allgemein diejenigen Inhalte als gegenwärtig existirende
zu bezeichnen haben, von welchen wir annehmen müssen, dass
sie ohne eine anderweitige Aenderung als eine solche des Ortes
unserer Sinnesorgane, d. h. ohne Erfüllung irgendwelcher Bedingungen ausser dem Eintritt gewisser Bewegungsempfindungen von uns wahrgenommen werden können; —
gleichviel übrigens, ob die Ausführung der gedachten Orts-
änderung factisch möglich oder unmöglich ist, da es sich ja
bei der Existentialbehauptung, wie wir allgemein gesehen
haben, um die Erfüllung einer Erwartung für den Fall
der Erfüllung bestimmter Bedingungen handelt, die Erfüllung
der letzteren also immer nur hypothetisch in das Existentialurteil eingeht.[55])

Die genannten Bedingungen sind nicht die einzigen, welche
ohne Aenderung an den Dingen selbst eine Aenderung unserer
Wahrnehmung der Dinge herbeiführen können. Wenn ich
ohne Aenderung der Stellung meines Auges die Accommodation desselben ändere, so erscheint mir der betrachtete
Gegenstand mehr oder minder verändert; ich sehe die Struc-
tur des Holzes meiner Tischplatte deutlicher als zuvor, vermag die feinen Fäserchen des Papieres klarer zu unterscheiden
oder wieder mehr in einander verschwimmen zu lassen. Auf
Grund solcher Erfahrungen, welchen in anderen Sinnesgebieten
ähnliche zur Seite stehen, sprechen wir von der Existenz nicht
gegenwärtig wahrgenommener Teilinhalte unserer Wahrnehmungen. Von diesen wird im nächsten Capitel ausführlicher
die Rede sein.

Die Erfüllung der genannten Bedingungen für die Aenderung unserer Wahrnehmungen der Dinge kann innerhalb gewisser Grenzen willkürlich geleistet werden; wir haben es
also hier mit Bedingungen der Art zu thun, wie sie früher
als wichtigste Factoren für die Entstehung unserer empirischen
Begriffe gekennzeichnet wurden. Es ist aus den dort angeführten Gründen sehr begreiflich, dass die so zu gewinnenden
Wahrnehmungen frühzeitig unter Begriffe gefasst wurden; es
ist aber zu beachten, dass die Sonderstellung der nur von
diesen Bedingungen abhängigen Wahrnehmungen keineswegs

darauf zurückzuführen ist, dass diese Bedingungen willkürlich
erfüllbar sind, sondern einfach darauf, dass durch deren Erfüllung die Dinge selbst nicht geändert werden. In willkürlicher Weise können wir die Bedingungen unserer Wahrnehmung noch auf's Mannigfaltigste abändern, wie die willkürlichen Experimente der Naturforschung am besten zeigen:
darum aber sind noch keineswegs die Wahrnehmungsinhalte,
die im Verfolg solcher Willensacte sich einstellen, als schon
vor den letzteren existirende charakterisirt.

Ebensowenig darf etwa daraus, dass die sinnlichen Eigenschaften der Dinge — welchen wir constante Existenz beilegen — im Gegensatz zu jenen willkürlichen Bedingungen
von unserer Willkür unabhängig bestehen, der Schluss
gezogen werden, dass jene Existentialbehauptung mit der Behauptung der Unabhängigkeit von unserem Willen identisch
wäre. Mit der Behauptung solcher Unabhängigkeit ist die
Frage nach dem Sinn der Urteile, die die Existenz nichtgegenwärtiger Inhalte behaupten, in keiner Weise erledigt. Solange
jene Frage nicht in anderer Weise eine Beantwortung gefunden
hat, kann die Abhängigkeit oder Unabhängigkeit von unserem
Willen jederzeit nur von Erlebnissen als solchen ausgesagt
werden: denn nur während ich einen Inhalt vorfinde, hat die
Behauptung, dass sein Dasein von meinem Willen abhänge
oder sich gegen meinen Willen behaupte, einen unmittelbar
verständlichen Sinn. Was dagegen mit solcher Abhängigkeit
oder Unabhängigkeit bei einem Inhalte gemeint sein soll, den
ich nicht gegenwärtig vorfinde, kann erst dann verständlich
gemacht werden, wenn die Frage nach dem Sinne, in welchem
von nicht gegenwärtigen Inhalten überhaupt gesprochen werden
kann, schon beantwortet ist. Die Unabhängigkeit von unserem
Willen kann daher nicht selbst als die unmittelbare Erfahrungsthatsache angeführt werden, die wir durch die Behauptung der
Existenz eines nicht gegenwärtig wahrgenommenen Inhaltes
zum Ausdruck bringen.

Als das Resultat dieser Betrachtungen können wir allgemein den Satz aussprechen, dass mit der Behauptung der
gegenwärtigen Existenz eines nicht gegenwärtig wahrgenommenen Inhaltes oder, wie wir dafür auch sagen wollen, der

objectiven Existenz eines Inhaltes nichts anderes ausgedrückt ist, als unsere Ueberzeugung, dass wir bei Erfüllung
bestimmter Bedingungen den betreffenden Inhalt wahrnehmen
werden; wobei diese Bedingungen näher charakterisirt sind
als Ausführung bestimmter Bewegungen unsererseits, eventuell
allgemein als Aenderungen derart, dass dadurch die Dinge
selbst, als deren sinnliche Eigenschaften jene Inhalte vorgefunden werden, keinerlei Aenderungen erleiden. Man beachte, dass mit diesen Bestimmungen nicht etwa der Raum-
begriff vorausgesetzt wird; denn die Erlebnisse, welche wir
als Ausführung bestimmter Bewegungen bezeichnen, sind durch
die eigenartigen mit denselben verbundenen (Bewegungs-) Empfindungen vor jeder Ausbildung geometrischer Begriffe hinreichend bestimmt, um die Entstehung von bestimmten Erwartungen für den Fall der Ausführung bestimmter Bewegungen
und verschiedener Erwartungen bei Ausführung verschiedener
Bewegungen zu ermöglichen.

Bisher war nur die Frage nach dem Begriff der objectiven Existenz von Empfindungsinhalten gestellt worden.
Es lässt sich indess von den gewonnenen Resultaten aus ohne
Weiteres auch die Frage nach dem Begriff der Existenz von
Dingen beantworten. Jeder Dingbegriff ist nur der Ausdruck
für bestimmte empirische Zusammenhänge; sagen wir also aus,
dass ein Ding existirt, so heisst diese Aussage nichts anderes,
als dass ein Zusammenhang der betreffenden Art existirt; dies
aber bedeutet nach dem Obigen, dass wir irgendwo in der
Welt (d. h. nach Ausführung gewisser Bewegungen) Wahrnehmungen zu gewärtigen haben, welche einem Zusammenhange der bezeichneten Art angehören, an welche sich also
bei Erfüllung bekannter Bedingungen anderweitige Wahrnehmungen in der Weise anknüpfen, wie es dem Begriffe des
bezeichneten Dinges gemäss ist. Analog ist die Behauptung
der Existenz der nicht sinnlich wahrnehmbaren Eigenschaften
der Dinge zu erklären, da mit jeder solchen Eigenschaft ebenso
wie mit dem Dingbegriffe selbst ein bestimmter empirischer
Zusammenhang bezeichnet wird. Die gleiche Bemerkung lässt
die Bedeutung von Behauptungen über die Existenz von Kräften,
Gesetzen u. dgl. verständlich erscheinen. Wie wir die „An-

ziehungskraft sichtbarer Massen" als empirische Eigenschaft
der letzteren in dem eben bezeichneten Sinne, also in völlig
bestimmter empirischer Weise zu erklären haben, so können
wir auch die Behauptung der „von unserer Wahrnehmung unabhängigen Existenz" etwa des Newton'schen Gesetzes sogleich
auf ihre rein empirische Bedeutung zurückführen: was wir
mit dieser Behauptung bezeichnen, ist einzig die Thatsache,
dass wir Erfahrungen über Zusammenhänge bestimmter Art
gemacht haben und daher entsprechende Wahrnehmungen unter
entsprechenden Bedingungen abermals zu machen erwarten.
Die Ermittelung solcher empirischer Zusammenhänge ist die
Aufgabe der naturwissenschaftlichen Forschung.

Der Existenzbegriff, zu welchem wir hier gelangt sind,
ist von dem zuerst erwähnten Begriffe der Existenz der Bewusstseinsinhalte als gegenwärtig vorgefundener Erlebnisse
völlig verschieden. Aber auch der hier gewonnene zweite Begriff der Existenz ist wie der erste ein rein empirischer und
enthält keinerlei metaphysisches Rätsel in sich. In der That
kann mit keinem Begriffe, der überhaupt eine bestimmte Bedeutung besitzt, ein metaphysisches Rätsel verbunden bleiben,
da sich, wie früher bemerkt, die Bedeutung jeder Behauptung
irgendwie auf unmittelbare Bewusstseinsdaten vollständig zurückführen lassen muss, für jeden Begriff also, der überhaupt
einen verständlichen Sinn haben soll, eine rein empirische Definition muss gegeben werden können.

Die gegebene Erklärung der Existentialurteile über nicht
gegenwärtig Wahrgenommenes scheint auf den ersten Blick
ein gewisses Widerstreben zu rechtfertigen. Wenn wir behaupten, ein Inhalt existire, und damit nichts anderes meinen,
als dass wir ihn gemäss früheren Erfahrungen unter bestimmten Bedingungen wahrzunehmen erwarten — heisst dies
nicht soviel als behaupten, dass er thatsächlich jetzt nicht
existire und erst in Zukunft wieder entstehen werde? Wird
mit einer derartigen Theorie nicht die Existenz der ganzen
Welt in Frage gestellt, von deren Dasein wir doch alle mit
unerschütterlicher Gewissheit überzeugt sind?

Der Einwand beruht auf einem Missverständniss, genauer
gesprochen auf einer Verwechslung der beiden von einander

wesentlich verschiedenen Begriffe der Existenz: nur wenn wir
versäumen, diese Begriffe auseinanderzuhalten, können wir zu
der Behauptung kommen, dass die aufgestellte Theorie die
Existenz der Welt negire. Der gleiche Vorwurf aber müsste
alsdann einer jeden Theorie gemacht werden, die über die
Existenz eines nicht gegenwärtig Wahrgenommenen irgendwie
Auskunft zu geben versuchte; denn stets muss mit der Behauptung der Existenz des Nichtwahrgenommenen etwas gemeint sein, was von der des Wahrgenommenen als solchen
wesentlich verschieden ist. Dass aber mit der Behebung jener
Verwechslung zugleich der Schein schwindet, als sei mit der
obigen Theorie die Existenz der nicht gegenwärtig wahrgenommenen Inhalte thatsächlich geleugnet, erkennt man, wenn
man sich fragt, was denn die Leugnung solcher Existenz
bedeuten würde? Die Antwort ergibt sich sogleich: wenn ich
behaupte, ein gegenwärtig nicht wahrgenommener Inhalt, etwa
das Grün der Wiese in dem obigen Beispiel, existire nicht,
so würde eine solche Behauptung nach der gegebenen Theorie
eben den Sinn haben, dass wir nicht erwarten dürfen, den
Inhalt bei Erfüllung der gedachten Bedingungen, d. h. „am
betreffenden Orte" vorzufinden. Der gegen die Theorie erhobene Vorwurf erweist sich also nicht als begründet: die
Theorie negirt in keiner Weise die Existenz der nicht wahrgenommenen Dinge — eine solche Negation würde vielmehr
gerade dem widersprechen, was die Theorie behauptet.

Wer mit der gegebenen Zurückführung der Behauptungen
über die Existenz nicht gegenwärtig wahrgenommener Inhalte
und Gegenstände auf Behauptungen über Erfahrungen und
darauf gegründete Erwartungen sich noch nicht zufrieden
geben sollte, von dem wird billig verlangt werden dürfen,
dass er nachweise, welche Lücken die gegebene Erklärung des
Existenzbegriffes enthält und dass er positiv zeige, was mit
der Behauptung der fortdauernden Existenz eines nicht mehr
wahrgenommenen Inhaltes denn noch weiter ausgesagt sei.
Dass die genannten Erfahrungen und die darauf gegründeten
Erwartungen in der Existentialbehauptung ihren Ausdruck
finden, wird nicht zu widerlegen sein; in wie fern aber ausserdem noch etwas, was nicht Erfahrung oder Erwartung der

beschriebenen Art wäre, mit der Existentialbehauptung bezeichnet sein soll, das nachzuweisen bliebe dem Gegner überlassen.

Die Behauptungen über die fortdauernde Existenz nicht gegenwärtig wahrgenommener Inhalte und Dinge ergaben sich uns als notwendige Folgen des Princips der Oekonomie des Denkens: die Begriffsbildungen, welche zur Formulirung solcher Behauptungen führen, dienen einzig dem Zweck, Zusammenhang in unsere Erfahrungen zu bringen, die mannigfaltigen Erscheinungen in einfacher Weise zusammenzufassen. Jene Existentialurteile erscheinen sonach als natürliche Theorien in dem früher erklärten Sinne des Wortes.

Subject und Object. Die vorigen Betrachtungen zeigen, in welcher Weise sich die Unterscheidung einer subjectiven und einer objectiven Welt, der nur im Bewusstsein existirenden „Erscheinungen" und der unabhängig vom Bewusstsein bestehenden „Wirklichkeit" entwickeln konnte. Obgleich uns keine anderen als eben psychische Daten, Bewusstseinserlebnisse zu Gebote stehen, gewinnen wir doch aus diesen Daten vermöge einer natürlichen Theorienbildung den Begriff einer von unserer Wahrnehmung unabhängigen Existenz. Dieser Begriff, welcher nur der Ausdruck für die einfachste Zusammenfassung bestimmter Bewusstseinsdaten ist, musste sich entwickeln, weil jene Daten durch ihn in der einfachsten, also der dem allgemeinen psychologischen Grundgesetze entsprechenden Weise zusammengefasst werden; er musste sich — ebenso wie der Dingbegriff, mit dem er aufs Engste zusammenhängt — entwickeln, sobald der Begriff der Bedingung für den Eintritt einer Wahrnehmung gewonnen war und Bedingungen dieser Art bekannt wurden, die wir uns jederzeit erfüllt denken können. Wie der erstere Begriff, wie überhaupt Erwartung auf Grund früherer Erfahrungen zu Stande kommt und zu Stande kommen muss, haben wir gesehen; sobald wir aber zu der Ueberzeugung gelangen, dass wir bei Erfüllung bestimmter Bedingungen stets einen bestimmten Inhalt wieder vorfinden, haben wir eben diejenige Ueberzeugung gewonnen, welche wir durch die Behauptung der unabhängig von unserer

Wahrnehmung fortdauernden oder „objectiven“ Existenz eines gewissen Zusammenhanges zum Ausdruck bringen. Mit fortschreitender Erfahrung modificiren sich die so zunächst gewonnenen Begriffe von objectiv Existirendem in der Weise, dass an die Stelle veränderlicher Begriffe mehr und mehr constante Begriffe von Zusammenhängen treten: indem ein Zusammenhang, der zunächst als ein constanter erfahren wurde, sich nachträglich als ein veränderlicher herausstellt — indem etwa das bisher stets flüssige Wasser bei eintretender Kälte als fester Körper vorgefunden wird — muss eine neue Begriffsbildung — hier die des constanten Stoffes, der unter diesen Bedingungen flüssig, unter jenen fest erscheinen kann — zur Zusammenfassung der alten und der neuen Erfahrungen dienen. Die Veränderungen werden dabei stets als blosse Modificationen des Constanten (des empirischen Begriffes) betrachtet — als Erscheinungen, die das constant Existirende unter wechselnden Bedingungen darbietet; das Wirkliche, realiter Existirende ist eben dies Constante, selbst von allen Aenderungen Unberührte. Geben wir uns aber auf Grund der vorigen Betrachtungen Rechenschaft davon, was wir von diesem realiter Existirenden wissen, so ergibt sich, dass es nichts anderes ist, als eben ein empirischer Begriff, der Begriff eines Zusammenhanges, der uns unter bestimmten Bedingungen bestimmte Erscheinungen erwarten lässt — oder mit anderen Worten der einfache Ausdruck dafür, dass wir auf Grund unserer vorgängigen Erfahrungen unter diesen Bedingungen diese Wahrnehmungen erwarten. Man erkennt schon hier, was in einem späteren Capitel näher auszuführen sein wird, dass sowohl die Wirkungen eines Objectes auf uns als auch die Wirkungen, welche ein Ding auf andere Dinge ausübt, nur besondere Ausdrucksweisen für eben jene empirischen Zusammenhänge sind.

Die Definition des Dinges oder der Substanz als der „räumlichen Einheit für sinnliche Qualitäten“ erscheint ebenso als specieller Fall der gegebenen Erklärung, wie diejenige, welche das Ding als das „unbekannte Etwas“ bezeichnet, welches wir uns als „Einheitspunkt für Kräfte“ denken; die erstere Definition entspricht einem früheren, die letztere einem

späteren Stadium der Erfahrung. Die Definition des Dinges
als eines „Zusammen von Qualitäten" darf, nebenbei bemerkt,
nicht in der Weise ausgelegt werden, dass wir unter dem
Ding das thatsächliche Zusammenbestehen der betreffenden
Wahrnehmungen zu verstehen hätten. Wenn ich ein Ding
wahrnehme, so nehme ich im allgemeinen nicht die verschiedenen sinnlichen Eigenschaften desselben zugleich wahr: die
Behauptung, dass meine Wahrnehmung diejenige eines Dinges
sei, sagt nicht, dass ich es zugleich sehe, taste, schmecke, oder
es von den verschiedenen Seiten zugleich sehe, sondern nur,
dass ich im Anschluss an die zunächst wahrgenommenen
Eigenschaften die übrigen unter bestimmten bekannten Bedingungen wahrzunehmen erwarte. Je mehr ich aber ausser
diesen sinnlichen Eigenschaften des Dinges noch weitere —
physikalische — Eigenschaften desselben kennen lerne, um so
mehr muss jene Definition in eine solche der zweiten Art
übergehen.

Im Gegensatz zu den objectiven, dauernd existirenden
Dingen besitzen die Bewusstseinsinhalte als solche eine ephe-
mere, vergängliche Existenz; daher ihre Bezeichnung als eines
„bloss" Subjectiven, eines im Gegensatz zu jenem Realitäts-
begriff nur Scheinhaften, minder Wirklichen — ob sie gleich
thatsächlich die ersten und letzten Elemente sind, aus welchen
sich alle Wirklichkeit aufbaut. Ein Teil derselben erscheint
im entwickelten Leben zugleich subjectiv und objectiv: diejenigen Empfindungsinhalte nämlich, welche als Wahrnehmungen
von Dingen, von objectiv Existirendem angesehen werden.
Sie sind subjectiv, insofern sie eben Bewusstseinsinhalte sind
und als solche jene vergängliche Existenz führen; sie sind
aber zugleich objectiv, insofern sie einem objectiv existirenden
Zusammenhange angehören, als Eigenschaften von Dingen beurteilt werden. Eine ursprüngliche Scheidung zwischen
subjectiven und objectiven Elementen unserer Erfahrung ist
hiernach nicht gegeben; eine solche Scheidung entsteht erst
im Laufe unserer Entwicklung mit der Bildung der empirischen Begriffe. Von vornherein sind alle Inhalte in gleicher
Weise Erlebnisse und nichts weiter. Sie bleiben unsere Erlebnisse und insofern etwas Subjectives natürlich auch in der

weiteren Entwicklung, nur dass eben ein Teil von ihnen durch die empirische Begriffsbildung eine besondere Charakteristik erhält. Durch eine besondere, sogleich zu besprechende Art von Begriffsbildung werden weiterhin die sämmtlichen subjectiven Daten als „meine" Erlebnisse, als Erlebnisse des „Ich" charakterisirt; diesem Ich treten jene empirischen Begriffe als ein Nichtich gegenüber, eben weil ihre Existenz als eine andere gegenüber derjenigen der Erlebnisse selbst erscheint.

Aus dem Vorigen ergibt sich zugleich, weshalb die Träume nicht als objective Ereignisse im gewöhnlichen Sinne beurteilt werden. Die Ereignisse, von welchen ich träume, lassen sich eben nicht in diejenigen Zusammenhänge einordnen, welche ich durch die entsprechenden Begriffe im wachen Leben bezeichne.

Man spricht noch in einem anderen Sinne von einem Unterschiede zwischen Subject und Object, wenn man die jeweiligen Inhalte unseres Bewusstseins selbst als „Objecte" gegenüber dem „erkennenden Subjecte" bezeichnet. Diese Unterscheidung kann erst im Folgenden bei Besprechung des Ichbegriffes ihre Erklärung finden.

Die Einheit der Persönlichkeit und der Begriff fremder Bewusstseinsinhalte. Gegenüber einer falschen „atomistischen" Psychologie, welche von einem Aufbau unserer Erlebnisse aus einzelnen einfachen Elementen — Empfindungen und Vorstellungen — redet, als ob diese letzteren das primär Gegebene, und die complexen Erlebnisse erst secundäre Producte der Zusammensetzung solcher Teile wären, kann nicht ausdrücklich genug darauf hingewiesen werden, dass uns jeder einzelne Inhalt stets nur als Teil eines grösseren Ganzen entgegentritt, dass wir von isolirten Teilen als solchen nicht nur keine Erfahrung haben, sondern sie uns nicht einmal vorzustellen im Stande sind. Alle unsere Bewusstseinsinhalte stehen in einem wechselseitigen Zusammenhange, aus welchem wir sie nicht loszulösen vermögen. Dieser eigentümliche Zusammenhang ist es, den wir meinen, wenn wir von der Einheit des Bewusstseins oder der Persönlichkeit sprechen; jeder einzelne Inhalt innerhalb meines Bewusstseinsverlaufes steht in

tausendfältigen Beziehungen zu anderen Inhalten, durch die
er eben als Teil des Bewusstseinsverlaufes, als mein Erlebniss charakterisirt ist. Die fundamentalen Factoren dieses
Zusammenhanges haben wir im Vorigen kennen gelernt; wir
fragen jetzt, welche Rolle dieselben bei der Bildung des Begriffes der Persönlichkeit und bei der Unterscheidung
eigener und fremder Bewusstseinsthatsachen spielen.
Die erste Thatsache, welche wir als Bedingung für den
Zusammenhang unserer Erlebnisse erkannten, war diejenige
des Gedächtnisses. Durch das Gedächtniss allein wird eine
Beziehung zwischen unseren zeitlich verschiedenen Erlebnissen
ermöglicht. Wir können hieraus unmittelbar folgern, dass der
durch das Gedächtniss bedingte Zusammenhang der Erlebnisse
der wesentlichste Factor dessen ist, was der Sprachgebrauch
als die Zusammengehörigkeit der Erlebnisse zu einer Persönlichkeit bezeichnet. Die Betrachtung eines fictiven Falles
liefert eine weitere Stütze für diese Behauptung. Man denke
sich, es erlebe Jemand eine — übrigens beliebige — Succession von Bewusstseinsinhalten, die durch A_1 repräsentirt
sein möge; an diese schliesse sich eine weitere Reihe von
Inhalten B_1 von der Beschaffenheit, dass während des Verlaufes
von B_1 keinerlei Nachwirkung von A_1 im Gedächtnisse vorhanden ist. Im Verlauf einer weiteren Reihe A_2 sei die
Erinnnerung an A_1 wieder gegeben, dagegen keine Nachwirkung von B_1; alsdann folge eine Reihe von Inhalten B_2, in
welcher die Erinnerung an B_1 sich findet, dagegen keine Spur
des Gedächtnisses an A_1 und A_2 u. s. w. Eine solche Fiction
würde dem entsprechen, was man als Thatbestand gelegentlich
gewisser Beobachtungen an Hypnotisirten und Hysterischen
constatiren zu können glaubte. Gleichviel ob die letztere Vermutung sich halten lässt oder nicht, enthält jedenfalls die Benennung, mit welcher man den vermeintlichen Thatbestand
belegte und welche dementsprechend auch auf die obige Fiction
Anwendung finden müsste, einen unzweideutigen Hinweis darauf, was unter dem Begriff der Persönlichkeit zu verstehen
ist. Indem man nämlich den gedachten Fall als Spaltung
der Persönlichkeit bezeichnete, gab man zu erkennen, dass
man die Persönlichkeit eben durch den Zusammenhang des

Gedächtnisses bestimmt dachte: die Teile, welche durch die Erinnerung unter einander zusammenhängen, wurden als zu einer, die anderen von diesen getrennten, aber unter sich in gleichem Zusammenhange stehenden Teile als zu einer anderen Persönlichkeit gehörig betrachtet. Ich führe diesen Fall deshalb an, weil er mir den Begriff der Persönlichkeit, den wir — wie so manche Begriffe — zu besitzen glauben, ohne uns doch von seiner Bedeutung klare Rechenschaft geben zu können, in erwünschter Weise aufzuhellen scheint. Bestünde der Zusammenhang, wie ihn das Gedächtniss vermittelt, auch zwischen den Teilen A und B, so wäre keinerlei Veranlassung gewesen, von einer Teilung der Persönlichkeit zu sprechen. Wir lernen also aus dem angeführten Beispiele, dass der Zusammenhang, den wir durch die Behauptung der Zugehörigkeit unserer Bewusstseinsinhalte zu einer Persönlichkeit bezeichnen, wesentlich bestimmt ist durch jene Continuität, welche durch die Function des Gedächtnisses zu Stande kommt.

Vermöge des bezeichneten Zusammenhanges erscheint in keinem Momente unser Bewusstseinsinhalt ohne Beziehungen zu vorhergegangenen Inhalten: jeder der successiven Inhalte ist ebenso wie jeder aus einem Complex gleichzeitiger Inhalte Teil eines Bewusstseinsganzen, zu dessen anderen Teilen er bestimmte Relationen besitzt, und wir sind nicht im Stande ihn aus diesem Zusammenhange loszutrennen, seine Beziehungen zu den anderen Teilinhalten aus der Welt zu schaffen oder zu leugnen. Eben dieser Zusammenhang ist es, welcher sich überall in dem Auftreten von Gestaltqualitäten manifestirt: der Gegensatz zwischen dem Auftreten zweier (oder mehrerer) Inhalte als Teilinhalte eines Bewusstseins und ihrem getrennten Auftreten bei verschiedenen Personen ist kein anderer als derjenige, durch den sich der Gesammtinhalt im ersteren Falle von der Summe der Merkmale seiner Teile unterscheidet.[56]) Dieser Unterschied aber besteht nach dem Früheren eben in den Merkmalen, die wir als Gestaltqualitäten des betreffenden Complexes bezeichnen. Zwei Töne, die eine Person hört, zeigen Consonanz oder Dissonanz; denken wir sie uns an zwei Personen verteilt, so tritt kein complexer

Inhalt und somit auch keine der eben bezeichneten Gestaltqualitäten auf.

Die Arten des Zusammenhanges, welche neben der Erinnerung durch das Wiedererkennen und die Begriffsbildung
zu Stande kommen, beruhen auf dem Gedächtnisse als ihrer
notwendigen Vorbedingung; das letztere ist daher als der fundamentale Factor für die Einheit der Persönlichkeit zu betrachten. Sollte jemals der Fall eintreten, dass eine Persönlichkeit die gesammte Erinnerung ihrer bisherigen Erlebnisse
verlöre, so würde sie von diesem Augenblicke an als eine
durchaus neue Persönlichkeit sich neu entwickeln müssen —
eine Entwicklung, die aber in keiner Weise möglich wäre,
wenn nicht das Gedächtniss von nun an wieder seine Functionen erfüllte, da ja ohne dasselbe nicht von irgend einem
Vorstellungsablauf, geschweige von begrifflicher Ordnung der
Erfahrung die Rede sein kann.

Der allseitige Zusammenhang des Bewusstseins, welcher in
der eben bezeichneten Art bedingt ist, ist nicht ein derartiger,
dass keine Pausen unseres Bewusstseinsverlaufes mit demselben
verträglich wären. Er reicht vielmehr über die Pausen hinweg,
welche sich in unserem Bewusstseinsleben regelmässig einstellen. Wenn wir vom traumlosen Schlafe erwachen, finden
wir uns nicht am Beginn eines durchaus neuen psychischen
Lebens, sondern die Erinnerung unserer früheren Erlebnisse
wirkt fort; wir wissen nach dem Erwachen nicht nur, dass
wir früher schon gelebt haben, sondern auch was wir erlebt
haben und sind ebenso überzeugt, dass die Begriffe, unter
welche wir die Gegenstände unserer Umgebung einordnen,
nicht in diesem Augenblicke entstanden sind, sondern unseren
früheren Erlebnissen ihren Ursprung verdanken. Es ist be-
merkenswert, dass dabei nicht nur die früheren Bewusstseinsinhalte, sondern auch die Zeit der Pause, des traumlosen
Schlafes selbst eine Nachwirkung im Gedächtnisse hinterlassen
hat: wir wissen, dass wir geschlafen haben und wir schliessen
dies nicht etwa bloss mittelbar daraus, dass inzwischen
Aenderungen in unserer Umgebung vorgegangen, dass Uhr
und Sonne vorgerückt sind, sondern es erscheint uns unmittelbar
als bekannt, dass zwischen den letzten Augenblicken, an deren

Inhalte wir uns erinnern können, und dem Anfang dieser neuen Phase bewussten Lebens eine Pause eingetreten ist. Zwar haben wir kein Erinnerungsbild irgend eines Inhaltes aus der Zeit dieser Pause; wir können uns nicht an irgend ein Erlebniss aus dieser Zeit erinnern, die Thatsache des zeitlichen Abstandes zwischen Einschlafen und Erwachen aber scheint uns der Regel nach unmittelbar bekannt, ja die Unterschiede in der Zeitdauer der Pausen werden von Vielen mit einem ziemlich hohen Grade von Genauigkeit direct beurteilt. Wir müssen also constatiren, dass auch der Zustand des traumlosen Schlafes eine Nachwirkung in ähnlicher Weise zurücklässt wie jedes bewusste Erlebniss, mit dem einzigen Unterschiede, dass wir kein distinctes Erinnerungsbild aus der Zeit des traumlosen Schlafes erkennen können. Bei gewissen anomalen Zuständen der Bewusstlosigkeit scheint eine Lücke des Bewusstseinsverlaufes nicht direct erkannt zu werden; die Pause wird hier scheinbar überhaupt nicht erlebt, sondern der Vorstellungsverlauf behält seine Continuität.

Da durch die Nachwirkung der vergangenen Erlebnisse in jedem Augenblicke derjenige Factor unseres Zustandes bedingt ist, welchen wir als die Vorbereitung bezeichnet haben, so ist mit der Behauptung, dass die Vorbereitung jederzeit als wesentlicher Factor unserer Erlebnisse auftritt, genau dasselbe ausgesagt, wie mit der Behauptung des Zusammenhanges der Persönlichkeit. Die Vorbereitung ist es hiernach, durch welche die Persönlichkeit als solche, das Wesen der Persönlichkeit bestimmt ist. Von ihr erweist sich, wie wir früher fanden, die Gefühlsbetonung unserer Erlebnisse abhängig; sie ist es ebenso, welche die begriffliche Beurteilung unserer Erlebnisse bedingt. Da sie von Moment zu Moment veränderlich ist, indem stets die Nachwirkungen neuer Erlebnisse zu denen der früheren hinzutreten, können die Merkmale der Persönlichkeit niemals völlig constant bleiben, vielmehr ist dieselbe steter Entwicklung und Umbildung unterworfen. In diesem Wechsel aber erhalten sich constante Factoren vermöge der Fortdauer unserer Erinnerung an Vergangenes, die namentlich in der Erhaltung bestimmter Begriffsbildungen und, wie wir später sehen werden, gewisser constanter Gefühlsreactionen sich überall äussert.

Zwischen der gesammten Vorbereitung als solcher und
irgend einem neuen Inhalte, welcher mit jener Vorbereitung
zusammen den Gesammtinhalt des jeweiligen Momentes con-
stituirt, besteht ein Gegensatz eigentümlicher Art: der neue
Inhalt erscheint als ein meiner Persönlichkeit zunächst noch
fremder, gleichsam von aussen zu derselben hinzutretender; er
wird zu einer Thatsache meines Bewusstseins durch seinen Zusammenhang mit meinen bisherigen Bewusstseinsthatsachen,
während er doch zunächst diesen letzteren als etwas zu ihnen
und folglich zu meiner Persönlichkeit Gegensätzliches gegenüber tritt. Wenn man von einem beachteten Inhalte als einem
Bewusstseinsobjecte im Gegensatz zu dem erkennenden
Subjecte spricht, so kann damit nur der eben bezeichnete
Gegensatz gemeint sein; denn nur dieser Gegensatz besteht
zwischen dem beachteten Teilinhalte des augenblicklichen Ge-
sammterlebnisses und demjenigen Reste des letzteren, durch
welchen die Persönlichkeit als solche bis dahin charakterisirt ist.

Wir bezeichnen mit dem Worte Persönlichkeit oder Ich
nicht nur einen gewissen Zusammenhang unserer Bewusstseinsinhalte, sondern auch einen gewissen gemeinschaftlichen Gegensatz derselben zu Anderem: zu den Bewusstseinsinhalten
anderer Individuen. Wir alle sind überzeugt, dass nicht nur
wir selbst Bewusstseinsinhalte besitzen, sondern dass auch
andere Wesen, unsere Mitmenschen, die Tiere, ja vielleicht
selbst Pflanzen in ähnlicher Weise Erlebnisse vorfinden wie
wir; ebenso aber auch, dass zwischen unseren Bewusstseinsinhalten und denen jedes anderen Individuums unüberschreit-
bare Grenzen bestehen. Eine gewisse Reihe von Inhalten sind
meine Bewusstseinsinhalte, eine andere Reihe gehört diesem,
eine dritte jenem Individuum an; alle diese einzelnen Reihen
aber sind strenge von einander geschieden — Niemand findet
andere Bewusstseinsinhalte vor als eben seine eigenen. Eben
weil aber Jeder dennoch von dem Dasein der Bewusstseinsinhalte anderer Individuen eine gewisse Kenntniss zu besitzen
glaubt, bezeichnet er die Inhalte, die er vorfindet, zum Unterschiede von jenen als seine Erlebnisse: die erste Thatsache,
die uns im entwickelten Leben bei der psychologischen Analyse

entgegentritt, scheint deshalb nicht das Dasein eines Inhaltes
überhaupt, sondern das Dasein meines Bewusstseinsinhaltes
zu dieser bestimmten Zeit zu sein — die Zugehörigkeit zu
meinem Ich ist jedem Bewusstseinsinhalte, den ich vorfinde,
eigen und kann ihm nicht genommen werden. Was ich aber
mit dieser Zugehörigkeit zu meinem Ich bezeichne, ist einerseits der all meinen Inhalten gemeinsame Gegensatz zu den
gedachten Inhalten anderer Individuen, andererseits aber der
oben betrachtete Zusammenhang, welcher alle meine Erlebnisse als Teile eines und desselben Bewusstseinsverlaufes
charakterisirt.

In welcher Weise aber, werden wir weiter fragen müssen,
gelangen wir zu einer (wirklichen oder vermeintlichen) Kenntniss vom Dasein fremder Bewusstseinsinhalte? Wenn wir nichts
vorfinden als unsere eigenen Bewusstseinsinhalte, woher dann
die Annahme anderer, von den eigenen durch eine unüber-
brückbare Kluft getrennter Erlebnisse?

Das Oekonomieprincip ist es auch hier, welches uns auf
unsere Frage die Antwort finden lässt.

Zunächst ist zu bemerken, dass hier, bei der Frage nach
der Existenz fremder Bewusstseinsinhalte, nicht die gleiche
principielle Erklärungsschwierigkeit vorliegt, wie bei der
früheren Frage nach der Existenz nicht wahrgenommener Inhalte. Einen Inhalt, der überhaupt nicht wahrgenommen
würde, können wir uns nicht denken und daher war die letztere
Frage eine verwickelte und lief auf die Frage nach der Bedeutung des Begriffes der von unserer Wahrnehmung unabhängig gedachten Existenz hinaus. Hingegen können wir
uns, wie wir früher fanden, vermöge der symbolischen Function
unserer Gedächtnissbilder Inhalte vorstellen, die wir nicht
gegenwärtig vorfinden (ob wir sie uns gleich nicht so denken
können, dass sie überhaupt nicht vorgefunden würden); wir
können uns ferner vermöge eines später noch zu erörternden
Mechanismus durch Combination von Gedächtnissbildern Complexe von Erlebnissen vorstellen, die wir in dieser Zusammenstellung nicht erlebt haben. Die Complexe dieser Gedächtnissbilder selbst erleben wir natürlich während wir sie bilden;
das aber, was sie uns repräsentiren, ist nicht als unser Er-

lebniss charakterisirt. Wir sind also, wie diese Thatsache
zeigt, ohne Weiteres im Stande uns Bewusstseinsinhalte vorzustellen, welche nicht als unsere Bewusstseinsinhalte erscheinen; die Frage nach der Möglichkeit, fremde, d. h. eben
andere als unsere Erlebnisse vorzustellen, ist damit im positiven Sinne beantwortet.

Es soll mit dem Vorigen natürlich keineswegs behauptet
sein, dass eine Beurteilung irgendwie vorgestellter Zustände
als nicht unserem Ich angehörig überall schon vorhergegangen
sein müsste, ehe wir zur Erkenntniss fremder Bewusstseinsinhalte als solcher gelangen. Die Thatsachen, die uns zu der
letzteren Erkenntniss führen, sind vielmehr wahrscheinlich die
ersten Anlässe, die uns eine Scheidung zwischen unseren Erlebnissen und Inhalten, die nicht unsere Erlebnisse sind, vollziehen lassen. Der primäre Zustand dürfte nicht derjenige
einer solchen Scheidung und somit auch nicht derjenige der
Beurteilung aller vorgefundenen Inhalte als „meiner" Inhalte
sein, sondern vielmehr durch das Fehlen jeder solchen erst
durch spätere Ueberlegung geforderten Beurteilung charakterisirt sein.

Nach der obigen Ueberlegung bleibt uns noch die Frage,
welche Erfahrungsthatsachen uns zur Annahme der Existenz
solcher als nicht uns zugehörig vorgestellter Inhalte in einem
fremden Bewusstseinszusammenhang veranlassen. Diese Frage
aber ist nicht schwer zu beantworten. Wir erkennen an uns
selbst den regelmässigen Zusammenhang zwischen der Wahrnehmung gewisser Einwirkungen auf unsere Organe bez. Bewegungen an unserem Körper und bestimmten anderweitigen
Bewusstseinsvorgängen; umgekehrt finden wir bestimmte Bewusstseinsvorgänge stets mit entsprechenden körperlichen Bewegungen (Ausdrucksbewegungen) verknüpft. Jede gesehene
Bewegung unseres Körpers fällt daher ohne Weiteres unter
den Begriff eines derartigen Zusammenhanges — den Begriff
einer Bewegung des menschlichen Körpers ohne solchen Zusammenhang können wir im Laufe der natürlichen Entwicklung
unseres Denkens überhaupt nicht gewinnen. Sobald daher
fremde Bewegungen als ähnlich unseren eigenen Bewegungen
erkannt werden, müssen sie in einen solchen Zusammenhang

eingeordnet werden. Es associirt sich folglich an die Wahrnehmung der fremden Bewegungen sofort das Gedächtnissbild
der Bewusstseinserlebnisse, welche unseren eigenen ähnlichen
Bewegungen entsprechen. Dies Gedächtnissbild repräsentirt
aber in diesem Falle naturgemäss nicht eigene zu erwartende
Erlebnisse; seine symbolische Bedeutung muss vielmehr, damit
die Einordnung des Wahrgenommenen unter jenen bekannten
Begriff sich vollziehen kann, zu den wahrgenommenen fremden
Körperbewegungen in einer völlig analogen Beziehung stehen,
wie unsere eigenen Bewusstseinsvorgänge zu den Bewegungen
unseres Körpers. Eben diese Beziehung der vorgestellten,
nicht unserem Bewusstseinsverlauf angehörigen Inhalte ist es
aber, die wir bezeichnen, wenn wir davon sprechen, dass sie
Erlebnisse dieses oder jenes, uns zunächst durch seinen Körper
bekannten und charakterisirten Individuums seien.

Dass wir aber von diesen fremden Inhalten nicht als bloss
von uns vorgestellten, sondern als wirklichen sprechen, hat
darin seinen Grund, dass den wirklich wahrgenommenen eigenen
Körperbewegungen nicht blosse Vorstellungen, sondern bestimmte Empfindungen entsprechen; um dem Oekonomieprincip
zu genügen, müssen die gesehenen fremden Bewegungen zu
entsprechenden Inhalten in derselben Beziehung stehen, wie sie
jenem bei uns selbst erfahrenen Zusammenhange entspricht,
d. h. es müssen den Bewegungen correspondirende Empfindungen gefordert werden, da eben das Zusammenbestehen der
ersteren mit blossen Phantasievorstellungen der verlangten begrifflichen Einordnung nicht genügen würde. [57])

Die Auffassung, zu welcher uns das Oekonomieprincip in
der angegebenen Weise führt, bleibt durch unsere weiteren
Erfahrungen im Allgemeinen unwidersprochen, (wenn sie auch
in Einzelheiten gewisse Modificationen erleidet) und erhält sich
daher als die dem Oekonomieprincip am besten entsprechende
Auffassung. Wir können uns durch Reflexion auf Augenblicke
von derselben befreien; wir können den Begriff eines völlig
automatisch fungirenden Organismus bilden, der auf äussere
Eindrücke genau in derselben Weise reagirt, wie wir es thun,
und unter Umständen auch ohne merkliche äussere Beeinflussung Bewegungen der Art vollzieht, wie wir sie als unsere

eigenen willkürlichen oder unwillkürlichen Bewegungen kennen;
und nichts hindert uns, unter einen derartigen Begriff unsere
Mitmenschen und die übrigen Organismen thatsächlich einzuordnen. Allein das Gewaltsame einer solchen Begriffsbildung,
ihr Widerspruch gegen das Oekonomieprincip gibt sich sofort
zu erkennen durch den Charakter des Ungewohnten, Unwahr-
scheinlichen, Gespensterhaften, den Mitmenschen und Tiere
durch diese Auffassung erhalten — wie auch durch die jedesmal in kürzester Zeit erfolgende Rückkehr zur gewohnten
anthropomorphen, oder richtiger gesagt idiomorphen Auffassung derselben.[58])

Ergibt sich sonach die Behauptung der Existenz fremder
Bewusstseinsinhalte als eine natürliche Theorie unserer
Erfahrungen, so dürfen wir doch nie vergessen, dass die
Kenntniss fremden Bewusstseinslebens uns niemals unmittelbar
gegeben ist und dass daher alle Urteile, die wir darüber glauben
fällen zu können, nur eben soweit gelten, als jener allgemeine
Schluss berechtigt ist. So wird z. B. die Frage, ob die fremden
Bewusstseinsinhalte den unsrigen gleichartig sind, niemals
zu beantworten sein. Wir können zwar gemäss den vorigen
Betrachtungen auf das Vorhandensein von Aehnlichkeitsbeziehungen der fremden Bewusstseinsinhalte unter einander
schliessen, wir können auch unter Umständen auf das Vorhandensein anderer Relationen zwischen solchen Inhalten
schliessen, als sie zwischen unseren eigenen entsprechenden Bewusstseinsinhalten bestehen[59]); ob aber ein Anderer etwa beim
Anblick des blauen Himmels die gleiche Empfindung hat wie
ich, kann ich niemals entscheiden. Die Vorstellungen, die wir
uns von den fremden Bewusstseinsinhalten machen, können
diese natürlich nur als unseren eigenen Erlebnissen gleichartige
repräsentiren; ob aber diese Repräsentation sich als richtig
herausstellen würde, wenn uns ein directer Vergleich möglich
wäre, lässt sich ebensowenig beantworten, wie etwa die Frage
nach der Beschaffenheit der Inhalte der neuen Sinnesmodalitäten,
deren Dasein man bei manchen Tieren anzunehmen Anlass
genommen hat.

Mit der Entwicklung des Begriffes fremder Bewusstseinsinhalte erleidet der Begriff der objectiven Existenz von Inhalten

und Dingen eine gewisse Umbildung: wir sprechen von der
Existenz dessen, was wir nicht gegenwärtig wahrnehmen, nicht
bloss auf Grund eigener früherer Wahrnehmungen, sondern
auch auf Grund der Deutung fremder Aeusserungen, die uns
auf entsprechende Erfahrungen anderer Individuen schliessen
lassen und wir meinen mit der Behauptung solcher Existenz
nicht nur, dass wir selbst, sondern auch, dass Andere bei
Erfüllung bestimmter Bedingungen die betreffenden Wahrnehmungen machen werden. In derselben Weise gelangen wir
zu Urteilen über vergangene Ereignisse, denen wir selbst nicht
angewohnt haben. Die Bedeutung solcher Urteile gründet sich
überall darauf, dass wir uns die betreffenden Ereignisse als
Erlebnisse, (beziehungsweise als empirische Zusammenhänge
von Erlebnissen) irgendwelcher wahrnehmender Individuen
vorstellen — gleichviel übrigens, ob wir im einzelnen Falle
uns über diesen Mechanismus unseres Vorstellens klar werden
oder nicht. Da wir uns kein Ereigniss anders als in Form
von irgendwelchen Bewusstseinserlebnissen vorzustellen im
Stande sind, so können wir ein solches Bewusstsein, welches
das Ereigniss erlebt, beim Gedanken an dies Ereigniss niemals weglassen denken; wenn wir uns auch dieser Notwendigkeit keineswegs in jedem Falle ausdrücklich erinnern müssen.

Drittes Capitel.

Die psychische Analyse und der Begriff der unbemerkten Bewusstseinsinhalte. [60])

Auf Grund der Ergebnisse des vorigen Capitels sind wir im Stande, eine Begriffsbildung wissenschaftlich zu präcisiren, die bereits im vorwissenschaftlichen Denken vielfache Verwendung findet und uns ein grosses Gebiet psychischer Thatsachen in sehr einfacher Weise zu beschreiben gestattet. Der Vorteil, den uns dieselbe gewährt, besteht darin, dass durch sie ein Zusammenhang hergestellt wird zwischen gewissen ein heitlichen Bewusstseinsinhalten und Complexen von Teil inhalten, die wir im Anschluss an die ersteren bei Erfüllung gewisser Bedingungen regelmässig vorfinden. Im Folgenden soll zunächst der Fall betrachtet werden, in welchem diese Complexe aus successiven, alsdann derjenige, in welchem sie aus gleichzeitigen Teilen bestehen.

Analyse des Successiven. Wir sahen, dass wir uns von der Thatsache des Wechsels unserer Bewusstseinsinhalte in jedem Augenblicke überzeugen können; wir erkannten diese Thatsache als eine fundamentale, nicht weiter zurückführbare. Es wurde aber bereits bemerkt, dass diese Thatsache die Möglichkeit der endlichen Dauer eines Erlebnisses einheitlicher Beschaffenheit nicht ausschliesst. Um diese Bemerkung richtig zu verstehen, müssen wir uns den Unterschied klar machen zwischen einem Bewusstseinsinhalte, den wir indirect auf Grund irgendwelcher Daten als veränderlich beurteilen, und einer Succession verschiedener Inhalte, deren Unterschiede wir direct bemerken. Es ist etwas anderes, auf Grund nachträglicher Ueberlegung zu erkennen, dass während eines bestimmten Zeitintervalles Aenderungen vor sich gegangen sein müssen, etwas anderes, diese Aenderungen als solche direct zu constatiren, d. h. den Inhalt eines Teils jenes Intervalles von dem eines anderen Teils direct als verschieden zu erkennen. Das einfachste Beispiel zur Klarlegung dieses Unterschiedes bietet uns der Zeitverlauf selbst dar. Wenn wir einen qualitativ constanten Inhalt mit Aufmerksamkeit beobachten, wenn wir etwa auf einen constanten Ton horchen, so vollzieht sich dabei, wie schon früher bemerkt, mindestens eine Aenderung unseres Bewusstseinsinhaltes: die Dauer des gehörten Tones ändert sich und eben diese besondere Aenderung ist es, die wir meinen, wenn wir vom Verlauf der Zeit in diesem Falle sprechen. Während wir auf den Ton horchen vermehrt sich, so könnten wir uns etwa ausdrücken, in jedem Augenblicke unser Bewusstseinsinhalt um das Gedächtnissbild einer neuen Zeitspanne, während welcher wir den Ton erklingen hörten, und je länger er erklingt, desto mehr wird das gesammte Gedächtnissbild sich von dem des ersten Momentes in einer bestimmten Hinsicht unterscheiden — die wir eben als das Merkmal der Dauer des Tones bezeichnen. Von dieser Aenderung nun — dem Wachstum der zeitlichen Dauer des gehörten Tones — nehmen wir vermöge einer alsbald zu betrachtenden Schlussweise an, dass sie continuirlich stattfinde. Dennoch findet unser Erkennen der zeitlichen Unterschiede durchaus nicht continuirlich statt; es gelingt auch bei angestrengtester Aufmerksamkeit nicht, die Unterschiede unserer successiven Zustände beim Horchen auf einen constant erklingenden Ton fortwährend zu erkennen, uns fortwährend zu überzeugen, dass der Bewusstseinsinhalt im gegenwärtigen Zeitpunkte ein anderer ist als im jüngst vergangenen. Das Einzige, wozu wir es bringen können, ist ein discontinuirliches Constatiren solcher Unterschiede: indem wir jedesmal, wenn wir uns wieder von der Verschiedenheit des gegenwärtigen und des vergangenen Momentes vergewissert haben, gleichsam innerlich zählen: „jetzt“, „jetzt“, „jetzt“ . . . überzeugen wir uns direct davon, dass es zu jeder solchen Unterscheidung einer gewissen end-

lichen, wenn auch im allgemeinen kleinen Zeitspanne bedarf.[61])
Was wir hier bei der Betrachtung eines qualitativ constanten
Inhaltes finden, gilt allgemein auch für den Fall qualitativ veränderlicher Inhalte: wir erkennen jederzeit während grösserer
oder geringerer Zeitintervalle keine Aeuderung unseres Bewusstseinsinhaltes, bis wir dann plötzlich der Verschiedenheit
des neuen Inhaltes vom vergangenen inne werden (ein scheinbarer Ausnahmefall wird unten seine Erledigung finden). Unser
Bewusstseinszustand während eines solchen Intervalles mangelnder Unterscheidung erscheint alsdann im Gedächtniss als
einheitliches Ganzes, welches unmittelbar keine Teile unterscheiden lässt; wenn es uns auch gelingt auf Grund nachträglicher Ueberlegung den Inhalt jenes Intervalles als „veränderlich"
zu erkennen und in verschiedene successive Teile zerlegt zu
denken, so sind wir doch eben so sicher, dass wir diese Unterschiede der Teile nicht bemerkt (vorgefunden) haben, während
dieselben an uns vorüberzogen.

Kurz, wir finden beim Rückblick auf die letztvergangenen
Zeitabschnitte in der Erinnerung jederzeit, dass während endlicher und keineswegs unbeschränkt kleiner Zeitabschnitte unser
Bewusstseinsinhalt als ein constanter, einheitlicher erscheint,
dass wir also die Aenderungen der Inhalte, welche wir während
dieser Zeit aus anderweitigen Gründen als thatsächlich vorgegangen annehmen müssen, während eben dieser Zeitabschnitte
nicht bemerkt haben; oder, wie wir dies auch ausdrücken
können, dass die an den Inhalten dieses Intervalles indirect
noch zu unterscheidenden Teile ungeschieden in einander ge-
flossen sind, zu einem einheitlichen Gesammtinhalt während
des betreffenden Intervalles vereinigt erschienen.

Während wir ein Wort aussprechen hören, fällt es uns
nicht ein, auf die Unterschiede der successiven Gehörsempfindungen zu achten, von welchen wir uns doch bei einiger Aufmerksamkeit bis zu einer gewissen Grenze leicht überzeugen
können; während wir einen Wagen fahren sehen, erkennen wir
zwar von Zeit zu Zeit, aber keineswegs fortwährend die Unterschiede seiner jeweiligen Lage von der vorhergegangenen; das
Geräusch des Regens erscheint uns ebenso als eine einheitliche
Qualität, wie die gesehenen „Linien" der niederfallenden Tropfen.

Schwierigkeiten für das Verständniss der hier bezeichneten
Thatsache bietet die Betrachtung von Empfindungsinhalten,
welche in relativ rascher Veränderung begriffen sind, wie etwa
bei der Betrachtung eines bewegten Gegenstandes, der sich von
einem ruhenden Hintergrunde abhebt. Hier, scheint es, sehen
wir doch wirklich einen Bewusstseinsinhalt sich continuirlich
ändern: im ersten Augenblicke ist der Gegenstand hier, im
nächsten dort, wir haben in keinem Moment denselben Empfindungsinhalt vor uns wie im vergangenen Momente und erkennen
direct, dass wir in keinem Augenblicke denselben Inhalt vor
uns haben. Sobald man indess den vorhin betonten Unterschied beachtet, erkennt man sogleich, dass auch dieser Fall
der angegebenen allgemeinen Regel entspricht. Auch hier ist,
wenn schon successive Bewusstseinszustände mit verschiedenen
Inhalten vorliegen, doch erstens die Scheidung in successive
verschiedene Inhalte etwas, was keineswegs ohne besondere
Reflexion sich aufdrängt. Wenn ein Stein aus meiner Hand
auf den Boden fällt, so liegt es dem naiven Menschen wohl
nahe, die Anfangs- und Endlage des Steines von seiner inzwischen erfolgten Bewegung zu unterscheiden, nicht aber verschiedene Phasen während dieser Bewegung zu statuiren: kurze
Bewegungen, die wir sehen, fassen wir als einheitliche Wahrnehmungen auf, solange uns nicht besondere Ueberlegung zur
Scheidung verschiedener successiver Teile derselben veranlasst.
Auf der anderen Seite aber steht es, wenn Reflexion zu solcher
Unterscheidung führt, durchaus nicht in unserem Belieben, wie
viele derartige successive Teile wir wirklich während des
Vorganges unterscheiden wollen — wie es doch sein müsste,
wenn das Bemerken der Unterschiede mit der factischen Ver-
änderung der Lage des bewegten Gegenstandes gleichzeitig
Hand in Hand ginge. Vielmehr erreicht auch bei gespanntester
Aufmerksamkeit unsere Fähigkeit der Unterscheidung sehr rasch
ihre Grenze; wir kommen, wenn wir successive Phasen der
Bewegung zu unterscheiden suchen, sehr bald an ein Zeit-
minimum, innerhalb dessen wir die Unterschiede nicht mehr
zu erkennen vermögen, innerhalb dessen vielmehr die gesehene
Bewegung wiederum als ein einheitlicher Inhalt erscheint: ein
Inhalt, der zwar als verschieden erkannt wird von jedem

Eindrucke, den wir von einem ruhenden Gegenstande erhalten, der aber practisch keine Unterscheidung seiner successiven Teile mehr zulässt. Wir können allerdings in jedem Augenblicke erkennen, dass wir einen sich verändernden Inhalt vor uns haben; aber wir erkennen dies alsdann nicht mehr dadurch, dass wir thatsächlich einzelne Phasen der Aenderung von einander unterscheiden, sondern dadurch, dass wir bereits anderweitig (auf Grund früherer Erfahrungen) Kenntniss von der besonderen Qualität solcher Inhalte haben, die wir — eben wegen des Unterschiedes von Anfangs- und Endzustand — als Bewegungen, als veränderliche Inhalte von den ruhenden unterschieden haben. Weit entfernt also, dass wir ursprünglich eine gesehene Bewegung als Succession zahlloser distincter, einzelner Inhalte auffassten, erscheint vielmehr jeder in solcher ersichtlich continuirlichen Aenderung begriffene Inhalt ursprünglich als einheitlicher Inhalt von einer besonderen Qualität, einer Qualität, die eben von der eines constanten, ruhenden Inhaltes verschieden ist und deshalb sogleich von uns als die eines nicht ruhenden registrirt wird.

In einer grossen Zahl von Fällen könnte überhaupt nie durch directe Unterscheidung successiver Phasen die in der Bewegung beschlossene Veränderung des Wahrgenommenen erkannt werden. Wo wir aber auf die Verschiedenheiten der Bewegungsphasen selbst unser Augenmerk richten, kann uns selbst die weitgehendste Analyse eines bewegten Inhaltes in successive Teilinhalte doch (wenigstens im optischen Gebiete) nicht zur Erkenntniss einer Succession von einzelnen Vorstellungen ruhender Inhalte führen, sondern solche Analyse wird uns stets nur Teile erkennen lassen, die ihrerseits wieder als bewegte Inhalte sich charakterisiren.

Wir können das Gesagte kurz in die Behauptung zusammenfassen, dass das Vorfinden eines veränderlichen Inhaltes noch nicht identisch ist mit der Zerlegung desselben in successive von einander verschiedene Teile, oder dass zwischen der einheitlichen Auffassung eines veränderlichen Inhaltes, von welchem wir auf irgend einem indirecten Wege urteilen, dass er sich ändert, und der directen Unterscheidung successiver verschiedener Teile eines solchen Inhaltes ein wesentlicher Unterschied besteht.

Wenn es mir durch diese Erörterungen gelungen ist, das drohende Missverständniss zu beseitigen, so darf nunmehr der allgemeine Satz formulirt werden, dass Verschiedenheiten der successiven Bewusstseinsinhalte nicht continuirlich, sondern stets nur in grösseren oder geringeren endlichen Zeitintervallen unmittelbar vorgefunden werden, innerhalb welcher Intervalle der Bewusstseinsinhalt jeweils als einheitlich erscheint; einheitlich eben insofern, als wir keine Mehrheit successiver Teile desselben unterscheiden bez. unterschieden haben. Wir sprechen demgemäss davon, dass jeder gegenwärtige Inhalt und demgemäss auch die jeweilige Gegenwart selbst[62]) eine gewisse endliche Dauer besitzt; und dass ferner im allgemeinen jeder Inhalt aus successiven Teilinhalten zusammengesetzt zu denken ist, welche wir nicht einzeln bemerken, sondern in ihrer Gesammtheit als einen einheitlichen Inhalt auffassen. Wir sprechen in diesem Sinne auch von Verschmelzung successiver unbemerkter Teilinhalte zu einem einheitlichen Gesammtinhalte von gewisser Dauer.

Es wurde oben gesagt, dass nachträgliche Ueberlegung uns zur Annahme vorgegangener Veränderungen führe, wo wir direct solche nicht wahrgenommen hatten; eben diese auf nachträgliche Reflexion gegründete Annahme führte schliesslich zu der Behauptung der Verschmelzung successiver unbemerkter Teilinhalte zu einem einheitlichen Gesammtinhalt. Wir müssen nunmehr untersuchen, durch welche Ueberlegung jene Annahme notwendig gemacht wird, bez. welche empirischen Thatsachen durch jene Annahme zum Ausdruck gebracht werden. Unsere früheren Betrachtungen geben uns zur Beantwortung dieser Frage sofort einen Anhaltspunkt. Wenn wir uns nämlich fragen, in welchem Sinne wir von der Existenz der gedachten unbemerkten Teilinhalte sprechen können, so zeigt sich sofort, dass von Existenz im ersten Sinne — Existenz der Bewusstseinsinhalte als vorgefundener — hier nicht die Rede sein kann, da wir eben unbemerkte Teilinhalte als solche nicht vorfinden können. Wir werden also von vornherein vermuten müssen, dass wir es hier wieder mit einer ähnlichen Begriffsbildung zu thun haben, wie beim Begriffe der objectiven Existenz, mit einer empirischen Begriffsbildung also,

welche dazu dient, zwischen verschiedenartigen Erfahrungen
einen Zusammenhang herzustellen, das scheinbar Disparate
zusammenfassend zu beschreiben. In der That ist es nicht
schwer an den obigen Beispielen zu sehen, welche Zusammenfassung durch die Einführung des Begriffes der unbemerkten
Teilinhalte ermöglicht wird. Ein constant erklingendes Geräusch etwa erscheint uns zunächst als eine einheitliche Qualität. Wir sind aber im Stande „in" diesem Geräusche, wie
man zu sagen pflegt, successive verschiedene Inhalte zu unterscheiden; an Stelle des einheitlichen Inhaltes, den wir bisher
vorfanden, tritt dabei etwas Neues, eine Mehrheit successiver
unterschiedener Inhalte. Weshalb sprechen wir davon, dass
dies eine Veränderung sei, die an dem zuerst vorliegenden
Inhalte vorgegangen ist, oder dass, wie man auch sagt, diese
Veränderung eine Wirkung unserer Aufmerksamkeit an eben
diesem Inhalte sei, da doch der Thatbestand einfach der ist,
dass an Stelle des zuerst gegebenen einheitlichen Inhaltes
etwas Neues, eine Mehrheit verschiedener successiver Inhalte
getreten ist? Ich antworte: indem wir die Erfahrung machen,
dass eine Veränderung dieser Art zu jeder Zeit bei Erfüllung
gewisser Bedingungen — eben bei Wiederholung jenes eigentümlichen Erlebnisses der „Anstrengung der Aufmerksamkeit"
— wieder vorgefunden wird, wo ein Inhalt der zuerst gegebenen Art sich uns darbietet, sehen wir uns veranlasst, das
Gemeinsame dieser Erfahrungen durch eine besondere Begriffsbildung genau in derselben Weise zu bezeichnen, wie wir
früher eine Reihe von Erfahrungen sammt den darauf gegründeten Erwartungen durch den Begriff der objectiven Existenz
eines Inhaltes zusammengefasst fanden. Wir behaupten, dass
das zuvor wahrgenommene Geräusch im zweiten Augenblicke
fortexistirt, obwohl wir nunmehr etwas anderes wahrnehmen
als zuvor; wir behaupten ferner, jenes erstere Geräusch sei
aus den Teilinhalten zusammengesetzt (d. h. also diese Teilinhalte existiren in ihm bereits), welche wir erst im zweiten
Zustande wahrnehmen; die eine wie die andere Behauptung ist
nichts anderes, als eine Zusammenfassung der beiden in regel-
mässigem Zusammenhange vorgefundenen Erfahrungen unter
denselben Begriff mit Hilfe des früher erklärten Begriffes der

Existenz des Nichtwahrgenommenen. Denn wenn ich behaupte,
dass in dem einheitlich gegebenen Inhalte bereits die unbemerkten Teilinhalte existiren, so kann ich mit einer solchen
Behauptung auf Grund meiner Erfahrungen nur aussagen
wollen, dass ich bei Erfüllung der oben genannten Bedingung
diese Teilinhalte ebenso wie früher wahrzunehmen erwarte;
und wenn ich bei Wahrnehmung der letzteren sie wiederum
als Teilinhalte eben jenes Geräusches beurteile, sie als eine
neue Art der Auffassung desselben Geräusches bezeichne, so
kann mit einer solchen Redeweise abermals nichts anderes gesagt sein, als dass die jetzt vorgefundenen Inhalte mit jenem
Geräusch erfahrungsmässig in einem bestimmten Zusammenhange stehen — eben dem Zusammenhange, der mich erwarten lässt, dass bei Beseitigung der obigen Bedingung (beim
„Nachlassen der Aufmerksamkeit") das ursprüngliche Geräusch
wieder vorgefunden wird. Indem wir also von der Existenz
„eines bestimmten" Geräusches sprechen, welches bald einheitlich, bald als Mehrheit verschiedener successiver Teile „aufgefasst" wird, und indem wir ebenso von der Existenz dieser
Teile sprechen, welche bald einzeln als Mehrheit von Inhalten,
bald zu einem einheitlichen Inhalte verschmolzen „aufgefasst"
werden, und endlich die Behauptung der Existenz jenes Geräusches und der Existenz dieser periodisch wiederkehrenden
Teilinhalte als verschiedene Ausdrücke für denselben Thatbestand erklären, fassen wir nur in jeder dieser Ausdrucksweisen eine Summe gemachter verschiedener Erfahrungen und
darauf gegründeter Erwartungen in einen Begriff zusammen.
Ein und dasselbe Geräusch, sagen wir auch, kann uns in verschiedener Weise erscheinen: einmal als einheitlicher Inhalt,
ein anderes Mal — wenn wir „es" nämlich analysiren — als
eine Succession von verschiedenen, periodisch wiederkehrenden
Inhalten; was uns aber beide Fälle als Fälle der Existenz desselben Geräusches erscheinen lässt, ist eben unsere Erwartung,
aus dem ersten Falle bei der Analyse den zweiten, unter einer
anderen Bedingung wiederum aus dem zweiten den ersten hervorgehen zu sehen. Den Grund dieser Erwartung bilden die
früheren Erfahrungen über den Verlauf solcher Analyse bei
ähnlichen Inhalten: ohne die Erfahrung, dass aus ähnlichen

Inhalten bei der Analyse gewisse Mehrheiten von Teilen früher
resultirten und den Verschiedenheiten der ersteren auch eine
Verschiedenheit der letzteren entsprach, würden wir niemals
zu den genannten Begriffsbildungen kommen. Jede solche
Begriffsbildung unterscheidet eben diejenigen Fälle, in welchen
sich Zusammenhänge der hier beschriebenen Art finden, von
allen jenen Fällen, in welchen auf einen einheitlichen Inhalt
eine beliebige Mehrheit anderer Inhalte folgt, die nicht in
der beschriebenen Weise mit dem ersteren in Zusammenhang
stehen.

Zur weiteren Klärung des Sachverhaltes mag die Betrachtung einiger Fälle dienen, in welchen die betreffenden,
auf frühere Erfahrungen gestützten Erwartungen enttäuscht
werden. Wir nehmen ein Geräusch bekannten Charakters
wahr und suchen dasselbe in ähnlicher Weise wie früher zu
analysiren; wir finden aber statt der erwarteten Mehrheit von
Teilen im nächsten Moment überhaupt keinerlei Gehörsinhalte
vor. In welcher Weise bringen wir die vom Oekonomieprincip
geforderte Begriffsbildung und Beurteilung zur Geltung? Die
erste Consequenz, zu welcher wir uns veranlasst sehen werden,
ist die, dass das Geräusch eben jetzt nicht mehr existirt,
dass es aufgehört hat zu erklingen. Wir werden dies Urteil
aufrecht erhalten, wenn wir beim Nachlassen unserer analysirenden Aufmerksamkeit auch das einheitliche Geräusch nicht
mehr vorfinden. Sollte dagegen der seltsame Fall vorkommen,
dass das Geräusch fortdauernd wahrgenommen wird, solange
wir es nicht analysiren, dass dagegen jedesmal alle Gehörsempfindungen verschwinden, sobald wir zu analysiren versuchen, so werden wir uns diesen Fall nur durch Annahme
einer ganz besonderen Beziehung dieses Geräusches zur Ein-
richtung unseres Gehörorganes erklären, d. h. mit den
bisherigen entgegengesetzten Erfahrungen zusammenreimen
können.

Es werde ferner der Fall angenommen, dass wir beim
Versuch zur Analyse eines Geräusches bekannter Qualität eine
Zerlegung in der früher erfahrenen Art und Weise nicht zu
gewinnen vermögen; so werden wir eben einfach schliessen,
dass dies Geräusch, trotz seiner Aehnlichkeit mit dem früher

wahrgenommenen, nicht in derselben Weise zusammengesetzt ist wie dieses, dass es also mit demselben nicht als gleichartig zu beurteilen ist.

Die Behauptung der Zusammensetzung des Geräusches aus unbemerkten successiven Teilinhalten wie die Behauptung der verschiedenen Erscheinung desselben Geräusches in den beiden verschiedenen Fällen des analysirten und des nichtanalysirten Geräusches erscheint nach all diesem als eine natürliche Theorie unserer Erfahrungen. Man sieht, dass das Gemeinsame der beiden Fälle, dasjenige also, worauf sich die Bezeichnung derselben als Erscheinungen eines und desselben Geräusches bezieht, einzig der zusammenfassende Begriff ist, unter welchen beide gemäss ihrem empirischen Zusammenhang eingeordnet werden. Von dem Thatbestande, dessen Existenz als Grundlage beider Arten von Erscheinungen behauptet wird, können wir weder sagen, dass er ein einheitlicher Inhalt sei, noch dass er aus einer Mehrheit von Teilinhalten bestehe; wir haben es eben, sobald wir von diesem Thatbestande, dem „objectiven" Geräusche, sprechen, nicht mehr mit einem concreten Bewusstseinsinhalte, sondern mit einem empirischen Begriffe zu thun, nicht mehr mit einer Erscheinung, sondern mit einem Symbole, unter welches verschiedene Erscheinungen zusammengefasst werden. Die Behauptung der Zusammensetzung dieses objectiven Geräusches aus periodisch wiederkehrenden Teilen ist daher nicht zu verwechseln mit der Behauptung, dass es als eine Mehrheit von Teilinhalten erscheinen müsse — da es ja eben auch einheitlich erscheinen kann; jene Behauptung ist abermals nur eine nähere Bestimmung des Begriffes, welche dem empirischen Zusammenhang der verschiedenen Erscheinungen gerecht wird.

Auf die Inconsequenz, welche darin liegt, dass der vorgefundene Inhalt und der empirische Begriff, der nicht nur für diesen, sondern auch für die durch Analyse sich daraus ergebende Mehrheit als Symbol dient, in gleicher Weise bezeichnet werden, sei hier nur kurz hingewiesen; wir werden auf dieselbe bei der Betrachtung der Analyse des Gleichzeitigen zurückkommen.

Die sämmtlichen angeführten Thatsachen lassen sich noch

in anderer Form mit Hilfe des Reizbegriffes aussprechen. In
welcher Weise wir zu diesem Begriffe gelangen, wird später
noch näher darzulegen sein; in populärer Weise mag der Reiz
für den Augenblick als der materielle (physikalische) Vorgang
definirt sein, dessen Einwirkung auf unsere Sinnesorgane als
Bedingung unserer Empfindungen zu betrachten ist. Gleichviel aber, wie diese Definition sich mit Hilfe der Resultate
unserer Betrachtungen über den Dingbegriff später näher bestimmen wird, so ist jedenfalls soviel schon hier zu erkennen,
dass die oben gegebenen Bestimmungen durch den Reizbegriff
nicht überflüssig gemacht werden, sondern nur eine neue Bereicherung durch denselben erfahren. Wenn der empirische
Begriff des Geräusches, welches in derselben Weise existirend
gedacht wird, gleichviel ob wir es einheitlich oder als Complex successiver verschiedener Teile wahrnehmen, durch den
Begriff eines constant wirkenden Reizes ersetzt wird, so müssen
diesem darum nicht minder jene Eigenschaften beigelegt werden,
welche vorher dem „Geräusche" beigelegt waren — es muss
nunmehr von ihm ausgesagt werden, dass „er" bald so, bald
so erscheinen kann, bald als einheitlicher, bald als zusammengesetzter Gehörseindruck; was hier als das Bleibende, Constante
gedacht wird, dem diese wechselnden Eigenschaften inhäriren,
ist wiederum nur der Begriff des Zusammenhanges, welcher
zwischen der einen und der anderen Erscheinung je nach der
Erfüllung der Nebenbedingungen besteht. Sollte dagegen
behauptet werden, dass eben der Schallreiz, die Luftbewegung
also, die etwa in Form von Gesichts- oder Tastvorstellungen
gedacht werden mag, das Gleichbleibende ist, so wird dies
natürlich — mit Berücksichtigung der Bedeutung solcher
Existentialbehauptung — zuzugeben sein; nur blieben, solange
eben bloss die Erfahrung über die constante Existenz jener
Wellenbewegung selbst hiermit bezeichnet sein sollte, die
Thatsachen der akustischen Wahrnehmung des Geräusches von
der Beschreibung durch diese Formulirung ausgeschlossen.
Zum Begriff des Gehörsreizes wird vielmehr jener Begriff
der Luftbewegung erst dadurch erweitert, dass der erfahrungsmässige Zusammenhang zwischen dem Bestehen jener Wellenbewegung und gewissen Gehörsempfindungen in denselben auf-

genommen wird; die verschiedenartigen Erscheinungen der
Gehörsempfindungen auf der einen und der Empfindungen des
Gesichts- oder Tastsinnes, durch welche wir das Dasein jener
Luftwellen constatiren, auf der anderen Seite können eben nur
wiederum auf Grund ihres wechselseitigen Zusammenhanges
unter einen Begriff befasst werden. Statt dass also der Reizbegriff den oben bezeichneten empirischen Begriff überflüssig
machte, bedingt er vielmehr nur eine Complication desselben,
indem in ihm nun nicht nur die Erfahrungen über den Zusammenhang der beschriebenen Gehörserscheinungen, wie er in
der Theorie der Analyse sich darstellte, sondern ausserdem
noch die Erfahrungen über den Zusammenhang dieser akustischen mit anderweitigen Erscheinungen zusammengefasst
werden — mit eben den Erfahrungen, welche wir in der Behauptung über die Existenz und die physikalischen Eigenschaften jener Luftbewegungen zum Ausdruck bringen.[63])

Wir haben im Vorigen zwei verschiedene Fälle der successiven Mehrheitserkenntniss kennen gelernt. Im Allgemeinen
geben sich — und dies war eine der Grundthatsachen des
psychischen Lebens — successive Mehrheiten unmittelbar zu
erkennen, indem wir stets gegenwärtig ein anderes Erlebniss
vorfinden als vorher; gegenüber dieser unwillkürlich statt-
findenden Mehrheitserkenntniss aber ergab sich uns als ein
weiterer Fall derjenige der willkürlichen Analyse, bei welcher
wir uns activ zu verhalten, mit eigener Anstrengung bei der
Herstellung der Mehrheit beteiligt zu sein vermeinen. Ohne
für jetzt auf diesen Unterschied weiter Rücksicht zu nehmen,
wollen wir das Gemeinsame beider Fälle — das Vorfinden
einer successiven Mehrheit — dadurch bezeichnen, dass wir im
einen wie im anderen Falle von Analyse des Successiven
sprechen. Wir verstehen also unter solcher Analyse die (gleichviel ob unwillkürlich oder mit dem Bewusstsein willkürlicher
Anstrengung eintretende) Unterscheidung einer Mehrheit successiver Inhalte. In solcher Analyse ist das Vorfinden der
einzelnen successiven Inhalte selbst eingeschlossen: das Vorfinden der successiven Mehrheit ist nichts anderes als das Vorfinden der Teilinhalte als von einander unterschiedener und zwar
in der eigentümlichen Weise unterschiedener, die wir als zeit-

liche Verschiedenheit bezeichnen. Eben diese zeitliche Verschiedenheit ist ein ursprüngliches, nicht weiter zurückführbares
Datum. Wir bezeichnen die gleiche Thatsache auch dadurch,
dass wir von der Zeitdauer eines jeden der unterschiedenen
successiven Teilinhalte sprechen. Wie jedem einzelnen Inhalte,
so kommt auch jeder successiven Reihe derselben zeitliche
Dauer zu, die sich aus jener der einzelnen Inhalte zusammensetzt.

Die Ueberlegung, dass jeder unserer successiven einheitlichen Teilinhalte, weil er eine endliche Dauer besitzt, auch
ein von seinem Anfang verschiedenes Ende besitzen muss, wird
zu keinen Schwierigkeiten Anlass geben, wenn man bedenkt,
dass wir von Verschiedenheit des Successiven eben nur soweit
directe Kenntniss haben können, als wir einzelne successive
Teilinhalte unterscheiden, und dass die Behauptung der einheitlichen Auffassung eines Inhaltes der Möglichkeit seiner
nachträglichen fictiven Zerlegung in successive, thatsächlich
während ihres Verlaufes nicht bemerkte Teilinhalte in keiner
Weise widerspricht. Ein Inhalt, dessen Anfang und Ende wir
direct als verschieden vorfinden, erscheint in Wirklichkeit
nicht als ein Inhalt, sondern als Succession verschiedener Inhalte; der einheitliche Inhalt aber, dessen Anfang und Ende
wir nicht unterschieden haben, kann jederzeit in weitere Teile
zerlegt gedacht werden. Auch ein anderes Missverständniss
wird hier keine Schwierigkeiten bereiten: ich meine das Miss-
ständniss, welches in der Frage seinen Ausdruck findet, ob
die Teile, die wir nachträglich als verschieden erkennen
sollen, nicht schon von vornherein verschieden sein müssen —
so dass also in Wahrheit niemals von einem einheitlichen Inhalte, sondern immer nur von einer Unfähigkeit unsererseits geredet werden dürfte, die Teile zu erkennen? In dieser
Frage sind erstlich die beiden verschiedenen Bedeutungen nicht
auseinandergehalten, welche dem Worte „Sein" zukommen.
Zweitens aber ist, was mit dieser Vernachlässigung auf's Engste
zusammenhängt, die genetische Frage nach der Entstehung
unserer Erkenntniss der Verschiedenheit successiver Teile eines
Inhaltes vernachlässigt. Wenn wir von den Teilen eines Inhaltes
sprechen, die wir nicht unterschieden haben, so ist von ihrer Existenz — und von ihrer Existenz als verschiedenen Teilen — in

ganz anderem Sinne die Rede, als wenn wir Inhalte direct unterscheiden und auf Grund solchen directen Vorfindens sagen, dass
sie verschieden sind. Wir haben gesehen, welche Bedeutung jener
Existentialbehauptung zukommt, und wir haben gleichfalls gesehen, dass die darin auftretenden Begriffe secundäre Bildungen sind, die zur zusammenfassenden Bezeichnung gewisser
empirischer Zusammenhänge dienen. Es hat deshalb keinen
Sinn, zu behaupten, dass die Existenz jener verschiedenen successiven Teile in jedem einheitlichen Inhalte der wahre Thatbestand sei, unsere einheitliche Auffassung dagegen uns eine
durch unsere beschränkten Fähigkeiten bedingte unrichtige
Vorstellung von der Sachlage gebe. Das primär Gegebene
sind vielmehr überall die vorgefundenen einheitlichen Inhalte,
und deren Zerlegung in eine Summe unbemerkter — eventuell
unbegrenzt vieler und unbegrenzt kleiner — Intervalle ist
nichts als eine nachhinkende, dem Oekonomieprincip ent-
sprungene Fiction. Das hier zurückgewiesene Bestreben, die
empirischen Begriffsbildungen für das ursprünglich Gegebene,
die mit Hilfe derselben formulirten Behauptungen für die
einzig wahren zu halten, begegnet uns auf Schritt und Tritt;
man kann dasselbe geradezu als das $\pi\varrho\tilde{\omega}\tau o\nu\ \psi\varepsilon\tilde{\upsilon}\delta o\varsigma$ bezeichnen,
welches allen erkenntnisstheoretischen und psychologischen Irr-
tümern zu Grunde liegt.

Wir bezeichnen die Thatsache, dass die Verschiedenheiten
der Inhalte jeweils nach längeren oder kürzeren endlichen
Intervallen erkannt werden, auch als Abhebung[64]) der successiven Teile des Bewusstseinsverlaufes von einander. Die —
veränderliche — Zeitdauer von einer Unterscheidung bis zur
nächsten, also die Dauer des einheitlichen Teilinhaltes während
des betreffenden Intervalles, soll als Dauer der Abhebungsphase
oder kurzweg als Phase bezeichnet werden.

Der Verlauf der Zeit. Der Zeitverlauf unseres psychischen
Lebens setzt sich nach diesen Betrachtungen nicht aus einer
Folge dauerloser Zeitpunkte, sondern aus endlichen Zeitstrecken
zusammen. Auch die Gegenwart besitzt jeweils eine endliche
Dauer[65]): der gegenwärtige Bewusstseinsinhalt dauert eben so
lange, als kein neuer Inhalt denselben ablöst, d. h. die Dauer

der Gegenwart ist identisch mit der Dauer der Phase. Man hat diese Dauer inconsequenter Weise als Dauer der schein- baren Gegenwart bezeichnet; sie sollte vielmehr die Dauer der wirklichen oder der empirischen Gegenwart heissen, da wir an dem Inhalt während dieser Zeit einen Unterschied zwischen zeitlich verschiedenen Teilen, von welchen der eine vergangen, der andere gegenwärtig wäre, nicht vorfinden. Als Element aller Zeitwahrnehmung haben wir hiernach die Dauer der Phase zu betrachten.

Wir nehmen zeitliche Dauer und zeitliche Unterschiede immer nur an irgendwelchen Bewusstseinsinhalten wahr. Die Begriffe der reinen („leeren") Zeit, der zeitlichen Dauer ohne Inhalt sind Abstractionen, welchen keine Vorstellung ent- spricht. Wir kennen direct wenigstens keine leere Zeit, son- dern nur zeitlich verlaufende Reihen von Bewusstseinsinhalten. Wenn wir von einem Zeitverlauf sprechen, den wir nicht wahrnehmen, z. B. dem Verlauf der Zeit während des traum- losen Schlafes, so können wir uns eine Vorstellung solchen Verlaufes nur bilden, indem wir uns die vorgestellte Zeit mit irgendwelchen Inhaltsreihen ausgefüllt denken; was wir aber mit der Behauptung solchen nicht wahrgenommenen Zeitver- laufes meinen, ist mit dem Begriff des wahrgenommenen Zeit- verlaufes nicht identisch, sondern bezieht sich auf eine gewisse empirische Begriffsbildung, welche wir später zu be- trachten haben werden.

Der Begriff grösserer und geringerer Zeitdauer ist in den oben betrachteten Erfahrungsthatsachen implicite gegeben: wir nennen die Dauer einer Reihe von successiven Inhalten grösser als die jedes einzelnen dieser Inhalte. Die Vergleichung der Inhalte hinsichtlich ihrer Dauer vollzieht sich ebenso wie jede andere Vergleichung zeitlich verschiedener Inhalte: indem das Gedächtnissbild eines Inhaltes uns wie von seinen anderen Eigenschaften (und in denselben weiten Grenzen der Genauig- keit wie bei jenen) auch von seiner Dauer nachträglich Rechen- schaft gibt, sind wir in den Stand gesetzt, gegenwärtige und vergangene Inhalte in Bezug auf ihre Dauer zu vergleichen und unmittelbar zu erkennen, ob die Dauer eines neuen In- haltes oder einer neuen Reihe von Inhalten derjenigen von vergangenen mehr oder weniger nahekommt.. Die Verfeinerung solcher Vergleichung vollzieht sich nach den allgemeinen später zu erörternden Regeln der Verfeinerung unseres Gedächtnisses und der darauf gegründeten Entwicklung unserer Wahrnehmungsurteile.

Die Behauptung der Continuität oder Stetigkeit der Zeit ist der Ausdruck für die Thatsache, dass wir uns keinen Bewusstseinsinhalt ohne zeitliche Dauer und ausserhalb der zeitlichen Ordnung denken können. Wo wir uns zwei irgendwie bestimmte Bewusstseinsinhalte durch ein weiteres Erlebniss getrennt vorstellen wollen, müssen wir uns das letztere gleichfalls zeitlich verlaufend denken, d. h. es gelingt nicht, zwischen zwei zeitlich verlaufenden Teilen unseres Lebens eine Trennung derart zu statuiren, dass der zeitliche Verlauf selbst durch diese Trennung eine Unterbrechung erlitte. Mit dem Begriff des Zeitpunktes als der Grenze zweier successiver Zeitabschnitte ist keine Bezeichnung eines concreten Erlebnisses gegeben, sondern dieser Begriff ist ebenso wie etwa der des vom Ende verschiedenen Anfanges einer Phase ein secundäres Product unserer Reflexion. Indem wir jetzt einen anderen Inhalt vorfinden als im jüngst vergangenen Momente und beide zwar als zeitlich verlaufend vorfinden (bez. erinnern), zwischen beiden aber keinen weiteren Inhalt und somit keine Zeitdauer erlebt haben, verlegen wir den „Uebergang" von einem zum anderen Zustande in einen dauerlosen Punkt. Dass aber ein solcher Uebergang stattgefunden hat, erkennen wir erst nachträglich: die Thatsache, die wir mit diesem Worte bezeichnen, ist keine andere, als eben die der Erkenntniss der Verschiedenheit des Gegenwärtigen vom Vergangenen und wir haben keinerlei Recht den Uebergang selbst als ein besonderes, von den beiden successiven Inhalten unterschiedenes punktuelles Bewusstseinserlebniss zu betrachten.

Analyse des Gleichzeitigen. Die Erkenntniss gleichzeitiger Mehrheiten bietet sich, wie früher constatirt wurde, im entwickelten Leben in vielen Fällen ebenso unmittelbar dar, wie diejenige der successiven. Wie sich aber bei der letzteren zwei Fälle unterscheiden lassen, je nachdem die Mehr-

heit sich mit oder ohne Hilfe einer Activität unsererseits ein-
zustellen scheint, so bietet sich auch hinsichtlich der Erkenntniss gleichzeitiger Mehrheiten ein völlig analoger Unterschied
dar: hier wie dort haben wir die willkürliche Analyse eines
gegebenen Gesammtinhaltes zu unterscheiden von der ohne
jede Anstrengung unsererseits sich unmittelbar darbietenden
Mehrheitserkenntniss. Wir wollen uns zunächst an Beispielen
den Verlauf solcher Analyse vergegenwärtigen, um alsdann die
Begriffe allgemein zu fixiren, durch welche diese Vorgänge
ihre einfachste Beschreibung finden.

Als erstes Beispiel der Analyse des Gleichzeitigen wollen
wir diejenige eines zusammengesetzten Klanges ins Auge
fassen, wie er etwa durch Streichen einer Violinsaite oder
durch Anblasen einer Harmoniumzunge zu Gehör gebracht
wird. Ein solcher Klang erscheint dem Ungeübten zunächst
regelmässig als einheitliche Empfindung, nicht als eine Mehrheit gleichzeitiger verschiedener Teile. Es gelingt aber diese
Empfindung in eine Mehrheit „aufzulösen", sie zu analysiren.
Der Verlauf solcher Analyse ist erfahrungsgemäss folgender:
während zunächst eine einheitliche Empfindung erscheint,
welche von dem musikalisch Gebildeten als „Ton" von dieser
oder jener Höhe und Stärke beurteilt wird, neben den Merkmalen der Höhe und Stärke aber noch eine eigentümliche
Klangfarbe aufweist (die „Klangfarbe der Violine" bez. „des
Harmoniums"), ergibt sich bei längerem Horchen auf den Klang,
anscheinend in Folge einer Ermüdung des Gehörorgans, eventuell aber, falls bereits Erfahrungen über den Verlauf solcher
Analyse gemacht waren, infolge einer eigentümlichen, später
näher zu charakterisirenden „Anstrengung der Aufmerksamkeit" eine Aenderung der Empfindung. An Stelle des zuerst gehörten Klanges tritt ein neuer Inhalt: wir unterscheiden
zunächst von dem ursprünglichen Tone einen höheren Ton,
einen der Obertöne des Klanges; dieser aber ist nunmehr nicht
der einzige Inhalt unserer Gehörsempfindung, sondern erscheint
deutlich unterschieden von einem gleichzeitigen Klanghinter-
grund, über welchem er gewissermaassen zu schweben scheint,
und der seinerseits eine gewisse Aehnlichkeit mit dem vorher
gehörten einheitlichen Klange aufweist. Was aber hierbei

völlig alterirt ist, ist die vorher wahrgenommene eigentüm-
liche Färbung des Klanges; an Stelle der ursprünglichen
Klangfarbe ist eine ganz andere, nicht näher zu beschreibende
Qualität des Zusammenklanges getreten. Die hier beschriebene
Art der Zerlegung des Klanges in eine Mehrheit gleichzeitiger
Teilempfindungen kann in verschiedener Weise vor sich gehen,
indem, wie man sich ausdrückt, die Aufmerksamkeit von einem
Obertone zum anderen wandert, d. h. bald dieser bald jener
Oberton sich vom Hintergrund abhebt, während dieser Hinter-
grund sich entsprechend ändert; auch gelingt es, mehr als
einen der Teiltöne in dieser Weise zugleich „herauszuhören".
Wir können aber auch — am leichtesten durch „Ausruhen",
etwa durch zeitweilige Beobachtung von Inhalten anderer
Sinnesgebiete — den ursprünglichen Zustand wieder herstellen, so dass wir alsdann den Klang wieder als einheitlichen hören.

Als ein weiteres Beispiel mag die Analyse des Gesichtsfeldes dienen, wie sie teils mit bewegtem, teils mit ruhendem
Auge zu Stande kommt. Wenn ich, ohne den Kopf zu wenden,
das vor mir aufgeschlagene Buch betrachte, so erkenne ich
zunächst auf den ersten Blick eine Mehrheit schwarzer Buchstaben auf weissem Grunde; ebenso unterscheide ich vielleicht
noch auf den ersten Blick das Buch von der rings umher sich
dunkel davon abhebenden Tischplatte, eventuell noch andere
Teile der vorhandenen gleichzeitigen Mehrheit gefärbter Flächen
im Gesichtsfelde. Aber diese unmittelbare Wahrnehmung der
Mehrheit scheint uns keineswegs über alle thatsächlich vorhandenen Teile Aufschluss zu geben: bei genauerer Betrachtung lässt das Papier noch zahllose verschiedene Flächenteil-
chen hellerer und dunklerer Schattirung erkennen, ebenso zeigt
das Holz der Tischplatte uns in seiner feinen Maserung un-
zählige verschieden schattirte Teilchen — Mehrheiten, die wir
nur bei gesteigerter Aufmerksamkeit und stets nur in kleineren
Partien gleichzeitig zu erkennen im Stande sind, die bei
näherem Zusehen immer grössere Mannigfaltigkeit zeigen, aber
beim Nachlassen der auf die Unterscheidung gerichteten Anstrengung wieder zu einem minder zusammengesetzten, oft fast
völlig einheitlichen Ganzen zu verschmelzen scheinen. Nicht

allein das weitere Gesichtsfeld mit seinen stets mehr oder
minder undeutlichen peripheren Teilen, auch die kleine Zone
des deutlichsten Sehens enthält stets eine Fülle von Einzelheiten, die wir keineswegs auf den ersten Blick, sondern erst
allmählig und wohl niemals in absoluter Vollständigkeit zu
unterscheiden vermögen.

Lassen wir das Auge wandern, so wird stets in dem eben
genannten Teile des Gesichtsfeldes die Mehrheitserkenntniss
eine besonders weitgehende, während in den peripheren Teilen
des Gesichtsfeldes die Unterschiede mehr und mehr verschwimmen. Dass mit solcher Aenderung der Augenrichtung
eine Aenderung der Empfindung Hand in Hand geht, ist
offenbar; aber auch bei der Analyse des constanten Gesichtsfeldes, welche wir mit ruhendem Auge auszuführen vermögen,
indem wir ohne Aenderung der Augenstellung teils die Accommodation ändern, teils in anderer (ihrer physiologischen
Grundlage nach nicht näher bekannter) Art und Weise unsere
Aufmerksamkeit bald auf diesen, bald auf jenen Teil des
ruhenden Gesichtsfeldes lenken, tritt fortwährend an Stelle
des ursprünglich gegebenen Empfindungscomplexes Neues,
vorher nicht Vorgefundenes: vorher Einheitliches löst sich in
Mehrheiten auf, während zu gleicher Zeit an anderen Stellen
die Mehrheiten wieder zu einheitlichen Bildern verschmelzen.

Was uns diese Beispiele lehren, ist zunächst die Thatsache, dass ebenso, wie gewisse Mehrheiten gleichzeitiger Teilinhalte uns unmittelbar ohne Anstrengung unsererseits gegeben
sind, auch andererseits unter einer gewissen Mitwirkung von
unserer Seite neue Mehrheiten von Inhalten zu Stande kommen.
Hinsichtlich des Vorfindens dieser Mehrheiten als solcher besteht zwischen beiden Fällen kein Unterschied; der Unterschied liegt nur darin, dass die Mehrheiten im ersten Falle
ohne unsere Mitwirkung gegeben, im zweiten erst — mit den
durch unsere willkürliche „Aufmerksamkeitsthätigkeit" gesetzten
physiologischen Aenderungen — geschaffen werden. Die Mehrheit von Bewusstseinsinhalten als vorgefundenen existirt nur, soweit wir sie vorfinden; wir können nicht sagen,
dass eine Mehrheit von Inhalten im bisherigen Sinne des
Wortes vorliege, solange wir diese Mehrheit nicht vorfinden,

weil vom Dasein der Inhalte als solcher nur in der früher zuerst festgelegten Bedeutung des Wortes Existenz gesprochen werden kann. Wir müssen deshalb in dem zweiten Falle in der That die Mehrheit als eine neu entstandene, geschaffene betrachten. Um Missverständnisse auszuschliessen, darf hierbei der Unterschied nicht ausser Acht gelassen werden, welcher zwischen der Auflösung einer zunächst einheitlich gegebenen Empfindung in eine Mehrheit und dem bestimmteren Wiedererkennen der Teile eines bereits vorher als Mehrheit vorgefundenen Complexes besteht. Wenn ich an einer Stelle des Nachthimmels einen Sternhaufen unmittelbar als Mehrheit erkenne, so ist weder das Zählen dieser Sterne, noch die ausdrückliche Beurteilung des dunklen Hintergrundes als besonderen Bestandteiles der vorliegenden Empfindungsmehrheit eine Leistung der Analyse im oben beschriebenen Sinne: denn sowohl die einzelnen Sterne, als der dunkle Himmel waren als Teile der Mehrheit von vornherein gesehen und nur nicht des Näheren beurteilt. Anders, wenn es mir gelingt, ein Sternbild, das ich zunächst für einen Stern hielt, durch aufmerksame Betrachtung in zwei Sterne aufzulösen: hier erscheint nicht bloss mein Urteil über die Empfindung, sondern die Empfindung selbst verändert — aus der einheitlichen hellen Teilempfindung auf dem dunklen Hintergrunde ist eine Mehrheit begrenzter heller Stellen auf diesem Grunde geworden. Ebenso liegt der Fall bei der Analyse des Klanges im obigen Beispiele — während hingegen ein „Accord" (wenigstens in temperirter Stimmung) von dem Musiker meist unmittelbar nicht als Einheit, sondern als Mehrheit erkannt wird: der geübte Musiker pflegt im Accord unmittelbar den Ton jeder Stimme neben den übrigen gleichzeitig fortklingenden zu unterscheiden und die weiter sich anschliessende Thätigkeit wird nur in dem bestimmteren Wiedererkennen (eventuell Benennen) der einzelnen Teile bestehen.

Mit der directen Erkenntniss einer Mehrheit gleichzeitiger Empfindungen ist ferner nicht zu verwechseln die mittelbare Beurteilung eines einheitlich vorgefundenen Inhaltes als Mehrheit, von welcher sogleich die Rede sein wird.

Die Beschreibung des Processes der Analyse eines zunächst

einheitlichen Inhaltes, wie sie uns die obigen Beispiele zeigen,
würde nun, solange wir nicht auf den Zusammenhang unserer
Erfahrungen Rücksicht nehmen, einfach dahin lauten müssen,
dass jener einheitliche Inhalt durch eine gewisse Mehrheit
gleichzeitiger Inhalte abgelöst wird. Allein wir sprechen
davon, dass eben jener einheitliche Inhalt es sei, welcher sich
in eine Mehrheit von Inhalten auflöst; wir sprechen von einer
Analyse jenes Inhaltes und von den Teilen der folgenden
Mehrheit als den Bestandteilen desselben Inhaltes, und wenn
nachträglich der ursprüngliche Zustand wiederhergestellt wird,
der Inhalt wieder einheitlich in derselben Qualität vorliegt wie
zuvor, beurteilen wir ihn als zusammengesetzt aus einer
Mehrheit von Teilen, die wir nur nicht gegenwärtig bemerken. Wie kommen wir zu diesen, teils dem vulgären,
teils dem wissenschaftlichen Sprachgebrauche geläufigen Wen-
dungen? Was haben die verschiedenen successiven Inhalte
mit einander, was hat die anfängliche Einheit mit der nach-
folgenden Mehrheit zu schaffen, dass wir beide mit demselben
Namen benennen, beide als Erscheinungen desselben Gegenstandes bezeichnen?

Die Antwort auf diese Frage kann nach unseren früheren
Betrachtungen nicht zweifelhaft sein: die genannten Ausdrucksweisen sind natürliche Theorien unserer Erfahrungen, indem
nicht bloss der jeweils gegenwärtige Fall, sondern das Gemeinsame einer grossen Reihe ähnlicher Fälle in den hier gebrauchten
Begriffen seinen Ausdruck findet. Wir erfahren, dass bei Erfüllung gewisser Bedingungen, welche wir nachträglich als
gewisse „Leistungen unserer Aufmerksamkeit" in freilich wenig
eindeutiger Weise zusammenfassen, an Stelle des einheitlichen
Klanges die Mehrheit der Teiltöne, an Stelle der einheitlichen
Farbfläche ein Nebeneinander unterschiedener Teilflächen tritt;
wir erfahren, dass Veränderungen dieser Art bei Erfüllung der
gleichen Bedingungen wieder und wieder eintreten; wir erwarten daher die gleichen Aenderungen bei Erfüllung der
gleichen Bedingungen im Anschluss an Inhalte jener bestimmten
Art abermals folgen zu sehen und sprechen daher von Existenz
der Teilinhalte in dem einheitlichen Gesammtinhalte, von
der Fortexistenz des letzteren in der Mehrheit seiner Teil-

inhalte in derselben Weise, in welcher wir gemäss unseren
früheren Betrachtungen überhaupt von der Existenz nicht gegenwärtig wahrgenommener Inhalte sprechen. Denn wenn ich
behaupte, in dem Klange existiren die Teiltöne als unbemerkte
Teilinhalte, so spreche ich eben von der Existenz gegenwärtig
nicht wahrgenommener Inhalte: was ich aber mit einer solchen
Behauptung meine und auf Grund meiner Erfahrungen einzig
meinen kann, ist die auf meine bisherigen Erfahrungen in der
früher beschriebenen Weise gegründete Erwartung, bei Erfüllung jener bestimmten Leistungen der Aufmerksamkeit die
Teiltöne einzeln wahrzunehmen. Ebenso, wenn ich davon
spreche, dass es derselbe Klang sei, den ich vorher einheitlich
wahrnahm, jetzt aber als Mehrheit vorfinde, so spreche ich
von der Existenz eines jetzt nicht Wahrgenommenen; und
abermals kann mit dieser Behauptung nach den früheren Erörterungen nur gemeint sein, dass ich auf Grund meiner
Erfahrungen beim Nachlassen der Aufmerksamkeit den einheitlichen Klang wiederum wie zuerst wahrzunehmen erwarte
— abgesehen von den Complicationen, welche die Bedeutung
dieses Urteiles gemäss dem vorigen Capitel durch die Bezugnahme auf fremde Erfahrungen erleiden kann. Indem wir
also davon sprechen, dass während dieser oder jener Zeit ein
Klang existirt (erklingt), der aus diesen oder jenen Teiltönen
zusammengesetzt ist, und dass uns dieser Klang bald einheitlich,
bald — bei der Analyse — als Mehrheit gleichzeitiger Töne
erscheint, dass im ersteren Falle die Teiltöne unbemerkt bleiben,
während sie im zweiten Falle einzeln bemerkt werden, fassen
wir nur eine Summe gemachter Erfahrungen durch eine
empirische Begriffsbildung zusammen. Der Klang und seine
Bestandteile sind empirische Begriffe, durch welche wir eine
Reihe verschiedener Erfahrungen ihrem Zusammenhange nach
bezeichnen: eben der Zusammenhang zwischen dem einheitlichen Klangbilde und der Mehrheit der Teiltöne, der erfahrungsgemäss zwischen beiden eintretende Uebergang bei Erfüllung
bestimmter Bedingungen wird in jenen Begriffen fixirt, indem
mit der Behauptung, dass gegenwärtig ein aus diesen
Teiltönen bestehender Klang gegeben sei, der eine wie
der andere jener Fälle in gleicher Weise getroffen wird. Wir

geben mit dieser Behauptung unseren Erfahrungen über den
Zusammenhang verschiedener Erscheinungen einen kurzen Ausdruck; wir behaupten mit derselben noch nicht, ob die eine
oder die andere Erscheinung eintritt — dies hängt von den
specialisirenden Bedingungen ab, die als „Zustand der Aufmerksamkeit" bezeichnet wurden — aber wir behaupten, dass,
wenn nun diese Nebenbedingungen in der einen oder in der
anderen Weise erfüllt werden, das eine oder das andere jener
Phänomene thatsächlich vorgefunden wird.

Nach diesen Betrachtungen wird der Sinn und die Berechtigung der oben bezeichneten Ausdrücke nicht mehr zweifelhaft sein. Wenn wir sagen, dass wir einen Inhalt analysiren,
so setzen wir dabei erstens eine gewisse fortdauernde
Existenz voraus, d. h. wir setzen voraus, dass nicht nur
überhaupt ein Inhalt bestimmter Art wahrgenommen wird,
sondern dass wir ihn auch bei Erfüllung gewisser weiterer Bedingungen — bei Constanz des Aufmerksamkeitszustandes,
gleichviel ob solche Constanz erreicht werden kann oder nicht
— unverändert wahrnehmen würden. (Hiermit ist natürlich
nicht gemeint, dass wir diese Voraussetzung als solche jedesmal explicite erkennen). Wir behaupten aber weiterhin mit
jener Aussage, dass auf jenen zunächst gegebenen einheitlichen
Inhalt unter Erfüllung gewisser anderer, von früher her bekannter Bedingungen, die wir als die analysirende Thätigkeit
der Aufmerksamkeit bezeichnen (gleichviel, wie sich die damit
gemeinten Bewusstseinsvorgänge weiter beschreiben lassen), gewisse andere Inhalte in gesetzmässiger Weise folgen; während
wir ebenfalls auf Grund bisheriger Erfahrungen überzeugt sind,
dass wir bei Aufhebung dieser geänderten Bedingungen wieder
den früheren einheitlichen Inhalt wahrnehmen würden. Tritt
eventuell ein dieser Erwartung nicht entsprechendes Resultat
ein, so findet dasselbe in Uebereinstimmung mit jenen Begriffsbestimmungen seinen Ausdruck dahin, dass der Klang aufgehört habe zu erklingen oder dass „er" sich inzwischen verändert habe. Auch jene Ueberzeugung wird natürlich ebenso
wie die oben genannte Voraussetzung durchaus nicht notwendig
als solche beurteilt; wohl aber werden wir zu einer solchen
Beurteilung dieser Componente unseres Zustandes durch Ent-

täuschungen der eben genannten Art geführt, welche uns
auf die Bedingungen des Zustandekommens unserer Analyse
aufmerksam machen. Nehmen wir nach vollzogener Analyse
wieder den früheren einheitlichen Inhalt wahr, so gibt sich
das Resultat unserer Analyse in dem sogenannten Urteil der
„mittelbaren Analyse" kund, dem Urteil nämlich, dass dieser
Inhalt aus Teilen bestehe, die wir nicht gegenwärtig wahrnehmen, dass er aus unbemerkten Teilinhalten zusammengesetzt sei. Gemeint ist mit solchem Urteil nach den obigen
Betrachtungen nichts anderes als die gemachte Erfahrung über
die Zerlegung des Inhaltes und die darauf gegründete Erwartung der Wiederholung der gleichen Erfahrung bei Erfüllung
der gleichen Nebenbedingungen. Eine Inconsequenz der Bezeichnung liegt in der Behauptung, dass „der Inhalt" aus diesen
Teilen bestehe; was aus denselben bestehend gedacht wird, ist
thatsächlich nicht der jetzt vorgefundene Bewusstseinsinhalt
selbst, sondern dasjenige, was oben als fortexistirend bezeichnet wurde — der empirische Begriff, unter welchen
wir die beiden Fälle der Erscheinung ihrem empirischen Zusammenhange gemäss zusammengefasst haben und als dessen
Erscheinung sowohl der gegenwärtige einheitliche Inhalt als
auch die bei der Analyse zu erwartende Mehrheit gedeutet
wird. Man mag diese Inconsequenz für bedeutungslos halten
oder man mag ihr durch eine andere Terminologie zu entgehen
suchen, indem man im Gegensatz zu dem vorgefundenen Inhalte selbst den gedachten empirischen Begriff als „Gegenstand", „Inhalt an sich" oder wie immer bezeichnet: die Hauptsache ist, dass man sich darüber klar bleibt, was mit dem
Fortexistirenden gemeint ist, und wie wir zur Bildung dieses
Begriffes gelangen. Ich bediene mich für denselben gelegentlich der Bezeichnung des Gegenstandes der Wahrnehmung;
ausdrücklich aber sei hier ein für allemal darauf hingewiesen,
dass mit dieser Bezeichnung keine Hypothese und insbesondere
keine metaphysische Voraussetzung eingeführt ist, sondern
dass damit nur die oben ausführlich dargelegte und begründete
Zusammenfassung unserer verschiedenartigen Erfahrungen unter ein gemeinsames Symbol bezeichnet ist.
Wenn also vom Dasein eines bestimmten Gegenstandes der

Wahrnehmung zu einer bestimmten Zeit die Rede ist, so heisst
dies nichts anderes, als dass während dieser Zeit unter Erfüllung dieser Bedingungen diese, unter Erfüllung jener
Bedingungen jene Wahrnehmungen erwartet werden, deren
gemeinsame Bezeichnung nach ihrem empirischen Zusammenhange durch die Aussage über das Dasein des Gegenstandes
geleistet wird.

Wie in der Theorie der Analyse des Successiven, so lassen
sich auch hier durch Einführung des Reizbegriffes gewisse
Vereinfachungen in der Formulirung erzielen. Wir sprechen
davon, dass derselbe Klang fortbesteht, so lange der Schallreiz
derselbe bleibt, die Luftschwingungen in gleicher Weise auf
unser Ohr treffen; die „Wirkungen dieses Reizes" werden alsdann als dasjenige bezeichnet, was bald als Einheit, bald als
Mehrheit gleichzeitiger Teile in der Gehörsempfindung wahrgenommen wird. Allein auch hier werden durch diese neue
Begriffsbildung die oben gegebenen Begriffsbestimmungen nicht
aufgehoben, sondern dieselben erhalten nur durch die Hinzu-
nahme neuer Erfahrungen eine neue Bereicherung, eine zur
Beschreibung eines weiteren Erfahrungskreises geeignete Form.
Wenn an Stelle des oben bezeichneten Begriffes des constanten
Klanges derjenige eines constant wirkenden Klangreizes eingeführt wird, so ist zunächst klar, dass diesem Reiz genau
dieselben Eigenschaften (als „Wirkungen") beigelegt werden
müssen, welche vorher dem constanten Klange eigen waren:
wir müssen nunmehr von dem Reize aussagen, dass er bald
als Einheit, bald als Mehrheit von Empfindungen durch das
Ohr wahrgenommen wird etc. Constant scheint dabei nun
allerdings noch etwas anderes zu bleiben, als jener obige „blosse
Begriff": nämlich die in Gesichts- oder Tastempfindungen wahrnehmbaren Luftbewegungen, welche als „Ursache" der Klang-
empfindung constatirt werden. Allein wenn wir für den Augenblick absehen von der früher schon erörterten Thatsache, dass
auch bei dieser Behauptung der constanten Existenz der Luftwellen eine empirische Begriffsbildung und nur eine solche
vorliegt, so wäre doch jedenfalls mit der Behauptung der Constanz der Luftbewegung allein noch keine Behauptung über
unsere entsprechenden Gehörsempfindungen implicirt; erst mit

der Behauptung, dass jene Luftbewegungen als constanter Gehörsreiz auftreten und je nach Umständen die eine oder die andere der oben beschriebenen Erscheinungen bedingen, erhält jene Aussage einen für unsere Betrachtungen verwendbaren Sinn. Zum Begriff des Gehörsreizes aber wird jene constante Luftbewegung erst dadurch, dass wir mit dem Worte Reiz zugleich den empirischen Zusammenhang zwischen dem Dasein einer solchen Luftbewegung und der Wahrnehmung des Klanges bez. der Mehrheit von Teiltönen durch das Ohr bezeichnen. Diese Zusammenfassung verschiedener Erscheinungen unter denselben Begriff vollzieht sich hier genau in derselben Weise, wie wir es oben in der Theorie der Analyse fanden: dasjenige, was dasselbe bleibt, gleichviel ob ich den Klang als Einheit oder als Mehrheit gleichzeitiger Töne wahrnehme, ist — nicht etwa bloss die Luftbewegung, die ja als solche noch gar nicht mit jenen Gehörsempfindungen in Zusammenhang stünde, sondern — der empirische Zusammenhang zwischen den genannten Gehörserscheinungen und ihren Aufmerksamkeitsbedingungen auf der einen, der Zusammenhang derselben Erscheinungen mit den anderweitig wahrnehmbaren Eigenschaften des „Reizes" auf der anderen Seite. Die durchgeführte Betrachtung zeigt, dass wir den Begriff dieser Zusammenhänge nicht aus dem Reizbegriff eliminiren können, ohne den letzteren zu vernichten: wo wir von dem constanten Reize sprechen, müssen wir auch eben diese Zusammenhänge meinen, d. h. wir bezeichnen nach der Einführung des Reizbegriffes ebenso wie vorher als das constant Existirende, auf welches wir die verschiedenen Erscheinungen als auf ihre Einheit beziehen, den empirischen Begriff eines gewissen Zusammenhanges von Erscheinungen. Das Einzige, was der Reizbegriff gegenüber der vorigen Bestimmung des Gegenstandes der Wahrnehmung neu leistet, ist die Bezeichnung des Zusammenhanges jener Gehörserfahrungen mit anderweitigen Erfahrungen — die wir eben als Kenntniss anderweitiger Eigenschaften desselben physischen Vorganges bezeichnen.

Wird hiermit die Täuschung beseitigt sein, als ob die Einführung des Reizbegriffes unsere früheren empirischen Begriffsbildungen überflüssig machte, so bedarf es kaum noch der besonderen Bemerkung, dass die Kenntniss anderweitiger Zusammensetzung des Reizes uns in keiner Weise die Resultate der Empfindungsanalyse ersetzen kann. So wenig das Urteil der mittelbaren Analyse uns über die anderweitigen Eigenschaften des Reizes irgendwelchen Aufschluss gibt, so wenig lässt sich aus der Kenntniss der letzteren über den Ausfall der Empfindungsanalyse irgend etwas vorhersagen: die Zusammensetzung des Reizes, soweit sie aus Erfahrungen in anderen Sinnesgebieten erkannt wird, statt in demjenigen, für welches der Reiz gegenwärtig als Reiz in Betracht kommt, ist mit der Zusammensetzung der durch den Reiz in diesem Gebiete bedingten Empfindungen in keiner Weise identisch. Dass die Klanganalyse mit der physikalischen Analyse der Schallschwingungen in den wesentlichen Resultaten übereinstimmt, darf nicht als Gegenargument angeführt werden: denn einmal würde der Schluss von der Zusammensetzung des Reizes auf diejenige der Empfindung keine Giltigkeit beanspruchen können, wenn er nicht durch directe Analyse der letzteren vorher seine Bestätigung gefunden hätte; andererseits zeigen die Erfahrungen in anderen Sinnesgebieten die Unhaltbarkeit jenes Schlusses — werden doch die gemischten Farbreize durch das Auge nicht analysirt.

Analyse der Vorbereitung. Die bisherigen Betrachtungen über die Analyse des Gleichzeitigen bezogen sich durchgängig auf Beispiele aus dem Empfindungsgebiete; völlig analoge Betrachtungen aber lassen sich mit Bezug auf beliebige Erlebnisse durchführen. Nicht nur der gesammte Eindruck setzt sich jederzeit aus einer grossen Zahl teils bemerkter, teils unbemerkter Teilinhalte zusammen, sondern wir müssen, wie sich sogleich zeigen wird, auch die Vorbereitung als zusammengesetzt und zwar in sehr complicirter Weise zusammengesetzt ansehen. Wie jeder von diesen beiden Teilen, so wird folglich auch der Gesammtinhalt des Bewusstseins in jedem Augenblick als Resultante einer grossen Zahl teils bemerkter, zum grössten Teil aber unbemerkter Componenten betrachtet werden müssen. Wie die früheren Betrachtungen uns lehren, können stets Teilinhalte sehr verschiedener Art beachtet werden, während

ein anderer Teil des Gesammtbewusstseinsinhaltes einen zwar
nicht beachteten, aber dennoch den Zustand wesentlich beein-
flussenden Hintergrund für die ersteren bildet; sowohl die
beachteten Teile als der Hintergrund aber können und werden
sich im Allgemeinen aus unbemerkten Teilinhalten zusammensetzen, welche teils dem Eindrucke, teils der Vorbereitung angehören. Wenn ich einen Ton etwa nach seiner Höhe beurteile, so ist der Teil meines Bewusstseinsinhaltes, der sich
von dem Hintergrunde abhebt, bereits zusammengesetzt aus
dem Teile des Eindruckes, der als „dieser Ton" erscheint, und
gewissen Erinnerungsbildern, die für die Prädication in Betracht
kommen; der Hintergrund wird dabei nicht nur aus allen übrigen
Nachwirkungen vergangener Erlebnisse, sondern auch aus den
gleichzeitigen unbemerkten Teilen des Eindruckes gebildet —
den Gesichtsempfindungen, den Empfindungen der Haut, wie
sie durch die Berührung der Kleider und der umgebenden Luft
bedingt sind, den Lageempfindungen der Gliedmassen etc., (von
welchen übrigens bald dieser, bald jener Teil inzwischen bemerkt werden und so vielleicht als Störung der Aufmerksamkeit auftreten kann). Mit den unbemerkten Teilen des
Eindruckes haben wir uns bereits beschäftigt; es bleibt uns
noch übrig, die der Vorbereitung entstammenden unbemerkten
Teilinhalte zu betrachten, bez. zuzusehen, in welcher Weise
eine Analyse der Nachwirkungen vergangener Erlebnisse zu
Stande kommt und mit Hilfe welcher Begriffe die einschlägigen
Thatsachen sich am einfachsten beschreiben lassen.

Wir fanden früher, dass die Nachwirkungen vergangener
Erlebnisse sich in doppelter Form zu erkennen geben: einmal
durch eine eigentümliche Beeinflussung des Charakters, der
Färbung der folgenden Erlebnisse — c nach a „klingt anders" als c nach as, eine Nachricht wirkt unerwartet anders
auf uns, als wenn wir sie erwartet hätten — andererseits durch
das Auftreten bestimmter, von allen Teilen des Eindruckes
unterscheidbarer Inhalte, der „Gedächtnissbilder". Während
im ersteren Falle durch die Nachwirkungen des Vergangenen
keine Mehrheit von Inhalten bedingt erscheint, treten im
zweiten Falle die Gedächtnissbilder als selbständige, unterschiedene Inhalte neben den Teilen des Eindruckes auf. Wir

bemerken die betreffenden Phantasmen, sie heben sich von
dem Hintergrunde der übrigen Componenten unseres Zustandes
in ähnlicher Weise ab, wie die Empfindungsinhalte; wir unterscheiden sie in dieser Weise bald unwillkürlich, bald wiederum
erscheint ihr Auftreten als Folge einer willkürlichen Anstrengung
unsererseits (wie beim Nachdenken, beim Suchen im Gedächtnisse); und sie verschwinden in einem folgenden Augenblick
wieder im Hintergrund, ebenso wie die Obertöne eines Klanges
beim Nachlassen der Aufmerksamkeit nicht mehr herausgehört
werden, sondern mit dem Klange wieder verschmelzen. Dass
aber die Gedächtnissbilder mit diesem Verschwinden nicht
einfach vernichtet sind, dass ihr Aufhören nicht zu vergleichen
ist mit dem Aufhören des Klanges beim Verstummen der Tonquelle, sondern vielmehr mit dem eben zum Vergleich herangezogenen Verschwinden der Obertöne im Klange, ergibt sich
aus der oben zuerst angeführten Thatsache, dass die Nachwirkungen des Vergangenen auch dann, wenn wir sie nicht
einzeln bemerken, doch unseren Zustand wesentlich beeinflussen: wie durch die unbemerkten Obertöne die Klangfarbe,
so ist durch die unbemerkten Nachwirkungen des Vergangenen
jederzeit unsere Stimmung, die eigentümliche Färbung unserer
Erlebnisse bedingt.   Entsprechend dieser Analogie vollzieht
sich denn auch bereits im vorwissenschaftlichen Denken eine
Begriffsbildung, welche der im Vorigen gegebenen Theorie der
Analyse des Gleichzeitigen durchaus entspricht: wir sagen, wir
haben dies oder jenes Ereigniss im Gedächtnisse, wenn wir
uns auch nicht im Augenblick an die Einzelheiten desselben
erinnern, falls wir nur überzeugt sind, dass wir uns derselben
wieder erinnern können; wir sagen, wir können dies Gedicht,
dies Musikstück auswendig, es existire in unserem Gedächtniss
mit all seinen Einzelheiten, wenn wir — ohne gegenwärtig
alle diese Gedächtnissbilder einzeln zu bemerken — überzeugt
sind, dass wir sie bei Anstrengung unserer Aufmerksamkeit
wieder werden bemerken können.   Die eigentümliche neue,
durch das Auswendiglernen eines Gedichtes bedingte Beschaffenheit unseres Zustandes, wie sie vorliegt, solange wir das Gedicht nicht im Gedächtnisse wiederholen, wird mit den Fällen
solcher wirklichen Wiederholung durch den Ausdruck, **dass**

wir das Gedicht können, dass dasselbe in unserem Gedächtnisse ist, in einer Begriffsbildung zusammengefasst, die dem
Begriff der Existenz der Teiltöne in einem Klange völlig analog ist. Wir können hiernach, indem wir den Begriff der
unbemerkten Teilinhalte auf die Nachwirkungen des Vergangenen ausdehnen, in völliger Uebereinstimmung mit der
vulgären Meinung behaupten, dass das Gedächtnissbild eines
Ereignisses fortbesteht, auch wenn wir dasselbe im Augenblick
nicht einzeln bemerken, und dass sich dieses Fortbestehen eben
in der eigentümlichen Wirkung auf unseren Gesammtzustand
kundgibt, welche teils als Beeinflussung unserer Stimmung,
teils auch einfach als der Thatbestand bezeichnet wird, dass
wir uns an das Erlebte zu erinnern im Stande sind. Die
Behauptung der fortdauernden Existenz der Nachwirkungen
vergangener Erlebnisse oder der Gedächtnissbilder ist hiernach
eine natürliche Theorie unserer Erfahrungen; das Vorfinden oder Bemerken einzelner Gedächtnissbilder, wie es beim
Erinnern (aber nicht bloss bei diesem) stattfindet, steht jener
Existenz in derselben Weise gegenüber, wie allgemein die
Existenz im ersten derjenigen im zweiten Sinne des Wortes,
oder wie im Vorigen das Bemerken der Teiltöne ihrer unbemerkten Existenz im einheitlichen Klange.

Wenn wir von der in der genannten populären Terminologie enthaltenen Voraussetzung der Möglichkeit willkürlichen Bemerkens der Gedächtnissbilder absehen und den
Begriff der unbemerkten Teilinhalte in derselben Weise wie
oben einführen, ohne jede Rücksicht darauf, ob das Bemerken
mit oder ohne unseren Willen zu Stande kommt, so gewinnen
wir eine Verallgemeinerung der eben erwähnten Theorie, die
vielleicht auf den ersten Blick paradox erscheinen mag, aber
völlig consequent ist. Wenn einmal zugegeben ist, dass das
Gedächtnissbild eines vergangenen Momentes als unbemerkte
Componente unseres Zustandes fortbesteht, auch wenn wir in
einem folgenden Augenblick absichtlich die Aufmerksamkeit
auf einen anderen Teilinhalt wenden — weil eben einmal
unser Zustand durch die Nachwirkung des Vergangenen beeinflusst ist, wie sie sich nach dem Gesagten besonders in der
Möglichkeit erneuten Bemerkens jenes Gedächtnissbildes

kundgibt: so werden wir alsbald zu der weiteren Behauptung geführt, dass die Gedächtnissbilder vergangener Erlebnisse als unvergängliche Componenten der Vorbereitung für alle folgenden Zeiten des Bewusstseinszusammenhanges fortbestehen. Der Fall ist ganz analog demjenigen der Analyse des Gesichtsfeldes, in welchem wir die Aufmerksamkeit von einem Teilinhalt zum anderen wandern lassen, ohne dass darum doch die übrigen Teilinhalte, während sie nicht einzeln bemerkt werden, aufhörten für unser Bewusstsein zu existiren, da der Gesammtinhalt wesentlich durch sie mitbestimmt ist (d. h. ein völlig anderer wäre, wenn an Stelle jener unbemerkten Teilinhalte andere vorhanden wären.) Wie im Gesichtsfelde die Peripherie für gewöhnlich nicht analysirt wird und nur ausnahmsweise die Aufmerksamkeit auf sich lenkt, so pflegen in der Vorbereitung die Erinnerungsbilder weiter zurückliegender Erlebnisse die Aufmerksamkeit für gewöhnlich nicht auf sich zu lenken; so wenig aber jene unbemerkten Teile im Gesichtsfelde als nicht vorhanden zu betrachten sind, so wenig dürfen wir von jenen für gewöhnlich nicht bemerkten Erinnerungsbildern behaupten, dass sie nicht vorhanden wären und erst mit der gelegentlich einmal auftretenden Erinnerung für das Bewusstsein neu geschaffen würden. Wollte man dies für die Nachwirkungen länger vergangener Ereignisse behaupten, so wäre ein Gleiches auch für das obige Beispiel eines erst kurz vergangenen Inhaltes aufrecht zu erhalten. Denn der einzige Unterschied beider Fälle besteht in der verschiedenen zeitlichen Distanz des entsprechenden Erlebnisses von der Gegenwart; inwiefern ein solcher Distanzunterschied einen Unterschied in der Art der Erklärung der Thatsachen erforderlich machen sollte, ist nicht erfindlich.

Man wird indess vielleicht an der analogen Deutung der Nachwirkungen des in früherer und späterer Vergangenheit Erlebten keinen Anstoss nehmen und doch gegen die Behauptung der unveränderten Existenz all dieser Nachwirkungen Bedenken hegen. Zu solchen Bedenken geben die Thatsachen des Vergessens Anlass. Wir können uns selbst aus den letzten Stunden selten an mehr als einige wenige Erlebnisse erinnern, während wir uns doch mit Gewissheit überzeugt

halten dürfen, dass wir eine sehr grosse Menge von Inhalten
erlebt und bemerkt haben. Gehen wir aber in unseren Erinnerungen weiter zurück, so vermindert sich die relative
Zahl der Erlebnisse, deren wir uns deutlich erinnern können,
mehr und mehr; aus unserer ersten Lebenszeit vermögen wir
uns überhaupt an kein Erlebniss zu erinnern. Wie sollen
diese Thatsachen mit der Behauptung der unveränderten
Existenz der Gedächtnissbilder aller vorgefundenen Inhalte zusammenbestehen?

Ich will diesem Einwand zunächst dadurch begegnen,
dass ich die Möglichkeit zeige, die Thatsachen des Vergessens
mit der vorgetragenen Theorie zu vereinigen; weiter dadurch,
dass ich die Unzulänglichkeit jeder entgegengesetzten Annahme
nachweise.

Zunächst ist zu beachten, dass das Bemerken eines Gedächtnissbildes allein noch keine bestimmte Erinnerung
ausmacht, dass folglich auch umgekehrt da, wo solche Erinnerung fehlt, dies Fehlen nicht notwendig durch ein Fehlen
des betreffenden Gedächtnissbildes bedingt sein muss. Im gewöhnlichen Lauf unseres Lebens treten uns die meisten Inhalte als mehr oder minder bekannte entgegen: mein Schreib-
tisch, mein Klavier, meine Bücher, meine Bilder — all das sind
mir in ihren verschiedenen Ansichten und Beleuchtungen
gewohnte Inhalte, deren Gedächtnissbilder ich mir zwar zu
jeder beliebigen Zeit hervorrufen kann, ohne aber dadurch die
Erinnerung an ein bestimmtes Erlebniss (etwa den Anblick
eines jener Bilder im Verlaufe einer der letzten Stunden) zu
gewinnen. Die verschiedenen Fälle des Auftretens jener mir
so alltäglichen Inhalte werden, wie beim factischen Erleben,
so auch beim Erinnern sich nur durch die besonderen Begleit-
umstände d. h. durch die Beziehungen zu anderen Teilinhalten
unterscheiden, durch welche eben der betreffende Moment sich
vor anderen auszeichnet; es ist aber, wie alsbald ausführlicher
zu besprechen sein wird, durchaus nicht notwendig, dass wir
mit dem Bemerken eines Inhaltes auch seine Relationen zu
anderen Inhalten erkennen, und so kann es geschehen und
pflegt es in der weitaus grössten Mehrzahl aller Fälle zu geschehen, dass wir die unterscheidenden Merkmale der ver-

schiedenen Fälle ähnlicher Erlebnisse nicht beachten und daher auch in der Erinnerung dieselben nicht unterscheiden können, ohne dass deswegen die Behauptung der Fortexistenz ihrer Erinnerungsbilder irgendwie zu beanstanden wäre. In ähnlicher Weise erklärt sich der Mangel der Erinnerung an die Erlebnisse unserer Kindheit. Wir haben gesehen, dass ein Inhalt jede nähere Bestimmung nur durch die Erkenntniss seiner Relationen zu anderen Inhalten erhält. Solange der Erfahrungskreis noch beschränkt ist, wird daher die Bestimmung sehr wenig deutlich sein können; entsprechend wird eine grosse Zahl von Erlebnissen im Gedächtnisse noch nicht unterschieden werden können und es wird deshalb auch mit dem Auftreten eines Gedächtnissbildes dieser Art noch keine Erinnerung an zeitlich bestimmte Erlebnisse sich verbinden können. Erst später, wenn die Begriffe sich mehr und mehr differenziren, können entsprechende Unterscheidungen der Erlebnisse auch im Gedächtnisse zu haften beginnen; die Erinnerung an die früheren Erlebnisse wird damit zwar nicht ausgelöscht, aber sie bleibt ebenso unbestimmt, wie sie es vorher war. Jede bestimmte Erinnerung wird folglich erst auf diejenige Zeit zurückweisen können, in welcher jene Differenzirung bereits so weit fortgeschritten war, dass die Erlebnisse unter bestimmte Begriffe sich ordneten und der Begriff zeitlicher Unterschiede bereits bekannt war.

Steht sonach der Mangel der Erinnerung an die Erlebnisse unserer ersten Lebensjahre wie an die tausendfältigen gleichgiltigen Vorkommnisse unseres täglichen Lebens in voller Uebereinstimmung mit der gegebenen Theorie, so sind hiermit doch noch keineswegs alle Fälle des Vergessens erklärt. Wir vergessen vielmehr auch während des entwickelten Lebens Vorkommnisse, welche uns keineswegs als gewohnte, sondern als durchaus neue und sehr bemerkenswerte erschienen waren. Es fragt sich, wie diese Fälle mit der Theorie zu vereinigen sind.

Hier ist nun zunächst an die Erfahrung zu erinnern, dass sehr häufig Erlebnisse dieser Art, welche wir vergessen hatten, d. h. an welche wir uns längere Zeit nicht erinnerten und eventuell auch bei angestrengtem Nachdenken nicht mehr zu erinnern vermochten, in späteren Momenten plötzlich wieder

hervortreten. Fälle dieser Art fügen sich der Theorie ohne
Weiteres ein; zugleich aber zeigen dieselben, dass zum mindesten die Behauptungen über Fälle absoluten Vergessens
mit grosser Vorsicht aufzunehmen sind. Aber selbst wo solche
zugegeben werden müssten, wäre doch durch dieselben nichts
gegen die Theorie bewiesen. Es wäre vielmehr mit denselben
nur gezeigt, dass die Bedingungen, unter welchen ein Gedächtnissbild bemerkt wird, nicht zu beliebiger Zeit willkürlich
von uns hergestellt werden können, sondern dass dies Bemerken von Factoren abhängt, die nicht zu jeder Zeit (eventuell vielleicht niemals wieder) gegeben sind. Dass mit der
Erkenntniss unserer Unfähigkeit, diese Bedingungen nach Belieben herzustellen, noch keineswegs die Existenz der betreffenden Nachwirkungen in Frage gestellt ist, zeigt das Beispiel
des vergeblichen Besinnens auf einen Gedächtnissinhalt,
der uns symbolisch irgendwie bezeichnet ist. Wir wissen
in solchen Fällen, dass wir ein Erinnerungsbild der angegebenen Art besitzen, sind also so weit als möglich davon
entfernt, die Existenz dieses Erinnerungsbildes zu leugnen;
wir finden uns in einem eigentümlichen Zustand, der nur dadurch zu Stande kommen kann, dass ein solches Bild unbemerkt vorhanden ist; wir wissen auch, dass wir den betreffenden Inhalt sofort wiedererkennen würden, was wiederum
identisch ist mit der Ueberzeugung, dass seine Nachwirkung
in unserem Bewusstsein fortexistirt — aber es gelingt uns
nicht das Gedächtnissbild zu finden, es bleibt unbemerkt, bis
eine von unserem Willen unabhängig eintretende günstige
Constellation unserer Erlebnisse uns dasselbe vor Augen führt.

Lassen sich sonach alle Thatsachen des Vergessens mit
der Theorie zwanglos vereinigen, so stösst auf der anderen
Seite jeder Versuch, die Thatsachen der Erinnerung in anderer Weise zu erklären, auf unüberwindliche Schwierigkeiten
— Schwierigkeiten, die wohl nur deshalb bisher nicht beachtet worden sind, weil man thatsächlich bei allen bisherigen
Erklärungen stillschweigend und unbewusst die oben dargelegte Theorie voraussetzte. Der Fall liegt hier analog wie
bei der „Erklärung" der Existenz der Teiltöne im einheitlichen
Klange durch die Behauptung der Fortexistenz entsprechender

Reize. Wie dort in den Reizbegriff gewisse scheinbar selbstverständliche Thatsachen stillschweigend aufgenommen wurden,
ohne welche der Reizbegriff niemals zu jener Erklärung hin-
reichen würde, so pflegt man auch in die für die Gedächtniss-
thatsachen gegebenen Erklärungen gewisse Thatsachen als
selbstverständlich hinein zu interpretiren, deren klare Formulirung genau mit der obigen Theorie übereinstimmen würde.

Die üblichen Theorien des Gedächtnisses lauten — wenn
man von den Widersprüchen absieht, die durch die Behauptung einer „Reproduction" früherer Erlebnisse und durch die
Vernachlässigung der symbolischen Function der Gedächtnissbilder vielfach entstanden sind — übereinstimmend dahin, dass
die vergangenen Erlebnisse eine gewisse, bald als psychisch,
bald als physiologisch bezeichnete Disposition zurücklassen,
durch welche ein späteres Auftreten des Erinnerungsbildes
unter bestimmten Bedingungen ermöglicht wird. Gleichviel
nun, ob diese Disposition als psychisch oder physisch bezeichnet wird, und gleichviel, in welcher Weise die dadurch
bedingten späteren Erscheinungen sich als Erinnerung an jenes
frühere Ereigniss charakterisiren sollen: jedenfalls ist soviel
sicher, dass hier mit der „Disposition" irgend etwas constant
Fortexistirendes gemeint ist und ebenso, dass dies Fortexistirende
die Eigenschaft hat, unter gewissen Umständen sich in Form
eines Erinnerungsbildes für das Bewusstsein bemerklich zu
machen. Diese Eigenschaft, unter bestimmten Bedingungen
in solcher Weise sich kund zu geben, muss jenem Fortexistirenden
gleichfalls als constant inhärirend beigelegt werden, wenn
dasselbe für die Erklärung der Erinnerungsvorgänge überhaupt
Wert besitzen soll, weil sonst gerade die Thatsache, dass es
einmal so, das anderemal unter gleichen Bedingungen anders
erscheinen könnte, einer Erklärung bedürftig wäre, die alsdann von vornherein als Erklärung für die Gedächtnissphäno-
mene hätte verlangt werden müssen. Mit der Behauptung
einer constant existirenden Nachwirkung, welche uns unter
bestimmten Bedingungen als Gedächtnissbild zum Bewusstsein
kommt, ist nun aber thatsächlich gar nichts anderes behauptet,
als was unsere Theorie aussagt, wenn sie von der fortdauernden
Existenz der Gedächtnissbilder unserer vergangenen Erlebnisse

als unbemerkter Teilinhalte spricht; nur dass mit dieser letzteren Ausdrucksweise, nachdem wir dieselbe ausdrücklich auf
bestimmte Erfahrungsthatsachen bezogen haben, die dadurch
zusammenfassend bezeichnet sein sollen, nichts eingeführt wird,
was nicht empirisch gegeben wäre, während die Dispositions-
theorie ohne die obigen Betrachtungen stets mindestens in
Gefahr ist, als Aussage über Dinge ausgelegt zu werden, von
welchen wir keinerlei Erfahrung besitzen.

Die Thatsache der dauernden Fortwirkung der vergangenen
Erlebnisse lässt sich übrigens noch in anderer Weise erschliessen. Wir sahen, dass in jedem Augenblick unser Zustand durch die Nachwirkungen des vorigen Momentes beeinflusst ist, indem völlig gleichartige Eindrücke je nach der
Beschaffenheit des vorhergegangenen Zustandes in ganz verschiedener Weise uns entgegentreten. Nun ist aber in derselben Weise jeweils der vorhergegangene Zustand seinerseits
wesentlich bedingt durch den ihm vorhergegangenen Zustand;
es besteht somit eine mittelbare Nachwirkung jedes früheren
Zustandes auf jeden folgenden Zustand. Eine notwendige
Consequenz hiervon ist die durchgängige Verschiedenheit der
sämmtlichen Momente unseres Lebens: wir können niemals
zu zwei verschiedenen Augenblicken völlig den gleichen Bewusstseinsinhalt haben — was unsere Erfahrungen vollauf
bestätigen.

Durchaus missverständlich wäre es, wie schliesslich noch
hervorgehoben werden mag, wenn man der vorgetragenen
Theorie zum Vorwurf machen wollte, dass wir nach ihr die
Gesammtheit unserer vergangenen Erlebnisse fortwährend vor-
stellten. Die Behauptung der Existenz eines Gedächtnissbildes als unbemerkter Componente der Vorbereitung ist mit
der Behauptung, dass wir das entsprechende Erlebniss vorstellen, durchaus nicht gleichbedeutend. Ein Erlebniss vorstellen, heisst vielmehr gemäss der im Vorigen gebrauchten
Terminologie so viel, als das Gedächtnissbild dieses Erlebnisses
bemerken.

Der in der Psychologie so vielfach verwendete und frucht-
bare Begriff der psychischen Disposition findet durch die
obigen Ausführungen seine empirische Definition: jede psychische

11*

Disposition ist eine constant existirende Componente der Vorbereitung — ein Gedächtnissbild oder ein Complex von Gedächtnissbildern, dem wir dauernde Existenz in dem früher
ausführlich erklärten Sinne zuzuschreiben haben. Eine Folge
dieser Existenz ist zunächst das Auftreten (Erscheinen, Be-
merktwerden, Vorgefundenwerden) der betreffenden Gedächtnissbilder unter bestimmten Bedingungen. Wir können aber
in den Dispositionsbegriff noch die verschiedenartigsten anderweitigen Erfahrungen befassen — sobald es sich eben zeigt,
dass zwischen dem Auftreten jener Gedächtnissbilder und bestimmten anderweitigen Erlebnissen ein begrifflicher oder empirischer Zusammenhang besteht. So kann eine Disposition
der oben definirten Art zugleich als Urteilsdisposition erscheinen, indem das constante Auftreten eines Gedächtnissbildes
unter bestimmten Bedingungen den Vergleich anderer Inhalte
mit diesem Gedächtnissbilde, also eine Beurteilung in bestimmter Richtung nach sich zieht; ebenso kann sie zur Be-
gehrungsdisposition werden, wenn jenes Gedächtnissbild selbst
oder ein associativ damit verknüpftes anderes Phantasma ein
Strebungsgefühl mit sich bringt; sie kann als Disposition
zu körperlichen Bewegungen erscheinen, wenn zwischen
dem Auftreten des Gedächtnissbildes und bestimmten Körperbewegungen ein empirischer Zusammenhang als bestehend erkannt
wird. Man sieht, dass der Dispositionsbegriff ebenso vielseitiger
Anwendung fähig ist, wie derjenige der objectiven Existenz,
mit welchem er aufs Engste zusammenhängt; will man aber
nicht Gefahr laufen, sich in metaphysische Unbegreiflichkeiten
zu verlieren, so wird man bei dem einen wie bei dem anderen
Begriffe nicht vergessen dürfen, dass er nur zur Herstellung
des begrifflichen Zusammenhanges einzelner empirischer Daten
nach dem Oekonomieprincip dient und keinerlei weitere Bedeutung besitzt.

**Gestaltqualitäten unanalysirter Inhalte. Analyse der
Relationen.** Wir haben früher gesehen, dass ein Complex
von Inhalten jederzeit Merkmale aufweist, welche keinem der
einzelnen Teilinhalte des Complexes zukommen. Die vorigen
Betrachtungen lassen uns die Existenz analoger Merkmale bei

solchen Inhalten erkennen, welche wir als aus unbemerkten
Teilinhalten zusammengesetzt beurteilen müssen; die Klangfarbe eines Klanges z. B. ist eine derartige Eigenschaft, die
den einzelnen Teiltönen gegenüber als ein neues Merkmal des
Gesammtinhaltes auftritt und die wir demgemäss ebenfalls als
eine Gestaltqualität bezeichnen wollen. Diese Gestaltqualitäten der unanalysirten Inhalte haben das Eigentümliche, dass sie
sich bei der Analyse vollständig verändern. Während ich einen
Klang analysire, kann ich von seiner ursprünglichen Klangfarbe nichts vorfinden; an deren Stelle tritt das eigentümliche
Verhältniss (der Consonanz oder Dissonanz) des beachteten
Teiltones zu seinem Hintergrund, bez. der Teiltöne unter einander. Mit der Wiederherstellung des einheitlichen Klanges
tritt aber auch die ursprüngliche Gestaltqualität von Neuem auf.

Analoge Erscheinungen zeigen sich überall, wo Verschmelzung unbemerkter — successiver oder gleichzeitiger —
Teilinhalte vorliegt, die durch Analyse aufgehoben wird. Geräusche verändern mit der Analyse völlig ihren Charakter;
ein Wort, dessen successive Laute wir von einander zu unterscheiden suchen, klingt völlig verändert, so sehr, dass wir oft
kaum mehr begreifen, was die bekannte Bedeutung des Wortes
mit dieser seltsamen Lautzusammenstellung zu thun haben
soll. Während ich eine Stelle meines Gesichtsfeldes analysire,
finde ich nicht mehr die einheitliche Färbung derselben vor,
die sie vor der Analyse besass, sondern es tritt an deren
Stelle das Nebeneinander der verschieden gefärbten Teilflächen
mit ihren Contrasten. Die Stimmung endlich, welche durch
das Zusammenwirken der unbemerkten Teile der Vorbereitung
bedingt ist, wird wesentlich alterirt, sobald ich meine Aufmerksamkeit dem einen oder dem anderen dieser Teile zu-
wende.

Was bei der Analyse an Stelle der vorher vorhandenen
Gestaltqualität tritt, lässt sich bezeichnen als eine Relation
zwischen den bemerkten Teilinhalten (welche übrigens ihrerseits eventuell noch in sehr complicirter Weise zusammengesetzt sein können). Diese Relation ist selbst natürlich
wiederum als Gestaltqualität zu bezeichnen. Indem wir analysiren, gehen wir von einem Inhalte zum anderen über und

erleben dabei jeweils eben dasjenige, was früher als Erkenntniss der Vergleichungsrelation der beiden Inhalte bezeichnet
wurde und was eben nur mit einer solchen Mehrheit von Inhalten gegeben, also als Gestaltqualität charakterisirt ist.
Relationen finden sich hiernach nur zwischen bemerkten Teilinhalten; wenn wir trotzdem sagen, dass sie auch zwischen
den unbemerkten Teilinhalten bestehen, so ist hier von ihrer
Existenz genau in dem Sinne die Rede, wie von derjenigen
der unbemerkten Teile selbst. Mit der Analyse eines Inhaltes
in seine Componenten geht hiernach eine gewisse Analyse
der Relationen seiner Teile Hand in Hand; allein es ist
wohl zu beachten, dass mit dem Vorfinden dieser Relationen
noch keineswegs ein bestimmteres Wiedererkennen derselben
(ein Beachten derselben im früher erläuterten Sinne dieses
Wortes) stattfinden muss. Das Gleiche gilt wie für die Analyse eines zunächst einheitlichen Inhaltes, so auch im Falle
der unmittelbaren Mehrheitserkenntniss. Wir finden bei solcher Mehrheitswahrnehmung unmittelbar gewisse Relationen
der Teilinhalte vor, ohne doch darum notwendiger Weise diese
Relationen wiederzuerkennen oder in bestimmterer Weise zu beurteilen. Sie sind ebenso wie die übrigen gleichzeitigen Inhalte
jederzeit vorhanden, es ist uns nicht möglich sie zu beseitigen
oder zu negiren; aber um sie einzeln näher zu bestimmen,
bedarf es besonderer Processe, die wiederum als Leistungen der
Aufmerksamkeit rubricirt zu werden pflegen. Wenn ich,
um ein besonders einfaches Beispiel zu betrachten, einen Zwei-
klang höre und seine beiden Bestandteile unterscheide, so ist
mir zugleich ein eigentümlicher Charakter des Zusammenklanges gegeben und, wenn ich vom einen Ton zum anderen
meine Aufmerksamkeit wandern lasse, eine eigentümliche (im
zweiten Moment hervortretende) Art des Ueberganges; beides
aber kann unbeachtet bleiben, so dass nachträglich in der Erinnerung nur eben die Thatsache eines gewissen Klangcharak-
ters und eines Ueberganges zwischen beiden Tönen sich als
erlebt kundgibt, ohne dass wir doch dies Erlebniss irgendwie
näher zu bestimmen im Stande wären. Je geläufiger uns
derartige Relationen werden, desto leichter und unmittelbarer
stellt sich natürlich auch eine gewisse Beurteilung derselben

ein, die aber für gewöhnlich sehr unbestimmt bleibt. Wenn ich auf einer schwarzen Tafel etwa fünf Punkte in verschiedener Farbe bezeichne, so wird die Mehrheit derselben unmittelbar erkannt, vielleicht auch die Art ihrer Färbung innerhalb gewisser Grenzen ohne Weiteres beurteilt; welche Lage aber die Punkte gegen einander haben, welcher höher, welcher tiefer liegt, diese Fragen zu beantworten bedarf es für denjenigen, der nicht besonders vertraut mit den verschiedenen Arten geometrischer Gebilde ist — der also nicht auf Grund des Gesammteindruckes der Figur sogleich ein (mittelbares) Urteil zu fällen im Stande ist — einer besonderen Reihe von Uebergängen und Vergleichungen.

Einen Fall, welcher besondere Erwähnung verlangt, bilden gewisse Relationen der Gedächtnissbilder. Wir haben gesehen, dass die Gedächtnissbilder als im Allgemeinen unbemerkte gleichzeitige Teilinhalte die Vorbereitung constituiren. Diese Componenten der Vorbereitung stehen also ihrerseits im Verhältniss der Gleichzeitigkeit; da wir uns aber nicht isolirter Erlebnisse, sondern stets unserer Erlebnisse als der Teile eines zeitlich verlaufenden Zusammenhanges erinnern, so müssen uns die Gedächtnissbilder zugleich die Relationen der früheren Erlebnisse repräsentiren, soweit wir dieselben beachtet haben, es müssen insbesondere die zeitlichen Relationen der vergangenen Inhalte in gewissen Eigenschaften der jetzt als gleichzeitig gegebenen Gedächtnissbilder zum Ausdruck · kommen. Jedes Gedächtnissbild erscheint hiernach mit gewissen Beziehungen behaftet, welche seine symbolische Bedeutung näher bestimmen und wohl zu unterscheiden sind von den Relationen, in welche das jeweils auftretende Gedächtnissbild selbst (von seiner symbolischen Function abgesehen) zu anderen Inhalten tritt, während wir es bemerken. Wir können diese Thatsache auf Grund früherer Betrachtungen noch anders bezeichnen. Wir haben gesehen, dass jede zeitliche Bestimmung eines erinnerten Erlebnisses dadurch zu Stande kommt, dass dasselbe als Teil eines erlebten Complexes erinnert wird. Es kann aber geschehen, und pflegt zu geschehen, dass bei der Erinnerung die Erinnerungsbilder der Mehrzahl der Teile des betreffenden Complexes unbemerkt bleiben und nur ein oder

der andere Teil erinnert wird; in diesem Falle sind aber jene
unbemerkten Erinnerungsbilder mit ihren Relationen zu den
gegenwärtig bemerkten nicht einfach aus dem Bewusstsein
verschwunden, sondern sie bedingen eben jenen eigentümlichen
Charakter des Vorgefundenen, der uns das bemerkte Gedächtnissbild als Repräsentanten dieses oder jenes zeitlich bestimmten Erlebnisses erscheinen lässt. Ebenso also, wie
jeder Empfindungsinhalt durch seinen Zusammenhang mit den
übrigen gleichzeitigen Teilempfindungen und der Vorbereitung
seine besondere Färbung erhält, die wir ihm nicht nehmen
können, so erhält auch jedes Gedächtnissbild durch die Relationen des erinnerten Erlebnisses zu anderen Erlebnissen seine
bestimmte Färbung, von welcher wir es nicht zu befreien vermögen. James hat diese (meines Wissens von ihm zuerst
beschriebene) Färbung der Gedächtnissbilder als ihre *relation-
fringes* bezeichnet; das Wort „Relationsfärbung" erscheint mir
als ein einigermaassen annehmbares deutsches Surrogat für
diese Benennung. Auf die Consequenzen der hier bezeichneten Thatsache werden wir im nächsten Capitel zurückkommen.

Aufmerksamkeit. Es wurde im Vorigen mehrfach auf die
populäre Bezeichnung gewisser Thatbestände als Leistungen
der Aufmerksamkeit hingewiesen. Es erscheint wünschenswert, die Fälle zusammenzustellen, welche man in dieser Weise
zu bezeichnen pflegt und damit zu einer empirischen Definition
des Aufmerksamkeitsbegriffes bez. der verschiedenen Begriffe
zu gelangen, welche mit diesem Worte verbunden werden. Es
sind durch dasselbe in der That zwei wesentlich verschiedene
Vorgänge bezeichnet worden, die sich nicht auf eine gemeinsame Grundlage zurückführen lassen, aber im entwickelten
Leben regelmässig Hand in Hand gehen.

Der erste Vorgang, den wir als Leistung der Aufmerksamkeit bezeichnet fanden, war derjenige des Beachtens der Inhalte eines Complexes im Gegensatz zu dem nichtbeachteten
Hintergrunde, der Gesammtheit der übrigen Teilinhalte des
Bewusstseins. Wir haben gesehen, dass jenes Beachten identisch ist mit dem mehr oder minder bestimmten Wieder-

erkennen der betreffenden Inhalte. Wir wollen diesen Vorgang als Leistung der intellectuellen Aufmerksamkeit bezeichnen. Der zweite Process, welcher als Leistung der Aufmerksamkeit angesehen wurde, war derjenige der Zerlegung
eines einheitlichen Inhaltes in eine Mehrheit von Teilinhalten.
Dieser Zerlegungsprocess soll im Folgenden als Leistung der
sinnlichen Aufmerksamkeit bezeichnet werden.

Für beide Fälle ist zunächst zu bemerken, dass der Process sowohl mit als ohne eine Willensanstrengung unsererseits
sich vollziehen kann, und dass beidemale der Begriff der Aufmerksamkeit zur Bezeichnung des Vorganges Verwendung
findet. Im einen Falle sagen wir, dass wir unsere Aufmerksamkeit willkürlich auf diese oder jene Inhalte lenken, im
zweiten Falle, dass unsere Aufmerksamkeit unwillkürlich sich
auf die Inhalte richte, dass die letzteren unsere Aufmerksamkeit auf sich ziehen. Wenn wir einen Inhalt ohne Weiteres
wiedererkennen, wird allerdings für gewöhnlich[66]) nicht von
einer Leistung der Aufmerksamkeit gesprochen; doch führt
der einmal angenommene Gegensatz willkürlicher und unwillkürlicher Aufmerksamkeit consequenter Weise zu einer solchen
Bezeichnung, da wir das im entgegengesetzten Falle eintretende
Suchen und Finden der willkürlichen Aufmerksamkeit zuschreiben, für die unwillkürliche also hier keine andere Leistung
übrig bleibt, als eben das unwillkürliche Wiedererkennen. Ein
anderer Fall, welcher der obigen Terminologie nicht völlig zu
entsprechen scheint, ist derjenige, in welchem wir von unwillkürlicher Aufmerksamkeit sprechen, obgleich sich willkürliche Analyse bez. willkürliche Vergleichung und Beurteilung
einstellt: wir sprechen von unwillkürlicher Aufmerksamkeit,
wo ein Object unwillkürlich sich uns „aufdrängt", d. h. ohne
willkürliche Analyse bemerkt wird, dann aber willkürlich
analysirt bez. beurteilt wird. Man sieht aber, dass hier strenge
nicht bloss unwillkürliche, sondern eine Verbindung unwillkürlicher und willkürlicher Aufmerksamkeit vorliegt. So z. B.
wenn mich irgend eine Aenderung in der Peripherie des Gesichtsfeldes veranlasst, den Blick nach der Seite zu wenden
und zuzusehen, was daselbst vorgeht: was hier zunächst unwillkürlich bemerkt wird, ist eine Aenderung des Gesammt-

inhaltes, an welche sich weiter noch unwillkürlich die
Augenbewegung und die dadurch bedingte abermalige Aenderung 'im Gesichtsfelde anschliesst; was aber alsdann im Allgemeinen nicht mehr ohne Willensbethätigung verläuft, ist die
weitere Analyse des bei dieser Wendung des Blickes Vorgefundenen.

Wir dürfen hiernach allgemein sagen, dass ein consequenter Sprachgebrauch unter unwillkürlicher bez. willkürlicher Aufmerksamkeit nichts anderes meinen könne, als das
unwillkürlich erfolgende Bemerken und Wiedererkennen auf
der einen, das mit einer Willensanstrengung erfolgende Bemerken und Wiedererkennen auf der anderen Seite. Der Begriff der willkürlichen Aufmerksamkeit ist also identisch mit
einem auf das Bemerken von Teilinhalten oder auf das Wiedererkennen solcher gerichteten Wollen; der Begriff der unwillkürlichen Aufmerksamkeit dagegen ist nur ein unter Umständen
bequemer sprachlicher Ausdruck für die Bezeichnung der entsprechenden, ohne Mitwirkung unseres Willens sich voll-
ziehenden Processe. Wie jenes Wollen selbst und seine „Wirkung" sich weiter charakterisiren lässt, wird in einem späteren
Capitel betrachtet werden.

Ist so der Begriff der Aufmerksamkeit empirisch bestimmt,
so werden wir weiter fragen müssen, wie die Bezeichnung von
zwei so wesentlich verschiedenen Vorgängen — des Bemerkens
von Teilinhalten und des Wiedererkennens derselben — durch
dasselbe Wort zu erklären sei. Auch diese Frage beantwortet sich leicht. Jene beiden Vorgänge sind zwar für den
analysirenden Psychologen wesentlich verschieden; in der Praxis
des Lebens aber pflegen beide nicht getrennt von einander zu
verlaufen. Um einen Inhalt wiederzuerkennen, muss ich ihn
zuvor als Teil des successiven Bewusstseinsverlaufes bez. als
Teil eines gegenwärtigen Gesammtinhaltes (Complexes) bemerkt haben; das Wiedererkennen kann also nicht ohne jene
andere „Leistung der Aufmerksamkeit" zu Stande kommen.
Andererseits aber kann auch Analyse ohne Wiedererkennen
nur in sehr beschränktem Maasse stattfinden. Bei der Analyse des Successiven würde ohne jedes Wiedererkennen nur
jeweils das Gegenwärtige von einer Vergangenheit überhaupt

unterschieden erscheinen, ohne dass ein Complex von mehr
als diesen zwei Gliedern zu Stande käme, weil eben für die
Entstehung eines weiteren Complexes das Wiedererkennen der
Erinnerungsbilder der früheren Teile notwendige Bedingung
ist; bei der Analyse des Gleichzeitigen wird ebenso ein Wiedererkennen schon darum erfordert, weil ohne dasselbe ein Fortbestehen der unterschiedenen Teile nicht zum Bewusstsein
kommen könnte. Solange ich nur momentan einen Teilinhalt
von seinem Hintergrunde unterscheide, bedarf es keines Wiedererkennens; um zu constatiren, dass diese Scheidung fortbestehe,
ist ein solches bereits erforderlich. Sollen mehrere Teile nebeneinander unterschieden werden, so muss nicht bloss eine Unterscheidung zwischen dem ersten und seinem Hintergrunde, sondern eine weitere Unterscheidung innerhalb dieses Hintergrundes
oder innerhalb jenes ersten Teiles stattfinden; damit aber
diese letztere möglich sei, muss die erstere nicht nur bereits
vollzogen sein, sondern auch als fortbestehend vorgefunden
und somit wiedererkannt werden, da sonst die zweite Teilung
nicht als eine neue gleichzeitige von der ersteren unterschieden
werden könnte. Die bemerkten Teile einer Mehrheit sind
hiernach während des Verlaufes der Analyse immer zugleich
auch beachtete Teile. Mit der willkürlichen Analyse endlich geht ein mehr oder minder bestimmtes Wiedererkennen
der Teilinhalte jederzeit deshalb Hand in Hand, weil, wie
später auszuführen sein wird, solche Analyse stets das vorgängige Bemerken gewisser Gedächtnissbilder voraussetzt,
an welche sich das Bemerken der entsprechenden Teilinhalte
anschliesst; mit dieser Combination aber ist das Wiedererkennen
der letzteren implicirt.

Die letzte Betrachtung zeigt zugleich, dass die Bildung
von Complexen gleichzeitiger Inhalte ursprünglich successive erfolgt. Soweit wir ein gegebenes Ganzes nicht auf Grund
früherer Erfahrungen mittelbar sofort als Mehrheit, eventuell
als Complex von so und soviel Teilen beurteilen, sondern mit
directer Unterscheidung seiner Teile die Analyse vollziehen,
geht diese nicht in einer Phase, sondern in einer Mehrheit
successiver Phasen vor sich. Ich kann wohl auf den ersten
Blick erkennen, dass die Buchstaben auf dem Papier vor mir

eine äusserst complicirte Mehrheit von Inhalten darstellen.
Allein einerseits wird dies Urteil im wesentlichen als Urteil
mittelbarer Analyse anzusprechen sein, andererseits ist mit
dem ersten Blick in soweit noch keine vollständige Analyse
des Gesichtsfeldes gegeben, als die Unterschiede noch nicht
einzeln erkannt sind, sondern nur im allgemeinen das Vorhandensein solcher constatirt ist. Will ich hingegen die vorhandenen gleichzeitigen Inhalte von einander unterscheiden, so
bedarf ich dazu successiver verschiedener Schritte. Ich will
der Einfachheit halber annehmen, dass die Analyse im obigen
Beispiele sich auf die Unterscheidung der verschiedenen
schwarzen Teilflächen von einander und von dem weissen
Hintergrunde beschränkt; so werde ich — falls nicht eine gewisse Gruppenbildung mir abermals Gelegenheit zu mittelbarer Beurteilung gibt — zur Unterscheidung sämmtlicher
Teile nicht anders verfahren können, als dass ich zunächst
von einem Teile aus, wie ich ihn an irgend einer Stelle
bemerke und vom Hintergrunde unterscheide, zu den nächstgelegenen Teilen übergehe und successive jeden derselben von
dem Hintergrunde und den bisher einzeln unterschiedenen
Teilen der Mehrheit als verschieden erkenne. Nur innerhalb
gewisser, im allgemeinen enger Grenzen gelingt es, die in dieser
Weise successive unterschiedenen Teile gleichzeitig als unterschiedene festzuhalten; für grössere Mengen derselben bleibt
dagegen als Resultat der ausgeführten Analyse nicht dauernde
Unterscheidung, sondern einzig das Urteil der mittelbaren
Analyse übrig, d. h. die auf Grund der gemachten Erfahrungen
gehegte Erwartung, bei abermaligem Wandern der Aufmerksamkeit wiederum in derselben Weise wie zuvor eine Mehrheit
verschiedener Teilinhalte vorzufinden. Man sieht, welche Rolle
die Gewohnheit für das Zustandekommen solcher Beurteilung
spielt. Gesammtempfindungen der Art, wie wir sie durch
frühere Analyse als zusammengesetzt erkannt haben, werden
bei öfterer Wiederkehr sofort wiedererkannt und daher auf
Grund jener früheren Analyse als zusammengesetzt beurteilt:
was wir damit meinen, wenn wir auf den ersten Blick sagen,
dass unser Anschauungsbild aus einem Nebeneinander verschiedener Teile bestehe, ist also streng genommen nur, dass

dies Bild Merkmale trägt, die uns nach früheren Erfahrungen schliessen lassen, dass wir beim Wandern der Aufmerksamkeit eine Mehrheit von Teilempfindungen darin antreffen werden.

Es wird nach dem früher Gesagten nicht erst betont werden müssen, dass dies successive Zustandekommen unserer Erkenntniss gleichzeitiger Mehrheiten nicht gleichbedeutend ist mit einer Zurückführung der gleichzeitigen Mehrheiten auf successive. Die früher gelegentlich gestellte Frage, ob gleichzeitige Mehrheiten ebenso ursprünglich erkannt werden wie successive, wird durch die vorigen Betrachtungen allerdings dahin beantwortet, dass der Erkenntniss von mehr als zwei gleichzeitigen Teilen ursprünglich wenigstens successive Analyse zu Grunde liegt. Allein das Wesen der gleichzeitigen Mehrheit im Gegensatz zur successiven gibt sich während der Analyse des Gleichzeitigen eben dadurch kund, dass mit der Unterscheidung eines neuen, vorher nicht bemerkten Inhaltes jederzeit zugleich ein weiterer von demselben verschiedener vorgefunden wird, so dass die Unterscheidung des neuen vom vorigen Inhalte hier mit seiner Unterscheidung von einem gleichzeitig fortbestehenden zusammengeht. Der Oberton schwebt, während wir ihn heraushören, gewissermaassen über dem Hintergrunde, der aus den übrigen Teiltönen gebildet ist, die schwarzen Buchstaben stehen auf dem gleichzeitig gesehenen weissen Grunde, kurz die bemerkten Inhalte heben sich überall ab von dem Hintergrunde der zu einem einheitlichen Ganzen verschmolzenen übrigen Componenten des Gesammtinhaltes. Der Begriff der gleichzeitigen Mehrheit lässt sich hiernach nicht auf denjenigen der successiven Mehrheit zurückführen, wenn auch eine gewisse Abhängigkeit der Analyse des Gleichzeitigen von derjenigen des Successiven besteht. Man könnte im Gegenteil versucht sein anzunehmen, dass auch die Analyse des Successiven nicht von der eben genannten unmittelbaren Unterscheidung gleichzeitiger Mehrheiten unabhängig ist, indem die Unterscheidung des Gegenwärtigen vom Vergangenen stets die Unterscheidung des Eindruckes von der gleichzeitig gegebenen Vorbereitung zur Voraussetzung habe. An dieser Be-

merkung ist indess nur soviel richtig, dass die Unterscheidung
des Eindruckes von der Vorbereitung eine Unterscheidung
gleichzeitiger Teile ist; dass die Bemerkung im Uebrigen nicht
zutrifft, erkennt man, wenn man auf das Gedächtnissbild eines
vergangenen Momentes sein Augenmerk richtet. Dies Gedächtnissbild gibt sich uns unmittelbar als verschieden von dem
entsprechenden vergangenen Erlebniss zu erkennen; dennoch
haben wir dies vergangene Erlebniss nicht als gleichzeitigen
Inhalt gegenwärtig — die Erkenntniss jenes Unterschiedes ist
also nicht die eines Unterschiedes gleichzeitiger Inhalte. Sie
ist vielmehr, wie wir schon früher sahen, eine primäre, unmittelbar gegebene und nicht weiter zurückführbare d. h. un-
erklärliche Thatsache.

**Allgemeine Kategorien der Wahrnehmung. Der Zahl-
begriff.** Entsprechend der Thatsache, dass jeder Inhalt, den
wir vorfinden, im Verlauf der Analyse des Successiven oder
des Gleichzeitigen d. h. als Teil einer successiven oder gleichzeitigen Mehrheit auftritt, erhält er *co ipso* seine Stelle als
Glied der einen oder der anderen derartigen Mehrheit. Ohne
die durch solche Stellung bedingten Beziehungen zu anderen
Inhalten kann daher kein Inhalt gedacht werden; weil diese
Beziehungen in dem Processe selbst ihren Grund haben, in
welchem jeder Inhalt uns zum Bewusstsein kommt, müssen sie
für jeden Inhalt, der überhaupt vorgefunden werden kann,
vorausgesetzt werden. Jeder Inhalt muss also als Teil einer
successiven oder gleichzeitigen Mehrheit und eben damit als
Glied im Zusammenhang eines Bewusstseinsverlaufes gedacht
werden. Inconsequent wäre es, allgemein von einer Einordnung der einzelnen Inhalte in einen oder den anderen derartigen Zusammenhang zu sprechen, da nicht die einzelnen
Inhalte, sondern eben jene Complexe für uns das primär
Gegebene sind, die Zusammenordnung nicht erst durch eine
Synthese entsteht, sondern jeweils durch Analyse erkannt
wird.
    Ich will im Folgenden das Bemerken eines jeden Teil-
inhaltes auch als Wahrnehmung dieses Inhalts bezeichnen.
Das Wort Wahrnehmung wird somit hier nicht, wie es viel

fach geschieht, zur Bezeichnung eines „für wahr Nehmens"
von etwas gebraucht, was uns durch unsere Sinnesinhalte
bloss repräsentirt wäre, einer vermeintlichen Erkenntniss der
„hinter der sinnlichen Erscheinung versteckten Wirklichkeit";
ebensowenig beschränke ich den Gebrauch des Wortes auf das
Vorfinden der Empfindungsinhalte; sondern welches auch
der Inhalt sein mag, den wir vorfinden, immer soll mit dem
Worte Wahrnehmen eben dies Bemerken des betreffenden Inhaltes bezeichnet sein.

Wie die Einordnung in successive und gleichzeitige
Mannigfaltigkeiten, so ist auch die Bestimmung eines jeden
einzelnen Inhaltes als Einheit, diejenige jedes Complexes als
Mehrheit direct im Processe der Wahrnehmung selbst gegeben. Auch diese Bestimmungen sind daher allgemeine, auf
alle Inhalte anwendbare; keinerlei Inhalt kann ohne die eine
oder die andere derselben gedacht werden — jeder Teilinhalt
ist eine Einheit, ist als solche Teil einer Mehrheit und jede
Mehrheit besteht aus Einheiten vermöge des Zustandekommens
unserer Erkenntniss der Mehrheit. Die Begriffe des Ganzen
und seiner Teile sind nur andere Ausdrücke für die Einheit
bez. die Gesammtheit der Teile einer Mehrheit auf der einen
und die Teilinhalte der letzteren auf der anderen Seite. Die
verschiedenen Complexe, welche als Mehrheiten der Einheit
gegenüberstehen, zeigen gewisse Unterschiede und Aehnlichkeiten, welche nur in der Art des Zustandekommens der Mehrheitserkenntniss, nicht aber in der Natur der einzelnen wahrgenommenen Inhalte ihren Grund haben. Die erste Wahrnehmung eines Unterschiedes innerhalb eines zunächst einheitlich
vorgefundenen Inhaltes bedingt die einfachste Art des Complexes; mit jeder weiteren Unterscheidung verändert sich die
Art der wahrgenommenen Mehrheit in einer bestimmten Weise,
die wir dadurch charakterisiren, dass wir von der verschiedenen
Anzahl der bemerkten Teile oder kurz von der Gliederzahl
des Complexes sprechen.[67])

Entspringt somit der Zahlbegriff unmittelbar aus dem
Wahrnehmungsprocesse, so ist vor allem klar, dass die Zahl
von der Art der Inhalte, die den Complex bilden, d. h. deren
Zahl angegeben wird, unabhängig ist, sowie dass jeder be-

liebige Complex von Inhalten gezählt d. h. als einer bestimmten
von den Complexclassen angehörig erkannt werden kann,
welche Schritt für Schritt mit der successive fortschreitenden
Wahrnehmung von Teilen entstehen. Da aber ferner die
Zahl ihrer Natur nach nur die Art des Complexes und nicht
die Eigenschaften der Inhalte dieses Complexes bezeichnet, so
ist klar, dass für die Entstehung der Zahlurteile d. h. für die
Erkenntniss derjenigen Aehnlichkeiten und Unterschiede der
Complexe, welche wir durch die Zahlen bezeichnen, die Verhältnisse am günstigsten bei solchen Complexen liegen, deren
Glieder nicht durch anderweitige Verschiedenheiten die Aufmerksamkeit von jenen Eigenschaften der Complexe ablenken;
dass also das Zählen und das Wesen des Zahlbegriffes jederzeit
am leichtesten an Complexen von gleichartigen Gliedern
deutlich gemacht werden kann und dass auf solche Complexe
der Zahlbegriff im Laufe unserer Entwicklung zuerst Anwendung
findet. Wird ein Complex dieser Art nicht bloss nach der
Anzahl seiner Glieder, sondern auch mit Rücksicht auf die
(gemeinsame) Beschaffenheit dieser Glieder bezeichnet, so resultirt die benannte Zahl. Diese Benennung muss jederzeit von
den vorhandenen Unterschieden der Glieder des Complexes
abstrahiren, da die benannte wie die unbenannte Zahl zur Bezeichnung einer Eigenschaft des Complexes als Ganzen, nicht
aber der einzelnen Glieder dient. Sollen Unterschiede der letzteren
berücksichtigt werden, so kann die Zahl keine einheitliche
Benennung mehr erhalten: der Complex muss alsdann in mehrere Complexe zerfällt werden, welche eigens gezählt und benannt werden. Die so resultirenden Zählungen heissen complexe Zahlen. Die complexe Zahl ist also ein Name für einen
Complex, der aus mehreren benannten Zahlen d. h. aus mehreren Teilcomplexen gezählter, innerhalb jedes Teilcomplexes
als gleich betrachteter, im übrigen aber verschiedener Einheiten
besteht.

Aus der Entstehung der Zahlbegriffe ergibt sich, dass die
Frage nach der Ueber- oder Unterordnung der Cardinalzahlen
gegenüber den Ordinalzahlen gegenstandslos ist: im Ent-
stehungsprocesse der Zahl bilden sich jederzeit Ordnungs- und
Cardinalzahl gleichzeitig und durch den gleichen Process. In-

dem ich etwa bei einer Mehrheit gleichzeitiger Inhalte einen
Inhalt nach dem anderen bemerke und zugleich auf die Art
des entstehenden Complexes d. h. eben auf die Anzahl der bemerkten Teile achte, kann ich keinen der neubemerkten Teile
als den „dritten", „vierten" etc. erkennen, ohne die Gesammt-
zahl der Glieder des bisher gebildeten Complexes zu berücksichtigen, da der neue Teil nur mit Rücksicht auf die schon
gezählten Teile als bestimmtes Glied der Reihe erscheint; andererseits kann ich die Anzahl selbst ursprünglich nur in und mit dem
Zählen der einzelnen Inhalte erkennen. Statt dass also Car-
dinal- und Ordinalzahl im Verhältniss einer Ueber- oder Unterordnung zu einander ständen, zeigt sich vielmehr, dass sie nur
verschiedene Namen für dieselbe Sache, nämlich für dieselbe
Eigenschaft des Complexes während der Analyse sind:
was bei der Betrachtung des jeweils schon gezählten Complexes im Ganzen als dessen Cardinalzahl erscheint, ist dieselbe Eigenschaft des Complexes, welche bei der successiven
Betrachtung seiner Glieder als Eigenschaft des jeweils zuletzt gezählten mit Rücksicht auf seine Zugehörigkeit zum
Complexe beurteilt wird und die Ordnungszahl desselben genannt wird. Jede Cardinalzahl ist der Name für eine bestimmte Art von Complexen; die Ordinalzahl ist der Name
für ein bestimmtes Glied eines Complexes während desjenigen
Processes, durch welchen wir die Cardinalzahl desselben erkennen.

Die Behauptung der Entstehung der Zahlen durch Ad-
dition von Einheiten ($Z = 1 + 1 + 1 + \ldots$) ist nur ein anderer Ausdruck für die geschilderte Entstehungsweise der Complexe durch successive Wahrnehmung und Zusammenfassung
von Einheiten.

Wie es nur innerhalb relativ enger Grenzen gelingt, die
successive unterschiedenen Teile einer Mehrheit auch als gleichzeitig wiedererkannte festzuhalten, so können auch nur kleinere
Zahlen direct erkannt werden. Mehrheiten von zwei oder drei
Inhalten erkennen wir unmittelbar und die Beurteilung derselben als einer Anzahl von zwei oder drei Gliedern geht eben
so rasch von Statten. Aber schon bei den nächsthöheren
Zahlen nimmt die Leichtigkeit der Beurteilung ab; wenn wir

nicht bestimmte Gestalten vor uns haben, wie etwa die Anordnung der „Augen" auf den Würfelflächen oder Domino-
steinen, aus welchen wir mittelbar die Anzahl beurteilen
können, indem uns diese Gestalten ebenso wie unsere Zahl-
zeichen zu Associationssymbolen der entsprechenden Zahlwörter
und damit der entsprechenden Beschaffenheit der Complexe
geworden sind, bedarf die Zählung solcher Complexe einer mit
steigender Gliederzahl immer längeren und längeren Zeit. Im
selben Verhältniss würde die Schwierigkeit wachsen, die verschiedenen Benennungen der successiven Zahlen ihrer Bedeutung nach im Gedächtnisse zu behalten, so dass schliesslich
das Zählen grösserer Mengen überhaupt unmöglich würde —
gelänge es nicht auf Grund der Thatsache, dass wir auch
Complexe von Complexen bilden und zählen können und
dass zwischen den Gliederzahlen der einzelnen Complexe und
der daraus zusammengesetzten grösseren Complexe bestimmte
Beziehungen bestehen, eine Symbolik zu schaffen, welche alle
Zählungsoperationen mit Hilfe einiger weniger Zeichen und
Regeln auf jene einfachsten Zählungen zurückzuführen gestattet.
Die Lösung dieser Aufgabe leistet die Arithmetik.

Die sämmtlichen im Vorigen besprochenen Begriffe: zeitliche und gleichzeitige Anordnung, Einheit und Mehrheit bez.
Anzahl sind in dem Sinne Prädicate aller wahrgenommenen
und wahrzunehmenden Inhalte von sonst beliebigen Eigenschaften, dass diese sich jederzeit dem einen oder dem anderen
jener Begriffe unterordnen lassen müssen. Diese Begriffe sind
sonach die weitesten Wahrnehmungsbegriffe, sie geben die
allgemeinsten Einteilungen aller Inhalte und mögen dem entsprechend als allgemeine Kategorien der Wahrnehmung bezeichnet werden. Da bei diesen Kategorien und bei
allen Aussagen über dieselben die übrigen Eigenschaften der
betreffenden Inhalte nicht in Betracht kommen, alle Regeln
über die Kategorien vielmehr ohne Weiteres auf alle beliebigen Inhalte Anwendung finden können, insofern eben alle
sich den betreffenden Kategorien einreihen lassen, können diese
Kategorien auch als formale Kategorien bezeichnet werden
und die Regeln, die sich für ihre Beurteilung aufstellen lassen
(z. B. die Zahlregeln), als formale Regeln, deren Giltigkeit

von der Beschaffenheit der betrachteten Inhalte selbst nicht berührt wird.[68])

Unbemerkte Teilinhalte als Mittel psychologischer Erklärung.

Wie die Thatsachen der Analyse, so lassen sich noch eine grosse Zahl anderer psychischer Thatsachen mit Hilfe des Begriffes der unbemerkten Teilinhalte erklären, d. h. mit anderweitig bekannten Thatsachen unter gemeinschaftliche Gesichtspunkte bringen. In den früheren Capiteln findet sich eine Reihe von Thatsachen beschrieben, welche wir mit Hilfe jenes Begriffes in einfacherer Weise zu bezeichnen im Stande sind. So lassen sich sowohl die Thatsachen der Berührungsassociation als auch diejenigen der Prädication durch empirische Begriffe mit Hilfe des Begriffes der unbemerkten Gedächtnissbilder formuliren: jedes bemerkte Gedächtnissbild ist ein Glied eines Complexes von Gedächtnissbildern, von welchen ein Teil zunächst unbemerkt ist, aber nachträglich bemerkt werden kann; die empirische Prädication gründet sich nicht bloss auf die Eigenschaften des bemerkten Empfindungsinhaltes, auf welchen sie sich bezieht, sondern zugleich auf unbemerkte Nachwirkungen vergangener Erfahrungen; eben solche unbemerkte Nachwirkungen sind im Existentialurteil wirksam — wir können mit demselben Rechte auch von unbemerkten Erwartungen sprechen, welche jederzeit den Charakter des Existentialurteiles bestimmen, wenn sie auch nur unter besonderen Umständen einzeln bemerkt werden. Ebenso können wir die früher erwähnte Bekanntheitsqualität einer Empfindung auf das Vorhandensein eines ähnlichen, unbemerkten Bestandteiles der Vorbereitung zurückführen. Ein anderes Beispiel liefert die Erklärung von Aehnlichkeiten durch partielle Gleichheit — sei es der Teile, sei es der Relationen der Teile der zu vergleichenden Inhalte; das allgemeine Gesetz, welches zum Behufe solcher Erklärung formulirt wird, sagt aus, dass unanalysirte Inhalte dann ähnlich sind, wenn wir an ihnen bei der Analyse gleiche Teile oder gleiche Verhältnisse der Teile vorfinden — oder was dasselbe sagt, wenn sie gleiche unbemerkte Teile oder gleiche Verhältnisse unbemerkter Teile besitzen.[69])

12*

Was mit Erklärungen dieser Art ausgesagt ist, braucht
nach allen vorhergegangenen Ausführungen dieses Capitels hier
nicht nochmals gesagt zu werden. Zu beachten ist bei all diesen
Erklärungen, dass bei der Zerlegung unserer Bewusstseinsinhalte in ihre Bestandteile die Merkmale der ersteren sich
niemals vollständig in denen der letzteren wiederfinden. Schon
die Zerlegung des jeweiligen Gesammtinhaltes in Eindruck
und Vorbereitung darf nicht dahin verstanden werden, dass
unser Zustand durch die Summe dieser beiden Componenten
bestimmt sei: zur Charakterisirung desselben gehören vielmehr
ausser diesen beiden Factoren auch die Relationen, welche
zwischen den Teilen des Eindruckes und der Vorbereitung bestehen — Relationen, die von Moment zu Moment veränderlich sind, indem nicht nur die neu auftretenden Teile des
Eindruckes stets in neue Beziehungen zu den Teilen der Vorbereitung treten, die ihrerseits fortwährend neuen Zuwachs
erhält, sondern indem eventuell auch die Analyse der Vorbereitung selbst den einen oder den anderen Teil derselben in
neue Beziehungen zu den übrigen Teilinhalten bringt. Alle
diese Beziehungen gehören der Vorbereitung als solcher nicht
an, sondern treten im jeweiligen Moment als ein Neues auf,
sind also der Definition nach zum Eindruck zu rechnen —
wie denn auch ihre Mitwirkung zum Zustandekommen der jeweiligen Aenderung des Gefühlszustandes sich gemäss
den früheren Betrachtungen sofort ergibt; dennoch würden wir
sie völlig übersehen, wenn wir den Eindruck bloss durch die
neuen Teilinhalte oder den Gesammtinhalt durch die blosse
Summe des aus den letzteren gebildeten Complexes auf der
einen, der Vorbereitung auf der anderen Seite bestimmt ansehen würden.

Der Fehler, vor welchem hier gewarnt wird, ist der Grund-
fehler der atomistischen Psychologie, die sich das Verständniss der psychischen Thatsachen durch die Annahme
eines Aufbaues aller Bewusstseinsdaten mittels blosser Zu-
sammenfügung elementarer Inhalte von vornherein ver-
schliesst.

Viertes Capitel.

Empfindung, Gedächtniss und Phantasie.

Nach den Ergebnissen des vorigen Capitels haben wir unseren Gesammtbewusstseinsinhalt in jedem Augenblick als zusammengesetzt aus einer überaus grossen Zahl teils bemerkter teils unbemerkter Factoren anzusehen. Im Folgenden sollen die wichtigsten Unterschiede und Eigenschaften dieser Factoren betrachtet werden.

Wir haben im ersten Capitel den fundamentalen Unterschied zwischen Empfindungen und Phantasmen zunächst vorläufig in der Weise bestimmt, dass wir zu den letzteren alle diejenigen Teilinhalte rechneten, welche den Charakter von Nachwirkungen vergangener Erlebnisse tragen, während Teilinhalte von der Art, wie sie im Gegensatz zu den Nachwirkungen unmittelbar als neue Bestandteile unserer Erlebnisse charakterisirt sind, als Empfindungen bezeichnet wurden. Diese Unterscheidung wurde weiter durch Beispiele erläutert, an denen der charakteristische qualitative Unterschied von Empfindung und entsprechendem Phantasma sich unzweideutig darstellte. Wir wollen im Folgenden zunächst diesen letzteren, im wachen Leben für jedermann direct erkennbaren und überall wiederkehrenden Unterschied der beiden Arten von Teilinhalten unserer Einteilung der letzteren in Empfindungen und Phantasmen zu Grunde legen; die Frage, ob die so gewonnene Einteilung der zuerst getroffenen genau entspricht, ob also in der That alle als neu charakterisirten Teilinhalte zu den Empfindungen in diesem Sinne zu zählen sind, oder, was dasselbe sagt, ob alle Phantasmen als Nachwirkungen

vergangener Erlebnisse zu betrachten sind, wird weiter unten
ihre Erledigung finden.

Die Empfindungen. Wir bezeichnen als Empfindungen
diejenigen Teilinhalte unseres Bewusstseins, welche sich unmittelbar durch den eben erwähnten qualitativen Unterschied
gegenüber den Gedächtnissbildern auszeichnen und mit eben
dieser Beschaffenheit sich als solche Factoren unserer Erlebnisse zu erkennen geben, welche nicht der Vorbereitung entstammen. Soweit ein zusammengesetzter Inhalt Teile enthält,
die sich als Nachwirkungen früherer Erlebnisse zu erkennen
geben, kann derselbe hiernach nicht als Empfindung bezeichnet
werden; hingegen wird jeder bei der Analyse anzutreffende
Teil, welcher seinerseits keine Phantasmen mehr als Factoren
enthält, als Empfindung anzusprechen sein, gleichviel ob er
selbst noch weiter zu zerlegen ist oder nicht: der Begriff der
einzelnen Empfindung soll zwar als einheitlicher, darum
aber noch keineswegs der analysirenden Thätigkeit gegenüber
als einfacher Teilinhalt definirt sein.

Was es heisst, von dem Gegensatz zwischen einfach und
einheitlich, von der Möglichkeit weiterer Zerlegung einer einheitlichen Empfindung und von Componenten dieser Empfindung zu sprechen, die wir noch nicht vorgefunden haben, bedarf nach den Betrachtungen des vorigen Capitels keiner Erklärung mehr. Will man sich keiner Inconsequenz schuldig
machen, so wird man natürlich den Ausdruck „Componenten
einer Empfindung“ nicht noch in anderem als dem dort
festgestellten Sinne gebrauchen dürfen, man wird vor allem
nicht deshalb, weil vielleicht eine Empfindung durch das Zusammenwirken verschiedener physikalischer bez. physiologischer
Processe bedingt ist, ohne Weiteres auch von einer entsprechenden Zusammensetzung der Empfindung selbst reden
dürfen, soweit nicht die thatsächliche Analyse der Empfindungen uns solche Zusammensetzung beweist;[70]) der physiologischen Combination braucht keineswegs eine psychologische
zu entsprechen — sowenig etwa den Vibrationen einer Klang-
welle irgendwelche periodische Aenderungen der Tonempfindung parallel gehen.

Ebensowenig wie irgend eine Behauptung über Zusammensetzung der Empfindungen darf die Einteilung derselben auf die physikalischen und physiologischen Thatsachen gegründet werden, die wir als Bedingungen der Empfindungen kennen lernen. Wenn es auch richtig ist, dass die Empfindungen der verschiedenen Sinnesgebiete ihre verschiedenen Organe besitzen und im Allgemeinen durch verschieden geartete physikalische Reize erregt werden, so würden wir doch ohne jede Kenntniss dieser Verschiedenheiten der Organe und Reize dieselben Unterschiede und Aehnlichkeiten der Empfindungen vorfinden, die wir thatsächlich vorfinden; die Classification der letzteren muss sich also, soweit sie überhaupt eine psychologische, eine solche von Bewusstseinsthatsachen sein soll, auch unabhängig von jener Kenntniss gewinnen lassen. In der That sind die Einteilungen der Empfindungen, die Manche auf jene Unterschiede der Empfindungsbedingungen gründen zu müssen glauben, einzig durch die qualitativen Verschiedenheiten und Aehnlichkeiten der Empfindungen selbst bedingt; ohne diese Unterschiede und Aehnlichkeiten würde von einer Scheidung z. B. der optischen und akustischen Empfindungen keine Rede sein.

Wenn wir die Empfindungen auf Grund ihrer vorgefundenen Unterschiede und Aehnlichkeiten in bekannter Weise in die Gebiete der optischen, der akustischen, der Geruchs- und Geschmacksempfindungen, der Hautempfindungen (Berührungs- und Temperaturempfindungen), der Muskel-, Sehnen-, Gelenk-, Organempfindungen einreihen, so soll mit dieser Aufzählung keineswegs behauptet sein, dass es keine Empfindungen geben könne, die sich nicht einer dieser Classen einordnen liessen. Unter anomalen Umständen mögen vielmehr noch mancherlei Arten von Empfindungen bemerkt werden, die wir für gewöhnlich nicht unterscheiden und die vielleicht keiner der obigen Classen angehören — soweit nicht der unbestimmte Begriff der Organempfindungen für alle noch etwa zu entdeckenden Arten der Empfindungen bereitgehalten wird. Sind doch auch Sehnen- und Gelenkempfindungen erst relativ sehr spät als Teilinhalte der grösseren Complexe unterschieden worden, die sich vor der Analyse als „Lageempfindungen" der beweglichen Teile unseres Körpers darstellen.

Zu der obigen Einteilung ist zu bemerken, dass dieselbe nicht etwa noch weiter in der Weise differenzirt werden darf, dass man bei den optischen Empfindungen zwischen Farben- und Ausdehnungsempfindungen, bei den akustischen zwischen Höhen- und Intensitätsempfindungen unterschiede u. s. w. Da wir als Empfindungen nur die vorgefundenen Teilinhalte des Eindruckes als solche bezeichnen, so sind die eben genannten Unterscheidungen, die sich auf deren abstracte Merkmale beziehen, nicht als Einteilungen der Empfindungen zuzulassen. Ebensowenig sind entsprechende „Componententheorien", wie etwa Behauptungen über die Zusammensetzung der Gesichtsempfindungen aus Farben- und Ausdehnungsempfindungen, des Blau aus Rot- und Violettempfindungen u. dgl. zulässig. Deswegen, weil eine Empfindung sich mit anderen in verschiedenen Hinsichten als ähnlich erweist, dürfen noch nicht diese Aehnlichkeiten als Componenten der gegebenen Empfindung hypostasirt werden; Merkmale und Componenten sind nicht mit einander zu verwechseln.

Wenngleich von der Gesammtheit der gleichzeitigen Empfindungen stets nur einige wenige bemerkt werden, so dürfen wir doch nach den Ausführungen des vorigen Capitels nicht behaupten, dass nur diese für das Bewusstsein vorhanden seien. Vielmehr sind stets noch eine grosse Reihe weiterer Empfindungen, obzwar unbemerkt, doch von wesentlichem Einfluss auf unseren Gesammtbewusstseinszustand; auch sind wir im Allgemeinen im Stande, auf die eine oder die andere derselben unsere Aufmerksamkeit zu lenken.

Die Empfindungen eines jeden der oben bezeichneten Gebiete weisen untereinander jeweils grössere Aehnlichkeit auf, als mit denen eines anderen Gebietes; innerhalb jedes einzelnen Gebietes aber finden sich wiederum mannigfache Unterschiede der Aehnlichkeit, nach welchen sich die Empfindungen in Aehnlichkeitsreihen ordnen lassen. Es sollen hier nicht die sämmtlichen möglichen Reihenbildungen, die sämmtlichen Kategorien der Vergleichung besprochen werden, die zur Unterscheidung der einzelnen Merkmale der Empfindungen führen. Nur einige Betrachtungen allgemeinerer Natur über diese Merkmale sollen hier Platz finden.

Wie jeder Teil unseres Bewusstseinsverlaufes, so besitzen auch die Empfindungen zeitliche Dauer. Von der Vergleichung der Dauer ist bereits früher die Rede gewesen: wir haben gesehen, wie wir mit Hilfe des Gedächtnisses Zeitintervalle zu vergleichen im Stande sind. Das Gedächtniss für zeitliche Unterschiede der Empfindungen ist (namentlich im akustischen Gebiete) ausserordentlich bildungsfähig — wir lernen die Gleichheit oder Ungleichheit kürzerer Zeitintervalle ohne objective Hilfsmittel mit grosser Genauigkeit zu beurteilen.

Wir finden ausser der Dauer noch die mannigfaltigsten zeitlichen Gestaltqualitäten der Empfindungen vor; nur für einen geringen Teil derselben besitzt die Sprache besondere Bezeichnungen. Der Begriff der constanten Empfindung ist oben bereits besprochen worden. Da die zur Constatirung der Constanz notwendige Vergleichung der Inhalte successiver Phasen nur mit Hilfe des Gedächtnisses stattfinden kann, so kann auch von Constanz der Empfindungen jeweils nur innerhalb der Grenzen der Genauigkeit des Gedächtnisses gesprochen werden, und in derselben Weise, wie wir Erfahrungen über die „Ungenauigkeit des Gedächtnisses" machen, können sich auch mit eintretender Verfeinerung des Gedächtnisses nachträgliche Correcturen jener Beurteilung einstellen; diese Correcturen können sich aber stets nur auf die Beurteilung objectiver Thatbestände (im Sinne des zweiten Capitels), nicht auf die subjective Erscheinung der letzteren beziehen. Im Gebiete des jeweils Vorgefundenen bleibt ein für allemal dasjenige gleich, was nicht unterscheidbar ist bez. war, d. h. was bei directer Vergleichung, beim Uebergang vom einen zum anderen Gliede ohne Ablenkung der Aufmerksamkeit durch anderweitige Teilinhalte sich nicht als verschieden zu erkennen gibt. Dem Begriffe ununterscheidbarer Empfindungen oder unbemerkbarer Empfindungsunterschiede können wir daher, solange wir unter Empfindungen eben vorgefundene Bewusstseinsinhalte als solche und nicht irgendwelche objectiven Existenzen meinen, keine Berechtigung zugestehen: von Unterschieden des Vorgefundenen kann nur soweit die Rede sein, als wir solche Unterschiede entweder vorgefunden haben, vorfinden oder unter bestimmten Bedingungen vorzufinden erwarten.

Neben den constanten oder ruhenden haben wir die veränderlichen oder bewegten Empfindungen zu unterscheiden, die
ihrerseits bei weiterer Zerlegung in successive Phasen sich
entweder als successive Complexe constanter oder abermals
veränderlicher Teile erweisen können (vgl. Cap. III.).
Alle ver-
änderlichen Empfindungen werden gelegentlich als Bewegungsempfindungen bezeichnet; wo dies Wort ohne Zusatz gebraucht wird, sollen indess im Folgenden nur die Veränderungen
von Lageempfindungen damit bezeichnet sein, derjenigen Complexe von Muskel-, Sehnen-, Gelenk- und Organempfindungen
also, welche uns von der Lage der Teile unseres Körpers Kunde
geben.
Räumliche Eigenschaften kommen den Empfindungen
als solchen d. h. abgesehen von ihren empirischen Zusammenhängen mit Empfindungen anderer Gebiete nur teilweise zu.
Dass ein gleichzeitiges Nebeneinander nicht notwendig ein
räumliches Nebeneinander im gewöhnlichen Sinne sein muss,
zeigt die Klanganalyse ohne Weiteres. Die gleichzeitig unterschiedenen Teiltöne stehen in keinerlei räumlichen Relationen
zu einander. Auch wer an den Tönen eine „raumähnliche"
Bestimmung, eine gewisse „verschiedene Breite" derselben meint
constatiren zu müssen, kann sich leicht überzeugen, dass diese
Bestimmung mit einer vermeintlichen räumlichen Ordnung der
gleichzeitigen Töne nichts gemein hat. Wäre jene quasiräumliche Bestimmung der Töne derjenigen Eigenschaft gefärbter
Flächen analog, durch welche die räumliche Anordnung der
letzteren im Gesichtsfelde bedingt ist, so wäre der Zerlegung
eines Zusammenklanges nicht durch die Anzahl der Teiltöne
eine Grenze gesetzt: vielmehr müsste alsdann jeder Teilton,
seiner „Breite" entsprechend, sich noch als aus weiteren „minder
breiten" Tönen zusammengesetzt ansehen lassen. Dass auch
die quasiräumliche Anordnung der Töne in einer Reihe nach
der Höhe und Tiefe mit der räumlichen Ordnung der sichtbaren Inhalte nur eine sehr oberflächliche Analogie zeigt, erkennt man sofort, wenn man im Tonreiche nach dem Analogon
der Verbindungen fragt, welche in räumlichen Continuen zwischen
den unterschiedenen Elementen bestehen. Tonlinien, Ton-
winkel u. dgl. gibt es nicht. Wer also von räumlichen Be-

stimmungen aller Empfindungsinhalte, zu denen uns die Analyse führt, zu reden beliebt, wird mindestens zugeben müssen,
dass er von Raum in einem ganz anderen, sehr viel weiteren,
d. h. unbestimmteren Sinne spricht, als es der üblichen Bedeutung des Wortes gemäss ist.

Die Sinnesgebiete, in welchen die gleichzeitigen Teile eines
jeden Complexes räumlich angeordnet sind, sind der Gesichts-
und der Hautsinn. Was mit dieser räumlichen — flächen-
haften — Anordnung und mit den räumlichen Relationen der
Teile gemeint ist, lässt sich (ebenso wie etwa Höhe und Intensität im Tongebiete) nur deiktisch definiren und darf als allgemein bekannt vorausgesetzt werden. Jeder Eindruck im
Gebiete der genannten Sinne bietet sich entweder direct als
ein Nebeneinander verschiedener Teile dar oder lässt sich doch
in eine solche Mehrheit gleichzeitiger Teile zerlegen; diese
Zerlegung ist in mannigfaltigster Weise möglich, anscheinend
ohne dass derselben durch die übrigen Merkmale der Teile
Schranken gesetzt sind. Wie früher den Begriff des zeitlich
punktuellen Ueberganges von einem Inhalt zum anderen, so
finden wir hier den Begriff der — nicht mehr flächenhaft ausgedehnten — Grenze zweier Teile, welche nur mit diesen
Teilen zugleich wahrgenommen werden kann und keine der
Qualitäten besitzt, die den letzteren zukommen. Wie jener
Uebergang, so ist auch diese räumliche Grenze eine Gestaltqualität des Complexes der aneinandergrenzenden Teile —
eben diejenige Gestaltqualität, welche die „Gestalt" dieser
Teile im gewöhnlichen Sinne bestimmt.

Auch die Behauptung der Continuität hat für den Fall
des räumlichen Zusammenhanges der Teile denselben Sinn,
wie für den zeitlichen Zusammenhang. Wir sagen, dass der
räumliche Zusammenhang jedes Eindruckes aus einem der
genannten Empfindungsgebiete ein continuirlicher sei, weil
wir bei der Zerlegung desselben in ein Nebeneinander von
Teilinhalten uns keine zwei Teile, die nicht unmittelbar anein-
andergrenzen, durch einen anderen Teil getrennt denken können,
der nicht auch seinerseits räumlich ausgedehnt wäre und an
jene Inhalte angrenzte. Mit dieser Continuität ist aber hier
so wenig wie bei der Zeit eine praktisch unbegrenzte Zerleg-

barkeit der Inhalte in kleinere und immer kleinere Teile gegeben; wir sind nicht im Stande, die Teilung über eine gewisse (übrigens veränderliche) Grenze hinaus fortzusetzen. Dass wir trotzdem jedem der thatsächlich zu unterscheidenden Teile noch räumliche Ausdehnung zuschreiben müssen, hat einen analogen Grund wie die entsprechende Thatsache, die wir bei Betrachtung des zeitlichen Verlaufes zu constatiren hatten. Wie dort der elementare Begriff der Dauer, so tritt uns hier derjenige der Ausdehnung als eine ursprüngliche, nicht weiter zurückführbare Qualität der betreffenden Teilinhalte entgegen, durch welche, wie dort Anfang und Ende, so auch hier eine Mehrheit verschiedener Grenzen des betrachteten Teiles gegen andere Teilinhalte bedingt wird.

Die Frage, ob die räumliche Beschaffenheit der genannten Empfindungsgebiete eine ursprünglich gegebene oder erst im Laufe unserer Entwicklung entstandene sei, ist nicht eindeutig. Ist mit derselben gemeint, ob unsere räumlichen Unterscheidungen und Prädicationen ursprünglich gegebene ·sind, so ist sie zu verneinen, da, wie alle Unterscheidungen, so auch die räumlichen, sich erst im Laufe unseres Lebens entwickeln. Ist dagegen gemeint, ob die Eigenschaften der Empfindungen, welche zu räumlichen Unterscheidungen Anlass geben, den betreffenden Empfindungsgebieten selbst angehören oder aus anderen Gebieten auf dieselben übertragen sind, so ist die Frage im ersteren Sinne zu entscheiden. Denn wenn auch z. B. zur Orientirung im Gesichtsfelde Erfahrungen anderer Sinnesgebiete — Muskelempfindungen — erforderlich sind, wie sich aus der primären Unterscheidung der Teile durch Analyse mit bewegtem Auge ergibt, so setzt doch eben die Orientirung im Gesichtsfelde, die Unterscheidung des Nebeneinander verschiedener gleichzeitiger Orte im Gesichtsfelde dieses selbst bereits als ein ausgedehntes, d. h. als ein solches voraus, in welchem eine Mehrheit gleichzeitiger Teile in der geforderten Art möglich ist.

Der Uebergang von einem begrenzten Teile eines räumlichen Empfindungscontinuums zu einem anderen, nicht unmittelbar angrenzenden Teile desselben kann innerhalb dieses Continuums nicht vollzogen werden, ohne dass zwischenliegende

Teile desselben durchlaufen werden. Wir können dies auch
in der Weise ausdrücken, dass wir sagen, in dem räumlichen
Continuum liegen die Teile stets nach Aehnlichkeitsreihen in
einer bestimmten Hinsicht, hinsichtlich der räumlichen Lage
nämlich, in ihrer Gesammtheit geordnet vor — diese Aehnlichkeitsreihen sind unmittelbar in extenso gegeben und wir brauchen
nicht erst nachträglich die Inhalte in dieselben einzuordnen,
wie wir es bei Inhalten anderer Sinnesgebiete und auch bei
denen der in Rede stehenden Gebiete hinsichtlich anderer
Merkmale thun. Ein Beispiel lässt den Gegensatz sofort erkennen: höre ich einen Complex von Tönen, so sind mir in
diesem Complexe nur einzelne Glieder der Tonreihe gegeben,
nicht aber zugleich diejenigen, welche ihrer Höhe oder Intensität nach zwischen jene zu liegen kämen, und ich kann in
einem solchen Complex meine Aufmerksamkeit von einem Teilton zum anderen wandern lassen, ohne irgend einen zwischen-
liegenden Ton wahrzunehmen.

Von anderen Qualitätencontinuen ist hiernach in dem
Sinne, in welchem wir von räumlichen Continuen sprechen,
nicht die Rede. Wenn man trotzdem von Empfindungscon-
tinuen, etwa vom Continuum der Töne spricht, so meint man
mit diesem Ausdrucke in der That etwas wesentlich anderes:
nicht auf das Auftreten der betreffenden Qualitäten als gleichzeitig gegebener Teilinhalte eines continuirlichen Zusammenhanges, sondern auf eine bestimmte Eigenschaft der Aehnlichkeitsreihen, in welche diese Qualitäten sich ordnen
lassen, will der gebrauchte Ausdruck hinweisen. Diese Aehnlichkeitsreihen sollen — dies ist der Sinn jenes Ausdruckes —
stetige Mannigfaltigkeiten sein, so dass zwischen je zwei von
einander endlich verschiedenen Qualitäten überall noch eine
unbegrenzte Zahl von Zwischenstufen anzunehmen wäre.

Wenn es auch nicht schwer zu erkennen ist, wie Behauptungen dieser Art entstanden sind, so können dieselben
doch nicht als Beschreibungen empirischer Thatbestände anerkannt werden, ja es scheint mir überhaupt nicht möglich,
einen verständlichen Sinn mit denselben zu verbinden. Die
Erfahrung zeigt uns allerdings bei allmäliger[71]) Aenderung
eines Reizes eine scheinbar continuirliche Aenderung der ent-

sprechenden Empfindung, z. B. bei allmäliger Verkürzung einer
gestrichenen Saite eine ebenso allmälige Aenderung der Tonhöhe. Erfahrungen dieser Art sind es ohne Zweifel, welche
zu jener Behauptung der Stetigkeit von Uebergängen zwischen
verschiedenen Qualitäten geführt haben. Mit der hier vorliegenden „Continuität" aber, d. h. mit dem lückenlosen Zusammenhange successiver wenig verschiedener Phasen ist noch
nicht Stetigkeit im oben erwähnten Sinne gegeben. Wir können
jene Aenderungen des Reizes so langsam vornehmen, dass in
der entsprechenden Empfindungsreihe nicht alle successiven
Phasen als verschieden erscheinen, sondern dass ein Teil derselben gleiche Qualität zeigt; die Frage, ob diese Teile wirklich qualitativ gleich sind oder uns nur etwa gleich scheinen,
hat nach der früher gegebenen Definition der Gleichheit von
Bewusstseinsinhalten keinen Sinn. Wir sehen also, dass den
Aenderungen des Reizes nicht überall Aenderungen der Empfindung parallel gehen: die letzteren müssen also jeweils auf
bestimmte (übrigens thatsächlich von Fall zu Fall verschiedene)
Gebiete der Reizänderung beschränkt bleiben[72]). Innerhalb
dieser Gebiete könnte nun zunächst abermals gefragt werden,
ob mit der continuirlichen Aenderung des Reizes eine stetige
Aenderung der Empfindung stattfinde. Das Ergebniss der Versuche lässt sich indess unter Berücksichtigung der schon eben
bezüglich des Gleichheitsbegriffes gemachten Bemerkung nicht
in diesem Sinne deuten. Wir finden bei allmäliger Aenderung
des Reizes jederzeit nach Ueberschreitung einer gewissen Grenze
dieser Aenderung — der „Unterschiedsschwelle" — eine von
der anfänglich auftretenden verschiedene Empfindung vor;
zwischen der anfänglichen und dieser neuen Empfindung findet
sich keine weitere Empfindung, vielmehr wird unterhalb jener
Schwelle die anfängliche, oberhalb derselben die neue Empfindung wahrgenommen, ein Verhältniss, das sich bei rückläufiger
Aenderung des Reizes in der Weise verschiebt, dass jetzt bei
den nächstgelegenen Reizwerten, die zuvor noch die erste
Empfindung ergaben, die zweite vorgefunden wird und erst
nach Ueberschreitung einer bestimmten Grenze der rückläufigen
Aenderung die erste Empfindung auftritt. Man hat diese Thatsache unter der stillschweigenden oder ausdrücklich anerkannten,

aber fast niemals kritisch geprüften Voraussetzung der Stetigkeit des Empfindungsgebietes dadurch zu erklären gesucht, dass man den Uebergang von einer Empfindung zu der eben merklich davon verschiedenen durch ununterscheidbare Empfindungen sich vollziehen liess, die durch unbemerkbare Differenzen sich von einander unterschieden[73]). Unter Voraussetzung der Stetigkeit der Empfindungsänderung würde diese Hypothese in der That nicht zu vermeiden sein. Allein wie mit jener Voraussetzung, so ist auch mit dieser neuen Hypothese ein Begriff eingeführt, der weder direct zu beobachtende Thatsachen bezeichnet, noch auch zur einfacheren Zusammenfassung solcher dienen kann, weil eben der Begriff der unbemerkbaren Differenzen ein Merkmal enthält, welches seiner Natur nach nicht auf vorgefundene oder jemals vorzufindende Thatsachen Anwendung finden kann. Dagegen ergibt sich mit der Ablehnung jener Voraussetzung sogleich eine sehr einfache Auffassung der beobachteten Thatsachen. Die betreffende Aehnlichkeitsreihe ist der Beobachtung entsprechend als discrete Mannigfaltigkeit anzuerkennen: jedem Reizwerte aber entspricht nicht eine bestimmte Stelle im Gebiete dieser Reihe, sondern die Beziehung von Reiz und Empfindung erscheint mehrdeutig, indem je nach der vorgängigen Richtung der Aufmerksamkeit demselben Reize entweder die eine oder die andere Empfindung entsprechen kann. Das „Intervall des Zweifels", welches bei Versuchen der beschriebenen Art auftritt, ist dasjenige Intervall, innerhalb dessen jeweils solche Vieldeutigkeit besteht; die Behauptung, dass demselben Reize „bei verschiedener vorgängiger Richtung der Aufmerksamkeit" bald die eine, bald die andere Empfindung entsprechen kann, ist nur der einfache Ausdruck für die oben erwähnte Thatsache, dass die Unterscheidung zwischen den beiden „eben merklich" verschiedenen Empfindungen je nach der Richtung des Ueberganges bei verschiedenen Reizwerten eintritt.[74])

Die stillschweigende Zustimmung zu der hier aufgestellten Behauptung der Unstetigkeit der Empfindungsgebiete scheinen mir alle diejenigen Aussagen erkennen zu lassen, in welchen von der Anzahl verschiedener Empfindungen zwischen zwei

gegebenen Reizwerten die Rede ist; Aussagen, wie sie sich
bemerkenswerter Weise auch bei denjenigen Psychologen finden,
welche die Stetigkeitshypothese und die daraus abgeleitete
Theorie der unbemerkbaren Empfindungsdifferenzen vertreten.
Mit der Stetigkeitshypothese selbst entfallen natürlich
auch die daraus gezogenen Consequenzen. Nur auf Grund
dieser Hypothese konnte die Behauptung aufgestellt werden,
dass wir thatsächlich niemals reine Intervalle hören, dass wir
niemals eine Empfindungsqualität auch nur die kürzeste Zeit
hindurch als constant, keine auch noch so kleine Fläche als
gleichmässig gefärbt betrachten dürfen[75]). Alle Behauptungen
dieser Art zeigen sich hier als Subreptionen — sie setzen an
Stelle des direct Vorgefundenen eine auf ungenügende physikalische Analogien gestützte metaphysische Hypothese.

An die Stelle des Begriffes ebenmerklich verschiedener Empfindungen hat nach der vorgetragenen Auffassung
derjenige der nächstgelegenen Glieder der betreffenden Aehnlichkeitsreihe zu treten. Von Distanzen zwischen diesen
Gliedern kann nach den früheren Betrachtungen[76]) sehr wohl
die Rede sein. Unberechtigt ist dagegen die Behauptung,
dass diese Distanzen gleich sein müssen, dass also die ebenmerklich verschiedenen Empfindungen als äquidistant zu betrachten wären. Man wird sich hierfür nicht auf die Gleichheit des Ununterscheidbaren berufen können: denn der
Uebergang von a zu b und derjenige von b zu c — wenn mit
diesen Buchstaben ebenmerklich verschiedene Empfindungen
bezeichnet sind — sind sehr wohl unterscheidbar; hinsichtlich
der Grösse des Ueberganges aber, d. h. der Distanzen ab und
bc, auf die es hier allein ankommt, ist die Vergleichung
so ausserordentlich erschwert, dass ein directes Urteil nicht
wohl möglich ist. Ein indirectes Urteil aber lassen die Ergebnisse psychophysischer Messungen gewinnen. Wären die
ebenmerklich verschiedenen Empfindungen zugleich äquidistant,
so müssten auch diejenigen Empfindungen äquidistant sein,
welche durch gleichviele solcher Stufen getrennt sind; es
müsste also die Abzählung jener Stufen zu denselben Resultaten
über die Empfindungsdistanzen führen, wie die directe Vergleichung der letzteren. Da hiervon erfahrungsgemäss sicherlich

nicht allgemein die Rede sein kann [77]), so ist die fragliche Annahme nicht zuzugeben. Eben hiermit entfällt principiell die Möglichkeit der Messung von Empfindungsdistanzen durch Abzählung der ebenmerklichen Distanzen, wenn man nicht etwa die Bedeutung des Wortes Distanz in einem neuen, von dem sonst üblichen durchaus verschiedenen Sinne definiren will. [78])

Die Consequenzen dieser Betrachtungen für die Psychophysik werden weiter unten gezogen werden.

Phantasievorstellungen. Gelegentlich der Einteilung aller Bestandteile unserer Erlebnisse in Empfindungen und Phantasmen hat sich uns oben die Frage aufgedrängt, ob die getroffene Einteilung mit derjenigen identisch sei, die die Gesammtheit jener Bestandteile in Teile der Vorbereitung und des Eindruckes gliedert — in solche also, die als Nachwirkungen vergangener Erlebnisse sich zu erkennen geben, und solche, die diesen gegenüber als neue Inhalte erscheinen.

Die Antwort auf diese Frage scheint zunächst im negativen Sinne erfolgen zu müssen. Wir pflegen neben den Empfindungen und jenen Gedächtnissbildern, die sich uns unmittelbar als Nachwirkungen vergangener Erlebnisse darstellen, noch eine weitere Art von Inhalten als Phantasievorstellungen zu bezeichnen — Vorstellungen, die ihrer Qualität nach jenen Gedächtnissbildern im engeren Sinne gleichartig sind, aber entweder nicht als Gedächtnissbilder bestimmter früherer Erlebnisse beurteilt werden oder geradezu als neue Inhalte charakterisirt sind. Ich stelle mir den Ton *a* vor, ohne mich an ein früheres Erlebniss als solches dabei zu erinnern; ich bilde mir Vorstellungen noch nie gesehener Farbenzusammenstellungen, noch nie gehörter Melodien, und halte mich dabei völlig überzeugt, dass ich Vorstellungen dieser Art noch nie wahrgenommen habe, dass die gegenwärtigen Phantasmen also nicht Gedächtnissbilder vergangener Erlebnisse sind. Die Inhalte, welche hier auftreten, scheinen sonach ebenso neue Inhalte wie die Empfindungen; es liegt mindestens nahe, sie als besondere, den Bestandteilen der Vorbereitung zwar qualitativ ähnliche, aber ihrem Ursprunge nach

von denselben verschiedene, dem Eindrucke angehörige Inhalte
zu betrachten.

Ein Schluss dieser Art wäre jedoch voreilig. Wir haben
bereits gesehen, dass durch Analyse der Vorbereitung die Teile
derselben in neue Relationen zu einander treten können:
die so gebildeten Complexe von Gedächtnissbildern sind als
Complexe neu, während doch ihre Teile der Vorbereitung
angehören. Soweit also jene Phantasievorstellungen zusammengesetzter Natur sind, können sie sehr wohl aus Elementen der
Vorbereitung bestehen. Was aber die einheitlichen (und somit
auch die einfachen) Phantasievorstellungen angeht, so ist
jener Schluss gleichfalls durch die Erfahrung nicht gerechtfertigt. Wenngleich wir bei einer einfachen Phantasievorstellung kein Gedächtnissurteil fällen, so ist sie darum noch
nicht notwendig ein neuer Inhalt. Wenn ich mir den Ton a
oder grüne Farbe vorstelle, so urteile ich zwar nicht, dass ich
eine ähnliche Empfindung früher gehabt habe; aber wenn ich
mir eine solche Frage stelle, d. h. wenn ich mich frage, ob
diese meine Phantasievorstellungen Nachwirkungen vergangener
Erlebnisse sind oder nicht, so kann die Antwort nicht zweifelhaft sein: jene Phantasmen sind mir längst bekannt als die
Gedächtnissbilder der betreffenden Empfindungen. Das Gedächtnissbild des Tones a und die „blosse Vorstellung" des
Tones a sind in nichts von einander verschieden, insoweit ich
nur auf die betreffenden Teilinhalte selbst achte, die mit
diesen Namen bezeichnet werden. Sie können insbesondere
genau mit der gleichen Schärfe und „Lebhaftigkeit" erscheinen
und ebenso können beide sowohl gegen unseren Willen sich
aufdrängen als auch mit unserer Zustimmung, als wirkliche
oder scheinbare Folgen einer Willensanstrengung erscheinen.

Ist somit erwiesen, dass es einheitliche Phantasievorstellungen gibt, welche als Teile der Vorbereitung betrachtet
werden müssen, so wird weiter zu fragen sein, ob es nur
solche gibt, ob also alle einfachen Phantasievorstellungen mit
Gedächtnissvorstellungen zusammenfallen. Der Appell an die
Erfahrung scheint zunächst einer Entscheidung in diesem Sinne
günstig; bekanntlich hat jedoch Hume einen Ausnahmefall
von dieser Regel constatiren zu müssen geglaubt. Um diese

Frage zu entscheiden, müssen wir vor allem fragen, auf welche Gründe hin wir von irgend einem einzelnen Inhalte behaupten können, dass er der Vorbereitung entstamme. Zunächst ist hierzu jedenfalls die unmittelbare Bekanntheitsqualität des Inhaltes erforderlich, welche ihn als einen schon dagewesenen beurteilen lässt; weiter aber muss, da solche Bekanntheitsqualität auch bei Empfindungsinhalten auftritt, die Forderung hinzutreten, dass der Inhalt dem Gebiete der Phantasmen angehöre. Weiter aber erscheint nichts erforderlich: eine Phantasievorstellung, welche uns als eine bereits bekannte entgegentritt, als Phantasievorstellung wiedererkannt wird, ist eben damit als Gedächtnissbild im engeren Sinne charakterisirt.

Nun findet sich aber in der That keine einfache Phantasievorstellung, welche in der Art den Charakter eines durchaus neuen Inhaltes trüge, wie ihn gewisse Complexe und — namentlich in früheren Stadien unserer Entwicklung — viele einfache Empfindungsinhalte tragen. Auch in dem von Hume angegebenen Falle der in der Phantasie ergänzten Zwischenvorstellung zu zwei thatsächlich erlebten wenig verschiedenen Farbenschattirungen wird niemand das Gefühl haben, dass er einen durchaus neuen und somit nicht auf die Vorbereitung zurückzuführenden Inhalt schaffe; das Fehlen bestimmter Erinnerung kann hier sowenig wie sonst die Neuheit garantiren, die nicht im Charakter des Inhaltes selbst gegeben ist. Das Hume'sche Beispiel ist übrigens schon darum nicht sehr plausibel, weil wir thatsächlich von jeder Wahrnehmung einer Farbe aus in Folge der fortwährend wechselnden Beleuchtungsverhältnisse auf die nächstgelegenen Nuancen geführt zu werden pflegen, also überhaupt schwerlich zwei Farben ausfindig machen werden, deren Zwischenstufen wir noch nicht gesehen hätten. Ausserdem aber würde es schwer zu entscheiden sein, ob in einem solchen Falle die ergänzende Zwischenvorstellung nicht bloss durch ein Relationssymbol, als bloss angezeigte Vorstellung, sondern wirklich als vorgefundener Inhalt der geforderten Art gegeben sein würde. Bedenklicher erscheinen auf den ersten Blick Beispiele einer anderen Kategorie. Ich habe sicherlich Klänge vom Charakter (der „Klangfarbe") des

13*

Locomotivenpfiffes noch nicht in allen möglichen Tonhöhen
gehört; dennoch bin ich im Stande, mir dieselben in den
mannigfaltigsten Höhenlagen vorzustellen (und zwar nicht
bloss in Form angezeigter Vorstellungen), ohne dabei irgend
eine Zerlegung oder Zusammensetzung des Klanges vorzu-
nehmen, also ohne in der oben erwähnten Art durch Combination von Gedächtnissbildern eine zusammengesetzte Phantasievorstellung zu bilden; — trotzdem besitzen die betreffenden
Vorstellungen einen ganz zweifellosen Bekanntheitscharakter,
sie sind durchaus nicht als etwas Neues charakterisirt. Der
Grund hierfür ist aber einfach darin zu suchen, dass die
Merkmale dieser Vorstellungen sämmtlich bereits bekannt
sind und nur in einer neuen Combination auftreten; d. h. die
betreffenden Phantasievorstellungen sind als solche in der gegenwärtigen Bestimmtheit zwar vielleicht noch nicht dagewesen,
ihre Merkmale aber sind in der Vorbereitung bereits gegeben
und daher erscheinen auch jene Vorstellungen selbst als Inhalte, die der Vorbereitung entstammen. Man mag diese Thatsache populär in der Weise bezeichnen, dass man von einheitlichen Phantasievorstellungen spricht, die durch Zusammen-
fügung abstracter Gedächtnissinhalte entstehen; das primäre
Factum aber, welches Fällen der beschriebenen Art zu Grunde
liegt, ist dieselbe Unbestimmtheit der Gedächtnissbilder,
deren fundamentale Bedeutung für das ursprüngliche Wiedererkennen und die Aehnlichkeitserkenntniss früher besprochen
wurde.

Wir haben hiernach die einheitlichen Phantasievorstellungen
durchweg als der Vorbereitung entstammende Inhalte zu betrachten und dürfen also den von Hume als Regel aufgestellten
Satz als allgemein giltig aussprechen, dass alle einfachen Ideen
Abbilder früherer Eindrücke sind, oder, wie wir dies in unserer
Terminologie ausdrücken können, dass das Vorfinden einfacher
Phantasievorstellungen sich stets als ein Fall der (willkürlichen
oder unwillkürlichen) Analyse der Vorbereitung darstellt; wobei
aber mit Rücksicht auf die oben zuletzt erwähnten Fälle zu
bemerken ist, dass die mehr oder minder unbestimmten
Gedächtnissbilder bei solcher Analyse in der einen oder in der
anderen Richtung eine nähere Bestimmung erfahren können,

entsprechend den Unterscheidungen, wie sie uns in irgend einer der Aehnlichkeitsreihen bekannt und geläufig sind, welchen jene Gedächtnissbilder angehören. Mit diesem Ergebniss erklärt sich von selbst die Thatsache, dass die Phantasievorstellungen ebenso wie die Gedächtnissbilder eine eigentümliche symbolische Function besitzen, d. h. dass wir überzeugt sind, uns durch die Phantasievorstellungen ebenso wie durch die Gedächtnissbilder die Eigenschaften von nicht gegenwärtigen Inhalten in gewisser Weise zu vergegenwärtigen: wir stellen uns den Ton *a* vor, wir denken an den Ton *a* und wissen zugleich, dass der Ton *a* von seinem gegenwärtigen Phantasma wesentlich verschieden ist, dass wir ihn also nicht selbst als Bewusstseinsinhalt gegenwärtig haben, sondern dass das Phantasma uns ihn in eigenartiger Weise vertritt. Nachdem wir diese Function bei den Gedächtnissbildern bereits vorgefunden haben, folgt ihr Bestehen bei den genannten Phantasievorstellungen aus der nachgewiesenen Identität beider ohne Weiteres.

Ist aber diese Identität für die einfachen Phantasievorstellungen erwiesen, so wird die Frage nach dem Wesen der zusammengesetzten Phantasievorstellungen in soweit leicht zu beantworten sein, als wir nunmehr behaupten können, dass ihre Bestandteile durchweg Gedächtnissbilder sind. Denn wir haben ausser den hier von vornherein ausgeschlossenen Empfindungen und den Gedächtnissbildern nach dem Vorigen überhaupt keine weiteren einheitlichen Bestandteile unserer Bewusstseinsinhalte mehr zu gewärtigen. Bevor wir aber weiter untersuchen, in welcher Weise durch eine Zusammenstellung von Gedächtnissbildern zusammengesetzte Phantasievorstellungen zu Stande kommen, wollen wir zunächst zusehen, wie denn der thatsächlich doch vorhandene Unterschied der einfachen Phantasievorstellungen von entsprechenden Erinnerungen zu erklären sei, nachdem in den betreffenden Phantasmen selbst kein Unterschied angetroffen wird.

Eben diese letztere Thatsache weist uns für die Beantwortung der gestellten Frage den Weg. Wenn nicht in den betreffenden Phantasmen selbst, so muss der Unterschied in den übrigen gleichzeitig vorhandenen Teilinhalten, oder, was

dasselbe sagt, in den Beziehungen der ersteren zu ihrem Hintergrunde gesucht werden.[79]) In der That lassen die vorigen
Betrachtungen erkennen, dass der Unterschied zwischen einfacher Phantasie- und Erinnerungsvorstellung nur darin besteht,
dass im ersteren Falle keine Beziehung des Phantasmas auf
ein bestimmtes früheres Erlebniss erkannt wird. Wir haben
aber früher bereits gesehen, dass eine solche Erkenntniss mehr
oder minder bestimmter zeitlicher Beziehungen stets durch die
Relationsfärbung, durch den Hintergrund des betreffenden Gedächtnissbildes bedingt ist. In welcher Weise die Beschaffenheit dieses Hintergrundes zu Gedächtnissurteilen führt, soll
unten sogleich zur Sprache kommen. Für unseren gegenwärtigen Zweck genügt es darauf hinzuweisen, dass keineswegs
in jedem Falle die Beziehungen des Gedächtnissbildes zu seinem
Hintergrunde, welche für die Bestimmung der zeitlichen Stellung des repräsentirten Inhaltes und somit für die Erinnerung
als solche massgebend sind, beachtet werden müssen. Insbesondere aber wird das Gedächtnissbild, welches einem sehr
häufig in gleicher Weise wiederholten Erlebnisse entspricht,
der bestimmten zeitlichen Beziehungen ermangeln: wir beachten
die Unterschiede der zeitlichen Bestimmung, welche zwischen
den verschiedenen Fällen des Auftretens der gleichen Inhalte
bestehen, im Allgemeinen nicht oder nur in relativ seltenen
Fällen; wir beachten dieselben um so weniger, je gewohnter
uns der betreffende Inhalt ist; das Gedächtnissbild eines solchen
Inhaltes wird daher bald mit diesen, bald mit jenen, im Allgemeinen aber überhaupt nicht mit bestimmten Beziehungen
zu den Nachwirkungen anderer Erlebnisse auftreten, d. h. es
wird ihm jene eigentümliche Färbung fehlen, welche uns beim
Bemerken eines Gedächtnissbildes von der Erinnerung an dieses
oder jenes bestimmte Ereigniss sprechen lässt. Gerade dies
aber ist die Eigentümlichkeit der Vorstellungen, die wir als
Phantasievorstellungen bezeichnen, wenn wir im Gegensatz zu
unseren Erinnerungen davon sprechen, dass wir uns einen
Inhalt „bloss vorstellen". Wir sehen also, wie durch die
mangelhafte Analyse der Relationen unserer Erlebnisse die
Gedächtnissbilder derselben den Charakter von Phantasievorstellungen gewinnen.

Was hier zunächst von einfachen Phantasmen gesagt wurde, gilt auch von zusammengesetzten: auch bei complexen Inhalten wird es vorkommen, dass wir ihre Relationen zu anderen Inhalten nicht beachten und dass demgemäss auch ihre Gedächtnissbilder des besonderen Charakters entbehren, welcher die Erinnerung von der „blossen Vorstellung" unterscheidet. Complexe Phantasievorstellungen dieser Art tragen natürlich nicht den Charakter neuer Inhalte; ihnen aber stehen andere gegenüber, welche nicht nur nicht als Erinnerungsbilder entsprechender vergangener Complexe von Erlebnissen erkannt (beurteilt) werden, sondern in der That nicht solchen Erlebnissen ihren Ursprung verdanken. Wir können uns bald an dieses, bald an jenes Erlebniss erinnern oder ohne bestimmte Erinnerung das betreffende Gedächtnissbild bemerken, uns ein Erlebniss der betreffenden Art vorstellen; wir können in dieser Weise nicht nur successive Complexe der verschiedenartigsten Phantasmen zusammenstellen, sondern es gelingt auch das eine Bild festzuhalten, während wir uns noch einen weiteren Inhalt vorstellen, d. h. wir können, wie successive, so auch gleichzeitige Complexe von Phantasmen bilden. Wo von willkürlicher Erzeugung oder Production von Phantasievorstellungen die Rede ist, pflegt man Vorgänge der eben bezeichneten Art zu meinen; eben solche Complexe treten aber auch ohne willkürliche Thätigkeit unsererseits auf — eine Thatsache, die zum Teil durch Associationswirkungen erklärt werden kann. Vergleichen wir einen derartigen Complex von Gedächtnissbildern mit einem der oben genannten Complexe, so zeigt sich sofort der Unterschied: während im obigen Falle der Complex seinerseits Gedächtnissbild eines entsprechenden früher erlebten Complexes war, ist hier der Complex als Ganzes nicht mehr Gedächtnissbild; die Zusammenstellung der Teile zum Complex erfolgte in beliebiger, von unseren früheren Erfahrungen unabhängiger Weise. Wir haben hier also Phantasievorstellungen, welche nicht bloss durch das Fehlen bestimmter Erinnerung charakterisirt sind, sondern die in der That keinem früheren Erlebnisse als Gedächtnissbilder entsprechen. Vorstellungscomplexe dieser Art sollen im Folgenden als reine Phantasievorstellungen bezeichnet werden.

Die neuen Relationen, in welche die Gedächtnissbilder bei
der eben beschriebenen Complexbildung treten, sind nicht in
jeder Hinsicht willkürlich; wir können vielmehr nur eben
diejenigen Beziehungen in die Complexe nach Belieben hinein-
tragen, in Bezug auf welche die zu combinirenden Phantasmen
ihrer Natur nach nicht bestimmt sind. Es sind dies die
Beziehungen, welche bei der Analyse der Vorbereitung und
allgemein beim Herausgreifen eines Teiles aus einem Complexe, d. h. bei der Abstraction von den übrigen Teilinhalten
des letzteren gelöst werden — diejenigen Relationen also,
von welchen die Stellung eines Teilinhaltes in einem bestimmten
Complexe abhängt: die zeitlichen Beziehungen (einschliesslich
der Gleichzeitigkeit) und innerhalb der früher bezeichneten
Inhaltsgebiete die räumlichen Beziehungen. Hingegen sind
die übrigen Relationen der Phantasmen, die zu einem reinen
Phantasiegebilde zusammentreten, durch ihre Qualitäten bestimmt: ich kann nicht zu den Vorstellungen eines bestimmten
Blau und eines bestimmten Grün eine andere Aehnlichkeitsrelation willkürlich hinzufügen, als sie thatsächlich zwischen
den beiden gegebenen Qualitäten besteht. Ebenso hängen
natürlich die Gestaltqualitäten der entstehenden Complexe nicht
von unserer Willkür ab, soweit sie durch Relationen der
letzteren Art bestimmt sind. Soweit aber auch hinsichtlich
der zuerst genannten Relationen der zusammenzufügenden Teile
unsere Willkür gehen mag, in einer Hinsicht steht uns auch
hier die Wahl nicht frei: wir können uns keinen Complex
ohne jede zeitliche Beziehung der Teile und ebensowenig, wo
es sich um Inhalte jener besonderen Gebiete handelt, ohne
jede räumliche Beziehung der Teile vorstellen; wir können
nicht zwei Teile sowohl als gleichzeitig als auch zugleich als
ungleichzeitig vorstellen, nicht an einem Punkt eines vorgestellten Gesichtsfeldes zwei verschiedene Farben, nicht einen
Ton als Teil eines räumlichen Farbencontinuums vorstellen —
kurz, wir können uns nicht von denjenigen Relationen frei
machen, welche überall zwischen den Teilen eines Complexes
als Teilen bestehen. Denn die Teile, aus welchen die reinen
Phantasiegebilde sich zusammensetzen, werden als Teile eines
solchen eben auch von uns erlebt: sie sind eben deshalb

auch ihrerseits den allgemeinen Regeln unterworfen, welchen alle unsere Erlebnisse als Teile unseres Bewusstseinsverlaufes, als Glieder einer zusammenhängenden Erfahrung sich fügen und fügen müssen, weil ohne diese Regeln, wie die ersten Capitel gezeigt haben, ein zeitlich verlaufendes und zusammenhängendes psychisches Leben nicht möglich ist.

Es versteht sich, dass das hier Gesagte nur von ausgeführten Phantasievorstellungen gilt. In Form von Symbolen, als angezeigte Vorstellungen lassen sich, wie alle Unmöglichkeiten, so auch Zusammenstellungen der eben als unmöglich erkannten Art ausdenken — die Ausführung der so angezeigten Vorstellungen aber muss jederzeit scheitern. Jene Symbole selbst, die Vorstellungen, deren wir uns als Symbole der nicht gegenwärtigen Vorstellungen bedienen, sind ihrerseits natürlich den genannten Regeln überall unterworfen.

Ebenso darf es als selbstverständlich bezeichnet werden, dass wir bei der Bildung einer einheitlichen Phantasievorstellung in der weiter oben bezeichneten Art niemals zu Combinationen von Merkmalen gelangen können, die nicht denselben Aehnlichkeitsreihen angehören, wie die Merkmale eines bereits erlebten Inhaltes. Aus der Art, wie jene Phantasievorstellungen zu Stande kommen, folgt dieser Satz unmittelbar.

Die Erinnerung. Mit der Bestimmung des Unterschiedes der Phantasievorstellungen von denjenigen Gedächtnissbildern, mit welchen bestimmte Erinnerungen verknüpft sind, ist die Frage nach dem Wesen der Erinnerung implicite bereits beantwortet. Erinnerungs- oder Gedächtnissurteile sind überall gegeben, wo ein Gedächtnissbild mit jener eigentümlichen Relationsfärbung erscheint, welche den Zusammenhang des repräsentirten Inhaltes mit dem Verlauf unseres Lebens, seine zeitliche Stellung in diesem Verlaufe bestimmt charakterisirt.[80]) In welcher Weise ursprünglich jedem Gedächtnissbilde eine derartige Färbung zukommt, haben wir früher gesehen; die letzten Betrachtungen haben gezeigt, wie es geschehen kann, dass ein Gedächtnissbild nicht mehr zu Gedächtnissurteilen Anlass gibt. Was uns noch übrig bleibt, ist die Untersuchung der verschiedenen Fälle, in welchen wir bald nur erkennen, dass wir

einen Inhalt der betreffenden Art schon erlebt haben, bald ihm
seine mehr oder minder bestimmte Stellung im Verlauf unseres
Lebens anzuweisen im Stande sind, sowie weiter des Unterschiedes der Fälle, in welchen wir ein solches Urteil mit Gewissheit aussagen können von denjenigen, in welchen wir
entweder irrtümliche Gedächtsnissurteile fällen oder über
die Wahrheit des Urteiles im Zweifel bleiben.

Was zunächst den ersteren Unterschied angeht, so erklärt
sich derselbe auf Grund der früher angestellten Betrachtungen.
Die zeitliche Stellung eines Erlebnisses ist, wie wir wissen,
überall durch seine Beziehungen zu anderen Inhalten bestimmt;
sie wird daher in der Erinnerung nur soweit erkannt, als wir
uns an das betreffende Erlebniss als Teil eines bestimmten
Complexes von Erlebnissen erinnern, d. h. ein Erinnerungsbild
eines seinerzeit erlebten und analysirten Complexes oder,
was dasselbe sagt, das Erinnerungsbild der früher erlebten
Analyse des Complexes vorfinden. Wo aber die Erinnerungsbilder der übrigen Glieder des Complexes, in welchem das erinnerte Erlebniss seinerzeit vorgefunden wurde, nicht bemerkt
werden, wo also nur jene früher bezeichnete eigentümliche
Färbung des Erinnerungsbildes eintritt, ohne dass wir durch
weitere Analyse der Vorbereitung zur Erkenntniss des Zusammenhanges der entsprechenden früheren Erlebnisse gelangen,
da können wir nur allgemein urteilen, dass wir ein Erlebniss
der betreffenden Art früher hatten, ohne uns über die Stellung
dieses Erlebnisses im Verlauf unseres Lebens nähere Rechenschaft geben zu können. Doch werden auch hier noch gewisse Unterschiede der Färbung uns in vielen Fällen sofort
erkennen lassen, ob ein in jüngstvergangener oder ein in
früherer Zeit erlebtes Ereigniss durch das vorliegende Erinnerungsbild repräsentirt ist. Der Gesammtbewusstseinszustand wird durch das Gedächtnissbild eines Erlebnisses aus
jüngster Zeit und dasjenige eines qualitativ gleichen Erlebnisses
aus früherer Zeit in verschiedener Weise beeinflusst: die aus
der vorgefundenen Nachwirkung des Vergangenen und dem
gegenwärtigen Eindruck resultirende Gestaltqualität ist in
beiden Fällen ebenso verschieden, wie etwa die Qualität des
Gesammteindruckes zweier bestimmt gefärbter Figuren im

Gesichtsfelde verschieden ist, je nachdem diese einander näher
oder ferner liegen. In dieser Verschiedenheit der Färbung
der Gedächtnissbilder haben wir wohl das primäre Factum zu
erblicken, welches der Beurteilung zeitlicher Verschiedenheiten
in unseren vergangenen Erlebnissen zu Grunde liegt. Wir
benennen jene Verschiedenheit als eine solche der zeitlichen
Stellung der repräsentirten Inhalte, wir beurteilen sie als
bedingt durch die verschiedene zeitliche Stellung dieser Inhalte
im Verlauf unseres Lebens; was uns aber zu solchen Aussagen veranlasst, die Thatsache also, die in denselben ihren
Ausdruck findet, ist eben jene Verschiedenheit der Färbung,
die wir auf keinerlei anderweitig zu charakterisirende Momente
zurückführen können, die vielmehr als eine Verschiedenheit
sui generis sich darstellt und daher auch mit einem eigenen
Namen — eben dem der zeitlichen Verschiedenheit der repräsentirten Inhalte — belegt wird.[81])

Dass wir in der That hier die primäre Thatsache für die
Bestimmung zeitlicher Unterschiede vor uns haben, ergibt sich
daraus, dass das unmittelbar Gegebene für uns immer nur der
Inhalt der gegenwärtigen Phase ist. Wenn wir von den
vergangenen Erlebnissen sprechen, so können wir das stets
nur auf Grund unserer gegenwärtigen Gedächtnissbilder; und
wenn wir über zeitliche Unterschiede der ersteren urteilen, so
können wir das abermals nur auf Grund gewisser Eigenschaften der letzteren. Nun haben wir allerdings gesehen,
dass die nähere zeitliche Bestimmung des erinnerten Inhaltes
durch dessen Relationen zu anderen erinnerten Inhalten gegeben wird; aber für diese anderen Inhalte selbst wiederholt
sich die Frage nach ihrer zeitlichen Stellung und wir würden
daher eine endgiltige Bestimmung der zeitlichen Stellung eines
früheren Erlebnisses auf diesem Wege nur erreichen, wenn
wir die Analyse der Beziehungen dieses und der folgenden
Erlebnisse bis zur Gegenwart durchführten. Allein abgesehen
von der Frage, ob einer solchen Analyse sich nicht meist un-
übersteigliche Hindernisse in den Weg stellen würden, ist
jedenfalls erfahrungsgemäss zu constatiren, dass sie nur in
seltenen Ausnahmefällen eintritt; die Regel ist vielmehr, dass
die Bestimmung der zeitlichen Stellung eines erinnerten Er-

lebnisses zwar zunächst durch die Erinnerung an seine Beziehungen zu anderen Inhalten zu Stande kommt, dass aber
unsere Erinnerung den gesammten vorliegenden Complex alsdann direct vermöge jener besonderen Qualität der Färbung
seines Erinnerungsbildes dieser oder jener Epoche unseres
Lebens zuweist. Wenn ich mich eines Erlebnisses erinnere
und nicht sogleich durch mittelbare Urteile dies Erlebniss an
seine richtige Stelle zu setzen weiss (wie es bei gewohnten
Erinnerungen zu geschehen pflegt), vielmehr nach Anhaltspunkten suche, die mir über seine Stellung Auskunft zu geben
vermöchten, so bin ich sogleich beruhigt, wenn es mir gelingt, eine bestimmte zeitliche Beziehung desselben zu gewissen anderen Erlebnissen zu constatiren, welche ihrerseits
unmittelbar als dieser oder jener Epoche angehörig erkannt
werden.

Auch die eben erwähnte mittelbare Beurteilung der zeitlichen Stellung eines Erlebnisses kann jene Unterschiede der
Färbung der Gedächtnissbilder nicht ersetzen. Solche mittelbare Beurteilung kommt allgemein nach dem folgenden Schema
zu Stande: wir können uns erinnern, dass ein Ereigniss a dem
Ereigniss b vorherging oder gleichzeitig mit demselben statt-
fand und eben damit kann eines von beiden geradezu die Bedeutung eines Associationssymboles für die zeitliche Stellung
des anderen gewinnen. Ich erinnere mich, dass ich von einer
Reise in den Reichslanden kurz vor Beginn meiner ersten
Vorlesung zurückgekommen bin; ich weiss, dass ich meine
erste Vorlesung im Sommersemester 1894 gehalten habe; ich
schliesse also, dass jene Reise, deren Zeitbestimmung mir zunächst nicht genau erinnerlich war, im April 1894 stattgefunden hat. Hier dient das zweite Vorkommniss direct
statt eines zeitlichen Datums; in welcher Weise aber hat es
diese Bedeutung erlangt? Zunächst ohne Zweifel durch die
gewohnheitsmässige Association der betreffenden Jahreszahl,
die durch das absichtlich oder unabsichtlich wiederholte Denken
an das für mich wichtige Datum bedingt war. Wie aber
kommt diese Jahreszahl ihrerseits zu der Bedeutung eines
Hinweises auf einen bestimmten Teil des zeitlichen Verlaufes
meines Lebens? Zunächst wiederum dadurch, dass die Anzahl

der seither verflossenen Jahre mir bekannt ist — eine Angabe, die aber direct noch nicht als eine Angabe über die
zeitliche Relation des betreffenden Erlebnisses zu anderen (vor
allem zu meiner Gegenwart) gelten kann, da der Zeitraum
eines Jahres nichts unmittelbar vorstellbares, sondern ein complicirter Begriff ist, dessen Bedeutung für unser Bewusstsein
nur durch Reduction auf anderweitige Daten erläutert werden
kann. Scheinbar sagen nun aber freilich die Namen für alle
gewohnten Begriffe von Zeitabschnitten und deren Ordnungs-
zahlen nur wiederum Beziehungen zwischen ebensolchen Zeitabschnitten aus, die sich in letzter Instanz durch gewisse
periodisch wiederkehrende Ereignisse bestimmen: wenn ich
ein Jahr als eine Zeit von zwölf Monaten, einen Monat als
eine Zeit von dreissig Tagen definire, endlich als Tag die
Zeit von einem Sonnenaufgang zum anderen bezeichne, so
scheint die Färbung meiner Gedächtnissbilder dabei gar nicht
in Frage zu kommen. In der That nicht, oder wenigstens nicht
in der oben bezeichneten Weise, solange mit der Angabe von
Daten dieser Art eben nur über die in den genannten Definitionen bezeichneten Verhältnisse etwas ausgesagt sein soll,
ohne dass auf die Bedeutung dieser Verhältnisse für unser
psychisches Leben Rücksicht genommen wird. Soll aber mit
der Angabe von Daten nicht bloss auf jene Beziehungen (die
wir als objectivzeitliche Beziehungen zu bezeichnen haben)
hingewiesen, sondern soll damit über die direct erfahrbaren
zeitlichen Relationen von Bewusstseinsinhalten etwas behauptet
sein, so muss jene Angabe, dass das betreffende Erlebniss vor
so und so viel Jahren stattgefunden habe, in unmittelbare Bewusstseinsdaten übersetzt werden. Daten dieser Art besitzen
wir aber, abgesehen von der Erinnerung an die successiven
Erlebnisse, welche während des betreffenden Zeitraumes bis
zur Gegenwart sich folgten, eben an jenen Unterschieden der
Färbung der Gedächtnissbilder: was ich vor 24 Stunden, was
ich vor einer Woche erlebt habe, ist mir in verschiedener
eigentümlicher Weise in der Erinnerung und wird nicht mit
dem verwechselt, was mir vor einem Jahre begegnet ist. Achten
wir auf diese Färbungsunterschiede, so gewinnen jene zunächst
auf anderweitige Verhältnisse bezüglichen Zeitdaten die Be-

deutung mittelbarer Angaben über Relationen von Bewusstseinsinhalten. Je weiter unsere Erlebnisse zurückliegen, um so weniger bestimmt unterscheiden sich ihre Erinnerungsbilder direct durch solche Färbung. Die Erkenntniss mittelbarer Zeitdaten führt daher nicht selten zu unerwarteten Ergebnissen. „Ist das wirklich schon so lange?" „Es ist mir doch, als wäre es erst gestern gewesen!" sind bekannte Arten des Ausdruckes der Ueberraschung über solche Ergebnisse. (Der letzte dieser Sätze enthält freilich eine Uebertreibung: ob ein Erlebniss gestern oder vor längerer Zeit stattgefunden hat, pflegt von geistig normalen Individuen unmittelbar unterschieden zu werden.)

Weniger einfach gestaltet sich die Erledigung der Frage nach dem Unterschiede sicherer und ungewisser bez. irrtümlicher Gedächtnissurteile. Ehe wir dieselbe beantworten können, müssen wir eine Zwischenfrage erledigen: die Frage nämlich nach dem Unterschiede der Erinnerung an eine frühere Erinnerung von dieser letzteren bez. der Erinnerung an das damals erinnerte Erlebniss.

Wenn wir uns eines Erlebnisses, etwa einer bestimmten Empfindung A erinnern, so nehmen wir das Gedächtnissbild a dieser Empfindung wahr. Erinnern wir uns dieser Erinnerung, so tritt abermals das qualitativ durchaus gleiche Erinnerungsbild a auf. Wodurch charakterisirt sich nun a im zweiten Falle als das Erinnerungsbild des früheren Erinnerungsbildes? Welcher Unterschied besteht zwischen dieser Erinnerung und der (natürlich jetzt noch ebenso möglichen) Erinnerung an das ursprüngliche Empfindungserlebniss?

Die bisherigen Betrachtungen geben eine einfache Antwort auf diese Frage. So oft ich das Gedächtnissbild eines früheren Erlebnisses bemerke, tritt dasselbe in neue Relationen zu anderen gleichzeitig bemerkten Inhalten; ein späteres Bemerken des gleichen Gedächtnissbildes kann demnach als Erinnerung an das ursprüngliche Erlebniss oder an einen der bisherigen Fälle der Erinnerung dieses Erlebnisses erscheinen, je nachdem der eine oder der andere der in diesen verschiedenen Fällen erlebten Complexe erinnert wird d. h. je nachdem entweder das Gedächtnissbild mit der durch die einen

oder durch die anderen Beziehungen bedingten Färbung auftritt, oder aber eventuell die einzelnen früher zugleich bemerkten Inhalte der betreffenden Complexe in den Relationen
zu jenem Gedächtnissbilde miterinnert werden, in welchen
sie seinerzeit mit dem entsprechenden Erlebnisse verknüpft
waren.

Diese Bemerkung gibt uns sofort über die Möglichkeit
gewisser Gedächtnisstäuschungen Rechenschaft. Da die
zeitliche Bestimmung des durch sein Gedächtnissbild repräsentirten Inhaltes durch die Erkenntniss seiner Relationen zu
anderen Inhalten bedingt ist, so wird allgemein die zeitliche
Bestimmung des erinnerten Erlebnisses um so mangelhafter
ausfallen, je weniger vollständig die Analyse der Relationen
jenes Erlebnisses zu seiner Umgebung seinerzeit durchgeführt
war, bez. je weniger deutlich die Unterschiede seiner Relationen
von denen anderer ähnlicher Erlebnisse erkannt worden sind.
Indem wir die Verschiedenheiten des Hintergrundes nicht beachten, auf welchem ähnliche und daher qualitativ in ihren
Erinnerungsbildern nicht verschiedene Inhalte zu verschiedenen
Zeiten erscheinen, verlieren wir die Stütze für die spätere
Unterscheidung der Gedächtnissbilder dieser ähnlichen Inhalte.
Dieser Mangel wird, wie schon früher erwähnt, um so leichter
eintreten, je häufiger qualitativ gleiche Inhalte unter verschiedenen Umständen wahrgenommen werden; wir haben gesehen,
wie die unwillkürliche Vernachlässigung jener Relationsanalyse
schliesslich dazu führt, dass das Gedächtnissbild der betreffenden Qualität seiner symbolischen Bedeutung nach frei von
jeder zeitlichen Bestimmung auftritt und daher als Phantasievorstellung erscheint. Derselbe Thatbestand gibt zu
zweifelhaften wie zu irrtümlichen Gedächtnissurteilen Veranlassung. Ich kann auf Grund desselben bei der Wahrnehmung
irgend eines Gedächtnissbildes im Zweifel darüber bleiben, zu
welcher Zeit und unter welchen Umständen das betreffende
Erlebniss stattgefunden hat; ich kann mich wohl erinnern,
dass ich „etwas derartiges schon erlebt habe", muss aber oft
genug auf die Frage nach der näheren Bestimmung jede Antwort in suspenso lassen. Andererseits aber kann sich an das
Gedächtnissbild eine sprachliche oder sonstige Formulirung

des Gedächtnissurteiles anschliessen, welche der durch jenen
Thatbestand bedingten Vieldeutigkeit des Gedächtnissbildes
nicht Rechnung trägt und darum fehlerhaft ausfällt. Insbesondere aber kann die mangelhafte Unterscheidung der Fälle
wirklichen Erlebens und blossen Vorstellens zu Irrtümern
führen, die nicht als fehlerhafte sprachliche Formulirungen
aufzufassen sind. Die symbolische Bedeutung eines Erinnerungsbildes ist primär das entsprechende Empfindungserlebniss;
erst auf Grund secundärer Processe gelangen wir zur Unterscheidung zwischen der Erinnerung an Empfindungen und
derjenigen an entsprechende Gedächtniss- oder „blosse“ Phantasievorstellungen; die Deutung jedes überhaupt als Erinnerung charakterisirten Phantasmencomplexes wird daher, solange
nicht besondere Unterscheidungen der eben erwähnten Art zu
einer anderweitigen Auffassung führen, eine der primären Bedeutung entsprechende sein, d. h. wir werden jedes Gedächtnissbild zunächst als Erinnerung an den entsprechenden Empfindungscomplex deuten und nur dann eine hiervon verschiedene
Deutung gewinnen, wenn ein entsprechender Phantasiecomplex
nicht bloss früher schon vorgestellt wurde, sondern auch die
Erkenntniss seiner Verschiedenheit von einem entsprechenden
Empfindungscomplex sich seinerzeit thatsächlich an denselben
knüpfte. So wird also nicht nur der Mangel der Unterscheidung
eines Erlebnisses und der bereits einmal dagewesenen Erinnerung an dies Erlebniss Gedächtnissirrtümer hinsichtlich der
zeitlichen Bestimmung des ersteren veranlassen können, sondern es kann auch die Erinnerung an reine Phantasievorstellungen unter Umständen den Charakter der Erinnerung an
wirkliche Empfindungserlebnisse gewinnen. Die bekannten
Fälle, in welchen eine reiche Phantasie ihre Erfindungen
schliesslich als wirkliche Erlebnisse taxirt oder Lügner durch
öftere Wiederholung der gleichen Erzählung schliesslich selbst
dazu geführt werden, an dieselbe zu glauben, finden in dieser
Weise ihre Erklärung.

Wie in Bezug auf die zeitliche Stellung der erinnerten
Erlebnisse, so können auch in Bezug auf deren qualitative
Beschaffenheit in derselben Weise Täuschungen und Zweifel
entstehen. Wir haben gesehen, dass jede nähere Bestimmung

eines Inhaltes sich nur durch die Erkenntniss seiner Relationen
zu anderen Inhalten ergibt; wie aber die Analyse der zeitlichen, so ist auch diejenige der qualitativen Relationen stets
mehr oder minder mangelhaft und dieser Mangel kann hier zu
ebensolchen Consequenzen führen wie dort. Insbesondere kann
analog dem zuletzt besprochenen Falle die Ungenauigkeit
solcher Analyse zur Verwechslung von Phantasiecomplexen
mit den Gedächtnissbildern von Empfindungserlebnissen Anlass
geben, wenn nämlich die letzteren nicht genau genug analysirt
waren, um die Unterscheidung ihrer Gedächtnissbilder von
gewissen ähnlichen reinen Phantasievorstellungen zu gewähr-
leisten.

Die Möglichkeit des Irrtums liegt bei Gedächtnissurteilen
ebenso wie bei der Prädication unserer Wahrnehmungen als
solcher um so näher, je bestimmtere Angaben über die
Qualität bez. die zeitliche Stellung des zu beurteilenden Erlebnisses gemacht werden sollen. Wie wir uns über sehr allgemeine Prädicate bei der Beurteilung vorgefundener Inhalte
im entwickelten Leben kaum jemals täuschen können, während
die nähere Bestimmung derselben vielfachen Irrtümern unter-
liegt, so ist auch bei Gedächtnissurteilen die allgemeine Angabe, ob wir Aehnliches wie den gegenwärtigen Phantasmen-
complex schon früher wahrgenommen haben oder nicht, kaum
irgend einem Zweifel ausgesetzt. Weniger sicher ist schon
das Urteil, ob ein dem gegenwärtigen Complexe ähnlicher
früher in der Empfindung oder nur in der Phantasie erlebt
war; und noch mehr unterliegen die bestimmteren Angaben
über die Nuance des entsprechenden Erlebnisses und seine
zeitliche Stellung zu anderen der Gefahr des Irrtums. Wo-
für solche Angaben die unmittelbare Erinnerung keine Sicherheit mehr bietet, können wir im Allgemeinen nur durch Berufung auf die Constanz gewisser Erfahrungsbegriffe über die
Wahrheit derselben einen Anhalt gewinnen. Wie bei mangel-
haftem Tongedächtniss die Frage nach der richtigen Benennung
eines vorgelegten Tones nur durch Vergleich desselben mit
einem anderen Tone entschieden werden kann, über dessen
Benennung wir aus anderen Gründen als aus der directen
Wahrnehmung, nämlich auf Grund allgemeinerer (physika-

lischer) Erkenntnisse ausser Zweifel sind, so beruht auch die
Controle zweifelhafter Gedächtnissurteile jeweils auf dem Vergleich ihrer Angabe mit solchen, welche sich als Consequenzen
gesicherter allgemeinerer Kenntnisse gewinnen lassen. Kenntnisse dieser letzteren Art aber können naturgemäss auch ihrerseits nur unter Beihilfe von Gedächtnissurteilen zu Stande
kommen: die Behauptung der Wahrheit oder Falschheit unserer Gedächtnissurteile müsste sich daher notwendig im Cirkel
bewegen, befänden wir uns nicht im Besitze solcher Erinnerungen, welche sich von vornherein und unmittelbar als
untrüglich zu erkennen geben — eben jene, welche sich durch
ihre Relationsfärbung, durch ihre Stellung zum Hintergrund
in der charakteristischen Weise von den blossen Phantasievorstellungen unterscheiden, wie es vor allem bei der Erinnerung an jüngst vergangene Erlebnisse der Fall ist. Die späteren Betrachtungen über den Begriff der Wahrheit und des
Irrtums werden uns zeigen, dass die Richtigkeit dieser „unmittelbar evidenten" Gedächtnissurteile ebensowenig in Frage
gestellt werden kann, wie unsere gegenwärtigen Bewusstseinsinhalte selbst in Frage gestellt werden können — deshalb,
weil wir nicht im Besitze anderweitiger Erkenntnisse sind,
als deren blosse Zeichen jene Urteile uns dienten, so dass wir
durch Vergleich dessen, was diese Zeichen uns bedeuten, mit
diesen Erkenntnissen eine Controle über die Richtigkeit der
Anwendung jener Zeichen gewinnen könnten. Die Behauptung,
dass unsere in der oben genannten Weise charakterisirten Erinnerungen uns täuschen könnten, hat aus diesem Grunde
sowenig einen Sinn, wie diejenige, dass unsere gegenwärtigen
Empfindungen als solche uns täuschten; die Frage, ob das,
was wir auf Grund unserer evidenten Erinnerungen für unsere
vergangenen Erlebnisse halten müssen, auch wirklich von
uns erlebt worden ist, ob unsere Erlebnisse so waren, wie
unsere Erinnerung sie uns beurteilen lässt, oder ob sie
nicht vielleicht völlig andere waren — diese Frage ist
ebenso verfänglich, wie die von Sigwart gelegentlich
citirte Frage des „klugen Kritikers", ob der Stern, den die
Astronomen den Uranus nennen, auch wirklich der Uranus
sei.[82]) In welcher Weise wir auf Grund der unmittelbar

gewissen Gedächtnissurteile zu jenen allgemeineren Erkenntnissen gelangen, welche uns ihrerseits zur Controle der zweifelhaften Gedächtnissurteile dienen können, wird sich später ergeben.

Die zeitliche Stellung eines vergangenen Erlebnisses wird
für unsere Erinnerung nach dem Vorigen durch seinen Hintergrund, seine Relationsfärbung bestimmt. Diese Färbung ist
in jedem Falle thatsächlich gegeben; wir sind nicht im Stande
dieselbe willkürlich abzuändern — wir können von ihr abstrahiren, aber wir können sie dadurch nicht beseitigen. Wir
sind daher auch im strengen Sinne des Wortes nicht im
Stande, ein Erlebniss, von dem wir wissen, dass wir es erlebt
haben, als nichterlebt, oder ein solches, von dem wir wissen,
dass wir es nicht erlebt haben, als wirklich erlebt vorzustellen.
Die betreffende Vorstellung wird vielmehr in diesen Fällen
ihre völlig bestimmte Färbung besitzen, die zur Fällung des
entsprechenden positiven oder negativen Gedächtnissurteiles
hinreichend ist. Wenn wir also sagen, wir stellen uns vor,
wir hätten etwas erlebt, was wir thatsächlich nicht erlebt
haben, so kann damit nicht gemeint sein, dass wir einem
reinen Phantasiecomplex die Relationsfärbung eines Erinnerungscomplexes zu geben vermöchten. Wenn ich mir vorzustellen
suche, ich hätte soeben den Ton a gehört, so finde ich in der
That nichts als das Erinnerungsbild des eine bestimmte Zeit
andauernden Tones a vor, aber mit der bestimmten Färbung,
welche nicht auf ein soeben erfolgtes Hören hinweist — d. h.
es gelingt mir überhaupt nicht, die gewünschte Vorstellung
zu vollziehen, der Vorstellung von a irgend ein Merkmal hin-
zuzufügen, durch welches dieselbe zum Zeichen eines eben gehörten a würde. Höchstens kann ich mich an einen früheren
Moment meines Lebens erinnern, in welchem ich den Ton a
soeben zuvor gehört hatte, oder ich kann etwa einen Phantasiecomplex bilden, in welchem der Ton a mit einem Teile der
Phantasmen, welche Erlebnissen des vorigen Momentes entsprechen, vereinigt erscheint. Dieser Art dürfte in der That
meist der Vorgang sein, mit dem wir auf Forderungen der
angegebenen Art reagiren. Aber die Frage, ob wir nun wirklich soeben das fingirte Ereigniss erlebt haben, wird dabei

14*

sofort negativ beantwortet, d. h. die Färbung der Phantasmen
bloss fingirter Erlebnisse bleibt immer wesentlich verschieden
von derjenigen der Erinnerungsbilder entsprechender wirklicher
Erlebnisse. Unsere Fähigkeit, vergangene Erlebnisse zu fingiren,
kann daher nicht als Argument gegen die vorgetragene Theorie
der Gedächtnissurteile dienen.

Da das Gesammtobject des Bewusstseins jeweils verschieden
ist, je nachdem wir etwas vorstellen, was wir wirklich erlebt
haben, oder etwas, was blosses Phantasieproduct ist, so bedarf
es zur Begründung der Gedächtnissurteile in keiner Weise
eines besonderen zum Gedächtnissbild hinzutretenden Glaubensgefühles, wie es die Hume'sche Theorie des Gedächtnisses
fordert. Will man jene besondere Färbung, jene specifische
Beschaffenheit des Hintergrundes, wie sie als Merkmal der Erinnerung auftritt, als Glaubensgefühl bezeichnen, so steht einer
solchen Terminologie natürlich nichts im Wege. Es ist aber
alsdann mit dem Glaubensgefühle ein Merkmal des gegebenen
Bewusstseinsinhaltes selbst bezeichnet, durch welches derselbe
sich von anderen — den „blossen Phantasievorstellungen" —
inhaltlich unterscheidet.

Erinnerung an nicht analysirte Inhalte. Bereits im
ersten Capitel haben wir die Thatsache constatirt, dass die
Repräsentation der Eigenschaften vergangener Inhalte durch
deren Gedächtnissbilder stets eine mehr oder minder ungenaue
und schwankende ist. Wir sind im Stande für die Genauigkeit dieser Repräsentation eine obere Grenze anzugeben. So
oft wir uns an irgend einen Inhalt oder an eine Eigenschaft
dieses Inhaltes erinnern, sind wir sicher, dass wir diesen Inhalt oder diese Eigenschaft desselben seinerzeit bemerkt
hatten d. h. dass wir den Inhalt als Teilinhalt unseres Bewusstseinsverlaufes vorgefunden und die betreffende Eigenschaft
desselben wiedererkannt haben. Wir können daher umgekehrt
sagen, dass wir uns an unsere Bewusstseinsinhalte nur soweit
erinnern können, als wir dieselben und ihre Eigenschaften
analysirt haben; wobei wir unter der Analyse der Eigenschaften, entsprechend den früheren Betrachtungen, die Analyse der Relationen des betrachteten Inhaltes zu anderen

(vor allem zu Gedächtnissinhalten) meinen, wie sie sich überall
bis zu einem gewissen Grade durch das gewohnheitsmässige
Wiedererkennen von selbst vollzieht.

Wenn nur bemerkte Teilinhalte erinnert werden, so folgt
ohne Weiteres, dass das Gedächtnissbild eines nicht analysirten
Inhaltes keine Analyse mehr zulässt, d. h. dass wir nicht
nachträglich aus dem Gedächtnissbilde Aufschluss über die
Zusammensetzung eines Inhaltes gewinnen können, den wir
seinerzeit nicht analysirt haben. In der That ist es z. B.
nicht möglich, einen Klang, den wir nicht in seine Teiltöne
zerlegt haben, in der Erinnerung zu analysiren; wir besitzen im
Gedächtniss nur das einheitliche Klangbild und können nicht
einmal einen Versuch machen, aus diesem Gedächtnissbild
über die Zusammensetzung des Klanges aus Teiltönen etwas
zu erfahren. Nur mittelbare Beurteilung der Zusammensetzung des erinnerten Erlebnisses kann hier Platz greifen:
habe ich einen Quartsextaccord gehört, ohne ihn zu analysiren,
so kann ich nachträglich aus der eigentümlichen, im Gedächtniss nachwirkenden Färbung (Gestaltqualität) des Klanges
schliessen, dass ich es mit einem Quartsextaccorde zu thun
hatte, dass der gehörte Klang also in gewisser Weise zusammengesetzt gewesen sein müsse. Allein wie bei aller
mittelbaren Mehrheitsbeurteilung liegt hier eben nicht Analyse,
sondern nur ein Analogieschluss vor. Ein ähnlicher Schluss
ist es, der eine scheinbare Ausnahme von der obigen Regel
im Falle der nachträglichen Zerlegung räumlich ausgedehnter
und zeitlich andauernder Inhalte in ein Nebeneinander bez. in
eine Succession von Teilen bedingt. Thatsächlich lässt sich
eine gesehene unanalysirte Farbfläche, ein gehörtes unanaly-
sirtes Geräusch in der Erinnerung so wenig in gleichzeitige
bez. successive Teile zerlegen, als wir aus dem Gedächtnissbild des einheitlichen Klanges die Gedächtnissbilder seiner
Obertöne heraushören können. Wenn wir trotzdem verschiedene Teile nebeneinander oder nacheinander im Erinnerungsbilde unterscheiden, so ist dies eben nicht eine nachträgliche
Analyse des erinnerten Erlebnisses — denn die jetzt vorgefundenen Teile des Gedächtnissbildes brauchen qualitativ in
keiner Weise den Teilen zu entsprechen, die wir bei der Ana-

lyse jener Empfindungserlebnisse vorgefunden haben würden —
sondern was hier vorliegt, ist eine Zerlegung des Gedächtniss-
inhaltes selbst in Teile, von welcher wir aber auf Grund der
allgemeinen Erfahrung über die Möglichkeit räumlicher und
zeitlicher Zerlegungen schliessen können, dass ihr auch eine
hinsichtlich der räumlichen oder zeitlichen Ordnung analoge
Teilung des erinnerten Empfindungserlebnisses entsprochen
haben würde.

Wir haben hiernach die Gedächtnissbilder aller einheitlichen unanalysirten Erlebnisse als besondere Arten einheitlicher Teile der Vorbereitung zu betrachten, die sich nicht
auf Complexe von Gedächtnissbildern der Teile reduciren
lassen, auf welche die Analyse der ersteren geführt haben
würde. War schon die Behauptung der früheren Psychologie,
dass alle Eindrücke sich auf Summen einfacher Empfindungen
reduciren lassen, eine durchaus irrtümliche, da nicht nur ein
Complex jederzeit mehr ist als eine Summe, sondern auch ein
unanalysirter Gesammtinhalt von dem Complexe seiner Teile
wesentlich verschieden ist, so ist die Behauptung der Zurück-
führbarkeit aller Gedächtnissbilder auf Summen von Gedächtnissbildern jener einfachen Empfindungen noch weniger
annehmbar; während in jenem Falle Analyse wenigstens möglich erscheint und damit die Behauptung jener Mosaikpsycho-
logie wenigstens eine scheinbare Unterlage erhält, ist bei den
Gedächtnissbildern eine analoge Zerlegung überhaupt ausgeschlossen.

Die einheitlichen Gedächtnissbilder unanalysirter Inhalte
sind wohl zu unterscheiden von denjenigen einheitlichen Gedächtnissinhalten, die der Analyse fähig wären, aber thatsächlich im Augenblicke nicht analysirt werden. Wie wir im
Empfindungsgebiete zusammengesetzte Eindrücke bald einheitlich auffassen, bald analysiren, so können wir auch im Gebiete des Gedächtnisses bald analysiren, bald unanalysirte Complexe einheitlich vorfinden — wie wir bereits im vorigen Capitel gesehen haben. Wir haben also in der Vorbereitung
zweierlei Arten einheitlicher Inhalte zu unterscheiden: einheitlich aufgefasste Complexe von Gedächtnissbildern, die wir
analysiren könnten, aber thatsächlich nicht analysiren, und

Gedächtnissbilder einheitlicher Erlebnisse, die wir nicht analysiren können, weil wir die betreffenden Erlebnisse ihrerzeit nicht analysirt haben. Auf die Analyse der complexen Gedächtnissbilder werden wir sogleich zurückkommen. Wie wir uns nur an solche Inhalte erinnern, die wir bemerkt haben, so erinnern wir uns auch an die Eigenschaften jedes bemerkten Inhaltes nur soweit, als wir diese Eigenschaften unterschieden haben, d. h. die Erinnerung an die Eigenschaften eines Inhaltes ist nur soweit bestimmt, als diese Eigenschaften ihrerzeit von anderen ähnlichen unterschieden wurden, und unbestimmt in denselben Grenzen, innerhalb deren solche Unterscheidung unterblieb. Wir fanden früher, dass sich an das Bemerken eines Inhaltes regelmässig ein Wiedererkennen anschliesst; wir fanden aber auch, dass dies Wiedererkennen sich oft nur innerhalb sehr weiter Grenzen vollzieht, indem wir insbesondere solche Unterschiede, die bei unmittelbar aufeinanderfolgenden Inhalten sich ohne Weiteres aufdrängen würden, bei zeitlich weiter auseinanderliegenden Inhalten nicht erkennen. Als das Primäre erscheint also überall eine gewisse Unbestimmtheit der Gedächtnissbilder, die in grössere Bestimmtheit allmählig mit fortschreitender Entwicklung übergeht, je mehr uns die Unterschiede der Inhalte geläufig werden. Ein Ton mag zunächst nur als Ton wiedererkannt werden — vielleicht ursprünglich nur als ein von den „Körpergefühlen" und den Gesichtsbildern verschiedenes Erlebniss; ist er erst von anderen Tönen unterschieden worden, so wird seinem Erinnerungsbilde die durch dieses Erlebniss bedingte eigentümliche Färbung anhaften, es wird vielleicht jene Unterscheidung selbst das nächste Mal beim Wiedererkennen des Tones miterinnert werden und eben dadurch das Erinnerungsbild des Tones grössere Bestimmtheit erhalten. In welcher Weise fortschreitende Uebung die Genauigkeit des Gedächtnisses mehr und mehr verfeinert, wird weiter unten zu untersuchen sein; hier handelte es sich nur um die Constatirung der Thatsache, dass die Gedächtnissbilder ihrer symbolischen Bedeutung nach stets soweit unbestimmt sind, als die Eigenschaften der erinnerten Inhalte ihrerzeit nicht von denen ähnlicher Inhalte unterschieden wurden.

Die Bestimmtheit der Gedächtnissbilder ist, wie in den
verschiedenen Phasen der Entwicklung des Individuums, so
natürlich auch von Individuum zu Individuum sehr verschieden.
Die Unfähigkeit mancher Menschen, sich die gewohntesten
Gegenstände ihrer Umgebung anschaulich vorzustellen, mag
demjenigen, der in solcher Repräsentation geübt ist, kaum begreiflich erscheinen; ebenso wird sich der Musiker kaum eine
Vorstellung davon machen können, an welcher Unbestimmtheit die Gedächtnissbilder von Tönen und Tonfolgen bei Un-
musikalischen leiden. Je grösserer Feinheit des Gedächtnisses
wir uns erfreuen, um so schwerer fällt uns im Allgemeinen
das Verständniss für die Unbestimmtheit der Vorstellungen;
indess kann auch dem Geübtesten der Begriff solcher Unbestimmtheit an gewissen Beispielen leicht klar gemacht werden.
Man schliesse etwa die Augen und betrachte kurze Zeit die
seltsamen mattgefärbten Figuren, welche sich im dunkeln Gesichtsfelde darbieten; öffnet man das Auge wieder und frägt
sich nunmehr nach der Farbnuance oder der Begrenzung der
soeben gesehenen Figuren, so wird man sich von der Unbestimmtheit der entsprechenden Erinnerungsvorstellungen alsbald überzeugen können. Je ungewohnter die Umgebung
irgend eines Inhaltes, um so schwerer wird im Allgemeinen
die bestimmte Erinnerung an den letzteren; eine Thatsache,
die sich leicht aus dem allgemeinen Satze erklärt, dass überall nicht die einzelnen Teilinhalte, sondern die Gesammtinhalte
das primär Gegebene sind — dass demnach auch die Erinnerung nicht den einzelnen Teilinhalt, sondern stets diesen Inhalt einschliesslich seiner Umgebung trifft und dass also, wo
die letztere eine ungewohnte und darum minder bekannte ist,
auch die Relationen des betrachteten Teilinhaltes zu der Umgebung ungewohnte werden und die dadurch bedingten Bestimmungen desselben demgemäss die geringere Genauigkeit
minder geübter Qualitätserkenntnisse erhalten.

Erinnerung an analysirte Inhalte. Associationsgesetze.
Die Erinnerung an analysirte Inhalte, an Complexe also, kann
in verschiedener Art vor sich gehen. Entweder wir erinnern
uns gleichzeitig des Complexes als Ganzen und der seinerzeit

vollzogenen Analyse desselben, also der Gesammtheit seiner Teile als solcher („vollständige Erinnerung"). Oder wir bemerken nur successive die Gedächtnissbilder dieser Teile, d. h. wir finden das Gedächtnissbild der früher vollzogenen Analyse vor, ohne uns des Complexes als Ganzen zu erinnern; oder endlich wir erinnern uns eines oder des anderen der Teilinhalte des Complexes als solcher, d. h. mit derjenigen Färbung, die durch die Erinnerung an die Gestaltqualität des Complexes bedingt ist, ohne dass wir die Gedächtnissbilder der übrigen Teile des Complexes bemerken.

Hinsichtlich des ersten Falles ist zu erinnern, dass die Relationen der Teilinhalte des Gedächtnisscomplexes durch diejenigen des erinnerten (früheren) Complexes bestimmt sind, abgesehen davon, dass bei Erinnerung an Complexe gleichzeitiger Glieder die Reihenfolge willkürlich bleibt, in welcher die einzelnen Glieder erinnert werden. Der erinnerte Complex kann seinerseits Teil eines grösseren Complexes gewesen sein; auch im Falle der vollständigen Erinnerung kann daher das Gedächtnissbild des betreffenden Complexes eventuell der näheren zeitlichen Bestimmung ermangeln. Dass auch hier stets grössere oder geringere Ungenauigkeiten der Erinnerung bestehen können, vollständige Erinnerung also nicht mit genauer Erinnerung identisch ist, versteht sich nach den vorhergegangenen Betrachtungen von selbst.

Der zweite Fall hat bereits im ersten Capitel ausführliche Besprechung gefunden: er ist, wie wir gesehen haben, identisch mit demjenigen psychischen Vorgang, welchen man als Erfahrungs- oder Berührungsassociation zu bezeichnen pflegt. Wie aus der so gewonnenen Erklärung dieser Associationsvorgänge das fundamentale Gesetz der Uebung sich ergibt, ist gleichfalls bereits gezeigt worden. Die Thatsache der Berührungsassociation sowohl, wie die Begründung dieses Gesetzes lassen sich mit Hilfe der im vorigen Capitel gewonnenen Resultate vielleicht noch besser veranschaulichen. Jeder Bewusstseinsinhalt A tritt als Teil eines Complexes von Inhalten auf; sein Gedächtnissbild a muss daher stets als Teil einer früher vollzogenen Analyse erscheinen, d. h. es muss jederzeit ein oder das andere Gedächtnissbild eines früher mit

dem Inhalte A verbundenen Inhaltes an die Vorstellung des
letzteren sich anschliessen oder associiren. Sind aber alle
Gedächtnissbilder früherer Complexe als gleichzeitige Bestandteile der Vorbereitung gegeben, so wird die Wahrscheinlichkeit, bei der — willkürlichen oder unwillkürlichen — Analyse
der Vorbereitung, also beim „Vorstellen" irgend eines Inhaltes a,
unter allen Complexen, welche a enthalten, gerade einen solchen zu treffen, der auch b enthält, genau der Anzahl der
Fälle proportional sein, in welchen bisher die durch a und b
repräsentirten Inhalte als Glieder eines Complexes aufgetreten sind.

Den dritten der oben unterschiedenen Fälle will ich als
den Fall der rudimentären Association bezeichnen. Es
ist für denselben wesentlich, dass ein Element bemerkt und
wiedererkannt wird, welches in der dem zweiten Fall gemäss
verlaufenden Association nicht von vornherein aufzutreten
braucht, sich aber stets mit dem Verlauf der Association
einstellt, ohne jedoch deshalb jederzeit auch wiedererkannt
zu werden: die Gestaltqualität des entsprechenden früher
erlebten Complexes. Durch das gleichzeitige Auftreten der
Erinnerung an diese Gestaltqualität, welche die eigenartige
Färbung des bemerkten Gedächtnissbildes bedingt, erscheint
das letztere als Teil eines bestimmten Complexes, dessen
übrige Glieder zunächst nicht bemerkt sind, aber unter
Umständen bemerkt werden können, so dass alsdann Association im eigentlichen Sinne des Wortes eintritt. Eben
dieser Beziehung des vorliegenden Falles zur Berührungsassociation will der Name „rudimentäre Association" Rechnung tragen. Statt von rudimentärer, werden wir gelegentlich auch von angezeigter Association sprechen, der die
Berührungsassociation als ausgeführte Association gegen-
übersteht.

Die rudimentäre Association spielt bei der symbolischen
Vertretung eines Inhaltes durch einen anderen eine äusserst
wichtige Rolle. Ueberall wo wir, wie es tausendfältig geschieht, Associationssymbole gebrauchen, ohne deren Bedeutung
als solche vor Augen zu haben, d. h. ohne die daran als ihre
Bedeutung associirten Gedächtnissbilder selbst zu bemerken,

ist die Bedeutung des Symboles nur durch rudimentäre Association bestimmt. Indem wir das Symbol anwenden, ist dasselbe vermöge der vorhergegangenen Uebung nicht für sich
allein Gegenstand unseres Bewusstseins, sondern dasselbe führt
den ihm eigentümlichen Hintergrund mit sich, dessen Analyse
uns ohne Weiteres die Bedeutung des Symboles, d. h. eben
die daran associirte (symbolisirte) Vorstellung liefern würde.
Wir sind aber nicht jederzeit in der Lage diese Analyse zu vollziehen; die grosse Erleichterung des Denkens, welche z. B.
durch die mathematischen Symbole gewonnen wird, beruht
gerade darauf, dass uns die jeweilige Analyse ihrer Bedeutung
erspart bleibt, dass wir mit den Symbolen bestimmte Ope-
rationen ausführen können, ohne uns ihrer Bedeutung fortwährend ausdrücklich zu erinnern; auch beim Sprechen pflegen
wir uns die Bedeutung der Worte durchaus nicht fortwährend
zu vergegenwärtigen — dennoch sind wir uns dabei bewusst,
dass die Worte ihre völlig bestimmte Bedeutung besitzen und
dass wir sie dieser Bedeutung gemäss anwenden. Wer das
Wort „blau" ausspricht, braucht, um sich der Bedeutung desselben klar zu sein und es richtig anzuwenden, durchaus nicht
notwendig ein Phantasma blauer Farbe vorzustellen. Die
Symbole führen also in solchen Fällen nicht die associirten
Vorstellungen als bemerkte Teilinhalte mit sich, sondern
ihre Bedeutung schwebt uns nur in der rudimentären Weise
vor, welche wir durch das Vorhandensein der associirten Vorstellungen als unbemerkter Teilinhalte zu erklären haben.
Diese Erklärung wird nicht etwa dadurch illusorisch, dass
nach unseren früheren Betrachtungen alle Gedächtnissbilder
früherer Erlebnisse als unbemerkte Teilinhalte der Vorbereitung
gegenwärtig sind und somit nicht nur die Bedeutung des betreffenden Symboles, sondern alle möglichen anderen Inhalte
gleichzeitig als Bestandteile des Hintergrundes betrachtet werden
müssen. Denn das Verhältniss dieser verschiedenen Teile des
Hintergrundes zu der gegebenen (bemerkten) Symbolvorstellung
ist ein durchaus verschiedenes. Nicht nur die einzelnen
Inhalte, sondern auch ihre Relationen wirken, soweit sie bemerkt worden sind, im Gedächtnisse fort; durch seine besondere Relation zu der gegebenen Symbolvorstellung unter-

scheidet sich derjenige Bestandteil der Vorbereitung, den wir
als die „Bedeutung" der ersteren kennen, von jedem anderen Teile des Hintergrundes. Durch eben diese Relation
aber ist die — der Voraussetzung nach miterinnerte
— Gestaltqualität jenes Complexes bedingt, welche die Bedeutung des Symboles für uns begründet, und die Relationsfärbung, in welcher uns das letztere vermöge jener Miterinne-
rung erscheint, weist daher auf diese seine Bedeutung in eindeutiger Weise hin.

Wir können auf die angegebene Art nicht nur die Bedeutung eines Symboles kennen, ohne den associirten Inhalt
zu bemerken, indem wir uns bei der bekannten Relationsfärbung der Symbolvorstellung beruhigen (eventuell mit dem bestimmten Bewusstsein, dass wir bei einer gegebenen Veranlassung die zeitweilig unterlassene Analyse des Hintergrundes
wirklich ausführen können); sondern wir können auch durch
das Auftreten jener Färbung bei einer bestimmten Vorstellung
beunruhigt werden und dadurch zum Versuch einer Analyse
des Hintergrundes uns veranlasst sehen, der je nach Umständen
zur Lösung jener zunächst eingetretenen Spannung führen oder
aber resultatlos verlaufen kann. Alles Besinnen, alles Suchen
nach vergessenen Vorstellungen, vergessenen Namen u. dgl.
beruht auf rudimentärer Association: gewisse gegebene Vorstellungen erwecken uns die Erinnerung an einen früher erlebten Complex im Ganzen — sie treten in der Färbung auf,
welche auf das Vorhandensein einer Association bestimmter,
zunächst noch unbemerkter anderweitiger Vorstellungen hinweist; aber das Bemerken der letzteren will sich nicht einstellen, wir haben das Gefühl einer Lücke in unserem Gedächtniss. Es ist bekannt, wie ohnmächtig unser Wille im
gegebenen Augenblick zur Erreichung des geforderten Zieles
erscheint, wie dagegen oft nach einiger Zeit plötzlich und ohne
jede Willensanstrengung die gesuchte Vorstellung sich von
selbst einfindet. Wir werden auf diese Thatsachen bei der
Theorie der Willensphänomene zurückkommen.

Fälle wie die eben besprochenen zeigen die Möglichkeit
von Erwartungen, welche auf den Eintritt von Phantasmen gerichtet sind. Man sieht, dass der Mechanismus solcher

Erwartungen wesentlich verschieden ist von demjenigen der Erwartung von Empfindungsinhalten.

Die verschiedenen Gesetze, welche man als Associations-gesetze neben dem bereits erwähnten fundamentalen Gesetz der Uebung aufgestellt hat, lassen sich teils aus diesem, teils aus den übrigen eben angeführten Sätzen als notwendige Consequenzen ableiten. Um sich vor Missdeutungen hinsicht-lich des Geltungsbereiches jener Gesetze zu bewahren, darf man nicht ausser Acht lassen, dass das Uebungsgesetz selbst nur ein Wahrscheinlichkeitsgesetz ist, dass also die grössere Uebung einer bestimmten Association in keiner Weise die Möglichkeit des Eintritts einer weit weniger geübten aus-schliesst.

Mit Leichtigkeit erklärt sich auf Grund der durchgeführten Betrachtungen zunächst die Thatsache, dass bei öfterer Wieder-holung derselben Associationskette einzelne ihrer Glieder aus-fallen können. Wenn ich einen Complex früher analysirt habe und nun der Complex der Gedächtnissbilder der damals bemerkten Teilinhalte wieder bemerkt wird, so wird es, falls die Aufmerksamkeit nicht früher auf die Reihenfolge der Teile besonders gerichtet war, durchaus nicht wahrscheinlicher sein, dass ein Teil, als dass ein anderer Teil des jetzt gleichzeitig vorliegenden Gedächtnisscomplexes der nächste ist, welchen ich bemerke. Es kann also bald das eine, bald das andere Glied der früheren Kette das nächste oder selbst das einzige werden, auf welches unsere Aufmerksamkeit von der ersten (der „associirenden") Vorstellung aus hingelenkt wird. Dieser Ausfall von Gliedern einer Associationskette kann seinerseits wiederum durch Uebung mehr und mehr erleichtert werden.

Die öfters von der Associationspsychologie hervorgehobene Thatsache, dass wir leichter in derselben Richtung wie früher die Reihe der associirten Vorstellungen durchlaufen als in der entgegengesetzten Richtung, ergibt sich gleichfalls als Consequenz der gewonnenen Resultate. Wenn wir uns an einen Complex successiver Inhalte erinnern und wenn bei der früheren Analyse desselben nicht bloss die Teilinhalte selbst, sondern auch ihre Zeitfolge beachtet worden war, so wird das Erinnerungsbild der Reihe eben auch aus einer Reihe von

Gliedern dieser Ordnung bestehen und es wird daher naturgemäss die Association in dieser Ordnung verlaufen. Haben
wir dagegen seinerzeit die Ordnung nicht beachtet, sondern
nur die einzelnen Teile als Glieder des Complexes erkannt,
so wird auch für die Erinnerung und somit für die Association
die Ordnung gleichgiltig sein. Nur im ersteren Falle kann
also die obige Regel gelten; die Herstellung der entgegengesetzten Reihenfolge gelingt in diesem Falle nur gegen den
geübten Vorstellungsablauf, scheinbar als Effect eines willkürlichen Actes der Aufmerksamkeit unter Aufwand von Anstrengung — während von Association der Glieder des Complexes in der umgekehrten Reihenfolge hier im eigentlichen
(der Definition entsprechenden) Sinne gar nicht die Rede
sein kann.

Ohne weiter auf die Erklärung aller ähnlichen, mehr oder
minder zufällig aufgestellten Regeln einzugehen, wollen wir
allgemein die verschiedenen Fälle der Berührungsassociation
aufstellen, welche sich aus der vorgetragenen Theorie ergeben.
Die Grundlage aller solchen Association bildet die Erinnerung
früher erlebter Complexe. Da nicht nur jedes einzelne Phantasma seiner symbolischen Bedeutung nach Teil eines Complexes ist, sondern auch jeder Gedächtnisscomplex ebenso Teil
weiterer Complexe, so kann allgemein
1) an eine gegebene Vorstellung das Gedächtnissbild eines früher
   analysirten Complexes associirt werden, welches nun aber
   seinerseits entweder
   a) unanalysirt bleiben kann, so dass eine rudimentäre
      Association als Teil der ausgeführten Association auf-
      tritt; oder
   b) seinerseits analysirt wird, und zwar entweder so, dass
      die Analyse in derselben Weise und in derselben Ord-
      nung verläuft, wie früher (wenn nämlich diese Reihen-
      folge beachtet und eventuell geübt war; „vollständige
      Association"); oder aber so, dass die Analyse in belie-
      biger Folge von einem Gliede des Complexes der gleich-
      zeitig gegebenen Gedächtnissbilder zu einem anderen über-
      geht, wobei ein Teil der Glieder ausfallen, d. h. unbe-
      merkt bleiben kann („abgekürzte Association").

Es kann aber weiter

2) irgend ein Glied des vorliegenden Gedächtnisscomplexes — vermöge der Vieldeutigkeit der Gedächtnissbilder — zugleich als Glied eines anderen früher erlebten Vorstellungscomplexes erscheinen und so die Glieder dieses Complexes associiren, so dass Glieder ganz verschiedener Complexe zu einer Kette aneinander gereiht erscheinen („gemischte Association"); wobei abermals angezeigte Associationen als Glieder einer ausgeführten Associationskette auftreten können.

Hätten wir es nur mit unseren Erinnerungen zu thun, so könnte dieser letztere Fall zu Bedenken Anlass geben. Wie sollen wir, einmal in der Erinnerung an einen bestimmten Complex begriffen, plötzlich dazu kommen, einen seiner Teile, der doch vermöge seiner Beziehungen zu den gleichzeitig vorhandenen, bemerkten und unbemerkten Teilinhalten der Vorbereitung als Teil eben jenes Complexes erscheint, als Glied eines völlig anderen Complexes aufzufassen? Selbst wenn ein Bedenken dieser Art gerechtfertigt wäre, was wegen der Vieldeutigkeit der Gedächtnissbilder nicht zuzugeben ist, so würde ihm durch die Thatsache der Boden entzogen, dass neben unseren Erinnerungen stets auch die gegenwärtigen Empfindungen unseren Zustand bestimmen. Diese Mitwirkung der Empfindungen kann die Association zunächst in der Weise beeinflussen, dass jeder bemerkte Teil des Eindruckes wiedererkannt wird und somit auf früher erlebte Complexe zurückweist, d. h. direct als associirende Vorstellung fungirt. Diese Function kann nun aber und wird regelmässig sich combiniren mit derjenigen bereits bemerkter Gedächtnissbilder. Ein Gedächtnissbild, welches durch die gleichzeitig vorhandenen bemerkten oder unbemerkten Gedächtnissvorstellungen in der früher beschriebenen Weise als Teil eines bestimmten Erinnerungscomplexes erscheint, kann dadurch, dass zu diesen Vorstellungen gewisse andere, dem gegenwärtigen Eindruck entsprechende (durch „Aehnlichkeitsassociation" an denselben geknüpfte) Vorstellungen hinzutreten, eine völlig andere Färbung erhalten. Durch dies Hinzutreten neuer Vorstellungen wird der bemerkte Complex alterirt: er ist nun nicht mehr identisch mit dem des vorigen Augenblickes, d. h. mit dem Gedächtnissbilde des zuvor erinnerten Complexes — das Gedächtnissbild, welches zuvor als Teil eines bestimmten Erinnerungscomplexes erschien, ist nunmehr zum Gliede eines anderen Complexes geworden und dementsprechend wird auch die Richtung des associativen Vorstellungsverlaufes eine andere.

Der einfachste derartige Fall ist gegeben, wo zwei gleichzeitig und unabhängig von einander durch Teile des Eindruckes angeregte Vorstellungen einen Complex in die Erinnerung rufen, dem beide früher angehörten, und eben hierdurch weitere Vorstellungen associiren. Die Worte „es ist schon spät" werden mir vielleicht zunächst den Gedanken an noch zu erfüllende Pflichten des Tages wachrufen; höre ich aber weiter die Worte folgen „es ist schon kalt", so wird mir mit Sicherheit (vermöge gemischter Association) die Erinnerung an Eichendorff's „Waldesgespräch" auftauchen und die folgenden Verszeilen dieses Gedichtes associiren.

Es bedarf nicht besonderer Erinnerung, dass die sämmtlichen genannten Arten von Associationen ihrerseits erinnert und geübt werden können und dass in dieser Weise eine gegebene Associationskette im Lauf der psychischen Entwicklung sich in äusserst mannigfaltiger Weise umgestalten kann.

Im Zusammenhang mit diesen Betrachtungen mögen auch bezüglich der früher schon besprochenen zweiten fundamentalen Thatsache der Vorstellungsverbindung, der Aehnlichkeitsassociation, einige kritische Bemerkungen am Platze sein. Dass die Thatsache, welche an einer früheren Stelle mit dem obigen Namen bezeichnet wurde, eine primäre Thatsache unseres Bewusstseinsverlaufes ist, haben wir gesehen; nicht dasselbe lässt sich von den vermeintlichen Gesetzmässigkeiten behaupten, welche in der Associationspsychologie vielfach mit dem gleichen Namen belegt worden sind. Zunächst ist die allgemeine Behauptung, dass an jede Vorstellung sich mit besonderer Leichtigkeit ähnliche Vorstellungen associiren, sicher nicht allgemein richtig: von einer Gesetzmässigkeit, dass ich im Anschluss an einen Ton an andere Töne, im Anschluss an eine Farbe an andere Farben leichter denke als an Anderes, zeigt, wenn man von den durch Berührungsassociation bedingten Fällen absieht, die Erfahrung keine Spur. Dass wir häufig von einer Vorstellung zu einer anderen geleitet werden, die der ersteren dadurch ähnlich ist, dass sie einen Bestandteil mit derselben gemein hat, ist richtig, ist aber ein einfacher Fall von Berührungsassociation und berechtigt nicht zur Aufstellung eines neuen Gesetzes der Aehnlichkeitsassociation. Ebenso liegt nichts anderes als Berührungsassociation vor, wo zwei Inhalte früher als ähnlich erkannt wurden und nunmehr der Gedanke an den einen auch die Vorstellung des anderen wachruft.

Auch die anderen Fälle, welche auf ein besonderes, neues Gesetz der Aehnlichkeitsassociation hinweisen sollen, erklären sich vollständig mit Hilfe der früher unter diesem Titel erörterten Thatsache. Wenn ich durch das Hören einer Melodie an die gleiche Melodie erinnert werde, die ich früher in einer anderen Tonart gehört habe, so lässt sich der Fall nicht auf Berührungsassociation zurückführen, da die beiden Melodien keinen ihrer Töne gemeinsam zu haben brauchen, und auch da, wo diese Voraussetzung erfüllt ist, noch keine Erklärung der Präponderanz solcher Erinnerung gegenüber der Erinnerung an irgend eine andere Tonfolge dadurch gegeben wird, die jenen gleichen Ton enthält. Allein wenn wir uns der Thatsachen des Wiedererkennens erinnern, so zeigt sich, dass hier keine neue Erscheinung vorliegt, sondern einfach der fundamentale Fall des Wiedererkennens realisirt ist. Ebenso wenn ich etwa bisher die Erscheinung der Phosphorescenz nur an einem phosphorescirenden Violett kennen gelernt habe und nunmehr ein phosphorescirendes Gelb zu Gesicht bekomme und dadurch an jenes frühere Erlebniss erinnert werde: auch hier ist keine Aehnlichkeit durch gleiche Teile und folglich keine Möglichkeit der Zurückführung des Falles auf Berührungsassociation gegeben — wohl aber tritt gemäss einer früheren Betrachtung[83]) unwillkürlich beim Anblick jener seltenen Erscheinung ein Suchen nach ähnlichen Erinnerungen ein, die die Erscheinung als eine bereits bekannte charakterisiren. Eine derartige Aehnlichkeitsassociation kann auch durch

Vermittlung von Berührungsassociationen zu Stande kommen.
Wenn mir etwa der Begriff der Phosphorescenz bereits erläutert worden ist und ich demgemäss die neue Wahrnehmung
als Phosphorescenz rubricire, kann eben dieses Wort mir die
Erinnerung an ein früher gesehenes Phosphoresciren durch
Berührungsassociation zurückrufen. Wo aber die Aehnlichkeitsassociation nicht auf Grund solcher Vermittlung stattfindet, haben wir es meist überhaupt nicht mit einer Association verschiedener, ähnlicher Gedächtnissbilder zu thun;
beim unmittelbaren Wiedererkennen wenigstens pflegen wir
zwischen der neuen Vorstellung — dem Gedächtnissbild
der wiedererkannten Empfindung selbst — und derjenigen des ähnlichen früheren Erlebnisses überhaupt nicht
zu unterscheiden: beide sind thatsächlich ein und dasselbe
Phantasma. Wie dem Musikalischen ein und dasselbe Gedächtnissbild a die hundertfältigen, zeitlich und der Klangfarbe nach verschiedenen Töne a repräsentirt, welche er jemals
gehört hat und noch zu hören erwarten kann, so fliessen allgemein die Gedächtnissbilder verschiedener, aber vermöge der
Ungenauigkeit des Gedächtnisses nicht als verschieden erkannter Qualitäten in ein einziges Phantasma zusammen;
wird ein neuer Inhalt als übereinstimmend mit jenen wiedererkannt, so ist auch sein Gedächtnissbild von jenen nicht als
verschieden charakterisirt und wenn wir also durch ihn an
jene erinnert werden, so ist dies nicht so auszulegen, als wenn
sein Gedächtnissbild durch Aehnlichkeitsassociation eines jener
früheren davon verschiedenen, aber ähnlichen hervorriefe,
welches nun seinerseits (durch seine Beziehungen zu anderen
Gedächtnissbildern) als Erinnerung an eines jener früheren
Erlebnisse erschiene. Von einer solchen Mehrheit aneinander-
gereihter Gedächtnissbilder gleicher Qualität findet sich nichts;
vielmehr kann sich unmittelbar an eine neue Empfindung
die Erinnerung an das oder die früheren ähnlichen Erlebnisse
knüpfen, weil ihr Gedächtnissbild als Teilinhalt zugleich
das Gedächtnissbild dieser letzteren ist, so gut wie das Phantasma des eben gehörten Tones a als Teilinhalt sich in nichts
von dem des früher gehörten unterscheidet, mit dem letzteren
also einfach zusammenfällt.

Hiernach kann John Mills Behauptung, dass überall zur Berührungsassociation schon Aehnlichkeitsassociation erfordert wird, nicht aufrecht erhalten bleiben. Damit mir die Empfindung A die Erinnerung (b) an eine früher mit „derselben" Empfindung verbundene andere Empfindung B erwecke, ist es nicht nötig, dass sich erst an das erste Erinnerungsbild dasjenige jener früheren Empfindung A durch Aehnlichkeitsassociation anschliesse; vielmehr erzeugt und hinterlässt die Empfindung A (wie jedes Erlebniss) direct ihr Gedächtnissbild a und dies a ist von dem Gedächtnissbilde der früheren Empfindung A überhaupt nicht verschieden, kann also dieses auch nicht erst associiren. Es fällt vielmehr dieses a mit jenem a zusammen, d. h. es ist vermöge der vorhandenen Vorbereitung zugleich als Teil eines Complexes charakterisirt, in welchem b an dasselbe geknüpft ist, und so kann sich der Anschluss der letzteren Vorstellung durch Berührungsassociation ohne Weiteres vollziehen.

Die Associationspsychologie glaubte bekanntlich alle Erscheinungen des psychischen Lebens durch Associationen von Vorstellungen erklären zu können. Die letzten Elemente des psychischen Lebens wären nach dieser Theorie die einfachen Vorstellungen; aus der durch die Associationsgesetze beherrschten Verbindung dieser Elemente sollten sich nicht nur alle complexeren Vorstellungen, sondern auch alle weiteren psychischen Thatsachen — Urteils-, Gefühls-, Willensphänomene — ergeben. Jene Elemente sowohl als die Gesetze ihrer Verbindung erschienen dabei als ein Letztes, Gegebenes und nicht weiter Zurückführbares.

Dass diese Ansicht undurchführbar ist, haben schon die früheren Betrachtungen gezeigt: nicht nur gibt dieselbe von den Thatsachen der Erinnerung und den daran geknüpften Urteilsvorgängen keine Rechenschaft, sondern sie vermag auch weder den Thatsachen der Analyse, noch der Existenz von Gestaltqualitäten und Relationen gerecht zu werden. Ueberall drängt sich uns im vollsten Gegensatz zu dem Grundgedanken der Associationspsychologie die Wahrnehmung auf, dass das primär Gegebene ein äusserst zusammengesetztes ist, dass sich nicht aus den einfachen Elementen die complicirteren Erschei-

nungen synthetisch aufbauen, sondern dass vielmehr jene Elemente selbst nur sehr späte Abstractionen sind, zu welchen
wir durch Analyse der gegebenen Erscheinungen gelangen.
Andererseits zeigen unsere letzten Betrachtungen, dass die
Berührungsassociation und ihr Grundgesetz, das Uebungsgesetz,
weit davon entfernt, sich als letzte und unerklärbare Thatsachen zu erweisen, vielmehr unmittelbare und notwendige
Consequenzen einer anderen Thatsache sind, die ihrerseits
allerdings nicht weiter zurückführbar erscheint: der Thatsache
der Erinnerung, die wir als eine der letzten Bedingungen für
die Möglichkeit des zeitlichen Verlaufes und Zusammenhangs
unseres psychischen Lebens erkannt haben.[84])

Das Ideal, welches der Associationpsychologie vorschwebte,
war die vollständige Zurückführung unseres Vorstellungsverlaufes auf bestimmte Gesetzmässigkeiten, vermittels deren der
Psychologe in den Stand gesetzt wäre, den Verlauf der Vorstellungen mit derselben Sicherheit vorauszusagen, wie der
Astronom die Bewegungen der Himmelskörper vorauszuberechnen
vermag. Indessen kann das Grundgesetz der Berührungsassociation schon darum nicht zur Erreichung dieses Zieles dienen,
weil es, wie wir gesehen haben, nur ein Wahrscheinlichkeitsgesetz ist und als solches uns zwar über gewisse Fragen beruhigen kann, welche durch die Erfahrungen über die Häufigkeit bestimmter Associationen veranlasst werden, niemals aber
eine vollständige causale Theorie der Erscheinungen zu be-
gründen vermag. In der That reicht das Uebungsgesetz nirgends zur vollständigen Erklärung des Vorstellungsverlaufes
aus. Man hat versucht, dasselbe durch anderweitige Bestimmungen zu ergänzen. Nicht bloss die Uebung sollte als Factor
für die Leichtigkeit des Auftretens von Vorstellungen in Betracht kommen, sondern auch die Neuheit und Lebhaftigkeit einer Vorstellung, sowie das Interesse, welches uns
dieselbe bietet, sollten den Ablauf der Associationen beeinflussen. Indessen lassen sich weder diese Factoren noch ihre
Wirkungen auf den Vorstellungsverlauf scharf in solcher Weise
bestimmen, dass dieselben den empirischen Thatsachen ge-
nügten. Wenn einfach gesagt wird, dass diejenige Vorstellung
am leichtesten reproducirt wird, welche am neuesten im Ge-

dächtniss ist, so zeigt die alltägliche Erfahrung die Unrichtig-
keit dieser Behauptung; wird behauptet, dass diejenige am
leichtesten reproducirt wird, welche am lebhaftesten im Gedächtniss ist, so ist damit eine leere Tautologie ausgesagt, da
unter der Lebhaftigkeit, mit welcher eine Vorstellung im Gedächtniss vorhanden ist, dabei eben nichts anderes als die
Leichtigkeit ihres Hervortretens verstanden wird. Was
endlich den Einfluss des Interesses auf den Ablauf der Vorstellungen angeht, so wird von demselben später noch geredet
werden müssen; wie gering aber jedenfalls dieser Einfluss
sein muss, wenn sich überhaupt ein solcher constatiren lassen
sollte, zeigt schon von vornherein die Thatsache, dass es uns
häufig genug trotz des lebhaftesten Interesses an einer durch-
zuführenden Gedankenarbeit nicht gelingen will, uns von einer
störenden Erinnerung, etwa einer uns verfolgenden, übrigens
ganz uninteressanten Melodie loszumachen, die sich uns un-
ablässig aufdrängt und unseren Gedankengang unterbricht.

Zeigt sich nach all diesem schon hier, dass das Streben
nach jenem Ideal nur sehr kümmerliche Erfolge aufzuweisen
hat, so werden wir später zu der theoretisch begründeten
Ueberzeugung gelangen, dass das genannte Streben von vornherein ein verfehltes war, dass die Erreichung des gestellten
Zieles nicht nur practisch, sondern logisch unmöglich ist.[85])

Wenn wir im Vorigen die unberechtigten Ansprüche der
Associationspsychologie zurückgewiesen haben, so soll damit
natürlich in keiner Weise die Brauchbarkeit der Associationspsychologie innerhalb engerer und immerhin noch recht weiter
Grenzen geleugnet sein; nur die empirisch nicht gerechtfertigte,
übertriebene Anwendung derselben, wie sie u. a. schon in der
scheinbar harmlosen Leugnung ausserassociativen Vorstellungsverlaufes zu Tage tritt, galt es zu bekämpfen.
Die grosse Bedeutung der Associationsgesetze für die Beschreibung der psychischen Thatsachen hat sich in den bisherigen Betrachtungen bereits an vielen Stellen zu erkennen
gegeben und wird im Folgenden noch weiter hervortreten.
Insbesondere werden wir uns überall, wo von Entwicklung
in unserem psychischen Leben die Rede ist, auf das Uebungsgesetz zur Erklärung der Erscheinungen berufen müssen. Die

Besprechung eines der wichtigsten dieser Fälle soll im vorliegenden Zusammenhange sogleich ihre Stelle finden.

Die Verfeinerung des Gedächtnisses. In allen Gebieten
sind, wie wir gesehen haben, unsere Erinnerungen von vornherein mehr oder weniger ungenau. Sind auch die Anlagen
und die Schnelligkeit der Entwicklung in dieser Hinsicht indi-
viduell äusserst verschieden, so findet sich doch nirgends absolute Genauigkeit der Erinnerung in irgend einem Sinnesgebiete von Geburt auf. Relativ wenige Menschen gelangen
in den Besitz scharfer Erinnerungsbilder von Tönen; noch
schwieriger als im Tongebiete scheint sich die entsprechende
Forderung in Bezug auf Farbennuancen zu erfüllen. Nicht als
ob die einzelnen Phantasmen von Tönen oder Farben, die wir
uns jeweils vorzustellen im Stande sind, im gegebenen Augenblicke selbst unbestimmt sein müssten; aber wir sind nicht
sicher, ob ihre Qualität mit derjenigen eines bestimmten erlebten Inhaltes übereinstimmt, und finden uns gar häufig, wo
wir solcher Uebeinstimmung thatsächlich sicher zu sein glauben,
in den darauf gegründeten Erwartungen enttäuscht. Entsprechend wird, wie wir schon im ersten Capitel sahen, beim
Wiedererkennen von Empfindungen die Aehnlichkeit derselben
mit früher wahrgenommenen oft überschätzt: wir halten einen
gehörten Ton, eine gesehene Farbe oft für völlig gleich mit
einem ähnlichen, unter bestimmten Umständen wahrgenommenen
Inhalte, wo thatsächlich — wie sich schon bei der Entstehung
des Achnlichkeitsbegriffes zeigte — sehr merkliche Verschiedenheiten bestehen können. Dieser Ungenauigkeit unseres
Gedächtnisses kann aber durch Uebung mehr und mehr ab-
geholfen werden. Selbst von vornherein völlig Unmusikalische
können sich durch Uebung ein relativ feines Tongedächtniss
aneignen;[86]) was durch Uebung im Wiedererkennen von Farbnuancen erreicht werden kann, weiss jeder, der sich einige
Zeit im Malen versucht hat. — Wie aber geht solche Uebung
vor sich?

Dass sie auf der Häufigkeit von Vorstellungsverbindungen
beruhen müsse, steht nach dem Vorigen zu vermuten. Hat
man sich diese Uebung nun etwa, um beim Beispiel des Ton-

gebietes zu bleiben, in der Weise zu denken, dass an den einen Ton häufig der Name *a*, an den anderen der Name *b* associirt war und dass demgemäss auch mit diesem dieser, mit jenem jener Name reproducirt und so die richtige Benennung eingeübt wird? Sicherlich nicht; denn damit sich mit dem einen Erinnerungsbild ein anderer Name associirt als mit dem anderen, ist es notwendig, dass diese beiden Erinnerungsbilder bereits unterschieden sind, d. h. dass gerade das schon vorliegt, dessen Entstehung hier erst erklärt werden soll. Nicht die Benennung, sondern die Unterscheidung der Gedächtnissbilder selbst ist der erste Schritt, der für die Verfeinerung des Gedächtnisses erfordert wird. Um zu erkennen, wie solche Unterscheidung gegenüber der ursprünglichen Vieldeutigkeit der Gedächtnissbilder zu Stande kommen kann, ist zweierlei zu beachten. Erstlich, dass schon von vornherein gewisse Unterschiede nicht nur bemerkt, sondern auch erinnert werden. Der Unterschied hoher und tiefer Töne wird ebenso wie der Unterschied von blau und rot schon sehr früh erkannt und erinnert, zu einer Zeit, in welcher innerhalb engerer Grenzen noch keinerlei Verschiedenheiten im Gedächtnisse haften bleiben. Zweitens aber, dass feinere Unterschiede bei unmittelbarer Aufeinanderfolge der betreffenden Inhalte leicht wahrgenommen werden; wer auf Grund der Erinnerung ein *cis* von dem vor einer halben Stunde gehörten *c* noch nicht unterscheidet, wird doch bei unmittelbarer Folge beider Töne den Unterschied leicht erkennen und ebenso wird bei einiger Uebung die Richtung der Aenderung erkannt werden, deren Sinn durch die allgemeine Unterscheidung zwischen hoch und tief ja bestimmt ist. Hiernach wird zwar von vornherein, wenn etwa ein hoher Ton erinnert wird, nur die Charakteristik desselben als eines hohen, von den tiefen Tönen verschiedenen gegeben sein; nach einigen Erfahrungen der zuletzt genannten Art aber wird mit der Erinnerung an den Ton zugleich die Erinnerung an gewisse Tonverschiedenheiten innerhalb engerer Grenzen sich einstellen. Es mögen nun öfter und öfter Töne in directer Folge als verschieden erkannt werden und es mögen etwa von einem hohen Tone zu einem tieferen übergehend derartige

Unterscheidungen bei verschieden grossen Intervallen
der jeweils zu unterscheidenden Töne ausgeführt und das Bestehen von Unterschieden zwischen diesen Intervallen (also
etwa $\bar{\bar{e}}\,\bar{a}$, $\bar{\bar{e}}\,\bar{g}$, $\bar{\bar{e}}\,\bar{d}$ etc.) erkannt werden — was bei directer
Aufeinanderfolge und einigermaassen grossen Unterschieden der
Intervalle leicht erreicht wird. Es bedarf in solchem Falle nur
geringer Uebung, um den Unterschied zwischen grösseren und
kleineren Intervallschritten zu erkennen und insofern im Gedächtnisse zu reproduciren, als die einen Schritte mehr zur Tiefe
führen, während die anderen noch innerhalb der hohen Lage
bleiben. Diese letzteren Unterschiede sind in der That der
Voraussetzung nach im Gedächtnisse bereits vorfindlich. Weiter
wird es aber nunmehr möglich sein, neue Arten von Unterschieden hoher Töne im Gedächtnisse zu merken, insofern
nämlich von verschiedenen Tönen, die gleichmässig der „hohen
Lage" zugerechnet werden, bald grössere, bald kleinere Schritte
erforderlich erscheinen, um zu „tiefen" Tönen zu gelangen.
Demgemäss werden jetzt Töne, welche zunächst nur als „hohe"
Töne charakterisirt waren, bereits als „mehr oder minder hoch"
wiedererkannt werden und es wird sich an die Erinnerung
eines hohen Tones unmittelbar auch die Erinnerung an dieses
Merkmal der grösseren oder geringeren Höhe, der ungefähren
Stellung in der Reihe der Töne associiren.

In derselben Weise aber, wie diese erste Differenzirung
erreicht ist, lassen sich durch weitere Uebung alle feineren
Unterscheidungen gewinnen; das Princip bleibt völlig das
gleiche. Sobald irgendwelche weitere Unterschiede erkannt
sind und erinnert werden, ist die Möglichkeit für die Erkenntniss von Zwischengliedern dadurch gegeben, dass das Bemerken feinerer Unterschiede sich bei unmittelbar succedirenden
Inhalten von selbst vollzieht, dass durch unmittelbare Succes-
sionen dieser Art der Uebergang von jedem Gliede einer der
zunächst unterschiedenen Partien zu einem Gliede der anderen
dieser Partien bewerkstelligt werden kann und dass jene
Unterscheidungen sowohl wie diese Uebergänge und deren
abermals bei directer Folge leicht zu erkennende Unterschiede
ihre Erinnerungsbilder zurücklassen. Allgemein können wir
hiernach die Bedingungen für die Verfeinerung unseres Ge-

dächtnisses in jedem beliebigen Gebiete folgendermaassen formuliren:

1. gewisse Unterschiede innerhalb weiterer Grenzen werden von vornherein erkannt und erinnert;

2. bei directer Aufeinanderfolge verschiedener Inhalte werden feinere Unterschiede derselben unmittelbar erkannt als nach längeren Zwischenräumen;

3. findet solche Unterscheidung bei directer Aufeinanderfolge öfter statt, so associirt sich nach dem Uebungsgesetz an die Erinnerung eines (zunächst nach 1. charakterisirten) Inhaltes die Erinnerung an den Uebergang zu anderen, davon verschiedenen Inhalten;

4. durch die Erinnerung an die Unterschiede solcher Uebergänge — welche teils vom einen zum anderen der nach 1. unterschiedenen Gebiete führen, teils innerhalb eines dieser Gebiete bleiben — wird die Stellung eines Inhaltes innerhalb seines Gebietes näher bestimmt, d. h. der Inhalt von anderen des gleichen Gebietes unterschieden;

5. mit fortschreitender Uebung werden die Unterschiede dieser Uebergänge in Form rudimentärer Association miterinnert.

Der letzte Satz bedarf vielleicht noch der Erläuterung. Derselbe will aussagen, dass keineswegs nach eingetretener Uebung die angegebenen Associationen jederzeit wieder bemerkt werden müssen. Sind einmal, um auf das obige Beispiel zurückzukommen, feinere Unterschiede verschieden hoher Töne bekannt, so wird auch die Erkenntniss von Aehnlichkeiten innerhalb engerer Grenzen als zuvor gelingen; ohne dass wir an die Entfernung der Töne von dieser oder jener früher unterschiedenen Region zu denken brauchten, erkennen wir alsdann unmittelbar den Ton als dieser oder jener enger begrenzten Partie des Tongebietes angehörig (im besten Falle direct als *as*, *f* etc.), indem uns jetzt die eigentümliche Qualität, welche dieser oder jener Stelle des Tongebietes zukommt, bereits bekannt ist und wir nicht mehr erst durch ausdrückliche Erinnerung an die früher vollzogenen Unterscheidungen dem Tone seine Stelle zu bestimmen brauchen.

Auch mittelbare Merkmale spielen übrigens bei der
Verfeinerung des Gedächtnisses oft eine hervorragende Rolle;
wie z. B. beim Wiedererkennen von Tönen oft die Muskelempfindungen zu Hilfe genommen werden, die zum Nachsingen
des Tones erforderlich sind und ihrerseits als die für diesen
oder jenen gesungenen Ton charakteristischen Muskelempfindungen bekannt sind. Aber niemals können wir die Verfeinerung der Unterscheidung allgemein und ausschliesslich auf die
Mitwirkung mittelbarer Merkmale zurückführen, denn auch
die Unterscheidung dieser mittelbaren Merkmale will eingeübt
sein und wenn wir für die Erklärung solcher Uebung immer
wieder auf weitere mittelbare Merkmale recurriren wollten, so
würden wir uns offenbar in einen unendlichen Regress verlieren.[87])

Was ich oben zunächst für relativ einfache Inhalte zu
zeigen versuchte, gilt ebenso auch für die Unterscheidung
ähnlicher Complexe. Auch hier findet sowohl directe Erkenntniss von Unterschieden und Aehnlichkeiten und bis zu
einem gewissen Grade bestimmte Erinnerung, als auch Uebung
der Unterscheidung und dementsprechend Verfeinerung des
Gedächtnisses statt. Die feineren Unterschiede werden jedoch
hier nicht nur in der oben angegebenen Art, sondern zum
Teil auch durch Analyse der Complexe, durch das Bemerken
ihrer Teile und der Relationen dieser Teile bestimmt, und
die Genauigkeit der Erinnerung hängt daher hier ausser
von jenen Factoren auch von der seinerzeit ausgeführten Analyse bez. von der Uebung solcher Analyse ab. Dass auch hinsichtlich der Zusammensetzung von Complexen die Ungenauigkeit des Erinnerungsbildes das Regelmässige und Ursprüngliche
ist, zeigen die alltäglichsten Beispiele. Eine Landschaft, die
Formen eines Gesichts werden (selbst wo es sich um ganz
gewohnte Gegenstände handelt) stets nur in unbestimmten
Umrissen erinnert, wie sich beim Versuch, aus dem Gedächtniss eine Skizze des Gesehenen zu entwerfen, deutlich zeigt.
Selbst die eingehendste Analyse ist nicht im Stande uns complicirtere Vorstellungen dieser Art genau ins Gedächtniss zu
prägen. Andererseits wäre es durchaus unrichtig, zu glauben,
dass die Erinnerung an Complexe und deren Unterschiede

überall auf einer vorgängigen Analyse ihrer Teile und der Relationen derselben beruhen müsse; die Complexe können vielmehr und pflegen vor jeder Analyse unterschieden zu werden, indem die Unterschiede der Gestaltqualitäten unmittelbar bemerkt und häufig früher eingeübt und erlernt werden, als die Unterschiede der Teile und ihrer Relationen. Es können daher erinnerte Complexe geradezu benützt werden, um die Erinnerung an bestimmte Teilinhalte oder Relationen zu verfeinern: wer etwa das Intervall der grossen Sexte sich noch nicht zu merken vermag, kann durch die Erinnerung an die Melodie „in einem kühlen Grunde" seinem Gedächtniss zur Hilfe kommen, deren erster Schritt dem geforderten Intervall entspricht.[88])

Fünftes Capitel.

Die objective Welt.

Wir haben im zweiten Capitel gesehen, wie das Oekonomieprincip zur Entstehung von Erwartungsurteilen und von
hier aus weiter zur Bildung empirischer Begriffe führt,
durch welche wir nicht einzelne Wahrnehmungen, sondern
unsere Erfahrungen über Wahrnehmungszusammenhänge
zusammenfassen und prädiciren; wir fanden weiter, wie diese
Begriffsbildung uns insbesondere zur Behauptung der objectiven Existenz nicht gegenwärtig wahrgenommener Gegenstände und Eigenschaften von Gegenständen führt. Die dort
gewonnenen Resultate sollen in diesem Capitel weiter ausgeführt werden. Zunächst scheint es geboten, die Bedeutung
eben dieser Resultate selbst näher zu erläutern.

Das Problem des Dinges an sich. Wir finden uns im
Besitze des Begriffes einer Natur, einer Welt der Dinge;
wir halten uns überzeugt, dass diese Welt der Dinge existirt,
unabhängig davon, ob wir selbst existiren und sie wahrnehmen;
und wir sind bestrebt, die Eigenschaften und die Gesetze dieser
Welt der Dinge zu erkennen.

Die naturalistische Weltanschauung nimmt das Vorhandensein dieser Welt als eine gegebene Thatsache einfach
hin, ohne nach dem Ursprung jener unserer Ueberzeugung
und nach der Bedeutung der Behauptung der von uns unabhängigen Existenz der Dinge zu fragen. Auf diesem natura-
listischen Standpunkt stehen alle diejenigen, welche die Entstehung unserer Erfahrung durch die Wirkung einer „Aussenwelt"

auf unser Bewusstsein zu erklären versuchen: solche Erklärung
setzt eben das Vorhandensein der Aussenwelt vor der Entstehung unserer Erfahrung und die Wirkung derselben auf
das Bewusstsein als eine — von ihrem Standpunkte aus nicht
weiter zu erklärende, also entweder als selbstverständlich
oder als unlösbares Rätsel hinzunehmende — gegebene
Thatsache voraus.

Vom Standpunkte reiner Erfahrungswissenschaft ist diese
Voraussetzung nicht zulässig. Wenn wir uns im Besitze des
Begriffes einer objectiven Welt finden, so müssen wir fragen,
welche Erfahrungen uns zu diesem Begriffe geführt haben;
wir müssen die Thatsachen untersuchen, welche durch diesen
Begriff ihre Bezeichnung finden, und so eine empirische
Definition des Begriffes der objectiven Welt und ihrer von
uns unabhängigen Existenz zu gewinnen trachten. Entsprechend
der allgemeinen Aufgabe der genetischen Psychologie, die
Entstehung unseres Besitzes an Begriffen aus den ursprünglichen Daten des Bewusstseinsverlaufes aufzuzeigen, werden
wir auch den Begriff der objectiv existirenden Welt, den wir
doch ebenso wie alle unsere Begriffe nur auf dem Wege der
Erfahrung gewonnen haben können, auf seine empirische Quelle
zurückzuführen haben.

Zu diesem Zwecke aber dürfen wir wiederum nicht etwa
von vornherein eine Voraussetzung einführen, die mit den
Principien der genetischen Psychologie unverträglich ist, indem
sie complicirte und veränderliche Begriffe für ursprünglich
gegebene Factoren unseres Erkennens ansieht. Wir dürfen
vor allem nicht die Frage von Anfang an in der Weise ab-
schneiden, dass wir den Begriff der objectiven Existenz als
einen ursprünglich gegebenen, nicht weiter zu erklärenden
ansehen, oder dass wir irgend eine Thatsache namhaft machen,
welche uns in unserem entwickelten Leben von der objectiven Existenz eines Dinges Kenntniss gibt, und uns auf diese
Thatsache ohne Weiteres als auf den Ursprung jenes Begriffes berufen.

So dürfen wir zunächst nicht einfach behaupten, dass die
Empfindungen unserer Sinne uns in ursprünglicher Weise eine
Anweisung auf physische, objectiv existirende Gegenstände

gäben; wobei das „Getroffenwerden" des „äusseren", objectiv
existirenden Gegenstandes durch die davon verschiedene Empfindung als eine rätselhafte, der psychologischen Erklärung
nicht mehr zugängliche Schwierigkeit einfach constatirt werden
müsste. Die Erfahrungen unseres entwickelten Lebens zeigen
uns allerdings in der Regel eine Beziehung unserer Empfindungen zu Gegenständen der Natur. Aber schon die Thatsache, dass der Schluss aus unseren Empfindungen auf solche
Gegenstände sich mitunter als irrtümlich erweist, zeigt uns,
dass wir es hier nicht mit einer letzten Erklärung der Existenz
von Gegenständen zu thun haben, die als solche doch aus-
nahmslos gelten müsste. Eben dieselbe Thatsache zeigt uns
zugleich den Weg, auf welchem wir eine Lösung der Frage
und eine genetische Definition des in Frage stehenden Begriffes
zu erwarten haben. Denn wenn irgend welche Erfahrungsthatsachen uns die Falschheit des Schlusses von der Empfindung auf das physische Object in einem bestimmten Falle
zeigen, so ist damit zugleich ein Hinweis auf diejenigen Erfahrungen gegeben, welche den Schluss rechtfertigen würden
— auf den empirischen Thatbestand also, den wir mit der
Behauptung der objectiven Existenz des Gegenstandes eigentlich meinen.

Aus dem gleichen Grunde darf zur Erklärung unserer
Ueberzeugung von der Existenz der objectiven Welt nicht
auf eine vermeintliche ursprüngliche Scheidung zwischen
objectiven und subjectiven Factoren unserer Erfahrung hingewiesen werden. Wenn es in irgend einem Sinne richtig ist,
dass sich jede Erfahrung in zwei Factoren sondert, einen uns
gegebenen Inhalt und unsere Auffassung dieses Inhaltes, so
sicherlich nicht in dem Sinne, dass der erstere Factor das
objectiv, vom Subject unabhängig Existirende im Gegensatz
zu den nur für das erkennende Subject gegebenen Erscheinungen
darstellte: denn eben diese letzteren sind jene Erfahrungen,
von deren Spaltung in der angeführten Theorie die Rede ist,
und wie sie, so würden auch ihre angeblichen Factoren in
gleicher Weise nur eben als dem erkennenden Subject gegeben
sich darstellen.[89]) Ebensowenig kann ich der Auffassung bei-
pflichten, welche den Empfindungsinhalten im Gegensatz

zu den Gefühlen objective Existenz beilegt und den Begriff
der objectiven Existenz eben durch diese — als ursprünglich betrachtete — Unterscheidung definiren will; noch auch
derjenigen, welche den Unterschied von objectiver und subjectiver Existenz auf die verschiedenen Beziehungen zum
Willen des Subjectes zurückführt, so, dass das dem Willen
Unterworfene als bloss subjectiv, das aber, was dem Willen
nicht unterworfen erscheint, als objectiv unmittelbar erkannt
würde. Gegen die erstere Ansicht sind genau dieselben Gründe
namhaft zu machen, wie gegen die oben zuerst angeführte
Theorie. Die zweite Auffassung aber setzt an Stelle der hier
zu erledigenden Frage nach der von unserer Wahrnehmung
unabhängigen Existenz die andere Frage nach der von unserem
Willen unabhängigen Existenz. Die Antwort auf diese Frage
kann aber nicht zugleich die Frage nach dem Ursprung unserer
Ueberzeugung von der Existenz einer unabhängig von unserem
Dasein bestehenden Welt entscheiden: die Erfahrungen, welche
gegen unseren Willen eintreten, sind genau ebenso, wie diejenigen, welche mit unserem Willen eintreten, eben nur als Erlebnisse eines erkennenden Subjectes gegeben und die Frage, wie
wir von diesen Erlebnissen zu dem Begriffe von etwas gelangt
sind, was nicht als Erlebniss, sondern in anderer Weise existirt,
bleibt nach wie vor bestehen.[90]) Ausserdem würde die Behauptung der objectiven Existenz alles dessen, was gegen unseren
Willen eintritt, nicht zu demjenigen Begriffe der objectiven Welt
führen, in dessen Besitz wir uns thatsächlich befinden. Denn
von den Erlebnissen, die gegen unsern Willen bestehen, kann
ein sehr grosser Teil auch vom naivsten Standpunkte aus nicht
mit einer vom Subject unabhängigen Existenz ausgestattet gedacht werden. Endlich würden auch gegen diese Theorie die
oben angeführten Erfahrungen über Enttäuschungen unserer
auf die Existenz physischer Objecte bezüglichen Urteile anzuführen sein: wäre der Begriff der objectiven Welt in der hier
behaupteten Weise ursprünglich gegeben, so könnte keine
solche Enttäuschung erfolgen, sondern alles, was auf Grund
des Widerstandes gegen unseren Willen als objectiv bezeichnet
würde, müsste unwidersprechlich objectiv sein und bleiben.

Alle diese Versuche, das Problem der objectiven Welt zu

lösen, machen ein oder das andere Prädicat von Bewusst-
seinsinhalten zum Merkmal der objectiven Existenz, ohne
der Frage irgendwie näher zu treten, wie wir uns denn die
Existenz eines solchen, doch nur als Erlebniss bekannten
Inhaltes unabhängig vom wahrnehmenden Subjecte, zu einer
Zeit, während welcher der Inhalt nicht wahrgenommen wird,
sollen vorstellen können. Ein Erlebniss aber, welches von
Niemanden erlebt wird, ist ein unvollziehbarer Gedanke: an
dieser einfachen Ueberlegung muss jede der zuletzt genannten
Theorien scheitern, soweit dieselben den Begriff der objectiven,
unabhängig von unserer Wahrnehmung existirenden Welt erklären wollen — denn alle jene Theorien setzen voraus, dass
wir uns Empfindungsqualitäten vorstellen können, die von
Niemandem empfunden würden. Einem ähnlichen Einwand ist
die Ueberlegung ausgesetzt, welche uns vermöge eines uns
angeborenen Denkgesetzes, eines „allgemeinen Causalgesetzes"
von unseren Empfindungen auf Ursachen derselben schliessen
lässt und diese letzteren als objectiv existirend betrachtet.
Auch hier wird nicht angegeben, was mit der „objectiven
Existenz" solcher Ursachen gemeint sein soll — also ein
Begriff eingeführt, dessen empirische Definition nicht gegeben wird.

Im Gegensatz zu diesen Theorien ist vor allem das Problem der objectiven Welt scharf zu präcisiren. Die Frage
lautet, in welcher Weise wir zu dem Begriffe der Existenz
von Dingen gelangen, welche wir nicht gegenwärtig wahrnehmen, und welche empirische Definition sich demgemäss für
diesen Begriff geben lässt. Im Zusammenhang mit dieser
Frage wird weiter zu untersuchen sein, welche Eigenschaften wir den unabhängig von unserer Wahrnehmung existirenden Dingen zuzuschreiben haben und in wie weit unsere
sinnlichen Wahrnehmungen als Zeichen solcher Dinge zu betrachten sind bez. wie mit den Eigenschaften solcher Dinge
die Eigenschaften unserer Wahrnehmungen der Dinge im Zusammenhang stehen.

Wenn ich dieses Problem als das Problem des Dinges
an sich und des Zusammenhanges zwischen Ding an sich und
Erscheinung bezeichne, so folge ich dem Sprachgebrauch, dessen

sich Kant in der transcendentalen Aesthetik bedient. Wenn Kant fragt, ob Raum und Zeit Eigenschaften oder Verhältnisse der Dinge sind, welche ihnen auch an sich zukommen, und dies „an sich" durch den Beisatz „wenn sie nicht angeschaut werden" näher erläutert, so zeigt dieser Beisatz, dass unter den Dingen an sich hier nichts anderes verstanden werden soll, als die nach der allgemeinen Ueberzeugung unabhängig von unserer Wahrnehmung existirenden Dinge der objectiven Welt. Der Begriff des Dinges an sich in diesem ersten Sinne deckt sich mit dem, was Kant später als den „Gegenstand", der die Regel für den Zusammenhang der Erfahrungen enthält, und in seinen weiteren Entwicklungen als die „Erscheinung" bezeichnet, für deren „Dasein" uns die Analogien der Erfahrung die Anhaltspunkte geben. Er deckt sich dagegen nicht mit dem, was in den späteren Teilen der Kritik der reinen Vernunft als Noumenon wiederum mit dem Namen des Dinges an sich belegt wird.

Das Ding an sich in dem bezeichneten Sinne fällt mit dem im zweiten Capitel gewonnenen Dingbegriff in der vulgären Bedeutung des Wortes zusammen. Die dort gegebenen Auseinandersetzungen enthalten die genetische Erklärung des Begriffes der objectiven Existenz sowohl wie des Dingbegriffs. Wir fassen nach diesen Auseinandersetzungen in der Behauptung der objectiven Existenz eines Dinges eine Reihe gemachter Erfahrungen und auf diese Erfahrungen gegründeter Erwartungen zusammen: wenn ich sage, dieses oder jenes gegenwärtig nicht wahrgenommene Ding existire, so ist damit derjenige Erfahrungszusammenhang bezeichnet, den ich kennen lernte, als ich unter bestimmten Bedingungen wiederholt bestimmte Wahrnehmungen machte, — die eben als Wahrnehmungen des betreffenden Dinges bezeichnet wurden — und welcher Zusammenhang mich erwarten lässt, dass ich unter Erfüllung der entsprechenden Bedingungen die eine oder die andere Wahrnehmung dieses Dinges abermals erhalten werde. Die eine oder die andere Wahrnehmung des Dinges: denn wie wir gleichfalls gesehen haben, ist mit dem Dingbegriff selbst ebenfalls der gegenseitige Zusammenhang gewisser, unter bestimmten Bedingungen zu machender Erfahrungen bezeichnet,

von welchen jede einzelne als „Wahrnehmung des Dinges"
gilt, insofern wir sie nicht als einzelne Thatsache, sondern
eben mit Rücksicht auf jenen Zusammenhang betrachten. Die
verschiedenen zweidimensionalen Bilder, welche in meinem
Gesichtsfelde nacheinander auftreten, wenn ich einen bestimmten Gegenstand von verschiedenen Seiten betrachte —
etwa die verschiedenen und verschieden schattirten Ellipsen,
in welchen sich ein ellipsoïdisch geformter Gegenstand meinem
Auge darstellt — stehen unter einander in einem bestimmten,
mir erfahrungsmässig bekannten Zusammenhang der Art, dass
ich bei Erfüllung bestimmter Bedingungen nach einer mir
bekannten Regel das eine dieser Bilder auf das andere folgen
sehe; eben dieser constante Zusammenhang wird durch den
Begriff des ellipsoïdischen Körpers bezeichnet. Je nach unserer
Erfahrung, je nach unseren naturwissenschaftlichen Kenntnissen
insbesondere, gehen in unsere Begriffe von Gegenständen die
verschiedenartigsten Erfahrungszusammenhänge ein: mit fortschreitender Erfahrung bereichert sich der Begriff dessen, was
wir mit dem Namen dieses oder jenes Dinges belegen, mehr
und mehr und wenn wir von einer Wahrnehmung sagen,
dass sie eine Wahrnehmung „dieses Dinges" sei, oder wenn
wir von der objectiven Existenz dieses Dinges im Allgemeinen
oder an diesem oder jenem Orte sprechen, so gewinnt jede
solche Behauptung in demselben Maasse an Bedeutung, wie
jener Begriff sich uns weiter und weiter bereichert. Immer
aber kann die Bereicherung der Bedeutung der einen wie der
anderen Behauptung eben nur auf Grund gemachter neuer Erfahrungen eintreten: was aber durch diese Erfahrungen neu
zu unseren Bewusstseinsinhalten hinzutritt, ist nichts anderes,
als die Erkenntniss bestimmter neuer Zusammenhänge,
die uns regelmässig unter bestimmten Bedingungen bestimmte
Erscheinungen erwarten lässt. Wir können also sagen, dass
der Einfluss fortschreitender Erfahrung unsere Begriffe von
den Dingen der Natur umbildet und zwar in der Weise umbildet, dass mit unseren Wahrnehmungen immer reichere Erwartungen des Eintritts bestimmter Aenderungen der Wahrnehmung bei Erfüllung bestimmter Bedingungen sich ver-
knüpfen.

Wem die früheren Betrachtungen über das Wesen des
Dingbegriffes und des Begriffs der objectiven Existenz noch
irgend welche Zweifel gelassen haben, der möge den Rück-
schluss von dieser noch jetzt zu beobachtenden Umbildung des
Dingbegriffes auf die ursprüngliche Bildung dieses Begriffes
ziehen. Er möge alle diejenigen Eigenschaften des Dingbegriffes und alle diejenigen Factoren des Begriffes der objectiven Existenz aussondern, welche in der angegebenen Weise
sich im Laufe unseres Lebens entwickelt haben und sich auf
Erfahrungen und dadurch begründete Erwartungen reduciren
lassen; und er möge zusehen, was er alsdann von dem einen
und von dem anderen Begriffe noch übrig behält. Er wird
finden, dass diesen Begriffen, wenn man die genannten Factoren
sämmtlich abzieht, keinerlei Bedeutung mehr bleibt; denn was
auch mit denselben gemeint sein mag, immer muss doch ihre
Bedeutung sich auf empirische Daten irgend einer Art
zurückführen lassen — diese empirischen Daten aber waren
eben die genannten Factoren, von deren Gesammtheit er hier
der Voraussetzung nach abstrahirt hat.

Innen und Aussen. Eine Schwierigkeit, der das Verständniss der im Vorigen beschriebenen Thatsachen begegnet,
ist die, dass die Dinge der Natur sich als äussere Dinge,
als Dinge ausser uns darstellen, während unsere Empfindungen,
die Erfahrungen, welche wir durch die Sinne von den Dingen
der Natur gewinnen, als etwas „in uns" aufgefasst zu werden
pflegen.

An diesen Gegensatz von Innen und Aussen knüpft sich
ein Missverständniss, welches sich durch die ganze Geschichte
der Philosophie hindurchzieht. Zunächst kann von innen und
aussen hier in einem doppelten Sinne die Rede sein. Entweder in dem ursprünglichen räumlichen Sinne dieser Worte;
oder aber in einem übertragenen. Im ersteren Falle heisst
„in uns" und „ausser uns" soviel wie innerhalb bez. ausserhalb
unseres Körpers (ev. unseres Kopfes, Nervensystems, Gehirns).
Im anderen Falle wird von innerhalb und ausserhalb unseres
Bewusstseins gesprochen. Was mit innen und aussen in
diesem letzteren Sinne allein gemeint sein kann, ist der Unter-

16*

schied unserer Bewusstseinsinhalte und dessen, was wir als
objectiv existirend voraussetzen: „innerhalb unseres Bewusstseins" heisst nichts anderes als eben „Inhalt unseres Bewusstseins" und die Behauptung einer Existenz „ausserhalb des
Bewusstseins" kann nur den Sinn haben, dass etwas existiere,
was nicht gegenwärtig Inhalt unseres Bewusstseins ist. In
diesem Sinne fällt also der Begriff des ausserhalb des Bewusstseins Existirenden mit demjenigen des objectiv Existirenden
zusammen, der Begriff des innerhalb des Bewusstseins Existirenden mit dem des Vorgefundenen, der Bewusstseinsinhalte. [91])
Aber beiden Begriffen darf aus diesem Grunde in keiner Weise
der Sinn eines räumlichen „innerhalb oder ausserhalb bestimmter Grenzen" beigelegt werden. Von räumlichen Prädicaten des Bewusstseins können wir nicht sprechen: räumliche
Prädicate gibt es nur für solche Bewusstseinsinhalte, zwischen
welchen räumliche Relationen bestehen. [92]) Wenn ich irgend eine
räumliche Bestimmung angebe oder eine Frage über räumliche
Bestimmungen stelle, so kann es sich immer nur um räumliche
Relationen des zu bestimmenden Inhaltes zu anderen Inhalten
handeln: jede räumliche Angabe ist nur eine solche relative
Angabe, die Ortsbestimmung kann immer nur mit Bezug au.⁴
schon gegebene Orte vollzogen werden. Spreche ich also von
dem Orte eines vorgefundenen Inhaltes, so kann damit nur
gemeint sein, dass er in irgendwelchen räumlichen Relationen
zu anderen vorgefundenen oder vorzufindenden Inhalten steht.
Diese einfache Ueberlegung zeigt einerseits, dass es keinen
Sinn hat, den Inhalten unserer Gesichts- und Tastwahrnehmungen einen Ort innerhalb unseres Kopfes, unseres
Gehirnes anzuweisen. Die Inhalte, welche wir wahrnehmen,
sind eben da, wo wir sie vorfinden, d. h. sie haben denjenigen
Ort, der sich durch ihre räumlichen Relationen zu anderen
vorgefundenen Inhalten bestimmt. Es hat keinen Sinn zu
behaupten, dass wir sie zunächst in unserem Kopfe empfinden
und sie von da durch einen geheimnissvollen Mechanismus in
den Raum „hinausprojiciren" oder ihnen durch „unbewusste
Schlüsse" ihre Stelle im Raume anweisen. Die Behauptung,
dass etwa unsere Gesichtsbilder im Kopfe empfunden würden,
ist ein directer Widerspruch gegen die Erfahrung. Da jede

Ortsbestimmung eines Inhaltes als solchen sich nur auf die
Angabe seiner räumlichen Relationen zu anderen vorgefundenen
Inhalten stützen kann, räumliche Relationen innerhalb unseres
Kopfes aber überhaupt niemals Gegenstand optischer Wahrnehmungen werden können, so können Erfahrungen der Art,
wie sie jener Behauptung entsprechen würden, niemals gemacht
werden. Es ist auch nicht richtig, dass die Inhalte ursprünglich in unserem Kopf lokalisirt gewesen wären und erst auf
Grund späterer Erfahrungen hinauslokalisirt würden. Richtig
ist zwar, wie sich weiter unten zeigen wird, dass die Vorstellung der Tiefenentfernung, der dritten Dimension des
Raumes erst im Laufe unseres Lebens entstanden ist; eben
damit aber ist jener erste Satz unverträglich, da vor der
Ausbildung jener Vorstellung (also „ursprünglich") eben kein
Unterschied von innerhalb und ausserhalb unseres Kopfes für
die Gesichtswahrnehmung existirte. Die Verwechslung gewisser
objectiver Bedingungen unserer Empfindungen — der für
das Zustandekommen der letzteren notwendigen Nervenprocesse — mit den Empfindungen selbst ist es, die zu
den Ungeheuerlichkeiten jener Projectionstheorien geführt hat;
sobald man die Frage stellt, was mit räumlicher Bestimmung
eines Bewusstseinsinhaltes gemeint ist und gemeint sein kann,
tritt der Widerspruch jener Theorien gegen die Erfahrung
unmittelbar zu Tage.

Andererseits zeigt dieselbe Ueberlegung, dass von einem
Orte des Bewusstseins, von irgend welchen räumlichen
Prädicaten des erkennenden Subjects niemals die Rede sein
kann. Räumliche Daten gibt es ursprünglich nur für gewisse
Classen von Bewusstseinsinhalten — für diejenigen, welche
dem Gesichts- und dem Hautsinn angehören. Wir übertragen
zwar diese räumlichen Bestimmungen auch auf Complexe,
welche Bestandteile aus diesen Sinnesgebieten enthalten; wir
sprechen demgemäss z. B. von räumlichen Unterschieden von
Tönen, indem wir nicht an den einzelnen Teilinhalt „Ton",
sondern an die Erfahrungszusammenhänge denken, welche dem
Ton einen bestimmten Ursprung im Raume, eine Richtung
anweisen, von welcher er kommt (s. u.). Von einer Localisation des Bewusstseins selbst aber kann auch in diesem Sinne

nicht die Rede sein: das Bewusstsein ist kein vorgefundener Inhalt und hat somit auch keine Relationen zu anderen Inhalten; es ist ebensowenig ein bestimmter Complex von Bewusstseinsinhalten, dem im Gegensatz zu einem anderen Complexe irgend eine besondere räumliche Bestimmung zukäme. Da es vielmehr alle Bewusstseinsinhalte und somit auch alle denkbaren räumlichen Unterschiede derselben umfasst, so kann die Anwendung räumlicher Prädicate auf das Bewusstsein nur durch ein Missverständniss zu Stande kommen, welches das Bewusstsein selbst zu irgend einem Teile seiner Inhalte in einen Gegensatz stellt, wie er thatsächlich nur zwischen diesem Teile der Inhalte und irgendwelchen anderen Inhalten besteht.

Ding an sich und Erscheinung. Aus denselben Ueberlegungen, welche zu dem eben zurückgewiesenen Missverständnisse geführt haben, entspringt noch eine zweite Schwierigkeit für das Verständniss der gegebenen Erklärung des Begriffs der objectiven Existenz. Die naturalistische Grundansicht lässt unsere Erfahrungen über die Dinge durch eine Wirkung dieser Dinge auf unser Bewusstsein entstehen. Die Gegenstände, welche wir wahrnehmen, müssen, damit wir sie wahrnehmen können, zunächst auf unsere Sinnesorgane wirken; von diesen Organen, so sagt man uns weiter, geht eine Nervenerregung zum Gehirn und „löst daselbst" denjenigen Vorgang „aus", den wir als das Bewusstseinsphänomen der Sinneswahrnehmung kennen. Was uns direct gegeben ist, ist nun nur dieser „im Gehirn ausgelöste" Bewusstseinsvorgang. Dass diesem Vorgang etwas „ausser uns" entspricht, wird auf Grund eines rätselhaften Mechanismus erschlossen; da aber jene Vorstellung etwas nur „in uns" existirendes, bloss subjectives ist, so kann sie uns auch nicht eine Erkenntniss der „ausser uns" existirenden Gegenstände geben, wie dieselben an und für sich sind, sondern wir erkennen eben nur die Art, wie uns diese Gegenstände „erscheinen" — ihre „wirklichen" Eigenschaften bleiben uns verschlossen. Es ist bekannt, wie die consequente Entwicklung der hier in ihren Grundzügen skizzirten Ansicht zu der widerspruchsvollen Theorie der uns auf ewig unerkennbaren Dinge an sich geführt hat.

Thatsächlich ist aber an dieser Ansicht nur soviel richtig, dass unseren Empfindungen normalerweise peripherische Reize zu Grunde liegen und dass sie durch die von diesen ausgehenden Erregungen des centralen Nervensystems bedingt sind. Was mit diesen Worten ausgesagt ist, ist eine naturwissenschaftliche Erfahrungsthatsache; alles weitere an jener Argumentation ist dagegen aus dieser Erfahrung irrtümlich geschlossen. Die Falschheit des Schlusses auf die Lokalisation der Empfindungsinhalte im Nervensystem ist soeben dargethan worden. Aber auch der weitere Schluss auf die Incongruenz der Erscheinung und der Eigenschaften der Dinge ausser uns ist genau ebenso fehlerhaft: wenn, wie wir im Vorigen erkannt haben, die Gesichtsinhalte an eben den Orten existiren, an welchen wir sie wahrnehmen, so sind eben auch die Formen und Farben der gesehenen Dinge „ausser uns" (d. h. ausser unserem Kopfe) an eben den Orten, an welchen wir sie sehen, also thatsächlich an den Dingen ausser uns vorhanden — das Gras ist „wirklich" grün, der Himmel „wirklich" blau. Insofern also aus der obigen Betrachtung ein Schluss auf die Verschiedenheit der wahrgenommenen Erscheinungen der Dinge und dieser Dinge selbst gezogen werden sollte, müssen wir diesen Schluss zurückweisen.

Dagegen lässt sich in der That in einem anderen Sinne ein Unterschied zwischen den wahrgenommenen und den objectiv existirenden Eigenschaften der Dinge constatiren. In derselben Weise, wie wir zu dem Begriffe des Dinges und der objectiven Existenz gelangen, bilden wir auch die Begriffe von Eigenschaften der Dinge, die nicht als Wahrnehmungsbegriffe, sondern als empirische Begriffe erscheinen. Der weiter oben bereits erwähnte Begriff der räumlichen Form kann als Beispiel einer solchen Eigenschaft dienen. Wenn wir von einem Dinge eine bestimmte räumliche Form als Eigenschaft aussagen, so meinen wir damit nicht eine Eigenschaft der einzelnen Wahrnehmung des Dinges; denn die einzelne optische Wahrnehmung etwa zeigt uns stets nur einen zweidimensionalen Ausschnitt unseres Gesichtsfeldes als „Erscheinung des Dinges von einer Seite", niemals aber die nach allen Seiten bestimmte dreidimensionale Gestalt des

Dinges, die wir mit dem Namen der Form desselben zu treffen meinen. Von den verschiedenen Seiten betrachtet ändert das Ding seine Erscheinungsform; eben diese Aenderungen aber stehen in gewissen völlig bestimmten empirischen Zusammenhängen, die wir im Laufe unserer Erfahrung kennen lernen und in derselben Weise wiedererkennen und unter Begriffe bringen, wie wir im Dingbegriff selbst grössere Reihen von Zusammenhängen einheitlich bezeichnen. Der Begriff der geometrischen Form ist also in derselben Weise als ein empirischer Begriff zu betrachten, wie der Dingbegriff selbst, und wird daher passend im Gegensatz zu der Form der einzelnen Wahrnehmung, der veränderlichen Erscheinungsform des Dinges als dessen Daseinsform zu bezeichnen sein.[93]) Die Behauptung, dass ein Ding diese oder jene geometrische Form besitze, ist somit eine natürliche Theorie unserer Erfahrungen, ebenso wie die Bezeichnung der verschiedenen Ansichten, die das Ding uns bietet, als Erscheinungen eines und desselben Dinges.

In derselben Weise werden schon im Laufe des vorwissenschaftlichen Denkens eine grosse Reihe empirischer Begriffe gebildet, die als Eigenschaften von Dingen ausgesagt werden. So legen wir jedem sichtbaren Dinge eine bestimmte Eigenschaft bei, welche man als seine objective Farbe bezeichnen kann: in diesem Begriffe werden die je nach Umständen sehr verschiedenen farbigen Erscheinungen des Dinges ebenso zusammengefasst, wie im Begriffe der geometrischen Form die Gestalten, welche es dem Auge in seinen verschiedenen Lagen darbietet*). Dass die farbige Erscheinung eines Dinges davon abhängt, unter welchem Gesichtswinkel und aus welcher Entfernung wir dasselbe betrachten, ist bekannt; schon von dieser Thatsache aus sind wir strenge genommen nur berechtigt, von einer bestimmten Farbe der jeweiligen Erscheinung des Dinges, nicht aber von einer solchen als constanter Eigenschaft des Dinges selbst zu sprechen. Wenn wir dennoch sagen, das Ding sei rot oder blau, so ist eine solche Redeweise nur

---

*) Man denke sich als Beispiel für die folgenden Betrachtungen etwa einen blau angestrichenen Würfel.

darum einwurfsfrei, weil diese Prädicate ihrer Entstehung gemäss bereits vieldeutige Prädicate sind, welche eine Reihe sehr verschiedener Farbennuancen unter sich befassen; wollten wir aber eine bestimmte von den verschiedenen unter verschiedenen Bedingungen an dem Dinge wahrgenommenen Nuancen als die Farbe des Dinges bezeichnen, so würde eine solche Auswahl stets völlig willkürlich sein. Thatsächlich meinen wir mit der Bezeichnung der Farbe des Dinges niemals eine bestimmte von diesen verschiedenen Färbungen: sondern wir bezeichnen damit in einer nachlässigen, aber jedem verständlichen Weise zusammenfassend die verschiedenen Farbennuancen, die das Ding unter verschiedenen Bedingungen zeigt und deren Zusammenhang mit eben diesen Bedingungen uns erfahrungsmässig mehr oder minder genau bekannt ist. Kurz, die Prädication des Dinges als eines Dinges von dieser oder jener Farbe ist nicht eine Aussage über die einzelne Erscheinung des Dinges, ist nicht eine Prädication vermittels eines Wahrnehmungsbegriffes, sondern bezieht sich stets auf Erfahrungszusammenhänge, ist also eine Prädication mittels eines empirischen Begriffes.

Noch deutlicher wird dieser Gegensatz, sobald wir die Unterschiede der Erscheinung des Dinges ins Auge fassen, die dasselbe bei verschiedener Beleuchtung darbietet. Schon die Beleuchtungsänderungen, welche das Tageslicht in seinen Schwankungen vom Morgen bis zum Abend, bei trübem und heiterem Wetter bedingt, haben sehr weitgehende Variationen der farbigen Erscheinung der Dinge zur Folge; es fällt in die Augen, dass wir von einer bestimmten Farbe des Dinges hier nur als von einem empirischen Begriffe reden können, nicht aber ein bestimmtes Wahrnehmungsprädicat damit treffen können, welches dem Dinge jederzeit zukäme. Immerhin wird aber vielleicht unter den gewohnten Beleuchtungen noch eine derartige Uebereinstimmung dieser verschiedenen Färbungen bestehen, dass die Veränderlichkeit derselben innerhalb der Grenzen bleibt, innerhalb deren die Bedeutung der gebrauchten Farbenbenennung selbst schwankt, bez. dass sie von dem wahrnehmenden und urteilenden Individuum überhaupt nicht bemerkt wird. Ziehen wir aber gar noch jene Erfahrungen in

Betracht, die sich bei Beleuchtung des Dinges mit künstlichem Lichte ergeben, so hört die Möglichkeit der Bezeichnung der Farbe des Dinges im Sinne eines Wahrnehmungs-
prädicates völlig auf; wenn wir das Ding trotz seiner verschiedenen Erscheinung bei Sonnenlicht und im Dunkeln, bei
Natrium- und Strontiumlicht immer noch constant als ein
„blaues" bezeichnen, so kann die Bedeutung dieses Prädicates
nicht mehr die gewohnte, nicht mehr die eines innerhalb gewisser Grenzen bestimmten Farbtones sein, sondern dasselbe
muss die Bedeutung eines empirischen Begriffes gewonnen
haben: es müssen in demselben die Erfahrungen mitgedacht
werden, die uns gezeigt haben, dass der bei Natriumlicht
weissliche Körper bei gewöhnlicher Beleuchtung blau erscheint u. s. w. Eben diese Erfahrungen sind es, an welche
wir denken, wenn wir sagen, das Ding sei in Wirklichkeit
blau, es erscheine nur jetzt anders gefärbt. Die Behauptung
einer solchen „wirklichen" Eigenschaft im Gegensatz zu der
wahrgenommenen ist nichts anderes als eine Prädication durch
einen empirischen Begriff, die nicht den gegenwärtigen Wahrnehmungsinhalt als solchen benennt, sondern über dessen empirischen Zusammenhang mit anderen, unter bestimmten Bedingungen an seine Stelle tretenden Inhalten etwas aussagt.

Je weiter unsere Erfahrungen fortschreiten, um so mehr
und um so bestimmtere Eigenschaften dieser Art lernen wir
an den Dingen kennen und um so genauere Kenntniss gewinnen wir über die durch diese Eigenschaften bezeichnete
Abhängigkeit der Erscheinung der Dinge von der Erfüllung
bestimmter Bedingungen. Entsprechend einem allgemeinen
Unterschiede dieser Bedingungen haben wir zwei wesentlich
verschiedene Arten von Eigenschaften der Dinge zu unterscheiden: die geometrischen Eigenschaften, welche die Abhängigkeit der Erscheinung des Dinges von der Stellung
desselben zu unseren Sinnesorganen ceteris paribus bestimmen,
und die physikalischen Eigenschaften im weitesten Sinne
des Wortes, in welchen wir die Abhängigkeit der Erscheinung
des Dinges — und somit auch seiner geometrischen Eigenschaften — von anderweitigen Vorgängen in der Welt der
Dinge zum Ausdruck bringen. Manche Eigenschaften der

letzteren Art bezeichnet das vorwissenschaftliche Denken als
„Fähigkeiten" des Dinges: das Holz „kann" brennen, die Glocke
klingen, der Vogel seine Flügel ausbreiten u. s. w. Gemäss
dem Oekonomieprincip muss das Streben der Wissenschaft
darauf gerichtet sein, die veränderlichen Eigenschaften auf
constante Begriffsbildungen (Zusammenhangsbegriffe) zurückzuführen, in der Art, dass wir überall durch Berücksichtigung
der speciellen Bedingungen des Falles aus diesen constanten
Begriffen die besondere Gestaltung der jeweiligen Erscheinung
der Dinge abzuleiten in den Stand gesetzt werden. Fortschreitende Erfahrung kann im Verfolg dieses Strebens die
ursprünglichen Dingbegriffe vielfach umgestalten und frühere
Eigenschaften derselben durch neue ersetzen. Je nachdem
die Erfahrungen neuer Aenderungen sich noch zwanglos dem
auf Grund früherer Erfahrungen bereits gebildeten Begriffe
unterordnen lassen oder nicht, wird eine Bereicherung dieses
Begriffes eintreten oder aber die Behauptung aufgestellt werden,
dass das Ding selbst unter diesen oder jenen Bedingungen
aufhöre zu existiren, dass es nicht mehr das gleiche Ding
sei wie zuvor; eben diese Thatsache aber, dass das Ding unter
bestimmten Bedingungen vernichtet oder in andere Dinge über-
geführt wird, erscheint notwendig abermals als empirische
Eigenschaft des Dinges (das Holz ist verbrennlich, die
Glasscheibe zerbrechlich u. s. w.). Die Beschreibung solcher
Erfahrungen durch neue Dingbegriffe, die nicht mehr selbst
als veränderlich betrachtet werden müssen, sondern deren constante Eigenschaften eben die Regel für diese Aenderungen
in sich enthalten, muss (als dem Oekonomieprincip besser entsprechend) schliesslich überall in der Wissenschaft zum Durch-
bruch kommen. Die letzte Consequenz dieser Entwicklung ist
die Beschreibung aller Erscheinungen in der Welt der Dinge
als Bewegungen der qualitativ unveränderlichen Materie.

Die Beziehung zwischen dem Ding und seinen empirischen
Eigenschaften auf der einen, seinen anschaulichen Eigenschaften oder seinen Erscheinungsweisen auf der anderen Seite
ergibt sich aus der Theorie der empirischen Begriffsbildung
ohne Weiteres. Da der Begriff des Dinges nichts anderes
ist, als die begriffliche Zusammenfassung bestimmter Wahr-

nehmungen und der darauf für die Erfüllung bestimmter Bedingungen gegründeten Erwartungen, so sind die einzelnen
Erscheinungen des Dinges nicht „unbegreifliche Wirkungen
des objectiv existirenden Dinges auf unser Bewusstsein“, sondern sie sind die ursprünglichen Daten, aus welchen wir
den Begriff des objectiven Dinges erst gebildet haben und
welche wir durch diesen Begriff unter eine bestimmte Regel
bringen: die Beziehung des Dinges zu seiner Erscheinung ist
nicht die eines unerklärlichen Causalzusammenhanges, sondern
die eines vieldeutigen Symboles zu einer bestimmten seiner
Bedeutungen.

Dem Dingbegriff gegenüber erscheint die Qualität seiner
einzelnen Erscheinung als etwas Zufälliges: das Ding kann
so, aber auch anders erscheinen, es bleibt aber darum
doch dasselbe Ding, eben weil der Dingbegriff die Zusammenfassung verschiedener, unter verschiedenen Bedingungen zu
gewärtigender Wahrnehmungen ist und seine Merkmale — die
objectiven Eigenschaften des empirischen Begriffes — nicht in
der einzelnen Wahrnehmung gegeben sind. Die Eigenschaften
dieser einzelnen veränderlichen Wahrnehmungen des Dinges
stehen daher zum constanten Dingbegriff im Verhältniss der Acci-
dentien zur Substanz. In der That sind die Wahrnehmungsurteile, welche einem Dinge eine gegenwärtig wahrgenommene
Eigenschaft zusprechen, niemals Urteile über Eigenschaften
des Dinges als solchen, sondern stets nur über seine augenblickliche Erscheinung. Was an dieser zu Tage tritt, ist nicht
ohne Weiteres auch als Eigenschaft des Dinges zu beurteilen
d. h. als eine solche, die dem durch den Dingbegriff bezeichneten constanten empirischen Zusammenhange zukäme: vielmehr verhält sich das betreffende Prädicat der Wahrnehmung
zu einem bestimmten Merkmale des objectiv existirenden Dinges
ebenso, wie allgemein die Erscheinung zum Dingbegriff — es
ist ein besonderes aus der Reihe der Prädicate, welche durch
die Angabe eines empirischen Merkmals des Dinges ihre einheitliche zusammenfassende Bezeichnung finden. Diesem Merkmal kommt dauernde, constante Existenz zu im Gegensatz
zu den wechselnden Eigenschaften der von Fall zu Fall verschiedenen Erscheinungen des Dinges; wie das frühere Beispiel

der Daseinsform im Gegensatz zur Erscheinungsform am deutlichsten zeigt. Im Gegensatz zu den objectiv existirenden (empirischen) Eigenschaften des Dinges erscheinen diese wahrgenommenen Eigenschaften seiner jeweiligen Erscheinung als bloss subjectiv existirend gemäss der früher gegebenen Definition dieser beiden Termini.

Dieser Gegensatz der objectiven und der wahrgenommenen Eigenschaften fällt dem Sinne nach vollkommen zusammen mit der Locke'schen Unterscheidung der primären und secundären Qualitäten, von welchen nur die ersteren objectiv, die letzteren jeweils bloss subjectiv existiren. Wir sehen, dass die Erfahrung in der That zu einer solchen Unterscheidung führt; wir sehen aber zugleich, dass unsere Aussagen über die primären sich durchaus auf Erfahrungen über die secundären Qualitäten der Dinge stützen, und wir sehen ebenso, in welcher Weise wir überall über die Bestimmung einer Eigenschaft als primärer oder secundärer Qualität entscheiden können — wobei sich denn äusserlich mancherlei Gegensätze gegen die von Locke gegebenen Distinctionen herausstellen mögen. Die Eigenschaft einer bestimmten Färbung, die wir an einem Dinge unter völlig bestimmten Umständen wahrnehmen, ist nach unseren Betrachtungen als secundäre Qualität zu bezeichnen; die Eigenschaft des Dinges dagegen, — mag sie sich wie immer näher bestimmen lassen — mit deren Bezeichnung wir die verschiedenen Erfahrungen zusammenfassen, die wir über die verschiedene Färbung des Dinges bei verschiedenartig auffallendem Lichte gemacht haben, ist (als empirischer Begriff) eine objectiv existirende und somit primäre Qualität.

Auch zur Definition des Gegensatzes, welchen die Philosophen alter und neuer Zeit durch die Begriffe der φαινόμενα und der νοούμενα bezeichnet haben, scheinen mir die hier beschriebenen Thatsachen die einzig mögliche empirische Grundlage zu bilden. Wie das Noumenon als solches niemals Gegenstand der Wahrnehmung wird, sondern der Verstandesbegriff ist, der in den wechselnden Phänomenen sich manifestirt, so ist unser Dingbegriff nichts anderes als der (durch den „Verstand" gebildete) Einheitsbegriff, welcher uns zur

zusammenfassenden Beschreibung der Erscheinungen dient; und
wie im Gegensatz zur ephemeren Existenz der wechselnden
Phänomene dem Noumenon allein dauernde und unveränderliche Existenz zugeschrieben wird, so erscheint auch hier der
empirische Begriff als das beharrlich und unveränderlich Existirende im Gegensatz zu seinen wechselnden und flüchtigen
Erscheinungen. Was einst Descartes am Beispiel des Wachses
zeigen wollte: dass die sinnlichen Eigenschaften nicht das
wahre Wesen der Dinge bilden, dass vielmehr dieses Wesen
nur durch ein „Schauen der Seele" erfasst werden könne, zeigt
sich uns hier in anderer Gestalt und nicht mehr durch bildliche Ausdrücke verhüllt. Nicht die „sinnlichen Eigenschaften",
die einzelnen Wahrnehmungsbilder, sind die Eigenschaften,
die wir dem constant existirenden Dinge zuschreiben dürfen;
sondern die Begriffe, in welche wir die Zusammenhänge jener
Wahrnehmungen fassen und welche, eben weil sie die Veränderungen in sich befassen, denen jene Erscheinungen
unter bekannten Bedingungen unterworfen sind, selbst als unveränderlich sich darstellen, diese sind es, die das „wahre
Wesen", das Seiende und Bleibende der Dinge wiedergeben.
Freilich nicht durch ein unmittelbares Schauen der Seele,
sondern durch den langsamen und nie endenden Process der
empirischen Begriffsbildung gelangen wir zu deren Erkenntniss.
Dieser Begriff des Noumenon aber ist nicht ein blosses X,
ein Unerfahrbares, das wir unseren Wahrnehmungen zu Grunde
zu legen hätten, „weil diese eben nur Erscheinungen sind und
folglich doch Erscheinungen von etwas sein müssen"; sondern
es lässt sich über dessen qualitative Eigenschaften wie über
seine räumlichen und zeitlichen Beziehungen in ebenso mannigfaltiger Weise urteilen, wie wir über die Eigenschaften unserer
Sinnesinhalte selbst zu urteilen im Stande sind. Wie der
Dingbegriff nichts ist als eine Abbreviatur für gemachte Erfahrungen, so sind auch diese seine Eigenschaften Abbreviaturen für unsere Erfahrungen in diesem oder jenem Gebiete.
Zu solchen Abbreviaturen leiten unsere Erfahrungen in völlig
bestimmter Weise hin; die in dieser Weise gewonnenen Begriffe der Gegenstände, der Noumena, der Dinge an sich oder
wie immer wir sie benennen wollen, sind frei von all den

Widersprüchen, welche diesen Begriffen in ihrer hergebrachten Bedeutung anhaften: das Rätsel der Wirkung der Aussenwelt auf unser Bewusstsein erscheint durch sie vollkommen gelöst — keinerlei metaphysische Dunkelheit ist in ihnen enthalten, solange wir nur nicht vergessen, in welcher Weise sie gewonnen wurden und welche Bedeutung ihnen dieser ihrer Entstehung nach zukommt.

Die Ergebnisse dieser Betrachtungen lassen uns weder dem Raume, noch der Zeit, noch auch den Gesetzmässigkeiten des Naturlaufes ein bloss subjectives Dasein zuerkennen: diese Gesetzmässigkeiten existiren vielmehr (der vulgären Ansicht völlig entsprechend) in und an den Objecten, welche ihrerseits im objectiven Raume und der objectiven Zeit ihr Dasein führen.

Der objective Raum. Im vorigen Capitel hatten wir gefunden, dass gewisse Prädicate der Teilinhalte des Eindruckes, die wir als räumliche Prädicate bezeichnen, in einem Teile unserer Sinnesgebiete ursprünglich gegeben sind und dass wir eine Entstehung dieser räumlichen Eigenschaften der Inhalte aus irgend welchen nichträumlichen Factoren nicht anzunehmen haben. Es ist aber mit dieser Behauptung keineswegs zugleich ausgesagt, dass auch der Begriff des dreidimensionalen unendlichen Raumes, in welchem wir unseren eigenen Körper und die Dinge unserer Umgebung vorfinden, ein ursprünglich in unserer Wahrnehmung gegebener bez. aus ursprünglichen Daten abstrahirter Begriff sein müsste. Im Gegenteil lässt sich eine grosse Reihe von Thatsachen aufweisen, welche uns diesen Raum als einen im Laufe unserer Entwicklung entstandenen, empirischen Begriff erkennen lassen.

Zunächst ist hier die Thatsache zu verzeichnen, dass wir von der fortdauernden Existenz des Raumes überhaupt und somit auch derjenigen Teile des Raumes sprechen, welche sich unserer gegenwärtigen Wahrnehmung nicht darbieten. Wir sind überzeugt, dass der Raum mit seinem gesammten Gehalt an Gegenständen existirt, unabhängig davon, ob und wie weit wir ihn gegenwärtig anschauen; wir legen also dem Raume in derselben Weise objective Existenz, Existenz an sich bei wie den Dingen. Nach den allgemeinen Ueberlegungen, die über den Begriff der objectiven Existenz Aufklärung zu geben bestimmt waren, werden wir auch hier sagen müssen, dass es gewisse, auf frühere Erfahrungen gegründete Erwartungen seien, welche wir mit einem solchen Existentialurteile bezeichnen; entsprechend unseren Betrachtungen über die Entstehung solcher Erwartungen werden wir daher auch den Begriff des objectiven Raumes als einen empirischen Begriff zu betrachten haben. (Dem Einwand, dass wir es hier mit Erwartungen zu thun haben, von denen wir überzeugt sind, dass sie niemals enttäuscht werden können, soll zunächst ein gewisser Schein der Berechtigung nicht abgesprochen werden; derselbe wird sich aber weiter unten von selbst erledigen).

Aehnliche Consequenzen ergeben sich aus der Thatsache, dass der räumliche Zusammenhang verschiedener wahrgenommener Complexe keineswegs überall wahrgenommen wird, sondern dass wir diesen Zusammenhang häufig auf Grund anderweitiger Erfahrungen ergänzen: die Anschauungen liefern keinen einheitlichen Raum, sondern Räume, deren Zusammengehörigkeit erst durch mancherlei Erfahrungen erlernt wird.

Endlich aber, und diese Thatsache schliesst die beiden ihrer grösseren Einfachheit halber zunächst erwähnten in sich, meinen wir, wenn wir von Raum und von räumlichen Eigenschaften sprechen, im allgemeinen nicht Eigenschaften wahrgenommener Inhalte als solcher, sondern erstlich schreiben wir räumliche Eigenschaften den Inhalten auch zu, während wir sie nicht wahrnehmen, andererseits sprechen wir von räumlichen Eigenschaften der Dinge — deren Eigenschaften sich, wie wir wissen, durchaus nicht ohne Weiteres auf diejenigen einzelner Wahrnehmungen zurückführen lassen. Der Unterschied der räumlichen Eigenschaften von Dingen gegenüber denjenigen der Wahrnehmungsinhalte als solcher zeigt sich erstlich darin, dass die letzteren (diejenigen des optischen sowohl als des haptischen Gebietes) nur zweidimensional ausgedehnt sind, indem jeder Ort im Gesichtsfelde und jeder Ort innerhalb einer Tastfläche nur von zwei Coordinaten abhängt, während dagegen die Dinge nach drei Dimensionen räumlich ausgedehnt sind; andererseits darin, dass wir durch die Be-

hauptung räumlicher Prädicate von Dingen zugleich sowohl
über ihre sichtbare wie über ihre (eventuelle) tastbare Erscheinung Aussagen machen, was durch Aussagen über die
einzelnen wahrgenommenen Inhalte als solche natürlich nicht
geschehen kann.

Nach all diesem müssen wir den Raum und die räumlichen Eigenschaften der Dinge als empirische Begriffe betrachten. Allerdings ist der Raum nicht ein Ding neben
anderen, wohl aber ein Merkmal an dem, was uns als die
Welt der Dinge im Laufe unserer Erfahrung entgegentritt.
Wie allgemein die Eigenschaften der Dinge sich auf diejenigen
ihrer Erscheinungen gründen, ohne doch mit den letzteren
identisch zu sein, so werden wir auch hinsichtlich der räumlichen Eigenschaften derselben annehmen müssen, dass bestimmte
Eigenschaften der Phänomene in den empirischen Begriffen
der geometrischen Eigenschaften der Dinge mitbezeichnet
werden. Es sind dies eben diejenigen anschaulichen Eigenschaften der Empfindungen, die wir bereits früher als deren
räumliche Eigenschaften bezeichnet haben. Dieselben sind aber
wie gesagt mit jenen empirischen Begriffen nicht identisch.

Wollen wir die Entstehung des Raumbegriffes und der
geometrischen Begriffe analysiren, so werden wir nicht umhin
können, uns auf diejenigen Thatsachen zu berufen, die uns aus
eigener Erfahrung als Factoren der Raumanschauung bekannt
sind. Bei sehenden Individuen spielen als solche Factoren die
Gesichtswahrnehmungen die Hauptrolle. Wenn es auch
scheint, dass der Raum der Blindgeborenen dieselben Merkmale
besitzt wie derjenige der Sehenden, und wenn demnach die
Vermutung nahe liegt, als komme den Gesichtswahrnehmungen
bei der Entstehung des Raumbegriffes nur eine nebensächliche
Bedeutung zu, so muss ich gestehen, dass ich meinerseits von
den räumlichen Erfahrungen des optischen Gebietes nicht zu
abstrahiren vermag und dass es mir daher nicht möglich ist,
eine Theorie der Entstehung des Raumbegriffes bei Blindgeborenen zu geben. Ich muss mich darauf beschränken, die
Entstehung des Raumbegriffes unter Mitwirkung der Gesichtswahrnehmungen zu untersuchen.

Die Grundlage für die Entwicklung des Raumbegriffes

muss nach den obigen Betrachtungen dieselbe sein, wie diejenige für die Entstehung empirischer Begriffe überhaupt: die
Zusammenfassung gemachter Erfahrungen und darauf gegründeter Erwartungen über die Wiederholung ähnlicher Erfahrungen unter bestimmten Bedingungen, wie sie in der Behauptung der objectiven Existenz von Gegenständen mit constanten
Eigenschaften zum Ausdruck kommt.

Wenn ich behaupte, dass ein bestimmter optischer (also
zunächst zweidimensional ausgedehnter) Inhalt existirt, während ich ihn wahrnehme, so erkenne ich ihm mit eben
dieser Behauptung einen Ort in meinem gegenwärtigen Gesichtsfelde zu; was mit einer solchen Angabe gemeint ist, bedarf
keiner weiteren Erklärung. Behaupte ich aber weiter, wie es
nach der allgemeinen Regel über die Entstehung des Begriffes
von objectiv Existirendem zu geschehen pflegt, dass derselbe
völlig bestimmte Inhalt auch noch existirt, während ich ihn
nicht mehr wahrnehme, oder dass der gesehene Gegenstand
unverändert fortexistire, während seine Erscheinung für mich
eine andere wird, so wird eben hiermit dem jetzt als objectiv
existirend betrachteten Inhalte — der „ersten Ansicht" des
Gegenstandes — ein Ort zugesprochen, welcher nicht innerhalb meines jetzigen Gesichtsfeldes liegt. Denn der objectiv
existirende Inhalt ist gemäss der Entstehungsweise der Begriffe sinnlicher Eigenschaften von Dingen genau ebensogut ein
flächenhaft ausgebreiteter und kann ebenso nur als Teil
eines eventuell wahrzunehmenden Gesichtsfeldes gedacht werden,
wie jeder wahrgenommene Inhalt des Gesichtsfeldes. Wenn
wir ihm also einen bestimmten objectiven Ort zuschreiben,
so meinen wir damit nicht nur, dass er, ob er gleich augenblicklich nicht als Teil unseres Gesichtsfeldes erscheint, doch
innerhalb eines eventuell wahrzunehmenden Gesichtsfeldes einen
Ort haben werde, sondern vor allem, dass er unter bestimmten Bedingungen abermals als Teil unseres Gesichtsfeldes
erscheinen werde. Als solche Bedingungen sind zunächst diejenigen bekannt, welche wir als die „Rückkehr des Auges in
jene erste Lage" bezeichnen; die Behauptung, dass der Inhalt
noch an jenem Orte existire, ist also identisch mit der, dass
ich ihn bei der Rückkehr meines Auges in die entsprechende

Lage an derselben Stelle meines Gesichtsfeldes wie früher
vorfinden werde. Was mit der Rückkehr des Auges in die
erste Lage bezeichnet wird, sind bestimmte Erfahrungen erstlich über Bewegungsempfindungen, weiterhin über gewisse
anderweitige Empfindungsreihen, deren Beschaffenheit sich aus
der weiter unten zu besprechenden Thatsache der Relativität
räumlicher Bestimmung ergibt.

Wir können einen bestimmten optischen Teilinhalt nicht
nur dadurch aus dem Gesichtsfelde verlieren, dass er durch
eine Bewegung über die Grenzen des Gesichtsfeldes hinaus-
gerückt wird, sondern auch dadurch, dass etwa der betreffende
Gegenstand gedreht oder ein anderer vor denselben geschoben
wird, so dass der betreffende Inhalt nicht im Gesichtsfelde
seinen Ort ändert, sondern dass er verschwindet und an seine
Stelle ein von ihm verschiedener Teilinhalt tritt. Im einen
wie im anderen Falle aber werden wir auf Grund vorgängiger
Erfahrungen die Wahrnehmung jenes ersten Inhaltes unter
bestimmten Bedingungen von neuem erwarten; so dass wir
dem Inhalte objective Existenz zuschreiben. Wir behaupten
also die Existenz sichtbarer, gefärbter und begrenzter Flächen-
stücke, welche nicht Teile des gegenwärtigen Gesichtsfeldes
sind und welche sich auch keineswegs notwendig als Fort-
setzungen an dieses Gesichtsfeld bei Drehungsbewegungen
anschliessen, d. h. welche nicht mit diesem als Teile eines
und desselben zweidimensionalen Continuums erscheinen. Mit
anderen Worten, die Behauptung der objectiven Existenz sichtbarer Gegenstände führt auf Grund der eben genannten Erfahrungen unmittelbar zur Bildung des Begriffes einer Mehrheit
sichtbarer Orte, welche mehr als zweidimensional, also mindestens dreidimensional ausgedehnt ist.

Um die Entwicklung dieses Begriffes und seiner Merkmale
besser zu verstehen, wollen wir ein einfaches Beispiel ins
Auge fassen. Betrachten wir etwa eine aus dünnem Carton
geschnittene Figur von elliptischer Form. Einer solchen Figur
schreiben wir jedenfalls objective Existenz zu, d. h. wir behaupten, dass sie unverändert fortexistirt, auch wenn wir sie
nicht wahrnehmen. Welche allgemeinen Erfahrungen uns zu
dieser Behauptung führen und was folglich mit der letzteren

ausgesagt ist, braucht hier nicht nochmals erinnert zu werden –
wir wollen hier nur speciell diejenigen Erfahrungen ins Auge
fassen, welche uns zur Behauptung der objectiven geome-
trischen Eigenschaften dieser Figur führen. Halten wir zunächst die Figur ungefähr senkrecht zur
Ebene der Augenaxen und in der Entfernung des deutlichen
Sehens und drehen sie nun etwa um die kleine Axe der
Ellipse, so ändert sich ihr Gesichtsbild, indem es durch verschiedene elliptische Gestalten, durch die kreisförmige Gestalt
hindurch und schliesslich in diejenige eines geradlinig begrenzten Striches übergeht, um bei weiterer Drehung die entgegengesetzten Aenderungen zu durchlaufen. Genau dieselben
Aenderungen macht die Erscheinung der Figur durch, wenn
wir diese festhalten und unsererseits gewisse Bewegungen um
sie ausführen. Eine zweite Reihe von Aenderungen erhalten
wir durch entsprechende Drehung der Figur um die grosse
Axe der Ellipse.

Halten wir ferner die Figur vor unser Auge wie zuvor,
lassen sie aber, ohne sie zu drehen, sich von unserem Auge
weiter und weiter entfernen, so macht ihr Gesichtsbild abermals eine Reihe von Aenderungen durch, die wir als Aenderungen der scheinbaren Grösse bei gleichbleibender Form
bezeichnen. Nähern wir die Figur dem Auge wieder, so durchläuft ihr Gesichtsbild die Reihe dieser Aenderungen in ent-
gegengesetzter Richtung. Dieselben Aenderungen finden statt,
wenn wir die Figur feststellen und unsererseits entsprechende
Bewegungen ausführen.

Aehnliche Erfahrungen machen wir nicht nur, wenn die
Figur in der oben genannten Anfangslage, sondern auch, wenn
sie in einer beliebigen Lage aus den zuerst beschriebenen
beiden Aenderungsreihen von uns entfernt bez. unserem Auge
wieder genähert wird. In derselben Weise lassen sich Aenderungen der ersten und zweiten oder sämmtlicher Reihen mit
einander combiniren. Die sämmtlichen auf diese Weise resultirenden Aenderungen können ebenso durch eine Aenderung
aus einer der drei Reihen erhalten werden, wenn wir die
Anfangslage der Figur in bestimmter anderer Weise als oben
wählen.

Aus diesen allbekannten Erfahrungen lässt sich eine Reihe
wichtiger Schlüsse ziehen. Zunächst zeigt der erste Versuch,
dass wir, wenn wir etwa (in einem anderen Falle) von einer
objectiv existirenden kreisförmigen Figur sprechen, d. h. von
einem Objecte „kreisförmige Gestalt" aussagen, mit der Angabe dieser Form nicht eine Eigenschaft der optischen
Erscheinung des Objectes meinen können. Denn diese Erscheinung ist eine wechselnde und wird nur ganz ausnahmsweise eine kreisförmige, genau ebenso ausnahmsweise
wie in dem eben besprochenen Beispiel die elliptische Figur
unter bestimmten Bedingungen ein kreisförmig oder geradlinig begrenztes Bild liefert. Ebenso klar ergibt sich, dass
wir nicht etwa aus den verschiedenen Arten der Erscheinung
der Figur die einfachste auswählen, um nach dieser die
Figur zu benennen — müssten wir doch in diesem Falle auch
die elliptische Figur unseres Beispiels als Kreis oder als
geradlinigen Strich bezeichnen, da diese beiden Formen jedenfalls die einfachsten sind, welche die Figur durchläuft. Mit
der Behauptung, dass eine ebene Figur diese oder jene Gestalt
besitze, ist vielmehr genau ebenso wie bei der früher schon
betrachteten Behauptung über die Gestalt eines dreidimen-
mensional ausgedehnten Körpers eine Aussage über den Zusammenhang ihrer unter verschiedenen Bedingungen wahrzunehmenden Erscheinungsformen und nicht über irgend eine
einzelne dieser Formen gegeben; wir lernen diese Zusammenhänge
kennen und beurteilen und wir benennen danach eine gesehene
Figur — wenigstens soweit es sich um einfachere, häufigere
Formen handelt — beim Anblick sogleich als Figur von dieser
oder jener Gestalt, wenn auch ihrem augenblicklichen Gesichtsbilde keineswegs diese Gestalt zukommt. Wir werden
durch unsere Erfahrungen über solche Zusammenhänge so sehr
beeinflusst, dass wir, wo nicht besondere (etwa zeichnerische)
Uebung vorliegt, oft kaum im Stande sind, über die Erscheinungsform als solche zu urteilen, sondern an Stelle dieses
Urteils sogleich unser Urteil über jene objective Form fällen.
Ein schräg gesehener Kreis wird ohne Weiteres als Kreis beurteilt, obwohl seine Erscheinungsform die einer Ellipse ist.
Nicht auf Eigenschaften der jeweiligen optischen Erscheinung

also, sondern auf gewisse o b j e c t i v e Eigenschaften der Gegenstände gehen jene Benennungen; Eigenschaften, die den Zusammenhang der optischen Erscheinungsformen bedingen, übrigens ihre Benennung im Allgemeinen nicht auf Grund der
Erkenntniss dieses Zusammenhanges als solchen zu erhalten
brauchen. In der Regel kommen die bestimmteren Begriffe
solcher Eigenschaften vielmehr erst durch wissenschaftlich-
geometrische Definitionen zu Stande, in welchen die Eigenschaften des objectiven Raumes stillschweigend vorausgesetzt
sind, soweit sie nicht in vorausgeschickten „Axiomen" ausdrückliche Erwähnung gefunden haben.

Der zweite der obigen Versuche zeigt ebenso — was
allerdings auch ohne besondere Betonung jedermann einleuchten
dürfte — dass wir mit dem Begriff der G r ö s s e eines Objectes
nicht die Grösse irgend eines der Gesichtsbilder meinen können,
welche wir von diesem Objecte erhalten. Die Grösse dieser
Gesichtsbilder ist veränderlich und keines derselben hat hinsichtlich der Grössenbeurteilung vor den übrigen irgend einen
Vorzug. Wir lernen aber auch hier den Zusammenhang der
mit Aenderung der Bedingungen eintretenden Aenderungen der
Gesichtsbilder kennen: wir beurteilen demgemäss eine gesehene
Figur als grosse oder kleine Figur oder auch genauer als
Figur von dieser oder jener Grösse sogleich auf Grund der
Beschaffenheit der u n t e r b e k a n n t e n B e d i n g u n g e n dar-
gebotenen Erscheinungsform, obgleich diese Erscheinungsform
selbst vielleicht relativ sehr klein oder sehr gross ist. Hier
wie im vorigen Falle wird bei gewohnten Objecten das Urteil über die Grösse der Erscheinungsform s e l b s t sehr erschwert durch unsere Gewohnheit, sogleich über die o b j e c t i v e
Grösse zu urteilen; daher wir denn, solange es sich um in
unserer nächsten Nähe befindliche Objecte handelt, die verschiedene Grösse ihrer Gesichtsbilder bei verschiedener Entfernung gar nicht zu bemerken pflegen; weil uns eben hier
der Zusammenhang der Grössenänderungen so bekannt ist,
dass wir aus der Wahrnehmung der Objecte sofort ihre objective Grösse zu beurteilen in der Lage sind. Diese Thatsache zeigt aufs deutlichste, dass der Begriff der Grösse eines
Objectes sowenig wie derjenige seiner Form auf die Eigen-

schaften einer seiner optischen Erscheinungsformen geht; die
Eigenschaften des Objectes, die wir mit jenem Namen bezeichnen, bedingen vielmehr den Zusammenhang seiner verschiedenen Ansichten für das Auge und werden daher eventuell
von uns auf Grund unserer Kenntniss dieses Zusammenhanges
sogleich beurteilt. Ihre präcise Bestimmung erhält auch die
Grösse der Objecte auf anderem Wege — mit Hilfe von
Messungen, die sich auf die unten zu erwähnenden Eigenschaften des Raumes gründen.

Die Bezeichnung der Bedingungen, unter welchen die genannten objectiven Eigenschaften der Gegenstände diese oder
jene Erscheinung für das Auge zur Folge haben, führt zu den
Begriffen der Lage der objectiv existirenden Fläche, ihrer
Stellung zum Auge und ihrer grösseren oder geringeren
Entfernung vom Auge. Aus den angestellten Betrachtungen
folgt unmittelbar, dass weder der eine noch der andere dieser
Begriffe für die optischen Wahrnehmungsinhalte als solche
einen Sinn hat, sondern nur auf die objectiven Flächen, d. h.
auf die Erfahrungsbegriffe Anwendung finden kann, in welche
wir die Zusammenhänge der Aenderungen jener Inhalte zusammenfassen. Eine Zurückführung der genannten Begriffe
auf Eigenschaften der Empfindungen oder ihrer Relationen
erweist sich hiernach als unmöglich; was wir als Unterschiede
der Lage, Richtung, Entfernung einer Fläche bezeichnen, sind
Erfahrungen, die wir über die Zusammenhänge der vorgefundenen Aenderungen ihrer Erscheinungsform bei vorausgesetzter
Constanz der objectiven Eigenschaften machen und die wir
eben nach ihren Aehnlichkeiten unter bestimmte (aus der Geometrie bekannte und hier nicht des näheren zu erklärende)
Begriffe bringen.

Aber noch ein Weiteres folgt aus den angeführten Versuchen. Die Bedingungen für die Aenderung der optischen
Erscheinung eines und desselben Objectes (und eben damit
für die abermalige Wahrnehmung derselben Erscheinung,
deren Erwartung die Grundlage für die Behauptung der Existenz des Objectes bildet) können in doppelter Weise beschrieben werden: entweder als Bewegungen des Objectes oder
als Bewegungen unsererseits (Bewegungen des Auges). Die-

selbe Aenderung der Erscheinung eines bestimmten Objectes findet sowohl da statt, wo das Object in gewisser Weise seine Lage gegenüber dem festgehaltenen Auge verändert, als auch da, wo das Auge in gewisser (entsprechender) Weise seine Lage gegenüber dem festgehaltenen Objecte ändert. Mit dem Prädicate „festgehalten" ist hier das Fehlen einer Aenderung der Lage zu anderen Objecten gemeint: würden solche Objecte fehlen, so hätte die angegebene Unterscheidung keinen Sinn mehr, Bewegung des Objectes und Bewegung des Auges wären nur verschiedene Bezeichnungen für dieselbe Thatsache. In Wirklichkeit aber geben uns unsere Erfahrungen nicht bloss überall Anlass, Bewegung oder Ruhe eines Objectes gegenüber anderweitig wahrgenommenen Objecten zu constatiren, sondern wir unterscheiden auch schon auf Grund unserer Bewegungsempfindungen von vornherein unsere eigenen Bewegungen und insbesondere auch diejenigen unserer Augen gegenüber denen der Objecte — sowenig vom rein geometrischen Standpunkte aus irgend eine Nötigung vorliegt, das Coordinatensystem, auf welches sich unsere Ortsbestimmungen beziehen, als unabhängig von den Bewegungen unseres Körpers anzunehmen. Hiermit aber treten für die Entwicklung des Raumbegriffes zwei verschiedene Factoren ins Spiel, welche doch für diese Entwicklung gleiche Bedeutung besitzen: einerseits die Erfahrungen über gewisse Aenderungen der Erscheinung als durch unsere Bewegungen bedingt, andererseits Erfahrungen über dieselben Aenderungen als nicht durch unsere Bewegungen bedingt. Mit anderen Worten, wir erfahren, dass es eine gewisse Classe von Aenderungen der Objecte gibt, die zu denselben Resultaten für die Aenderung der optischen Erscheinungen der Objecte führen, zu welchen auch die Erfüllung gewisser Bedingungen unsererseits hinführt. Eine bestimmte Fläche, welcher ich objective Existenz zuschreibe, kann zunächst als Teil meines Gesichtsfeldes aufgetreten sein, dann aber auch ausserhalb meines Gesichtsfeldes existiren; diese Art der Existenz aber ist eine solche, dass die Fläche durch eine bestimmte Aenderung in der Welt der Dinge, bei welcher sie selbst erhalten bleibt, in mein Gesichtsfeld in der gleichen Weise, wie zuvor zurückkehren kann.

Jede solche Aenderung in der Welt der Objecte, bei welcher die betrachtete Fläche selbst erhalten bleibt, während sich nur die Bedingungen ändern, die wir zur Wahrnehmng der Fläche zu erfüllen haben, bezeichnen wir als eine Veränderung der Lage dieser Fläche gegenüber anderen Objecten oder kurz als eine Bewegung der (objectiven) Fläche.

Von Bewegung eines Objectes und ebenso von dem Mangel einer Bewegung desselben kann hiernach nur gegenüber anderweitigen Objecten gesprochen werden. Wir sagen, dass das Object seine Lage gegenüber anderen Objecten nicht geändert hat, wenn wir dasselbe Object — dieselben Erscheinungen des Objectes wie früher in derselben Folge und demselben Zusammenhang mit den Wahrnehmungen jener anderen Objecte bei gleichen Bewegungen unsererseits vorfinden.

Der Begriff des Raumes ist nun kein anderer als der Begriff der Gesammtheit der Bedingungen, welche für die Aenderung der Erscheinungsformen der Objecte durch Bewegungen in dem eben definirten Sinne bestehen. Solche Bewegungen ergeben, wie eben gezeigt, soweit wir nur auf das bewegte Object selbst achten, überall mit gewissen von unserer Seite zu erfüllenden Bedingungen gleiche Resultate. Die Erfüllung dieser Bedingungen unsererseits (die wir dementsprechend gleichfalls als Bewegungen bezeichnen) ist aber notwendig von der Beschaffenheit der betreffenden Objecte unabhängig, wie wir ja allgemein in der Behauptung der Existenz von Objecten und deren objectiven Eigenschaften die für die Wahrnehmung dieser Objecte zu erfüllenden Bedingungen nicht selbst als Eigenschaften der Objecte und somit von diesen als unabhängig voraussetzen müssen. Hieraus folgt aber, dass die Eigenschaften des Raumes, d. h. die Bedingungen, die für die Bewegungen von Flächen constanter objectiver Eigenschaften bestehen, unabhängig sind von allen Eigenschaften der Objecte selbst und somit, da nach dem Obigen verschiedene Orte des Raumes nur durch die Verschiedenheit der vorgefundenen Objecte charakterisirt sind, dass die Eigenschaften des Raumes überall die gleichen sein müssen. Es folgt daraus weiter, dass wir, nachdem der

Begriff objectiv existirender Flächen gebildet ist und die Erfahrungen über den Zusammenhang ihrer Erscheinungsänderungen mit den von unserer Seite her zu erfüllenden Bedingungen einmal gemacht sind, niemals erwarten können, einen Raum mit anderen Eigenschaften vorzufinden, d. h. dass unsere Urteile über die Eigenschaften des Raumes für alle eventuell später zu machenden Erfahrungen mit Notwendigkeit gelten. Wir können uns diese Thatsache, die sich unmittelbar aus dem eben gewonnenen Satze über die Unabhängigkeit der Eigenschaften des Raumes vom Orte, d. h. von den Verschiedenheiten der Objecte ergibt, noch in anderer Weise deutlich machen. Die Behauptungen über räumliche Daten sind überall nur Behauptungen über die Existenz von Bedingungen der Art, wie wir sie schon erfüllt haben und somit stets abermals erfüllt denken können. Es kommt für die geometrischen Behauptungen nirgends darauf an, ob wir die betreffenden Bedingungen wirklich erfüllen oder auch nur erfüllen können. Eine Behauptung über eine geometrische Thatsache in der Welt der Dinge, etwa über die Lage dieses oder jenes Objectes, ist ihrem Sinne nach bloss abhängig von dem Gedanken an die zur Erreichung des Objectes eventuell zu erfüllenden Bedingungen, nicht aber von deren thatsächlicher Erfüllung: denn sie besagt ja nur, dass wir unter Erfüllung dieser oder jener (ihrem Begriffe nach aus anderweitigen Erfahrungen bekannten) Bedingungen diese oder jene Erscheinung wahrnehmen würden — die etwaige Unmöglichkeit der Erfüllung dieser Bedingungen wird daher im gegebenen Falle nie zu einer Aenderung der geometrischen Urteile Anlass geben können.

Die Entstehung des Raumbegriffes geht, wie man sieht, Hand in Hand mit der Entstehung des Begriffes der objectiv existirenden Gegenstände. Ich kann den Begriff der objectiven Existenz einer früher gesehenen, jetzt aber nicht wahrgenommenen Fläche nicht bilden, ohne sie mir an einem Orte ausserhalb meines gegenwärtigen Gesichtsfeldes zu denken; indem ich die Bedingungen für deren abermalige Wahrnehmung kennen lerne, gewinne ich eben dasjenige, was wir die nähere Bestimmung dieses Ortes nennen und die Gesammtheit der so gemachten

Erfahrungen ist es, die wir durch den Begriff des objectiven Raumes bezeichnen.

Grundthatsachen der Geometrie. Die Eigenschaften des Raumes, welche sich aus den vorigen Betrachtungen ergeben, lassen sich folgendermaassen formuliren:

1. Der Raum ist eine dreidimensionale, continuirliche, überall gleichförmige, unbegrenzte Mannigfaltigkeit ohne singuläre Stellen. Dass der Raum überall gleichförmig ist, d. h. dass alle Orte im Raume geometrisch vollkommen gleichwertig sind, ist oben nachgewiesen worden. Dass er keine singulären Stellen besitzt, dass er unbegrenzt und continuirlich ist, folgt direct aus der Gleichwertigkeit aller Orte; jede Begrenzung und jede Discontinuität würde eine Auszeichnung bestimmter Stellen des Raumes vor den übrigen bedingen. Dass er eine dreidimensionale Mannigfaltigkeit ist, zeigen alltägliche Erfahrungen, die wir nach den obigen Ergebnissen zu verallgemeinern ein erwiesenes Recht besitzen — so die Erfahrungen über die Aenderungen der Erscheinung einer Fläche in dem früher gebrauchten Beispiele. Den drei von einander unabhängigen Lageänderungen der Fläche entsprechen drei und nur drei von einander unabhängige Reihen von Bewegungen des Auges, deren Ausführung für die Wahrnehmung der anfänglichen Ansicht der Fläche erforderlich ist.

2. Eine starre Fläche lässt sich im Raume überall ohne Deformation beliebig bewegen. Auch diese Behauptung ergibt sich unmittelbar aus der Thatsache der Gleichförmigkeit des Raumes. Zunächst folgt aus dieser die schon oben erwähnte Relativität aller Orts- und Lagebestimmung: wenn die Ortsverschiedenheiten nur durch Verschiedenheiten von Objecten sich bestimmen lassen, mit Bezug auf welche die Lage des betreffenden Punktes angegeben wird, so hat jede Lagebestimmung nur Sinn unter Voraussetzung eines gegebenen Coordinatensystems und die geometrischen Eigenschaften eines Objectes müssen von der Wahl dieses Coordinatensystems unabhängig sein. Eben hiermit ist aber ausgesagt, dass die geometrischen Eigen-

schaften einer beliebigen objectiven Fläche und somit überhaupt jedes geometrischen Gebildes von seiner Lage und somit
auch von seiner Bewegung unabhängig sind: wenn alle Lagebestimmung relativ ist, so heisst die Behauptung der Unabhängigkeit der geometrischen Eigenschaften eines Gebildes
von seiner Bewegung nichts anderes als die Behauptung der
Unabhängigkeit derselben von der Wahl des Coordinatensystems. Dasselbe ergibt sich übrigens auch direct aus der
Entstehung der räumlichen Begriffsbildung: war doch bei
dieser Begriffsbildung die constante (objective) Existenz einer
Fläche unabhängig von ihren Bewegungen die erste Voraussetzung, ohne welche der Begriff des Raumes überhaupt nicht
zu Stande gekommen wäre.

3. Es gibt im Raume Flächen von gleicher Form
bei verschiedener absoluter Grösse.

Um diese Behauptung als richtig zu erkennen, braucht
man nur zu beachten, dass wir mit der absoluten Grösse einer
objectiven Fläche keine Eigenschaft ihrer einzelnen Erscheinung, sondern eine solche des Zusammenhanges ihrer verschiedenen Erscheinungen bezeichnen. Eine und dieselbe Erscheinungsform kann daher Flächen von verschiedener absoluter
(objectiver) Grösse angehören, je nachdem die Entfernung
dieser Flächen vom Auge eine grössere oder geringere ist.
Handelte es sich im obigen Satze nur um Flächen von gleicher
Erscheinungsform bei verschiedener absoluter Grösse, so wäre
hiermit jener Satz bereits erwiesen; er wäre eine einfache
Consequenz der Thatsache, dass mit der Form des Gesichtsbildes noch nicht die Entfernung des gesehenen Gegenstandes
gegeben ist. Thatsächlich beansprucht der Satz aber auch für
Flächen gleicher objectiver Form Giltigkeit. Nun kann
zwar aus den Eigenschaften der Erscheinungsform keineswegs
allgemein auf diejenigen der objectiven Fläche geschlossen
werden. Wohl aber gilt ein solcher Schluss mit Rücksicht
auf alle diejenigen geometrischen Eigenschaften der Fläche,
welchen eben auf Grund der (unter bestimmten Bedingungen
stets wiederkehrenden) Eigenschaften der einzelnen Erscheinung objective Existenz zugeschrieben wird; hierzu gehören aber jedenfalls alle diejenigen Eigenschaften, welche als

die Eigenschaften der Centralprojection der Fläche bei
gegebener Lage von einem gegebenen Punkte aus zu bezeichnen sind. Mit Bezug auf diese Eigenschaften also können
wir nach dem Obigen behaupten, dass es Flächen derselben
objectiven Eigenschaften bei verschiedener Grösse gibt. Da
wir aber Eigenschaften dieser Art von allen möglichen Punkten
aus constatiren können und gemäss dem Ursprung des
Begriffes der objectiven Fläche alle objectiven Eigenschaften der Fläche sich auf Combinationen von Eigenschaften
der genannten Art zurückführen lassen, so können wir jene
Behauptung dahin verallgemeinern, dass es Flächen von verschiedener Grösse bei gleichen sonstigen geometrischen
Eigenschaften gibt — welche letzteren wir eben im Gegensatz
zu der Grösse als Eigenschaften der Form bezeichnen.

Diese Thatsache ist diejenige, welche die Anwendung
verschiedener Maasse zur Angabe geometrischer Eigenschaften
und eben damit die Zusammenfassung von Gebilden verschiedener absoluter Grösse nach ihren geometrischen Eigenschaften
unter gemeinsame Begriffe ermöglicht. Ohne dieselbe würde
es keinen Sinn haben, von geometrischen Eigenschaften zu
sprechen, welche sich bei Figuren verschiedener Grösse in
derselben Weise wiederfinden. Solche Figuren verschiedener
Grösse bei gleichen sonstigen Eigenschaften heissen ähnliche
Figuren und wir haben daher die in Rede stehende Eigenschaft des Raumes als diejenige zu bezeichnen, durch welche
die Möglichkeit der Aehnlichkeitstransformationen bedingt ist.

Unter den Consequenzen dieser Eigenschaft ist als die
einfachste und bekannteste die Thatsache hervorzuheben, dass
gerade Linien existiren. Der Begriff der geraden Linie
wird durch die übliche Definition, nach welcher die Gerade
die kürzeste Linie zwischen zwei gegebenen Punkten ist, keineswegs erschöpfend bezeichnet. In dieser Definition fehlt die
Angabe der wichtigen, für die gesammte Maassgeometrie fundamentalen Eigenschaft der geraden Linie, durch welche sich
dieselbe von allen anderen denkbaren Linien unterscheidet
und auf welcher ihre Brauchbarkeit für die Messung nach
beliebigen Maasseinheiten beruht: der Eigenschaft nämlich,

dass jeder Teil einer geraden Linie jedem anderen
Teile ähnlich ist. Mit der Angabe dieser Eigenschaft ist
eine erschöpfende Definition der geraden Linie gegeben; alle
anderen Eigenschaften derselben lassen sich aus dieser analytisch herleiten. [94])
Die hier aus der Entstehung des Raumbegriffes abgeleiteten Eigenschaften desselben stimmen zum Teil mit denjenigen
überein, welche Helmholtz [95]) als Grundthatsachen der Geometrie formulirt hat. Ein wesentlicher Unterschied zwischen
den hier gewonnenen Ergebnissen und denjenigen Helmholtz's
besteht — abgesehen davon, dass das von Lie als überflüssig
erwiesene Monodromieaxiom im Vorigen keine Erwähnung
gefunden hat — nur in dem Hinzutreten der zuletzt besprochenen Eigenschaft des Raumes, die wir als das Aehnlichkeits-
axiom bezeichnen können und durch welche, wie man leicht
erkennt, unser Raum als der euklidische Raum charakterisirt, d. h. die Giltigkeit des Parallelenaxioms involvirt
ist. Dass dieses Merkmal des Raumes in Helmholtz's Untersuchungen nicht in einer besonderen Eigenschaft der Formeln
zum Ausdrucke kam und daher von Helmholtz übersehen
wurde, sodass es nach seiner Untersuchung den Anschein gewinnt, als sei das Parallelenaxiom keine der fundamentalen
Voraussetzungen aller Maassgeometrie, liegt daran, dass dasselbe sowohl von vornherein als in den Resultaten stillschweigend vorausgesetzt ist. Ohne diese Voraussetzung würde
die durchgeführte Rechnung einer geometrischen Auslegung
überhaupt nicht fähig sein. Denn wir können mit allgemeinen
Zahlen, welche die Stelle geometrischer Grössen vertreten,
nur dann rechnen und den Resultaten dieser Rechnung einen
geometrischen Sinn beilegen, wenn wir voraussetzen dürfen,
dass die Eigenschaften der geometrischen Gebilde von der gewählten Maasseinheit unabhängig sind. Ohne diese Voraussetzung ist analytische Geometrie undenkbar: es würde ohne
dieselbe niemals erlaubt sein, von metrischen Eigenschaften
geometrischer Gebilde ohne Rücksicht auf die Maasseinheit zu
sprechen, da eben das, was bei der Voraussetzung einer
Maasseinheit gilt, für keine andere Maasseinheit aufrecht erhalten
werden könnte. Soll eine Rechnung nur für eine bestimmte

Maasseinheit gelten, so muss diese Einheit in die Formeln eingehen; wird sie unbestimmt gelassen, so ist eben damit stillschweigend vorausgesetzt, dass die Eigenschaften des Gebildes, um welche es sich handelt, von der absoluten Grösse nicht abhängen. Fragen wir nach dem Verhältniss zwischen einem Bogenstücke und den Coordinatendifferenzen seiner Endpunkte auf einer Kugel von gegebenem Radius, indem wir als Coordinaten die in grössten Kreisen gemessenen Entfernungen von zwei senkrechten grössten Kreisen wählen, so ergibt sich dies Verhältniss und eben damit die Form des betreffenden Bogendreiecks als abhängig von der absoluten Grösse seiner Seiten; wird also eine entsprechende Rechnung mit den gewöhnlichen Coordinaten im Raume durchgeführt unter der stillschweigenden Voraussetzung, dass die Resultate von der absoluten Grösse der in Betracht kommenden Strecken nicht abhängig sind, so ist damit eine besondere, keineswegs selbstverständliche Eigenschaft des Raumes vorausgesetzt. Eben diese Eigenschaft ist es, die im Parallelenaxiom ihren Ausdruck findet.

Wie die hier bezeichneten Eigenschaften des Raumes die Möglichkeit der Messung geometrischer Gebilde bedingen, ist hinreichend bekannt und soll daher hier nicht reproducirt werden. Auf Grund solcher Messung bez. der durch Messung zu ermittelnden Eigenschaften haben sich die präcisen Begriffe geometrischer Gebilde entwickelt. In der That lassen sich die Eigenschaften einer Figur, welche den Zusammenhang ihrer verschiedenen Erscheinungen für das Auge bedingen, überall durch Angabe der für die Figur bestimmenden Maassverhältnisse eindeutig bezeichnen. In welcher Weise neben die Maassgeometrie in der neueren Entwicklung der Wissenschaft andere Geometrien treten konnten und welche Bedeutung den letzteren zukommt, ist hier nicht zu erörtern.[96])

Eine Frage aber darf nicht mit Stillschweigen übergangen werden: die Frage nach der Existenz der geometrischen Gebilde. Man hört einerseits vielfach die Ansicht aussprechen, es gebe nirgends in der Natur einen Kreis, nirgends eine gerade Linie, sondern nur Linien, welche sich dieser oder jener geometrisch präcis definirten Form annähern. Andere be-

haupten, es gebe überhaupt nirgends Linien oder Punkte; was
wir als Linien bezeichnen, seien thatsächlich flächenhafte
Striche von grösserer oder geringerer Breite, ein Punkt stets
ein Flächenstück von kleinen Dimensionen. Zur Begründung
der letzteren Behauptung wird nicht bloss auf die gezeich-
neten Linien und Punkte verwiesen, für welche die Behauptung in der That zutrifft, sondern es wird auch geltend gemacht, dass wir Linien und Punkte im strengen Sinne nirgends
zu sehen im Stande seien: wenn wir unter einer Linie eine
Grenze zwischen zwei Flächen verstehen wollten, so sei die
Grenze zwischen einer grünen und einer roten Fläche doch
weder grün noch rot, also, da jeder Gesichtsinhalt gefärbt
sein müsse, überhaupt kein Gesichtsinhalt, also nichts Sichtbares.

Was dies letztere Argument betrifft, so ist es nicht schwer,
dasselbe zurückzuweisen. Dass Gesichtsinhalte gefärbt sein
müssen, gilt nur, soweit diese Inhalte Flächenteile sind; die
Thatsache, dass die Grenze zweier Flächen nicht gefärbt erscheint, zeigt nicht, dass sie überhaupt nicht gesehen werden
kann, sondern einfach, dass für Linien jene Notwendigkeit der
Färbung nicht besteht. Aus der Untrennbarkeit von Fläche
und Färbung kann wohl geschlossen werden, dass Linien nicht
gefärbt sein können; aber weiter zu schliessen, dass sie nicht
gesehen werden können, ist ebensowenig richtig als etwa
der Schluss, dass eine Dissonanz nicht gehört werden könne,
weil sie keine Tonhöhe besitzt. Hier wie dort handelt es
sich um fundirte Inhalte, die nicht ohne die Fundamente
wahrgenommen werden können, aber keine der Eigenschaften
mit diesen einzelnen Fundamenten selbst gemein haben. Thatsächlich sehen wir zugleich mit den aneinander grenzenden
Flächenstücken auch ihre Grenzen, d. h. wir sehen Linien
und wir sehen ebenso Punkte überall, wo jene Grenzen sich
schneiden.

Was aber die zuerst bezeichnete Ansicht betrifft, so verwechselt dieselbe die durch irgendwelche Kennzeichen für die
Empfindung unmittelbar gegebenen sichtbaren Begrenzungen
von Flächen mit denjenigen, welche wir durch die Forderung
irgend einer Gesetzmässigkeit willkürlich begrifflich bestimmen
können, ohne dass wir dazu für das Auge eine entsprechende

sinnenfällige Abgrenzung nötig haben. Ob und wie weit die
Begrenzung einer gegebenen sichtbaren Figur diesem oder
jenem geometrischen Gesetze entspricht, lässt sich stets nur
durch Messung und innerhalb der Grenzen der Genauigkeit
der Messung erkennen; ob aber eine geometrische Figur existirt, kann auch mit Rücksicht darauf gefragt werden, ob die
für die Figur angegebenen Bedingungen den Eigenschaften des
Raumes gemäss sind — sind sie dies, so existirt die Figur
überall, wo wir von einem gegebenen Coordinatensysteme aus
uns einen Raumteil nach dem betreffenden Gesetze begrenzt
denken.[97]) Denn die Figur ist nichts als der Begriff einer
bestimmten geometrischen Gesetzmässigkeit und somit von
jeder mehr oder minder genauen Repräsentation solcher Gesetzmässigkeit für unsere Sinne toto genere verschieden.

Unsere Analyse, welche zur Bestimmung der Eigenschaften
des objectiven Raumes führte, bezog sich überall auf Verhältnisse an wirklichen, nicht auf diejenigen an bloss gedachten Objecten — der Raum, um welchen es sich handelte, war
derjenige der wirklichen Welt, nicht ein blosser „Vorstellungsraum". Aber auch für einen solchen Vorstellungsraum gelten
dieselben Gesetze. Wenn wir uns Objecte bloss denken, müssen
wir sie ebenfalls räumlich angeordnet denken; und solange die
gedachten mit wirklichen Objecten begrifflich übereinstimmen
sollen, muss auch der gedachte Raum mit dem wirklichen in
seinen Eigenschaften übereinstimmen, weil die räumlichen Verhältnisse nur nähere Bestimmungen für den Begriff des Objectes als solchen sind. In Form angezeigter Vorstellungen
können wir uns freilich auch Räume anderer Eigenschaften
denken.

Die im Vorigen abgeleiteten Eigenschaften des Raumes
sind nicht durch irgendwelche physische Messungen zu bestätigen oder zu widerlegen; jede Messung setzt dieselben vielmehr
als gegeben voraus. Es war ein Irrtum Helmholtz's, wenn er
meinte, durch eine „physische Geometrie", die sich auf die
Voraussetzung „physisch gleichwertiger Raumgrössen" stützte,
die Giltigkeit der reinen Geometrie controlliren und wohl gar
corrigiren zu können.[98]) Schon der erste Schritt jener physischen Geometrie setzt die reine Geometrie in ihrem ganzen

Umfange voraus; die physische Gleichwertigkeit lässt sich nur
bestimmen unter der Voraussetzung der Uebertragbarkeit starrer
Körper von einem Orte zum anderen und unter Voraussetzung
der Messbarkeit mit beliebigen Maasseinheiten d. h. der Unabhängigkeit der Messungsresultate von der gewählten Maasseinheit. Eben weil diese Voraussetzungen von vornherein in
die physische Geometrie eingehen, kann die letztere niemals
über deren Richtigkeit entscheiden. Wenn die Sätze, zu welchen
die physische Geometrie führt, von denen der reinen Geometrie
erheblich verschieden ausfallen sollten — was seinen Grund
nur darin haben könnte, dass die als starr betrachteten Maass-
stäbe thatsächlich nicht starr, sondern veränderlich sind —
so würde damit die reine Geometrie ebensowenig als „falscher
Schein" characterisirt sein, als etwa die reine Mechanik falscher
Schein zu nennen wäre, weil wir von vornherein nie wissen
können, wie weit es in der Natur absolut geradlinige Bewegungen mit constanter Geschwindigkeit oder völlig constante
Kräfte gibt, sondern nur Erfahrung uns belehren kann, wie
weit die physischen Begriffe, die uns als Repräsentanten der
theoretischen gelten, den letzteren factisch entsprechen. [99])

Optische Tiefenwahrnehmung. Die Frage nach dem
Zustandekommen des „Tiefensehens", der vermeintlichen Wahrnehmung der Entfernung gesehener Gegenstände von uns d. h.
von unserem Auge, entscheidet sich auf Grund der gewonnenen
Ergebnisse im empiristischen Sinne. Wir haben gesehen,
dass der Begriff der Lage im dreidimensionalen Raume und
somit auch derjenige der Entfernung einer Fläche von einer
anderen im üblichen Sinne der Geometrie nur für objective
Flächen, nicht aber für die Teilinhalte des jeweiligen Gesichtsfeldes als solche einen Sinn hat. Das Gesichtsfeld ist im strengen
Sinne zweidimensional; jeder Punkt desselben ist durch zwei
und nur zwei Coordinaten bestimmt; an einer in dieser Weise
bestimmten Stelle findet sich jeweils nur eine bestimmte
Färbung und nicht etwa ein Hintereinander verschiedener
Färbungen vor; von Verschiedenheiten der Lage eines Gesichtsinhaltes als solchen kann daher auch nur innerhalb dieses
zweidimensionalen Continuums die Rede sein — der Begriff

der Entfernung in der Tiefendimension hat für einen solchen Inhalt überhaupt keinen verständlichen Sinn. Wenn wir trotzdem jedem gesehenen Inhalte eine Entfernung von unserem Auge zuerkennen, so kann diese Beurteilung sich hiernach nur auf die Lage des gesehenen Gegenstandes im objectiven Raume beziehen; sie ist also ein Urteil über einen empirischen Zusammenhang und somit auf Grund vorgängiger Erfahrungen zu Stande gekommen.

Die Beweise der Nativisten für die Ursprünglichkeit des Tiefensehens oder richtiger des Tiefenurteils gehen überall von der stillschweigenden Annahme aus, dass gewisse Prädicate, die wir im entwickelten Leben jeder objectiven Fläche auf Grund unseres ausgebildeten Raumbegriffes beilegen, notwendig auch ursprünglich jeder wahrgenommenen Fläche als solcher beigelegt werden müssten. Mit vollem Rechte wird demgegenüber von empiristischer Seite darauf hingewiesen, dass die Prädicate, welche die Tiefendimension involviren, nirgends der Wahrnehmung des einzelnen Gesichtsfeldes entnommen sein können, da diese Prädicate einen Unterschied zwischen diesem Gesichtsfelde und anderen zugleich wahrzunehmenden Flächen voraussetzen, während doch solche andere Flächen für die optische Wahrnehmung nirgends gegeben sind. Wenn behauptet wird, dass das Gesichtsfeld zwei Seiten haben müsse, dass es entweder eben oder gekrümmt sein müsse — Eigenschaften, aus welchen als ursprünglichen Eigenschaften jeder Fläche die Ursprünglichkeit der dritten Dimension für den Raum der Gesichtswahrnehmung folgen soll, weil eben ohne Voraussetzung der Tiefendimension solche Eigenschaften überhaupt nicht denkbar wären — so lassen sich doch Behauptungen dieser Art nirgends auf Grund der einzelnen Wahrnehmungen erweisen. Denn damit die wahrgenommene Fläche als eben oder gekrümmt wahrgenommen würde, müsste irgend ein Punkt ausserhalb derselben zugleich für die optische Wahrnehmung gegeben sein, mit Bezug auf welchen von der Wahrnehmung der Concavität oder Convexität der ersteren die Rede sein könnte. Jeder wahrgenommene Punkt aber ist, als solcher, Teil der wahrgenommenen Fläche und also niemals ausserhalb derselben. Thatsächlich hat das Gesichtsfeld weder eine Rück-

18*

seite, noch ist es eben oder gekrümmt: diese Bestimmungen
kommen nur den gesehenen Gegenständen zu, nicht aber ihrer
zweidimensionalen Erscheinung.[100])
Natürlich leugnet der Empirist in keiner Weise, dass wir
im entwickelten Leben allgemein die gesehenen Objecte als
in der Tiefendimension von unserem Auge entfernt beurteilen
und auch mit dem Anblick eines Objectes (in der Regel
wenigstens) sogleich über dessen Entfernung mit grösserer
oder geringerer Bestimmtheit zu urteilen in der Lage sind.
Er behauptet nur, dass diese Entfernungen nicht gesehen,
sondern auf Grund vorgängiger Erfahrungen beurteilt werden.
Unsere früheren Betrachtungen gestatten uns ein Kriterium
für diesen Unterschied anzugeben. Ueberall, wo zum Zustandekommen einer Begriffsbildung die qualitativen Aehnlichkeiten
der einzelnen Wahrnehmungsinhalte nicht genügen, wo vielmehr Erfahrungszusammenhänge in die Begriffsbildung aufgenommen werden, schliessen die Prädicationen, welche mit
Hilfe der betreffenden Begriffe zu Stande kommen, Erwartungsurteile bestimmter Art in sich; wo dagegen solche Erwartungsurteile in der Prädication nicht implicite ausgesagt sind, bezieht sich das Prädicat auf eine Eigenschaft der einzelnen
Wahrnehmung als solcher. Begriffe der ersteren Art sind es,
welche wir als auf Erfahrung beruhende, erworbene Prädicate
unserer Wahrnehmungen bezeichnen, während diejenigen der
letzteren Art sich als ursprüngliche darstellen — womit nichts
anderes gemeint ist, als dass sie sich auf die betreffende Wahrnehmung selbst, unabhängig von vorhergegangener oder nach-
folgender Erfahrung beziehen. Dagegen ist mit Prädicaten der
ersteren Art niemals eine Eigenschaft des gegenwärtig wahrgenommenen Inhaltes als solchen gemeint. Diese Prädicate
müssen sich vielmehr stets auf die Zusammenhänge beziehen,
die zwischen der gegenwärtigen Wahrnehmung und anderen,
unter bestimmten Bedingungen daran sich anschliessenden Erlebnissen bestehen — Zusammenhänge, von welchen wir in
früheren Fällen erfahren haben und die wir auf Grund gewisser Aehnlichkeiten der gegenwärtigen Wahrnehmungen mit
jenen früheren abermals vorzufinden erwarten. Ob ein Prädicat
zur einen oder zur anderen Gattung gehört, lässt sich hiernach

unter Umständen ohne Weiteres entscheiden. Wir sind sicher, dass das Prädicat ein nicht ursprüngliches, nicht auf die gegenwärtige Empfindung selbst bezügliches Prädicat ist, wenn das betreffende Urteil (die völlig bestimmte Kenntniss der Bedeutung des ausgesagten Prädicates vorausgesetzt) durch weitere Erfahrungen alterirt werden kann. Denn eben hiermit ist ausgesagt, dass das Urteil nicht bloss über jene Wahrnehmung, sondern über anderweitige, erst zu erwartende Wahrnehmungen etwas behaupten wollte. (Uebrigens gilt nicht auch umgekehrt, dass ein Prädicat als ursprüngliches, der betreffenden Empfindung selbst zukommendes zu gelten hätte, wenn es durch weitere Erfahrungen nicht mehr alterirt werden kann: denn es können im Momente des Urteiles eben schon die im gegebenen Falle für das erworbene Urteil maassgebenden Erfahrungen gemacht sein und sie können alsdann natürlich nicht mehr durch weitere Erfahrungen widerlegt werden). Das angegebene Merkmal der erworbenen Prädicate stimmt mit demjenigen überein, welches Helmholtz bezeichnet, wenn er erklärt, dass als der Empfindung angehörig nur diejenigen Merkmale zu betrachten sind, welche nicht durch weitere Erfahrungen überwunden werden können.[101])

Die Betrachtung der Urteile über die Tiefenentfernung gesehener Gegenstände zeigt nun unmittelbar, dass diese Urteile ihrem Sinne nach jederzeit Erwartungsurteile einschliessen, indem sie je nach der eventuellen Erfüllung oder Enttäuschung bestimmter Erwartungen modificirt werden: ich kann mich über die Entfernung des Gesehenen täuschen, mein scheinbar unmittelbares Urteil über diese Entfernung kann durch weitere Erfahrungen als irrtümlich erkannt werden. Hiermit ist das Urteil über die Tiefenentfernung als ein auf frühere Erfahrung gegründetes characterisirt. Die vermeintliche directe Tiefenwahrnehmung ist ein Complex von Erwartungsurteilen, die auf vergangene Erfahrungen basirt sind und zu welchen die besondere Natur des wahrgenommenen Gesichtsbildes deswegen Anlass gibt, weil wir im Anschluss an frühere ähnliche Gesichtsbilder regelmässig die entsprechenden Erfahrungen gemacht haben.

Wir haben früher gesehen, wie allgemein die Nachwirkungen früherer Erfahrungen unseren jeweiligen Bewusstseinszustand beeinflussen; die Färbung einer Wahrnehmung wird durch die damit verbundenen Erinnerungen und Erwartungen, gleichviel ob diese einzeln als solche erkannt werden oder nicht, in bestimmter Weise modificirt. Als eine solche Modification unserer Gesichtswahrnehmungen oder richtiger des Bewusstseinshintergrundes bei solchen Wahrnehmungen haben wir nach dem Vorigen auch die Tiefenwahrnehmung zu betrachten. Es ist nicht die Meinung des Empiristen, dass durch seine Beweise die Existenz des thatsächlich vorhandenen, an jede Gesichtswahrnehmung geknüpften „Tiefenbewusstseins" hinwegdisputirt werden solle; aber seine Beweise zeigen, dass dies Tiefenbewusstsein eben eine Nachwirkung vergangener Erfahrungen ist — etwas, was in James' früher erwähnter Terminologie als *fringe* zu bezeichnen ist. Sowie wir mit dem Hören der Worte, deren Bedeutung wir erlernt haben, unmittelbar das zu hören glauben, was der Sprechende ausdrücken will, so glauben wir mit den Eigenschaften der Gesichtsbilder, deren Beziehungen zu der Entfernung der Gegenstände wir kennen gelernt haben, unmittelbar die Entfernung dieser Gegenstände selbst zu sehen. Im einen wie im anderen Falle sind es erfahrungsmässige Associationen bestimmter Art, welche unser Urteil bedingen, die aber für gewöhnlich rudimentäre Associationen bleiben; daher sich denn der naive Mensch ihres Unterschiedes von den Wahrnehmungen, an die sie sich knüpfen, überhaupt nicht bewusst wird.

Die Tiefenentfernung der gesehenen Gegenstände ist hiernach nicht selbst ein Sinnesinhalt. Dass wir die Tiefe als eine räumliche Distanz und somit als mit den Dimensionen der Länge und Breite commensurabel beurteilen, kann nicht im geringsten verwunderlich erscheinen, sobald wir beachten, dass wir mit derselben nicht eine Eigenschaft der optischen Empfindungen, sondern eine solche der objectiven Gegenstände bez. deren räumlicher Ordnung meinen. Eine ebene, bestimmt begrenzte, etwa rechteckige objective Fläche, deren Breite und Länge bei bestimmter Lage als Distanzen im Gesichtsfelde, als gesehene Distanzen erscheinen, behält, wie jede andere ihrer objectiven Eigenschaften, so auch ihre Abmessungen bei, gleichviel ob wir sie wahrnehmen oder nicht; also auch dann, wenn die eine ihrer Seiten mit der gegenüberliegenden für das Auge zusammenfällt, ihre Länge oder Breite also für uns zur Tiefenentfernung, zum Hintereinander wird.

Gesichts- und Tastraum. Wie die optischen, so erscheinen auch die Berührungsempfindungen als zweidimensionale, flächenhaft ausgedehnte Inhalte; und wie die Erfahrungen in jenem Gebiete zum Begriff von objectiven Flächen führen, welche existiren, gleichviel ob sie jeweils wahrgenommen werden oder nicht, so wird eine gleiche Begriffsbildung sich auch in diesem Gebiete vollziehen müssen. Auch hier muss die Begriffsbildung ebenso wie dort zu der Behauptung führen, dass die nicht gegenwärtig wahrgenommenen Inhalte ein mehr als zweidimensionales Continuum bilden, da wir durch einen Fortgang derart, wie er innerhalb einer gegebenen getasteten Fläche zu deren verschiedenen Teilen hinführt, nicht zu der Gesammtheit der möglichen tastbaren Flächen gelangen können, sondern die von uns zu erfüllenden Bedingungen für die Tastwahrnehmung der Objecte noch eine weitere Möglichkeit des Fortganges zu anderen Flächen gestatten. Aus den früher erwähnten Gründen bin ich nicht in der Lage, die auf solche Erfahrungen ohne Mitwirkung optischer Wahrnehmungen gegründete Entwicklung des Raumbegriffes hier zu verfolgen. Ich beschränke mich auf einige kurze Bemerkungen über den Zusammenhang von Gesichts- und Tastraum bei sehenden Individuen.

Die uns allen geläufige Identification des Raumes der gesehenen und der getasteten Objecte kommt dadurch zu Stande, dass wir in derselben Weise, wie wir allgemein zur Kenntniss von Dingbegriffen gelangen, auch unsere Tastorgane als sichtbare Dinge kennen lernen. Indem wir mit den sichtbaren Bewegungen unserer Gliedmaassen stets zugleich den Eintritt gewisser Berührungsempfindungen wahrnehmen, gelangen wir dazu, charakteristische, unterschiedene Berührungsempfindungen als diesen und jenen sichtbaren Teilen unseres Körpers zugehörig zu erkennen; und indem wir mit dem Hingleiten etwa des Fingers an einem bestimmten sichtbaren Objecte stets be-

stimmte Erfahrungen über die Gestaltqualität der Aenderungen
der Tastempfindung des Fingers machen, bilden sich die Associationen, welche uns bei der optischen Wahrnehmung eines
Objectes sogleich bestimmte Erfahrungen für das Betasten
dieses Objectes erwarten lassen. Diese Erfahrungen — die
Erfahrungen über die Zusammenhänge der Berührungsempfindungen beim Betasten — sind im Allgemeinen verschieden je
nach der sichtbaren Form der Objecte und ähnlich für ähnliche sichtbare Formen; die Eigenschaften der letzteren werden
daher von uns unmittelbar als Zeichen für die ersteren aufgefasst und unsere Erfahrungen über jene Zusammenhänge
werden dementsprechend unter dieselben geometrischen Begriffe
eingeordnet, welche sich aus den rein optischen Erfahrungen
ergeben.

Die Frage, wie es komme, dass die Bedingungen für zwei
so verschiedene Arten der Wahrnehmung von Objecten uns
zur Bildung desselben Begriffes der räumlichen Ordnung der
Objecte führen und dass wir nicht etwa auf Grund der Tastwahrnehmungen von einer völlig anderen räumlich ausgedehnten Welt sprechen, als auf Grund der Gesichtswahrnehmungen,
ist hiernach identisch mit der Frage, wie es kommt, dass wir
jene constanten Erfahrungen über den Zusammenhang von Ge-
sichts- und Tastwahrnehmungen machen, die wir bezeichnen,
wenn wir sagen, dass unsere Tastorgane sich als Teile der
sichtbaren Welt der Dinge vorfinden oder dass die Bedingungen
für die Aenderungen der optischen Wahrnehmungen zugleich
Veränderungen in der Constellation der tastbaren Objecte
darstellen. Die Thatsache ist nicht weniger aber auch nicht
mehr verwunderlich als irgend eine andere der Thatsachen,
die uns zu unseren empirischen Begriffsbildungen führen.

Die Localisation der Empfindungen. Das Wort Localisation kann in einem doppelten Sinne verwendet werden:
einmal zur Bezeichnung der unmittelbaren Wahrnehmung räumlicher Relationen eines Teilinhaltes innerhalb eines Gesammtinhaltes des optischen oder des haptischen Gebietes, durch
welche der Ort des ersteren innerhalb des letzteren sich bestimmt; weiter aber zur Bezeichnung der Urteile über räum-

liche Prädicate, welche nicht auf die Relationen der Teile einer gegenwärtigen Wahrnehmung, sondern auf den empirischen Zusammenhang der letzteren mit anderweitig wahrzunehmenden (nicht gegenwärtigen) Inhalten Bezug haben. Da wir für das an erster Stelle genannte Erlebniss die völlig adäquate Bezeichnung der Wahrnehmung von Ortsrelationen besitzen, so soll im Folgenden das Wort Localisation nur im zweiten Sinne verwendet werden.

Localisirt in diesem Sinne werden alle Empfindungen, sobald wir Erfahrungen über den Zusammenhang ihres Eintrittes mit irgendwelchen anderen Aenderungen gemacht haben, die ihrerseits bereits als räumliche Aenderungen bekannt sind. Vor allem gehört also hierher nach den früheren Betrachtungen die optische „Tiefenwahrnehmung". Die Prädicate der Localisation sind sehr verschiedenartig je nach der Art des Zusammenhanges, auf welchen sie sich beziehen. Ich localisire einen Ton als aus dieser oder jener Richtung herkommend, weil ich auf Grund tausendfältiger Erfahrung in der Aenderung des Tones bei einer Drehung meines Kopfes das bestimmte Zeichen dafür besitze, dass die Tonquelle sich in jener Richtung findet; ich localisire den Ton einer menschlichen Stimme als einen nahen oder fernen, weil ich, abermals auf Grund vorgängiger Erfahrung über Töne dieser Art (analog wie bei der Localisation gesehener Gegenstände von bekannter Grösse) bereits eine ungefähre Kenntniss davon habe, wie nah oder wie fern die Tonquelle sein muss, damit der Ton in dieser oder in jener Stärke und Färbung an mein Ohr dringt. Das, worüber hier thatsächlich räumliche Urteile gefällt werden, ist in keinem Falle die akustische Empfindung, sondern der Gegenstand, durch welchen sie hervorgerufen wird. Daher braucht nicht jedesmal eine Localisation des Gehörten stattzufinden und wir können über solche Localisation sehr häufig im Zweifel bleiben; wenn auch in der Regel irgendwelche mehr oder minder bestimmte Localisation stattzufinden pflegt, weil eben die Erfahrungen über den Zusammenhang von Gehörseindrücken mit anderweitigen Vorgängen so überaus häufig sind. [102])

Eben weil Localisation überall auf vorgängigen Erfahrungen

beruht, kann sie im Allgemeinen durch Erfahrungen modificirt
werden und wir können namentlich bei Veränderung der gewohnten Bedingungen unserer Wahrnehmungen zu irrtümlichen Localisationen veranlasst werden. Die bekannte irrige
Localisation der Empfindungen in amputirten Gliedmaassen ist
ein Beispiel solcher Täuschung, die allmählige Correctur derselben ebenso ein Beispiel für die Modification unserer Localisationen durch neue Erfahrungen. Wenn der Operirte die
Empfindungen noch in dem Finger zu haben glaubt, den er
thatsächlich verloren hat, wenn er diesen Finger noch biegen
und strecken zu können meint, so ist es nur die Beziehung
jener Empfindungen auf den gewohnten Zusammenhang mit
anderen (teils optischen, teils haptischen) Erscheinungen, welche
in der Behauptung der Localisation jener Empfindungen „in"
dem thatsächlich nicht mehr vorhandenen Gliede zum Ausdruck
kommt. Jene Empfindungen sind wirklich noch vorhanden;
die Täuschung besteht nur darin, dass sie dem Operirten auf
Grund der eingeübten Erfahrungen als Zeichen für etwas
dienen, was unter den neuen Verhältnissen sich nicht mehr findet.

Die objective Zeit. In derselben Weise, wie wir den
Dingen einen Ort in einem objectiv existirenden Raume zuschreiben, müssen wir auch den Vorgängen in der Welt der
Dinge ihre Stelle in einer objectiven Zeit anweisen. Welche
Bedeutung diesem Begriffe zukommt, ergibt sich aus der Entstehung des Begriffes der objectiven Existenz. Wenn wir von
einer objectiven Aenderung sprechen, so meinen wir damit,
dass bestimmte objective Zusammenhänge sich ändern bez.
geändert haben oder ändern werden. Der Begriff der Aenderung
eines objectiven Zusammenhanges aber verhält sich zu dem
Begriff einer wahrgenommenen Aenderung, wie der Begriff des
objectiven Zusammenhanges zu der einzelnen Erscheinung, die
diesem Zusammenhange angehört. Die Behauptung, dass eine
objective Aenderung eingetreten sei, bedeutet demnach, dass
wir jetzt bei Erfüllung derselben Bedingungen wie zuvor andere
Erscheinungen zu erwarten haben; während dagegen objective Constanz eines Zusammenhanges im Gegensatz zu wahrgenommenen Aenderungen dann zu behaupten sein wird, wenn

diese Aenderungen nur durch die Aenderungen der Lage unserer Sinnesorgane zu dem betreffenden Gegenstande bedingt waren und wir bei der Rückkehr in die frühere Lage auch dieselben Wahrnehmungen wie zuvor wieder antreffen. Wir bedürfen zur Herstellung des begrifflichen Zusammenhanges unserer Erlebnisse nicht bloss des Begriffes constant existirender Gegenstände, sondern auch des Begriffes von Aenderungen an den Gegenständen, weil wir eben die Erfahrung machen, dass wir bei Erfüllung derselben bestimmten Reihe von Bedingungen zu verschiedenen Zeiten verschiedene Wahrnehmungen machen. Gemäss dem Entstehungsmechanismus unserer empirischen Begriffe müssen wir aus solchen Erfahrungen weiter schliessen, dass wir, wenn jene Bedingungen inzwischen erfüllt geblieben wären, zu einer bestimmten Zeit Aenderungen in den entsprechenden Wahrnehmungen selbst beobachtet haben würden. In eben diesem Schlusse liegt die Bedeutung der Behauptung, dass eine Aenderung vor sich gegangen ist, die wir nicht wahrgenommen haben. Dass wir dieser Aenderung einen bestimmten zeitlichen Verlauf zuschreiben, hat den Sinn, dass die entsprechende Wahrnehmung einen bestimmten zeitlichen Verlauf genommen haben würde und in bestimmten zeitlichen Relationen zu anderen, thatsächlich wahrgenommenen Inhalten unseres Bewusstseins gestanden sein würde.

Dieser Begriff des zeitlichen Verlaufes objectiver Aenderungen bildet also genau ebenso wie derjenige der fortdauernden Existenz der Gegenstände, während wir dieselben nicht wahrnehmen, ein notwendiges Erforderniss des Zusammenhanges unserer Erfahrung — er ist eine notwendige Consequenz des Oekonomieprincipes. Wie wir aber hiernach, während unserer Wahrnehmung beliebige Aenderungen gegeben sind, anderen, nicht wahrgenommenen Aenderungen einen Verlauf in der gleichen Zeitspanne zuschreiben müssen, so nötigt uns das gleiche Princip auch von objectiven Aenderungen und folglich von einem objectiven Zeitverlauf während der Pausen unseres Bewusstseins zu sprechen, wie sie im traumlosen Schlafe eintreten; und nicht nur während dieser Pausen, sondern auch jenseits der Grenzen unseres individuellen Lebens sehen wir uns genötigt, von solchem objectiven Zeitverlauf zu sprechen,

da die Begriffe, deren wir zur Erkenntniss der Welt bedürfen,
in letzter Instanz Begriffe constanter Zusammenhänge sind,
die als solche von der Erfüllung der für unsere Wahrnehmungen
erforderlichen Bedingungen unabhängig bestehen. Wollen wir
uns indess durch die Erkenntniss dieser Unabhängigkeit nicht
täuschen lassen, so dürfen wir nie vergessen, was die gewonnenen Begriffe des objectiv Existirenden und der in der
objectiven Zeit verlaufenden Vorgänge im objectiven Raume
ihrer Definition nach sind: dass deren Definition die Existenz
eines erkennenden Subjectes voraussetzt, dass also die Existenz
der materiellen Welt durchaus abhängig ist von der Existenz
eines erkennenden Bewusstseins und dass die Behauptung jener
Existenz ohne diese Voraussetzung jeden greifbaren Sinn verliert. Die Behauptung der Existenz einer Welt ohne erkennendes Subject, also etwa vor jedem wahrnehmenden Bewusstsein, erweist sich nur dann nicht als ein in sich widersprechender Gedanke, wenn wir sie als das auffassen, was sie
jener Definition nach ist — als zusammenfassenden Begriff
für die Erfahrungen eines erkennenden Subjectes; wenn wir
uns also stets bewusst bleiben, dass sie nur zur Bezeichnung
dessen dienen kann, was das erkennende Subject gemäss dem
Zusammenhange seiner thatsächlichen Erfahrungen vorzufinden
erwarten müsste, wenn es sich in jene gedachte Zeit thatsächlich zu versetzen vermöchte. Eben hiermit aber erweist sich
jener Gedanke der Abwesenheit jedes erkennenden Subjectes
nur als Abstraction, nicht als wirkliches Weglassen. Dass
wir uns nicht bloss eine Zeit, in welcher wir nicht lebten, sondern auch eine Zeit, in welcher Niemand lebte, vorzustellen im Stande sind, ist damit natürlich nicht bestritten;
nur auf die Bedeutung einer solchen Vorstellung, auf die Un-
denkbarkeit einer thatsächlichen Existenz der Welt ohne
erkennendes Subject sollen die angestellten Betrachtungen nochmals hinweisen.

**Sinnliche und physikalische Eigenschaften der Dinge.
Naturgesetze.** Wie die Behauptungen über räumliche und
zeitliche Eigenschaften der Dinge bez. ihrer Aenderungen auf
die empirischen Zusammenhänge der räumlichen bez. zeitlichen

Relationen wahrgenommener Inhalte, so lassen sich die Behauptungen über die sinnlichen Qualitäten der Dinge analog auf die übrigen Vergleichungsrelationen unserer Empfindungen zurückführen. Jedes Urteil über eine Qualität eines Empfindungsinhaltes gründet sich, wie wir sahen, auf die Erkenntniss seiner Relationen zu anderen Inhalten; das Bestehen entsprechender Relationen müssen wir naturgemäss auch bei den nicht gegenwärtig wahrgenommenen Qualitäten der Dinge behaupten — heisst doch solche Behauptung eben nur, dass wir bei der Wahrnehmung der betreffenden Qualitäten jene Relationen derselben zu anderen (zunächst unseren Gedächtniss-) Inhalten vorfinden werden. Auch der Begriff objectiver Relationen findet sonach in derselben Weise seine Definition wie der Begriff der objectiven Existenz: es werden durch jenen Begriff unsere Erfahrungen über vorgefundene Vergleichungsrelationen von Sinnesinhalten und die darauf gegründeten Erwartungen über zukünftig unter analogen Bedingungen vorzufindende ähnliche Relationen zusammenfassend bezeichnet.

Neben diesen rein sinnlichen Eigenschaften der Dinge, die gleich den geometrischen als constant existirend nur gegenüber denjenigen Aenderungen der Wahrnehmungen characterisirt sind, die sich durch die Lageänderungen unserer Sinnesorgane ergeben, haben wir die physikalischen Eigenschaften der Dinge zu unterscheiden, zu deren Erkenntniss uns die Erfahrungen über Aenderungen jener sinnlichen Eigenschaften führen. Der Begriff der Farbe eines Dinges diente bereits früher als einfachstes Beispiel einer solchen Eigenschaft. Wir können diese Eigenschaften als zusammenfassende Begriffe für die Aenderungen bezeichnen, welche jene anderen, zunächst als constant characterisirten Eigenschaften ihrerseits erleiden, wenn gewisse anderweitige Bedingungen sich ändern: wir erfahren, dass jene zunächst als constant bekannten Eigenschaften — die geometrischen und sinnlichen Eigenschaften — der Gegenstände von der örtlichen Stellung der letzteren zu anderen Gegenständen abhängen, dass sie durch Aenderung dieser Stellung oder dieser anderen Gegenstände (der „physikalischen Bedingungen") geändert werden. Wir finden Aenderungen dieser Art an ähnlichen Gegenständen bei der gleichen

Constellation der physikalischen Bedingungen wieder und gelangen auf Grund solcher Erfahrungen zur Bildung des Begriffes von Gesetzen der Veränderung genau auf demselben
Wege, welcher zum Begriff des Gegenstandes führte. Wo es
uns gelingt, eine solche physikalische Eigenschaft der Gegenstände zu erkennen d. h. eine begriffliche Zusammenfassung
der eben beschriebenen Art zu vollziehen, sagen wir, dass wir
eine neue Gesetzmässigkeit der Natur aufgefunden haben.
Wir hegen alsdann dem Oekonomieprincip gemäss die Erwartung, auch weiterhin ähnliche Zusammenhänge unter ähnlichen Umständen vorzufinden, die sich durch denselben Begriff bezeichnen d. h. als Fälle desselben Gesetzes auffassen
lassen.

Wenn wir sagen, dass wir eine Aenderung als in der
Natur der Dinge begründet erkennen, so ist dies nur ein
anderer Ausdruck dafür, dass wir eine Begriffsbildung der eben
bezeichneten Art vollzogen haben. Denn diese Begriffsbildungen
sind es, durch welche die „Natur der Dinge" für uns bestimmt
wird: wir können und müssen, sobald wir die Begriffe von
Eigenschaften eines Gegenstandes gebildet haben, ihm eben
diese Eigenschaften beilegen, solange wir von ihm als diesem
selben Gegenstande sprechen wollen. In wie weit wir
einerseits gezwungen sind diese Identität der Begriffe zu wahren,
wenn unsere Urteile überhaupt einen verständlichen Sinn haben
sollen, und in wie weit wir andererseits berechtigt sind, die
bisher an den Gegenständen gemachten Erfahrungen auch für
die Zukunft mit Bestimmtheit zu erwarten, bez. wie wir uns
gegenüber eventuellen Enttäuschungen solcher Erwartungen
verhalten, wird im nächsten Capitel gezeigt werden.

Die Naturgesetze beruhen, wie wir sehen, auf Begriffsbildungen ganz analoger Art wie die Dingbegriffe. Während
aber das Ding als constanter Begriff nur gegenüber denjenigen
Aenderungen seiner Erscheinung charakterisirt war, welche
durch Aenderungen der Lage unserer Sinnesorgane zu dem
Dinge gesetzt werden, bezeichnet das Naturgesetz einen constanten Zusammenhang gegenüber weiteren Aenderungen.
Als constant tritt uns in demselben die bestimmte Abhängigkeit jenes ersten, durch einen bestimmten Dingbegriff bezeich-

neten Zusammenhanges von dem Eintritt anderweitiger Bedingungen entgegen. Die zunächst gegebenen Dingbegriffe erscheinen also hierbei hinsichtlich der einen oder der anderen ihrer Eigenschaften nicht mehr als constant; immer aber muss, damit das Naturgesetz seine bestimmte Formulirung erhalten kann, von zunächst als constant gegebenen Dingbegriffen ausgegangen werden, durch welche der Anfangszustand für die durch das Gesetz zu beschreibende Reihe von Aenderungen bestimmt wird. Diese gegebenen Begriffe liefern die Constanten des Gesetzes, von welchen das gegenseitige Verhältniss der im letzteren auftretenden Veränderlichen in jedem Augenblicke abhängt. Je nach der Art der zu beschreibenden Aenderungen kann die eine oder die andere zweier verschiedener Betrachtungsweisen zur Beschreibung der Zusammenhänge genügen. Führt die Aenderung rasch zu einem bestimmten Endzustand, der seinerseits wiederum durch neue constante Dingbegriffe vollständig zu charakterisiren ist, so werden wir — wie es etwa bei der Statuirung chemischer Transformationsgleichungen geschieht — uns mit der Angabe des constanten Zusammenhanges zwischen Anfangs- und Endzustand begnügen können (Verwandlungsgesetze); folgt aber nicht ein constanter Endzustand, sondern eine fortdauernde Reihe von Aenderungen, so wird es zur Beschreibung der vorgefundenen Zusammenhänge notwendig, in der Form dynamischer Gleichungen die Abhängigkeit des Zustandes von dem Verlauf der Zeit zu bestimmen. Eine vollständige Beschreibung kann auch für Aenderungen der ersteren Art nur in dieser Weise geleistet werden.

Wie im Dingbegriff die „Beharrlichkeit der Substanz", so ist in den Naturgesetzen die Beharrlichkeit des Naturlaufes, die „Gleichförmigkeit des Naturgeschehens" implicirt. Nicht als ob die eine oder die andere dieser Voraussetzungen willkürlich oder unwillkürlich von uns gemacht wäre oder der grösseren Einfachheit halber gemacht werden müsste und eventuell durch spätere Erfahrungen eine Correctur erleiden könnte; sondern wie immer sich unsere Erfahrungen gestalten mögen, sobald dieselben unter Begriffe gebracht werden sollen, d. h. sobald sie überhaupt zu Erfahrungen, zu bestimmten

Gliedern einer geordneten Reihe von Erkenntnissen werden sollen, kann dies nur mit Hilfe der Ding- und Gesetzesbegriffe geschehen. Denn wir bezeichnen eben mit diesen Begriffen nichts anderes als die einzig mögliche Art, in welcher — wie wir im zweiten Capitel sahen — Zusammenhänge zwischen den unter verschiedenen Umständen beobachteten Erscheinungen hergestellt werden können. Es kann deshalb niemals die Frage sein, ob in diesem oder jenem Falle die Beharrlichkeit der Substanz und des Naturgeschehens vorausgesetzt werden dürfe, sondern es kann sich stets nur darum handeln, wie weit diejenigen Zusammenhänge, die wir in einem gegebenen Falle als constant vorgefunden haben, auch weiterhin als constant betrachtet werden dürfen, bez. in wie weit wir vielleicht auf Grund ungenauer Beobachtungen einen Zusammenhang für constant gehalten haben, der thatsächlich nicht constant ist. Mit anderen Worten, es tritt an die Stelle der Frage nach der Giltigkeit jener allgemeinen Gesetze die andere Frage, ob die Eigenschaften der Dinge, die wir auf Grund unserer bis- herigen Beobachtungen als Merkmale des Beharrlichen be- trachten mussten, dieser Bestimmung wirklich entsprechen. Wie aber auch mit der Beantwortung dieser Frage die zu- nächst gefundenen Gesetze corrigirt werden mögen: niemals kann eine solche Correctur in anderer Weise ihren begriff- lichen Ausdruck finden, als dadurch, dass wir zeigen, in welcher Richtung jederzeit die Abweichungen von dem zu- nächst für constant gehaltenen Gesetze stattfinden — womit eben wiederum ein neuer Zusammenhang als constant ge- setzt ist.

Wie wir durch neue Beobachtungen zu Correcturen dieser Art geführt werden und wie durch die letzteren unsere empi- rische Erkenntniss der Welt, weit entfernt irgendwelche Stö- rungen zu erleiden, vielmehr immer mehr an Vollständigkeit und Klarheit gewinnt, wird im folgenden Capitel bei Be- sprechung des Causalgesetzes hervortreten.

Objective Bedingungen des Bewusstseinsverlaufs. Die Thatsachen, die wir bezeichnen, wenn wir von objectiven (physischen bez. physiologischen) Bedingungen des Bewusst-

seinsverlaufs, von Wirkungen materieller Vorgänge auf unser
psychisches Leben sprechen, bieten nach den vorhergegangenen
Betrachtungen nichts Rätselhaftes mehr.*) An dem „unlösbaren Rätsel" des influxus physicus trägt nur die naturalistische Voraussetzung der Existenz von Dingen an sich
vor jeder Erfahrung die Schuld. Sobald wir uns fragen, wie
wir zur Behauptung der Existenz der Dinge kommen und
welche Bedeutung dieser Behauptung folglich zukommt, verschwindet jede Schwierigkeit — der Zusammenhang zwischen
den Erregungen unseres Nervensystems und den Thatsachen
unseres Bewusstseins erscheint von da ab nicht rätselhafter
als irgend ein anderer physikalischer Zusammenhang.

Im Allgemeinen ist die Beschreibung solcher Zusammenhänge nicht Sache der Psychologie, sondern der Naturwissenschaft. Da aber die Wissenschaft von den psychischen Thatsachen nicht vollständig erschiene, wenn sie über die augenfällige
Abhängigkeit bestimmter psychischer Thatsachen von anderweitig zu beschreibenden Vorgängen in der objectiven Welt
keine Rechenschaft gäbe, so pflegt man die Untersuchung
dieser Abhängigkeit einem besonderen Teile der psychologischen Wissenschaft als Aufgabe zuzuweisen, der, als halb
psychologische, halb naturwissenschaftliche Disciplin, mit dem
Namen der Psychophysik in adäquater Weise bezeichnet wird.
Innerhalb des Gebietes der psychophysischen Untersuchungen ergibt sich eine weitere Teilung dadurch, dass die
zunächst gestellte Frage nach der Abhängigkeit der Empfindungen von materiellen Veränderungen ausserhalb des Körpers
— das Problem der im engeren Sinne so genannten Psychophysik — weiter auf die Frage nach der Abhängigkeit der
psychischen Vorgänge von Veränderungen im Innern des
Körpers und speciell des Nervensystemes führt, welche das
Problem der physiologischen Psychologie bildet.
Wie für die Lösung der Probleme der reinen Psychologie,
so sollen auch für diejenige der psychophysischen Fragen in
diesem Buche nur die Grundlagen gegeben werden. Alle für
die erkenntnisstheoretische Klärung der Probleme belanglosen

---

*) Vgl. oben S. 251 f.

Detailfragen bleiben daher im Folgenden von der Betrachtung
ausgeschlossen.

Reiz und Empfindung. Im Hinblick auf die Empfindungen eines bestimmten Sinnesgebietes, die uns durch irgend
ein Ding oder einen Naturvorgang „erregt" werden, wird dieses
Ding bez. dieser Vorgang als der diesen Empfindungen zu
Grunde liegende Reiz bezeichnet. Das Verhältniss zwischen
Reiz und Empfindung ist im Allgemeinen bereits oben charakterisirt worden. Ursprünglich ist der Begriff des Reizes kein
anderer als der des objectiv existirenden Sinnesinhaltes in
dem früher definirten Sinne.[103]) Wir haben im dritten Capitel
gesehen, wie dieser Begriff als ein constanter gegenüber den
wechselnden Erscheinungen auftritt, die wir bei Veränderung
der Bedingungen vorfinden. Auch fanden wir bereits, wie mit
der Erweiterung unserer Kenntniss physikalischer Zusammenhänge jener primitive Reizbegriff alterirt wird: indem wir
lernen, dass an der Stelle des Raumes, an welcher „ein Ton
erklingt", stets periodische Luftschwingungen stattfinden, werden
uns diese Schwingungen selbst zum Tonreiz — wir setzen
scheinbar an Stelle des naiven Urteils, dass sich an jenem
Orte des Raumes ein Ton finde, das neue Urteil, dass an
jenem Orte sich bestimmte Luftschwingungen finden. Thatsächlich aber ist in der Behauptung, dass diese Schwingungen
Tonreize sind, jenes erste Urteil eingeschlossen; denn dass
die Schwingungen Tonreize sind, heisst nichts anderes, als
dass wir da, wo dieselben sich finden, den Ton hören können
— was eben in jenem naiven Urteil ausgesagt war. Die
neuen Erfahrungen verändern also den ursprünglichen Reizbegriff nur insofern, als sie ihn bereichern: die neue Begriffsbildung zerstört die frühere nicht, sondern fügt derselben nur
das neu Erfahrene hinzu.

Diese neuen Zusammenhänge, nach deren Gesetzen man
fragt, wenn man die Beziehung zwischen Reiz und Empfindung zu untersuchen unternimmt, sind aber physikalische
Zusammenhänge. Es ist Sache der Physik, den Zusammenhang der akustischen Thatsachen mit den Eigenschaften der
Luftschwingungen als solcher zu erforschen: wenn wir sagen,

dass die Höhe der Töne sich mit der Schwingungszahl, die Intensität derselben mit der Amplitude, die Klangfarbe mit der Form der Schwingungen ändert, so sagen wir physikalische und durch die Physik festgestellte Thatsachen aus; wenn wir die Abhängigkeit der Färbung des Lichtes von seiner Zusammensetzung aus electromagnetischen Schwingungen von diesen und jenen Eigenschaften behaupten, so ist diese Behauptung abermals eine physikalische Behauptung. Welche Aufgabe bleibt hier für die Psychophysik noch übrig?

Thatsächlich keine, wenn die Aufgabe der Physik von vornherein völlig präcisirt und streng erfahrungsmässig in Angriff genommen, d. h. wenn, nach der Entdeckung des allgemeinen Zusammenhanges bestimmter Empfindungserlebnisse mit anderweitigen objectiven Vorgängen, sogleich die Art dieses Zusammenhanges im Einzelnen genau untersucht worden wäre. Nachdem aber — um beim Beispiel des Tongebietes zu bleiben — im Allgemeinen eine Abhängigkeit der Tonhöhe von der Schwingungsdauer constatirt war, begnügte sich die Physik mit der weiteren Ausarbeitung der Theorie der Luftschwingungen, ohne der Frage näherzutreten, wie weit jene zunächst innerhalb weiterer Grenzen der Aenderungen gefundene Abhängigkeit auch in engeren Grenzen gelte. Jenes Abhängigkeitsverhältniss wurde vielmehr als allgemeingiltiges, überall wiederzufindendes einfach vorausgesetzt; eine Voraussetzung, die keineswegs durch directe Empirie gerechtfertigt war.

Die nähere Untersuchung eben dieses Abhängigkeitsverhältnisses innerhalb engerer Grenzen wurde später unter psychologischen Gesichtspunkten in Angriff genommen. Ob das Problem dieser Untersuchung thatsächlich ein psychologisches und nicht vielmehr ein physikalisches Problem ist, mag für den Augenblick dahingestellt bleiben. Jedenfalls sind die in Rede stehenden Abhängigkeitsverhältnisse für die Theorie der Entstehung und Bedeutung der physikalischen Begriffe, also für die Lösung einer psychologischen Frage von grösster Wichtigkeit, so dass wir uns die herkömmliche Ueberweisung des fraglichen Arbeitsgebietes an die Psychologie wohl gefallen lassen dürfen. Andererseits ist die Ab-

hängigkeit zwischen Reiz- und Empfindungsänderung innerhalb
engerer Grenzen von Individuum zu Individuum verschieden
und daher nicht gleich den übrigen physikalischen Thatbeständen ohne Rücksicht auf das erkennende Subject allgemein zu beschreiben. Aus beiden Gründen muss wenigstens
die principielle Untersuchung des genannten Abhängigkeitsverhältnisses in der Psychologie ihre Stelle finden.

Psychophysische Grundthatsachen. Wenn wir die Frage
nach dem Abhängigkeitsverhältniss zwischen Reiz und Empfindung erfahrungsmässig beantworten wollen, so dürfen wir
keinerlei Voraussetzungen in unsere Betrachtungen einführen,
die nicht empirisch beglaubigt sind. Es dürfen daher keine
„psychophysischen Axiome" als besondere, der Psychophysik eigentümliche Voraussetzungen eingeführt werden, wenn
nicht etwa mit diesem Namen allgemeinste Erfahrungssätze über den Zusammenhang zwischen Reiz und Empfindung bezeichnet sein sollen; es darf vor Allem nicht dem Abhängigkeitsverhältniss zwischen Reiz und Empfindung, wie es
sich innerhalb weiterer Grenzen der Aenderungen herausgestellt hat, a priori allgemeine Giltigkeit auch innerhalb
engerer Grenzen zugesprochen werden, innerhalb deren die
empirische Bestätigung solcher Abhängigkeit fehlt. Die Antwort auf die gestellte Frage kann vielmehr nur in der Angabe der thatsächlich vorgefundenen Abhängigkeitsverhältnisse bestehen.

Die allgemeinste Erfahrung, die gegeben sein musste, ehe
sich Psychophysik als Wissenschaft entwickeln konnte, ehe überhaupt psychophysische Fragen gestellt werden konnten, war
die Erfahrung, dass irgendwelche gesetzmässige Beziehungen
zwischen Reiz- und Empfindungsänderungen bestehen: die Erfahrung, dass mit Reizänderungen im Allgemeinen Empfindungsänderungen eintreten und aus Empfindungsänderungen im Allgemeinen auf Reizänderungen geschlossen werden darf. Diese Erfahrung ist die erste
Grundthatsache der Psychophysik; ohne dieselbe und vor derselben gab es keine psychophysischen Fragestellungen. Fänden
Empfindungsänderungen der Regel nach ohne Reizänderungen

statt und umgekehrt, träten beiderlei Aenderungen regellos und unabhängig von einander ein, so würde die Frage nach dem gesetzmässigen Zusammenhange beider keine Stelle finden. Ein solches regelloses Nebeneinander beider Aenderungen würde aber dann gegeben sein, wenn nicht im Allgemeinen entgegengesetzte Reizänderungen auch entgegengesetzte Empfindungsänderungen bedingten. Diese Thatsache haben wir daher als eine weitere Grundthatsache der Psychophysik, oder, wenn man will, als nähere Bestimmung jener ersten, allgemeineren Erfahrung zu betrachten.

Die beiden hier angeführten Grundthatsachen der Psychophysik sind Erfahrungsthatsachen und nicht etwa Axiome oder Hypothesen. Beide aber sind empirisch nur für Aenderungen innerhalb weiterer Grenzen, nicht für beliebig kleine Aenderungen erwiesen.

Nimmt man noch die weitere allgemeine Erfahrungsthatsache hinzu, dass die Reize bez. Reizänderungen nur dadurch zu Bedingungen von Empfindungen bez. Empfindungsänderungen werden, dass sie auf unser Nervensystem wirken, dass also die dadurch ausgelösten Nervenerregungen die letzten Bedingungen der Empfindungen sind, so ergeben sich innerhalb des Geltungsbereiches jener ersten Sätze die Folgerungen:

1. Die Aenderungen der Empfindungen sind abhängig von Aenderungen des physiologischen Zustandes (der physiologischen Processe) im Nervensystem und aus Aenderungen der ersten Art ist auf solche der zweiten Art zu schliessen.

2. Jeder Aenderung der Nervenerregung im einen oder im anderen Sinne entspricht auch eine Empfindungsänderung im einen bezw. im anderen Sinne und umgekehrt.

Der zweite dieser Sätze lässt sich durch Berücksichtigung der verschiedenen Arten von Aenderungen, die die Empfindungen und (entsprechend) die Nervenprocesse erleiden können, weiter specialisiren. Aus dem ersten ergibt sich die Definition des psychophysischen Processes — im Folgenden kurz durch ps. Pr. bezeichnet — als desjenigen physiologischen Vorganges im Nervensystem, welcher für das Auftreten eines bestimmten Empfindungserlebnisses als Bedingung erscheint.

Mit Hilfe dieses Begriffes ausgesprochen, lauten die beiden Sätze folgendermaassen:

1. Jedes Empfindungserlebniss ist an einen bestimmten ps. Pr. geknüpft; der Gleichheit, grösseren oder geringeren Aehnlichkeit, Verschiedenheit der Empfindungen entspricht Gleichheit, grössere oder geringere Aehnlichkeit, Verschiedenheit der Beschaffenheit des ps. Pr. und umgekehrt.

2. Die Aenderungen der Empfindungen und der entsprechenden ps. Pr. laufen einander parallel, d. h. wenn die Unterschiede zweier Empfindungen in derselben Richtung liegen, wie diejenigen zweier anderen Empfindungen, so liegen auch die Unterschiede der ps. Pr. im einen Falle in derselben Richtung wie im anderen.[104])

Nach der Definition des ps. Pr. haben wir stets nur denjenigen Teil der jeweiligen Nervenerregung, der Bedingung eines Empfindungserlebnisses ist, als ps. Pr. zu bezeichnen; diejenigen Teile der Nervenprocesse, welche für das Zustandekommen der Empfindung gleichgiltig sind, fallen nicht unter den Begriff des ps. Pr.[105]). Entsprechend werden wir auch nur diejenigen Aenderungen der Nervenerregung, welchen eine Aenderung der Empfindung entspricht, als Aenderungen des ps. Pr. gelten zu lassen haben, während eine Aenderung der Nervenerregung, welche die Empfindung ungeändert lässt, nicht als Aenderung des ps. Pr. zu betrachten sein wird.

Die oben formulirten Sätze sind abermals Erfahrungssätze, soweit sie nur innerhalb der weiteren Grenzen als giltig ausgesagt werden, innerhalb deren die zuerst erwähnten allgemeinen psychophysischen Erfahrungssätze constatirt sind. Es fragt sich nun aber, ob dieselben Gesetze auch noch innerhalb der engeren Grenzen gelten, in welchen jene ersten Sätze nicht erwiesen sind; ob man also auch für beliebig kleine Aenderungen behaupten darf, dass den Aenderungen der Nervenerregung stets Empfindungsänderungen in der entsprechenden Richtung parallel gehen und umgekehrt? und ob ebenso den Aenderungen der Reize in jedem Falle Empfindungsänderungen parallel gehen?

Eine Annahme der letzteren Art wird thatsächlich sehr allgemein gemacht. Sie ist identisch mit der Annahme einer

eindeutigen reciproken Beziehung zwischen Reiz und Empfindung. Indem man die in weiteren Grenzen gefundene Beziehung zwischen den genannten Veränderlichen für beliebige
Aenderungen als giltig voraussetzt, gelangt man folgerichtig
zu der Ansicht, dass mit stetiger Aenderung des Reizes auch
der ps. Pr. und die entsprechende Empfindung stetig variiren
müssen.

Mit dieser Ansicht ist indessen eine weitere, bei Beobachtung der Empfindungsänderungen innerhalb engerer Grenzen
der Reizänderungen gemachte Erfahrung nicht ohne Weiteres
in Einklang zu bringen. Wir finden nicht zugleich mit jeder
Aenderung des Reizes auch Empfindungsänderungen vor; vielmehr muss, damit sich eine Empfindungsänderung finde, die
Reizänderung eine gewisse Grösse — die Unterschiedsschwelle — überschreiten.

Um diese Thatsache zu erklären, bleibt den Vertretern
der genannten Ansicht nichts übrig, als anzunehmen, dass wir
die bei Aenderung des Reizes der Voraussetzung gemäss eintretende Empfindungsänderung zunächst nicht bemerken und
sie erst dann bemerken können, wenn die erstere Aenderung
und damit zugleich die zweite eine gewisse Grenze überschreitet — dass also Empfindungsänderungen erst dann
bemerkbar werden, wenn sie eine bestimmte Grösse erreichen.
Die Thatsache der Schwelle wäre hiernach überhaupt keine
psychophysische, auf den Zusammenhang von Reiz und Empfindung bezügliche, sondern wäre als eine Gesetzmässigkeit für
die Unterscheidung von Empfindungsinhalten zu betrachten.[106])
Wir hätten hiernach eine unendliche Mannigfaltigkeit verschiedener Empfindungen anzunehmen, die wir doch niemals
unterscheiden könnten; es gäbe ununterscheidbare Empfindungen und unbemerkbare Empfindungsunterschiede. Alle positiven Urteile über Gleichheit von Empfindungen und von Empfindungsdistanzen wären alsdann zweifellos
falsch;[107]) wir könnten nicht erwarten, jemals einen constanten Ton, ein reines Intervall zu hören, eine auch nur in
den kleinsten Teilen gleichmässig gefärbte Fläche zu sehen,
sondern den aus physikalischen Gründen anzunehmenden minimalen Schwankungen der Reize müssten überall entsprechende

Schwankungen der Empfindungen parallel gehen. Wenn wir
dennoch diese Schwankungen nicht bemerken, wenn wir reine
Intervalle zu hören, constante Empfindungen vorzufinden vermeinen, so müssten wir uns dabei jederzeit täuschen.

Die Betrachtungen des vorigen Capitels haben indessen
bereits gezeigt, dass der hier zu Grunde liegende Begriff
stetiger Empfindungsänderungen und der daraus gefolgerte
der unbemerkbaren Empfindungsdifferenzen in der Erfahrungswissenschaft keine Stelle finden können. Die Frage, ob den
Aenderungen der Reize auch innerhalb beliebig enger Grenzen
Empfindungsänderungen parallel gehen, ob also die in weiteren
Grenzen constatirte Beziehung zwischen Reiz- und Empfindungsänderung auch innerhalb engerer Grenzen gelte, ist hiernach negativ zu beantworten. Zugleich mit der Annahme
des stetigen Entsprechens von Reiz und Empfindung fallen
natürlich auch deren oben erwähnte Consequenzen.[108])

Die Frage nach dem Zusammenhang zwischen Reiz und
Empfindung innerhalb engerer Grenzen der Reizänderung wird
aber hiernach von Neuem gestellt werden müssen. Zur Beantwortung derselben scheint es zunächst am Natürlichsten
sich eben auf den Begriff der Unterschiedsschwelle zu berufen,
der ja nichts ist, als der Ausdruck der innerhalb engster
Grenzen der Reizänderung vorgefundenen Beziehung zwischen
Reiz und Empfindung — also zu behaupten: der Aenderung
des Reizes entspricht eine Aenderung der Empfindung erst dann, wenn jene Aenderung eine gewisse
Grenze überschreitet.

Allein führt nicht auch dieser Satz zu unannehmbaren
Consequenzen? Wenn nicht allen Reizänderungen Empfindungsänderungen entsprechen, so muss die Empfindung innerhalb gewisser Grenzen jener Aenderungen constant bleiben,
und erst bei einem bestimmten Reizwerte durch eine neue
Empfindung abgelöst werden. Es trete also bei einer Aenderung des Reizes vom Werte α bis zum Werte $\alpha + \delta$ keine
Empfindungsänderung ein, wohl aber bei einer minimalen
weiteren Aenderung des Reizes in der gleichen Richtung.
Dann scheint es notwendig anzunehmen, dass wir, wenn wir
dem Reize von vornherein den Wert $\alpha + \delta$ geben, schon

mit dem kleinsten „Zuwachs" des Reizwertes eine Empfindungsänderung antreffen müssten.[109]) Hiervon aber zeigt die
Erfahrung nichts: wir mögen ausgehen von welchem Reizwerte wir wollen, immer ist eine gewisse endliche Reizänderung erforderlich, damit eine Aenderung der Empfindung vorgefunden werde.

Indessen zeigen schon die Betrachtungen des vorigen
Capitels, dass thatsächlich hier kein Widerspruch gegen die
gegebene Deutung der Unterschiedsschwelle vorliegt. Denn
mit dieser war keineswegs behauptet, dass die Aenderungen
der Empfindung unter allen Umständen an denselben Stellen
der Reizscala stattfinden müssten, d. h. dass, abgesehen von
einzelnen Stellen sprungweiser Aenderung der Empfindung,
das Entsprechen von Reiz und Empfindung ein eindeutiges
sein müsste. Vielmehr ist dieses Entsprechen, wie früher am
sogenannten „Intervall des Zweifels" gezeigt wurde, nicht bloss
an jenen Stellen, sondern innerhalb endlicher Grenzen ein
mehrdeutiges: die Thatsache, dass wir bei der rückläufigen Aenderung des Reizes die Empfindungsänderung bei
einem anderen Reizwerte wahrnehmen als zuvor, lässt das
Auftreten der einen oder der anderen der demselben Reizwerte entsprechenden Empfindungen von der vorgängigen
Richtung der Aufmerksamkeit abhängig erscheinen. Wir
haben uns also das Entsprechen von Reiz und Empfindung
nicht in der durch Fig. 1, sondern in der durch Fig. 2 bezeichneten Weise zu denken:

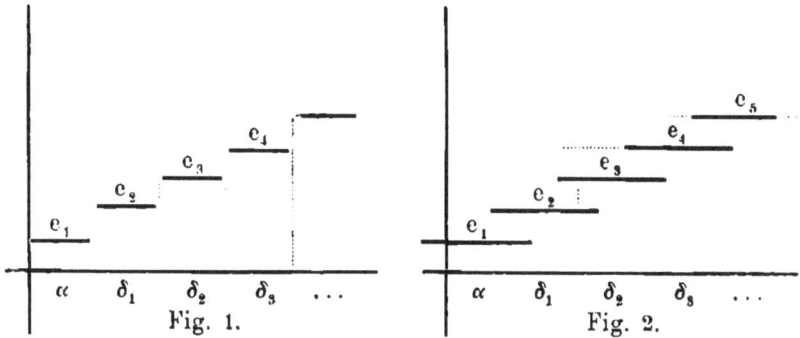

Fig. 1.   Fig. 2.

(Die Abscissen α, $\alpha + \delta$, ... repräsentiren die Reizwerte; $c_1, c_2 \ldots$
die entsprechenden Empfindungen.)

Dürfen wir hiernach die oben formulirte Behauptung
über den Zusammenhang von Reiz- und Empfindungsänderung
als einfachen Ausdruck der beobachteten Thatsachen acceptiren,
so wird weiter zu fragen sein, wie wir uns den entsprechenden
Zusammenhang zwischen Reiz und Nervenerregung zu
denken haben. Von vornherein kann entweder jeder Aenderung des Reizes eine Aenderung der Nervenerregung entsprechen;
alsdann würde die mehrdeutige Beziehung zwischen Reiz und
Empfindung zur Annahme einer ebensolchen Beziehung zwischen
Nervenerregung und Empfindung führen. Oder aber die Aenderungen der Nervenerregungen finden nicht überall mit den Reizänderungen statt, sondern zur Aenderung einer einmal vorhandenen Nervenerregung bedarf es einer bestimmten endlichen
Aenderungsgrösse des Reizes. Alsdann läge es am nächsten,
dasselbe Verhältniss zwischen Reiz und Nervenerregung anzunehmen, welches zwischen Reiz und Empfindung statuirt wurde:
bei demselben Reizwerte r würde nach dieser Annahme bald
der ps. Pr. e_1, bald der davon verschiedene ps. P. e_2 zur Auslösung kommen. Das mehrdeutige Entsprechen von Reiz und
Empfindung würde sich dann eben dadurch erklären, dass
der ps. Pr. nicht bloss von dem jeweiligen Reizwerte, sondern
auch von dem vorgängigen Zustande des Nervenapparates abhängt.

Die zweite dieser Annahmen dürfte die grössere Wahrscheinlichkeit für sich haben; eine sichere Entscheidung zwischen
beiden aber scheint mir auf Grund des vorliegenden Erfahrungs-
materiales noch nicht möglich.

Zur experimentellen Bestimmung der Unterschiedsschwelle,
also derjenigen Grösse, auf welche es der Psychophysik (im
Gegensatz zur Physik) nach dem Vorigen allein ankommt,
sind von den hergebrachten psychophysischen Maassmethoden
die sogenannten Fehlermethoden nicht zu gebrauchen;[110]) direct
auf die Bestimmung jener Grösse zielt dagegen die Methode
der „ebenmerklichen Unterschiede". Indem ich einen Reiz von
einem gegebenen Werte aus soweit verändere, dass die Empfindung eben als verschieden von der des Anfangszustandes
erscheint, und umgekehrt von einem in derselben Richtung
gelegenen weiteren Reizwerte ausgehend die rückläufige Aende-

rung vornehme, bis die Empfindung der des Anfangszustandes gleich erscheint, gewinne ich eine directe Bestimmung der Unterschiedsschwelle in der betreffenden Region. Es hat aber nach den durchgeführten Betrachtungen keinen Sinn, wenn man, wie es zu geschehen pflegt, das arithmetische Mittel der beiden Reizdifferenzen nimmt, die sich bei Ausführung des Versuches in den beiden Richtungen als Schwellenwerte ergeben, und dieses Mittel als Schwellenwert betrachtet. Denn eben die beim Versuche direct gefundenen Schwellenwerte sind die den beiden verschiedenen Zuständen der Aufmerksamkeit entsprechenden Stellen des Uebergangs von einer Empfindung zur anderen; jede Substitution anderer Werte an Stelle dieser gefundenen wäre eine Fälschung des Resultates. Auch die verschiedenen Werte der beiden Schwellen, welche bei Wiederholung des Versuches auftreten, sind nicht als „fehlerhafte" Schwankungen um einen „richtigen" Mittelwert aufzufassen: da vielmehr das Auftreten der einen oder der anderen Empfindung bei einem gegebenen Reizwerte nicht bloss von diesem Reize, sondern auch von den sehr veränderlichen Nebenumständen abhängt, so ist ein constanter Schwellenwert niemals zu erwarten.[111]) Analoge Bemerkungen gelten für die Methode der „übermerklichen Unterschiede", soweit diese zur Bestimmung der Unterschiedsschwelle Anwendung findet. Was die Anwendung derselben zur Bestimmung von Empfindungsdistanzen betrifft, so ist diese hier nicht zu besprechen; sobald der (früher[112]) definirte) Begriff der Empfindungsdistanz bekannt ist, kann die Untersuchung ihrer Abhängigkeit von den „Reiz"distanzen als rein physikalische Aufgabe angesehen werden — soweit nicht eben die Thatsache der Unterschiedsschwelle in der Untersuchung Berücksichtigung findet.

Das Nervensystem als Bedingung der Empfindungen.

Bereits in der Einleitung wurde der augenfälligen Thatsache gedacht, welche im Vorigen zur Definition des psychophysischen Processes führte: der Thatsache, dass unsere Empfindungserlebnisse vom Dasein und der Beschaffenheit unserer nervösen Organe abhängig sind. Nur solange der optische,

der akustische Nervenapparat intact und den Einwirkungen
der Reize ausgesetzt ist, erhalten wir die gewohnten Gesichts-
und Gehörsempfindungen. Die gleiche Thatsache zeigen uns
die Erfahrungen, die wir bezeichnen, wenn wir von der Erfüllung bestimmter Bedingungen für die Wahrnehmung
der Gegenstände unserer Umgebung sprechen: diese Bedingungen
sind eben Bedingungen für die Einwirkung der Gegenstände
auf unsere Sinnesorgane. Wenn wir davon sprechen, dass ein
Gegenstand diese oder jene secundäre Qualität zeige, so
dürfen wir daher strenge genommen nicht dem Gegenstande,
sondern nur der gegebenen Verbindung zwischen dem
Gegenstande und unserem Nervensystem diese Qualität
zuschreiben. Der Gegenstand als solcher besitzt nur primäre
Qualitäten; nur durch seine Verbindung mit dem Nervensystem kommt die Wahrnehmung mit ihren Qualitäten zu
Stande.

Wir können diese Erfahrung noch in anderer Weise aussprechen. Sind die secundären Qualitäten nicht Eigenschaften
bloss der Gegenstände, sondern zugleich unseres Nervensystems,
so können wir in ähnlicher Weise, wie wir von den entsprechenden objectiven Eigenschaften der Gegenstände sprechen,
auch von solchen Eigenschaften unseres Nervensystems sprechen.
Wie die Eigenschaften der Gegenstände durch den Nervenapparat, so werden die Eigenschaften des letzteren durch den
Gegenstand zur Wahrnehmung gebracht: das nervöse Organ
hat die Eigenschaft, durch den Gegenstand in der Weise erregt zu werden, dass wir einen bestimmten Empfindungscomplex wahrnehmen. Vor der eben bezeichneten Erfahrung erscheint diese Wahrnehmung — vermöge ihres empirischen
Zusammenhanges mit bestimmten anderweitigen Wahrnehmungen — nur als Wahrnehmung des Gegenstandes; nach
derselben aber erscheint sie ebensogut als Wahrnehmung unseres Nervenapparates, d. h. wir sind auf Grund jener Erfahrung genötigt, die Wahrnehmung nicht bloss mit den
übrigen Eigenschaften des Gegenstandes, sondern auch mit
gewissen weiteren Erfahrungen durch den empirischen Begriff des Nervenapparates in bestimmter Verknüpfung zu
denken. Die Eigenschaft dieses oder jenes Gegenstandes

ist, bei der Wahrnehmung diese bestimmte farbige Erscheinung zu bedingen; die Eigenschaft des optischen Nervenapparates, bei der Einwirkung der verschieden beleuchteten Gegenstände die verschiedenen Farbwahrnehmungen zu bedingen. Dass wir nicht zu sagen pflegen, der nervöse Apparat erscheine uns in dieser oder jener Farbe, hat darin seinen Grund, dass wir eben diesen Ausdruck nur auf die beim Erlernen der Sprache gemachten Erfahrungen, auf gesehene Gegenstände ausserhalb des Nervensystems anwenden. Die adäquate sprachliche Bezeichnung aber für die in Rede stehende Thatsache würde die sein, dass der Nervenapparat die Eigenschaft hat, uns bei dieser Erregung in dieser, bei jener in jener Farbe bewusst zu werden. Wir haben diese Farbe als Farbe des betreffenden („erregenden") Gegenstandes zu bezeichnen gelernt, weil wir erfahren haben, dass sie mit anderweitigen Phänomenen in bestimmter Weise zusammenhängt, welcher Zusammenhang eben der Begriff jenes Gegenstandes ist; sie ist aber mit demselben Recht als die „Farbe des Nervenapparates" im betreffenden Momente zu bezeichnen; — freilich nicht des Nerven, wie er gesehen würde, wenn wir ihn wie jenen Gegenstand vor das Auge bringen könnten, sondern wie er (ohne solche Vermittlung des Auges) unser Bewusstsein direct beeinflusst, wenn er in diese Erregung versetzt wird.

Nach dem Zustandekommen eines solchen „Einflusses" der Nervenerregung auf das Bewusstsein zu fragen wäre ebenso missverständlich, wie die Frage nach dem Zustandekommen der Wirkung der Gegenstände auf das Bewusstsein. Was uns unmittelbar gegeben ist, sind die psychischen Thatsachen — hier speciell die Empfindungen; wenn wir sie als „Wirkungen" dieses oder jenes physischen Vorganges — hier der Nervenerregung — auffassen, so können wir damit nur ihren empirischen Zusammenhang mit gewissen anderweitigen Erlebnissen treffen. Dieser Zusammenhang besteht hier principiell genau in derselben Weise wie im Begriffe des Gegenstandes der Wahrnehmung; nur die Bedingungen der Wahrnehmung bestimmen sich hier anders als dort. Die Bedingung dafür, dass der Gegenstand in bestimmter Weise wahrgenommen wird, ist seine bestimmte Verbindung mit dem Nervensystem; die Bedingung dafür, dass

das Nervensystem in bestimmter Weise das Bewusstsein be
einflusst, ist seine bestimmte Erregung durch die Gegenstände.
Wie wir dem äusseren Gegenstande als objective Eigenschaft
die Fähigkeit zuschreiben, dass er in dieser oder jener Farbe
wahrgenommen wird, so haben wir auch dem Nervenapparat
die Eigenschaft zuzuschreiben, dass er von den Gegenständen
in dieser oder jener Farbe erregt werden kann. Den Zusammenhang dieser Erregungsmöglichkeiten haben wir daher
genau so als bedingt durch die physikalische Beschaffenheit
des Nervenapparates zu bezeichnen, wie wir in dem Zusammenhang jener Wahrnehmungsmöglichkeiten die physikalische Beschaffenheit des Gegenstandes erblickten.

Vermöge seiner physikalischen Beschaffenheit also ist der
Nervenapparat fähig, bei dieser Erregung diese, bei jener Erregung jene Empfindung zu bedingen. Durch welche Gegenstände die Erregung bedingt ist, erscheint dabei gleichgiltig;
aber nur deshalb, weil thatsächlich dieselben Gegenstände als
„dieselben" nur dadurch unmittelbar gekennzeichnet sind,
dass sie eben dieselbe Erregung bedingen, d. h. in gleicher
Weise wahrgenommen werden: zwei völlig gleiche Wahrnehmungen erscheinen eo ipso als Wahrnehmungen von in
dieser Hinsicht völlig gleichen Gegenständen. Sind aber
die Erregungen und die entsprechenden Wahrnehmungen nur
teilweise gleich oder erkennen wir deren empirischen Zusammenhang mit weiteren Wahrnehmungen als verschieden,
so werden die ersteren Wahrnehmungen sogleich als Erscheinungen verschiedener Gegenstände aufgefasst.

Die physikalischen Eigenschaften des Nervenapparates
sind in dessen verschiedenen peripheren Teilen verschieden;
diese Verschiedenheiten bedingen eine verschiedene Art der Einwirkung desselben Reizes auf die verschiedenen „Sinnesorgane",
der abermals eine Verschiedenheit der entsprechenden Wahrnehmungen nach dem Vorigen parallel gehen muss. Umgekehrt wird gelegentlich ein- und dasselbe Endorgan durch
Reize verschiedener Art in ähnlicher Weise erregt, so dass die
Wirkung eines Gegenstandes unter anomalen Bedingungen
der eines anderen unter den normalen Bedingungen der
Wahrnehmung gleichkommen kann.

Die bekannte Lehre von den specifischen Sinnesenergien ist eine empirisch nicht berechtigte Verallgemeinerung dieser letzteren Erfahrung. Aus der gleichmässigen Erregung von Gesichtsempfindungen beim normalen Sehen, beim
Druck auf das Auge, bei der elektrischen Reizung des Opticus
schloss man, dass die besondere Beschaffenheit jeder einzelnen
Nervenleitung sich durch die besondere Beschaffenheit der
correspondirenden Empfindungsmodalität kundgebe, so, dass
derselbe Nerv auf alle Reize, normale wie anomale, stets mit
derselben Art von Empfindungen antworten müsste. Was wir
aber aus den genannten Thatsachen schliessen dürfen, ist
nur die gleichartige Erregung des Nervenapparates durch jene
verschiedenen Einwirkungen; dagegen haben wir keinerlei Grund
zu der Behauptung, dass nicht vielleicht von demselben Ausgangspunkte her durch anderweitige Einwirkungen noch anders
geartete, anders als in Form optischer Wahrnehmungen em-
pfundene Erregungen verursacht werden könnten, noch auch,
dass das Zustandekommen ähnlicher, gleichfalls in Form optischer Empfindungen ins Bewusstsein tretender Erregungen
von anderen Ausgangspunkten her ein für allemal ausgeschlossen wäre — dass also der Opticus (und nur dieser)
auf alle Erregungen mit optischen, der Akusticus mit akustischen Empfindungen antworten müsse. Ebensowenig gestatten
die Thatsachen den (im weiteren Verfolg jener Theorie gleichfalls gezogenen) Schluss, dass alle qualitativ verschiedenen
Empfindungen auf Erregungen verschiedener Nerven beruhen
müssten. Es ist im Gegenteil nicht nur von vornherein wahrscheinlich, sondern wenigstens für den optischen Apparat mit
Bestimmtheit nachzuweisen, dass verschiedenartige Erregungen
desselben Nerven sich in qualitativ verschiedenen Empfindungen äussern: müssten doch sonst für jede beliebig eng
begrenzte Stelle des Gesichtsfeldes, an welcher erfahrungsgemäss zahllose verschiedene Farbnuancen zu verschiedenen
Zeiten erscheinen können, eine ebenso grosse Zahl verschiedener Nervenleitungen postulirt werden — eine Forderung,
der der thatsächliche anatomische Befund nicht entspricht.
Dass die Helmholtz-Young'sche Hypothese hier keinen
Ausweg schafft, zeigen die Betrachtungen des vierten Capitels:

die verschiedenen Farbempfindungen sind nicht „Mischungen
aus Grundempfindungen", selbst wenn die entsprechenden
psychophysischen Processe durch eine Superposition im Sinne
jener Hypothese zu Stande kommen sollten.

Wie auf dem Gebiete der reinen, so hat auch auf dem
Gebiete der physiologischen Psychologie der Sinnesempfindungen die „atomistische" Betrachtungsweise mancherlei Unklarheiten gezeitigt. Indem man überall von vornherein nur
nach den einzelnen Erregungen der Sinnesnerven als den Bedingungen für die einzelnen Teilempfindungen fragte, aus deren
Summation man die Gesammtempfindung zu erklären dachte,
verschloss man sich nicht nur die Möglichkeit, die psychophysio-
logische Theorie auf diejenigen Eigenschaften der Empfindungen
auszudehnen, durch welche sich überall die Gesammtempfindung von der blossen „Summe" ihrer Teilempfindungen unterscheidet, sondern vor allem auch das Verständniss der Functionen des centralen Nervensystems. Von jener atomistischen
Betrachtungsweise aus musste es als selbstverständlich angenommen werden, dass die verschiedenen Sinnesleitungen nur
eben die für die betreffenden Sinnesempfindungen erforderlichen
Erregungen zum Centralorgan „fortpflanzen"; die Frage nach
der Art und dem Ort ihrer Vereinigung in einem Bewusstsein aber blieb dabei als ein Rätsel bestehen, für dessen
Lösung die Thatsache der Vereinigung aller Leitungen im
Centralorgan nicht mehr als eine vage Hoffnung bieten konnte.
     Wenn wir indess beachten, dass nirgends isolirte Sinnes-
empfindungen gegeben sind, sondern dass nur eben die Analyse uns solche Empfindungen als Teile des Bewusstseinsganzen — speciell des jeweiligen gleichzeitigen Empfindungscomplexes — zeigt, so ergibt sich auch für die Beurteilung
der physiologischen Grundlage des Empfindungszustandes ein
veränderter Gesichtspunkt. Als das primäre Datum erscheint jetzt die jeweilige Gesammtempfindung, als bedingt
durch den augenblicklichen Zustand des gesammten Nervensystems, während die Erregungen der einzelnen Sinnesnerven
nur als Bedingungen für die Modificationen des einen oder
des anderen Teilinhaltes jener Gesammtempfindung erscheinen.

Die Frage nach dem Zustandekommen des Zusammenwirkens dieser Erregungen ist aber damit a limine abgewiesen: die Erregungen existiren für das Bewusstsein von vornherein nicht anders als in diesem „Zusammenwirken" und die Frage hat vielmehr dahin zu lauten, wie der Gesammtinhalt durch Veränderungen des Zustandes der einzelnen Teile des Nervensystems alterirt wird.

Hiermit entfallen alle durch jenen falschen Ausgangspunkt bedingten irrtümlichen Fragestellungen. An die Stelle der Frage nach der Entstehung eines räumlichen Continuums durch das Zusammenwirken der Erregungen der Opticusfasern tritt die Frage nach der Entwicklung unserer Unterscheidungen innerhalb jenes Continuums; die Frage nach der Entstehung der Klangfarbe einerseits, der Consonanz bez. Dissonanz andererseits durch das Zusammenwirken verschiedener Erregungen der Akusticusfasern verwandelt sich in die andere Frage nach der physiologischen Grundlage der Klanganalyse bei gegebenem Reiz — kurz, es verwandelt sich allgemein das Problem der „Vereinigung der verschiedenen Empfindungen im Centralorgan" in die Frage nach den physiologischen Processen, welche für das Hervortreten dieser oder jener Teilempfindungen, für die Zusammensetzung unserer Gesammtempfindung aus diesen oder jenen (bemerkten) Teilen maassgebend sind. Statt jener rätselhaften Probleme haben wir es mit anderen Worten nur mit der Frage nach der physiologischen Theorie der — unwillkürlichen und willkürlichen — sinnlichen Aufmerksamkeit zu thun, während jene anderen Probleme sich sümmtlich als Scheinprobleme erweisen.

Die Frage, welche Nervenerregungen speciell den einzelnen Arten von Teilempfindungen zu Grunde liegen, soll hier nicht untersucht werden; zur Beantwortung der gestellten allgemeineren Frage aber liegt, soweit es sich zunächst um die unwillkürliche Analyse der Empfindungen handelt, jedenfalls die Annahme am nächsten, dass, wenn allgemein die Modificationen unseres Empfindungszustandes durch die Erregungen der Sinnesnerven bedingt werden, eben auch die Verschiedenheiten der Teilempfindungen durch solche der Erregungen der verschiedenen Teile des Nervensystems, der verschiedenen

Leitungen und der mit denselben verbundenen centralen Teile
bedingt sein müssen — wie es in der That bereits die ersten
Erfahrungen über das Abhängigkeitsverhältniss zwischen Reiz
und Empfindung erkennen lassen. Die Frage nach den physiologischen Bedingungen der Analyse wäre hiernach identisch
mit der Frage, wie es möglich sei, dass einem und demselben
Reizcomplexe bald eine einheitliche Erregung des betreffenden
Nervenapparats, bald gleichzeitige verschiedenartige Erregungen
seiner Teile entsprechen. Eine solche Verschiedenheit der
Wirkungen desselben Reizcomplexes ist nur möglich, wenn
der Zustand des Organes bei der Einwirkung des Reizes
in beiden Fällen verschieden ist; diese Verschiedenheit muss
eben eine solche sein, dass im einen Falle keine verschiedenartige Erregung der verschiedenen Teile des betreffenden Nervenapparates resultirt, wohl aber im anderen Falle. In der That
geben die Aenderungen, denen die Endapparate der Sinnesleitungen unterworfen sind, zu solchen Unterschieden der Nervenerregungen Anlass. Wie weit und in welcher Weise in den
verschiedenen Sinnesgebieten durch die Functionen der Endapparate die Analyse der Empfindungen ermöglicht wird, bedarf indesen zum Teil noch weiterer Untersuchung.

Die willkürliche Analyse der Empfindungen aber muss
sich auf dieselben Bedingungen zurückführen lassen, wie die
spontane; der Unterschied beider kann nur darin bestehen,
dass diese Bedingungen einmal ohne unseren Willen, das
andere Mal mit demselben und scheinbar als Wirkungen unserer
Willensanstrengung eintreten. Die Theorie dieser willkürlichen
Handlungen wird im siebenten Capitel gegeben werden.

In derselben Weise wie die Analyse können eventuell
auch anderweitige Modificationen der Reizwirkungen durch die
vorgängige Beschaffenheit der nervösen Organe bedingt sein;
krankhafte Ueberreiztheit, Ermüdung, Intoxication sind bekannte Ursachen solcher anomalen Wirkung der Reize. Auch
der „Aufmerksamkeit" wird man die Fähigkeit, neben der Zerlegung der Reizwirkung noch andere Modificationen derselben
zu bewirken, von vornherein nicht absprechen können: wenn
die vorhergegangenen Betrachtungen über die psychophysischen
Thatsachen zu Recht bestehen, so haben wir in der That

nicht bloss die Intensität, sondern auch die Qualität der Empfindungen innerhalb gewisser Grenzen als abhängig von dem Zustande der Aufmerksamkeit anzusehen. Eine Abhängigkeit des physiologischen Zustandes der nervösen Organe von dem Vorstellungsverlaufe ist damit, wie ausdrücklich bemerkt sei, nicht etwa in dem Sinne behauptet, dass neben den physikalischen Bedingungen dieses Zustandes die Vorstellungserlebnisse als neue, ergänzende Bedingungen hinzuträten: vielmehr sind, wie die nächsten Betrachtungen noch deutlicher erkennen lassen werden, die genannten physikalischen Bedingungen ihrerseits auch für jene Modificationen der Aufmerksamkeit als Bedingungen zu betrachten.

Das Nervensystem als Bedingung des intellectuellen Lebens.

Wir haben bisher nur den Zusammenhang unserer Empfindungen mit den physiologischen Vorgängen im Nervensysteme betrachtet; aus diesen Betrachtungen aber lässt sich unter Berücksichtigung der Associationsgesetze auf einen ähnlichen Zusammenhang schliessen, der zwischen dem Auftreten der Phantasmen — und somit den intellectuellen Vorgängen im Allgemeinen — und den physiologischen Processen im Nervensystem bestehen muss. Nicht als ob wir über die physiologischen Grundlagen der Association selbst irgendwelche directe Kenntniss besässen; was hierüber vorgetragen zu werden pflegt, gründet sich zunächst auf Schlüsse aus Erfahrungen des psychischen Gebietes — Schlüsse, denen die Voraussetzung der durchgängigen Abhängigkeit der psychischen Thatsachen von physiologischen Vorgängen zu Grunde liegt und die eben deshalb für diese Abhängigkeit nichts beweisen können. Wohl aber lässt sich die oben genannte Abhängigkeit deshalb behaupten, weil die Empfindungserlebnisse als Ausgangspunkte von Associationsreihen fungiren. Zwischen dem Auftreten einer Empfindung und dem des entsprechenden Gedächtnissbildes besteht ein empirischer Zusammenhang, ebenso zwischen dem Auftreten des letzteren und dem der daran associirten Vorstellungen; da aber jene Empfindungen physiologisch bedingt sind, so muss hiernach auch das Auftreten dieser Vorstellungen als abhängig von ebendenselben physiologischen Bedingungen betrachtet werden. Man beachte, dass diese Abhängigkeit hiermit nur für einen der Factoren erwiesen ist, von welchen das Auftreten der Phantasmen in der Regel abhängt; dass aber damit noch keineswegs die constante Verbindung bestimmter Vorstellungen mit bestimmten physiologischen Vorgängen involvirt ist. Rückwärts kann aus jener Betrachtung geschlossen werden, dass mit dem Auftreten bestimmter Phantasmen unter gewissen — psychischen — Bedingungen stets gewisse physiologische Processe Hand in Hand gehen, wie es in der That die physiologische Theorie der willkürlichen Aufmerksamkeit (und der Willenshandlungen überhaupt) verlangt. [113]) Aber die Abhängigkeit der genannten physiologischen Processe von dem Auftreten jener Vorstellungen ist nur eine scheinbare — in der That sind die genannten Processe durch die vorgängigen Reizwirkungen physikalisch bedingt, die den für die betreffenden Associationen maassgebenden Empfindungen zu Grunde lagen.

Eine weitere Abhängigkeit der intellectuellen Vorgänge von physiologischen Processen im Sinne eines durchgängigen Parallelismus beider Reihen lässt sich aus Betrachtungen dieser Art nicht erschliessen. Dagegen scheint eine Reihe weiterer, vor allem pathologischer Erfahrungen einen solchen Schluss zu rechtfertigen. Die mit gewissen pathologischen Veränderungen des nervösen Centralorganes regelmässig eintretenden Störungen des Gedächtnisses (und der „Verstandesfunctionen" überhaupt) scheinen unmittelbar zu beweisen, dass nicht bloss unsere Empfindungen, sondern unsere gesammten intellectuellen Fähigkeiten von der Beschaffenheit unseres Nervensystems abhängen. Zu einem analogen Schluss führen die pathologischen Erfahrungen auch hinsichtlich der Gefühls- und Willensphänomene. Erfahrungen, die anscheinend jenen Zusammenhang nicht bloss im Allgemeinen zu constatiren, sondern im Einzelnen zu verfolgen gestatten, sind diejenigen über Seelenblindheit und die entsprechenden „Ausfallserscheinungen" in anderen Gebieten. Die Beobachtung, dass allgemein mit der Degeneration bestimmter Partien der Grosshirnrinde die Fähigkeit des Wiedererkennens innerhalb bestimmter Sinnesgebiete alterirt wird, liess den Gedächt-

nissbildern dieser Sinnesgebiete eben jene Partien des Central-
organs als ihre physiologischen Orte[114]) zuweisen.
Dass für die willkürlichen Bewegungen der Teile unseres
Körpers der physiologische Mechanismus des Körpers eine
wesentliche Rolle spielen muss, dass also zwischen den (äusseren)
Willenshandlungen und physiologischen Processen im Nervensystem ein durchgängiger Zusammenhang bestehen muss, ist
selbstverständlich. Die Frage nach der Natur dieses Zusammenhanges wird im letzten Capitel besprochen werden. Durchaus
nicht selbstverständlich sind dagegen die anderen eben angeführten Thatsachen und die daraus gezogenen psychologischen
Schlüsse.

Für das Verständniss jener pathologischen Thatsachen ist
zunächst zu beachten, dass alle Schlüsse über die psychischen
Vorgänge bei den betreffenden anomalen Individuen selbst-
redend nur aus deren Handlungen — den Aussagen und Ausdrucksbewegungen im weitesten Sinne des Wortes — gezogen
werden können. Was uns als anomal entgegentritt, sind eben
diese unter bestimmten äusseren Bedingungen eintretenden
Handlungen der betreffenden Individuen. Für die Erklärung
solcher Anomalien sind nun von vornherein verschiedene Möglichkeiten offen. Anomale Reactionen auf gegebene Reize
können entweder bedingt sein dadurch, dass

1. die Empfindungen, die durch die gegebenen Reize hervorgerufen werden, nicht mit denen übereinstimmen, die durch
diese Reize normalerweise verursacht werden; oder aber
dadurch, dass

2. an diese Empfindungen sich nicht die normalen Associationen anschliessen; oder endlich dadurch, dass

3. die durch die betreffenden peripheren Erregungen vermöge des Verlaufes der Leitungsbahnen normalerweise ausgelösten motorischen Reactionen durch eine Störung der genannten Bahnen alterirt sind.

Auf Grund der letzten dieser Möglichkeiten hat man die
Erscheinungen der motorischen Aphasie und verwandte Anomalien erklärt; eine Erklärung, gegen die sich wohl kein Einwand erheben lässt. Eine Veränderung der normalerweise
durch bekannte Reize ausgelösten Empfindungen ferner lässt

sich mit Sicherheit bei den Erscheinungen der Hemianopsie
constatiren. Zur Erklärung der Seelenblindheit und der analogen Störungen in anderen Gebieten pflegt man dagegen nur
die zweite jener Möglichkeiten in Betracht zu ziehen; meist
in der speciellen Form, dass man vom Fehlen der correspondirenden Gedächtnissbilder bei den durch gewisse
Reize hervorgerufenen Empfindungen spricht, während strenge
genommen, wie James[115]) mit Recht hervorhebt, nur von der
Störung der normalerweise an die betreffenden Empfindungen
geknüpften Associationen gesprochen werden dürfte. Es ist
indess zu bemerken, dass man von dieser Art der Erklärung
in der Regel einen voreiligen Gebrauch gemacht hat und dass
deshalb die auf Grund jener Thatsachen behauptete Abhängigkeit des Auftretens der Gedächtnissbilder von den physiologischen Processen in bestimmten Partien der Hirnrinde noch
keineswegs als empirisch gesicherte Thatsache gelten kann.
Wenn dem Seelenblinden die gesehenen Gegenstände fremd-
artig erscheinen, wenn er sie nicht wiedererkennt, sie falsch
benennt oder falsch benützt, so kann dies freilich daher rühren,
dass er zwar die normalen Empfindungen von denselben erhält, aber anomale Associationen[116]) an sie anknüpft; die
Erscheinung kann aber auch daher rühren, dass durch die
betreffenden Reize bereits anomale Empfindungscomplexe bedingt werden und dass deshalb die Gegenstände einerseits
nicht in der gewohnten Weise wiedererkannt werden und
andererseits anomale motorische Reactionen sich an deren
Wahrnehmung anschliessen. Diese Möglichkeit ist in den bisher für die fraglichen Symptomencomplexe gegebenen Erklärungen nicht hinreichend berücksichtigt worden.[117]) Eine Entscheidung darüber, wie viel von der psychischen Störung dem
einen oder dem anderen der genannten Factoren zur Last zu
legen ist, kann in der That — wenigstens in der Mehrzahl
der bekannt gewordenen Fälle[118]) — nicht getroffen werden,
weil unserer Beobachtung eben nur die letzten Effecte der
Reize in Form motorischer Reactionen (eventuell Aussagen)
zu Gebote stehen und jeder Schluss aus diesen Reactionen auf
psychische Parallelprocesse nur auf die Analogie mit den
Beobachtungen an normalen Individuen gegründet werden

kann — eine Analogie, die hier eben der Natur der Sache nach nicht vorausgesetzt werden darf.

Können wir hiernach die aus jenen pathologischen Erfahrungen gezogenen Schlüsse über die Beziehungen zwischen physiologischen und intellectuellen Processen noch nicht als gesichert betrachten, so beschränkt sich die positive Antwort auf die allgemeine Frage nach der Abhängigkeit unseres psychischen Lebens von materiellen Bedingungen darauf, dass zwar die Empfindungen und unser gesammtes psychisches Leben, soweit dasselbe durch die Empfindungen bedingt ist, von den Vorgängen in der Welt der Dinge und speciell in unserem Nervensystem abhängen; dass aber eine weitere Abhängigkeit der psychischen Erlebnisse von den genannten Vorgängen empirisch nicht völlig feststeht.

Erkennen wir somit eine jedenfalls sehr weitgehende Abhängigkeit unseres Bewusstseinsverlaufes von materiellen Vorgängen, so dürfen wir doch nicht vergessen, dass mit dieser Abhängigkeit thatsächlich nichts behauptet ist, als ein bestimmter empirischer Zusammenhang unserer Wahrnehmungen, also psychischer Thatsachen; dass aber nicht etwa die materiellen Vorgänge als „unabhängig veränderliche Reihe von Thatsachen" primär gegeben und die Reihe der Empfindungen bloss als eine davon abhängige, secundäre Reihe von Erscheinungen gegeben ist. Eine solche Behauptung würde einen Cirkel enthalten: sind doch eben die materiellen Vorgänge nur die Zusammenhänge, in welche wir die primär gegebenen Empfindungserlebnisse einordnen.

Von diesem Standpunkte aus muss die Ansicht Kants über die Möglichkeit eines psychischen Lebens „nach Aufhebung aller Gemeinschaft mit der körperlichen Welt" eine Correctur erfahren. Nicht auf dieselben „Dinge", welche uns jetzt als Körper erscheinen, müsste sich die für diesen Fall, also für das „Leben nach dem Tode" anzunehmende psychische Thätigkeit richten; vielmehr würde ein Leben nach dem Tode, soweit dasselbe Empfindungserlebnisse enthalten sollte, eben nur in der Weise zu denken sein, dass neue, nicht mit den bisherigen Begriffen objectiv existirender Gegenstände in den uns bekannten — eben durch die Begriffe der Reizwirkungen characterisirten — Zusammenhängen stehende Erfahrungen gemacht würden. Die logische Möglichkeit eines solchen Lebens nach dem Tode ist natürlich von vornherein zuzugeben; die früheren Betrachtungen mögen auch die Annahme des Fortbestehens von Erinnerungen an unser jetziges Leben nach der Aufhebung jenes Zusammenhanges plausibel erscheinen lassen. Empirisch aber ist weder über den einen noch über den anderen Punkt irgend etwas auszusagen: über das Leben nach dem Tode gibt die Erfahrungswissenschaft weder im positiven noch im negativen Sinne Auskunft.

Sechstes Capitel.

Wahrheit und Irrtum.

Im Verlauf der bisherigen Betrachtungen ergab sich mehrfach Gelegenheit, auf Fälle der Erfüllung und Enttäuschung
von Erwartungen hinzuweisen. Der Mechanismus dieser
Vorgänge ist überall derselbe. Gegeben ist zunächst die symbolische Bezeichnung eines unter bestimmten Bedingungen zu
erwartenden Inhaltes; wird unter Erfüllung dieser Bedingungen
ein Inhalt der bezeichneten Art vorgefunden, so sagen wir,
dass die Erwartung sich erfüllt habe; wird dagegen bei Erfüllung der Bedingungen ein von dem bezeichneten verschiedener Inhalt vorgefunden, so sagen wir, dass unsere Erwartung
enttäuscht worden, dass sie eine irrtümliche Erwartung
gewesen sei. Auf dem gleichen Mechanismus beruhen alle
diejenigen Erlebnisse, welche wir als Erkenntniss von
Wahrheit oder Irrtum bezeichnen. Die verschiedenen Fälle
solcher Erkenntniss sollen in diesem Capitel einzeln betrachtet
werden.

**Die associativen Wahrnehmungsurteile und die Sinnes-
täuschungen.** Wir haben gesehen, in welcher Weise sich auf
Grund gemachter Erfahrungen an die Wahrnehmungen bestimmter Eindrücke Erwartungen bestimmter Art associiren.
Es bedarf nach den früheren Betrachtungen nicht besonderer
Erwähnung, dass diese Erwartungen durchaus nicht notwendig
als solche erkannt und beurteilt werden müssen: die Association kann rudimentär bleiben, die Nachwirkungen des Vergangenen, die sich unter Umständen als Erwartungen be-

stimmter Erlebnisse darstellen, können in anderen Fällen als
unbemerkte Componenten des Bewusstseinszustandes ein eigentümliches „Gefühl" bedingen. Im einen wie im anderen Falle
aber wird die Wahrnehmung jenes Sinnesinhaltes nicht bloss
zu einem Wahrnehmungsurteile im früher erklärten Sinne
führen, d. h. es wird nicht bloss der wahrgenommene Inhalt
als solcher beurteilt werden; vielmehr wird die an denselben
associirte Erwartung, gleichviel ob sie als solche erkannt wird
oder als rudimentäre Association mit der Wahrnehmung zu
einem einheitlichen Gesammtinhalte verbunden scheint, eine
gewisse weitere Modification des Bewusstseinszustandes bedingen. Die eigentümliche Färbung, welche im letzteren Falle
der Wahrnehmung anhaftet, zeigt sich bei der Analyse stets
durch Erwartungen bedingt. Man hat auch diese Färbung —
wie so manche andere Thatsache — mit dem Namen des
„Glaubensgefühles" bezeichnet; soll dieser Name einen verständlichen Sinn haben, so müssen mit dem Glauben eben die betreffenden Erwartungen gemeint sein.

Die Erwartungen, welche sich in dieser Weise an unsre
Wahrnehmungen anknüpfen, mögen als associative Wahrnehmungsurteile bezeichnet werden. In jedem Urteil, welches einen wahrgenommenen Inhalt unter irgend einen empirischen Begriff subsumirt, kommt ein oder das andere
associative Wahrnehmungsurteil zum Ausdruck, da ja, wie wir
gefunden haben, zur Subsumtion unter einen empirischen Begriff die Erwartung bestimmter Erscheinungen gehört, welche
sich an den subsumirten Inhalt unter bestimmten Bedingungen
anschliessen sollen.

Bezeichnen wir mit W den gegenwärtig wahrgenommenen
Empfindungsinhalt, mit v_B die daran associirte Gedächtnissvorstellung eines unter bestimmten Bedingungen B zu erwartenden weiteren Empfindungsinhaltes V, welcher durch v_B
innerhalb gewisser Grenzen bestimmt ist, endlich mit V' einen
davon verschiedenen Empfindungsinhalt; so wird der Mechanismus der Erfüllung und der Enttäuschung der an W geknüpften Erwartung sich darstellen in der Form

$$W \dashrightarrow v_B \dashrightarrow B \dashrightarrow V;$$

bez.

$$W \dashrightarrow v_B \dashrightarrow B \dashrightarrow V';$$

d. h. je nachdem unter Erfüllung der Bedingungen B ein In-halt V, welcher der Vorstellung v_c entspricht, oder aber ein hiervon — jenseits der Grenzen der Vieldeutigkeit von v_B — verschiedener Inhalt V' vorgefunden wird, ist die Erwartung erfüllt oder enttäuscht.

Die Mehrzahl der sog. Sinnestäuschungen entspricht dem (zweiten) hier angegebenen Falle. Wir erwarten bei der Wahrnehmung eines Inhaltes auf Grund einer eingeübten Er-fahrung gewisse andere Wahrnehmungen unter bestimmten Bedingungen zu machen und beurteilen den Inhalt demgemäss sogleich als Glied eines bestimmten empirischen Zusammen-hanges; erfüllen wir aber jene Bedingungen, so finden wir uns häufig genug getäuscht, wir finden einen anderen Inhalt vor als den erwarteten. Die gewöhnlichste Form, in welcher solche Täuschungen auftreten, ist die der irrtümlichen Subsumtion unter einen bestimmten Dingbegriff: wir beurteilen den wahr-genommenen Inhalt ohne Weiteres als Erscheinung desjenigen Dinges, welches wir in dieser Weise wahrzunehmen gewohnt sind; indem wir aber bei näherem Zusehen (d. h. eben bei Erfüllung jener bekannten Bedingungen) einen anderen als den erwarteten Inhalt vorfinden, erkennen wir, dass unser Urteil ein irrtümliches war — dass eben ein anderer Zusammen-hang vorliegt als derjenige, unter welchen wir den wahrgenom-menen Inhalt jener Gewohnheit gemäss eingeordnet hatten.

Als Sinnestäuschungen sollten Irrtümer der hier be-schriebenen Art consequenter Weise nicht bezeichnet werden. Nicht über die Inhalte unserer Sinne täuschen wir uns, son-dern über gewisse andere, durch die ersteren nur symbolisch angezeigte Inhalte, welche wir durch einen mehr oder minder bestimmten empirischen Begriff zu bezeichnen pflegen; was uns täuscht, sind die an unsere Wahrnehmungen geknüpften Er-wartungen, die, während wir der Täuschung unterliegen, eben ihrerseits noch nicht Sinneswahrnehmungen sind.

Dass wir uns über unsere Sinnesinhalte als solche nie-mals täuschen können, dass also jede Sinnestäuschung sich als Täuschung über einen anderen als den augenblicklich wahrgenommenen Inhalt erweisen muss, zeigt eine allgemeinere Ueberlegung. Wo immer von Täuschung die Rede sein soll,

muss irgend ein anderweitig zu constatirender Thatbestand
namhaft gemacht werden können, der im Gegensatz zu der
Täuschung als das Richtige characterisirt ist — durch dessen
Wahrnehmung wir eben eventuell erkennen können, dass wir
uns vorher täuschten. Mit anderen Worten: die Antwort auf
die Frage, ob ein Inhalt als wahr oder falsch zu betrachten
ist, kann stets nur durch eine anderweitige Erfahrung begründet werden, welche nicht in der Wahrnehmung jenes Inhaltes gegeben ist, sondern für welche der letztere nur als
Symbol dient. Je nachdem die Erfahrung, welche durch
diesen Inhalt zunächst nur symbolisch repräsentirt wird,
bei wirklicher Erfüllung der für dieselbe bezeichneten Bedingungen in der einen oder in der anderen Weise ausfällt,
wird die Frage nach der Wahrheit des gegebenen Inhaltes
sich positiv oder negativ beantworten. Eine Täuschung kann
hiernach niemals durch einen Inhalt als solchen, sondern
stets nur durch die symbolische Bedeutung eines Inhaltes
bedingt werden. Die Frage nach der Wahrheit kann demgemäss gleichfalls stets nur bei Symbolen einen Sinn haben;
Inhalte als solche dagegen sind weder wahr noch falsch —
sie können, während wir sie vorfinden, weder in Frage gestellt
noch geleugnet werden.

So liegt z. B. auch bei hallucinatorischen Empfindungen
keineswegs eine Täuschung über die wahrgenommenen Inhalte
selbst, sondern nur eine Täuschung über ihre Bedeutung vor.
Der Hallucinirende hat diese oder jene bestimmten — anomal
verursachten — Gesichts- oder Gehörsempfindungen; er täuscht
sich nicht über deren Vorhandensein, sie sind ihm als seine
Bewusstseinsinhalte ebenso unmittelbar und zweifellos wie jeder
normal bedingte Empfindungsinhalt gegeben. Aber er täuscht
sich, insofern er diese Inhalte in derselben Weise als Erscheinungen von Dingen auffasst, wie er es bei seinen normalen
Empfindungen gewohnt ist; er knüpft an seine Visionen die
Erwartung, dass ihnen Wirkungen bestimmter Art zukommen,
dass u. a. seine Mitmenschen in derselben Weise von ihnen
Kenntniss nehmen, wie von den Dingen seiner Umgebung.
Erst durch diese ihnen beigelegte symbolische Bedeutung
werden die Hallucinationen für ihn zu Täuschungen. Ebenso

werden z. B. subjective Tonempfindungen zu Täuschungen nur
dadurch, dass wir sie als Zeichen tönender Objecte in unserer
Umgebung auslegen und daher bestimmte Erwartungen weiterer
Wahrnehmungen an sie knüpfen, wie es uns unsere normalen
Erfahrungen über den Ursprung von Tonempfindungen nahe-
legen.

Die Erkenntniss dieses Sachverhaltes wird vielfach verdunkelt durch die irrtümliche Voraussetzung eindeutiger
Beziehungen zwischen Reiz und Empfindung. Die Gewohnheit, die Empfindungen als Zeichen bestimmter Reize zu betrachten, scheint leicht dahin zu wirken, dass der wesentliche
Unterschied von Empfindung und Reiz, so insbesondere auch
die Beeinflussung der Empfindung durch physiologische, vom
betreffenden Reiz unabhängige Bedingungen übersehen wird.
Bedenkt man, dass unsere Kenntniss von Reizen als von unseren Empfindungen verschiedenen Bedingungen der letzteren
niemals durch diese Empfindungen selbst gegeben ist, sondern
sich überall auf anderweitige Erfahrungen stützt, so erscheinen
die Empfindungen keineswegs als natürliche und notwendige
Zeichen bestimmter Reize und eine unerwartete Antwort auf
die Frage, ob einer Empfindung ein Reiz entspreche und
welcher Art derselbe sei, darf daher in keinem Falle zur Bezeichnung der Empfindung selbst als einer irrtümlichen, einer
Täuschung veranlassen.

Ist in den bisher betrachteten Fällen die Täuschung durch
die symbolische Bedeutung wahrgenommener Empfindungen
bedingt, so scheinen dagegen doch andere Fälle die Möglichkeit von Täuschungen über die jeweils wahrgenommenen
Inhalte selbst zu erweisen. Wenn ich ein Wort sehe, kann
ich es falsch lesen, also andere Buchstaben zu sehen glauben,
als ich thatsächlich sehe; wenn ich einen gegenwärtig erklingenden Ton benennen soll, so kann es geschehen, dass
ich ihn als *a* beurteile, während er thatsächlich nicht *a* sondern *b* ist. Ebenso scheinen wir uns bei gewissen optischen
Täuschungen über die gegenwärtig wahrgenommenen Inhalte
selbst zu täuschen.

Was indess zunächst den ersten dieser Fälle betrifft, so
ist derselbe nicht schwer auf das vorige Schema zurückzu-

führen. Wenn der vorgelegte Gegenstand, das geschriebene
oder gedruckte Wort, nicht mit hinreichender Aufmerksamkeit
betrachtet wird, so wird sein Unterschied von einem wenig
verschiedenen anderen Worte, an dessen Gesichtsbild eine bestimmte Gehörsvorstellung associirt ist, nicht erkannt. Der
wahrgenommene Inhalt wird uns daher unwillkürlich zum
Symbol einer solchen Vorstellung, als deren Symbol er uns
bei näherer Betrachtung nicht erscheinen würde. Ich sehe
etwa den Namen Home und lese auf Grund der bei undeut-
lichem Sehen beträchtlichen Aehnlichkeit des Gesammtbildes
den mir geläufigeren Namen Hume, d. h. es associirt sich
mir an das undeutliche Gesichtsbild der an ähnliche Gesichtsbilder stets bisher bei mir geknüpfte Lautcomplex Hume.
Ich glaube dann thatsächlich den Namen Hume gesehen zu
haben — bis ich bei näherem Zusehen meine Täuschung erkenne, indem ich nun statt des erwarteten, meiner Gehörsvorstellung entsprechenden Gesichtscomplexes einen davon verschiedenen Complex vorfinde. Die Uebereinstimmung des
Mechanismus dieses Falles mit dem des vorher besprochenen
allgemeinen Falles der Sinnestäuschung ist offenbar; die undeutliche Wahrnehmung diente durch Vermittlung der zwischengeschobenen Gehörsvorstellung als Symbol für eine gewisse
objective, bei näherem Zusehen in bestimmter Weise wahrzunehmende Buchstabenfolge. Diese aber stellte sich bei Erfüllung der eben genannten Bedingung (des „näheren Zusehens")
anders dar, als ich sie erwartete — d. h. die Erkenntniss meines
Irrtums reducirt sich auf die Enttäuschung eines an die Wahrnehmung associirten Erwartungsurteils. Dieser Irrtum ver-
dankte also sein Dasein nur denjenigen Factoren des Gesammtbewusstseinsinhaltes, durch welche solche Erwartungen bedingt
waren.

Die Häufigkeit solcher Illusionen ist bekannt: beachten
wir doch beim Lesen nur in den seltensten Fällen genau die
Buchstabenfolge der Worte, indem wir uns vielmehr durch
die bekannte allgemeine Gestalt der Worte in der Deutung
des Gelesenen leiten lassen. Wie auf diese Thatsache die Erscheinungen des Falschlesens, des Uebersehens von Druck-
fehlern u. a. sich gründen, ist oft genug beschrieben worden.

Auch auf anderen Gebieten sind analoge Thatsachen hinreichend bekannt, so dass ich darauf verzichten darf, weitere Beispiele anzuführen.

In anderer Weise erklärt sich der Fall der irrtümlichen Benennung eines Tones. Hier haben wir es mit einer Täuschung zu thun, welche durch die Deutung des Prädicates bedingt ist und daher als Prädicatstäuschung bezeichnet sein mag. Wer einen Ton falsch benennt, irrt sich über dessen Relationen zu anderen, früher gehörten, jetzt durch ihre Gedächtnissbilder repräsentirten Tönen. Der Grund dieses Irrtums liegt nicht in dem gegenwärtig wahrgenommenen Tone, sondern in der Ungenauigkeit der genannten Gedächtnissbilder. Auch diese Täuschung aber lässt sich im Wesentlichen auf den obigen Mechanismus zurückführen. Die Frage nach der Benennung des Tones lässt uns — falls wir nicht in solcher Benennung so geübt sind, dass sie sich ohne jedes Suchen unmittelbar vollzieht — zunächst nach Complexen suchen, in welchen wir einen Ton dieser eigentümlichen Nuance bereits gehört haben und welche durch Vermittlung irgend eines weiteren uns bekannten Merkmals einen Schluss auf die Benennung des Tones gestatten. Wir suchen uns etwa durch Singen des Intervallschrittes von diesem Ton zu einem anderen, dessen Nuance uns besser eingeübt, uns treuer im Gedächtnisse ist, über die Höhe des vorgelegten Tones zu orientiren. Glauben wir in solcher oder anderer Weise die Höhe des Tones richtig bestimmt zu haben, so erwarten wir alsdann beim Anschlagen einer Stimmgabel der betreffenden Schwingungszahl oder der entsprechenden Klaviertaste eine mit dem gegebenen Ton in der Höhe übereinstimmende Gehörsempfindung zu erhalten. Finden wir uns bei der Ausführung dieses Versuches enttäuscht, so erkennen wir, dass unsere Benennung eine irrtümliche war. Das Schema dieses Vorganges würde in der Form wiederzugeben sein:

$$W \rightsquigarrow w \rightsquigarrow z \rightsquigarrow n \rightsquigarrow B \rightsquigarrow W';$$

wo W den wahrgenommenen Ton, w dessen Gedächtnisbild, z die beim Suchen nach Anhaltspunkten für die Benennung zwischengeschobenen Vorstellungen, n die schliesslich eintre-

tende Benennung, B_n die Bedingung, unter welcher bekannter-
maassen ein Ton dieser Benennung wahrgenommen wird und
endlich W' den thatsächlich bei Erfüllung dieser Bedingung
wahrgenommenen Ton vorstellt, welcher sich von dem dabei
erwarteten (mit W übereinstimmenden) Ton als verschieden
erweist. n und w können und werden im Allgemeinen öfters
abwechselnd oder gleichzeitig auftreten; auch das Gedächtnissbild der Bedingungen für den durch n bezeichneten Ton wird
sich gelegentlich als besonders bemerkter Bestandteil des Vorstellungsverlaufes einstellen; wesentlich für den Mechanismus
der Täuschung aber ist nur, dass unter den Bedingungen B_n
ein der Vorstellung w entsprechender Ton erwartet wird,
während bei Erfüllung derselben ein davon verschiedener —
W' — sich einstellt.

Die optischen Täuschungen lassen sich gleichfalls durchweg auf den einen oder auf den anderen der im Vorigen bezeichneten Fälle zurückführen. Wo eine optische Täuschung
erklärt werden soll, ist vor allem zu fragen, über was wir
uns in dem gegebenen Falle täuschen, was gegenüber dem ge-
fällten Urteile als die Wahrheit, als das richtige Urteil zu
bezeichnen sein würde. Diese Frage scheint sehr leicht zu
beantworten. Wenn wir uns über die Grösse einer gesehenen
Strecke, eines gesehenen Winkels täuschen, so lässt sich der
Thatbestand, über welchen wir uns täuschen, am einfachsten
in Form von Erfahrungen über objective Messung an den
Gegenständen angeben, deren Gesichtsbilder uns die Täuschung
veranlassen. Die Täuschung wäre also in diesem Falle Täuschung über einen empirischen Begriff, würde also in die
erste der angeführten Classen von Sinnestäuschungen zu rechnen
sein — wobei natürlich die specielle Ursache der Täuschung
in jedem besonderen Falle noch zu untersuchen bliebe. Allein
es gibt nicht bloss optische Täuschungen dieser Art. Auch
wenn wir von objectiver Messung völlig absehen, können wir
uns überzeugen, dass gewisse Urteile, die wir über gesehene
Figuren fällen, irrtümlich sein müssen. Die Zöllner'schen
Figuren, in welchen parallel gezogene Linien gegeneinander
geneigt erscheinen, solange wir nicht der Aufmerksamkeit eine
ganz bestimmte Richtung geben, zeigen vielleicht am deut-

lichsten, was hier gemeint ist: wir schliessen aus der gesehenen Figur unmittelbar auf die gegenseitige Neigung der Parallelen, finden aber nicht bloss bei objectiver Messung, sondern auch schon z. B. beim andauernden Fixiren des Mittelpunktes der Figur dieses Urteil nicht mehr zutreffend. Welche der einander widerstreitenden Beurteilungen der Figur, abgesehen von den Erfahrungen über ihre objectiven Maassverhältnisse als die richtige anzusehen wäre, mag zweifelhaft erscheinen; jedenfalls aber können diese Urteile zwar als Urteile über „verschiedene Gesichtsbilder" sehr wohl, nicht aber als Urteile über „dieselbe Figur" nebeneinander bestehen. Da wir aber, wie bei allen gesehenen Gegenständen, so auch hier das einzelne Gesichtsbild sofort als Erscheinung eines empirischen Begriffes beurteilen und diesem eben die Eigenschaften beilegen, welche wir auf Grund unserer Erfahrungen an früher gesehenen Gegenständen erwarten müssen, so werden beide Urteile sogleich als Urteile über dieselbe Figur aufgefasst. Als Täuschung aber muss jedenfalls das eine dieser Urteile darum erscheinen, weil wir nach unseren sonstigen Erfahrungen nicht die beiden Wahrnehmungen, welche uns zu jenen beiden Urteilen Anlass geben, als Erscheinungen desselben Gegenstandes erwarten können, weil also das eine Urteil jederzeit Erwartungen erweckt, welche durch die weiteren Erfahrungen enttäuscht werden. Die Gründe, welche in dem genannten Beispiele und in anderen Fällen optischer Täuschungen zu solchen Erwartungen führen, sind an dieser Stelle nicht zu erörtern. Wie aber auch die Erklärung der optischen Täuschungen ausfallen mag, jedenfalls muss sich der Gegensatz von Wahr und Falsch auch hier auf das Vorhandensein von Erwartungen gründen, deren Enttäuschung uns eben über das Vorliegen eines Irrtums aufklärt. Wie auch hier gelegentlich die obengenannten Prädicatstäuschungen zur Erklärung der Thatsachen zu verwerten sind, zeigt die von Lipps[119]) aufgestellte Theorie der optischen Täuschungen.

Die letzten Betrachtungen zeigen zugleich, in welchem Sinne und in welchen Grenzen der im vorigen Capitel bereits erwähnte Helmholtz'sche Satz allgemeine Giltigkeit bean-

spruch, dass in unseren Wahrnehmungen nur diejenigen Bestandteile der Empfindung angehören, welche durch keine
anderweitigen Erfahrungen überwunden werden können. Jedes
Urteil über unsere Wahrnehmungen, welches durch weitere
Erfahrungen als irrtümlich erkannt wird, kann sich nach dem
Vorigen nur auf Erwartungen gründen, zu denen unsere Wahrnehmungen uns veranlassen: es ist also kein Urteil über einen
gegenwärtig wahrgenommenen, sondern ein solches über einen
durch die gegenwärtige Wahrnehmung irgendwie symbolisirten
Inhalt — vorausgesetzt, dass die Täuschung sich nicht als
Prädicatstäuschung erweist, dass sie nicht durch dasjenige
Symbol bedingt ist, welches in dem betreffenden Urteil als
Prädicat fungirt. Der Helmholtz'sche Satz würde also strenger
dahin auszusprechen sein, dass von den Urteilen, welche wir
über eine Wahrnehmung fällen, nur diejenigen durch diese
Wahrnehmung selbst bedingt sind, über welche uns, von
etwaigen Prädicatstäuschungen abgesehen, keinerlei anderweitige
Erfahrungen eines Besseren belehren können.

**Der Sprechende und der Hörende. Bejahung und Ver-
neinung.** Derselbe Mechanismus, welcher den Sinnestäuschungen
und unserer Erkenntniss derselben als Täuschungen zu Grunde
liegt, findet sich überall, wo Erkenntniss von Wahrheit oder
Irrtum stattfindet. Die psychischen Vorkommnisse, auf welche
die Frage nach der Wahrheit sich richtet oder richten kann,
werden allgemein als Urteile bezeichnet; in einem engeren
Sinne findet dieser Name insbesondere auf diejenigen unter
diesen Vorkommnissen Anwendung, welche in sprachlicher
Form zum Ausdruck kommen. Die im Vorigen behandelten
Fälle zeigen, dass für den Urteilsthatbestand im weiteren
Sinne der sprachliche Ausdruck keine notwendige Bedingung
bildet. Wir wollen aber nunmehr diejenigen Fälle betrachten,
in welchen der Urteilsvorgang sprachlich zum Ausdruck
kommt.

Wenn wir sagen, dass Urteile sprachlich zum Ausdrucke
gelangen, so ist damit gemeint, dass wir einerseits aus einem
sprachlichen Ausdrucke auf einen Urteilsvorgang seitens desjenigen schliessen, von welchem dieser sprachliche Ausdruck

uns zu Gehör gebracht worden ist, und dass wir andererseits
überzeugt sind, dass auch wir durch unsere sprachlichen
Aeusserungen Anderen einen ähnlichen Schluss auf unsere
eigenen Urteile ermöglichen. In welcher Weise solche Schlüsse
auf fremde Bewusstseinsinhalte allgemein zu Stande kommen,
ist früher beschrieben worden. Im Folgenden sollen die weiteren Consequenzen solcher Vorgänge untersucht werden.

Zunächst ist hierbei auf einen Unterschied aufmerksam
zu machen, welcher zwischen der Bedeutung einer Aussage
vom Standpunkte desjenigen, der die Aussage als Ausdruck
seines Urteils vollzieht, und vom Standpunkte desjenigen besteht, der das Urteil aussprechen hört. Der letztere Standpunkt soll im Folgenden kurz als derjenige des Hörenden,
der erstere als derjenige des Sprechenden bezeichnet werden.
Der fragliche Unterschied besteht darin, dass für den Sprechenden die Aussage jederzeit Folge eines Gedankenverlaufes
ist — eben desjenigen, von dem wir sagen, dass er in der
Aussage zum Ausdrucke kommt oder kommen soll —; für den
Hörenden dagegen bildet die gehörte Aussage den Anlass zu
einem psychischen Vorgange, dessen erster Teil im Allgemeinen
als das Vorfinden der Bedeutung der Aussage im Sinne des
Hörenden zu bezeichnen sein wird, der aber seinerseits weiterhin zu einem anderen Ausdrucke führen kann. Von dem
Verlauf der durch die Aussage im Bewusstsein des Hörenden
erweckten Vorstellungen und den dadurch eventuell veranlassten
weiteren Erfahrungen hängt es ab, ob er der Aussage zu-
stimmt, sie ablehnt oder seine Zustimmung in suspenso
lässt. Die Thätigkeit des Hörenden also führt zur Bejahung oder Verneinung oder, was dasselbe sagt, zur Behauptung, dass das vorgelegte Urteil wahr oder falsch sei.
Wir werden somit den Sinn dieses Gegensatzes und den Begriff der Wahrheit der Urteile durch die Analyse der
Thätigkeit des Hörenden feststellen können. In welcher Weise
die Urteile vom Standpunkte des Sprechenden zu Stande
kommen, haben wir in den früheren Capiteln gesehen; wir
dürfen uns daher hier auf die Analyse der Thätigkeit des
Hörenden beschränken.

Die beiden Standpunkte unterscheiden sich wesentlich nur

durch die Stellung des sprachlichen Ausdrucks als End- bez.
Ausgangspunkt entsprechender Gedankenreihen. Unwesentlich
dagegen ist die Verteilung derselben an verschiedene Personen. Der Standpunkt des Sprechenden und des Hörenden
kann bezüglich der gleichen Aussage einem und demselben
Individuum successive zukommen. Wenn im Folgenden im
Allgemeinen der Bequemlichkeit des sprachlichen Ausdrucks
wegen die Verteilung der Standpunkte an zwei Individuen
vorausgesetzt erscheint, so lassen sich doch die Ergebnisse
ohne Weiteres auch auf den eben bezeichneten Fall übertragen.
Insbesondere findet durch diese Bemerkung der Einwand seine
Erledigung, dass zur Bejahung und Verneinung, zur Erkenntniss von Wahr und Falsch eben doch auch schon das Denken
eines einzigen Individuums hinführen kann. In jedem Falle
muss, wo etwas bejaht oder verneint, wo auf Wahrheit oder
Falschheit erkannt werden soll, der Ausdruck eines Urteils
bereits gegeben sein, auf welches sich diese Frage richtet.
Diesem Urteil wird derjenige, der über die Wahrheit desselben
entscheiden will oder soll, stets in der Weise gegenüberstehen,
welche hier als der Standpunkt des Hörenden bezeichnet
wurde — gleichviel ob seine eigene Gedankenthätigkeit oder
die eines Anderen zu dem vorgelegten Urteilsausdrucke hin-
geführt hat.

**Bejahung und Verneinung unmittelbarer Wahrneh-
mungsurteile.** Wir wollen die Thätigkeit des Hörenden zunächst am einfachsten Falle des Urteiles analysiren; die
dabei gewonnenen Ergebnisse werden sich mit Leichtigkeit
verallgemeinern lassen. Als den einfachsten Fall des Urteils
haben wir das im ersten Capitel beschriebene Wahrnehmungsurteil zu betrachten, welches einen gegenwärtig wahrgenommenen Inhalt — und nur diesen — irgendwie prädicirt. Im
Gegensatz zu den oben definirten associativen Wahrnehmungsurteilen sollen diese Urteile über die Eigenschaften eines
wahrgenommenen Inhaltes als solchen als unmittelbare
Wahrnehmungsurteile bezeichnet werden. Ein unmittelbares Wahrnehmungsurteil ist also z. B. die Prädication eines
wahrgenommenen Inhaltes als gelb; nicht aber etwa die Be-

zeichnung einer wahrgenommenen Frucht als Apfel — solche
Urteile mit empirischen Begriffen als Prädicaten sind nach
dem Vorigen als weit complicirtere Fälle von den unmittelbaren Wahrnehmungsurteilen wohl zu unterscheiden. Alle
diese complicirten Urteile setzen, wie die früheren Betrachtungen erkennen lassen, jene einfachste Art von Urteilen bereits voraus.

Wir wollen also zunächst zusehen, welche psychische
Thätigkeit mit dem Hören des Ausdrucks eines unmittelbaren
Wahrnehmungsurteils ausgelöst wird. Als Beispiel diene etwa
der Satz „dies ist rot", wie er sich an einen wahrgenommenen
roten Inhalt anknüpft; diesen Satz haben wir jedenfalls als
Ausdruck eines unmittelbaren Wahrnehmungsurteiles zu betrachten.

Wenn ich den Satz „dies ist rot" aussprechen höre, so
ist mir, vorausgesetzt, dass ich die Worte und ihre Bedeutung
verstehe, dieser Satz zunächst Symbol einer Urteilsthätigkeit,
von welcher ich zwar schliessen kann, dass sie der Sprechende
vollzogen hat, die ich selbst aber im Allgemeinen nicht ebenfalls zur selben Zeit vollzogen habe. Gemäss den beim Erlernen der Sprache gemachten Erfahrungen wird sich mir
ferner beim Hören dieses Satzes eine gewisse Erwartung
einstellen. Das Demonstrativum „dies" wird mich darauf hinweisen, dass der Sprechende irgend einen Gegenstand seiner
Umgebung im Auge hat, von welchem ich — wiederum
auf Grund jener Erfahrungen — erwarte, dass auch ich
ihn bei einer gewissen Richtung meiner Augen wahrnehmen
werde; diese Richtung kann eventuell durch den Anblick der
Handbewegung des Sprechenden oder durch anderweitige Umstände ihre nähere Bestimmung finden. Durch die weiteren
Worte „ist rot" aber wird die Qualität des Inhaltes, den ich
bei Erfüllung jener Bedingungen zu gewärtigen habe, innerhalb gewisser Grenzen bestimmt: ich erwarte bei einer gewissen Richtung meiner Augen einen Inhalt zu sehen, der sich
mit gewissen Gedächtnissinhalten — denjenigen, durch die sich
mir die Bedeutung des Wortes „rot" bestimmt — innerhalb
der Grenzen der Bedeutung dieses Wortes als ähnlich erweist.
Ich erwarte, mit anderen Worten, einen Inhalt vorzufinden,

den auch ich nach der mir geläufigen Bedeutung des Wortes „rot" als einen roten zu prädiciren haben werde, indem er in der mir bekannten, durch dieses Wort bezeichneten Aehnlichkeitsreihe seine Stelle findet.

Mein weiterer Vorstellungsverlauf wird nun zunächst davon abhängen, ob ich die angezeigten Bedingungen erfülle und welche Erfahrung ich bei Erfüllung derselben mache. Solange ich sie nicht erfülle, kann ich je nach den vorhergegangenen Erfahrungen über die Gegenstände meiner Umgebung und etwaige an denselben zu gewärtigende Veränderungen dem gehörten Urteile mehr oder weniger Wahrscheinlichkeit beimessen, d. h. ich kann auf Grund jener Erfahrungen mit grösserer oder geringerer Wahrscheinlichkeit schliessen, ob das Urteil wahr oder falsch ist; ich kann es demgemäss eventuell glauben oder nichtglauben — die Färbung, welche die Vorstellung des bezeichneten Inhaltes für mich gewinnt, kann durch meine Vorbereitung als eine solche charakterisirt werden, wie sie einem objectiv existirenden Inhalte zukommt, oder aber davon verschieden ausfallen. Eine sichere Entscheidung über die Wahrheit des Urteils aber wird mir im Allgemeinen erst die Erfüllung jener bezeichneten Bedingungen liefern. Indem ich das Auge nach der bezeichneten Richtung wende, werde ich den so vorgefundenen Inhalt entweder als einen solchen erkennen, der in der erwarteten Aehnlichkeitsbeziehung zu meinen als rot bezeichneten Gedächtnissbildern steht, oder aber ich werde einen Inhalt vorfinden, der zu den letzteren in einer anderen Relation steht. Im ersteren Falle führt die gemachte Erfahrung auch mich zu dem Urteile, dass „dies rot ist"; ein Urteil, welches ich aber alsdann nicht durch diese Worte, sondern durch die Bejahung des vorgelegten Urteils zum Ausdruck zu bringen pflege. Im zweiten Falle ist das Resultat meiner psychischen Thätigkeit ein anderweitiges Urteil, welches aber alsdann wiederum zunächst nicht mit der positiven Bezeichnung der thatsächlich vorgefundenen Relation, sondern als Verneinung des vorgelegten Urteiles verlautbart wird.

Der Vorgang der Bejahung wie der Verneinung eines vorgelegten Wahrnehmungsurteiles ergibt sich also als bedingt

durch die Beziehung dieses Urteilssymboles zu demjenigen
Inhalte, welchen der Hörende unter den im Urteil mitbezeich-
neten Bedingungen vorfindet. Wir können den Process in
derselben Weise wie früher den Mechanismus der Sinnestäuschungen schematisch darstellen. Es sei U_L das vorgelegte
Urteilssymbol (das sprachlich ausgedrückte Urteil), welches
der Bedeutung der Worte nach einen durch das Prädicat a zu benennenden Inhalt repräsentirt, so dass wir einen
solchen Inhalt bei Erfüllung der Bedingungen B erwarten;
α sei die Phantasievorstellung eines solchen durch a zu prä-
dicirenden Empfindungserlebnisses; dann wird die Thätigkeit
des Hörenden im Falle der Bejahung bez. Verneinung des vorgelegten Urteils durch die Formeln darzustellen sein:

$$U_B \dashrightarrow \alpha \dashrightarrow B \dashrightarrow a; \text{ (Bejahung)}$$

und

$$U_B \dashrightarrow \alpha \dashrightarrow B \dashrightarrow x; \text{ (Verneinung)}$$

wobei durch x ein von dem erwarteten, d. h. von den sämmtlichen durch α repräsentirten Inhalten verschiedener Inhalt
bezeichnet ist. Es bedarf nach den früheren Betrachtungen
nicht des besonderen Hinweises, dass die Vorstellung α durch
das vorgelegte Urteil nur innerhalb gewisser Grenzen bestimmt
ist; die Bejahung wird jederzeit erfolgen, wenn der bei Erfüllung der Bedingungen B vorgefundene Inhalt innerhalb
dieser Grenzen fällt, die Verneinung, wenn er ausserhalb derselben liegt.

Bejahung und Verneinung beziehen sich, wie man sieht,
stets auf Urteilssymbole oder angezeigte Urteile.[120] Man
mag sie daher als Urteile über Urteile[121] bezeichnen; nur
darf man nicht vergessen, dass hier das Wort Urteil zweimal
in verschiedener Bedeutung gebraucht wird, einmal für den
psychischen Vorgang, der die Bedeutung eines vorgelegten
Urteilssymboles mit anderweitigen bestimmten Inhalten ver-
gleicht, das zweite Mal für ein Urteilssymbol: Bejahung und
Verneinung sind nicht oder wenigstens sicher nicht in erster
Linie Urteile über psychische Vorgänge, sondern über vorgelegte Urteilssymbole.

Beide Arten des psychischen Verhaltens sind, wie die

obigen Formeln zeigen, einander coordinirt. Dagegen sind
sie dem ursprünglich — in der Thätigkeit des Sprechenden —
zur Prädication führenden Vorgang nicht gleichgeordnet. Es
entspricht daher dem psychologischen Thatbestande nicht,
wenn die Logik nur zwischen positivem und negativem Urteil
unterscheidet: sie müsste vielmehr einem primären Urteile
die bejahenden und verneinenden Urteile als secundäre Urteilsarten gegenüberstellen.[122]) Um diesen Unterschied gleichfalls schematisch zum Ausdruck zu bringen, möge der Vorgang
der Prädication (das ausgeführte Urteil in der Thätigkeit des
Sprechenden) durch U, die sprachliche Aussage desselben (das
Urteilssymbol) durch S bezeichnet sein. Dann ist das primäre
Urteil (Thätigkeit des Sprechenden) zu bezeichnen durch

$$U \dashrightarrow S;$$

die Thätigkeit des Hörenden dagegen (die secundären Urteile)
durch

$$S \dashrightarrow U \dashrightarrow S \quad \text{(Bejahung)}$$

bez.

$$S \dashrightarrow U' \dashrightarrow S' \quad \text{(Verneinung)},$$

d. h. die Bejahung steht dem primären Urteil in der Weise
gegenüber, dass die Thätigkeit des Hörenden diesen eine solche
Relation zwischen dem wahrgenommenen Inhalte (dem „logischen Subject") und der Bedeutung des Prädicatswortes erkennen lässt, welche mit der durch S symbolisch dargestellten
übereinstimmt und daher zum gleichen Urteilssymbole führt;
während die Verneinung ausdrücklich einen Gegensatz zu
der vorgelegten Prädication constatirt, wie er eben eventuell
durch Vergleichung der factisch (beim ausgeführten Urteile)
vorgefundenen Relation mit der erwarteten, durch das vorgelegte Urteil symbolisch bezeichneten Relation zu Tage tritt.

Die Bejahung und Verneinung von Wahrnehmungsurteilen
stellt sich sonach als besonderer Fall der Erfüllung bez. Enttäuschung von Erwartungsurteilen dar. Die Analogie mit den
vorher besprochenen Sinnestäuschungen ist offenbar: wie dort
eine Wahrnehmung als Symbol anderweitig zu erwartender
Wahrnehmungen, so wird auch hier eine Wahrnehmung —

eben das vorgelegte Urteilssymbol — als Zeichen für bestimmte
andere, zu erwartende Wahrnehmungen aufgefasst. Wie dort
Enttäuschung oder Bestätigung der zunächst suggerirten Erwartung, so resultirt hier bei Erfüllung der für diese Erwartungen gestellten Bedingungen die Verneinung bez. die Bejahung des vorgelegten Urteils. Die Analogie lässt sich auch
rückwärts übertragen: wir können bei Sinnestäuschungen geradezu von der „Aussage" unserer Sinne sprechen, welche
durch anderweitige Erfahrungen bestätigt oder widerlegt werden
kann. So vertritt etwa bei einer optischen Hallucination der
Gesichtssinn den Standpunkt des Sprechenden, der Tastsinn
denjenigen des Hörenden; indem die Erfahrungen des letzteren
den durch das Gesichtsbild wachgerufenen Erwartungen nicht
entsprechen, wird die Aussage des Gesichtssinnes als Täuschung beurteilt.

In derselben Weise wie ein vorgelegtes Urteil kann auch
eine Frage zur Bejahung oder Verneinung führen; dann nämlich, wenn die Frage für den Hörenden nur der Form nach
von einem vorgelegten Urteile verschieden ist. Ueberall ist
die Frage als Ausgangspunkt einer Gedankenreihe in derselben
Art aufzufassen, wie ein vorgelegtes Urteil einen solchen Ausgangspunkt bildet; zur Bejahung oder Verneinung aber wird
sie nur dann führen können, wenn sie bereits eine bestimmte
Relation bezeichnet, welcher Bezeichnung gegenüber dieselbe
Thätigkeit des Hörenden zu Stande kommen kann, wie gegenüber einem vorgelegten Urteile. Auch die Frage weist in
diesem Falle auf bestimmte Inhalte und auf bestimmte Aehnlichkeitsreihen hin, in Bezug auf welche jene Inhalte seitens
des Hörenden im Anschluss an die Frage verglichen werden.
Diese Vergleichung, das Vorfinden der betreffenden Relationen
— welches sich bald als unwillkürlicher, bald als willkürlicher
Process darstellt — kommt zu Stande, sobald die Bedeutung der
gehörten Worte beachtet, d. h. eben der Uebergang von einem
jener Inhalte zu den Inhalten einer jener Aehnlichkeitsreihen
vollzogen und wiedererkannt wird, die durch die Worte der
Frage bezeichnet werden.

Wird hingegen in der Frage keine bestimmte Relation
angegeben, auf welche sich die Thätigkeit des Hörenden in

der angegebenen Weise richten kann, so wird sich an das
Hören derselben eben nur eine Gedankenreihe der Art knüpfen
können, wie sie als Thätigkeit des Sprechenden nach der
oben gegebenen Definition zu bezeichnen ist.

**Subjective und objective Wahrnehmungsurteile. Indi-
viduen gleicher Stufe.** Die Erlernung der Sprache bringt es
mit sich, dass wir unsere Bewusstseinsinhalte zugleich als
Bewusstseinsinhalte anderer Individuen deuten oder doch — in
einem weniger kindlichen Stadium des Denkens — uns zur
Annahme veranlasst sehen, dass dem, was wir selbst wahrnehmen, auch bei Anderen gewisse Wahrnehmungen entsprechen. Indem wir Andere auf Inhalte unseres Gesichtsfeldes hinweisen sehen, und hören, dass sie diese Inhalte
benennen, setzen wir als selbstverständlich voraus, dass auch
sie „diese Inhalte" sehen, dass unseren Gesichtsinhalten solche
der Individuen unserer Umgebung „entsprechen". Da ferner,
wie wir früher sahen, alles Erlernen der Wortbedeutungen in
letzter Instanz auf solche deiktische Erklärung zurückgeht, so
bildet sich mit der Erlernung der Sprache fast völlige Uebereinstimmung der verschiedenen Individuen im Gebrauch der
Prädicate zur Bezeichnung solcher Inhalte aus, die als entsprechende Wahrnehmungsinhalte jener Individuen gemäss
dem eben bezeichneten Thatbestande anzunehmen sind. Indem
ich eine bestimmte Farbwirkung als das Grün des Grases bezeichnen lerne, kann ich, falls dies Erlernen auf Grund der
Deixis seitens anderer Personen vor sich geht, nur eben diejenige Vorstellung als grasgrün bezeichnen lernen, welche
den von anderen Individuen als grasgrün bezeichneten Vorstellungen dieser letzteren entspricht; wobei der Ausdruck
„entsprechende" Vorstellungen im soeben definirten Sinne gemeint ist — entsprechend heissen die Vorstellungen, welche
ich vorfinde, auf der einen und diejenigen Vorstellungen auf
der anderen Seite, von welchen ich gelerntermaassen voraussetze,
dass sie unter den gegebenen Bedingungen von Anderen
wahrgenommen werden.

Es bedarf kaum der Erwähnung, dass über die factische
Uebereinstimmung oder etwaige Verschiedenheit der entspre-

chenden Vorstellungen verschiedener Individuen aus diesen Thatbeständen zunächst gar nichts zu erschliessen ist. Ich lerne einen bestimmten Inhalt als grün bezeichnen; ich weiss, dass Andere ihre unter entsprechenden Umständen gemachten Wahrnehmungen ebenfalls als grün bezeichnen gelernt haben; welcherlei Inhalte aber jene Anderen als entsprechende bemerken, darüber ist nichts auszumachen. Die Unmöglichkeit solcher Einsicht in die Beschaffenheit fremder Bewusstseinsinhalte wird vielleicht am klarsten durch ein fictives Beispiel. Man denke sich, es sei möglich, in irgendwelcher anderen Weise fremde Bewusstseinsinhalte mit unseren eigenen zu vergleichen. Es stelle sich dabei etwa heraus, dass ein Anderer alle Töne um eine kleine Terz tiefer hört als wir. Er wird also etwa, wenn wir den Ton hören, den wir f nennen, nicht unser f, sondern unser d hören. Allein ohne jene fingirte Möglichkeit der Erkenntniss dieses Unterschiedes wird er, indem er von uns anderen die Bezeichnung der Töne erlernt, eben mit seinem — der Voraussetzung nach factisch mit unserem d identischen — Tone den Namen f associiren lernen und analog mit allen anderen Tönen die Namen unserer entsprechenden, thatsächlich aber von den seinigen durchweg verschiedenen Töne; so dass alle Aussagen, welche er über gehörte Töne machen wird, mit unseren Aussagen über die von uns gehörten Töne übereinstimmen werden. Aus solcher Uebereinstimmung der Aussagen kann also niemals auf diejenige der entsprechenden Inhalte geschlossen werden.

Ich bezeichne ein Wahrnehmungsurteil als objectiv, wenn es eine Aussage über einen Inhalt macht, dem, vermöge der Erfahrungen über Ausdrucksbewegungen bez. der beim Erlernen der Sprache gemachten Erfahrungen, ein fremder Bewusstseinsinhalt als entsprechend vorausgesetzt wird; als subjectiv, wenn jenem Inhalt kein fremder Bewusstseinsinhalt entsprechend angenommen wird. Ein objectives Wahrnehmungsurteil ist also z. B. ein solches über einen Ton, von welchem ich voraussetze, dass ihn auch Andere hören oder hören können, gleichviel ob diese Voraussetzung im gegebenen Falle thatsächlich erfüllt oder (wie z. B. bei Hallucinationen) nicht erfüllt ist. Subjective Wahrnehmungsurteile dagegen

sind diejenigen, welche über unsere eigenen Bewusstseinsinhalte nur als solche etwas aussagen wollen; wie „mich
hungert", „mich friert", „ich höre den Ton *a*", welches letztere Urteil durch seine sprachliche Form die Abstraction von
jeder etwaigen entsprechenden fremden Wahrnehmung erkennen lässt.

Wenn schon mit dem Erlernen der Sprache eine sehr
weitgehende Uebereinstimmung der verschiedenen Individuen
hinsichtlich des Gebrauches der Worte für die entsprechenden
Bewusstseinsinhalte erzielt wird, so ist diese Uebereinstimmung
doch aus mehreren Gründen keine absolute. Einmal deshalb,
weil die Aehnlichkeitsgrenzen, innerhalb deren der Sinn eines
Wahrnehmungsbegriffes eingeschlossen ist, im Allgemeinen
schwankende sind, so dass verschiedene Individuen das gleiche
Wort ebenso in verschieden weiter Bedeutung gebrauchen
können, wie dies auch seitens eines und desselben Individuums
zu verschiedenen Zeiten geschehen kann. Zweitens darum,
weil die Feinheiten der erworbenen Unterscheidungsfähigkeit
bei verschiedenen Individuen verschieden sind und daher
manche Worte (man denke etwa an die musikalischen Ton-
bezeichnungen) für eine Reihe von Personen den bestimmten
Sinn, den sie für andere besitzen, gar nicht gewinnen können.
Endlich aber — ein Grund, der mit dem ebengenannten nahe
verwandt, aber nicht identisch ist — weil Unterschiede von
Inhalten, die für Viele oder fast Alle bestehen, von einzelnen
Personen überhaupt niemals erkannt werden können (z. B.
Farbenunterschiede bei Farbenblinden) und ebenso ganze Classen
von Inhalten für einzelne Individuen (Blinde, Taube etc.) in
Wegfall kommen. Die Folgen solcher Unterschiede zeigen
sich in mancherlei Gestalten; für unsere gegenwärtige Betrachtung sind davon nur diejenigen wichtig, welche den sprachlichen Ausdruck der Wahrnehmungsurteile beeinflussen. Dass
solche Beeinflussung stattfinden muss, leuchtet ein: der Farben-
blinde kann zu Gleichheitsurteilen im Farbengebiete gelangen,
wo der Normalsehende die erheblichsten Verschiedenheiten
constatirt. Individuelle Differenzen dieser Art geben uns Aufschluss über entsprechende Differenzen der Wahrnehmung. Es
ist indess deutlich, dass wir auch auf diese Weise nicht all-

gemein zur Erkenntniss der Unterschiede fremder Bewusstseinsinhalte von unseren eigenen, sondern nur zur Erkenntniss
der Unterschiede gelangen, welche zwischen unserer Relationserkenntniss in einem gewissen Gebiete und der fremden Relationserkenntniss im entsprechenden Gebiete bestehen. Ebenso
gibt uns die Uebereinstimmung der Aussagen verschiedener
Individuen die Gewissheit, dass die Relationserkenntniss im
betreffenden Gebiete bei diesen Individuen soweit dieselbe ist,
als sie in dem Aussagesatze zu Tage tritt; nicht aber — wie
oben gezeigt — dass auch die entsprechenden Inhalte der beiden
Individuen die gleichen sind.

Ich nenne solche Individuen, welche in einem bestimmten
Gebiete gleiche Unterscheidungsfähigkeit besitzen, (abgesehen
davon, ob völlige Gleichheit derselben sich empirisch constatiren lässt oder nur als Idealfall angenommen wird) Individuen gleicher Stufe hinsichtlich des betreffenden Gebietes.
Wo von Individuen gleicher Stufe schlechthin die Rede ist,
soll damit bezeichnet sein, dass sie in den Gebieten und innerhalb der Grenzen der Unterscheidungsfähigkeit, welche für den
betreffenden Fall in Frage kommen, als Individuen gleicher
Stufe vorausgesetzt werden.

Der Begriff der Wahrheit. Bejahung und Verneinung
eines vorgelegten Urteiles lassen sich auch in der Form ausdrücken, dass das Urteil als wahr oder falsch erkannt wird.
Da die letzteren Ausdrücke eben nur andere Formen sind, die
das Gleiche bedeuten wie die zuerst genannten, so können wir
aus den obigen Betrachtungen sofort die Definition der Wahrheit — zunächst der Wahrnehmungsurteile — entnehmen.
Wir nennen ein Wahrnehmungsurteil wahr, wenn wir die
durch die Prädication angezeigte Relation zwischen dem beurteilten Inhalte und dem durch das Prädicatswort bezeichneten
Gedächtnissinhalt bei der Wahrnehmung des ersteren Inhaltes
thatsächlich vorfinden, falsch, wenn wir eine andere als
die angezeigte Relation vorfinden.

Bei einem subjectiven Wahrnehmungsurteile kann die
Frage, ob Andere demselben beistimmen oder nicht, überhaupt
nicht gestellt werden: in Bezug auf solche Urteile kann die

Thätigkeit des Sprechenden und des Hörenden nicht auf verschiedene Individuen verteilt werden, die Frage nach ihrer
Wahrheit kann folglich immer nur von demselben Individuum
gestellt und beantwortet werden, welches das Urteil gefällt
hat. Wir bezeichnen diese Thatsache, indem wir sagen, dass
bei solchen Urteilen nur nach der subjectiven Wahrheit
gefragt werden könne.

Handelt es sich dagegen um objective Wahrnehmungsurteile, so kommt der Aussage, in welche ein solches Urteil
gekleidet wird, nach der Ansicht des Sprechenden eine Bedeutung auch für andere Individuen zu und er erwartet daher
auch im Allgemeinen eine Reaction seitens Anderer auf diese
Aussage. Die Art dieser Reaction aber wird wesentlich davon
abhängen, ob der Hörende und der Sprechende hinsichtlich
der fraglichen Prädication als Individuen gleicher Stufe zu betrachten sind. Der Hörende wird durch die Aussage auf einen
bestimmten seiner Bewusstseinsinhalte und zugleich — durch
das Prädicat — auf eine bestimmte Aehnlichkeitsreihe hingewiesen, in Bezug auf welche der Inhalt seitens des Sprechenden verglichen wurde. Er muss daher seinerseits sogleich die
Relation erkennen, welche zwischen dem betreffenden Inhalte
und denjenigen Vorstellungen besteht, die für ihn die Bedeutung des Prädicatswortes bestimmen; er wird also durch das
Hören der Aussage seinerseits zu einem Wahrnehmungsurteile
bestimmter Art angeregt werden — eben der Bestimmung der
Stellung des angegebenen Inhaltes zu der durch das Prädicatswort bezeichneten Aehnlichkeitsreihe. Diese Vergleichungsthätigkeit wird nun, falls der Sprechende und der Hörende
hinsichtlich des fraglichen Prädicates Individuen gleicher Stufe
sind, notwendig den Hörenden zur Bejahung des vorgelegten
Urteiles dann führen, wenn das Urteil subjective Wahrheit
für den Sprechenden besitzt und — Verständniss der Sprache
natürlich vorausgesetzt — der bezeichnete Inhalt für den
Hörenden überhaupt vorhanden ist, d. h. das Urteil mit Recht
in objectiver Form ausgedrückt war. Sind aber der Sprechende
und der Hörende in der fraglichen Beziehung Individuen verschiedener Stufe, so wird eventuell das Urteil vom Hörenden
verneint werden können, während es für den Sprechenden sub-

jective Wahrheit besitzt. (Man denke etwa an die objectiv falschen Aussagen von Farbenblinden).

Wir bezeichnen diese Thatsache, indem wir sagen, dass das betreffende objective Wahrnehmungsurteil nicht bloss subjective, sondern objective Wahrheit d. h. Wahrheit für alle Hörenden besitze, soweit die letzteren auf gleicher Stufe mit dem Sprechenden stehen; dass aber von objectiver Wahrheit der Wahrnehmungsurteile für Individuen verschiedener Stufe im Allgemeinen nicht gesprochen werden kann.

Dass der Begriff und die Behauptung der Wahrheit nur vom Standpunkte des Hörenden aus Sinn hat, erscheint selbstverständlich, sobald man sich erinnert, dass der Standpunkt des Hörenden eben durch die Stellung des Urteilssymboles als Ausgangsglied der Urteilsthätigkeit characterisirt ist (s. o.). Dieses Ausgangsglied ist das Urteil, nach dessen Wahrheit wir fragen; weil bei der Frage nach der Wahrheit überall ein solches vorliegt, muss die Beurteilung der Wahrheit stets als Thätigkeit des Hörenden nach unserer Definition bezeichnet werden. Die Frage nach der Wahrheit kann sich hiernach stets nur auf die Bedeutung eines Symboles richten; die Entscheidung derselben gründet sich überall auf das Vorfinden oder Nichtvorfinden dessen, was durch das Symbol für den Hörenden bezeichnet wird. Wir ersehen hieraus, dass nicht bloss im Hinblick auf Wahrnehmungsurteile, sondern allgemein die Frage nach der Wahrheit sich nur auf die Bedeutung von Symbolen richten kann.

Damit die Frage nach der Wahrheit gestellt und beantwortet werden kann, genügt es aber hiernach nicht, dass ein Symbol vorliege, auf dessen Anwendung sich diese Frage richtet; sondern es muss erstlich eben dieses Symbol eine feststehende allgemeine Bedeutung haben und es muss zweitens der specielle Inhalt oder Gegenstand, zu dessen Bezeichnung das Symbol im gegebenen Falle gebraucht wird, durch anderweitige Symbole in unzweideutiger Weise für den Hörenden bezeichnet sein.[123]) In diesem Falle wird das erstere Symbol als richtig gebraucht oder die mit Hilfe desselben aufgestellte Behauptung als wahr dann erkannt werden, wenn der letztere Inhalt, der durch jene anderweitigen Symbole be-

zeichnet ist, sich als ein solcher erweist, dass er das durch
das erste Symbol angezeigte Prädicat thatsächlich aufweist;
dagegen wird dieses Symbol als irrtümlich gebraucht, die aufgestellte Behauptung als falsch erkannt werden, wenn jener
Inhalt von allen denjenigen verschieden ist, die durch das genannte Symbol seiner feststehenden allgemeinen Bedeutung
gemäss ihre Bezeichnung finden.

Bezeichnen wir das erstere Symbol (das Prädicatssymbol)
durch P, seine allgemeine Bedeutung durch α, die anderweitigen Symbole, durch welche der prädicirte Inhalt x (das
logische Subject) seine — von P unabhängige — Bestimmung
findet, durch B, so wird der vollständige Ausdruck des
Urteils sich stets in der Form BP darstellen lassen. Die
Entscheidung über dessen Wahrheit aber ist abhängig davon,
ob x — der durch B bestimmte Inhalt — sich als ein α, d. h.
als ein solcher erweist, der durch P seiner feststehenden Bedeutung nach mitbezeichnet wird. Es wird also allgemein die
Frage nach Wahrheit oder Irrtum darauf hinauslaufen, ob
die Bedeutungen zweier Symbole*) diejenige Beziehung thatsächlich aufweisen, welche durch das Urteil symbolisch repräsentirt ist.

Die Bejahung und Verneinung eines Wahrnehmungsurteiles ist das einfachste Beispiel dieser allgemeinen Regel.
B sind in diesem Falle die dem Hörenden bekannten (im Satze
„dies ist rot" durch das Demonstrativum bezeichneten) Bedingungen, x der unter diesen Bedingungen wahrzunehmende
Inhalt, P das Prädicatssymbol und α die in der dadurch bezeichneten Aehnlichkeitsreihe gelegenen Inhalte; die Bejahung
findet statt, wenn das bei Erfüllung von B vorgefundene x
sich thatsächlich als ein α erweist, Verneinung, wenn es ausserhalb der durch α bezeichneten Aehnlichkeitsreihe liegt. Bejahung und Verneinung entsprechen also in der That dem
Falle, in welchem die im Urteil angezeigte Relation zwischen
x und α vorgefunden, bez. dem Falle, in welchem eine von
der angezeigten verschiedene Relation vorgefunden wird.

---

*) Statt des einen dieser Symbole kann (bei subjectiven Wahr-
nehmungsurteilen) auch der entsprechende Inhalt selbst gegeben sein.

Es versteht sich, dass, ebenso wie bei den Wahrnehmungsurteilen, allgemein zwischen subjectiven und objectiven Urteilen und entsprechend zwischen subjectiver und objectiver
Wahrheit der Urteile unterschieden werden muss; desgleichen,
dass überall die Bedeutung der verwendeten Symbole beim
Sprechenden und Hörenden, wie sie sich auf Grund der individuellen Entwicklung (Erziehung) gebildet hat, und die eventuelle Verschiedenheit dieser Bedeutung bei Beiden für die Frage
nach der objectiven Wahrheit wesentlich in Betracht kommt.

Wie die Entscheidung der Frage nach der Wahrheit der
Wahrnehmungsurteile, so erscheint nach dem Vorigen allgemein
die Entscheidung der Frage nach der Wahrheit jedes beliebigen
vorgelegten Urteiles abhängig davon, ob unter bestimmten
Bedingungen Inhalte vorgefunden werden, welche der durch
das Urteil gegebenen näheren Bestimmung entsprechen, oder
ob andere, in anderer Weise bestimmte Inhalte sich uns an
deren Stelle darbieten. Als Erfüllung bez. Enttäuschung
von Erwartungen, die durch das vorgelegte Urteil erweckt
werden, sind die genannten beiden Vorgänge nur deshalb
nicht allgemein zu bezeichnen, weil in vielen Fällen die Bedingungen, unter welchen der bezeichnete Inhalt sich finden
soll, nicht erst vom Hörenden erfüllt werden müssen, sondern
nach der Natur der Sache oder des gegebenen Falles bereits
für ihn erfüllt sind, so dass die Entscheidung unmittelbar
erfolgen kann und erfolgt.

Der Thatbestand, von dessen Vorfinden die Entscheidung
über die Wahrheit des Urteiles in der angegebenen Weise
abhängt, heisst der Grund („Erkenntnissgrund") der Entscheidung.

Die Erfüllung der oben genannten Bedingungen wird in
dem Falle nicht notwendig zur Bejahung oder Verneinung
führen, wenn einerseits das Symbol B vieldeutig, also x
nicht vollständig bestimmt ist und andererseits das vorgelegte
Urteil nicht ausdrücklich für die Gesammtheit der x ausgesagt
ist: weist von den durch B bestimmten x nur ein Teil das
Prädicat a auf, so ergibt sich das vorgelegte Urteil als teilweise giltig, als nicht allgemein wahr aber auch nicht allgemein falsch. Auf Ausnahmefälle dieser Art, welche durch

Zweideutigkeiten des Ausdruckes im vorgelegten Urteile bedingt
sind[124]), soll in den folgenden Betrachtungen keine Rücksicht
genommen werden.

**Formale Kriterien der Wahrheit. Logische Möglichkeit
und Notwendigkeit.** Aus der Analyse des Wahrheitsbegriffes
folgen die überlieferten logischen Grundsätze, welche man
als formale Kriterien der Wahrheit bezeichnet, als notwendige
Consequenzen. Zunächst zeigt diese Analyse, dass von Wahrheit und
Irrtum nur unter Voraussetzung constanter Bedeutung
der gebrauchten Symbole die Rede sein kann. Wenn ich
nicht die symbolische Bedeutung von A als unveränderlich,
das Symbol in den verschiedenen Fällen seines Gebrauches als
identisch im früher definirten Sinne des Wortes voraussetze,
so kann selbst der Satz $A = A$ nicht als wahr gelten. Mit
jener Voraussetzung aber ergibt sich dieser Satz, der Ausdruck
des „Identitätsprincips" in der herkömmlichen Form,
sogleich als wahr. Das Identitätsprincip ist also nicht sowohl
ein unmittelbar gewisser und unbeweisbarer Satz, als vielmehr
der Ausdruck einer Forderung, welche überall erfüllt sein
muss, damit von Wahrheit und Irrtum überhaupt gesprochen
werden könne — eben der Forderung des constanten Gebrauches der Symbole. Das Axiom $A = A$ gilt als Behauptung erst dann, wenn diese Forderung als erfüllt angesehen
wird; es ist aber alsdann keineswegs ein unbeweisbarer Satz,
sondern folgt unter der genannten Voraussetzung unmittelbar
aus dem Symbolbegriff.

Nichts als ein anderer Ausdruck für den Begriff der Verneinung oder für den Gegensatz von Wahr und Falsch ist
der zweite jener logischen Grundsätze, der „Satz des Widerspruches", welchen wir dahin formuliren können, dass dasselbe
Urteil nicht sowohl wahr als falsch sein kann oder dass nicht
sowohl die Bejahung als auch die Verneinung desselben Urteiles
wahr sein kann. Dass dieser Satz richtig ist, folgt aus der
Definition von Bejahung und Verneinung unmittelbar — allerdings aber nur unter Voraussetzung der Erfüllung des Identitätsprincips. Die Bejahung des angezeigten Urteiles U ist

der Ausdruck dafür, dass — unter den im Urteile eigens mit-
bezeichneten oder stillschweigend vorausgesetzten Bedingungen
— die durch das Urteil angezeigte Relation thatsächlich
vorgefunden wird; die Verneinung, dass unter denselben Bedingungen eine andere Relation vorgefunden wird: dass beides
nicht dasselbe ist, dass eine Relation nicht zugleich eine davon
verschiedene Relation ist, ist die psychische Grundthatsache,
welche in dem Satz vom Widerspruch zum Ausdruck gebracht
wird und welche aller Entscheidung über Wahr und Falsch in
letzter Instanz zu Grunde liegt.

Nur ein anderer Ausdruck für dieselbe Thatsache ist es,
wenn man von der Unverträglichkeit widersprechender
Prädicate redet. Unverträglich heissen diejenigen Prädicate,
welche von demselben Subjecte ausgesagt einen Widerspruch
der eben genannten Art involviren würden. Ein solcher Widerspruch findet überall statt, wo das eine Prädicat die Negation
des anderen implicirt oder, was dasselbe besagt, wo das eine
Prädicat die Zugehörigkeit eines Inhaltes zu einer bestimmten
Aehnlichkeitsreihe behauptet, während das andere Prädicat die
Zugehörigkeit desselben Inhaltes zu einer von der ersteren
in allen Gliedern verschiedenen[125]) Aehnlichkeitsreihe aussagt.
Welche positiven[126]) Wahrnehmungsprädicate miteinander verträglich und welche unverträglich sind, kann nur die psychische
Erfahrung lehren. (Inwiefern aus solcher Erfahrung allgemeine
und notwendige Erkenntnisse hervorgehen, wird weiter unten
zur Sprache kommen). Ihre allgemeine Erledigung würde die
Frage nach der Verträglichkeit der Merkmale mit der Aufstellung einer (natürlich nur auf Grund jener Erfahrung zu
gewinnenden) Tafel der Relationsclassen aller Bewusstseinsinhalte finden.

Man sieht, dass nicht Inhalte als solche, sondern nur
Prädicate, welche von einem und demselben Subject ausgesagt
werden, in Verträglichkeits- und Unverträglichkeitsbeziehungen
stehen können, dass also Beziehungen dieser Art sich nur
zwischen angezeigten Inhalten finden.[127])

Aus der Definition der Bejahung und Verneinung folgt
aber nicht nur der Satz vom Widerspruch, sondern ebenso
unmittelbar auch derjenige der doppelten Verneinung und

22*

somit der Satz des ausgeschlossenen Dritten. Wenn es nicht richtig ist, das vorgelegte Urteil zu verneinen, so ist es richtig, dasselbe zu bejahen; denn die erstere Behauptung sagt nichts anderes aus, als dass der vorzufindende Thatbestand von dem durch das Urteil symbolisch bezeichneten nicht verschieden ist, dass also die Bedeutung des Urteilssymboles identisch ist mit dem, was unter den betreffenden Bedingungen sich thatsächlich findet.

Die Anwendung dieser Sätze kann in gewissen Fällen zur Entscheidung über die Wahrheit eines vorgelegten Urteiles dienen. Es wurde früher bemerkt, dass der Erkenntnissgrund für solche Entscheidung keineswegs überall erst durch Erfüllung bestimmter Bedingungen aufzusuchen, sondern vielfach dem Hörenden bereits gegeben ist, so dass die Entscheidung direct erfolgen kann. Damit die Frage nach der Wahrheit eines Urteiles überhaupt gestellt werden kann, muss notwendig der Hörende die allgemeine Bedeutung der im Urteile auftretenden Symbole kennen. Die Entscheidung über die Wahrheit des Urteiles kann nun unter dieser Voraussetzung entweder in der Weise erfolgen, dass die bezeichneten Inhalte dem Hörenden vermöge der ihm bekannten, an die Symbole associirten Bedeutung der letzteren direct gegeben sind, so dass also die zur Entscheidung erforderliche Vergleichung ohne Rücksicht auf die Erfüllung irgendwelcher weiteren Bedingungen unmittelbar stattfinden kann; oder aber die Wahrnehmung der bezeichneten Inhalte und damit die Entscheidung über die Wahrheit des Urteils hängt von der Erfüllung solcher weiteren Bedingungen ab. Soweit die Entscheidung in der ersteren Weise möglich ist, soll das vorgelegte Urteil für den Hörenden logisch bedingt heissen; soweit sie dagegen von der Erfüllung weiterer (physischer) Bedingungen abhängt, sagen wir, dass das Urteil real bedingt sei. Ist das Urteil in der ersteren Weise direct als wahr zu erkennen, so heisst dasselbe logisch notwendig, hingegen logisch unmöglich, wenn es auf demselben Wege direct als falsch erkannt wird. Logisch möglich heissen im Gegensatz zu den letzteren Urteilen ausser den logisch notwendigen alle diejenigen, über deren Wahrheit in der angegebenen Weise nicht zu entscheiden ist, also alle real bedingten Urteile; ebendieselben sind, wie man sieht, nicht logisch notwendig. In demselben Sinne wie Bejahung und Verneinung sind auch diese Urteile über Notwendigkeit und Möglichkeit stets Urteile über — angezeigte — Urteile.

Von logischer Notwendigkeit bez. Unmöglichkeit eines Urteiles kann hiernach nur dann die Rede sein, wenn der Grund der Entscheidung zugleich mit dem Verstehen des Urteiles unabhängig von der Erfüllung irgendwelcher weiterer Bedingungen, also in der Vorbereitung des Hörenden gegeben ist. Dies aber ist hinwiederum dann und nur dann der Fall, wenn nicht bloss P, sondern auch B, nicht bloss das Prädicat, sondern auch die Angabe des logischen Subjectes auf Inhalte oder Eigenschaften von Inhalten der Vorbereitung hinweist, über welche zunächst geurteilt wird (gleichviel, ob diese ihrerseits wiederum als Symbole weiterer, eventuell im Empfindungsgebiete und in der Welt der Dinge vorzufindender Inhalte bez. Gegenstände dienen oder nicht). Denn sobald durch B — wie z. B. in den Wahrnehmungsurteilen — ein nicht der Vorbereitung angehöriger Inhalt bezeichnet wird, ist eben das vorgelegte Urteil real bedingt und somit weder logisch notwendig noch logisch unmöglich. Damit aber das Symbol B bestimmte Inhalte der Vorbereitung bezeichne, muss es in derselben Weise wie das Symbol P entweder durch Definition oder mit dem Erlernen der Sprache zum reinen Associationssymbol geworden sein; woraus gemäss der Entstehung der sprachlichen Symbolik weiter folgt, dass es begriffliche Bedeutung besitzen muss — dass also als logisch notwendig oder unmöglich stets nur Urteile über Begriffe erkannt werden können.

Bei Urteilen dieser Art ist die Entscheidung über die Wahrheit innerhalb gewisser Grenzen durch die Berufung auf die formalen Kriterien, m. a. W. auf den Symbol- und den Wahrheitsbegriff sofort zu gewinnen. Um anzugeben, in welchen Fällen die Entscheidung über die Wahrheit von Urteilen über Begriffe in dieser Weise möglich ist, teilen wir diese Urteile zunächst in zwei Classen. Wir bezeichnen ein Urteil über einen Begriff als analytisches Urteil, wenn sich dasselbe aus

der Definition dieses Begriffes entweder unmittelbar — als
Behauptung über eines der in der Definition ausgesagten Merkmale des Begriffes — oder durch Zurückgehen auf die ihrerseits vorausgesetzten Definitionen dieser Merkmale ergibt.
Synthetisch dagegen soll ein Urteil über einen Begriff dann
heissen, wenn es sich nicht in dieser Weise aus der Definition
ergibt, wenn es also über irgend ein Merkmal etwas behauptet,
über welches weder in der Definition dieses Begriffes, noch
der zu dieser Definition benützten Begriffe etwas ausgesagt
ist. Ob sich aus historischen Gründen gegen den so präci-
sirten Sprachgebrauch Einwände erheben lassen, bleibt hier
ausser Frage.[128])

Hinsichtlich solcher Begriffe, für welche keine Definition
gegeben werden kann, sind hiernach keine analytischen Urteile
möglich. Dagegen bleibt das Urteil ein analytisches, wenn
es aus einer thatsächlich vom Urteilenden vorausgesetzten
Definition des Subjectsbegriffes folgt; gleichviel ob diese Definition von ihm ausdrücklich formulirt und erinnert wird
oder nicht.

Zunächst ist nun unmittelbar klar, dass alle analytischen
Urteile über einen Begriff logisch notwendig, alle denselben
widersprechenden (dieselben negirenden) Urteile dagegen logisch
unmögliche Urteile sind. Denn jedes analytische Urteil ist
unter Voraussetzung des Identitätsprincips identisch mit einer
der in der Definition gegebenen Aussagen über die Bedeutung
des Subjectsbegriffes; eben diese Bedeutung gibt daher unmittelbar den Erkenntnissgrund für die Wahrheit des analytischen Urteiles. Ist aber jedes analytische Urteil wahr, so
ist jedes ihm widersprechende Urteil ebenso als notwendig
falsch, als logisch unmöglich nach dem Satze des Widerspruches
zu erkennen.

Auf dieselbe Weise ergibt sich die Entscheidung über die
Notwendigkeit der sog. Vernunftschlüsse. Denn es ist
für den Hörenden völlig gleichgiltig, ob die Symbole, in welchen
das vorgelegte Urteil seinen Ausdruck findet, nur durch Definitionen gegeben sind, oder durch die „Prämissen des Schlusses"
ihre nähere Bestimmung finden. Wie vorher die Notwendigkeit oder Unmöglichkeit des Urteiles unter Voraussetzung der

Definitionen erkannt wurde, so hier unter Voraussetzung der Prämissen. Die Frage, welche in dieser Weise ihre Beantwortung findet, ist natürlich nicht zu verwechseln mit der Frage, ob das Urteil in einer Bedeutung, die ihm unabhängig von jenen Prämissen beigelegt werden kann, wahr oder falsch ist. Aber nicht bloss analytische Urteile sind als notwendige und ihre Negationen als unmögliche Urteile zu erkennen. Vielmehr kann auch bei synthetischen Urteilen die Frage nach der Wahrheit durch Zurückgehen auf die Bedeutung der verwendeten Begriffe d. h. durch Betrachtung der durch dieselben symbolisirten Inhalte ohne Voraussetzung weiterer Bedingungen entschieden werden, wenn nur eben diese Bedeutung in jeder Hinsicht in der Vorbereitung bestimmt gegeben ist. Dies ist aber allgemein der Fall bei Wahrnehmungsbegriffen, da die sämmtlichen Merkmale der darunter zu befassenden Empfindungen durch deren Phantasmen ihre Bestimmung finden. Wie auf Grund dieser Thatsache synthetische Urteile a priori über die Wahrnehmungsbegriffe gefällt werden können (d. h. solche synthetische Urteile, die für alle etwa später zu machenden Erfahrungen von vorn herein als giltig zu erkennen sind) wird weiter unten dargelegt werden.

Synthetische Urteile über empirische Begriffe sind dagegen stets real bedingt; hier ist also auf Notwendigkeit oder Unmöglichkeit nicht zu erkennen, vielmehr erweist sich die Entscheidung über die Wahrheit solcher Urteile stets als abhängig von den unter Erfüllung der betreffenden Bedingungen eintretenden Erfahrungen.

Es ist zu beachten, dass mit der letzteren Bemerkung weder die Notwendigkeit der geometrischen noch auch derjenigen Urteile geleugnet ist, welche Kant als Grundsätze der reinen Naturwissenschaft bezeichnet. Die geometrischen Sätze sind thatsächlich nicht synthetische, sondern analytische Sätze, wenn nur die in den Definitionen der geometrischen Gebilde stillschweigend vorausgesetzten Eigenschaften des Raumes explicite angegeben werden; soweit diese aber nicht angegeben werden, bleibt auch die Notwendigkeit der geometrischen Sätze fraglich, wie die Entwicklung der nichteuklidischen Geometrie gezeigt hat. Ebenso erweisen sich

auch die Behauptungen über die Beharrlichkeit der Substanz und
über die Notwendigkeit von Ursachen der Veränderungen nicht
als synthetische, sondern als analytische Sätze, sobald wir nur
den Ursprung und die Bedeutung dieser Begriffe berücksichtigen. Diese Urteile sowohl wie diejenigen über die Eigenschaften des Raumes sind Aussagen über die Bedingungen,
welche für das Zustandekommen unserer Begriffe von Objecten
und objectiven Zusammenhängen bestehen — sie sind eben
deshalb in unseren Begriffen von Objecten überall mitenthalten.

Materiale Erkenntnissgründe. Im Gegensatz zu den im
Vorigen besprochenen Urteilen, über deren Wahrheit vermöge
der formalen Kriterien unmittelbar entschieden werden kann,
hängt solche Entscheidung bei den real bedingten Urteilen
über Begriffe und bei allen Urteilen über einzelne Inhalte
und Vorkommnisse von weiteren Bedingungen ab, die im
Gegensatze zu jenen formalen als materiale bezeichnet werden
mögen. Diese Bedingungen, welche sich jeweils aus der Bedeutung der betreffenden Urteile ergeben, sollen für die einzelnen aus den früheren Capiteln bekannten Urteilsarten hier
kurz besprochen werden.

Von den subjectiven Urteilen sind an erster Stelle die
Gedächtnissurteile zu erwähnen, auf welchen der Zusammenhang unseres psychischen Lebens durchgängig beruht. Zur
Frage nach der Wahrheit solcher Urteile ist in der Entwicklung von vornherein weder ein Anlass noch eine Gelegenheit gegeben; wenngleich in denselben gegenwärtige Inhalte
als Symbole nichtgegenwärtiger dienen, also die erste Bedingung
für die Frage nach der Wahrheit erfüllt ist, so fehlt doch
zunächst die zweite Bedingung dieser Frage, die anderweitige
Bestimmung des Inhaltes nämlich, der durch jenes Symbol im
gegebenen Falle seine Bezeichnung finden soll. Dieselben
Verhältnisse bleiben auch in der späteren Entwicklung für
diejenigen Gedächtnissurteile bestehen, welche früher als „unmittelbar evidente" bezeichnet wurden. Indem sich das Erinnerungsbild eines bestimmten erlebten Complexes unmittelbar
als Erinnerung zu erkennen gibt, ohne dass uns irgend eine
anderweitige Thatsache gegeben wäre, welche uns über diese

Bedeutung des Erinnerungsbildes eines Besseren belehren könnte, ist uns jede Möglichkeit für die Frage nach der Wahrheit solcher Erinnerung benommen. Wir können diese Frage hier so wenig stellen wie bei unseren Empfindungsinhalten als solchen, weil der Gegensatz zwischen dem, was im einen wie im anderen Falle von uns erkannt wird, und irgend einer anderen Erkenntniss, der gegenüber jene erste eventuell als Täuschung zu bezeichnen wäre, nicht gegeben ist.

Die Betrachtungen des vierten Capitels haben aber bereits gezeigt, wie sich vermöge der Vieldeutigkeit unserer Gedächtnissbilder in späteren Entwicklungsphasen die Möglichkeit des Irrtums und Zweifels über unsere Erinnerungen ergibt. Sobald die Gedächtnissbilder durch das wiederholte Erleben ähnlicher, im Gedächtnisse nachträglich nicht mehr unterschiedener Inhalte zu vieldeutigen Symbolen werden, ist die Frage, ob unsere Erinnerung an dieses oder jenes bestimmte Erlebniss uns täuscht, nicht mehr sinnlos, weil nunmehr ein seiner allgemeinen Bedeutung nach bekanntes Symbol vorliegt, welches uns zur Bezeichnung eines speciellen, durch anderweitige Angaben zu bestimmenden Inhaltes dient. Beispiele solcher Gedächtnissurteile, hinsichtlich deren die Frage nach der Wahrheit thatsächlich gestellt werden kann, weil sie eine Aussage über die Beziehung zwischen den Bedeutungen zweier verschiedener Symbole enthalten, sind früher bereits angegeben worden. Ob diese Frage ohne Zuhilfenahme allgemeiner — objectiver — Erfahrungssätze entschieden werden kann, hängt stets davon ab, ob die durch jene Angaben bezeichneten Inhalte sich durch Analyse unserer Erinnerungen finden lassen, ob also diese Analyse uns zu evidenten Gedächtnissurteilen in der fraglichen Hinsicht führt oder nicht.

Die meisten Gedächtnisstäuschungen entsprechen dem früher analysirten Falle des „Falschlesens". Insbesondere kann der Mangel der Unterscheidung selbsterlebter und von Fremden erzählter Erlebnisse zu solchen Täuschungen führen.

So wenig wie bei den unmittelbaren Gedächtnissurteilen ist bei den unmittelbaren Wahrnehmungsurteilen die Frage nach der Wahrheit zu stellen, soweit wir von Prädicatstäuschungen absehen. Nur dadurch, dass ich mich über

die Bedeutung des Prädicats irre, mit welchem ich einen vorgefundenen Inhalt bezeichne, kann hier der Fall eintreten,
dass die im Urteil gegebene symbolische Bezeichnung der Beziehung des wahrgenommenen Inhaltes zu anderen der Beziehung nicht entspricht, die sich beim directen Vergleich der
betreffenden Inhalte ergeben würde.

Gleiches gilt von den subjectiven Urteilen über unsere
Persönlichkeit, die sich jederzeit auf subjective Wahrnehmungsurteile und Gedächtnissurteile gründen.

Objective Wahrnehmungsurteile im früher definirten
Sinne sind ihrer Bedeutung nach Urteile über objective Zusammenhänge. Denn sie geben implicite der Erwartung Ausdruck, dass im Anschluss an den wahrgenommenen Inhalt
anderweitige Erlebnisse — bestimmte Aeusserungen anderer
Individuen — bei Erfüllung bestimmter Bedingungen vorgefunden werden. Die Frage nach ihrer Wahrheit fällt daher,
wo der Sprechende und der Hörende dasselbe Individuum sind,
mit der Frage nach der Wahrheit eines objectiven Existentialurteiles zusammen. Wie die Frage sich entscheidet, wo Sprechender und Hörender verschiedene Individuen sind, wurde oben
bereits ausführlich besprochen.

Die Wahrheit der objectiven Existentialurteile aber
und somit aller Urteile über Gegenstände und deren Eigenschaften, überhaupt aller real bedingten Urteile, in welchen
empirische Begriffe als Prädicate auftreten, ist gemäss dem
Sinne dieser Urteile davon abhängig, ob unter bestimmten
Bedingungen Inhalte bestimmter Art vorgefunden werden. Ihre
Bejahung und Verneinung ist daher, soweit die genannten
Bedingungen erst zu erfüllen sind, durchaus analog der
früher besprochenen Erfüllung bez. Enttäuschung associativer
Wahrnehmungsurteile, während da, wo der Hörende die Erfahrungen bereits gemacht hat, auf welche im Urteil hingewiesen wird, die Entscheidung in ähnlicher Weise wie bei
den logisch bedingten Urteilen direct erfolgen kann und erfolgt.
Diese letztere Eventualität kann nur bei Urteilen eintreten,
die ihrem Sinne nach nur über Vergangenes, nicht aber
über gegenwärtig existirende nicht wahrgenommene oder über
zukünftig wahrzunehmende Inhalte etwas behaupten; über die

Wahrheit der letzteren Urteile kann stets nur die bei Erfüllung der betreffenden Bedingungen eintretende Erfahrung entscheiden. In welchem Sinne trotzdem allgemeine Erfahrungssätze im wissenschaftlichen wie im vorwissenschaftlichen Denken mit der Gewissheit ihrer Allgemeingiltigkeit ausgesprochen werden können, wird unten gezeigt werden. Von den objectiven Urteilen über Vergangenes sind übrigens sehr viele gleichfalls nur auf Grund der Erfüllung bestimmter Erwartungen zu entscheiden: alle diejenigen nämlich, für deren Wahrheit uns — vermöge der Kenntniss allgemeiner empirischer Zusammenhänge — bestimmte noch jetzt vorzufindende, aber von uns noch nicht vorgefundene Thatbestände („Quellen") als Erkenntnissgründe gelten. Urteile über Vergangenes, welche sich nur auf solche Quellen stützen, sind ihrem Sinne nach empirische Prädicationen des Inhaltes der Quellen; über ihre Wahrheit ist daher im negativen oder im positiven Sinne zu entscheiden, je nachdem es gelingt eine dem Oekonomieprincip noch besser entsprechende d. h. eine noch wahrscheinlichere Einordnung der vorgefundenen Thatsachen in empirische Zusammenhänge bekannter Art zu gewinnen oder nicht.

Zu erledigen bleiben noch diejenigen Urteile, welche weder über einzelne Inhalte noch über einzelne Gegenstände, sondern über Begriffe von Inhalten oder von Gegenständen etwas behaupten, also über Inhalte bez. Gegenstände einer bestimmten Classe eine allgemeine Aussage machen wollen. Soweit solche Urteile nicht logisch bedingt sind, fällt die Frage nach ihrer Wahrheit zusammen mit der Frage nach der Berechtigung der Induction, welche im Folgenden allgemein untersucht werden soll. Auch bei logisch bedingten Urteilen kann übrigens selbstverständlich die Entscheidung mit Hilfe der formalen Kriterien eben nur soweit erfolgen, als diese Urteile logisch bedingt sind. So kann vor Allem bei Aussagen mit Hilfe willkürlich gebildeter Begriffe zwar die logische Möglichkeit, niemals aber das thatsächliche Vorkommen entsprechender Erlebnisse durch die Abwesenheit unverträglicher Merkmale des Begriffes garantirt werden: ein Urteil über dies thatsächliche Vorkommen ist, wie jedes objective Existential-

urteil, real bedingt und kann daher durch die formalen Kriterien allein niemals verificirt werden

Die Induction und das Causalgesetz. Die Gewinnung
allgemeiner Sätze aus einzelnen Daten, die Induction, gestaltet
sich verschieden, je nachdem es sich um Behauptungen über
Wahrnehmungsbegriffe oder über empirische Begriffe
handelt. Im ersteren Falle geht die Induction und die Anwendung des gewonnenen allgemeinen Urteils auf spätere Erlebnisse in weit einfacherer Weise vor sich als im zweiten.
Gemäss den Betrachtungen des ersten Capitels besitzen
die Symbole für Wahrnehmungsbegriffe vermöge ihrer Entstehung eine doppelte Bedeutung: sie sind Symbole für die
gemeinsamen Aehnlichkeiten einer Reihe von Empfindungen
ebensowohl wie der diesen Empfindungen entsprechenden Phantasmen. Da uns aber die Eigenschaften nicht gegenwärtiger
Empfindungen nur durch diejenigen ihrer Phantasmen bekannt
und durch diese vollkommen repräsentirt sind, so gilt alles,
was wir über die Relationen der letzteren urteilen, ohne Weiteres
auch für die ersteren, d. h. wir können, soweit es sich um
Wahrnehmungsbegriffe handelt, von den Eigenschaften der
Phantasievorstellungen, die uns als Repräsentanten dieser Begriffe dienen, sogleich auf die Eigenschaften der entsprechenden
Empfindungsinhalte schliessen. Wir können daher jedes Merkmal, welches wir auf Grund der Erkenntniss einer Relation
jener Phantasmen zu anderweitigen Inhalten gewinnen, sogleich
als allgemeines Merkmal des Wahrnehmungsbegriffes aussagen;
wobei wir nur zu beachten haben, dass die Bedeutung des
Wahrnehmungsbegriffes nicht durch das einzelne Phantasma,
sondern durch die Aehnlichkeit verschiedener Phantasmen
in bestimmter Hinsicht gegeben ist, dass also die Eigenschaft, die wir an einem solchen Phantasma finden, nur insoweit
auch als Merkmal des Begriffes zu betrachten ist, als sie durch
jene Aehnlichkeit, nicht aber durch irgend eine andere Be-
sonderheit des betreffenden Phantasmas bestimmt ist.
     Das Beispiel der Erkenntniss allgemeiner Zahlurteile
mag das Gesagte verdeutlichen. Der Beweis dafür, dass zwei
mal drei gleich sechs ist, wird an einem beliebigen Beispiel

— etwa mit Hilfe von Punkten oder Kugeln — geführt. Sobald die Zahlbegriffe bekannt sind d. h. sobald wir gelernt haben, die Zahlwörter als Zeichen derjenigen Aehnlichkeiten von Complexen zu deuten, nach welchen die Complexe sich ohne Rücksicht auf die Beschaffenheit ihrer Glieder in Classen ordnen lassen, können wir aus jenem Beispiel sofort die Allgemeingiltigkeit des Satzes erschliessen. Denn jedes beliebige Beispiel eines Complexes von dieser oder jener Anzahl von Gliedern repräsentirt mir in Hinsicht auf eben jene, von allen inhaltlichen Unterschieden der Glieder unabhängige Aehnlichkeitsreihe jeden anderen Complex derselben Gliederzahl; was ich also an jenem unter Abstraction von jeder besonderen Beschaffenheit seiner Glieder d. h. nur in Hinsicht auf eben jenes Classenmerkmal vorfinde, ist ohne Weiteres als Merkmal des betreffenden Zahlbegriffes auszusagen.[129]) Ebenso ergibt sich, wenn ein allgemeiner Satz über einen Wahrnehmungsbegriff auf Grund der an irgend einem Beispiele vorgefundenen Relationen formulirt ist, die Anwendung dieses Satzes auf spätere Fälle unmittelbar, weil ich jederzeit direct — durch Vergleichung mit bekannten Gedächtnissbildern — entscheiden kann, ob ein vorgelegter Inhalt unter jenen Begriff gehört oder nicht.

Man sieht, wie auf solche Weise allgemeine Urteile gewonnen werden, welche mit Notwendigkeit als für alle weiteren Erfahrungen giltig erkannt werden, m. a. W. wie auf Grund der Eigenschaften von Phantasmen über die Eigenschaften zukünftig vorzufindender Empfindungserlebnisse a priori Aussagen gemacht werden können. Soweit solche Aussagen sich nicht etwa auf die Analyse der Definition eines Wahrnehmungsbegriffes stützen (was in Beispielen der angeführten Art nicht zutrifft), sind dieselben gemäss der früheren Festsetzung als synthetische Urteile zu bezeichnen. Die durchgeführten Betrachtungen zeigen also, dass und aus welchem Grunde über Wahrnehmungsbegriffe synthetische Urteile a priori möglich sind.

Völlig anders liegen die Dinge, wo es sich um die Gewinnung allgemeiner Urteile über empirische Begriffe handelt.[130]) Weder kann aus der blossen Vorstellung eines Zu-

sammenhanges irgend etwas über das Vorkommen eines solchen
Zusammenhanges in der Welt der Dinge erschlossen werden,
noch auch kann aus der Wahrnehmung eines Dinges ohne
Weiteres gefolgert werden, dass es diesem oder jenem empirischen Begriffe unterzuordnen sei, weil eben die Berechtigung
zu solcher Unterordnung jedesmal nicht bloss von den Eigenschaften der gegenwärtigen Wahrnehmung, sondern auch von
denjenigen der im Anschlusse daran zu erwartenden Wahrnehmungen abhängt. Im Falle der Wahrnehmungsbegriffe war
die Phantasievorstellung Repräsentant für alle Eigenschaften
der entsprechenden Empfindung, so dass aus den Eigenschaften
jener auch diejenigen der Empfindung sogleich abgelesen werden
konnten; ebenso bot die einzelne Wahrnehmung alle Merkmale
dar, auf Grund deren sie überhaupt zu beurteilen ist, und
somit war das Wahrnehmungsurteil, welches über sie gefällt
wurde, von keinerlei Erwartung mehr abhängig. Hier dagegen,
wo es sich nicht um die Eigenschaften einer Wahrnehmung
als solcher, sondern um ihren Zusammenhang mit anderen,
noch nicht gegebenen Wahrnehmungen handelt, kann auch
die Beurteilung dieses Zusammenhanges nicht mit Sicherheit
stattfinden, ehe diese weiteren Wahrnehmungen gemacht sind;
vor solcher Erfahrung bleibt das empirische Urteil jederzeit
eine mehr oder minder wahrscheinliche (wenn auch oft eine
ganz ausserordentlich wahrscheinliche) Vermutung.

Hiernach scheint es, als könne von der Gewinnung allgemeiner empirischer Urteile auf dem Wege der Induction
überhaupt nicht die Rede sein. Wenn jede solche Behauptung
nur sicher ist, soweit sie sich auf schon beobachtete Fälle
bezieht, für keine neuen Fälle dagegen die Geltung des gleichen
Urteiles mit Bestimmtheit vorhergesagt werden kann, so
scheint der Anspruch auf Allgemeingiltigkeit, mit welchem die
empirisch gewonnenen Sätze über Dinge und deren Eigenschaften auftreten, von vornherein abgewiesen werden zu müssen.
In der That braucht man, wenn man die Unzuverlässigkeit
inductiver Sätze im Allgemeinen aufzeigen will, um Beispiele
nicht verlegen zu sein. Aus der tausendfachen Erfahrung,
dass Schwäne weiss sind, folgt noch nicht der Satz, dass
alle Schwäne weiss sind; wenn die Alten aus der Beobach-

tung, dass die Sonne um Mittag stets im Süden steht, den allgemeinen Schluss zogen, dass dies immer und überall so sein müsse — wie denn noch Herodot die gegenteilige Behauptung der ersten Afrikaumsegler ins Reich der Fabel verweist — so wissen wir heute, dass diese scheinbar so sichere Induction durchaus nicht zutreffend war.

Indessen können wir doch den angeführten Beispielen, welchen sich zahllose ähnliche anreihen liessen, andere gegenüberstellen, in welchen wir nicht etwa erst aus vielen Beobachtungen, sondern selbst schon aus einer einzigen Beobachtung mit dem Bewusstsein völliger Gewissheit allgemeine Sätze folgern. Wenn wir den Schmelzpunkt eines Metalles einmal bestimmt haben, so sind wir mit aller Sicherheit davon überzeugt, dass das Metall unter sonst gleichen Umständen stets den gleichen Schmelzpunkt zeigen wird; haben wir einmal gefunden, dass Silber sich in Salpetersäure auflöst, so sind wir ebenso gewiss, dasselbe auch in Zukunft in Salpetersäure löslich zu finden. Woher stammt diese Gewissheit? Woher nehmen wir das Recht, das einmal Beobachtete als für alle Zeiten giltig zu behaupten?

Es sind zwei Factoren, von welchen diese Verallgemeinerung unserer Aussagen über beobachtete Zusammenhänge abhängt, die aber beide sich in gleicher Weise aus dem Princip der Oekonomie des Denkens als notwendige Consequenzen ergeben.

Wir haben gesehen, wie unsere Erfahrungen schon im vorwissenschaftlichen Denken zur Bildung der empirischen Begriffe von Zusammenhängen führen. Wir lernen diese Zusammenhänge kennen und gewöhnen uns die Erscheinungen als Glieder derselben zu beurteilen; wir erwarten auf Grund dieser Beurteilung im Anschluss an gegebene Wahrnehmungen bei Erfüllung bestimmter Bedingungen diejenigen Erfahrungen zu machen, welche wir früher im Anschluss an ähnliche Wahrnehmungen bei Erfüllung der betreffenden Bedingungen machten. Der Begriff des constanten Dinges sowohl wie derjenige des constanten Gesetzes ergeben sich in dieser Weise als natürliche Producte der Verarbeitung unserer Erfahrungen; im einen wie im anderen wird eine Reihe gemachter Erfahrungen und darauf gegründeter Erwartungen unter einem

Symbole zusammengefasst,' das seiner Definition nach eben
die characteristischen Merkmale jener Erfahrungen und Erwartungen bezeichnet. Wie aber kommen nun die Gesetze
solcher Zusammenhänge zu allgemeiner Geltung — welches
Recht haben wir, diese Behauptungen über die beobachteten
Zusammenhänge als allgemein giltig zu betrachten?
Zunächst ist dies Recht genau dasselbe, auf Grund dessen
wir analytische Urteile aussprechen. Die Begriffsbildung,
die wir auf Grund unserer Erfahrungen vollzogen haben, bezeichnet einen Zusammenhang bestimmter Art; nur was einem
solchen Zusammenhange angehört, darf unter den Begriff eingereiht werden und wir müssen daher selbstverständlich allgemein behaupten, dass alles, was unter den Begriff fällt, sich
in der durch den Begriff bezeichneten Weise verhalten muss.
Dieses Recht aber ist nur darum in diesem Falle nicht illusorisch d. h. praktisch wertlos (wie bei rein willkürlich gebildeten Begriffen), weil uns eben unsere bisherigen Erfahrungen
bereits das Vorkommen von Zusammenhängen der bezeichneten
Art erwiesen haben und wir daher erwarten dürfen, Erfahrungen dieser Art auch in Zukunft wieder zu machen; m. a.
W. weil der Begriff, den wir gebildet haben, als ein solcher
gekennzeichnet ist, der zur vereinfachenden zusammenfassenden
Beschreibung von thatsächlich vorgefundenen und somit
auch abermals zu erwartenden Zusammenhängen dient. Hiernach gestattet uns jene natürliche (und ebenso die wissenschaftliche) Induction allgemeiner Gesetze aus den gemachten
Beobachtungen zwar niemals einen sicheren Schluss auf irgend
eine bestimmte in Zukunft zu beobachtende Erscheinung, weil
wir von vornherein nicht wissen können, in wie weit irgend
ein bestimmtes Erlebniss sich unter den betreffenden Begriff
wird einordnen lassen; wohl aber verhilft sie uns allgemein zur
Gewinnung real giltiger Begriffe[131] d. h. solcher Begriffe,
die uns die zusammenfassende Beschreibung gemachter Erfahrungen und der demgemäss für die Zukunft erwarteten
ähnlichen Erfahrungen gestatten.

Die Bedeutung der so gewonnenen Begriffe für die Ordnung unserer Erfahrungen scheint aber zunächst eine ziemlich
geringe. Kann doch jede neue Erfahrung uns einen anderen

als den erwarteten Zusammenhang zeigen, so dass es immer fraglich bleibt, ob wir jemals wieder einem Falle begegnen, der dem gleichen empirischen Begriff einzuordnen ist. Allein gerade die Enttäuschung von Erwartungen, die wir auf Grund früher vollzogener empirischer Begriffsbildungen hegten, führt abermals gemäss dem Princip der Oekonomie des Denkens zu neuen Begriffsbildungen, die nicht etwa die früheren illusorisch machen, sondern für die scheinbare Verletzung ihrer Allgemeingiltigkeit Abhilfe zu schaffen bestimmt sind. Ehe ich den Mechanismus dieser Bildungen allgemein zu fixiren versuche, mögen zwei typische Beispiele das Wesen derselben zeigen.

Der Name Quecksilber bezeichnet uns einen bestimmten empirischen Begriff: eine metallisch glänzende, schwere Flüssigkeit mit bestimmten, constanten physikalischen und chemischen Eigenschaften. Jede dieser Eigenschaften ist ihrerseits nach dem vorigen Capitel als Begriff eines bestimmten empirischen Zusammenhanges zu betrachten. Man setze nun den Fall, es werde irgendwo eine Flüssigkeit gefunden, welche in allen anderen charakteristischen Eigenschaften mit dem Quecksilber übereinstimmt, aber einen anderen Gefrierpunkt zeigt, etwa schon bei — 10° erstarrt; so würde diese Flüssigkeit nicht unter den Begriff des Quecksilbers befasst werden können. Vielmehr müsste ein neuer Begriff in die Wissenschaft eingeführt werden, der mit einem neuen Namen — etwa Pseudoquecksilber — auf die Eigenart dieses neuen Metalles hinwiese.

Man setze aber zweitens den Fall, dass an einer gegebenen Quantität reinen Quecksilbers, welches bisher den normalen Schmelzpunkt von — 40° zeigte, bei einer neuen Schmelzpunktbestimmung eine Aenderung des Schmelzpunktes constatirt werde. Dieser Fall ist von dem vorigen insofern wesentlich verschieden, als es sich hier um eine Aenderung eines Zusammenhanges handelt, d. h. um eine neue Erfahrung, die mit einer früheren unter denselben (numerisch identischen) Gegenstandsbegriff fällt. Nach den früheren Erfahrungen lassen die Merkmale dieses Begriffes den jetzt gefundenen Zusammenhang nicht erwarten: es ist ein logischer Widerspruch, dass demselben constanten Begriffe eines

empirischen Zusammenhanges bei Erfüllung derselben Bedingungen verschiedene Wahrnehmungen entsprechen sollen.
Der Widerspruch würde nicht bestehen, wenn die empirischen
Eigenschaften des Gegenstandes nicht früher als constante
vorgefunden worden wären; so aber erscheint die Enttäuschung
der durch diese Eigenschaften begründeten Erwartungen als
eine unbegreifliche Thatsache.

Die einzige Möglichkeit, diesem Widerspruche zu entgehen, bietet die Annahme, dass die Bedingungen, unter
welchen die Erscheinung jetzt beobachtet wurde, mit den
früher erfüllten Bedingungen nicht übereinstimmen. Eine
Beobachtung der angegebenen Art müsste daher notwendig
dazu führen, eine Aenderung der Bedingungen, eine
Aenderung in der Welt der Dinge anzunehmen, die uns noch
entgangen war, die wir aber suchen und finden müssen, wenn
wir den vorgefundenen Thatbestand begreifen, erklären wollen.

In ähnlicher Weise, wie hier am Beispiel der Aenderung
der Eigenschaften einer Substanz gezeigt wurde, geben allgemein die Abweichungen von gewohnten Gesetzen zur Annahme von Aenderungen der Bedingungen Anlass. Wenn wir
auf Grund tausendfältiger Beobachtungen das Newton'sche
Gesetz als ein allgemeines Gesetz für die Abhängigkeit der
Bewegungen der Massen von der Anwesenheit anderer Massen
aussprechen, so ist dieses Gesetz zunächst nichts als die Zusammenfassung jener Beobachtungen und unserer darauf gegründeten Erwartungen. Werden aber die letzteren in irgend
einem Falle enttäuscht, so werden wir darum nicht das
Gesetz, welches wir bisher als giltig fanden, für ungiltig erklären, sondern uns veranlasst sehen, nach den Unterschieden zu suchen, welche die Bedingungen des unerwarteten Falles
gegenüber den Bedingungen der früheren Fälle auszeichnen.
Ebenso musste z. B. die Bewegung leichter Körper in der
Richtung auf das geriebene Bernsteinstück, die der gewohnten
Fallbewegung widersprach, zur Annahme einer neuen, in dem
Bernstein vorhandenen „Kraft" Anlass geben. Nur indem wir
in solcher Art die Unterschiede der Bedingungen aufsuchen
und ihrerseits unter Begriffe bringen, wird dem verletzten
Oekonomieprincip wieder genügt, werden die unerwarteten Er-

scheinungen begriffen und erklärt; eine Erklärung, die uns ihrerseits wiederum — gemäss früheren Betrachtungen — um so mehr befriedigt, je weitere Gebiete von Erscheinungen durch sie zusammengefasst werden. (Man sieht, wie durch den Begriff der Bedingung, der in jedes empirische Urteil eingeht, die Allgemeingiltigkeit des letzteren gewährleistet wird: jede Abweichung vom Gesetz ist nur eine scheinbare, sie muss sich überall darauf zurückführen lassen, dass wir über die im gegebenen Fall bestehenden Bedingungen noch nicht hinreichend unterrichtet sind.)

Die angeführten Beispiele zeigen die notwendige Consequenz, zu welcher uns das Oekonomieprincip bei jeder Enttäuschung unserer auf gewohnte Gesetzmässigkeiten gegründeten Erwartungen führt. Indem die neue Beobachtung sich mit den früheren nicht mehr unter denselben empirischen Begriff befassen lässt, wenn wir die Bedingungen als identisch mit den früher erfüllten voraussetzen, müssen wir diese Voraussetzung jedesmal fallen lassen, müssen wir jeweils nach der Aenderung der Bedingungen fragen, die zur Erklärung der unerwarteten Beobachtung erfordert wird — eine Erklärung, die ihrerseits nur dann befriedigt, d. h. dem Oekonomieprincip entspricht, wenn die fragliche Aenderung mit eben diesen neuen Bedingungen als in einem empirischen Zusammenhange stehend erkannt wird, d. h. als specieller Fall einer allgemeineren Gesetzmässigkeit sich ergibt.

Wir bezeichnen jene Aenderungen, die wir zur Erklärung der Abweichung von gewohnten Zusammenhängen fördern müssen, als die Ursachen dieser Abweichungen, die Erklärung selbst als Causalerklärung. Man sieht, dass die Forderung solcher Erklärung mit logischer Notwendigkeit auftritt: die Abweisung derselben würde einen Widerspruch, eine Unbegreiflichkeit ergeben.

In voller Uebereinstimmung mit dem Oekonomieprincip aber wird der Begriff der Ursache und der Causalerklärung von hier aus rückwärts auf alle empirischen Begriffe ausgedehnt, unter welche wir unsere Erfahrungen einordnen; nicht mehr bloss die Erklärung für das Unerwartete durch Einordnung desselben in eine neue Begriffsbildung, sondern ebenso

auch die längst bekannten empirischen Begriffe erscheinen als
Causalerklärungen unserer Erfahrungen, da sie sich von jenen
in der That sachlich in keiner Weise unterscheiden. Auch
die primitivsten empirischen Begriffe, die Dinge und ihre
Eigenschaften, werden in solcher Weise zu Ursachen unserer
Empfindungen gestempelt.

Reale Notwendigkeit. Der logischen Notwendigkeit
pflegt man die reale Notwendigkeit gegenüberzustellen. Will
man als reale Notwendigkeit die Thatsache bezeichnen, dass
wir bei Erfüllung der Bedingungen, welche uns den Erkenntnissgrund eines real bedingten Urteiles an die Hand geben,
das Urteil eben nur in einem Sinne entscheiden können, so
ist diese Art Notwendigkeit mit derjenigen des Satzes vom
Widerspruch insofern einerlei Ursprunges, als es eben hier
wie dort die zwischen den Bewusstseinsinhalten thatsächlich
vorgefundenen und nicht willkürlich abzuändernden Relationen
der letzteren sind, welche unsere Entscheidung bedingen.

Man gebraucht indess gewöhnlich den Ausdruck reale Notwendigkeit in einem anderen Sinne: man meint damit im
Gegensatz zur logischen Notwendigkeit, die für unsere Erfahrungen in der Welt der Dinge von vornherein tausendfältige
Möglichkeiten offen lässt, die Unerbittlichkeit des Naturlaufes, welche unter bestimmten physischen Bedingungen
stets nur bestimmte Erscheinungen zulässt. Es scheint keine
Denknotwendigkeit, dass ein plötzlich seiner Stütze be-
raubter Stein zu Boden fällt — wir können uns vorstellen,
dass er schweben bleibt, oder sich selbst in die Höhe bewegt;
dennoch behaupten wir, dass das genannte Ereigniss notwendig eintreten müsse. Eine den Dingen immanente
Notwendigkeit scheint hier vorausgesetzt zu sein, vermöge
deren sie sich unter diesen Bedingungen stets in dieser, unter
jenen stets in jener Weise verhalten müssen.

Allein diese Voraussetzung ist in der That nur eine scheinbare. Erinnern wir uns, in welcher Weise wir zu den Begriffen der Dinge und der Naturgesetze gelangen, so erkennen
wir, dass jene den Dingen immanente Notwendigkeit mit der
logischen Notwendigkeit identisch ist. Dass der losgelassene

Körper zur Erde fällt, ist thatsächlich eine Denknotwendigkeit, sobald wir in den Begriff des Körpers das Merkmal der Schwere einmal aufgenommen haben und das
Gesetz der Gravitation sowie das Fehlen entgegenwirkender
Bedingungen voraussetzen. Jene Notwendigkeit gilt für alle
diejenigen Körper, in deren Begriff wir das Merkmal der
Schwere mitvorausgesetzt haben, während sie nicht mehr gilt,
sobald wir dieses Merkmal weglassen — wie es in den oben
erwähnten Beispielen anderer Denkmöglichkeiten thatsächlich
geschah. Nicht eine den Dingen vor unserem Denken und
unabhängig von demselben immanente Notwendigkeit, sondern
einfach die Thatsache der empirischen Begriffsbildung
lässt uns jenes Ereigniss als ein notwendiges behaupten.

Gerade die Art und Weise, wie wir uns im Falle der
Enttäuschung unserer Erwartungen solcher scheinbar notwendigen Ereignisse verhalten, zeigt uns, wie sehr jene Notwendigkeit von unseren Begriffsbildungen abhängt: wir sind
in solchem Falle durchaus nicht von irgend einem Widerspruch gegen die Naturnotwendigkeit überzeugt, sondern beurteilen auf Grund der gemachten Erfahrung die betreffende
Wahrnehmung eben nicht mehr als die eines Gegenstandes
jener bestimmten Eigenschaften — im obigen Beispiel nicht
mehr als die eines „schweren Körpers"; womit auch die
Naturnotwendigkeit der Fallbewegung sofort ausgeschaltet ist.
Nur soweit unsere empirischen Begriffsbildungen und deren
Anwendung reichen, reicht die Notwendigkeit der Naturgesetze, da die letzteren eben nur solche Begriffsbildungen
sind. Dass wir Naturnotwendigkeit überall von vornherein
voraussetzen müssen, hat in der Allgemeingiltigkeit des Oekonomieprincips seinen Grund; diese Allgemeingiltigkeit aber
haben wir ihrerseits als notwendige Folge derjenigen Thatsachen erkannt, welche die Möglichkeit eines zeitlich zusammenhängenden, geordneten Erfahrungsganzen bedingen. So können
wir — in Kantischer Sprache, aber nicht eben völlig im
Kantischen Sinne — mit vollem Rechte behaupten, dass die
Notwendigkeit der Natur durch die „Formen unseres Verstandes" bedingt ist: eben diejenigen Thatsachen, die wir als
Gründe der Möglichkeit der Erfahrung kennen gelernt

haben, führen mit notwendiger Consequenz zu den Begriffen, mit deren Hilfe wir überall die Naturerscheinungen begreifen und die ihrerseits, sobald sie einmal in bestimmter Weise gebildet sind, ihre Merkmale mit derselben Notwendigkeit in jedem Falle ihrer Anwendung aufweisen müssen, mit welcher irgend ein bestimmter Begriff seine Merkmale behält, solange das Identitätsprincip gewahrt bleiben soll. Auf Grund derselben Erkenntniss aber sind wir auch in gewissem Sinne befugt zu sagen, dass jene Notwendigkeit — logische Notwendigkeit — den Dingen immanent sei: sind doch eben diese Dinge ihrem Wesen nach nichts als unsere Begriffe von Erfahrungszusammenhängen, die, wie alle Begriffe, ihre Merkmale mit logischer Notwendigkeit aufweisen.

Grenzen der Causalerklärung. Wir haben das allgemeine Causalgesetz als notwendige Consequenz des Oekonomieprincips erkannt, als Consequenz einer jener Bedingungen also, ohne welche eine einheitliche, geordnete Erfahrung, ein Begreifen der Erscheinungen nicht denkbar wäre. Halten wir uns diesen Ursprung des Causalgesetzes gegenwärtig, so werden wir nicht versucht sein, dasselbe jenseits der Grenzen seiner Giltigkeit anzuwenden. Nur für die Ordnung unserer Erfahrungen, nicht aber jenseits der Grenzen möglicher Erfahrung beansprucht das Causalgesetz Geltung; nur zur Erklärung der Aenderungen, welche im Gegensatz zu irgend einer erfahrungsmässig bekannten Gesetzmässigkeit eintreten, sehen wir uns genötigt, nach der Ursache zu fragen — in keiner Weise aber ist mit dieser Forderung auch diejenige einer absoluten (durchgängigen) causalen Bedingtheit der Erscheinungen gerechtfertigt oder gar implicirt. Es ist im Gegenteil nicht schwer zu erkennen, dass diese Forderung einen Widerspruch in sich schliesst: denselben Widerspruch, welcher die Frage nach dem Anfange der Welt und nach den Grenzen der Teilbarkeit der Materie gezeitigt hat. Jede Causalerklärung gibt Aufschluss über die Abhängigkeit eines bestimmten Merkmales der zu erklärenden Erscheinung — einer Aenderung des Vorhandenen oder Erwarteten in einer bestimmten Hinsicht — vom Dasein bestimmter Bedingungen. Die Frage nach

der durchgängigen causalen Bedingtheit, die Frage also
nach der Abhängigkeit aller Merkmale der Erscheinung von
der Gesammtheit ihrer Bedingungen würde voraussetzen,
dass eine unendliche Reihe als vollendet gegeben
werden könnte, weil die Gesammtheit der physischen Bedingungen einer gegebenen Erscheinung nach jeder Seite des
Raumes hin unbegrenzt ist. Der Zustand der Materie in
einem beliebig begrenzten Raumteile ist — vermöge des Einflusses „fernwirkender Kräfte" — nicht nur durch den Zustand
in der nächsten Umgebung, sondern durch den Zustand in
allen Teilen des Raumes bedingt: mögen die Wirkungen der
fernsten Sterne auf den gegebenen Raumteil noch so gering-
fügig sein, für die Frage nach der Totalität der Bedingungen
des gegebenen Zustandes dürfen sie nicht ausser Acht gelassen
werden. Eben hiermit aber zeigt sich die logische Unmöglichkeit des Gedankens der durchgängigen causalen Bedingtheit
des gegebenen Zustandes: jene Reihe der Bedingungen ist eine
dreifach unendliche, die Forderung diese Bedingungen in ihrer
Gesammtheit anzugeben oder auch nur angegeben zu denken
also ebenso unerfüllbar, wie etwa diejenige der Angabe einer
bestimmten Zahl, die grösser wäre als jede denkbare noch so
grosse Zahl.

Kant hat auf diesen Widerspruch, den die Frage nach
der Totalität der causalen Bedingungen einer Erscheinung
enthält, in der dritten Antinomie der reinen Vernunft hingewiesen. Durch die vorigen Betrachtungen dürfte indess der
Nachweis erbracht sein, dass die Lösung dieser Antinomie
nur in derselben Weise, wie diejenige der beiden ersten Antinomien bei Kant zu gewinnen ist: durch die Zurückweisung
der Fragestellung als einer vom empirischen Standpunkte aus
unberechtigten. Es zeigt sich, dass der Grund des hier
von Kant aufgedeckten Widerspruches genau derselbe ist, wie
in den beiden ersten Antinomien: hier wie dort ist es die
Unvollziehbarkeit des Gedankens einer als vollendet gegebenen
unendlichen Reihe, durch welche die Antinomie bedingt ist.
Die letztere kann daher nur dadurch eliminirt werden, dass
jener Gedanke als Folge einer irrtümlichen Fragestellung erwiesen wird — wie Kant diesen Nachweis in der That hin-

sichtlich der beiden ersten Antinomien, seltsamer Weise aber
nicht hinsichtlich der dritten (und der damit im Wesentlichen
identischen vierten) geführt hat.

Unsere Betrachtungen gestatten uns, jene unberechtigte
Ausdehnung des Anspruches auf Causalerklärung mit dem
einfachen Hinweis auf das Wesen des Causalgesetzes abzu-
weisen. Nur aus dem Streben unsere Erfahrungen zu begreifen entspringen die Begriffe und Gesetze, denen wir die
Erscheinungen unterordnen; nur aus diesem Streben entspringt
auch die Forderung, welche im Causalgesetze ihren Ausdruck
findet. Eben diese Forderung hat daher nur soweit einen
Sinn, als unsere Erfahrungen reichen. Die Annahme, dass
die Causalität auch abgesehen von diesem unserem Streben
und vor demselben den „Dingen selbst" innewohne, ist eine
falsche Hypostasirung unserer Begriffe: einzig diese unsere
Begriffe sind es, die die Causalität in die Erscheinungen hinein-
tragen.

Die Frage nach der Freiheit des Wollens und Handelns findet mit diesem Resultate zwar durchaus nicht im
Sinne eines extremen Indeterminismus ihre Erledigung;
soweit überhaupt Erscheinungen causal zu erklären sind, werden
wir vielmehr jedenfalls auch eine Causalerklärung unserer
Handlungen fordern müssen, und soweit die Handlungen als
Zeichen eines ihnen zu Grunde liegenden Willens dienen
können, wird daher innerhalb eben jener Grenzen sicher auch
die Möglichkeit einer causalen Erklärung unseres Wollens
zu gewärtigen — und eine solche Erklärung zu fordern und
zu geben sein. Allein das Ergebniss der obigen Ueberlegung schützt uns auf der anderen Seite gerade vor jener
scheinbaren Consequenz des Determinismus, welche denselben
unannehmbar zu machen droht. Die fatalistische Wendung,
welche der Determinismus mit der Behauptung nimmt, dass
es auf unsere Willensentschlüsse überhaupt nicht ankomme,
weil die Gesammtheit der Naturerscheinungen einschliesslich
unserer Handlungen nach unabänderlichen Gesetzen voraus-
bestimmt seien, wir also den Lauf der Welt gar nicht durch
unseren Willen zu beeinflussen im Stande seien — diese fatalistische Wendung ergibt sich nur unter der Voraussetzung

der durchgängigen, von unserem Erkennen unabhängigen und
vor demselben bestehenden causalen Bedingtheit der Erscheinungen. Mit der Widerlegung dieser Voraussetzung verliert
auch jene fatalistische Consequenz ihren Boden; lassen wir
dem Causalgesetz seine rein empirische Bedeutung, hüten wir
uns, vom Boden der Erfahrung abzugehen und uns in metaphysische Speculationen zu verlieren, so bleiben wir vor dem
Fatalismus ebenso bewahrt, wie vor dem mit der naturwissenschaftlichen Forschung unvereinbaren Indeterminismus.

Siebentes Capitel.

Fühlen und Wollen.

Wir haben die Gefühlsprädicate der Lust und Unlust als Prädicate unserer jeweiligen Gesammterlebnisse kennen gelernt.[132]) Was als Gefühl prädicirt wird, ist nirgends ein oder der andere Teilinhalt unseres Bewusstseins, sondern der durch Vorbereitung und Eindruck constituirte Gesammtinhalt, der je nach der Beschaffenheit seiner Teilinhalte und ihrer wechselseitigen Beziehungen bald lust-, bald unlustbetont erscheint. Wenn wir dies dahin ausdrücken, dass wir sagen, der jeweilige Gesammtinhalt sei das Gefühl, so wird hierdurch keine Gefahr des Missverständnisses bedingt sein; wie wir allgemein einen Inhalt durch irgend eines seiner Merkmale in abstracto benennen, ohne darum seine übrigen Prädicate zu leugnen, so dürfen wir auch den Gesammtinhalt durch jenes nur ihm zukommende Prädicat benennen, ohne darum den Vorwurf befürchten zu müssen, dass wir uns einer unberechtigten Vernachlässigung schuldig machen.

Eine Erklärung der Gefühle wird nur soweit möglich sein, als es gelingt, eine Abhängigkeit der Gefühlsbetonung unserer Erlebnisse von der Beschaffenheit der Teilinhalte und ihrer Beziehungen zu erkennen. Die folgenden Betrachtungen erheben nicht den Anspruch, eine solche Erklärung endgiltig zu geben; sie wollen nur als Vorarbeit für diese Aufgabe angesehen sein.

Reine und empirische Gefühle. Wenn wir behaupten, dass die Namen Lust und Unlust Prädicate sind, durch welche

wir — wie durch alle Prädicate — Eigenschaften unserer Erlebnisse in abstracto bezeichnen, so bedarf es nach dem Früheren
nicht besonderen Hinweises darauf, dass die so bezeichneten
Eigenschaften nicht erst durch diese Beurteilung zu Stande
kommen oder zu dem werden, was sie sind, dass also Gefühle sich nicht etwa allgemein auf die Unterscheidung
und Vergleichung unserer Erlebnisse gründen. Wohl wird
jede neue Beurteilung eines Erlebnisses, da sie eine Aenderung unseres Zustandes involvirt, im Allgemeinen auch zu
einer Modification des Gefühles Anlass geben. Die Gefühlsbetonung des so beurteilten Erlebnisses selbst aber — welches
beim Eintritt der Beurteilung bereits nicht mehr Gesammt-
erlebniss, d. h. als solches bereits vergangen ist — kann
durch das nachfolgende Urteil nicht mehr beeinflusst werden,
so wenig überhaupt jemals ein vergangener Inhalt durch einen
folgenden verändert werden kann.

Müssen wir also einerseits unsere Urteile so gut wie alle
anderen Erlebnisse als Factoren des Gefühlszustandes gelten
lassen, so darf doch der Gegensatz von Lust und Unlust nicht
mit demjenigen eines positiven oder negativen Urteiles identi-
ficirt werden. Unlust ist nicht Negation von Lust und Lust
nicht Negation von Unlust, d. h. dazu, dass wir Lust oder
Unlust fühlen, ist nicht erforderlich, dass wir die Verschiedenheit des betreffenden Erlebnisses von einem schmerzlichen bez.
erfreulichen Erlebnisse bemerken. Wo solche Vergleichung
zu Stande kommt, wird sie die Beurteilung eines vorgestellten
Gefühlszustandes nach der einen oder nach der anderen Richtung modificiren; jener Zustand wird als lust- oder unlustbetont beurteilt, je nachdem er von einem anderen zugleich
vorgestellten (oder erlebten) Zustande nach der Seite grösserer
Lust oder grösserer Unlust verschieden erscheint; während
hinwiederum weitere Vergleichung desselben Zustandes mit
anderen in einer folgenden Phase zu einer entgegengesetzten
Beurteilung führen kann. So kann ich mich nachträglich freuen,
einen Zustand überwunden zu haben, der mir, während ich
ihn erlebte, gar nicht unlustbetont erschien, und umgekehrt;
ebenso kann Vergleichung bez. Erkenntniss der Aehnlichkeit
eines Zustandes mit verschiedenen symbolisch vorgestellten

Zuständen den ersteren sowohl als lust- wie als unlustbetont
erscheinen lassen — wie etwa, wenn man von „schmerzlich
süssem Sehnen" spricht. Für das Wiedererkennen der Gefühle kommen die genannten Einflüsse nicht in Betracht, weil hier einerseits so
wenig wie beim Wiedererkennen von Empfindungen ausdrückliche Vergleichung stattzufinden braucht, andererseits eben
nicht Vergleichung mit einem entgegengesetzten Gefühlszustande vorliegt. Ein Gefühl kann uns bekannt, gewohnt
oder ungewohnt erscheinen und gegebenen Falls als mit diesem
oder jenem früheren Erlebniss ähnlich erkannt, beurteilt und
eventuell benannt werden. Ein wesentlicher Unterschied, der
beim Wiedererkennen der Gefühle im Gegensatz zu demjenigen
irgendwelcher Teilinhalte sich bemerkbar macht, ist der, dass
ein Gesammtinhalt niemals mit einem früher erlebten qualitativ vollkommen übereinstimmen kann. Denn zum Zustandekommen des Gesammtinhaltes wirken alle Componenten des
betreffenden Augenblickes zusammen; diese Componenten aber
sind in jedem Augenblicke andere, da von Moment zu Moment neue Nachwirkungen vergangener Phasen unseren Zustand mitbedingen; es wird also auch die Gestaltqualität des
Gesammtbewusstseinsinhaltes niemals in zwei verschiedenen
Augenblicken unseres Lebens genau dieselbe sein können.
Allein diese Unterschiede, welche durch die Verschiedenheit
eines Teiles der jeweiligen Componenten bedingt werden, sind
nicht überall so bedeutend, dass nicht trotz derselben grosse
Aehnlichkeiten unserer Gefühle bestehen könnten, Aehnlichkeiten, auf die sich einerseits eben die primäre Einteilung
aller Erlebnisse nach ihrem Lust- oder Unlustcharakter gründet,
andererseits aber auch noch eine weitere Classification wenigstens
eines Teiles derselben sich aufbauen lässt. Classificationen
dieser letzteren Art aber können nicht eigentlich mehr dasjenige zum Gegenstande haben, was als die Gefühlsbetonung
im strengen Sinne des Wortes, als das „reine Gefühl" bezeichnet wird — da sie ja ihrer Natur nach nicht auf das
allen Gefühlen der einen oder der anderen Art gemeinsame
Moment der Lust bez. der Unlust, sondern auf anderweitige
Aehnlichkeiten der Erlebnisse Bezug haben. Mit der Bezeich-

nung eines Zustandes als Zorn, Furcht, Sehnsucht u. s. w.
sagen wir neue, von den Unterschieden der Lust und Unlust
verschiedene Prädicate unserer Erlebnisse aus. Bezeichnet man
diese Verschiedenheit dadurch, dass man von einem Gegensatz reiner und empirischer Gefühle spricht, so ist nicht
zu vergessen, dass es strenge genommen nicht eine generelle
Verschiedenheit der Gefühle, sondern der Art der Beurteilung unserer Erlebnisse ist, auf welche diese Prädicate
hinweisen. Denn einerseits hat jedes empirische Gefühl seinen
bestimmten Charakter der Lust oder Unlust, seine bestimmte
Stellung in der „Scala der reinen Gefühle", andererseits gibt
es kein reines Gefühlserlebniss, welches nicht mit anderen
Erlebnissen bestimmtere Aehnlichkeiten aufwiese, auf die sich
seine Beurteilung durch ein „empirisches" Gefühlsprädicat
gründen liesse. Es versteht sich, dass die Vergleichung unserer
Erlebnisse in anderen Beziehungen zu Prädicaten führen kann,
welche mit der Lust- und Unlustbetonung derselben gar nichts
zu thun haben und die daher nur sehr inadäquater Weise
noch als „Gefühle" bezeichnet werden; das „Gefühl der Zustimmung" zu einem vorgelegten Urteile z. B. kann je nach
den übrigen Bedingungen des Falles ebenso gut lust- wie unlustbetont sein. So wenig wie für die Classification der Gefühle im eigentlichen Sinne kann die Constatirung solcher
Gefühle im weiteren Sinnes des Wortes für die Erklärung
der betreffenden Thatbestände (z. B. des Wesens jener Zustimmung) etwas beitragen. Nicht die Bezeichnung ähnlicher
Thatbestände durch denselben Namen, sondern die Erkenntniss
dessen, was deren gemeinsame Aehnlichkeit bedingt, ist das,
was für die Vereinfachung der zusammenfassenden Beschreibung
unserer Erfahrungen erfordert wird.

Sinnliche und intellectuelle Gefühlsmomente. Mit der
Analyse unserer Erlebnisse ändern sich unsere Gefühle. Sobald ich mein Erlebniss des Zornes oder der Trauer zu analysiren unternehme, verschwindet der eigentümliche Charakter
des Gefühles, welcher durch jene Worte bezeichnet wird, ebenso
wie die Klangfarbe eines Klanges alterirt wird, sobald ich die
Aufmerksamkeit auf einen seiner Teiltöne richte. Ebenso

wird die Gefühlsfärbung durch weitere Analyse alterirt, so oft
sich die Aufmerksamkeit neuen, bisher unbemerkten oder unbeachteten Componenten zuwendet. Wir pflegen in Fällen
dieser Art die vorgefundene Gefühlsbetonung dem Teilinhalte
zuzuschreiben, auf welchen die Aufmerksamkeit gerichtet ist;
wir sagen, dieser Teilinhalt sei die Ursache unseres Gefühles,
er sei der Erreger der Lust oder Unlust. Wie diese Auffassung zu Stande kommt, ist nicht schwer zu erkennen; da
unser Urteil sich stets nur an die beachteten Inhalte anschliesst, so hat auch die Gefühlsprädication keinen anderen
Anknüpfungspunkt, solange nicht psychologische Reflexion uns
von dem Dasein weiterer Inhalte neben den beachteten belehrt
hat. Wir haben aber bereits gesehen, dass nicht bloss die
bemerkten, sondern (und zwar im Allgemeinen nicht minder
intensiv) auch die unbemerkten Teilinhalte unserer jeweiligen
Erlebnisse das Gefühl beeinflussen — und nicht bloss diese
Teilinhalte als solche, sondern auch die Relationen, in welchen
dieselben zu einander und zu den gegenwärtig bemerkten
Teilen stehen. Wir haben daher jene Beurteilung der beachteten Teilinhalte als der Erreger des Gefühls jedenfalls dahin
einzuschränken, dass dieselben unter den gegebenen Umständen, d. h. zusammen mit den jeweiligen übrigen Bestandteilen der Vorbereitung und des Eindrucks die Gefühlsbetonung
bedingen. Diese verschiedenen Teilinhalte sind natürlich nicht
als verschiedene gleichzeitige Gefühle zu betrachten;
nur in übertragenem Sinne können sie — als Bedingungen
einer bestimmten Gefühlsbetonung — selbst gefühlsbetont genannt werden, insofern das Fehlen oder Hinzutreten eines derselben das Gefühl im positiven oder negativen Sinne alterirt.
Wo bez. soweit diese Function eines Teilinhaltes unabhängig
von der Beschaffenheit der übrigen gleichzeitigen Teilinhalte
erscheint, soll seine Wirkung auf das Gefühl als sein — positives oder negatives — Gefühlsmoment bezeichnet werden.
Die Theorie der Gefühle würde sich sehr einfach gestalten,
wenn jedem qualitativ bestimmten Teilinhalte ein constantes
derartiges Gefühlsmoment zukäme, so dass das jeweilige Ge-
sammterlebniss in seinem Gefühlston durch die algebraische
Summe der Momente seiner Componenten bestimmt würde.

Allein von einer solchen allgemeinen Gesetzmässigkeit ist nicht die Rede: die Gefühlsfärbung unserer Erlebnisse ist eben nicht bloss von der Beschaffenheit der Componenten als solcher, sondern auch von deren gegenseitigen Beziehungen abhängig — eine Abhängigkeit, die in jener Summation nicht ihren Ausdruck finden würde. Wenn dennoch der Begriff des Gefühlsmomentes eine gewisse Vereinfachung in der Beschreibung der Gefühlsphänomene gewinnen lässt, so liegt dies daran, dass die Bedingung, durch welche dieser Begriff charakterisirt wurde, sich in einer grossen Zahl von Fällen verwirklicht findet: dass es bestimmte Arten von Teilinhalten — und Complexen — gibt, die unabhängig von der Beschaffenheit der übrigen gleichzeitigen Teilinhalte den Gefühlston regelmässig in positivem oder regelmässig in negativem Sinne beeinflussen. Erfahrungen dieser Art müssen nach dem Vorigen zu der Prädication der betreffenden Teilinhalte selbst als angenehmer oder unangenehmer Inhalte führen; im Gegensatz zu diesen sind Inhalte, welchen kein constantes Gefühlsmoment zukommt, als „im Allgemeinen gleichgiltige" oder „indifferente" zu bezeichnen — womit aber natürlich nicht gesagt ist, dass sie nicht durch Combination mit anderen Inhalten sehr hohe Grade von Lust oder Unlust bedingen können.

Soweit die Teilinhalte, welche bestimmte Gefühlsmomente besitzen, Empfindungen oder Complexe von Empfindungen sind, sollen ihre Gefühlsmomente als sinnliche Gefühlsmomente bezeichnet werden; intellectuelle Gefühlsmomente dagegen sollen diejenigen heissen, welche an Erinnerungen und Phantasien, sowie an die Relationen der Teile des Eindruckes zu Teilen der Vorbereitung oder an wechselseitige Relationen der letzteren Teile geknüpft sind.

Falls einem Inhalte ein bestimmtes Gefühlsmoment zukommt, solange er bemerkt wird, scheint ihm ein Gefühlsmoment desselben Charakters auch noch anzuhaften, wenn er als unbemerkter Factor des Gesammtinhaltes auftritt. Ein unangenehmes Erlebniss beeinträchtigt meine Stimmung, auch während ich nicht speciell an dasselbe denke; es bedingt stets ein gewisses Unbehagen, welches freilich bei gleichzeitiger Steigerung anderweitiger, positiver Gefühlsmomente nicht

den Gesammtzustand als einen unlustbetonten erscheinen lassen
wird; eine schmerzhafte Erkrankung irgend eines Organes
lässt uns, auch während unsere Aufmerksamkeit erfreulichen
Teilinhalten zugewendet ist, doch nicht zum vollen Genuss der
letzteren kommen — während andererseits erfreuliche Thatsachen stets eine relative Verringerung der durch anderweitige
Erlebnisse bedingten Unlust bewirken, auch während unsere
Aufmerksamkeit den letzteren zugewendet bleibt.

Die Gefühlsmomente einfacher Empfindungen sind anscheinend psychologisch nicht weiter zurückführbar. Dass eine
Verletzung schmerzlich, der Duft der Rose erfreulich wirkt,
dürfte sich aus anderweitigen psychischen Thatsachen so wenig
erklären lassen, als wir etwa eine psychologische Erklärung
dafür gewinnen können, dass der einen Tonwelle diese, der
anderen jene Tonempfindung entspricht. Die bisweilen aufgestellte teleologische Erklärung des Schmerzes, nach
welcher derselbe gleichsam als Signal für die zu vermeiden-
den, die Erhaltung des Individuums gefährdenden
Einflüsse zu betrachten wäre — ein Signal, welches phylo-
genetisch durch Vererbung der Erfahrungen über die Schäd-
lichkeit jener Einflüsse gewonnen worden wäre — ist, ganz
abgesehen von dem Mangel jeder empirischen Kenntniss einer
„Vererbung" psychischer Thatsachen, schon darum fehlerhaft,
weil sie einen Zirkel enthält. Denn als schädlich, als etwas
zu Vermeidendes erscheinen jene zerstörenden, das Leben gefährdenden Einflüsse nur deswegen, weil eben Unlusterlebnisse durch sie bedingt werden: wären die Verletzungen und
die Zerstörung unserer Organe nicht mit schmerzlichen Folgen
verknüpft, wären sie uns als lustbringende Aenderungen
bekannt, so würden wir niemals suchen, sie zu vermeiden —
sie würden nicht als etwas Schädliches, als eine Gefahr für
uns charakterisirt sein. Jene vermeintliche Erklärung führt
also den Begriff des Schmerzes nur eben auf den Begriff des
Schmerzes zurück. So wenig wie der Schmerz im engeren
Sinne lassen sich die (im Allgemeinen minder intensiven) Unlustgefühle psychologisch erklären, die bei der Ermüdung
unserer Muskeln und sonstigen Organe auftreten.

Regeln über die Gefühlswirkung von Empfindungscom-

plexen hat man zwar öfters zu formuliren versucht, doch lässt
sich eine allgemeine Theorie der hierhergehörigen Thatsachen
noch nicht aufstellen. Die Gefühlswirkung von Complexen
indifferenter Teile pflegt nicht nur durch deren Relationen zu
anderen gleichzeitigen Empfindungen, sondern vor Allem durch
intellectuelle Gefühlsmomente derartig beeinflusst zu werden,
dass von constanten Gefühlsmomenten der ersteren nicht gesprochen werden kann. Das Beispiel der Consonanz und
Dissonanz mag zeigen, was hier gemeint ist. Die vulgäre
Auffassung der Consonanz als des angenehmen, der Dissonanz
als des unangenehmen Zusammenklanges wird durch die musi-
kalische Erfahrung vollkommen widerlegt: die langweilige Oede
einer polyphonen Musik ohne Dissonanzen, wie die „Klang-
schönheit" der herbsten Dissonanzen an der geeigneten
Stelle lassen die Modificationen jener Gefühlswirkungen durch
intellectuelle Momente unmittelbar erkennen. Auch dass uns
Zusammenklänge solcher Art, wie sie in unserem Harmonie-
system nicht vorkommen, stets unangenehm berühren, kann
noch nicht für die Behauptung eines constanten ·negativen
Gefühlsmomentes derselben als Argument gelten: eine Musik,
die sich in anderen als den uns gewohnten Intervallverhält-
nissen bewegte, — wie etwa die der meisten orientalischen
Völker — würde uns vielleicht auch an diese Disharmonien
gewöhnen und uns dieselben ebenso unentbehrlich erscheinen
lassen wie die Dissonanzen unseres Tonsystems.

Fruchtbarer als der Begriff der sinnlichen erweist sich
derjenige der intellectuellen Gefühlsmomente. Im normalen
Verlauf unsres Lebens vermögen wir die Schwankungen der
sinnlichen Gefühlsmomente meist in engen Schranken zu halten,
so dass unsere Gefühlsvariationen fast nur von den intellectuellen Erlebnissen abhängig erscheinen. Von den Gefühlsmomenten der letzteren aber sind wiederum diejenigen, welche
von den unbemerkten Teilen der Vorbereitung als solchen
und deren wechselseitigen Relationen herrühren, gleichfalls
innerhalb weiter Grenzen als constant zu betrachten; die
Aenderung der Gefühlsbetonung hängt daher innerhalb eben
dieser Grenzen — und soweit wir von den sinnlichen Gefühlsmomenten abstrahiren dürfen — nur von den bemerkten

Teilen der Vorbereitung und den teils bemerkten, teils unbemerkten Relationen der Empfindungen zu den Teilen der Vorbereitung ab.

Ein allgemeines Gesetz dieser Abhängigkeit ist das früher
besprochene fundamentale Princip der Oekonomie des Denkens.[133]) Wir fühlen uns beunruhigt, solange und soweit
es uns nicht gelingt, eine Thatsache unter bereits bekannte
Begriffe einzuordnen — beruhigt im selben Maasse, als
solche Einordnung sich vollzieht. Die positive Gefühlsbetonung
der Beruhigung im letzteren Falle wird um so erheblicher, je
unmittelbarer sich einerseits jene Einordnung vollzieht und je
verwickelter andererseits die Verhältnisse sind, deren über-
sichtliche Zusammenfassung durch dieselbe gelingt. Wie der
Mangel der Einordnung, so kann auf der anderen Seite auch
das Fehlen der durch dieselbe zu lösenden Complication den
Lustcharakter des betreffenden Erlebnisses so sehr herabsetzen,
dass dasselbe gegenüber den an anderen ähnlichen Erlebnissen
gemachten erfreulichen Erfahrungen direct als Unlust erscheint; wir sprechen dann von Langeweile, von intellectueller Ermüdung durch den Mangel an Abwechslung.
Solche tritt überall ein, wo wir nur gewohnte Inhalte vorfinden — wo bez. so lange es uns nicht gelingt, irgendwelche
Thatsachen zu entdecken, an welchen jene intellectuelle Thätigkeit sich bewähren, die Befriedigung gewonnen werden kann,
die wir mit der Einordnung des zunächst Unbekannten,
der Lösung der zunächst auftretenden Beunruhigung überall
empfinden. Tritt ein solches Gefühl bei der Betrachtung bestimmter Gegenstände nicht auf, so werden diese als Ursachen
der Langeweile, des Ueberdrusses beurteilt, sie werden dadurch
eventuell zu Gegenständen unserer Abneigung; während andererseits diejenigen Gegenstände unserer Wahrnehmung oder unseres Denkens, an welchen wir die entgegengesetzte Erfahrung
machen, bei deren Betrachtung jenes Streben sich bethätigen
und Befriedigung gewinnen kann, als interessante, erfreuliche
Gegenstände charakterisirt werden. Es versteht sich von selbst,
dass die eine oder die andere Wirkung der Gegenstände auf
verschiedene Individuen von der Vorbereitung der letzteren
abhängt. Nicht nur kann allgemein das eine Individuum ver-

möge seiner Erfahrungen eine Einordnung mit Leichtigkeit
vollziehen, welche dem anderen mangels der entsprechenden
Erfahrungen nicht gelingt, sondern es kann auch insbesondere
durch die Vorbereitung des einen Individuums ein Interesse
an einem Gegenstande bedingt sein, welches anderen Individuen völlig abgeht — wie die individuellen Unterschiede
der wissenschaftlichen Interessen auf der einen, der ästhetischen Werthaltungen auf der anderen Seite aufs deutlichste
zeigen. In welcher Weise das in Rede stehende Princip die
wissenschaftliche Theorienbildung wie das vorwissenschaftliche Denken beherrscht, wurde bereits früher ausgeführt; die
Bedeutung desselben Princips für die ästhetische Beurteilung der Natur wie der künstlerischen Production wird am
Schluss dieses Capitels zur Sprache kommen.

Strebungsgefühle. Wir haben im ersten Capitel gesehen,
wie die symbolische Vorstellung lust- oder unlustbetonter Erlebnisse eine neue, eigenartige Qualität unseres Bewusstseinszustandes bedingt, welche sprachlich durch die Worte Wunsch
oder Strebung bez. Widerstreben bezeichnet wird. Zur
Vermeidung von Missverständnissen sei nochmals hervorgehoben, dass mit jener Symbolvorstellung nicht etwa die Erinnerung an ein Teilerlebniss gemeint sein soll, welches
seinerzeit als Ursache eines Lustgefühles betrachtet wurde
(ein solches könnte unter den jetzigen Umständen vielleicht
als durchaus unlustbetont beurteilt werden), sondern die Vorstellung eines Erlebnisses als eines in bestimmter Weise ge-
fühlsbetonten — der Lust bez. der Unlust selbst, von der
wir urteilen, dass sie unter bestimmten Bedingungen erlebt
werden würde. Diese Vorstellung wird jederzeit durch die
übrigen gegenwärtigen Teilinhalte insofern mitbestimmt sein,
als diesen letzteren gegenüber das vorgestellte Erlebniss relativ
mehr oder minder lust- bez. unlustbetont erscheinen kann;
nur durch relative Lustbetonung des Vorgestellten gegenüber
dem augenblicklichen Erlebniss ist dasjenige bedingt, was als
Wunsch oder Strebung, nur durch die entsprechende relative
Unlustbetonung dasjenige, was als Widerstrebungsgefühl bezeichnet wird.

24*

Es sei, um diese Verhältnisse in symbolischer Form darzustellen, durch A das vorgestellte Erlebniss, durch a dessen
Vorstellung, durch B die Gesammtheit der übrigen gleichzeitigen Componenten des gegenwärtigen Zustandes und durch
G das Gefühlsprädicat eines Erlebnisses bezeichnet; so wird
ein Strebungs- bez. Widerstrebungsgefühl vorliegen, je nachdem

$$G\,(B, a) \lessgtr G\,(A)$$

beurteilt wird; wobei durch die Zeichen $\lessgtr$ die relativ kleinere
bez. grössere Lustbetonung dargestellt sein soll. Das hier
bezeichnete Urteil braucht, damit der Thatbestand des Wunsches
bez. Widerstrebens vorliege, natürlich nicht etwa in sprachlicher oder sonstiger Form seinen Ausdruck zu finden.

Ob sich durch den hier beschriebenen elementaren Thatbestand wirklich überall diejenigen Zustände charakterisiren
lassen, in welchen man von Strebungen zu sprechen pflegt,
wird erst des Näheren zu untersuchen sein. Soviel aber wird,
als empirisch gegebene Thatsache, nicht bestritten werden
können, dass jedenfalls da, wo Vorstellungen der bezeichneten
Art vorliegen, jene eigentümliche Qualität unseres Zustandes
sich findet, wie sie in der Sehnsucht, in der Hoffnung, im
Verlangen, im Begehren auftritt — eine Qualität, die mit der
eines gegenwärtigen Lustgefühles nicht identisch ist; und ebenso,
dass der entgegengesetzte Fall in den Thatbeständen des Widerstrebens, Fürchtens, u. s. w. stets realisirt ist.

Man pflegt das Gemeinsame der Bewusstseinsdaten, welche
mit diesen Worten getroffen werden, abermals als Gefühl zu
bezeichnen — zum Unterschiede von den „reinen" Gefühlen
der (gegenwärtigen) Lust und Unlust als Strebungsgefühl,
welches seinerseits sowohl lust- als unlustbetont sein kann,
ohne aber durch die vorgestellte Lust oder Unlust in diesem
seinem Charakter eindeutig bestimmt zu werden. Weder ist
die Vorstellung von Lust stets lustbetont, diejenige von Unlust stets unlustbetont, noch auch ist das Umgekehrte der
Fall; die Gefühlsbetonung des Strebungszustandes ist vielmehr
stets von den übrigen gleichzeitigen Componenten abhängig.
Als Beispiele können die Fälle der Freude über bestandene
Leiden und der Trauer über entschwundenes Glück dienen;

will man Beispiele von Wünschen im engeren Sinne, so mag man etwa an das Sehnen des Gefangenen nach Freiheit, des Kranken nach Genesung, oder an das egoistische, aber darum gewiss nicht minder positiv betonte Gefühl der Sicherheit vor den Gräueln eines Krieges denken, die vielleicht einem fremden Volke im gegebenen Augenblicke bevorstehen. Dass aber auch umgekehrt durchaus nicht notwendig die vorgestellte relative Lust den gegenwärtigen Zustand als unlustbetont, vorgestellte Unlust denselben als lustbetont erscheinen lassen muss, — wie wir an alltäglichen Beispielen erkennen können — liegt daran, dass der gegenwärtige Zustand eben nicht bloss oder vielmehr im gegebenen Augenblicke überhaupt nicht beurteilt, sondern erlebt wird; nur für die Beurteilung des Gefühlstones eines nicht gegenwärtigen, bloss vorgestellten Erlebnisses wird die Vergleichung mit einem mehr oder weniger lustbetonten anderen Erlebniss ausschlaggebend, nicht aber für die Gefühlsqualität des jeweiligen gegenwärtigen Erlebnisses selbst.

Gegen die Behauptung, dass durch die Vorstellung eines lustbetonten Erlebnisses überall ein Wunschgefühl, durch diejenige eines unlustbetonten ein Widerstrebungsgefühl bedingt ist, wird vielleicht eingewendet werden, dass wir uns ein genossenes Glück ohne Wunsch, ein überstandenes Leid ohne Widerstreben vorzustellen im Stande seien. Was indess in solchen Fällen den scheinbaren Widerspruch gegen die obige These bedingt, ist nur die Thatsache, dass hier das Vorgestellte ausdrücklich als vergangen von uns beurteilt wird; die Sprache bezeichnet als gewünscht oder erstrebt in der Regel nur ein als zukünftig Vorgestelltes und wir müssten daher, wenn wir strenge dem Sprachgebrauch gemäss definiren wollten, das Strebungsgefühl als bedingt bezeichnen durch die Vorstellung eines lustbetonten Erlebnisses mit der näheren Bestimmung, dass dies Erlebniss als ein zukünftiges gedacht wird. Allein eben daraus, dass hier ein Urteil zu einem anderweitigen Phänomen hinzutritt, ist zu ersehen, dass das so beschriebene Gesammtphänomen kein elementares ist; was aber nach Absonderung des hinzutretenden Urteiles noch als Charakteristicum des Phänomens übrig bleibt, ist eben

der vorhin als Strebungsgefühl bezeichnete Thatbestand. Die
im Einwand angeführten Fälle werden nur deswegen sprachlich nicht als Fälle des Wünschens bez. Widerstrebens bezeichnet, weil in denselben ein anderes Urteil über die zeitliche Stellung des Vorgestellten zu jenem Thatbestande hinzutritt. Dass es nur dieses Urteil ist, welches uns an der
Subsumtion jener Fälle unter den Begriff des Strebens hindert,
erkennen wir sofort, wenn es uns gelingt, bei der Vorstellung
des erlebten Glückes von jenem Vergangenheitsurteil zu abstrahiren. Im Momente, in welchem dies Urteil zurücktritt,
während die Vorstellung des lustbetonten Erlebnisses fortbesteht, ist kein Unterschied mehr zu erkennen zwischen
unserem so bedingten Gefühlszustande und dem irgend eines
als Wunsch charakterisirten Erlebnisses, bei welchem die
gleiche Abstraction von dem auf die zukünftige Stellung
des Vorgestellten zielenden Urteil vollzogen wird. Das Gemeinsame beider Fälle ist jenes elementare Erlebniss des
Strebungsgefühles; dass zu diesem noch Urteile hinzutreten
können, welche den Gesammtzustand wesentlich beeinflussen,
darf uns nicht hindern, eben jenes gemeinsame Element als
das charakteristische elementare Merkmal all dieser Fälle aus-
zusondern.

Scheinbar grössere Berechtigung kommt einem anderen
Einwande zu: dem Einwande, dass wir doch Ereignisse zu
wünschen vermögen, die gar nicht als unsere Erlebnisse vorgestellt werden — wie etwa ein Vater das Glück seiner Kinder
wünscht und erstrebt und zwar auch für die Zeit nach seinem
Tode, für eine Zeit also, in welcher er das Gewünschte gar
nicht als sein Erlebniss denken kann. Indess ist auch dieser
Einwand nur ein scheinbarer; denn ob wir ein Erlebniss als
eigenes oder fremdes Erlebniss beurteilen, kommt für die
gegebene Definition des Strebungsgefühles gar nicht in Betracht — vielmehr haben wir es bei solcher Unterscheidung
abermals mit Urteilen zu thun, die zu dem bezeichneten elementaren Factor hinzutreten, und die wohl den Gesammtzustand, nicht aber jenen Factor beeinflussen können. Auch
vollzieht sich, wie wir früher fanden, die Unterscheidung
vorgestellter eigener und fremder Bewusstseinsinhalte keines-

wegs überall von selbst, sondern solche Beurteilung tritt nur
auf besondere Veranlassung ein: wo sie aber eintritt, vermag
sie, als secundärer Process, an der Beschaffenheit jenes
Strebungserlebnisses selbst nichts zu ändern.

Wie sich auf Grund der gegebenen Definition der Strebung
auch die complicirteren Fälle erklären lassen, in welchen nicht
ein Erlebniss als solches, sondern ein objectiver Thatbestand Gegenstand des Wunsches ist, bedarf nach der früher
gegebenen Theorie der empirischen Begriffsbildung keiner besonderen Erläuterung. Da jedes objective Existentialurteil nur
den Sinn einer Zusammenfassung gemachter Wahrnehmungen
und darauf gegründeter Erwartungen eigener wie fremder Erlebnisse bei Erfüllung bestimmter Bedingungen besitzt, so
kommt auch dem Wunsche, einen bestimmten objectiven Thatbestand verwirklicht zu wissen, nur die Bedeutung zu, dass
wir (uns selbst oder Anderen) wünschen, diese oder jene
Erfahrungen thatsächlich gemacht zu haben, zu machen oder
erwarten zu dürfen. Alle diese Wünsche aber lassen sich ohne
Weiteres unter die obige Definition subsumiren: der auf den
objectiven Thatbestand gerichtete Wunsch ergibt sich somit
als Abbreviatur für eine Reihe elementarer Strebungen,
deren Ziele erfahrungsgemäss in bestimmten Zusammenhängen
stehen.

Der Wertbegriff. Wenn wir sagen, dass uns ein Gegenstand Lust oder Unlust erweckt, so kann diese Wirkung nur
dadurch zu Stande kommen, dass wir den Gegenstand oder
einen durch den Gegenstand causal bedingten Vorgang wahrnehmen; das Gefühlsmoment, welches wir dem Gegenstande
zuschreiben, kann thatsächlich nur irgend einem Teilinhalte
unseres Bewusstseins zukommen, der durch den Gegenstand
erzeugt wird. [134])

Wie wir allgemein den Gegenständen, auch während wir
dieselben nicht wahrnehmen, Eigenschaften beilegen, die doch
nur für den Fall der Wahrnehmung eine Bedeutung haben, so
sprechen wir auch davon, dass den Gegenständen Gefühlsmomente zukommen, während wir sie nicht wahrnehmen.
Wir bezeichnen einen Gegenstand, der uns bei der Betrachtung

gefüllt, als einen schönen Gegenstand, einen solchen, der uns
bei der Betrachtung missfällt, als einen hässlichen auch dann
noch, wenn wir ihn nicht mehr sehen — genau so, wie wir
einen anderen Gegenstand als schwarz oder weiss bezeichnen,
auch während ihn kein Auge sieht. Der Sinn jener Behauptung ergibt sich ebenso wie der der letzteren aus den Betrachtungen über den Begriff der objectiven Existenz: der Gegenstand wird schön bez. hässlich genannt, weil wir bei Erfüllung
bestimmter Bedingungen — der abermaligen Wahrnehmung —
wiederum den bereits bekannten Gefühlseindruck von ihm zu
erhalten erwarten. Wir haben es hier, wie bei allen Behauptungen über Eigenschaften von nicht gegenwärtig Wahrgenom-
menem, mit empirischen Begriffsbildungen zu thun, vermittels deren wir unsere gemachten Erfahrungen und die
darauf gegründeten Erwartungen zusammenfassen; die Besonder-
heit der hier in Rede stehenden Begriffe ist die, dass in die
fraglichen Erfahrungszusammenhänge Gefühlsprädicate als
wesentliche Bestandteile eingehen.

Die allgemeinste Form eines derartigen Begriffes, mit
dessen Hilfe wir die Erfahrungen über constante Zusammenhänge von Gefühlserlebnissen mit anderweitigen Vorgängen
bezeichnen, ist der Wertbegriff. Wir legen einer Thatsache,
einem Vorgange, einem Gegenstande Wert bei, wenn wir von
denselben auf Grund bisheriger Erfahrungen erwarten, dass
sie uns bei Erfüllung bestimmter (im Allgemeinen bekannter)
Bedingungen stets positive Gefühlsmomente ihrerseits bedingen
werden; womit implicite vorausgesetzt ist, dass die betreffenden
Thatsachen constanten[135]) Zusammenhängen angehören,
d. h. als Teile solcher Zusammenhänge entweder selbst dauernde
Existenz besitzen oder irgendwelche Folgen haben bez. hatten,
die ihrerseits dauernd existiren. (Hierher gehören nach dem
Früheren nicht bloss die im Raume existirenden Gegenstände
der „Welt der Dinge", sondern ebenso auch unsere Gedächtnissbilder einschliesslich alles dessen, was als besondere
Beschaffenheit der Vorbereitung unter dem Namen der psychischen Dispositionen befasst wird). Die Lust, welche ein
Gegenstand erregt, steht hiernach dem Werte des Gegenstandes ähnlich gegenüber, wie die sinnliche Qualität der Er-

scheinung eines Dinges der objectiven Eigenschaft desselben, durch die wir diese Erscheinung bedingt denken. Nur
in uneigentlichem Sinne spricht man auch von dem einzelnen
Lustgefühl als einem wertvollen Erlebniss — soweit sich nicht
etwa durch den Gedanken daran, dass die Erinnerung des
Erlebnisses uns unter Umständen abermals Lust erregen kann
und erregt, die Anwendung des Wertbegriffes in seinem oben
bezeichneten eigentlichen Sinne auch für diesen Fall recht-
fertigt.

Insofern für das Urteil darüber, dass ein Gegenstand uns
oder Anderen wertvoll sei, die Vorstellung der durch den
Gegenstand zu erregenden Gefühle, auf denen sein Wert beruht, stets vorausgesetzt ist, muss jedes solche Urteil nach
den vorhergegangenen Betrachtungen von gewissen Strebungsgefühlen begleitet sein. Geht mit diesem Urteil das weitere
Urteil Hand in Hand, dass die betreffenden vorgestellten Erlebnisse von uns realisirt werden können (dass der wertvolle
Gegenstand existirt und dass die Bedingungen, unter welchen
sich sein Wert für uns zeigt, erfüllbar sind), so wird durch
jene Strebungsgefühle gemäss einem weiter unten zu betrachtenden Gesetze ein Begehren bedingt. In diesem Falle kann
behauptet werden, dass der Wert des Gegenstandes darauf be-
ruhe, dass seine Wirkungen — und eventuell der Gegenstand
selbst — begehrt werden; wir sehen aber zugleich, dass hiermit keine allgemeine Definition des Wertes gegeben ist. [136])
Die erwähnten, durch das Werturteil implicirten Gefühlsmomente brauchen nicht in jedem Falle einzeln erkannt und
beurteilt zu werden; stets aber wird ihre (gleichviel ob bemerkte oder unbemerkte) Anwesenheit den Gesammtzustand
in charakteristischer Weise beeinflussen, welche man bezeichnet,
wenn man von Wertgefühlen [137]) spricht. Mit diesem Ter-
minus ist hiernach nicht etwa eine primäre, nicht weiter
zurückführbare Thatsache bezeichnet: das Wertgefühl ist vielmehr bedingt durch die dem Werturteil zu Grunde liegenden
psychischen Daten. Je mehr das Werturteil ein gewohnheitsmässiges wird, um so weniger werden diese Daten im
einzelnen wiedererkannt, um so weniger wird daher auch das
Auftreten von Strebungsgefühlen bez. Begehrungen im gewöhn-

lichen Sinne des Wortes beim Gedanken an das Wertgehaltene
zu constatiren sein.

Geht aus der obigen Betrachtung hervor, dass der Begriff
des Wertes durch einen völlig analogen Urteilsvorgang zu
Stande kommt, wie der Begriff der objectiven Existenz, so ist
damit natürlich noch keineswegs gesagt, dass der Wert überall
von unseren thatsächlichen Werturteilen abhinge: eine Thatsache, ein Gegenstand kann Wert für uns haben, obwohl wir
über diesen Wert nicht oder falsch urteilen, so gut wie ein
Gegenstand existiren kann, ohne dass wir von seiner Existenz
etwas wissen. Eben dieser Vergleich aber kann uns über die
Abhängigkeit des Wertes zwar nicht von unseren thatsächlichen,
aber von unseren möglichen Werturteilen[138]) belehren: von
dem Werte des Gegenstandes unabhängig von (und vielleicht
im Gegensatze zu) unserem thatsächlichen Werturteil über
denselben kann nur in dem Sinne die Rede sein, dass wir das
betreffende Werturteil fällen würden, wenn diese oder jene
Thatsachen, die unser Urteil noch nicht berücksichtigt hatte,
von uns erkannt würden — ebenso wie die Behauptung der
Existenz eines Gegenstandes unabhängig von unserer thatsächlichen Beurteilung derselben nur die Bedeutung haben kann,
dass unser Urteil über seine Existenz positiv ausfallen müsse,
sobald wir diese oder jene (vielleicht von uns noch nicht gemachten) Erfahrungen beim Urteile mitberücksichtigen. Ebenso
aber folgt aus den obigen Ueberlegungen, dass nicht die eventuell zu erlebenden Wertgefühle, sondern die zu fällenden
Werturteile den Wert bedingen; das Wertgefühl ist zwar
eine regelmässige Begleiterscheinung des Werturteils, nicht
aber das primäre Erlebniss, auf welches dieses Urteil sich
gründete.

Nach der Definition des Wertes ist die Wertschätzung
eine relative, da die im Wertbegriffe zusammengefassten
Thatsachen selbst relative Gefühlsmomente sind. Wir legen
daher einem Thatbestand grösseren oder geringeren Wert bei,
je nachdem die dadurch in der angegebenen Weise bedingten
Erlebnisse als in höherem oder geringerem Grade lustfördernd
beurteilt werden.

Ein und derselbe Thatbestand kann ferner in der einen

Hinsicht als wertvoll, in der anderen als wertlos oder als ein
negativ zu bewertender beurteilt werden; wie ein Ding bei
Erfüllung dieser Bedingungen Gesichts-, bei Erfüllung jener
Bedingungen Tastempfindungen auslöst, so kann derselbe objective Thatbestand unter diesen Bedingungen Lust, unter jenen
Unlust hervorrufen. Erfahrungen der letzteren Art können
eventuell das zunächst gefällte Werturteil aufheben: ein Thatbestand wird nur dann als wertvoll beurteilt, wenn die Gesammtheit der von demselben zu gewärtigenden Gefühlserlebnisse relativ höher bewertet wird, als diejenigen, welche
durch das Fehlen dieses Thatbestandes bedingt würden.

Unsere Wertbegriffe sind ähnlicher Umbildung und Entwicklung unterworfen, wie unsere Erkenntniss der physikalischen
Eigenschaften der Dinge und Naturvorgänge. Begriffe, welche
uns zunächst constante Zusammenhänge der beschriebenen Art
darzustellen schienen, werden durch weitere Erfahrungen alterirt, indem wir die darauf gegründeten Erwartungen über
Gefühlserlebnisse enttäuscht finden: Dinge und Vorgänge, die
wir zunächst als wertvoll beurteilt hatten, verlieren, andere
wiederum gewinnen für uns an Wert. Diese Entwicklung
hängt jedoch von anderen Factoren ab, als diejenige unserer
Erkenntniss der objectiven Welt. Handelte es sich bei der
letzteren um die Einordnung der Qualitäten bestimmter Teilinhalte (Empfindungsinhalte) in empirische Zusammenhänge,
so handelt es sich bei der ersteren um eine entsprechende
Einordnung der Gefühlsqualitäten unserer jeweiligen Gesammterlebnisse: diese aber sind überall von unserer Vorbereitung
abhängig, welche auf die Beschaffenheit jener Teilinhalte keinen
Einfluss hat. So weit wir die Kenntniss der Zusammenhänge
der objectiven Welt als bekannt voraussetzen dürfen, reducirt
sich hiernach die Frage nach der Entwicklung unserer Werturteile über objective Thatbestände auf diejenige nach
der Erkenntniss der Aenderungen, welche die Gefühlswirkungen
der Eindruckscomponenten durch die übrigen Componenten
unseres jeweiligen Bewusstseinszustandes erleiden. Andererseits
aber ist die Frage nach der Entwicklung unserer Werturteile
über die Factoren unserer Vorbereitung die einzige, die
neben jener ersten Frage noch in Betracht kommen kann.

Die Entwicklung unserer Wertbegriffe ist demnach, abgesehen
von der Entwicklung unserer Erkenntniss der objectiven Welt
und ihrer Gesetze, nur abhängig von dem Fortschritt unserer
Erkenntniss der Gesetze, welchen die intellectuellen Gefühlsmomente unterworfen sind.

Die Beurteilung „objectiver" Werte in der Welt der Dinge,
d. h. solcher, die für alle Menschen gelten sollen, hängt nur von
der Erkenntniss der objectiven Gesetzmässigkeiten ab; sie fragt
nicht nach den Einflüssen, welchen die sinnlichen Gefühlswirkungen je nach der Beschaffenheit der Vorbereitung unterliegen,
sondern setzt die ersteren als constant voraus. So wird, wenn
etwa nach dem Werte der Luft gefragt wird, nur ihre Notwendigkeit zur normalen Atmung (d. h. zur Abwehr der durch Atemnot
im weitesten Sinne normalerweise bedingten Unlusterlebnisse)
in Betracht gezogen, nicht aber die durch intellectuelle Momente bedingte Verminderung jenes Wertes etwa für den Lebens-
müden. Die Bedeutung solcher Wertbestimmungen gründet
sich also ganz und gar auf die Voraussetzung constanter
Gefühlsmomente der durch bestimmte physikalische Vorgänge
erregten Empfindungen.

Wesentlich andere Gesichtspunkte ergeben sich für unsere
Werturteile bei Berücksichtigung der intellectuellen Gefühlsmomente. Erfahrungen über die Veränderlichkeit der sinnlichen Gefühlsmomente veranlassen uns, nach neuen Werten
zu suchen, die gegenüber dem Wechsel jener Werte als bleibende und somit, wenn auch vielleicht noch nicht als die
absolut constanten und schliesslich einzigen, so doch mindestens
als constantere und folglich in jedem Falle höhere Werte
beurteilt werden. Diese Werte müssen nach dem Obigen durch
unsere Vorbereitung bedingt sein. Zunächst werden die
körperlichen Fähigkeiten im weitesten Sinne, vor Allem
die Verfügung über unsere Sinnesorgane und unsere Glieder
(Fähigkeiten, die durch unsere Vorbereitung sehr wesentlich
mitbedingt sind) eine relative Höherbewertung gegenüber dem
Wert irgendwelcher Objecte unserer Umgebung schon deshalb
erfahren, weil der Wert der letzteren für uns auf jenen Fähigkeiten mitberuht. Aber auch diese neuen Werte werden als
minderwertig erkannt, sobald Erfahrungen gemacht werden,

die uns zeigen, dass die relativen Lusterlebnisse, auf welchen
die genannten Werthaltungen beruhen, unter Umständen in
Unlust verkehrt werden können. Erfahrungen dieser Art —
die wir keineswegs an uns selbst zu machen brauchen —
müssen schliesslich dazu führen, alle diejenigen Werthaltungen
in Frage zu stellen, welchen sinnliche Gefühlsmomente zu
Grunde liegen, weil eben diese Gefühlsmomente teils von Bedingungen abhängig erscheinen, deren Verwirklichung durch
objective Ereignisse auf immer unmöglich gemacht werden
kann, teils durch intellectuelle Gefühlsmomente alterirt und
eventuell in ihr Gegenteil verkehrt werden können. Gewisse
intellectuelle Thatbestände, eine gewisse Beschaffenheit unserer
Vorbereitung — unserer Persönlichkeit also — bleibt somit
schliesslich als das einzig wertvolle Ziel unseres Strebens übrig.
Die Bestimmung dieses Zieles ist die Aufgabe der Ethik. Zum
Teil wird diese Aufgabe weiter unten bei Betrachtung der
moralischen Werturteile ihre Lösung finden.

Wünschen, Begehren und Wollen. Mit Hilfe des Wertbegriffes sind wir in der Lage, den früher definirten Begriff
des Strebungsgefühles in einer den Thatsachen angemessenen
Weise zu erweitern. Nicht nur die Vorstellung eines relativ
lustbetonten Erlebnisses als solchen, sondern auch die Symbolvorstellung eines jeden als wertvoll beurteilten Zusammenhanges (einer jeden wertvollen „Thatsache“ also) bedingt jenen
eigentümlichen Zustand des Wunsches, jene charakteristische
Färbung unseres Gesammtbewusstseinsinhaltes, welche den erstgenannten Vorstellungen gemeinsam ist und zu deren zusammenfassender Bezeichnung als „Strebungsgefühle“ Anlass gab. Ist
doch eben das Werturteil seinem Sinne nach nur eine Abbreviatur für eine Reihe von Urteilen, von welchen jedes für sich
betrachtet eine Strebung begründet. Wir haben daher Strebungsgefühle allgemein als bedingt zu betrachten durch die
Vorstellung von Inhalten, die entweder selbst als relativ
lustbetont oder als Glieder eines wertvollen Zusammenhanges beurteilt werden. Solche Beurteilung braucht keineswegs jeweils in einem ausgeführten Urteil über die eventuell
zu erlebenden, an jene Inhalte geknüpften Lustgefühle zu be-

stehen; sie wird vielmehr in vielen (vielleicht in den meisten) Fällen eine gewohnheitsmässige sein, indem unsere bisherigen Erfahrungen über Thatbestände der betreffenden Art uns ohne Weiteres zu deren Werthaltung Anlass geben; für die Begründung des Strebungsgefühles ist diese gewohnheitsmässige Werthaltung vollkommen ausreichend.[139]) Alle Vorstellungen von Erlebnissen oder objectiven Thatsachen, welche in dieser Weise als wertvoll beurteilt werden, erregen ein Gefühl des Wunsches, gleichviel ob ein Urteil über die Möglichkeit und die eventuelle Art der Erfüllung des Wunsches hinzutritt oder nicht. Tritt ein negatives solches Urteil hinzu, so ist der Wunsch als blosser Wunsch („frommer" Wunsch) charakterisirt im Gegensatz zu den sogleich zu besprechenden Fällen des Hinzutretens positiver Urteile über die Möglichkeit der Erfüllung.

Wir sahen schon weiter oben, in wie mannigfaltiger Weise unser Gefühlszustand durch Urteile modificirt werden kann, welche zu einem Strebungsgefühl hinzutreten. Die Sprache hat einigen dieser Modificationen durch besondere Classenbezeichnungen (wie Sehnsucht, Resignation u. a.) Rechnung getragen. Der für die Theorie der psychischen Thatsachen wichtigste Begriff dieser Art ist derjenige des Begehrens.

Man hat geglaubt, das Begehren als ein primäres Phänomen des psychischen Lebens betrachten zu müssen. Will man das Wort in dem Sinne anwenden, welcher oben dem Worte Strebungsgefühl beigelegt wurde, so ist gegen jene Meinung wenig einzuwenden — in einfachere Factoren wenigstens lässt sich das so bezeichnete Phänomen nicht zerlegen. Im gewöhnlichen Gebrauch kommt jedoch dem Worte Begehren eine engere Bedeutung zu. Nicht das Strebungsgefühl als solches, sondern seine Verbindung mit einem bestimmten Urteile wird als Begehren bezeichnet: mit dem Urteile nämlich, dass das im Wunsche bloss vorgestellte Erlebniss realisirt werden kann, dass wir bei Erfüllung bestimmter Bedingungen dasselbe thatsächlich zu erleben erwarten. Wo dieses Urteil fehlt oder negirt wird, pflegt man nicht von Begehren zu sprechen; neben demselben aber ist kein weiteres Moment mehr aufzuweisen, wodurch sich das

Begehren von dem innerhalb des Bereiches der Phantasie bleibenden blossen Wunsche unterschiede. (Mit der Behauptung, dass im Begehren ein solcher complexer Zustand vorliegt, ist nicht gemeint, dass dasselbe zeitlich später als die einfachen Strebungsgefühle auftreten müsste. Vielmehr können sehr wohl schon die ersten Acte des Wünschens als Begehrungen characterisirt sein. Denn aller Vorstellung von Lust muss erlebte Lust vorhergegangen sein; die Bedingungen aber, welche den Gedanken an solche erlebte Lust und damit den Wunsch hervorrufen, werden zugleich auch die für das Begehren charakteristischen Erwartungen wachrufen, solange solche Erwartungen nicht bereits bei einer früheren Gelegenheit enttäuscht worden sind).

Wenn wir hiernach das Begehren beschreiben als Combination einer Strebung mit dem (positiven) Urteil über die Erreichbarkeit des Erstrebten, so folgt aus dieser Bestimmung noch nicht, dass das vorgestellte Ziel der Strebung — die Zielvorstellung, wie wir sie kurz nennen wollen, die also stets als Vorstellung eines relativ Wertvollen beurteilt wird — eine völlig bestimmte, concrete Vorstellung sein müsste; noch auch, dass ein bestimmtes Urteil über die Art und Weise gefällt werden müsste, wie das Ziel zu erreichen sei. Schon die Unlustbetonung eines gegenwärtigen Zustandes zusammen mit der Erfahrung, dass es erfreulichere Zustände gibt, kann Anlass zu einem sehr lebhaften Begehren nach Veränderung geben, ohne dass irgend eine bestimmte Vorstellung von der Art der begehrten Aenderung dazu nötig wäre.

Eine neue Art psychischer Vorgänge gegenüber den hier beschriebenen elementareren Thatsachen tritt uns entgegen, wo die Bedingungen analysirt und beurteilt werden, welche zur Erreichung des begehrten Zieles führen können. Solche Analyse kann das Begehren modificiren, steigern oder vermindern und eventuell zerstören. Urteilen wir, dass die Erfüllung der Bedingungen neben der Erreichung des Zieles noch weitere Thatbestände schafft, welche gleichfalls wünschenswert sind, so wird das Begehren erhöht werden. Sind diese weiteren Thatbestände als minder wünschenswert oder als unerwünscht characterisirt, so wird das Begehren vermindert und eventuell aufgehoben oder selbst in sein Gegenteil verkehrt werden. Urteilen wir weiter, dass die Bedingungen für den Eintritt des vorgestellten Erlebnisses von unserem eigenen Verhalten nicht abhängig sind, so wird das Ziel als ein erhofftes, ersehntes (eventuell gefürchtetes) characterisirt — finden sich dagegen unter den Bedingungen solche, die von einem Eingreifen unsererseits abhängig erscheinen, so geht das Begehren über in ein Wollen (das Widerstreben in ein Nichtwollen) des Zieles.

Damit eine Thatsache gewollt werde, ist also erstlich notwendig, dass sie eine erwünschte sei; womit nach dem Vorigen nicht der Sinn zu verbinden ist, dass sie selbst als relativ lustbetontes Erlebniss vorgestellt werden muss, da wir sie vielmehr auch auf Grund vorgängiger Erfahrungen als Bedingung relativer Lust, als wertvoll beurteilen können. Dieses Werturteil kann seinerseits ein Gewohnheitsurteil sein und ein gewohnheitsmässiges Wollen zur Folge haben. Weiter aber ist zum Wollen notwendig, dass wir die Bedingungen für den Eintritt der gewünschten Thatsache nicht nur als erfüllbar, sondern auch als abhängig von einer Mitwirkung unserer Persönlichkeit beurteilen. Die hier genannten Urteile können entweder auf Grund früherer Erfahrungen unmittelbar mit der Zielvorstellung auftreten; in diesem Falle geht das Begehren ohne Weiteres in ein Wollen über — vorausgesetzt, dass nicht die obengenannte Eventualität der Aufhebung des Begehrens eintritt. Oder aber die genannten Urteile stellen sich erst nachträglich ein, während wir die Bedingungen für die Erreichung des Zieles analysiren. In diesem Falle geht das Begehren in ein Wollen erst dann über, wenn einerseits die Erreichung des Zieles von einem Eingreifen unsererseits als abhängig erkannt, andererseits der Wert des Zieles einschliesslich der durch solches Eingreifen zu bewirkenden anderweitigen Veränderungen noch als positiv beurteilt wird. Wo in dieser letzteren Hinsicht zunächst Zweifel auftreten, welche das Wollen hemmen, sprechen wir von einer dem Willensentscheid vorhergehenden Ueberlegung. Das Hin- und Herschwanken dieser Ueberlegung, das „Spiel der

Motive" hat darin seinen Grund, dass das Werturteil über das
zu erreichende Ziel durch die hinzutretende Beurteilung des
Wertes der übrigen Thatsachen, zu welchen die Erfüllung der
Bedingungen führt — der „Mittel" und ihrer Consequenzen —
beeinflusst wird. Erst wenn wir zur endgiltigen Ueberzeugung
gelangt sind, dass der Wert des Zieles durch die Wertmomente
der Mittel nicht illusorisch wird (oder aber dass er illusorisch
wird), hat das Spiel der Motive, hat unsere Ueberlegung ihr
Ende erreicht: wir sprechen alsdann von einem gefassten
Entschluss, einem getroffenen Willensentscheid, einer
Zustimmung zu der durch das Begehren bezeichneten Richtung des Handelns (eventuell einer entgegengesetzten Bestimmung unseres Willens) — womit nichts anderes als eben jenes
endgiltige Werturteil bezeichnet ist.

In Ausdrücken wie „das soll geschehen", „das will ich"
kommen solche Werturteile zur Verlautbarung. Es ist aber
mit denselben noch keineswegs gesagt, dass nun auch irgend
ein Bewegungsact, eine Handlung sich ohne Weiteres anschliessen müsste, die auf das Gewollte gerichtet wäre. Vielmehr kann trotz des Willensentscheides nicht bloss noch lange
Zeit vor der Ausführung irgend einer auf das Ziel gerichteten
Handlung verfliessen, sondern diese kann eventuell vollständig
unterbleiben — sei es, dass der Willensentscheid in Vergessenheit gerät, sei es, dass Trägheit oder mangelhafte Kenntniss
der Bedingungen uns an der Ausführung hindern. Man sieht
also, dass Wollen und Handeln durchaus nicht, wie es manche
neuere Theorien wollen, notwendig zusammenfallen: der Willensentscheid ist ein Urteil, welches zwar direct zu Handlungen
führen kann, die auf die Erreichung des Zieles gerichtet sind,
aber durchaus nicht zu denselben führen muss.

Hätten jene Theorien Recht, so wären Fälle wie die eben
angeführten unerklärbar; es müsste dann als ein Widerspruch
oder als ein inadäquater Gebrauch des Wortes „Wollen" bezeichnet werden, wenn etwa Jemand die Frage, ob er sich auf
eine leichte und ehrenvolle Weise viel Geld verdienen wolle,
positiv beantwortete, obgleich er erführe, dass nicht jetzt, sondern erst in einem Monat die dazu nötigen Handlungen ein-
zuleiten seien. Fälle dieser Art sind sicherlich in Ueberein-

stimmung mit dem Sprachgefühl als Willensentscheidungen zu
betrachten; sie zeigen deutlich, dass Willensentscheid und
Willenshandlung zwei wesentlich verschiedene Dinge sind und
dass der herkömmliche Sprachgebrauch vollkommen im Rechte
ist, wenn er die Willenshandlung als Folge des Willensentscheides bezeichnet.

Während des Stadiums der Ueberlegung fühlen wir uns
vollkommen frei, weil wir uns nicht gezwungen fühlen, irgend
einen Entscheid zu treffen, den wir nicht wollen. Will man
diese Thatsache als Freiheit des Willens bezeichnen, so
ist solche Freiheit eine selbstverständliche Consequenz des
Willensbegriffes: wir sind nicht nur nicht gezwungen, einen
Entscheid zu treffen, den wir nicht wollen, sondern wir können
keinen Entscheid treffen, den wir nicht wollen. Wohl aber
kann, wie sich unten zeigen wird, der Fall eintreten, dass wir
handeln, ohne einen Willensentscheid getroffen zu haben.
Wir sprechen in solchen Fällen davon, dass wir gegen unseren
Willen durch unsere Begierde oder unsere Gewohnheit fortgerissen worden seien.

Der Willensentscheid kann, wofern er nicht ohne Ueberlegung sich direct an das Begehren anschliesst, in der Weise zu
Stande kommen, dass Ziel und Mittel in bestimmte, bereitgehal-
tene Wertkategorien eingereiht werden; so dass also die Entscheidung über Wert oder Unwert des Begehrten gewissermaassen rein logisch, d. h. ohne Mitwirkung von Wünschen
und Gefühlsmomenten getroffen wird.[140]) Wo aber solche feststehende Wertbegriffe fehlen oder Zweifel über die Möglichkeit
ihrer Anwendung im gegebenen Falle entstehen, wird die Entscheidung nur auf Grund einer ausgeführten Analyse der an
die betreffenden Handlungen oder deren Unterlassung geknüpften Folgen und der dadurch bedingten Werte gewonnen werden
können — durch eine Operation also, die zu neuen Werturteilen führt. Gefühlsmomente sind es natürlich (gemäss der
Definition des Wertes), die bei solcher Analyse den Ausschlag
geben müssen; im Gegensatz zu den scheinbar objectiven,
feststehenden Wertungen des ersten Falles gewinnen hier subjective, vielleicht durch unsere augenblickliche Stimmung bedingte Motive einen breiteren Spielraum.

Die Entscheidung kann im einen wie im anderen Falle nach einem kürzeren oder längeren Kampfe, mit grösserer oder geringerer Leichtigkeit eintreten. Wir beurteilen die Leichtigkeit oder Schwierigkeit der Entscheidung nach dem Gefühl der Anstrengung, welches sich dabei mit grösserer oder geringerer Intensität einstellt. Dieses Gefühl der Anstrengung ist ein Unlustgefühl und zwar ein solches von um so grösserer Intensität, je grösser die Lockungen sind, welche die zu überwindende Alternative für sich betrachtet darbietet. Während wir diese letztere allein bedenken, stellt sich ein Streben nach derselben um so intensiver ein, je grösser ihre relative Lustbetonung uns erscheint; der Uebergang von der Vorstellung dieser relativen Lust zu derjenigen Erwartung, welche mit dem zu gewinnenden Willensentscheid verbunden ist, ist unlustbetont, sobald der dieser letzteren Erwartung entsprechende Thatbestand selbst als ein minder lustbetonter beurteilt wird. Eben diese Unlust, die an die Ueberwindung des eventuell durch die abzulehnende Alternative hervorgerufenen Strebens geknüpft ist, ist das mit dem Willensentscheid verbundene Anstrengungsgefühl. Einer analogen Erscheinung werden wir bei der Willenshandlung wiederbegegnen.

Willenshandlungen. Unser Wollen ergab sich als partiell bedingt durch das Urteil, dass die Erreichung des Zieles, der Eintritt der gewünschten Ereignisse von einer Mitwirkung unserer Persönlichkeit abhängig sei. Wir wollen jetzt zusehen, in welcher Weise wir zu der Ueberzeugung von solcher Abhängigkeit gelangen, und welcher Sinn diesem Urteile demgemäss zukommt; wobei sich zugleich zeigen wird, inwiefern auf Grund eines Willensentscheides ein Eingreifen unserer Persönlichkeit in den Ablauf der Ereignisse zu Stande kommt.

Wenn wir eine Aenderung, soweit sie durch eine Mitwirkung unserer Persönlichkeit bedingt ist, als unsere Handlung bezeichnen — indem wir den Sprachgebrauch, der sich zunächst nur auf unsere körperlichen Bewegungen und deren Wirkungen als physische Vorgänge bezieht, verallgemeinern und auf das psychische Gebiet ausdehnen: so ergibt sich, dass

25*

als Handlungen alle unsere psychischen Erlebnisse bezeichnet
werden müssen. Denn jedes Erlebniss ist von unserem Ich
abhängig, da sich kein Erlebniss ohne Zusammenhang mit
dem Bewusstseinsverlauf, unbeeinflusst durch die Vorbereitung
vollziehen kann. Diese Thatsache mag den Anlass zur Bildung
des allgemeinen psychischen Thätigkeitsbegriffes gegeben haben, dessen sich die Psychologen so vielfach auch in
den Fällen bedient haben und noch bedienen, in denen es sich
um rein passive, ohne irgend eine Willensbethätigung verlaufende Bewusstseinsvorgänge handelt. Will man diesen Begriff der psychischen Thätigkeit beibehalten, so wird man sich
vor der Verwechslung desselben mit dem Thätigkeitsbegriff
im engeren Sinne zu hüten haben, der mit dem sogleich
zu besprechenden Begriff der willkürlichen Handlung zusammenfällt.

Im Gegensatz zu den psychischen sind physische Vorgänge nur soweit von unserer Persönlichkeit abhängig, als
sich der Zustand unserer körperlichen Organe von gewissen
psychischen Erlebnissen abhängig erweist und seinerseits weiter
für andere physische Aenderungen als Bedingung fungirt.
Zu der Ueberzeugung, dass irgend eine physische Aenderung
von unserer Mitwirkung abhängt, führen uns die Erfahrungen
über den regelmässigen Eintritt bestimmter Aenderungen im
Zustande unserer körperlichen Organe (vor Allem der Gliedmaassen) im Anschluss an bestimmte psychische Erlebnisse,
die ihrerseits unmittelbar als Wirkungen unserer Persönlichkeit
aufgefasst werden.

Handlungen im einen wie im anderen Gebiete heissen
willkürliche oder Willenshandlungen, wenn ihnen ein
auf eben diese Handlungen gerichtetes Streben voranging,
welches mit dem Eintritt derselben seine Befriedigung findet.
Im Gegensatz zur hergebrachten Terminologie lässt uns die
oben gegebene Definition auch von unwillkürlichen Handlungen sprechen — wenn nämlich die Aenderung zwar durch
unsere Persönlichkeit bedingt, aber ohne ein vorgängiges,
darauf gerichtetes Streben zu Stande gekommen ist.

Wir urteilen, dass es in unserer Macht stehe, diese oder
jene Handlung „willkürlich" auszuführen, wenn wir auf Grund

bisheriger Erfahrungen erwarten, dass die Handlung im Anschlusse an das auf sie gerichtete Streben thatsächlich sich vollzieht; beurteilen wir den Eintritt derselben
als abhängig von noch weiteren Bedingungen ausser jenem
Streben, so sagen wir, dass unsere Fähigkeit zur Ausführung
des Gewollten durch diese Bedingungen eine Beschränkung
erleide. Beschränkt sich die willkürliche Handlung auf eine
psychische Aenderung, so wird sie als innere, ist dagegen
die erstrebte Aenderung eine solche im physischen Gebiete, so
wird die Handlung als äussere Willenshandlung bezeichnet. [141])

Da wir, um nach einer Handlung zu streben, diese irgendwie vorstellen müssen, so sind die Willenshandlungen jederzeit insoweit secundäre Erlebnisse, als wir sie oder zum
mindesten die Teilerlebnisse, aus welchen sie sich zusammensetzen, bereits irgendwie kennen, also in ähnlicher Weise
erlebt haben müssen, ehe wir sie vorstellen können. Ebenso
folgt aus der Definition, nach welcher eine Handlung nur
soweit willkürlich heissen kann, als sie vorher erstrebt war,
dass alle Teile der erfolgenden Aenderung, soweit wir sie
nicht vorher vorgestellt hatten, nur als unwillkürliche
Begleit- oder Folgeerscheinungen unserer Willenshandlung zu beurteilen sind. Es versteht sich, dass wir hier wie
überall auf die Ungenauigkeit der Gedächtnissbilder (und die
Vieldeutigkeit symbolischer Vorstellungen überhaupt) Rücksicht nehmen müssen: vermöge dieser Vieldeutigkeit kann
jedem Wunsche eine Reihe verschiedener, innerhalb gewisser
Grenzen ähnlicher Erlebnisse in gleicher Weise entsprechen.

Sind hiermit allgemein die Merkmale der Vorgänge bezeichnet, welche wir als willkürliche Handlungen unserer Persönlichkeit beurteilen, so wird es sich weiter fragen, ob diese
willkürlichen Handlungen sich nicht noch anderweitig charakterisiren lassen, d. h. ob die Thatsache ihrer Abhängigkeit von
unserem Willen nicht einer Erklärung zugänglich ist. Wir
wollen zur Beantwortung dieser Frage zunächst die inneren
Willenshandlungen ins Auge fassen.

Das willkürliche Denken. Damit ein Bewusstseinsinhalt
Gegenstand (Ziel) eines Strebens sein könne, muss derselbe

irgendwie symbolisch vorgestellt sein. Ist der erstrebte Inhalt
ein solcher aus dem Empfindungsgebiete (oder ein complexes
Erlebniss mit Empfindungen als Bestandstücken), so muss zur
symbolischen Repräsentation desselben in letzter Instanz ein
entsprechendes Phantasma dienen; ist er ein anderweitiges
Erlebniss (Phantasievorstellung, begriffliches Urteil u. dgl.), so
wird irgend eine der übrigen Arten symbolischer Repräsentation, wie sie durch Associations- und damit combinirte Relationssymbolik zu Stande kommen, irgend eine „angezeigte"
Vorstellung also im Momente des Strebens vorliegen müssen.
(In einem speciellen Fall kann hier die gewünschte Vorstellung durch eine inhaltsgleiche vertreten sein: dann
nämlich, wenn es sich darum handelt, eine bestimmte Vorstellung willkürlich festzuhalten.)
    Die beiden genannten Eventualitäten unterscheiden sich
weiter wesentlich insofern, als im zweiten Falle die Bestandteile des gewünschten Erlebnisses sämmtlich der Vorbereitung
angehören, während im ersten Falle die Erfüllung des Strebens
von objectiven (physikalischen) Bedingungen abhängig erscheint.
    Was zunächst den zweiten der angegebenen Fälle, das
„willkürliche Denken" betrifft, so scheinen die Bedingungen
dafür, dass ein Streben dieser Art willkürlich befriedigt, die
entsprechende Handlung willkürlich ausgeführt werden kann,
sich leicht angeben zu lassen. Die Phantasmen, welche das
gewünschte Erlebniss constituiren, werden sich nämlich im
Anschluss an das darauf gerichtete Streben ohne Weiteres
einstellen, wenn die Association zwischen den betreffenden
Symbolvorstellungen und deren Bedeutungsvorstellungen soweit eingeübt ist, dass sie über jede anderweitige an jene
Vorstellungen anknüpfende Association den Sieg davonträgt.
Ich urteile, dass ich mir den lateinischen Ausdruck für jeden
deutschen Satz vorstellen kann, wenn ich gelernt habe ins
Lateinische zu übersetzen, d. h. eben, wenn ich weiss, dass
die betreffenden Associationen hinreichend eingeübt sind; ich
kann mir die Folge der Erlebnisse des gestrigen Tages vorstellen, soweit mir der successive Complex, den ich mit diesem
Ausdruck bezeichne, als Complex erinnerlich ist, d. h. eben,

so weit die Association zwischen jedem Teile des Complexes
(als solchem) und seinen Nachbargliedern fest genug ist, um
das Eingreifen anderweitiger Vorstellungsreihen auszuschliessen.
Zweierlei ist jedoch bei dieser Erklärung zu beachten.
Erstlich, dass das Uebungsgesetz nur ein Wahrscheinlichkeitsgesetz ist, welches uns zwar für die eingetretenen Erscheinungen eine Erklärung bietet, niemals aber
auf irgendwelche weiterhin zu erwartende Vorgänge einen
sicheren Schluss gestattet. Die Erklärung der Erscheinungen,
die Zusammenfassung derselben unter allgemeingiltige Gesetze
findet hier aus eben dem Grunde ihre Grenze, aus welchem
sich im vorigen Capitel eine Beschränkung für die Giltigkeit
des Causalgesetzes ergab: die vorliegenden Erfahrungen über
den Verlauf unserer Associationen durch das Uebungsgesetz
zu erklären wird uns zwar jederzeit gelingen, niemals aber die
zukünftigen Erfahrungen durch dasselbe zu bestimmen, weil
wir niemals die Totalität der Bedingungen kennen können,
welche eine Vorstellung als Glied des einen oder des anderen
Erinnerungscomplexes erscheinen lassen. Zwar liegt im Augenblick des Auftretens einer Symbolvorstellung mit dem Wunsche,
ihre uns bekannte Bedeutung vorzustellen, die Erinnerung des
betreffenden Complexes sicherlich vor, da ja nur durch diesen
die fragliche Bedeutung bestimmt ist (vgl. Cap. IV über rudimentäre Association); ob aber auch die Erinnerung der Analyse dieses Complexes sich einstellt, d. h. ob im nächsten
Augenblicke die Bedeutungsvorstellung wirklich bemerkt wird,
ist durch nichts gewährleistet — wie die Fälle vergeblichen
Besinnens zeigen. Verliert unser Urteil, dass wir uns willkürlich diese oder jene Vorstellung jederzeit zu erwecken im
Stande sind, durch Erfahrungen dieser Art an Sicherheit, so
wird dagegen unser Selbstvertrauen durch anderweitige Erfahrungen wieder befestigt, welche uns zeigen, dass das Streben,
wo es im ersten Augenblicke erfolglos bleibt, doch bei fort-
gesetzter Anstrengung zum gewünschten Ziele führen kann:
„wenn wir nur recht intensiv nachdenken", so wird sich die
gewünschte Vorstellung, das erstrebte Urteil schliesslich schon
einstellen — vorausgesetzt, dass wir überhaupt „wissen, was
wir wollen", d. h. dass die Symbolvorstellung des Zieles eine

bestimmte Bedeutung für uns besitzt. Die Thatsache, dass
längeres Besinnen in dieser Weise wirken kann, ist leicht zu
erklären: je länger die Symbolvorstelluug des Zieles uns gegenwärtig bleibt, mit um so verschiedenartigeren anderen gleichzeitig auftauchenden Inhalten muss sie zu Complexen zusammentreten und die Wahrscheinlichkeit dafür, dass die gesuchte
Vorstellung als Teil eines dieser Complexe bemerkt wird, ist
weit grösser als die Wahrscheinlichkeit dafür, dass sie schon
als Teil des ersten Complexes bemerkt wird. Es associiren
sich beim „Besinnen" an die gegebene Vorstellung Erinnerungen an Erlebnisse der verschiedensten Art, in welchen die
gewünschte Vorstellung als Bestandteil enthalten ist: sobald
sich unter diesen verschiedenen Complexen ein solcher findet,
dessen Analyse uns geläufig ist, wird die gewünschte Vorstellung bemerkt und das Streben befriedigt. Die Bedingung,
von welcher hier unser Können abhängig erscheint, ist unser
constantes Wollen. Dieselbe Bedingung spielt überall ihre
Rolle, wo die Association zwischen der Symbolvorstellung des
Zieles und der erstrebten Vorstellung selbst durch eine Reihe
successiver Zwischenglieder vermittelt wird, indem hier
durch inzwischen erfolgende anderweitige Anregungen die
Association in völlig andere Bahnen gelenkt werden kann,
sobald der Gedanke an das zu erreichende Ziel seinen Einfluss nicht mehr bleibend ausübt — ein Einfluss, der eben
nur darin besteht, dass diese Vorstellung (wie jede bemerkte
Vorstellung) für die Richtung der Associationen mitbe-
stimmend ist.

Zweitens aber ist zu der gegebenen Erklärung des willkürlichen Denkens zu bemerken, dass in Gemässheit derselben
die Abhängigkeit des Erstrebten von unserem Willen auch
insofern nicht mit vollem Rechte behauptet werden kann, als
wir zwar unter den angegebenen Bedingungen im Anschluss
an den Wunsch nach einer bestimmten Vorstellung diese
Vorstellung eintreten sehen, aber andererseits, wenn die Symbolvorstellung sich mit einem Widerstreben verbunden einstellt, darum noch keineswegs im Stande sind, den Eintritt
der unerwünschten Association hintanzuhalten. Das Widerstreben ist hier nichts weniger als ein gutes Mittel zur Vermei-

dung des Unerwünschten: wer, um einen Vorfall zu vergessen, sich die Absicht ihn zu vergessen gegenwärtig hält, wird seine Absicht gewiss nicht erreichen. Bei mindergeübten und bei durch successive Zwischenglieder vermittelten Associationen kann aber auch in dieser Hinsicht Abhängigkeit von unserem Willen ausgesagt werden, wenn wir die glückliche Gewohnheit haben, an eine mit Widerstreben verbundene Symbolvorstellung sogleich anderweitige Associationsreihen anzuknüpfen, die unsere Gedanken von der unerwünschten Vorstellung ablenken. Haben wir Erfahrungen dieser Art gemacht, welche uns zu dem Schlusse führen, dass es uns allgemein möglich sei, uns von einer unangenehmen Gedankenrichtung loszureissen, so halten wir uns berechtigt, von einem „Einfluss unseres Wollens" auf den Vorstellungsverlauf auch in negativer Richtung, zur Abwehr unerwünschter Vorstellungen zu reden. Wie weit aber dieses Urteil thatsächlich Giltigkeit besitzt, darüber können uns auch hier stets nur unsere weiteren Erfahrungen belehren.

Die Erklärung des willkürlichen Gedankenverlaufes — soweit eine solche durch die hier gegebene Analyse gewonnen ist — ist nicht etwa in der Richtung als unvollständig zu bezeichnen, dass nun weiter zu fragen wäre, wodurch denn unser Wollen selbst bestimmt sei. Es handelte sich nur um die Bezeichnung der Thatbestände, welche uns eine Abhängigkeit des Vorstellungsverlaufes von unserem Willen behaupten lassen, auf Grund deren wir also berechtigt sind zu sagen, wir können dieses oder jenes Ziel unseres Denkens erreichen, wenn wir wollen. Dieses Wollen selbst aber ist nicht mehr von einem weiteren Wollen abhängig: es steht nicht in unserer Macht, das, was wir wollen, zu wollen oder nichtzuwollen — ein solcher „Freiheitsbegriff" enthielte eine contradictio in adjecto. Soweit hier überhaupt mit Rücksicht auf die mehrfach erwähnten Grenzen alles Erklärens noch eine weitere Erklärung zu fordern ist, kann sie nur durch Berufung auf die besondere Beschaffenheit der Persönlichkeit (der Vorbereitung also) auf der einen, der jeweils wirkenden Eindrücke auf der anderen Seite geleistet werden. So kann das constante Verweilen bez. das mit geringen Unterbrechungen stets wiederholte Auftreten des gleichen Strebens, wie es zur Erreichung einer nicht sogleich sich darbietenden Vorstellung (etwa zur Lösung eines Problemes) erforderlich ist, durch die äusseren Umstände bedingt sein, die uns wieder und wieder den Gedanken an jenes Ziel aufdrängen. Das Zeichen im Kalender, das mich jedesmal beim Betreten meines Zimmers an den Termin mahnt, an welchem ich einen Vortrag zu halten habe, kann als triviales Beispiel solcher äusseren Einwirkung dienen. Aber diese Wirkung würde nicht zu Stande kommen, wäre nicht in meiner Vorbereitung die Disposition begründet, welche mir im Anschluss an den Anblick des Kalenders eben jenen Gedanken erweckt; und abermals würde dieser Gedanke nicht zu einer Strebung führen, wäre nicht wiederum durch meine Vorbereitung das betreffende Ziel als ein wünschenswertes charakterisirt. Erklärungen für die Richtung unseres Wollens sind in dieser Weise in jedem einzelnen Falle zu suchen und zu finden. Soweit sie gesucht werden, ist selbstverständliche Voraussetzung, dass Bedingungen für das Wollen bestehen: wir müssen Deterministen sein, soweit wir hier überhaupt wissenschaftliche Begriffe bilden und anwenden wollen. Die Betrachtungen des vorigen Capitels aber bewahren uns vor einer unberechtigten Erweiterung jener Voraussetzung: ohne dem Streben nach wissenschaftlicher Erklärung Schranken zu setzen, zeigen sie uns die Haltlosigkeit der fatalistischen Consequenzen, zu welchen die Forderung absoluter Causalerklärung führt.

Das Gefühl der Anstrengung beim willkürlichen Nachdenken ist — soweit nicht rein sinnliche Unlustmomente durch die nebenherlaufenden physischen Aenderungen bedingt sind, die wir als Factoren der Ermüdung zu betrachten haben — teils aus der relativen Unlust zu erklären, die sich während des vergeblichen Strebens nach dem vorgestellten Ziele einstellen muss, weil uns eben das letztere als relativ lustbetont vorschwebt; teils aber und wohl hauptsächlich aus denselben Gründen, welche oben für das Gefühl der Anstrengung beim Willensentscheid geltend gemacht wurden. Während wir uns eine Zielvorstellung gegenwärtig erhalten, müssen wir fortwährend eine Reihe von Antrieben „überwinden", die uns von diesem Ziele ablenken, d. h. sich als relativ lustbetont gegenüber den auf das Ziel gerichteten Vorstellungsreihen erweisen. Die Abwendung von diesen, für sich betrachtet relativ lustbetonten Vorstellungsreihen — verbunden noch mit der Erfahrung, dass diese Antriebe uns an der Erreichung des Zieles hindern, gleichsam unserer Kraft Abbruch thun — erzeugt jenes Unlustgefühl, welches wir bezeichnen, wo wir von der Anstrengung, dem Kampfe, dem Ringen unseres Willens sprechen. Erfahrungen über den Eintritt solcher Unlustgefühle können selbst das Ziel als solches gefährden: durch die Vorstellung der Beschwerden des Weges zum Ziele kann das letztere eventuell geradezu entwertet erscheinen, so dass das Streben momentan oder dauernd unterdrückt wird. Insbesondere kann der Grad der Anstrengung zeitweise ein so hoher werden, dass noch weitere Anstrengung unmöglich wird, weil das durch das Ziel bedingte Streben nicht mehr „stark genug" ist, d. h. weil der Wert des Zieles der mit weiterer Anstrengung zu gewärtigenden Unlust nicht mehr die Wage hält.

Die willkürliche sinnliche Aufmerksamkeit. Die Frage nach dem Wesen der willkürlichen Aufmerksamkeit auf einen Bestandteil der Vorbereitung ist mit den letzten Betrachtungen beantwortet. Wir fanden früher, dass die willkürliche Aufmerksamkeit nichts ist als ein Bemerkenwollen; den Mechanismus dieses Bemerkenwollens und seines Erfolges im Gebiete der Vorbereitung haben wir aber soeben beschrieben. Als die eigentliche „Leistung" der Aufmerksamkeit erscheint die Erfüllung der Bedingungen für jenes Bemerken: wir sehen, dass im Falle der auf Teile der Vorbereitung gerichteten Aufmerksamkeit diese Bedingungen ihrerseits sich auf das Bemerken bestimmter Phantasmen reduciren, an welche die gesuchte Vorstellung associirt ist. Wir urteilen, dass wir die Bedingungen herstellen und somit die gewünschte innere Willenshandlung ausführen können, soweit wir auf Grund unserer bisherigen Erfahrungen Reihen der Art kennen (d. h. im Besitz allgemeiner Symbole für solche Reihen sind), deren Ablauf auf die gewünschten Vorstellungen führt. Ob-

gleich diese Reihen ihrerseits Teile unserer Vorbereitung sind,
so ergibt sich doch unsere Fähigkeit zur Ausführung jener
Handlungen im Allgemeinen nicht als unabhängig von äusseren
(physischen) Bedingungen, da eben unsere Associationen durch
Empfindungserlebnisse stets wesentlich mitbedingt werden.[142])

Von anderen Bedingungen zeigen sich, wie bereits oben
erwähnt, die auf Empfindungen gerichteten Willenshandlungen abhängig. Wir erfahren, dass wir eine Farbe im Allgemeinen nicht nach Belieben sehen, einen Ton nicht hören
können, wenn nicht besondere physische Bedingungen
ausserhalb unseres Körpers erfüllt sind. Keine Anstrengung
meiner Aufmerksamkeit ist im Stande, mir eine bloss vorgestellte Farbe, einen bloss vorgestellten Klang in „wirklich"
gesehene, gehörte Empfindungen überzuführen. (Manche
behaupten zwar eine solche Fähigkeit zu besitzen; ich meinerseits besitze dieselbe nicht und hege den Verdacht, dass auch
jenen Behauptungen eine Verwechslung zu Grunde liegt —
dass in den betreffenden Fällen in der That nur eben scharf
bestimmte Phantasievorstellungen beobachtet wurden und dass
sich der Unterschied eines in dieser Weise angeblich erzeugten
Tones von demjenigen einer wirklich erklingenden Saite oder
Stimmgabel bei directem Vergleich im gegebenen Momente
sogleich herausgestellt haben würde. Sollten sich indess wirklich Fälle willkürlicher Hallucinationen der genannten Art
aufweisen lassen, so würden sich dieselben — als durch eine
anomale Construction der betreffenden nervösen Organe bedingt — einer unten zu verzeichnenden Classe von Erscheinungen zwanglos einreihen lassen. Im Folgenden sehe ich
von solchen Anomalien ab und beschränke mich auf die Beschreibung des Verlaufs der Erscheinungen bei solchen Individuen, welche jene Fähigkeit nicht besitzen.)

Sehen wir von der Mitwirkung äusserer Willenshandlungen in soweit ab, als durch diese die wahrzunehmenden Objecte selbst verändert würden, so lassen sich
die hier in Rede stehenden Willenshandlungen als Handlungen der willkürlichen sinnlichen Aufmerksamkeit
bezeichnen. Ich kann — unter der eben eingeführten Beschränkung — einen Empfindungsinhalt nur dann willkürlich

wahrnehmen, wenn derselbe an einem der Objecte meiner Umgebung bereits (objectiv) existirt, und das Einzige, was meinem Willen unter der angegebenen Voraussetzung zu leisten bleibt, ist die Herstellung der Nebenbedingungen, durch welche die Erscheinung gemäss den früheren Betrachtungen zur Wahrnehmung gebracht wird.

Der Hauptsache nach fällt die Erfüllung dieser Nebenbedingungen mit der Ausführung von Bewegungen unseres Körpers oder seiner Teile zusammen, mit der Ausführung äusserer Willenshandlungen also: so dass es scheinen könnte, als sei die ganze hier betrachtete Classe von Handlungen den äusseren Handlungen zuzurechnen. Allein es lassen sich doch Fälle aufzeigen, welche dieser Kategorie nicht einzuordnen sind. So der früher erwähnte Fall der Analyse des Gesichtsfeldes bei ruhendem Auge und ungeänderter Accommodation:[143]) keinerlei Bewegung ist hier als Bedingung des eintretenden Effectes nachweisbar. Ebenso müssen wir annehmen, dass die Analyse von Zusammenklängen ohne motorische Begleiterscheinungen vor sich gehe — nachdem die zunächst sich darbietenden Vermutungen über eine Mitwirkung des tensor tympani beim Heraushören wohl endgiltig widerlegt sind.[144])

Um den Mechanismus dieser Art von Willenshandlungen zu erkennen, wollen wir zunächst den psychischen Vorgang in dem zuletzt genannten Falle analysiren. Es wurde früher bemerkt, dass das Heraushören von Obertönen eines Klanges bisweilen unwillkürlich — anscheinend durch eine Art von Ermüdung des Hörorgans — zu Stande kommt, willkürlich aber durch eine gewisse Anstrengung unsererseits geleistet werden kann: eben nach dem Mechanismus dieser Anstrengung unsererseits, welche damals nicht näher untersucht wurde, haben wir jetzt zu fragen. Die Anweisung, welche man zur Ausführung der Klanganalyse zu geben pflegt, dass man sich nämlich, um einen bestimmten Oberton herauszuhören, eine möglichst deutliche Vorstellung dieses Tones vorgängig bilden müsse, lässt uns das Wesen der fraglichen Leistung, soweit es sich dabei um ein auf eine bestimmte Empfindung gerichtetes Streben handelt, sogleich erkennen. Dieselbe besteht darin, dass wir unsere Aufmerksamkeit auf das Phan-

tasma richten, welches dem herauszuhörenden Tone entspricht;
gelingt dies, so wird die betreffende Empfindung wahrgenommen,
falls eben anderweitig die äusseren physischen Bedingungen
für solche Wahrnehmung erfüllt sind. Die Vieldeutigkeit des
Gedächtnissbildes bedingt — innerhalb gewisser Grenzen —
keine Störung des Vorganges. Auch wo eine völlig bestimmte
Richtung des Wollens von vornherein nicht gegeben ist, wie
z. B. da, wo die Qualität der Teiltöne nicht vorher bekannt
ist, vollzieht sich der Process in analoger Weise: wir gehen
in der Phantasie verschiedene Gebiete der Tonreihe gewissermaassen durch, bis wir auf eine entsprechende Empfindung
stossen. Hier wie dort also richtet sich die willkürliche
Aufmerksamkeit zunächst auf Phantasievorstellungen; in
dem Augenblick, in welchem eine Phantasievorstellung auftritt, die einer der in der Klangmasse enthaltenen unbemerkten
Teilempfindungen entspricht, wird die letztere sogleich bemerkt.[145])

Aehnlich liegt der Fall bei der vorhin erwähnten Analyse
der seitlichen Teile des Gesichtsfeldes. Um eine bestimmte
Stelle meines Gesichtsfeldes bei ruhendem Auge und ohne
Accomodationsänderung zu analysiren, muss ich zunächst „an
diese Stelle denken", d. h. eben die Phantasievorstellung des
betreffenden Teiles der Fläche zu gewinnen suchen, oder, was
dasselbe heisst, mich des besonderen Unterschiedes solcher
Empfindungen, die als in jenem seitlichen Teile befindlich
beurteilt wurden, von den in der Fixationsstelle auftretenden
erinnern. Sobald es mir gelingt diese Vorstellung festzuhalten, schliesst sich die Unterscheidung des betreffenden
Teiles meines Gesichtsfeldes von selbst an. Dass hier die
Vorstellung des Erstrebten eine abstracte ist, indem ich
keineswegs vorher etwa die Farbe der dort vorzufindenden
Teilflächen vorstellen muss, um die Analyse zu vollziehen, bedingt nur einen scheinbaren Unterschied von dem zuerst erwähnten Fall: auch dort musste die Vorstellung des betreffenden Teiltones zwar (annähernd) ihrer Qualität nach,
keineswegs aber auch ihrer Intensität nach bestimmt sein.
Wo es sich nicht um die Aufmerksamkeit auf einen bestimmten Teilton, sondern allgemein um das „auf das Heraus-

hören gerichtete" Wollen handelt, ist die Analogie mit dem gegenwärtigen Falle eine noch vollkommenere.

Es möchte nach diesem Ergebnisse scheinen, als sei in den Fällen, in welchen keine äussere Willenshandlung für die Wahrnehmung einer Empfindung in Betracht kommt, die sinnliche Aufmerksamkeit mit der intellectuellen identisch. In der That aber besteht insofern ein Unterschied zwischen den eben beschriebenen Erscheinungen und dem „Beachten" einer Empfindung, als im letzteren Falle die Empfindung bereits von anderen unterschieden war, ehe sich das mehr oder minder bestimmte Wiedererkennen derselben, die Leistung der „intellectuellen Aufmerksamkeit" anschliessen konnte, während hier im Falle der willkürlichen Analyse die Unterscheidung der betreffenden Empfindung von anderen sich erst im Anschluss an das vorhergehende Bemerken des entsprechenden Phantasmas einstellt. Dass mit dieser willkürlichen sinnlichen Aufmerksamkeit stets intellectuelle Aufmerksamkeit Hand in Hand gehen muss, versteht sich hiernach von selbst, ist aber keine specifische Eigentümlichkeit der in Rede stehenden Fälle, da vielmehr bei aller willkürlichen Aufmerksamkeit wegen der im Streben enthaltenen mehr oder minder bestimmten Vorstellung des Erstrebten die Bedingungen für das Wiedererkennen des letzteren, also für die intellectuelle Aufmerksamkeit mitgegeben sind.[146])

Der hier gefundene Zusammenhang wird (nach den Betrachtungen des fünften Capitels) physiologisch in der Weise zu interpretiren sein, dass sich mit dem Bemerken jedes bestimmten Gedächtnissbildes eine gewisse Aenderung im physiologischen Zustande des entsprechenden Sinnesapparates einstellt:[147]) eine Aenderung der Art, dass der Nervenapparat für den jenem Gedächtnissbilde correspondirenden Empfindungsreiz „leichter zugänglich" wird als für andere, oder, wie wir den Vorgang nach der früher angeführten Annahme zu erklären hätten, dass die vorher ungeschiedenen Einwirkungen der Reize, unter welchen der Reiz für jene Empfindung enthalten ist, sich in ein Nebeneinander verschiedener Erregungen sondern. (Diese Wirkung kann ihrerseits durch eine Aenderung der peripheren Endapparate oder durch eine solche der Leitungsbahnen oder endlich der centralen Teile des Sinnesapparates bedingt sein.) Bei den übrigen auf Empfindungen gerichteten Willenshandlungen, welche sämmtlich willkürliche Bewegungen irgendwelcher Art voraussetzen, kommen durch eben diese Bewegungen neue objective Bedingungen — neue Reize oder neue Zusammenstellungen von Reizen — zur Wirkung. Innerhalb der so entstehenden neuen Gesammtempfindungen kann die willkürliche Aufmerksamkeit in der eben beschriebenen Weise ihre Rolle spielen. So kann ich das Auge wenden und das durch diese Wendung geschaffene neue Gesichtsfeld seinerseits analysiren. Der wesentliche Unterschied dieser Art von Willenshandlungen gegenüber den vorher betrachteten besteht nur in der Dazwischenkunft willkürlicher Bewegungen. Wir wollen uns daher nunmehr der Betrachtung dieser Bewegungen, der äusseren Willenshandlungen zuwenden.

Die äussere Willenshandlung. Man hat als den elementaren Vorgang, welcher aller willkürlichen Bewegung zu Grunde liege, die ideomotorische Handlung bezeichnet: wo immer wir uns eine Bewegung der Art, wie wir sie als willkürliche kennen, in der Phantasie vorstellen, d. h. uns diejenige Bewegungsempfindung (im engeren Sinne dieses Wortes)[148]) ins Gedächtniss rufen, welche einer bestimmten willkürlichen Bewegung entspricht, soll allgemein eben diese Bewegung im Anschluss an die genannte Vorstellung unmittelbar eintreten.

Setzen wir zunächst voraus, dass diese Theorie den Erfahrungen thatsächlich gerecht werde: so scheint sich eine Erklärung für den von derselben behaupteten Zusammenhang aus den vorigen Betrachtungen gewinnen zu lassen. Zeigte es sich dort, dass die Vorstellung einer bestimmten Empfindung diese letztere nach sich zieht, falls nur gewisse objective Bedingungen erfüllt sind, so wird ein Thatbestand der hier bezeichneten Art mit jenen Erscheinungen unter dasselbe Gesetz fallen (also erklärt sein), wenn wir nur annehmen dürfen, dass die objectiven Bedingungen für die Wahrnehmung der betreffenden Bewegungsempfindungen jederzeit erfüllt sind. Dies trifft nun in der That innerhalb gewisser

Grenzen zu. Als objective Bedingung für die Wahrnehmung
jeder Bewegungsempfindung haben wir unseren Körper-
mechanismus zu betrachten. Soweit nun dieser sich jeweils
in einer solchen Bewegung befindet, dass bestimmte Bewegungsempfindungen als unbemerkte Teilempfindungen existiren,
werden mit der Hinwendung der Aufmerksamkeit auf die Gedächtnissbilder dieser Bewegungsempfindungen auch die letzteren selbst eintreten, wenn der vorhin ausgesprochene Satz
über die willkürliche Aufmerksamkeit auf Sinnesempfindungen
allgemein zu Recht besteht. Diese Erklärung reicht aber
freilich zunächst nicht weit. Dass wir die Bewegungsempfindungen wahrnehmen können, wenn der Körper sich thatsächlich
bereits in der betreffenden Bewegung befindet, war vorauszu-
sehen; wie aber eine noch nicht vorhandene Bewegungsempfindung durch die blosse Aufmerksamkeit auf die entsprechende
Phantasievorstellung zu Stande kommen könne, — wie es doch
bei der ideomotorischen Handlung geschieht — lässt sich daraus noch keineswegs verstehen.

Es ergibt sich indessen für die Giltigkeit des ideomotorischen Zusammenhanges alsbald eine gewisse Einschränkung,
durch deren Berücksichtigung wir unserem Ziele näher kommen.
Ich mag in stehender Stellung mir noch so deutlich die Bewegungsempfindungen vergegenwärtigen, die ich beim Schwimmen mit jedem Stoss in den Kniegelenken empfinde, so führt
doch diese Vorstellung hier aus naheliegenden Gründen nicht
zu der entsprechenden Bewegung. Aehnliches zeigt sich in
allen Fällen, in welchen die gedachte Bewegung nicht im directen Anschluss an die gegenwärtige Lage des Körpers oder
seiner Teile vor sich gehen kann (scheinbare Ausnahmen erklären sich dadurch, dass die erforderliche Anfangslage der
Glieder selbst zunächst willkürlich oder unwillkürlich hergestellt wird). Es müssen mit anderen Worten für den Eintritt der ideomotorischen Handlung in der That diejenigen objectiven Bedingungen gegeben sein, unter welchen der Anfang
der vorgestellten Bewegungsempfindung als unbemerkte Teilempfindung vorhanden ist: diesen Anfangszustand nehmen wir
mit der Hinwendung der Aufmerksamkeit auf das entsprechende
Gedächtnissbild dem vorher aufgestellten Gesetze gemäss wahr.

Wir können diese Thatsache auch dahin aussprechen, dass jede
Lage unseres Körpers uns als Anfangszustand einer Anzahl der
verschiedensten Bewegungen erscheinen kann und dass aus der
Zahl dieser (potentiellen) beginnenden Bewegungen je nach
dem augenblicklichen Hervortreten des einen oder des anderen
Gedächtnissbildes der entsprechenden Bewegungsempfindungen
die eine oder die andere bemerkt wird.

Damit nun aber der ideomotorische Zusammenhang in
der oben bezeichneten Form bestünde, wäre weiter erforderlich,
dass mit dem Gedanken an eine bestimmte Fortsetzung der
betreffenden Bewegung auch derjenige physiologische Zustand
(des motorischen Nervenapparates) einträte, welcher dieser
Bewegung entspräche. Eine Annahme dieser Art würde nach
den oben gewonnenen Ergebnissen nichts Unwahrscheinliches
an sich haben. Wenn der physiologische Zustand der Sinnesnerven mit dem Bemerken von Gedächtnissbildern des betreffenden Gebietes in bestimmter Weise alterirt erscheint, so
liegt es nicht ferne zu vermuten, dass ein ähnlicher Zusammenhang auch zwischen der Erregung der motorischen Leitungen und dem Auftreten der entsprechenden Gedächtnissvorstellungen bestehe — ein Zusammenhang der Art eben,
dass mit dem Gedanken an die betreffende Bewegungsempfindung der motorische Apparat in diejenige Erregung versetzt
würde, welche die Ausführung der entsprechenden Bewegung
zur Folge hat.

Ein Zusammenhang dieser Art ist nun in der That unter
gewissen Bedingungen, keineswegs aber allgemein anzunehmen:
nicht allgemein aus dem einfachen Grunde, weil der ideomotorische Zusammenhang selbst nicht in der von
der angeführten Theorie behaupteten Weise besteht.
Wir sind im Gegensatze zu jener Behauptung im Stande, uns
Bewegungsempfindungen der Art, wie sie im Anschluss an die
gegenwärtige Lage unseres Körpers eintreten könnten, deutlich und andauernd in der Phantasie vorzustellen, ohne
dass die betreffende Bewegung eintritt: dann nämlich, wenn
diese Vorstellungen nicht mit einem Strebungs-, sondern
mit einem Widerstrebungsgefühl verbunden sind. Diese
Erfahrung, die jeder leicht durch Ausführung einer bestimm-

ten Bewegung und nachträgliche Vorstellung derselben mit dem Vorsatz der Verhinderung ihres Zustandekommens machen kann, zeigt uns, dass unsere Bewegungen in der That von unserem Willen weit abhängiger sind, als es die Lehre von der ideomotorischen Handlung erlauben würde. Wäre diese strenge richtig, so stünden unsere Bewegungen nur in einer sehr zweifelhaften Abhängigkeit von unserem Willen: mit der ausdrücklichen (also nicht bloss angezeigten, sondern ausgeführten) Vorstellung der Bewegungsempfindungen müssten die Bewegungen sich unwiderruflich vollziehen, gleichviel ob wir sie wollten oder nicht.

Für die Thatsache der Abhängigkeit unserer Bewegungen von unserem Willen werden wir eine weitere Erklärung, wie schon oben angedeutet, nur mit Hilfe physiologischer Betrachtungen versuchen können. Die Bewegungen unseres Körpers und seiner Teile sind eben nicht bloss psychische, sondern zugleich physische Vorgänge, die als solche auch physische Erklärungsgründe verlangen.

Die genannte Abhängigkeit — soweit eine solche zu constatiren ist — würde dann erklärt sein, wenn es gelänge nachzuweisen, dass überall für die Contraction der Muskeln, durch welche unsere willkürlichen Bewegungen zu Stande kommen, physiologische Bedingungen bestimmter Art bestehen: der Art nämlich, dass zugleich mit dem Anfangszustande einer bestimmten Bewegung die zur Fortsetzung eben dieser Bewegung notwendige und hinreichende Spannung dann vorhanden wäre, wenn der Erfolg dieser Fortsetzung vermöge früherer Erfahrungen als ein relativ lustbetontes Erlebniss zu erwarten stünde, und dass umgekehrt jene Spannung nicht einträte, wo die früheren Erfahrungen die genannte Erwartung als die eines relativ unlustbetonten Erlebnisses charakterisirten.

Die Forderung der Erklärung der willkürlichen Bewegungen führt hiernach notwendig zu der Annahme einer bestimmten Art der Entwicklung unseres Nervensystems.[119]) Wenn das Nervensystem sich vermöge unserer Erfahrungen über Lust- und Unlusterlebnisse so entwickelt, dass jeweils die obengenannten Bedingungen für bestimmte Bewegungen bestehen, so werden die so bedingten Bewegungen eben als

willkürliche Bewegungen gekennzeichnet sein. Denn wenn
das durch die Bewegung zu setzende Erlebniss (als Gesammt-
erlebniss) als relativ lustbetont gegenüber dem beim Unterlassen der Bewegung zu erwartenden Zustande beurteilt wird, so
ist es nach den früheren Betrachtungen als ein gewünschtes
characterisirt und die vorgestellte dazu führende Bewegung
folglich ihrerseits als gewollte; als willkürlich aber erscheint
die letztere hinwiederum dann, wenn sie, wie es den obigen
Bedingungen entspricht, mit solchem Willen thatsächlich eintritt und im Falle des Widerstrebens unterbleibt.

Schon vor der Geburt sind im menschlichen Nervensystem
bestimmte Leitungsbahnen der nervösen Erregungen ausgebildet,
vermöge deren sich an bestimmte Einwirkungen auf die Sinnesnerven motorische Reactionen bestimmter Art anschliessen.
Durch die Gesammtheit dieser angeborenen Leitungsbahnen
ist also eine bestimmte Tendenz zu Bewegungen unter gegebenen äusseren Einwirkungen, eine Tendenz zu Reactionen
bestimmter Art auf solche Einwirkungen bedingt.[150]) Wären
diese Bahnen unveränderlich, würden sie nicht im Verlaufe
unserer Entwicklung modificirt, so würden unsere Reactionen auf
gleiche äussere Einwirkungen stets dieselben bleiben: unsere Bewegungen wären ein für allemal durch die Reize bestimmt —
von willkürlichen Bewegungen könnte nicht die Rede sein.
Damit die letzteren zu Stande kommen können, wird es nach
der obigen Auseinandersetzung erforderlich sein, dass zugleich
mit unseren Erfahrungen über Unlusterlebnisse[151]) sich
neue Leitungsbahnen der Art ausbilden, dass die Wiederholung
jener Erlebnisse unmöglich gemacht wird, dass also unser
motorischer Apparat von nun ab auf Einwirkungen, wie sie
bei der früheren Constitution des Nervensystems zu dem Unlusterlebnisse führten, in anderer Weise reagirt. Damit aber
diese neue Reaction thatsächlich eine solche werde, dass dadurch
erfahrungsgemäss jenes Unlusterlebniss vermieden wird,
— eine solche also, die unserem Willen entspricht — wird
sie in ihrer Richtung nur eben derjenigen entsprechen dürfen,
die sich an jenes Unlusterlebniss anschloss und durch welche
wir von dem letzteren befreit wurden.

Die Entwicklung unseres Nervensystems muss also, damit

willkürliche Bewegungen resultiren können, in der Weise vor sich gehen, dass jeweils in einer späteren Phase des Lebens bei gleichen äusseren Umständen wie früher nicht mehr die gleichen Bewegungen wie früher resultiren, sondern dass aus der Reihe dieser Bewegungen gewisse Glieder ausgeschaltet sind.

Zur Erläuterung des Mechanismus dieser Entwicklung diene das von Meynert[152]) analysirte Beispiel des Vorganges, durch welchen „das gebrannte Kind das Feuer scheuen" lernt. Vermöge der angeborenen (bez. im natürlichen Wachstum des Nervensystems begründeten) Reflexe greift das Kind zunächst nach der Flamme, welche es erblickt, zieht aber den Finger zurück, sobald die schmerzhafte Wirkung der Flamme sich bemerklich macht. Nachdem eine Erfahrung dieser Art gemacht ist, spielt sich das nächste Mal der Vorgang nicht wieder in der gleichen Weise ab; vielmehr tritt sogleich mit dem Anblick der Flamme diejenige motorische Reaction auf, welche die Hand zurückzieht bez. das Ausstrecken derselben nach der Flamme hemmt. Die vorher zwischen diesen beiden Erregungen eingeschobenen Processe sind ausgefallen; was physiologisch nur dadurch zu erklären ist, dass sich im Anschluss an jene Erfahrung eine Leitungsbahn zwischen den dem ersten und dem zweiten Reflex dienenden Partien des centralen Nervensystems ausgebildet[153]) hat, so, dass die anfänglich den ersten Reflex auslösende Erregung jetzt direct zur Auslösung des zweiten führt.

Man sieht leicht, wie sich durch Combination von Processen dieser Art in den verschiedenen Gebieten des Central organes die Reactionen auf gegebene Reize dergestalt verändern können, dass keinerlei Aehnlichkeit zwischen den Handlungen der früheren und der späteren Phasen des Lebens mehr zu erkennen ist.

Dass eine solche Entwicklung stattfindet, dass also Leitungsbahnen in der hier beschriebenen Weise sich zwischen den verschiedenen Teilen des nervösen Centralorganes ausbilden, zeigt die anatomisch-entwicklungsgeschichtliche Untersuchung.[154]) Doch ist man weder mit der anatomischen noch mit der physiologischen Erforschung der einschlägigen Verhältnisse bisher über die ersten Anfänge hinausgekommen.

Die in der beschriebenen Weise durch den erworbenen
Mechanismus des Nervensystems bedingten Bewegungen erscheinen als willkürliche Bewegungen nur soweit, als die
entsprechenden Bewusstseinsvorgänge sich gleichzeitig einstellen;
da sie aber als solche — wie alle physikalischen Veränderungen
— rein mechanisch bedingt sind, so können sie sich auch
ohne das Hinzutreten dieser Bewusstseinsvorgänge vollziehen.
Man bezeichnet die Bewegungen, welche auf jenem erworbenen Mechanismus beruhen, als automatische, wenn bez.
soweit sie eintreten, ohne dass ein auf sie bez. ihre einzelnen
Teile gerichtetes Streben bemerkt wird. Bewegungen, die auf
dem angeborenen Mechanismus des Nervensystems beruhen,
werden als Reflexbewegungen von den automatischen unterschieden. Die automatischen Bewegungen bezeichnen wir auch
als unwillkürliche Handlungen; die Reflexbewegungen
dagegen sind nicht als Handlungen zu bezeichnen, da für ihr
Zustandekommen die psychische Entwicklung nicht vorausgesetzt ist. Auch die automatischen und die willkürlichen
Bewegungen sind nur mit Rücksicht auf die beschriebene
Entwicklung als Handlungen zu bezeichnen, da sie nur vermöge dieser Entwicklung von der Persönlichkeit abhängig erscheinen, für sich betrachtet dagegen keine anderen als mechanische Bedingungen erkennen lassen.

Complexe Handlungen. Der Mechanismus der complicirteren Handlungen lässt sich überall auf Combinationen der im
Vorigen betrachteten elementaren Willenshandlungen und ev.
hinzutretender unwillkürlicher Bewegungen zurückführen. Unwillkürliche Handlungen spielen in den complexen Handlungen
eine sehr wichtige Rolle, indem der grösste Teil der Bewegungen, die wir zur Erreichung eines gewollten Zweckes ausführen, nicht im Einzelnen überlegt und gewünscht wird,
sondern sich vermöge des nervösen Mechanismus automatisch
(„gewohnheitsmässig") im Anschluss an den gegebenen Anfangszustand vollzieht.
    Dass nicht allen Willenshandlungen eine Ueberlegung und
ein an diese geknüpfter Willensentscheid vorhergehen muss,
wurde schon weiter oben bemerkt. Im entwickelten Leben

geht weitaus die Mehrzahl unserer Handlungen ohne besondere darauf gerichtete Willensüberlegung vor sich, indem sich an die Vorstellung des Zieles sogleich das gewohnheitsmässige Werturteil und häufig auch ohne jedes solche Urteil die Handlung automatisch anschliesst. Geringfügige Umstände vermögen oft eine Vorstellung zur Zielvorstellung zu machen, ein gewohnheitsmässiges Streben nach dem Vorgestellten zu erwecken, an welches sich ein gleichfalls gewohnheitsmässiges Handeln knüpft. Ich werde auf einem Spaziergange von meinem Begleiter aufgefordert zu versuchen, ob ich eine entfernte Aufschrift zu lesen im Stande bin, und meine Bemühung der Aufforderung nachzukommen schliesst sich sogleich an die letztere an, weil ich gewohnt bin, einem derartigen Wunsche Folge zu leisten: auch wo ein positiver Wert des Ergebnisses als solchen nicht zu erwarten steht (wie er etwa im genannten Falle durch den „Beweis der Schärfe meiner Augen" bedingt sein könnte), mag meine Erziehung mich in früheren Fällen den Wert der Erfüllung eines fremden Wunsches allgemein als einen positiven beurteilen gelehrt und so eine Disposition zum Handeln in der von dem Anderen gewünschten Richtung hinterlassen haben. Aber freilich wird diese Disposition nur dann zur Handlung führen, wenn das Resultat der gewünschten Handlung als solches gleichgiltig oder gar positiv wertvoll erscheint, wenn also nicht anderweitige gewohnheitsmässige Werturteile der Ausführung derselben entgegenstehen.

Erscheint hiernach in den späteren Phasen des Lebens die Willensüberlegung keineswegs als der regelmässige Vorläufer der Willenshandlung, so kann die erstere in den frühesten Phasen überhaupt nicht zu Stande kommen. Ursprünglich vollziehen sich unsere Bewegungen durchweg ohne ein auf das Ziel gerichtetes Wollen, weil ein solches ja seinem Begriffe nach erst secundär auftreten kann: erst mit Erfahrungen über die durch den Eintritt dieses oder jenes Erlebnisses bedingte Lust werden in den Ablauf unseres Lebens Strebungen nach mehr oder minder bestimmt vorgestellten Zielen eingeschaltet. Falls die Vorstellung eines solchen Zieles lange genug bemerkt bleibt, lassen unsere Erfahrungen an die

Strebung Urteile über die Mittel zur Erreichung des Erstrebten
sich anschliessen, mit welchen sich das Streben nach diesen
Mitteln verbindet — vorausgesetzt, dass deren Vorstellung nicht
ihrerseits (gleichfalls auf Grund früherer Erfahrungen) mit
Widerstrebungsgefühlen auftritt. Ist eine solche Zielvorstellung
diejenige einer Bewegung, zu deren Ausführung die Bedingungen
im Nervenmechanismus bereits gegeben sind, so schliesst sich
an das Streben eine äussere Willenshandlung an; ist sie diejenige eines Phantasmencomplexes, für dessen Zustandekommen
in den gleichzeitig bemerkten Teilen der Vorbereitung die
Bedingungen in der früher geschilderten Weise erfüllt sind,
so folgt die innere Handlung des willkürlichen Denkens; ist
sie diejenige einer Empfindung, welche unbemerkt bereits in
der gegebenen Gesammtempfindung enthalten ist, so folgt eine
Handlung der willkürlichen Analyse des Eindruckes. An jede
dieser Handlungen werden sich weitere, teils unwillkürliche,
teils gewollte Handlungen anreihen. Die in solcher Weise
entstehenden Handlungen setzen also sämmtlich keine vorgängige Ueberlegung voraus.

Erst wenn vor dem Ablauf einer dieser Handlungen sich
mit dem Gedanken an das Ziel eine weitere, auf frühere Erfahrungen gegründete Association verbindet, welche uns das
Ziel im Zusammenhang mit anderweitigen, erfahrungsmässig
an dasselbe gebundenen Vorgängen vorstellen lässt, erleidet
jener ursprüngliche Typus der Handlung eine Modification.
Indem die genannten Zusammenhänge an die Stelle der ursprünglichen Zielvorstellung treten, tritt zugleich die Frage
nach dem Werte des durch Erreichung dieses Zieles thatsächlich zu gewinnenden Gesammtergebnisses an die Stelle des
ursprünglichen Werturteiles über das isolirt vorgestellte Ziel;
die Antwort auf diese Frage, die sich ihrerseits durch die Erinnerung an weitere Erfahrungen ergeben kann, wird alsdann
in den folgenden Phasen den Verlauf der Handlung bestimmen.
Fällt das genannte Werturteil positiv aus, so ist nach dem
Früheren die weiter erfolgende Handlung in der Richtung auf
das Ziel als Handlung auf Grund erfolgter Willensüberlegung zu bezeichnen. Ist aber diese Handlung schon
vor dem Entscheid über jene Frage erfolgt, so liegt der eben-

falls bereits erwähnte Fall vor, mit Bezug auf welchen wir
davon zu sprechen pflegen, dass wir durch unsere Begierde
oder durch unsere Gewohnheit zum Handeln fortgerissen
werden. Ein ähnliches Fortgerissenwerden kann auch gegen
einen bereits erfolgten Willensentscheid stattfinden,
wenn die Gründe des letzteren momentan in Vergessenheit
geraten und das Streben nach der ursprünglichen Zielvorstellung wieder allein zur Herrschaft gelangt. Im Einzelnen können
die hierbei eintretenden Handlungen, gleichviel ob sie vor oder
nach dem Willensentscheid, mit demselben oder gegen denselben erfolgen, sowohl Willenshandlungen als automatische
Handlungen sein: Willenshandlungen, wenn sie im Sinne eines
augenblicklich vorherrschenden Strebens verlaufen, automatische,
wenn sie vor sich gehen, ohne dass die Vorstellung ihres erwarteten Erfolges als bemerkte Vorstellung mit einem Strebungsgefühl verbunden gleichzeitig vorgefunden wird.

Eine Analyse der Bedingungen, welche den normalen
Verlauf der Willenshandlungen alterireu, soll hier nicht versucht werden. [155])

Moralische Werturteile. Unsere Strebungen und Willensentscheidungen gründen sich, wie wir sahen, überall auf die
Erwartung, dass das erstrebte oder gewollte Ereigniss ein
mehr oder weniger lustbetontes bez. wertvolles sein werde.
Dieses Urteil über den Wert des Erlebten kann sich jeweils
nur auf frühere Erfahrungen gründen. Wir haben aber bereits
gesehen, dass unsere Wertbegriffe im Allgemeinen veränderlich
sind, dass neue Erfahrungen uns über den Wert einer Thatsache
anders urteilen lassen als zuvor. Ein für minderwertig Gehal-
tenes kann sich als ein höchst Wertvolles erweisen und
umgekehrt; auch bereits der einfachste Fall der erfüllten Be-
gehrung kann uns enttäuschen, weil wir beim Urteil über die
von irgend einem Erlebnisse zu gewärtigende Lust uns nur
durch Erfahrungen über ähnliche Erlebnisse leiten lassen können,
die unter anderen, nie wieder realisirbaren Begleitumständen
gemacht worden sind und die demgemäss niemals einen sicheren
Schluss auf die Lustbetonung eines zukünftigen ähnlichen Erlebnisses zulassen. Wir können aber — speciell hinsichtlich der

Ziele unserer Handlungen — noch aus einem anderen Grunde
irrtümliche Werturteile fällen: dann nämlich, wenn wir bei
der Beurteilung ihres Wertes nicht alle bereits gemachten
Erfahrungen berücksichtigen, welche ein solches Werturteil
zu beeinflussen geeignet wären. Wir bedenken vielleicht im
Augenblick nur diesen oder jenen Effect des Ereignisses,
welches uns als Ziel unserer eventuellen Handlung vorschwebt,
und lassen uns durch diesen Gedanken zu einem positiven
oder negativen Willensentscheid bestimmen, zu welchem wir
nicht gelangen würden, wenn wir andere, uns gleichfalls bekannte Zusammenhänge beachteten und auf unser Werturteil
Einfluss gewinnen liessen.

Die eventuelle Enttäuschung über den Wert des erreichten Zieles unserer Handlung bringt sehr verschiedene Gefühle
mit sich, je nachdem sie durch den einen oder durch den
anderen der eben genannten Factoren bedingt ist. Ist die
Enttäuschung auf eine mit den neuen Erfahrungen eingetretene
Modification unserer Wertbegriffe gegründet — so dass also
der erstrebte Thatbestand nur deshalb jetzt minder wertvoll
erscheint, weil neue, vorher nicht bekannte Thatsachen uns
über seinen Wert eines Besseren belehrt haben —: so geht
der Gedanke an den getroffenen Willensentscheid, der zu solchem
Ergebniss führte, zwar mit einem Bedauern Hand in Hand,
dass wir nicht schon früher die Erkenntniss besassen, die uns
zu einem besseren Entscheid geführt hätte; jener Willensentscheid selbst aber wird insofern nicht als ein minderwertiger
beurteilt, als wir uns eben sagen müssen, dass nach dem
damaligen Stande unserer Erfahrungen ein besserer nicht im
Bereich der Möglichkeit lag. Anders im zweiten der oben
unterschiedenen Fälle. Hier tritt zu der Enttäuschung über
den Wert des Erreichten das Urteil hinzu, dass wir diesen
Erfolg recht gut hätten voraussehen können, dass unser Willensentscheid selbst also ein minderwertiger insofern war, als er
nicht alle uns zur Verfügung stehenden Erfahrungen berück-
sichtigte; eine Minderbewertung, die direct unsere Persönlichkeit trifft, weil dieselbe bei gegebenem Material nicht im
Stande war, die mit diesem Material zu erreichenden denkbar
wertvollsten Ergebnisse zu gewinnen. Es ist das Gefühl

der Reue, welches in diesem Falle die Enttäuschung über
den Wert des Erreichten begleitet. Man sieht, dass dasselbe
nicht notwendig eine erfolgte Willenshandlung voraussetzt,
sondern dass zu seinem Zustandekommen die Erinnerung an
einen getroffenen Willensentscheid bereits genügt, gleichviel
ob demselben die entsprechende Handlung folgte oder nicht —
falls eben dieser Willensentscheid als ein minderwertiger im
obigen Sinne erkannt wird. Dagegen tritt das Gefühl der
Reue niemals auf, wenn wir überzeugt sind, dass ein besserer
(d. h. auf ein wertvolleres Ziel gerichteter) Willensentscheid
als der thatsächlich getroffene unter Berücksichtigung der uns
zur betreffenden Zeit bekannten Thatsachen nicht zu Stande
kommen konnte — dass wir also „nach bestem Wissen" ge-
handelt haben.

Die hier bezeichnete Bewertung unseres Wollens scheint
mir identisch mit dem, was man als moralische Wertung
zu bezeichnen pflegt. Für die moralische Beurteilung unseres
eigenen Strebens und Handelns wenigstens bildet das Gefühl
der Reue sicherlich den Maassstab: das moralische Urteil,
welches wir selbst über unser Wollen fällen, ist daher, wenn
die durchgeführten Betrachtungen keinen Fehler enthalten, mit
dem oben beschriebenen Werturteil identisch. Eine moralische
Beurteilung fremder Willensacte aber kann sich folgerichtig
nur auf eine — wirkliche oder vermeintliche — Erkenntniss
derjenigen Factoren stützen, die für das Zustandekommen des
betreffenden Willensentscheides maassgebend waren: das charakteristische Merkmal einer fremden Handlung (als Zeichen einer
entsprechenden Willensrichtung), welches diese mit unseren
moralisch positiv bez. negativ bewerteten Handlungen als gleichartig erscheinen lässt, kann nur mit derselben Rücksicht auf
die Erfahrungen der betreffenden Persönlichkeit bestimmt werden, welche bei unseren subjectiven Wertungen auf
diese Erfahrungen unsererseits genommen wird.

Wir würden also hiernach allgemein als moralisch positiv
zu bewertende Wollungen (und entsprechende Handlungen)
diejenigen zu bezeichnen haben, deren Ziel nach dem Stande
der jeweiligen Erfahrungen des wollenden Individuums als das
relativ wertvollste erscheint; während als unmoralische

Willensacte diejenigen betrachtet werden müssten, die auf ein
von demselben Standpunkte aus als minderwertig zu beur-
teilendes Ziel gerichtet sind. Da allgemein das Streben, soweit
es nicht ein gewohnheitsmässiges geworden ist, sich nur auf
jeweils als wertvoll bez. als lustbetont beurteilte Ereignisse
richtet, so werden die Bedingungen für ein unmoralisches
Streben überall gegeben sein, wo entweder gewohnheitsmässiges
Streben oder einseitige Ueberlegung lustbringender Consequenzen des vorgestellten Zieles zu einem voreiligen Willensentscheid oder ev. zur Ausführung einer Handlung vor
beendigter Ueberlegung führt.

Will man dieses Resultat in die Form eines Moral-
gesetzes kleiden, so müsste dasselbe lauten: „handle so,
dass dein Ziel nach allen dir zur Zeit zur Verfügung
stehenden Kenntnissen als das positiv wertvollste
unter allen möglichen Zielen erscheint."

Dieses Resultat ist enge verwandt mit dem Ergebnisse
der Kant'schen Ethik. Hier wie dort zeigt sich als moralisch
das vernunftgemässe Wollen und Handeln im Gegensatz
zum augenblicklichen sinnlichen Antrieb; das moralische Wollen
ist das „weitsichtigere" gegenüber dem durch die augenblickliche Neigung, durch das einzeln vorgestellte Lusterlebniss ge-
leiteten Begehren. Ein rein formales Gesetz freilich ist das
hier gewonnene Moralgesetz nicht. Es teilt zwar mit dem
kategorischen Imperativ die Eigenschaft, dass es für Alle in
gleicher Weise Giltigkeit beansprucht d. h. diejenige Hand-
lungsweise vorschreibt, von der wir überzeugt sind, dass sie
zum allgemeinen Gesetze tauglich wäre. Allein es lässt auf
der anderen Seite nicht nur eine Materie des Wollens als
Bestimmungsgrund desselben bestehen, sondern es erweist sich
auch im Gegensatz zum kategorischen Imperativ als ein in
seiner Anwendung je nach dem Stande unserer Erkenntniss
sehr veränderliches Gesetz — die durch dasselbe beherrschten Maximen des Wollens und Handelns sind der Entwicklung
und Vervollkommnung fähig, weil sie eben von den Erfahrungen und den dadurch bedingten Werturteilen des Individuums abhängen.

Da wir in jedem Augenblick in irgend einer Weise zu

handeln in der Lage sind, die Ueberlegung aber stets eine
gewisse Zeit erfordert, so können sich niemals alle Handlungen
auf Ueberlegung und daraus hervorgegangene Willensentscheidungen gründen. Ein moralisch vollkommenes Individuum
könnte daher nur dasjenige sein, welches gewohnheitsmässig
— gleichsam instinctiv — im Sinne der durch seine bisherigen
Erfahrungen bedingten Werturteile handelte und auf jede neue
Erfahrung, die diese Werturteile zu alteriren geeignet wäre,
sogleich mit einer entsprechenden Aenderung seiner Willens-
dispositionen reagirte.

Die Begriffe des Altruismus und Egoismus, welche in
ethischen Betrachtungen eine so grosse Rolle zu spielen pflegen,
finden in der hier gegebenen Begründung der moralischen
Beurteilung unseres Verhaltens keine Stelle. Der Grund hierfür liegt in der Definition des Wertbegriffes: der consequente
Egoismus muss notwendig zugleich Altruismus sein, weil als
constante Wertbegriffe sich mit fortschreitender Entwicklung
der Erkenntniss nur diejenigen ergeben können, welche von
individuellen Unterschieden unabhängig, also für jedes Individuum giltig sind.

Der Gefahr einer Verwechslung mit irgend einer der utili-
tarischen Pseudomoraltheorien wird die vorgetragene Ansicht
kaum ausgesetzt sein. Um jedes Missverständniss in dieser
Hinsicht auszuschliessen, sei nochmals ausdrücklich auf die
mit dem Nutzen im gewöhnlichen Sinne nirgends harmoni-
rende Fassung des hier zu Grunde liegenden Wertbegriffes
hingewiesen.

Zu bemerken ist, dass das moralische Werturteil über
eine fremde Persönlichkeit durchaus nicht das einzige und
für alle Fälle ausschlaggebende Werturteil über dieselbe darstellt. Nicht der moralische Wert ihrer Bestrebungen, sondern
der nach unseren Werterkenntnissen beurteilte Wert der Ergebnisse dieser Bestrebungen bildet das Maass für unsere
Wertschätzung der Persönlichkeit — ein Werturteil, welches
durch die moralische Beschaffenheit ihrer Bestrebungen nur
teilweise bedingt ist. Meine Werthaltung des fremden Willens,
mein „ethisches“ Urteil über die fremde Persönlichkeit braucht
mit dem moralischen deshalb nicht übereinzustimmen, weil es

Siebentes Capitel.

sich nicht nach dem Stande der fremden, sondern meiner eigenen Erfahrungen und der darauf gegründeten Wertbegriffe richtet; die fremden Willensacte und deren Resultate brauchen mir deshalb durchaus nicht schon darum als positiv wertvoll zu erscheinen, weil sie moralisch bestimmt sind. Es wird mir zwar nicht gleichgiltig sein, ob jene Persönlichkeit moralisch will und handelt, weil nur in diesem Fall zu erwarten steht, dass der objective Wert ihrer Ziele und Handlungen sich mit dem Fortschreiten ihrer Erkenntniss im positiven Sinne weiterentwickelt; mit der moralischen Gesinnung aber ist nur einer der Factoren dieses letzteren Wertes gegeben — ein Factor, dessen Fehlen durch anderweitige Factoren bisweilen völlig aufgewogen werden kann.

Die (eventuell durch die nachträgliche Enttäuschung über den Erfolg unserer Handlungen wachgerufene, aber auch unabhängig von solcher Enttäuschung auftretende) Beunruhigung, die uns der Gedanke an einen inconsequenten Willensentscheid verursacht — die Unruhe des „schlechten Gewissens" — erklärt sich aus dem allgemeinen psychologischen Gesetze, welches weiter oben als Gesetz der intellectuellen Gefühlsmomente besprochen wurde. Wie wir uns allgemein beunruhigt fühlen, sobald und solange es uns nicht gelingt eine Thatsache unter dieselben Begriffe mit schon bekannten anderweitigen Thatsachen zu fassen, so empfinden wir eine solche Beunruhigung speciell auch da, wo jene Thatsache ein Entschluss unsererseits ist, den wir nicht unter die sonst unsere Bestrebungen beherrschenden Maximen einzuordnen, in einen begrifflichen Zusammenhang mit unseren übrigen Werthaltungen zu bringen vermögen. Das Gefühlsmoment solcher Einordnung im Falle des Gelingens ebenso wie dasjenige ihres Misslingens ist hier freilich in charakteristischer Weise verschieden von dem der entsprechenden Erlebnisse im Gebiete rein passiver Vorgänge (im „theoretischen" Gebiete); ein Unterschied, dessen Grund darin zu suchen ist, dass eben in dem hier betrachteten Falle mit dem Gelingen oder Misslingen der Einordnung ein positives bez. negatives Werturteil über unsere Persönlichkeit Hand in Hand geht, welches in jenen Fällen nicht auftritt.

Der Schönheitsbegriff und die Kunst. [156]) Wir haben

gesehen, wie aus der Befriedigung der Forderungen des Oekonomieprincips positive intellectuelle Gefühlsmomente fliessen.
Wo wir diese Befriedigung unserem willkürlichen Nachdenken,
dem Vollzug von Begriffsbildungen und Urteilen verdanken,
bezeichnen wir sie als theoretische, wissenschaftliche
Befriedigung.

Wir können aber dieselbe Wohlthat der Beruhigung auch
ohne Hinzutritt willkürlicher Gedankenthätigkeit durch diejenigen psychischen Vorgänge erhalten, welche sich spontan
an unsere Wahrnehmungen anschliessen. In diesem Falle erhalten die Wahrnehmungen oder deren Gegenstände selbst als
die Träger und Erreger dieser Befriedigung ein besonderes
Gefühls- bez. Wertprädicat: sie werden als schöne Wahrnehmungen, als schöne Gegenstände bezeichnet.

Ich will versuchen, die in dieser Behauptung enthaltene
Bestimmung des Schönheitsbegriffes an einem Beispiel zu verdeutlichen. Ich wähle hierzu das Beispiel der bildenden und
zwar speciell der darstellenden Künste: der Malerei und Plastik.[157])

Indem wir zunächst davon absehen, in welcher Weise
und zu welchem Zwecke Kunstwerke zu Stande kommen, sie
also zunächst nicht vom Standpunkte des Schaffenden, sondern
von demjenigen des Beschauers betrachten, ist jedenfalls soviel
von vornherein klar, dass sie, soweit sie etwas darstellen,
diese Darstellung nur für das Auge des Beschauers zu leisten
vermögen: die Werke der bildenden Kunst sind für das Auge
da, sie müssen daher jedenfalls so beschaffen sein, dass wir
bei ihrer Betrachtung durch das Auge eine Darstellung eben
des dargestellten Gegenstandes gewinnen, dass wir diesen Gegenstand erkennen. Insoweit sie eine solche Darstellung
nicht gewähren, sind sie nicht Werke der darstellenden Kunst
(die neben diesen noch übrig bleibenden Werke von ornamen-
taler bez. teppichartiger Wirkung bleiben hier ausser Betracht,
da wir eben nur das Beispiel der darstellenden Kunst ins
Auge fassen).

Soweit wir bei der Betrachtung eines Kunstwerkes den
Eindruck gewinnen, dass dasselbe eine Darstellung von Gegenständen beabsichtige, würden wir hiernach und gemäss dem

obigen Princip zu verlangen haben, dass sich direct an die
optische Wahrnehmung des Kunstwerkes die Erkenntniss
des dargestellten Gegenstandes anschliesse. Anderenfalls
bleibt eine Beunruhigung, ein Suchen bestehen: wir haben das
Gefühl, dass uns durch das Kunstwerk irgend etwas repräsentirt sein soll, und können doch über dieses Dargestellte nicht
zur Klarheit kommen — der Erfolg ist eine negative Gefühlsbetonung gegenüber der Beruhigung durch die in anderen
Fällen unmittelbar sich anschliessende Erkenntniss des Dargestellten.

Nun sind zunächst die Gegenstände der Darstellung, gleichviel ob sie der Wirklichkeit oder der Phantasie des Künstlers
entnommen sind, im Allgemeinen als räumlich ausgedehnte
Gegenstände zu denken. Aus der eben bezeichneten Forderung
fliesst daher vor Allem die weitere Forderung, dass die räumliche Anordnung der dargestellten Gegenstände sich bei
Betrachtung des Kunstwerkes unmittelbar zu erkennen gebe,
da die Erkenntniss der Welt durch das Auge eben in erster
Linie auf der Erkenntniss von Raum und Raumform beruht.

Beschränken wir uns vorerst auf die Betrachtung der
Malerei und der graphischen Darstellung, so ist die genannte
Forderung im Wesentlichen identisch mit der, in der zwei-
dimensionalen Bildebene eine solche Ansicht der darzustellenden
Gegenstände zu geben, dass wir beim Sehen derselben sogleich
mit der Unterscheidung der verschiedenfarbigen[158]) Teile dieser
Fläche auch die Anordnung des Dargestellten in der Tiefen-
dimension zu erkennen vermögen.

Diese Forderung wird nun nicht etwa, wie man zunächst
vielleicht glauben könnte, durch eine photographisch ge-
treue Fixirung der jeweiligen Erscheinung des in der Natur
Gesehenen erfüllt. Auch die vollkommenste farbige Photographie würde nichts weniger als das Ideal der Darstellung
für das Auge sein. Wir wissen, dass unsere optische Raumerkenntniss nicht directe Wahrnehmung, sondern intellectuelle
Verarbeitung von Wahrnehmungen auf Grund früherer Erfahrungen ist.[159]) Die Erscheinung der Gegenstände in der Natur
kann zu solcher Erkenntniss — der Erkenntniss der Anordnung in der Tiefendimension — bald mehr, bald weniger An-

haltspunkte geben: die Merkmale der Daseinsform[160]) der
Gegenstände stellen sich durchaus nicht überall in der Erscheinung direct und unzweideutig für das Auge dar — vor
Allem nicht in der einzelnen ruhenden Erscheinung, die doch
das Einzige ist, was die bildliche Darstellung geben kann.
Wenn wir trotz dieser Unvollkommenheit der einzelnen Erscheinung uns in der Natur stets relativ leicht über die räumlichen Verhältnisse des Geschenen orientiren, so liegt dies
eben daran, dass wir im Stande sind, mit Hilfe von Bewegungen unsererseits die Lücken unserer directen Erkenntniss der räumlichen Verhältnisse an den Naturgegenständen
zu ergänzen; ein Hilfsmittel, das uns der malerischen Darstellung gegenüber naturgemäss versagt ist. Soll die künstlerische Darstellung der oben allgemein gestellten Forderung
genügen, so wird hiernach die erste Aufgabe der Darstellung
in der Hervorhebung und eventuellen Ergänzung solcher Merkmale der Erscheinung bestehen müssen, welche eine unmittelbare Erkenntniss der Formen des Dargestellten ermöglichen.
Alles, was in der Erscheinung der Naturgegenstände unser
Urteil über die räumliche Anordnung zu stören und zu ver-
wirren geeignet ist, muss aus der künstlerischen Darstellung
ferngehalten werden; die Merkmale der Erscheinung sind bei
der Darstellung in der Weise zu alteriren, dass jeweils diejenigen Merkmale, welche die Formerkenntniss trüben, zu
Gunsten anderer, das Formurteil befördernder Merkmale
unterdrückt werden.   Weit entfernt also, dass die künstlerische
Darstellung mit sclavischer Naturnachahmung zusammenfiele,
hat sie vielmehr gerade das zu leisten, was die Natur nicht
leistet: die Wohlthat, die uns das Kunstwerk erweist, die intellectuelle Beruhigung, die uns dasselbe gewährt, besteht
darin, dass uns der Künstler die Arbeit erspart, welche
uns den Naturgegenständen gegenüber stets in Folge der
mangelhaften Formerkenntniss auf Grund des directen Natureindruckes zu leisten übrig bleibt.   Der Natureindruck beunruhigt uns durch diesen Mangel und die dadurch bedingte
Arbeit des Sichzurechtfindens — die künstlerische Darstellung
gibt uns das beruhigende Bild, welches die Factoren der
Raumerkenntniss unmittelbar darbietet, so dass wir die räum-

lichen Verhältnisse des Dargestellten mühelos zu überblicken
im Stande sind. Wer sich — vermöge eines historisch im Allgemeinen
wohlberechtigten Misstrauens — ablehnend verhält gegen alle
theoretischen Betrachtungen, die dem Künstler Regeln vor-
schreiben wollen, und sich für diese Ablehnung auf die Freiheit des individuellen Geschmackes beruft; wer demgemäss auch den hier reproducirten Vorschriften für die
künstlerische Darstellung das Recht abspricht, seiner individuellen Art und seinem individuellen Belieben der Darstellung
vorzugreifen — der möge beachten, dass diese Vorschriften in
keiner Weise beabsichtigen, ihm jene Freiheit zu schmälern.
Sie geben nur die Merkmale an, die seine Darstellung gemäss
den allgemeinen psychologischen Gesetzen wird tragen müssen,
wenn sie dem Beschauer die Wohlthat der Beruhigung erweisen, wenn sie ihm gefallen soll. Wer Vergnügen daran findet,
Bilder zu malen, welche dem Beschauer diese Wohlthat nicht
erweisen, wird durch die angegebenen Regeln natürlich in
keiner Weise behelligt.

Das Gleiche, wie für die zweidimensionalen Darstellungen
der Malerei und Zeichnung, gilt mutatis mutandis auch für
diejenige Kunst, deren Darstellungen sich im dreidimensionalen
Raume ausbreiten, die Plastik. Sowenig wie dort die farbige
Photographie kann hier der Naturabguss — auch nicht
und sogar am allerwenigsten der naturalistisch bemalte —
das leisten, was wir als die Aufgabe der künstlerischen Darstellung erkennen. Hier wie dort wird vielmehr die Darstellung für das ruhende Auge die Merkmale bieten müssen,
an welche die räumliche Orientirung sich spontan anschliesst;
die Erkenntniss der räumlichen Form, welche bei den Naturgegenständen eventuell durch ein Herumgehen um die Gegenstände gewonnen wird, muss in der plastischen Nachbildung
dem Beschauer schon bei einer Ansicht klar werden, wenn
die Ruhe der schönen Darstellung an die Stelle des un-
ruhigen Natureindruckes treten soll. Als die ursprüngliche
Aufgabe der Plastik ergibt sich hieraus die für das ruhende
Auge berechnete Reliefdarstellung. Wie diese beschaffen
sein muss, damit sie den Zweck des Kunstwerkes erfüllt, ist

hier nicht im Einzelnen darzulegen;[161]) dass sie auch da, wo
das Kunstwerk dem Beschauer von mehr als einer Seite als
Darstellung dienen soll, doch mit dem Naturabguss nicht
übereinstimmen kann, ergibt sich aus der Thatsache, dass uns
eben der Natureindruck die Beruhigung der unmittelbaren
Formerkenntniss in der Regel nicht zu Teil werden lässt.
Schon in der Wahl der Motive für die künstlerische
Darstellung kommt das gleiche Princip zur Geltung. Der
Künstler sucht und bevorzugt — im Allgemeinen freilich ohne
den Grund dieser seiner Neigung zu erkennen — diejenigen
Motive, in welchen die Merkmale der räumlichen Anordnung für
das Auge am klarsten hervortreten. Diese Bestimmung kann
geradezu als Definition des künstlerischen Motives
gelten: die Schönheit, das Anziehende des Motives besteht
eben in der genannten Eigenschaft desselben. So beruht auch
das künstlerisch Reizvolle, was ein menschliches Antlitz vor
dem anderen auszeichnet — die „Schönheit" desselben für den
Künstler — zunächst darin, dass dasselbe möglichst klare, charakteristische Merkmale für die Orientirung in den Raumformen
darbietet. Eine weitere Bedingung der „Schönheit" wird weiter
unten hervortreten.

Die Ergebnisse der hier vom Standpunkt des Beschauers
angestellten Ueberlegungen finden durch die Betrachtung der
Thätigkeit des Künstlers ihre Ergänzung und Bestätigung.
Der Vorgang, der sich bei der künstlerischen Nachbildung des
Gesehenen abspielt, und den jeder in seiner ersten, ursprüng-
lichsten Form kennen lernt, wenn er sich in zeichnerischer
Darstellung eines Naturgegenstandes versucht, ist nicht eine
einfache Uebersetzung der gesehenen Erscheinung auf die Bild-
fläche. Niemand wird mit solcher Uebertragung zu Ende
kommen, d. h. eine ihm selbst als Reproduction des Dargestellten genügende Wiedergabe gewinnen, wenn er nur die
einzeln beobachteten Teilflächen seines Gesichtsfeldes in der
direct gesehenen Form und Färbung neben einander zu setzen
sucht, ohne sich über die dreidimensionale räumliche Verteilung der gesehenen Gegenstände, über die „Modellirung"
ihrer Flächen Rechenschaft zu geben. Eben dieses Rechen-
schaftgeben, das „Verstehen der Form" bildet die hauptsäch-

liche geistige Arbeit des darstellenden Künstlers. Diese
geistige Arbeit aber bleibt nicht etwa als ein nebenherlaufendes
Gedankenspiel ohne Einfluss auf die technische Arbeit, sondern
bestimmt die letztere in allen ihren Einzelheiten. Indem der
Künstler die Form verstehen lernt, richtet sich sein Streben
unwillkürlich auf die Wiedergabe der Form; und im selben
Maasse, wie ihm solche Wiedergabe — früher oder später, mit
grösserer oder geringerer Anstrengung — gelingt, gewöhnt er
sich, die Mittel, durch welche sie ihm gelungen ist, auch
weiterhin zu verwenden. Schon das erste technische Lernen
des Künstlers, welches neben jenem intellectuellen Lernen —
dem „Sehenlernen" — einhergeht, ist ein solches Kennenlernen
der Mittel zur Wiedergabe der Form, eben jener elementaren Mittel der Darstellung, durch welche die Modellirung
der dargestellten Flächen dem Beschauer unmittelbar verständlich wird. Wo nicht eine schulmässige begriffliche Mitteilung
dieser technischen Mittel stattfindet, werden sich dieselben kaum
jemals bei verschiedenen Individuen in gleicher Weise entwickeln, da der Fortschritt der beiden geschilderten Lernpro-
cesse von tausendfältigen Zufälligkeiten abhängt. Wie gross
aber auch die Verschiedenheiten der technischen Mittel zur Erreichung des Zieles sein mögen, dies Ziel selbst ist für jede
Technik das gleiche — eben die Wiedergabe der elementaren
Factoren der Raumanschauung.

Die Art, wie der Künstler diese Aufgabe mit seinen ihm
eigentümlichen individuellen Mitteln löst, nennen wir den Stil
des Künstlers. Dass die Bildung eines solchen Stiles sich
vollziehen muss, ist die einfache Consequenz des technischen
Lernens, der künstlerischen Selbsterziehung: würden dem
Künstler nicht gewisse Mittel zur Wiedergabe der Form geläufig, so würde er sich technisch jeder neuen Aufgabe
gegenüber ebenso hilflos finden, wie er sich zu Beginn seines
Lernens fand. Der Erfolg seiner künstlerischen Erziehung
und Uebung ist aber gerade der, dass ihm einem neuen Gegenstande gegenüber nicht nur die Arbeit des Sehens, d. h. des
Verstehens der Formen leichter von Statten geht, sondern
auch die technische Wiedergabe des Gesehenen und Verstan-
denen ihm immer geläufiger wird, mit immer grösserer Sicher-

heit sich vollzieht. Neue Arbeit in beider Art bleibt freilich bei jedem neuen Gegenstande zu leisten; namentlich das Verstehen der Formen bietet bei ungewohnten Gegenständen auch dem Geübten oft grosse Schwierigkeiten. Wer im Malen menschlicher Formen trefflich geübt ist, wird doch, wenn er sich noch niemals im landschaftlichen Malen versucht hat, vor der Aufgabe etwa einen Baum darzustellen sich fast in derselben Verlegenheit finden, die er zu Beginn seiner Lernzeit den Formen des menschlichen Körpers gegenüber empfunden hat.¹⁶²) Ebenso pflegen (in der Malerei wenigstens) auch hinsichtlich der technischen Arbeit neue Gegenstände neue Probleme darzubieten. In jedem Falle aber übt das bisher Gelernte auch auf die Lösung der neuen Aufgabe seinen Einfluss: der Stil, die Gesammtheit der technischen Mittel zur Bewältigung der Form verleugnet sich der neuen Aufgabe gegenüber ebensowenig, wie die grössere oder geringere Gewandtheit im Verständniss der Factoren, welche die räumliche Modellirung der Flächen für das Auge bedingen.

Die Thätigkeit des bildenden Künstlers erweist sich nach diesen Betrachtungen als ein Vorgang ähnlicher Art, wie die sprachlich verlautbarte Urteilsthätigkeit. Indem wir die künstlerische Arbeit leisten, den Gegenstand für das Auge darstellen, gewinnen wir — vorausgesetzt, dass wir unsere Aufgabe wirklich lösen — eine Erkenntniss eigentümlicher Art: eben die Erkenntniss der elementaren Factoren, welche die räumliche Ordnung des Dargestellten für das Auge bedingen. Diese Erkenntniss kommt in der Art der Darstellung ebenso zum Ausdruck, wie die durch den Urteilsact gewonnene Erkenntniss der Unterordnung des Beurteilten unter diesen oder jenen sprachlich fixirten Begriff im gesprochenen Satze ihren Ausdruck findet. Hier wie dort übt die Leistung eine beruhigende Wirkung auf uns, welche wir der durch dieselbe gewonnenen Vereinfachung unserer Erkenntniss zuzuschreiben haben; hier wie dort beruht die gewonnene Erkenntniss auf einer solchen Vereinfachung, einer Art von Abstraction, indem die Darstellung ebenso wie das Prädicat den Gegenstand der Erkenntniss in eine bekannte Form bringt — die aber als solche jeweils nur einen Teil der Eigenschaften seiner

Erscheinung wiedergibt. Ohne diese Vereinfachung ist weder
die eine noch die andere Art der Erkenntniss denkbar: wie
die Prädication nicht ohne die Unterordnung unter den allgemeineren, bekannteren Begriff, so kommt die künstlerische
Darstellung nicht ohne den Gebrauch der künstlerischen Mittel
zur Darstellung der Form zu Stande — das „künstlerische
Begreifen" besteht eben in der Reproduction des Gesehenen
durch diese Mittel der Darstellung, welche uns beruhigen,
weil sie uns die zuvor beunruhigende Erscheinung nunmehr
als eine ihrer räumlichen Bedeutung nach bekannte wiedergeben.

Der wesentliche Unterschied beider Arten der Erkenntniss
und des Ausdrucks ist neben diesen Aehnlichkeiten nicht zu
übersehen. Abgesehen davon, dass im einen Falle völlig Anderes erkannt wird als im anderen, besteht der wichtigste
Unterschied darin, dass der sprachliche Ausdruck der Erkenntniss gegenüber, welche er zum Ausdrucke bringt, ein zu-
fälliger ist, da er als Associationssymbol mit dieser Erkenntniss selbst in keiner inneren Beziehung steht; während
die künstlerische Wiedergabe sich keiner Associationssymbole
zu bedienen braucht[163]) — daher denn auch die zur Darstellung gebrachten Gegenstände ohne vorgängige Erlernung
künstlerischer Sprache erkannt werden. Die Erkenntniss
der künstlerischen Leistung als solcher kann freilich
nur seitens eines Beschauers erfolgen, der das künstlerische
Problem und die künstlerische Arbeit aus eigener Erfahrung
kennt: denn für eben diese psychische Thätigkeit können die
Kunstwerke und ihre Einzelheiten nur als Associationssymbole
dienen, deren Bedeutung hier ebenso wie bei der sprachlichen
Symbolik erlernt sein will.[164])

Mit der Wiedergabe der räumlichen Form ist indess erst
eine der Aufgaben gelöst, welche der künstlerischen Darstellung
zufallen. In derselben Weise, wie die farbige Erscheinung im
Gesichtsfelde uns auf die Anordnung der Gegenstände im
Raume schliessen lässt, so lässt sie auch noch weitere Schlüsse
über diese Gegenstände zu: das Gesehene bedeutet für uns
nicht bloss eine bestimmte räumliche Ordnung, sondern es
besitzt stets noch weitere Bedeutung für uns, es schliessen

sich daran auf Grund unserer Erfahrungen noch mancherlei
Associationen an, die wir sprachlich bezeichnen, indem wir
die gesehenen Gegenstände unter gewisse empirische Begriffe
bringen, den Gegenständen Eigenschaften beilegen, welche
dem Gesichtsbilde als solchem nicht zukommen. Mit Rücksicht auf diese Eigenschaften aber bietet sich dem Künstler
dieselbe Aufgabe, wie hinsichtlich der räumlichen Ordnung
der darzustellenden Dinge. Der Natureindruck gibt uns auch
in dieser Hinsicht im Allgemeinen nur ungenügende Anhaltspunkte für die Erkenntniss seiner Bedeutung: er kann uns
mehr oder weniger beunruhigen, indem er uns über die Bedeutung des Gesehenen im Zweifel lässt, und die Aufgabe
des Künstlers wird es abermals sein, solche Zweifel hintanzuhalten, uns durch Auswahl der charakteristischen Merkmale
der Gegenstände die Antwort auf die an das Gesammtbild
associirten Fragen unmittelbar erkennen zu lassen.

Zur Erläuterung dessen, was hier gemeint ist, mag irgend
eine menschliche Handlung als Beispiel dienen. Wenn wir
eine menschliche Gestalt dargestellt sehen, welche in einer
Bewegung begriffen erscheint, so wird die Frage nach der
Bedeutung dieser Bewegung, nach der Absicht der Handlung
durch den Anblick unmittelbar angeregt. Wie der Natureindruck, so kann auch die Darstellung uns vielleicht über diese
Frage völlig im Unklaren lassen. Wir fühlen bei solcher Unklarheit stets ein Unbehagen; die Ursache desselben gibt sich
unzweideutig zu erkennen, wenn wir damit das Gefühl vergleichen, welches eine andere, die Bedeutung der Handlung
klar ausdrückende Darstellung uns erweckt. Unterschiede dieser
Art im Gebiete des Natureindruckes zeigt etwa der Vergleich
der Bewegungen eines nordischen Fabrikarbeiters mit denen eines
Somali oder eines venetianischen Barkenführers: hier die völlige
Klarheit der Absicht der Bewegung in jedem Teile des Körpers, dort die rohen, scheinbar mehr dem Zug der Schwere
als dem menschlichen Willen folgenden, in ihrer Absicht erst
durch den Erfolg gekennzeichneten Verschiebungen der Gliedmaassen. Derselbe Unterschied der charakteristischen Bewegungen auf der einen, der in ihrer Bedeutung nicht oder nicht
in allen ihren Teilen verständlichen — unbeholfenen oder

eventuell theatralisch manierirten — Bewegungen auf der anderen Seite findet sich auch an künstlerischen Darstellungen, deren Schönheitswert wesentlich von der Vollkommenheit in dieser Hinsicht abhängt.

Verschiedenerlei Erscheinungen müssen natürlich zu höchst verschiedenen Associationen (und eventuellen Zweifeln über ihre Bedeutung) Anlass geben; andererseits werden diese an die wahrgenommene Erscheinung sich anschliessenden psychischen Vorgänge stets durch die Vorbereitung des wahrnehmenden Individuums mitbedingt sein. Aus der letzteren Thatsache erklärt sich zum Teil [165]) die verschiedene ästhetische Wirkung derselben Gegenstände auf verschiedene Individuen, aus der ersteren der verschiedene ästhetische Wert der verschiedenen Gegenstände künstlerischer Darstellung. Eine Bretterwand, ein Stillleben, ein Tierstück, ein Portrait, eine figurenreiche Composition sind zwar hinsichtlich der Raumdarstellung, nicht aber hinsichtlich der hier in Rede stehenden Eigenschaften gleichwertige Objecte der künstlerischen Darstellung. Während die Darstellung der erstgenannten Gegenstände dem Beschauer nur hinsichtlich der räumlichen Verteilung des Dargestellten Klarheit zu verschaffen hat, regen ihm die zuletzt genannten Gegenstände der Reihe nach mehr und tiefere Fragen an; je mehr das Kunstwerk solche Fragen nicht bloss anregt, sondern auch beantwortet, um so grösser ist nach dem früher formulirten allgemeinen Gesetze die Befriedigung, die dasselbe dem Beschauer zu Teil werden lässt, um so höher also sein ästhetischer Wert.

Es lassen sich in der hier bezeichneten Hinsicht im Einzelnen völlig analoge Betrachtungen anstellen, wie sie oben hinsichtlich der Erkenntniss der räumlichen Anordnung durchgeführt wurden. Man erkennt unmittelbar, wie der Begriff der Schönheit durch diesen neuen Factor alterirt und bereichert wird; und zwar nicht nur derjenige der Schönheit künstlerischer Darstellung, sondern ebenso derjenige der Schönheit der Naturerscheinung — soweit an dieselbe sich Associationen der hier in Rede stehenden Art anknüpfen. Solche Associationen brauchen keineswegs durch unsere Kenntniss der natürlichen Eigenschaften der betreffenden Objecte bedingt zu sein, sondern können ebenso vermöge der — oft sehr vagen — Aehnlichkeiten derselben mit anderen Objecten wachgerufen werden. Am nächsten liegen uns in dieser Hinsicht stets solche Associationen, durch welche die Gegenstände unserer Wahrnehmung anthropomorphisirt, gleichsam mit menschlichen Bewegungen und Stimmungen ausgestattet werden. Für das ästhetische Moment solcher „Einfühlung" geben die vorigen Betrachtungen die Erklärung direct an die Hand: die Gegenstände erhalten durch die Einfühlung eine neue Bedeutung für uns, an der sich, wie an jeder Bedeutung, das ästhetische Interesse [166]) bethätigen und eventuell seine Befriedigung gewinnen kann.

Die hier am Beispiel der künstlerischen Darstellung durchgeführten Betrachtungen über den Schönheitsbegriff erheben nicht den Anspruch, die sämmtlichen Momente aufgezeigt zu haben, welche für eine allgemeine ästhetische Theorie in Betracht kämen. Ihre Aufgabe war nur, die durch das Oekonomieprincip beherrschten intellectuellen Gefühlsmomente als die wesentlichen Factoren ästhetischen Genusses aufzuzeigen.

In welcher Weise die gleichen Factoren auch im Gebiete der übrigen Künste für die ästhetische Wirkung maassgebend sind, soll hier nicht ausgeführt werden.

Man sieht, dass die ästhetische Befriedigung, soweit wir sie durch die genannten Factoren als bedingt ansehen dürfen, aus derselben Quelle fliesst, welche wir in der Schlussbetrachtung des vorigen Abschnittes speciell auch als Quelle der ethischen Befriedigung erkannt haben. Die ethische Befriedigung erscheint als ein — durch besondere Factoren complicirter — Specialfall der ästhetischen; jede Verletzung der ethischen Gesetze wird daher stets auch als Beleidigung des ästhetischen Gefühles erscheinen. Dagegen lassen sich nicht umgekehrt die ästhetischen Werthaltungen allgemein auf ethische zurückführen — wie das oben betrachtete Beispiel der künstlerischen Darstellung aufs deutlichste zeigt.

Rückblick.

Wir sind zur Begründung einer empirischen Theorie der psychischen Thatsachen von den in unserem entwickelten Leben unmittelbar gegebenen Thatsachen ausgegangen. Wir haben diese Daten, die Bewusstseinsinhalte unseres entwickelten Lebens analysirt und sind dabei auf eine Reihe fundamentaler, nicht weiter zurückführbarer Thatsachen gestossen, welche wir als Bedingungen für den zeitlichen Verlauf und den Zusammenhang unseres psychischen Lebens erkannten. Wir fanden weiter, dass sich auf Grund dieser fundamentalen Thatsachen, die man als Thatsachen unserer psychischen Organisation bezeichnen mag, gewisse Gesetze ergeben, die den Verlauf unserer psychischen Entwicklung beherrschen.

Diese Entwicklung führt zunächst zur Unterscheidung verschiedener Arten von Bewusstseinsinhalten, zur Ordnung des Vorgefundenen mit Hilfe der Wahrnehmungsbegriffe. Mit der Entwicklung und Differenzirung dieser Begriffe und der gleichzeitig erfolgenden Verfeinerung des Gedächtnisses gewinnen die Erlebnisse immer grössere Bestimmtheit, entwickelt sich unsere Kenntniss über diese unsere Bewusstseinsinhalte.

Die Gesammtheit dieser Inhalte steht in einem unlösbaren Zusammenhange, dem Zusammenhange unseres zeitlich verlaufenden psychischen Lebens, den wir als die Einheit des Bewusstseins oder der Persönlichkeit bezeichnen. Dieser Zusammenhang ist durch die oben genannten Thatsachen unserer psychischen Organisation bedingt.

Weiter führt die Entwicklung mit gleicher Notwendigkeit
zur Bildung der empirischen Begriffe und damit zunächst
zur Ueberzeugung von der Existenz einer Natur, einer Welt
der Dinge und zur Unterscheidung objectiver Zusammenhänge von jenem ersten subjectiven Zusammenhang unserer
Erlebnisse, sowie zur Unterscheidung eigener und fremder
Bewusstseinsinhalte. Wir haben gesehen, dass der Begriff der
objectiven Zusammenhänge, der von unserer Wahrnehmung
unabhängig existirenden Welt der Dinge sich auf Grund jener
Gesetze genau in der Form und in dem Sinne entwickeln
muss, wie wir diesen Begriff als Besitztum des naiven Menschen
vorfinden: der naive Realismus ergibt sich durch unsere
Betrachtungen als die psychologisch notwendige, normale Weltanschauung. Die psychologische Analyse der Entstehung und
Bedeutung dieses naiven Realismus sichert uns vor der Gefahr,
denselben mit dem transcendentalen Realismus zu verwechseln:
Idealismus und Realismus in der hergebrachten Bedeutung
dieser Worte finden vielmehr in ihm ihre Versöhnung.

Die objective Welt, zu deren Begriff wir in der angegebenen Weise gelangen, führt ihr Dasein in einem objectiven Raum und einer objectiven Zeit, ist aber ihrem
Begriffe nach abhängig von dem Dasein des erkennenden Subjectes. Dem objectiven Raume kommen vermöge jenes Ent-
wicklungsprocesses bestimmte, unveränderliche Eigenschaften
zu, welche ihn als den euklidischen Raum charakterisiren.
Für die in der objectiven Zeit verlaufenden Aenderungen ergeben sich gleichfalls aus der Entwicklung der Erfahrungsbegriffe allgemeine Gesetzmässigkeiten, die Gesetze der Behar-
lichkeit der Substanz und der Beharrlichkeit des Naturlaufes, welche wir als notwendige Folgen des Mechanismus jener Begriffsbildung erkannt haben.

Wie im Empfindungsgebiete die Begriffe der Dinge, so
gelangen im Gebiete der Phantasie- und Gedächtnissvorstellungen die Begriffe der Dispositionen allgemein im Verlaufe
des Lebens zur Entwicklung. Von der besonderen Constellation der Umstände, durch welche die individuellen Verschiedenheiten der Entwicklung bedingt sind, hängt es ab, ob es im
einen wie im anderen Gebiete bei den genannten natürlichen

Theorienbildungen sein Bewenden hat, oder ob weitere, wissenschaftliche Theorienbildung eintritt. Wie die letztere, im Falle sie sich auf die Erscheinungen des subjectiven Gebietes richtet, zu dem Begriffe der unbemerkten Bewusstseinsinhalte führt, welcher für die Thatsachen des psychischen Lebens ungefähr dieselbe theoretische Bedeutung besitzt, wie der Substanzbegriff für die Naturwissenschaften, ist im Vorigen ausführlich gezeigt worden.

Eben so allgemein wie die vorgenannten Begriffe muss sich auf Grund der gefundenen Gesetzmässigkeiten die Erkenntniss des Gegensatzes von Wahrheit und Irrtum, müssen sich die Erlebnisse des Begehrens und Wollens, die Fähigkeit des willkürlichen Handelns und die Wertbegriffe entwickeln, auf welche letzteren sich hinwiederum die Entwicklung und Umbildung unserer Dispositionen zu Begehrungen und Handlungen gründet.

Mit der Erkenntniss der Factoren und Gesetze unserer psychischen Entwicklung und der allgemein durch dieselben bedingten Erscheinungen des psychischen Lebens ist die Aufgabe gelöst, welche dieses Buch sich gestellt hatte. Die specielle Untersuchung individueller Unterschiede der Entwicklung und der Bedingungen solcher Unterschiede liegt jenseits der Grenzen dieser Aufgabe.

Anmerkungen.

Zu S. 1. ¹) Dass hiermit nicht etwa von vornherein die Möglichkeit abgeschnitten ist, den Begriff unbewusster psychischer Thatsachen einzuführen, zeigen die Betrachtungen des dritten Capitels (s.
Anm. 60).

Zu S. 2. ²) Man beachte den Unterschied des hier bezeichneten
Gegensatzes mittelbarer und unmittelbarer Erfahrung gegenüber dem
in **Wundt's** Grundriss der Psychologie, S. 3, bezeichneten Gegensatze,
der sich auf eine „unmittelbare" Zerlegung jeder Erfahrung in zwei
Factoren gründet. Findet eine solche Zerlegung jeder Erfahrung statt,
so ist die Erkenntniss eines jeden der beiden Factoren eine unmittelbare Erfahrung in unserem Sinne und beide Factoren sind daher
Gegenstände der psychologischen Untersuchung.

Zu S. 4. ³) Vorlesungen über mathematische Physik. Mechanik.
2. Aufl. S. 1. Die Einsicht in die allgemeinere Bedeutung dieses Princips verdanken wir **Mach** und **Avenarius**; vgl. Cap. II, S. 84 f.

Zu S. 5. ⁴) Siehe Cap. II, S. 82 ff.

⁵) Diese Bemerkungen werden, wie ich hoffe, die gegebene Definition der Psychologie vor den Vorwürfen sichern, welche **Lipps** in
seinem Vortrage „über den Begriff des Unbewussten in der Psychologie" (Bericht üb. d. III. intern. Congress f. Psychologie S. 146 ff.)
mit Recht gegen die beschreibende Psychologie im hergebrachten
Sinne dieser Bezeichnung erhebt. — Einen ähnlichen Standpunkt wie
die Ausführungen des Textes vertritt **Jodl** in der Einleitung seines
jüngst erschienenen Lehrbuchs der Psychologie.

Zu S. 7. ⁶) Die Befürchtung **James'**, dass eine solche von
metaphysischen Voraussetzungen freie Behandlung der Psychologie sich
nicht in einem Buche, sondern nur in einer ganzen Bibliothek werde
leisten lassen, hoffe ich durch die folgende Darstellung zu widerlegen.

Zu S. 9. ⁷) Vgl. u. a. Brentano, Psychologie I. (1874). S. 49 f.

Zu S. 10. ⁸) Zu diesen nichtursprünglichen Bestandteilen gehört, wie hier vorgreifend bemerkt sein mag, der Begriff des **Dinges**
und der damit auf's engste zusammenhängende Gegensatz des **Sub-**

jectiven und Objectiven (vgl. Cap. II u. V). Wir dürfen deshalb
diesen Gegensatz nicht von vornherein als einen gegebenen und selbst-
verständlichen unseren Betrachtungen zu Grunde legen.

Zu S. 11. ⁹) In der ersten Auflage der Kritik der reinen
Vernunft.

¹⁰) Vgl. meinen Aufsatz „das Gesetz der Uebung", Vierteljahrschr.
f. wiss. Philosophie 1896. Bd. XX, S. 48.

Zu S. 13. ¹¹) Nach James (Principles of Psychology I, p. 239)
wäre nur dieser zweite Vergleich zutreffend. Die folgenden Betrachtungen dürften jedoch auch das Bild der „Kette" nicht als unannehmbar
erscheinen lassen.

Zu S. 15. ¹²) Vgl. meine Schrift „Versuch einer Theorie der
Existentialurteile" (München 1894) S. 9 ff.

Zu S. 16. ¹³) Vgl. die in der vorigen Anmerkung citirte Schrift,
Cap. II u. IV.

¹⁴) Siehe besonders unten Cap. III. — Mit den Betrachtungen
des Textes soll übrigens selbstverständlich nicht das Vorhandensein einer Activität, eines Thätigkeitsgefühles bei manchen Erlebnissen geleugnet sein. Allein wir dürfen erstlich nicht eine solche
Activität in die Fälle hineininterpretiren, in welchen die Erfahrung
blosse Passivität zeigt; wir dürfen also vor Allem nicht die Thatsache,
dass irgend ein Bewusstseinsinhalt erscheint, überall auf eine solche
Activität zurückführen, die sich in der Erfahrung nicht vorfindet. Und
ferner werden wir jenes Activitätsgefühl da, wo es sich findet, eben
auch seinerseits als Erlebniss, also als Bewusstseinsinhalt — oder mindestens als Eigenschaft einer besonderen Classe von Bewusstseinsinhalten — zu betrachten haben. Die Analyse dieses Activitätsbe-
wusstseins folgt später (Cap. VII).

¹⁵) Das Wort „Erkennen" ist hier in seiner weitesten Bedeutung
gebraucht. Vielfach wird mit demselben ein engerer Complex von Thatsachen bezeichnet, der im Folgenden (bei Betrachtung des Wiedererkennens und der Prädication von Bewusstseinsinhalten) zu beschreiben sein wird. Dieser engere Sinn des Wortes Erkennen steht
dem hier gemeinten weiteren Sinne desselben ebenso gegenüber, wie
die „knowledge about an object" der einfachen „acquaintance with the
object" in James' Terminologie (Principles of Psychology I, p. 221 u.
mehrfach).

Zu S. 17. ¹⁶) James legt (Pr. of Ps. I, 225, 284 ff.) hohen Wert
auf den Begriff einer auswählenden Function des Bewusstseins, vermöge deren wir fortwährend einen Teil der sich darbietenden Inhalte
bevorzugen, andere vernachlässigen. Es will mir scheinen, als ob
wenigstens ein Teil der Thatsachen, die James durch diesen Begriff
bezeichnet, noch weiterer Analyse und einfacherer Beschreibung zugänglich wäre; vgl. die späteren Capitel.

Zu S. 20. ¹⁷) Wer etwa einwendet, dass man doch „einen
Menschen sehen und dabei von seiner Verschiedenheit anderen Menschen

gegenüber ganz absehen" könne, trifft damit natürlich nicht die hier
gegebene Auseinandersetzung. Die Unterscheidung eines Menschen von
anderen Menschen fällt mit der Unterscheidung des wahrgenommenen
Inhaltes von anderen Inhalten nicht zusammen; die letztere Unterscheidung aber ist notwendig, um den „gesehenen Menschen" als Menschen
von seiner Umgebung abzuheben — ohne dieselbe würden wir eben nur
ein einheitliches Gesichtsfeld und keinen als menschliche Figur zu
charakterisirenden Teil des Gesichtsfeldes vorfinden.

Zu S. 22. [18]) Dies Wort ist also hier nicht in dem von Avenarius definirten Sinne zu verstehen.

Zu S. 26. [19]) Vgl. meine „Theorie der Existentialurteile" Cap. II.

[20]) Aus demselben Grunde ist die Bezeichnung der Gedächtnissbilder
als „central erregter Empfindungen" unzulässig.

Zu S. 33. [21]) Vgl. den nächstfolgenden Abschnitt.

Zu S. 34. [22]) Nämlich alle „knowledge about" in der früher (Anm.
15) erwähnten Bedeutung.

Zu S. 35. [23]) Auf Grund einer ähnlichen Betrachtung hat Ziehen
(Physiolog. Psychologie. 3. Aufl., S. 175 ff.) das Wesen der Aufmerksamkeit zu bestimmen versucht. Es scheint mir aber, dass diese Bestimmung einer Ergänzung bedarf; siehe Cap. III, S. 168 ff.

Zu S. 36. [24]) Vgl. oben S. 34.

Zu S. 37. [25]) Siehe weiter unten im Abschnitt „Aehnlichkeitserkenntniss".

Zu S. 38. [26]) Der Inhalt dieses Abschnitts ist im Wesentlichen
bereits enthalten in meinem Artikel „Das Gesetz der Uebung", Vierteljahrschrift f. wissensch. Philosophie Bd. XX, S. 45 f.

Zu S. 40. [27]) Diese Betrachtungen werden sich an einer späteren
Stelle in einfacherer Form wiedergeben lassen; siehe Cap. IV, S. 217 f.

Zu S. 48. [28]) Dass ich hier Distanz — genauer qualitative Distanz
— und Intervall identificire, mag bedenklich erscheinen; denn so plausibel auch die von G. Engel (Zeitschr. f. Psychologie Bd. II, S. 365) angeführten Urteile von Musikern diese Identitätsbehauptung erscheinen
lassen, hinreichend allgemein bewiesen ist dieselbe dadurch wohl noch
nicht. Indessen mag, wer an der Identität von Distanzgleichheit und
Intervallgleichheit — nur auf diese kommt es hier an — zweifelt, im
Texte überall für Intervall Distanz einsetzen; am Sinn der gegebenen
Auseinandersetzung wird dadurch nichts geändert.

Zu S. 54. [29]) Man sieht, dass von Gleichheit zweier Inhalte immer
nur in der einen oder der anderen Hinsicht die Rede sein kann.
„Zwei" Inhalte, die in jeder Hinsicht gleich wären, würden eben überhaupt nicht zwei Inhalte sein, sondern zusammenfallen.

Zu S. 57. [30]) Dass eine nachträgliche Bestimmung von unbeachteten Eigenschaften eines Inhaltes durch mittelbare Beurteilung
auf Grund allgemeinerer Erfahrungssätze zu Stande kommen kann, wird
sich später ergeben.

Zu S. 60. [31]) Vgl. hierzu und zu den folgenden Ausführungen

die grundlegenden Betrachtungen A. Meinongs (Hume-Studien II,
Sitzungsberichte d. phil.-hist. Classe d. kais. Akademie d. Wiss. zu Wien,
Bd. CI, Heft II, S. 656 ff.)

³²) Siehe A. Meinongs Abhandlung „Phantasievorstellung und
Phantasie", Zeitschr. f. Philosophie u. philos. Kritik, N. F. Bd.95, S. 207 ff.

³³) Vgl. Meinong, Hume-Studien II, a. a. O. S. 658 u. bes. S. 669.
Zu S. 61. ³⁴) Vgl. Meinong a. a. O. S. 723. Die dort behauptete
Gleichheit des Gedächtnissbildes und des entsprechenden früheren
Erlebnisses kann allerdings nach den früheren Betrachtungen nicht zu-
gegeben werden. Vgl. meine „Theorie der Existentialurteile" S. 32 ff.
Zu S. 63. ³⁵) Die Aenderungen, welchen die Sprache selbst in
Folge ungenügender Erfüllung der letzteren Bedingung unterworfen ist,
sind hier nicht zu besprechen. Vgl. über diesen Punkt H. Paul, Prin-
cipien der Sprachgeschichte, S. 66 f.
Zu S. 66. ³⁶) Vgl. hierzu A. Meinong, Hume-Studien I, Sitzungsberichte d. phil.-hist. Classe d. kais. Akad. d. Wiss. zu Wien Bd. LXXXVII.
Ich verdanke die Ueberzeugungen, welche ich in diesem Abschnitte ver-
trete — wie so Vieles andere — im Wesentlichen dem Studium von
Meinongs Arbeiten; womit indessen nicht gesagt sein soll, dass in
den Ausführungen des Textes überall Ansichten zum Ausdrucke kommen
die mit denjenigen Meinongs genau übereinstimmen.
Zu S. 67. ³⁷) Solche Association kann übrigens — wie jede Association — auch trotz höchsten Uebungsgrades unterbleiben. In den
meisten Fällen wird sie die Form rudimentärer Association annehmen;
vgl. Cap. IV, S. 218 f.
Zu S. 68. ³⁸) Vgl. aber auch hierzu die Ausführungen des vierten
Capitels über rudimentäre Association.
Zu S. 69. ³⁹) Siehe auch meine Theorie der Existentialurteile, S. 26.
Zu S. 70. ⁴⁰) Vgl. Ehrenfels' grundlegende Arbeit über Gestaltqualitäten, Vierteljahrschrift für wiss. Philosophie Bd. XIV, S. 249 ff.
⁴¹) Mit einer kleinen, aber, wie ich glaube, durch die vorangehen-
den Betrachtungen über die Abstraction gerechtfertigten Abänderung
der von Meinong (Zeitschrift f. Psychologie Bd. II, S. 245 f.) geschaf-
fenen Terminologie.
Zu S. 71. ⁴²) Vgl. auch hierzu und zu den folgenden Ausführungen
die citirte Arbeit Ehrenfels'.
Zu S. 72. ⁴³) Das „Aufzeigen" lässt sich im Allgemeinen bestimmen als die Herstellung der — physischen bez. physiologischen —
Bedingungen, unter welchen Inhalte der betr. Art normalerweise vorgefunden werden. Werden diese Bedingungen nicht hergestellt, sondern nur bezeichnet, so haben wir es mit einem Ersatz der deiktischen
Definition durch eine solche mittels Relationssymbolen zu thun, die
sich von anderen derartigen Definitionen nur dadurch unterscheidet, dass
sie sich aussergewöhnlich complicirter Begriffe bedient.
Zu S. 75. ⁴⁴) Vgl. oben S. 15.
Zu S. 76. ⁴⁵) Die Erklärung der Gefühle als Gestaltqualitäten

unserer jeweiligen Gesammterlebnisse ist, wie man sieht, nahe verwandt,
aber nicht identisch mit der von James für die „Emotionen" gegebenen
Erklärung; die letztere ergibt sich, wenn man sie mit Hilfe des Begriffs der Gestaltqualität formulirt, als specieller Fall der ersteren.

Zu S. 78. ⁴⁶) Unter Willensphänomenen sind hier nirgends Bewegungen, sondern Bewusstseinsvorgänge gemeint. So vollkommen
ich mit James übereinstimme, wenn er Bain's Ansicht über die aus-
schliessliche Bedeutung von Lust und Unlust als Bestimmungsgründen
unserer Bewegungen bekämpft, so vollkommen bin ich doch andererseits überzeugt, dass für unser Wollen die Vorstellungen von Lust und
Unlust die einzigen ursprünglichen Motive sind, aus welchen sich alle
weitere Motivation im Laufe des individuellen Lebens entwickelt. In
welcher Weise diese Entwicklung zu Stande kommt, wird im letzten
Capitel dargelegt.

Zu S. 79. ⁴⁷) Vgl. James, Princ. of Psych. II, p. 487. Eine gewisse Einschränkung des hier aufgestellten Satzes wird sich im letzten
Capitel ergeben.

Zu S. 84. ⁴⁸) Principles of human knowledge, Sect. CIV ff.

⁴⁹) Man vergleiche die treffliche Darlegung der Entwicklung des
philosophischen Denkens in Avenarius' Habilitationsschrift „Philosophie
als Denken der Welt nach dem Princip des kleinsten Kraftmaasses"
Leipzig 1876.

Zu S. 85. ⁵⁰) Mach, die Mechanik in ihrer Entwicklung etc.
(2), S. 5; 452 f.; sowie an vielen anderen Stellen seiner Schriften.

⁵¹) In der oben Anm. 49 angeführten Schrift.

⁵²) Vgl. den einleitenden Teil der citirten Schrift von Avenarius.

⁵³) S. meine „Theorie d. Existentialurteile" S. 48.

Zu S. 99. ⁵⁴) Vgl. zu diesem Abschnitte die Ausführungen der in
der vorigen Anmerkung citirten Schrift. Aehnliche Gedanken über objective Existenz und den Begriff des Objectes äussert Mach in seinen
Principien der Wärmelehre S. 422 f.; vgl. auch dessen Beiträge zur
Analyse der Empfindungen, erster Abschnitt („antimetaphysische Vor-
bemerkungen").

Zu S. 109. ⁵⁵) Die Bedeutung dieser Thatsache für die geometrischen Begriffsbildungen kommt weiter unten zur Sprache; s. Cap. V,
S. 266.

Zu S. 119. ⁵⁶) Vgl. Ehrenfels a. a. O.

Zu S. 125. ⁵⁷) Kritischer Reflexion hält auch die so gewonnene
Vorstellung der fremden Bewusstseinsinhalte noch nicht in jeder Beziehung Stand. Der Relation zwischen meinen eigenen von mir gesehenen Körperbewegungen und meinen entsprechenden „Bewegungsempfindungen" (oder wie die durch jene Bewegungen unmittelbar
„verursachten" Empfindungen sonst genannt werden mögen) kann strenge
genommen nicht eine Relation zwischen den von mir wahrgenommenen
fremden Bewegungen und den correspondirenden fremden Bewegungsempfindungen entsprechen. Damit das vom Oekonomieprincip geforderte

Entsprechen stattfinde, muss jene selbe Relation vielmehr zwischen den von den betr. Individuen selbst geschenen Bewegungen ihrer Körperteile und den correspondirenden Bewegungsempfindungen vorausgesetzt werden. (Eine Ueberlegung dieser Art nötigt uns — in einem späteren Stadium des Denkens — zwischen den von uns gesehenen Inhalten und den davon verschiedenen entsprechenden Inhalten anderer Individuen zu unterscheiden. Vgl. übrigens Cap. VI).

Zu S. 126. [58]) Vgl. Avenarius, der menschliche Weltbegriff, S. 8.

[59]) Unterschiede dieser Art finden sich z. B. zwischen normal Sehenden und Farbenblinden. Vgl. übrigens zu der ganzen Frage die Ausführungen des sechsten Capitels.

Zu S. 128. [60]) Vgl. zu diesem Capitel meine beiden Artikel „Ueber Verschmelzung und Analyse", Vierteljahrschr. f. wiss. Philosophie Bd. XVI, S. 404 ff. u. XVII, S. 30 ff. — Des Ausdruckes „psychische Analyse" bediene ich mich im Anschlufs an Meinongs Vorschlag; vgl. dessen Abhandlung „Beiträge zur Theorie der psychischen Analyse" Zeitschr. f. Psychologie Bd. VI, S. 340 ff. Die in den folgenden Ausführungen als unbemerkt bezeichneten Inhalte werden von Manchen unbewusste Inhalte genannt; insbesondere dürfte sich der Begriff des Unbewussten in dem Sinne, in welchem Lipps sich dieses Ausdrucks bedient, mit dem der „unbemerkten" Teilinhalte decken. Weshalb ich mich der eben genannten Terminologie nicht anschliesse, habe ich in den oben citirten Artikeln dargelegt; vgl. auch die S. 35 f. dieses Buches gemachten Bemerkungen.

Zu S. 130. [61]) Vgl. James, Princ. of Psychology I, p. 608 ff.

Zu S. 133. [62]) Vgl. den folgenden Abschnitt.

Zu S. 139. [63]) Man vergleiche die entsprechenden Betrachtungen des unten folgenden Abschnittes „Analyse des Gleichzeitigen".

Zu S. 141. [64]) Im Anschluss an Avenarius (Krit. d. r. Erfahrung II, S. 51 ff.).

[65]) Vgl. James a. a. O.

Zu S. 169. [66]) Doch sind auch hier Fälle namhaft zu machen, in welchen der Sprachgebrauch mit der im Texte angegebenen Terminologie übereinstimmt. Wenn der Vogelliebhaber eine Vogelstimme sogleich als diejenige einer Amsel oder eines Staars, der Musiker dieselbe Stimme als Folge dieser oder jener Töne wiedererkennt, während ein Dritter auf den gehörten Laut überhaupt nicht achtet, so ist die Bezeichnung dieser Unterschiede als Folgen der (durch die Vorbereitung bedingten) „unwillkürlichen Aufmerksamkeit" dem Sprachgebrauch gewiss nicht conträr.

Zu S. 175. [67]) Die Grundgedanken dieser und der folgenden Ausführungen verdanke ich Weierstrass' Vorlesungen über Functionentheorie (W. S. 1882/83).

Zu S. 179. [68]) Vgl. Cap. VI, S. 348 f.

[69]) Dass übrigens nicht alle Aehnlichkeiten sich in dieser Weise erklären lassen, zeigen die Betrachtungen des ersten Capitels (S. 43).

Zu S. 182. ⁷⁰) Vgl. auch A. Meinong, über Begriff und Eigenschaften der Empfindung, Vierteljahrschr. f. wiss. Philos. XII, S. 351 f., sowie meinen Artikel daselbst XVII, S. 40 f. Ebenso auch neuerdings Ebbinghaus (Psychologie S. 217): [das Farbenmischungsschema will] „schlechterdings nichts Psychologisches, wenigstens nichts rein Psychologisches aussagen . . . . . sondern eine bestimmte Beziehung des Psychischen zu seinen äusseren Ursachen".

Zu S. 189. ⁷¹) Solche allmählige Aenderung kann als stetig gedacht werden, wo die Aenderung des Reizes durch eine räumliche Bewegung bedingt ist — wie in dem im Texte folgenden Beispiel.

Zu S. 190. ⁷²) Vgl. Cap. V, S. 296, wo der gegen diese Auffassung erhobene Einwand seine Erledigung findet.

Zu S. 191. ⁷³) Stumpf, Tonpsychologie I, S. 33 f.

⁷⁴) Vgl. Cap. V, S. 297.

Zu S. 192. ⁷⁵) Stumpf, a. a. O. S. 25, S. 51 u. mehrfach.

⁷⁶) Siehe Cap. I, S. 48.

Zu S. 193. ⁷⁷) Wie u. a. Merkels Versuche zeigen. Dass die Resultate dieser Versuche noch nicht, wie Ludwig Lange meint (Wundts phil. Studien X, S. 125 ff.), zu einer „Erweiterung des Grössenbegriffs" Anlass geben, indem sie die Grösse der Empfindungsdistanzen von der gewählten Masseinheit abhängig erscheinen liessen, zeigen die Ausführungen des Textes.

⁷⁸) Die Frage, ob die ebenmerklichen Distanzen als „gleichmerkliche" zu bezeichnen sind, ist bedeutungslos, so lange nichts über den Sinn festgesetzt ist, in welchem von „Graden der Merklichkeit" gesprochen werden soll. Vgl. A. Meinong, das Weber'sche Gesetz, Zeitschr. f. Psychologie XI, S. 124 ff., 126, 130.

Zu S. 198. ⁷⁹) Vgl. hierzu und für das Folgende meine Schrift „Versuch einer Theorie der Existentialurteile" S. 86 ff.

Zu S. 201. ⁸⁰) Das Gedächtnissurteil als derjenige psychische Thatbestand, welcher in den sprachlich formulirten Gedächtnissurteilen seinen Ausdruck findet, ist eben der hier im Texte gekennzeichnete Thatbestand.

Zu S. 203. ⁸¹) Vgl. meine Theorie d. Existentialurteile S. 88 f.

Zu S. 210. ⁸²) Sigwart, Logik I (2), S. 102, Fussnote.

Zu S. 225. ⁸³) S. Cap. 1, S. 32.

Zu S. 228. ⁸⁴) Vgl. meine Ausführungen Vierteljahrschr. f. wiss. Philos. Bd. XX, S. 47 f.

Zu S. 229. ⁸⁵) S. Cap. VI, S. 358 f.

Zu S. 230. ⁸⁶) Verfasser dieses Buches war als Kind völlig unmusikalisch, so dass er z. B. mit 10 Jahren noch nicht im Stande war sicher zu beurteilen, welcher von zwei nicht allzuweit (etwa innerhalb der Grenzen einer Quarte) von einander entfernten Tönen der höhere oder der tiefere sei. Durch anhaltende, speciell auf dieses Ziel gerichtete Anstrengung brachte er es im Verlauf weiterer 10 Jahre zu einem leidlich guten musikalischen Gehör, welches sich seither wesentlich verfeinert hat.

Zu S. 234. [87]) Man vergleiche hierüber und allgemein über die Mitwirkung mittelbarer Merkmale zur Beurteilung von Empfindungsqualitäten Stumpfs Tonpsychologie I, S. 87 ff. u. S. 153 f.

Zu S. 235. [88]) Vgl. Mach, Beiträge z. Analyse d. Empfindungen S. 128.

Zu S. 238. [89]) Vgl. Anm. 2.

Zu S. 239. [90]) Vgl. Cap. II, S. 110.

Zu S. 244. [91]) Der hier bezeichnete Gegensatz von Innen und Aussen ist zugleich derjenige, auf welchen sich die herkömmliche Unterscheidung der Gegenstände innerer und äusserer Erfahrung (als der Untersuchungsobjecte des Psychologen auf der einen, des Naturforschers auf der anderen Seite) bezieht. Zum Verständniss dieses Unterschiedes wird, wie man sieht, eine Reihe keineswegs einfacher psychologischer Betrachtungen erfordert. Es ist deshalb nicht zulässig, denselben bei der Bestimmung der Aufgabe der Psychologie als bekannt vorauszusetzen. Vgl. S. 2.

[92]) und secundär für die empirischen Zusammenhänge, welchen diese Inhalte eingeordnet werden, für die objectiv existirenden Dinge; s. u. S. 255 ff.

Zu S. 248. [93]) Die hier gebrauchten Termini Erscheinungs- und Daseinsform rühren von Adolf Hildebrand her. (Das Problem der Form in der bildenden Kunst, Strassburg 1893).

Zu S. 270. [94]) Mit der Thatsache, dass wir diese Eigenschaft der geraden Linie verstehen und vorstellen können, ist unser thatsächlich gegebener Raum als euklidischer Raum charakterisirt. In einem nichteuklidischen Raum würde eine Linie von dieser Eigenschaft undenkbar sein.

[95]) Ueber die Thatsachen, die der Geometrie zum Grunde liegen (Ges. Abh. Bd. II, S. 618 f.).

Zu S. 271. [96]) Vgl. über diesen Punkt F. Klein, vergleichende Betrachtungen über neuere geometr. Forschungen (Erlangen 1872) S. 43 f. Die dort (S. 45) bezeichnete „philosophische" Fragestellung dürfte im Vorigen ihre Erledigung gefunden haben.

Zu S. 273. [97]) Wo von der Existenz eines Begriffes die Rede ist, kann sich dieser Ausdruck, soweit nicht die objective Existenz eines Erfahrungszusammenhanges in dem früher ausführlich erläuterten Sinne gemeint ist, nur auf die Möglichkeit des Begriffes beziehen (vgl. Cap. VI). Der erste Fall ist derjenige der sichtbaren Begrenzung; der zweite derjenige der Figur als geometrischer Gesetzmässigkeit.

[98]) Ueber den Ursprung und Sinn der geometrischen Sätze, ges. Abh. II, S. 640 ff.

Zu S. 274. [99]) Die Helmholtz'sche Beweisführung ist leicht in ihren einzelnen Punkten zu widerlegen. Zunächst ist die Fragestellung, „ob die beiden Arten der Gleichheit — Gleichheit der Raumgrössen „in innerer Anschauung" und physische Gleichwertigkeit — notwendig immer zusammenfallen (a. a. O. S. 651) eine unrichtige. Wie weit beide zusammenfallen ist die einzige Frage, welche hier Sinn hat; diese Frage aber kann empirisch sehr wohl entschieden werden. Das Argument Helmholtz's, dass es keinen Sinn habe zu fragen, ob zwei Paare Cirkelspitzen nach „transcendentaler Anschauung" gleiche oder ungleiche Längen umfassen, ist nicht beweiskräftig: ob die „physisch" gleichen Maasse ein Bild für die „transcendental" gleichen Maasse sind, wird eben entschieden durch die den Axiomen entsprechenden Sätze, welche sich für die physische Geometrie ergeben. Je näher diese Sätze mit den Axiomen der reinen Geometrie übereinstimmen, um so genauer ist jenes Bild. Im Falle die Abweichungen bedeutend würden, könnten allerdings die Sätze der reinen Geometrie nicht mehr unmittelbar auf die physische übertragen werden; sie wären aber deshalb noch keineswegs nutzlos für die Erkenntniss des Zusammenhangs der Erscheinungen, indem wir vielmehr durch sie einen Einblick in die — physischen — Gründe erhielten, auf welchen die (abweichenden) Axiome der „physischen" Geometrie beruhten. Die Erfahrung würde uns zeigen, in wie weit die willkürlich definirten physischen „starren Gebilde" ein Bild für die ideale Unabhängigkeit der starren Punktsysteme vom Orte gäben, d. h. wie weit die aus physischen Messungen gewonnenen Resultate in Uebereinstimmung bleiben mit den theoretisch aus der „Unabhängigkeit der Congruenz vom Orte" gezogenen Consequenzen — die in Verbindung mit den Consequenzen der übrigen Axiome eben die „reine" Geometrie ausmachen. Die letztere erhielte aber hierdurch nicht den Charakter eines falschen Scheines, sondern vielmehr den eines Ideales, welchem sich die Ergebnisse der physischen Messungen nur mehr oder weniger annähern würden.

Zu S. 276. [100]) Vgl. die dritte Abhandlung aus Lipps' „psychologischen Studien", wo die empiristische Ansicht mit überzeugender Klarheit gegenüber den Stumpf'schen Argumenten für den Nativismus als richtig erwiesen wird.

Zu S. 277. [101]) Ueber die Möglichkeit von „Prädicatstäuschungen" vgl. das folgende Capitel. — Wenn James (Princ. of Psych. II, 218, Fussnote) gegen Helmholtz argumentirt: our judgments of light and color vary as much as our judgments of size, shape and place, and ought by parity of reasoning to be called intellectual products and not sensations" — so ist dem insofern vollkommen beizustimmen, als in der That unsere „judgments" (Urteile) jederzeit „intellectual products" und auf frühere Erfahrungen gegründet sind. Aber eben nur das Urteil über die Farbe, und nicht die Farbenempfindung; daher denn auch hier Täuschungen nur als Prädicatstäuschungen möglich sind (vgl. S. 319).

Zu S. 281. [102]) Auch wenn, was mir keineswegs erwiesen scheint, die ursprünglichen Unterschiede p, q existirten (Stumpf Tonps. II, S. 53), so müsste doch, damit dieselben als Unterschiede von rechts und links erkannt würden, ihre Association mit Gesichts- oder Tasterfahrungen gegeben sein. Es wären also mit rechts und links wiederum keine Erfahrungen aus dem Tongebiete als solche, sondern gewisse Zusammenhänge derselben mit Erfahrungen anderer Gebiete bezeichnet.

Zu S. 290. [103]) Cap. II, S. 110 f.; Cap. III, S. 138 f., 152 f.

Zu S. 294. [104]) Vgl. die Formulirung der „psychophysischen Axiome" in G. E. Müllers Abhandlung zur Psychophysik der Gesichtsempfindungen (Zeitschr. f. Psychologie etc. Bd. X, S. 1 ff.).

[105]) Vgl. Müller a. a. O.

Zu S. 295. [106]) Neben dieser „Urteilsschwelle" auch noch eine Unterschiedsschwelle im hergebrachten Sinne anzunehmen wäre überflüssig: woher sollten wir von der Existenz dieser letzteren etwas wissen, wenn einmal vorausgesetzt wird, dass wir Empfindungsänderungen unterhalb einer gewissen Grösse nicht zu erkennen im Stande sind?

[107]) Vgl. Stumpf, Tonpsychologie I, S. 24 f. u. S. 32 f.

Zu S. 296. [108]) Vgl. oben Cap. IV, S. 192.

Zu S. 297. [109]) Vgl. G. E. Müller, Zeitschr. f. Psychologie X, S. 79. — (S. auch Stumpfs Bemerkungen in der Discussion über meinen Vortrag „psychophysische Principienfragen", Bericht über den III. intern. Congress f. Psychologie S. 230).

Zu S. 298. [110]) Einer Kritik dieser Methoden darf ich mich hier enthalten. Man sehe Müllers treffliche Darlegungen, Grundlegung d. Psychophysik S. 11 f., 25 ff., 71 ff.

Zu S. 299. [111]) Bei der Deutung der nach dieser Methode ausgeführten Versuche ist zu beachten, dass die Erinnerung an die jeweils vorhergegangene Empfindung möglicherweise sowohl die folgende Empfindung selbst als auch das Urteil über diese alteriren kann. Einerseits nämlich ist vielleicht mit der Erinnerung eine der „Bedingungen der Aufmerksamkeit" gegeben, welche die ps. Pr. in bestimmter Richtung alteriren (vgl. Cap. VII, S. 399); andererseits aber ist vermöge der Ungenauigkeit dieser wie jeder anderen Erinnerung die Möglichkeit von Prädicatstäuschungen (s. u.) oder entsprechenden zweifelhaften Urteilen gegeben. Indem wir uns beim Auftreten der zweiten Empfindung an die vorhergegangene nur innerhalb gewisser Grenzen der Genauigkeit zu erinnern vermögen, sind wir eventuell nicht mehr im Stande zu entscheiden, ob die neue Empfindung der vorigen gleich oder von derselben verschieden ist.

[112]) Cap. I, S. 47 f. (Vgl. aber Cap. IV, S. 193).

Zu S. 308. [113]) Siehe Cap. VII, S. 399.

Zu S. 309. [114]) Dass Behauptungen dieser Art, selbst wenn die in Rede stehenden Beobachtungen und deren Deutung über jeden Zweifel erhaben wären, nicht wörtlich genommen werden dürfen, zeigen die früheren Betrachtungen (S. 243 fl.).

Zu S. 310. [115]) Princ. of Psych. I, p. 50.

[116]) Solche anomale d. h. ungewöhnliche Associationen müssen durchaus nicht notwendig von vornherein als physiologisch bedingt betrachtet werden, sondern können — ohne jede Rücksicht auf physio-

logische Kenntnisse — durch die psychische Entwicklung erklärt werden.

[117]) Ich finde in der Litteratur nur einen einzigen Fall beschrieben, zu dessen Erklärung die zweite der obigen Annahmen gemacht werden muss: den bekannten aus Charcot's Klinik mitgeteilten Fall des plötzlich seelenblind gewordenen intelligenten Patienten (Progrès médical, 21 julliet 1883). Leider weist der Bericht über diesen Fall — wie die meisten ähnlichen Krankengeschichten — erhebliche Lücken auf, durch welche die psychologische Interpretation ungemein erschwert wird. Von grösster Wichtigkeit für diese Interpretation wäre eine Angabe darüber, wie die Prüfung des Sehvermögens („examen des fonctions oculaires") vorgenommen und die dabei gewonnenen Resultate ausgelegt wurden. Für die in Rede stehende psychophysische Frage lässt sich übrigens der Fall schon deshalb nicht verwerten, weil die Untersuchung des zu vermutenden Hirndefectes nicht ausgeführt werden konnte.

[118]) Eine einigermaassen sichere Entscheidung ist nur bei den höchst seltenen Fällen von Seelenblindheit bei sonst völlig erhaltener Intelligenz möglich.

Zu S. 321. [119]) Zeitschrift f. Psychologie Bd. XII, S. 39 ff.

Zu S. 327. [120]) Nach der früher erwähnten, von Meinong herrührenden Terminologie; vgl. Cap. I, S. 60.

[121]) In Uebereinstimmung mit Sigwarts Theorie der Verneinung; s. Sigwarts Logik I (2) S. 150 ff.

Zu S. 328. [122]) Vgl. meine Theorie d. Existentialurteile S. 104. Einem ähnlichen Gedankengange gibt Bergmann in seinen Grundproblemen der Logik Ausdruck.

Zu S. 335. [123]) Diese Bezeichnung braucht durchaus nicht jedesmal sprachlich zu erfolgen; sie kann in manchen Fällen unterbleiben, indem nach der Bedeutung des Urteiles oder eventuell nach dem Tonfall, in welchem dasselbe ausgesprochen wird, vorausgesetzt werden kann, dass der normal entwickelte Mensch ohne Weiteres versteht, auf welches Subject sich die Aussage bezieht. Die verschiedenen möglichen Formen der Aussage werden im Folgenden nicht untersucht; die Erörterung dieser und anderer speciellerer Fragen bleibt der Logik überlassen.

Zu S. 338. [124]) Die im Texte genannte Zweideutigkeit schwindet, wenn das Urteil in die Form eines Verträglichkeitsurteils (eventuell eines particulären Urteils) gebracht wird.

Zu S. 339. [125]) Das „evidente negative Urteil", welches Meinong (Humestudien II, S. 662) als das Wesen der Unverträglichkeitsrelation aufzeigt, ist hierdurch — gemäss den vorigen Betrachtungen — unmittelbar gegeben.

[126]) Direct ergeben sich als unverträglich natürlich solche Prädicate, von welchen das eine schon der Form nach die Negation des anderen ist, bez. unter Berücksichtigung vorausgesetzter Definitionen oder sonstiger Prämissen eine solche formelle Negation des letzteren enthält. Die Un-

verträglichkeit empirischer Prädicate ist, soweit sie sich nicht auf diejenige von Wahrnehmungsprädicaten zurückführen lässt, nur in der hier bezeichneten Weise zu erkennen; vgl. das weiter unten über „Naturnotwendigkeit" Gesagte.

[127]) Vgl. Sigwart, Logik I (2) S. 173. — Als Relationen zwischen Vorstellungsinhalten, zu welchen Meinong (Hume-Studien II, S. 665) die Verträglichkeitsbeziehungen zählt, sind diese daher nicht im strengen Sinne zu bezeichnen — vielmehr als Relationen zwischen angezeigten Vorstellungen.

Zu S. 342. [128]) Kants Unterscheidung analytischer und synthetischer Urteile enthält eine Unklarheit. Ob ein Prädicat in einem Begriffe enthalten ist, so dass das Urteil, welches dieses Prädicat aussagt, ein analytisches wird, kann stricte nur unter Berücksichtigung einer vorausgesetzten Definition des Subjectsbegriffes entschieden werden. Ob z. B. der Satz, dass die gerade Linie die kürzeste zwischen zweien ihrer Punkte ist, analytisch oder synthetisch ist, kann nur entschieden werden, wenn eine bestimmte Definition der geraden Linie vorausgesetzt wird. Ohne eine solche Definition wird man der Behauptung Kants, dass der Satz ein synthetischer sei, stets — mit Rücksicht auf die in der Einleitung der Kr. d. r. V. gegebenen Ausführungen über den Unterschied analyt. und synthet. Urteile — entgegenhalten können, dass das ausgesagte Merkmal der Geraden in deren Begriffe versteckter Weise schon enthalten, verworren mitgedacht war. Zur Vermeidung solcher Zweideutigkeiten dürfte sich die im Texte gegebene Definition der Termini analytisch und synthetisch empfehlen.

Zu S. 349. [129]) Vgl. Berkeley, principles of human knowledge, Einleitung.

[130]) Nur für Urteile dieser Art besteht Kants Behauptung zu Recht, dass Erfahrung uns keine allgemein giltigen und notwendigen Erkenntnisse gibt. Gegenüber der noch in unseren Tagen immer wieder kritiklos reproducirten Bemerkung Kants, dass Psychologie, wie jede Erfahrungswissenschaft, ihre Legitimation erst durch die Erkenntnisskritik erhalten könne und dass es somit nicht angehe, Erkenntnisstheorie auf psychologische Betrachtungen zu gründen, erscheint es nicht überflüssig darauf hinzuweisen, dass Kant nur durch eine unberechtigte Verallgemeinerung des hier bezeichneten engeren Erfahrungsbegriffes zur Skepsis gegenüber aller Erfahrung gelangt und daher insbesondere für die synthetischen Urteile a priori eine eigenartige, von der Erfahrung verschiedene Erkenntnissquelle fordern muss.

Zu S. 352. [131]) Vgl. Sigwarts Logik II (2) S. 440.

Zu S. 362. [132]) S. Cap. I, S. 76.

Zu S. 370. [133]) Vgl. Avenarius, Philosophie als Denken der Welt nach d. Princip d. kl. Kraftm. (Leipz. 1876) S. 3 ff.

Zu S. 375. [134]) Dieser Teilinhalt kann eventuell ein blosses Gedächtnissbild sein — wenn uns z. B. die Erinnerung an ein gesehenes Gemälde als solche erfreulich ist. Nur im uneigentlichen Sinne wird

in solchen Fällen der Gegenstand selbst als Erreger des Gefühles bezeichnet; strenge ist diese Wirkung hier nur dem Gedanken an den
Gegenstand beizulegen.

Zu S. 376. [135]) Constant hier nicht (oder doch nicht notwendig)
im Sinne absoluter, sondern eventuell nur zeitweiliger Constanz.

Zu S. 377. [136]) Wenigstens nicht nach dem hier vorausgesetzten
engeren Sinne des Wortes Begehren (vgl. u. S. 382). Gebraucht man
dieses Wort in dem weiteren Sinne, welcher in diesem Buche dem
Worte „Strebungsgefühl" beigelegt wird, so wird gegen die Definition
des Wertvollen als desjenigen, was begehrt wird (Ehrenfels, System
d. Werttheorie Bd. I, S. 2, vgl. das. S. 6) nichts einzuwenden sein; vorausgesetzt, dass das Begehrte ein constant zu begehrendes ist.
(Eben hiernach aber kann mit dem „Wertvollen" nie ein einzelnes Erlebniss, sondern stets nur ein dauernd existirender Zusammenhang gemeint sein.) [137]) Die Wertgefühle sind hiernach, übereinstimmend mit Meinong
(Psycholog.-eth. Untersuchungen zur Werttheorie, Graz 1894, S. 22 f.)
als Urteilsgefühle zu bezeichnen. — In wie weit im Uebrigen die
im Texte vorgetragene Anschauung mit Meinongs Theorie harmonirt
bez. von derselben abweicht, gedenke ich demnächst an einer anderen
Stelle zu besprechen.

Zu S. 378. [138]) Vgl. Meinong a. a. O. S. 25.

Zu S. 382. [139]) Man sieht unmittelbar, dass nicht der thatsächliche
Wert, sondern nur unser Werturteil ein solches Streben bedingt: ein
vorgestellter Thatbestand, von dessen Wert ich nichts weiss, erregt mir
kein Streben — mag er auch thatsächlich noch so wertvoll sein.

Zu S. 386. [140]) James' „reasonable type" (Princ. of Psych. II, 531 f.).
In James' Darlegung kommt der Begriff der „worthy ends" zwar zur
Anwendung, ohne dass er jedoch seiner Bedeutung nach analysirt würde.
Solche Analyse würde über den Vorgang der Willensüberlegung und
des Willensentscheids keinen Zweifel gelassen haben.

Zu S. 389. [141]) Diese Unterscheidung wird nur mit Rücksicht auf das
Erstrebte, nicht aber hinsichtlich des thatsächlichen Erfolges gemacht.

Zu S. 396. [142]) Ueber die Frage nach der Abhängigkeit des Vor-
stellungsverlaufs von weiteren physischen Bedingungen vgl. Cap. V.

Zu S. 397. [143]) Vgl. Cap. III, S. 146 sowie Helmholtz' physiolog.
Optik S. 740 f.
[144]) S. Stumpfs Tonpsychologie II, S. 291 f.

Zu S. 398. [145]) Stumpf (a. a. O. II, S. 305): „man hat oft .....
statt einer genauen nur eine beiläufige Vorstellung des Tones, den man
durch Aufmerksamkeit heraushören will. Der Oberton springt dann,
wenn man mit der suchenden Phantasie auch nur in die Nähe kommt,
hervor und wächst zur vollen Stärke heran".

Zu S. 399. [146]) Vgl. Cap. III, S. 171.
[147]) Vgl. üb. die Notwendigkeit dieser Annahme G. E. Müllers
Dissertation „Zur Theorie der sinnl. Aufmerksamkeit". Mit Müllers

Voraussetzungen über die Beziehungen zwischen nervösem Centralorgan und Seele wird man sich freilich heute nicht mehr überall ein-
verstanden erklären können.

Zu S. 400. ¹⁴⁸) Vgl. Cap. IV, S. 186.

Zu S. 403. ¹⁴⁹) Wie wir die Erregungen unserer Nerven als Be-
dingungen von Sinnesempfindungen erkennen, so zeigen uns andere
Erfahrungen, dass auch die Bewegungen unseres Körpers und seiner
Teile von dem Dasein und den Erregungen unseres Nervensystems ab-
hängen. Mit der Durchschneidung gewisser Nervenfasern, wie mit der
Verletzung gewisser centraler Teile des Nervensystems werden unsere
Bewegungen teilweise oder in ihrer Gesammtheit lahmgelegt; bei in-
tactem Zustande des Nervensystems ruft die künstliche Reizung jener
Teile durch den electrischen Strom Bewegungen der entsprechenden
Körperteile hervor. — Nicht die Betrachtung dieser Bewegungen als
solcher und ihrer Abhängigkeit von bestimmten Nervenerregungen, sondern einzig die Frage nach den Beziehungen dieses Bewegungsmecha-
nismus zu unserem psychischen Leben hat uns in der Psychologie zu
beschäftigen. Soweit es sich dabei um die „Wirkung der Körperbewegungen auf das Bewusstsein" handelt, ist die Frage im Allgemeinen
bereits mit den Betrachtungen des fünften Capitels erledigt: in derselben
Weise, wie die Erregungen der Sinnesnerven in den Empfindungen der
betr. Sinnesgebiete, kommen auch die Nervenerregungen, welche die
Bewegungen unserer Muskeln bedingen, in besonderen Empfindungen,
den „Bewegungsempfindungen" (im engeren Sinne, vgl. S. 186) zum
Bewusstsein. Ebenso wie jene bleiben auch diese stets zum grossen
Teil unbemerkt, während nur ein oder der andere Teil derselben von
den übrigen gleichzeitigen Empfindungen unterschieden und wiederer-
kannt wird. Diese Bewegungsempfindungen scheinen nicht bloss durch
Erregungen centripetal leitender Nerven — wie die jederzeit durch die
Bewegungen der Gliedmaassen bedingten Erregungen der sensiblen
Nerven der Haut — sondern direct durch Erregungen der betr. motorischen Nerven selbst bedingt zu sein. Wenigstens sprechen manche
Erfahrungen dafür, dass die Bewegungsempfindungen sich nicht erst
nachträglich mit vollzogener Bewegung sondern schon mit der motorischen Erregung einstellen, unabhängig davon, ob die hierdurch normalerweise bedingte Bewegung thatsächlich zu Stande kommt, oder —
wie etwa nach Amputation der betr. Gliedmaassen — unterbleibt. Dass
von Manchen die directe Wahrnehmung von durch centrifugale Erregung
bedingten Empfindungen für unmöglich gehalten und eine (anatomisch
nicht nachgewiesene) centripetale Leitung für die Bewegungsempfindungen gefordert wird, hat seinen Grund wohl einzig in der weiter oben
zurückgewiesenen Annahme eines „Sitzes des Bewusstseins im Gehirn",
zu welchem die Sinneswahrnehmungen „durch Leitung" im Nerven „hin-
geführt" werden müssten.

Zu S. 404. ¹⁵⁰) Wie durch diese Tendenzen die (bei Tieren weit
auffälliger als beim Menschen hervortretenden) Instincte sich bestim-

men, wie insbesondere mit dem natürlichen Wachstum der Organe bestimmte Aenderungen dieser Instincte Hand in Hand gehen, ist hier nicht zu beschreiben. (Man vergleiche etwa die treffliche Darstellung bei James, 'Pr. of Ps. II, p. 383 ff.). — Bemerkt sei, dass die durch jene Bahnen bedingten reflectorischen Bewegungen zwar als unwillkürliche, darum aber noch keineswegs — wie es vielfach geschieht — als unbewusste Vorgänge zu bezeichnen sind. Indem unser Nervenapparat auf einen Reiz an der Fusssohle mit dem Sohlenreflex antwortet, sind wir uns der unwillkürlich eintretenden Bewegung sehr wohl bewusst — sie führt ihre bestimmte, von anderen unterschiedene Bewegungsempfindung mit sich.

Zu S. 404. [151]) Man erkennt leicht, dass für die Veränderungen des nervösen Mechanismus, wie sie zur Entstehung willkürlicher Bewegungen erfordert werden, nur Unlusterlebnisse etwas beitragen können. Es sei R ein bestimmter Reizcomplex (bestimmte „äussere Umstände"), A die dadurch ausgelöste Körperbewegung, L ein dadurch gesetztes Lust-, U ein ebenso bedingtes Unlusterlebniss. Es seien ferner e die dem Reizcomplex R entsprechenden Empfindungen, a die der Bewegung A entsprechenden Bewegungsempfindungen, α deren Gedächtnissbild, und weiter seien durch die Indices s, bez. w die an dieses Gedächtnissbild geknüpften Strebungs- bez. Widerstrebungsgefühle bezeichnet. Endlich sei X eine Handlung (Bewegung), welche nach dem Eintritt von U reflectorisch ausgelöst wird und zur Befreiung von dem Unlusterlebnisse führt („Verteidigungsbewegung"); x sei die entsprechende Bewegungsempfindung und ξ deren Gedächtnissbild. War nun in einem früheren Falle die Reihe

$$R \rightsquigarrow A \rightsquigarrow L$$

eingetreten, so wird sich bei abermaligem Auftreten der Reize R an die Empfindungen e die Erinnerung an a mit einem Strebungsgefühl verbunden anschliessen, also zugleich mit R zunächst auftreten

$$e \rightsquigarrow \alpha_s;$$

damit nun das Erstrebte (also die „gewollte" Handlung) eintrete, braucht der Mechanismus des Nervensystems sich offenbar nicht verändert zu haben, sondern es muss einfach wiederum

$$R \rightsquigarrow A$$

zum Ablauf kommen — da eben hiermit die durch α_s repräsentirte, erstrebte Bewegung sich vollzieht.

Anders in dem im Texte erwähnten Falle. War an die frühere Bewegung ein Unlusterlebniss geknüpft, war also die Reihe

$$R \rightsquigarrow A \rightsquigarrow U \rightsquigarrow X$$

erlebt worden, so wird sich bei abermaligem Auftreten der Reize R zugleich mit der Empfindung e die Erinnerung α mit einem Widerstrebungsgefühl verbunden einstellen, d. h. wir werden a nicht wollen, während jetzt der Gedanke an X ein Strebungsgefühl erwecken wird; d. h. die durch R erregten Associationen werden sein

$$e \rightsquigarrow \alpha_{\omega} \rightsquigarrow \xi_s;$$

das Gewollte ist also jetzt X, das Nichtgewollte A — und damit die diesem Willenszustande gemässe Bewegung eintrete, d. h. die gewollte Handlung zur Ausführung komme, muss der Mechanismus des Nervensystems sich gegen früher geändert haben, so, dass die an R geknüpfte Bewegungsreihe sich auf

$$R \rightsquigarrow X$$

reducirt hat.

Zu S. 405. ^{152}) Psychiatrie S. 148 f. Vgl. auch James' eingehende Erläuterung dieses Falles, Pr. of Psych. I, p. 24 ff.

^{153}) Strenge gesprochen nur, dass dem Uebergang der Erregung vom einen der betr. Centren zum zweiten ein geringerer Widerstand als früher entgegensteht.

^{154}) Vgl. die Ausführungen Meynerts in seiner Psychiatrie, bes. S. 153; ferner Flechsig, Bericht des III. intern. Congresses f. Psychologie, S. 49 ff. — Aufs Entschiedenste muss an dieser Stelle gegen die voreiligen psychologischen Deutungen der in Rede stehenden anatomisch-physiologischen Thatsachen Verwahrung eingelegt werden. Die Ausführungen des Textes zeigen die (rein physiologische) Bedeutung der Verbindungsbahnen, welche sich mit der Entwicklung des centralen Nervensystems ausbilden: die Behauptung, dass diese Bahnen „Associationsbahnen" seien, dass durch ihre Erregung die Association bestimmter (wohl gar in den Ganglienzellen „abgelagerter") Gedächtnissbilder bedingt sei, ist eine jeder empirischen Grundlage entbehrende Hypothese.

Zu S. 409. ^{155}) Die Suggestion im weitesten Sinne des Wortes ist zu den normalen Bedingungen des Handelns zu rechnen, da das Hören fremder Aeusserungen regelmässig unsere Associationen, Erwartungsurteile und Strebungen beeinflusst. Exceptionelle Zustände des Nervensystems — Schlaf, Hypnose, pathologische Veränderungen — bedingen naturgemäss auch veränderte Suggestibilität. Will man unter Suggestion nur die in solchen Zuständen (speciell im hypnotischen Zustande) zu beobachtende Beeinflussung des Willens durch fremde Aeusserungen verstehen, so darf man nicht vergessen, dass eben hier exceptionelle Zustände des Nervensystems vorausgesetzt sind, und darf nicht der „Suggestion" die Wirkungen zuschreiben, die thatsächlich in jenen Zuständen begründet sind.

Zu S. 415. ^{156}) Man vergleiche die Anm. 49 citirte Schrift von Avenarius Anm. 14, S. 71 f.

^{157}) Dieses Beispiel bietet den Vorteil, dass wir über das Wesen des Kunstwerks in diesem Gebiete durch die theoretische Darstellung eines der grössten bildenden Künstler belehrt sind, so dass wir uns auf dessen Mitteilungen hinsichtlich derjenigen Punkte berufen können, deren Erkenntniss dem Nichtkünstler der Natur der

Sache nach versagt ist. Ich meine die Mitteilungen Adolf Hilde-
brands in seinem Buche „das Problem der Form in der bildenden
Kunst" (Strassburg 1893), auf welches ich hiermit als Quelle für einen
grossen Teil der im Texte folgenden Darstellung verweise.

Zu S. 416. [158] „Verschiedenfarbig" hier in dem — psychologisch
allein berechtigten — weiteren Sinne verstanden, nach welchem auch
die Schattirungen von Hell und Dunkel als Farbunterschiede zu bezeichnen sind.

[159] Vgl. Cap. V. S. 274 f.

Zu S. 417. [160] In dem früher S. 248 bezeichneten Sinn des Wortes.

Zu S. 419. [161] Man vergleiche Hildebrand a. a. O.

Zu S. 421. [162] Man sehe etwa die in dieser Hinsicht sehr lehr-
reichen brieflichen Berichte C. Stauffers über seine ersten landschaftlichen Studien in Romont.

Zu S. 422. [163] Vgl. Cap. I, S. 61.

[164] Man vergleiche zu der ganzen hier behandelten Frage Conrad
Fiedler, der Ursprung der künstlerischen Thätigkeit, Leipzig 1887
(wieder abgedruckt in C. Fiedlers Schriften über Kunst, hrsg. von
Marbach, Leipzig 1896).

Zu S. 424. [165] Vgl. oben S. 370 f.

Zu S. 425. [166] Vgl. oben S. 370.